Zum Anwendungsbereich des Art. 50 der Charta der Grundrechte der Europäischen Union (ne bis in idem)

Internationales und Europäisches Strafverfahrensrecht

Herausgegeben von Hans-Heiner Kühne und Robert Esser

Band 9

PL ACADEMIC RESEARCH

Johannes Stalberg

Zum Anwendungsbereich des Art. 50 der Charta der Grundrechte der Europäischen Union (ne bis in idem)

PL ACADEMIC RESEARCH

Bibliografische Information der Deutschen Nationalbibliothek
Die Deutsche Nationalbibliothek verzeichnet diese Publikation in der Deutschen Nationalbibliografie; detaillierte bibliografische Daten sind im Internet über http://dnb.d-nb.de abrufbar.

Zugl.: Münster (Westfalen), Univ., Diss., 2012

Gedruckt auf alterungsbeständigem,
säurefreiem Papier.

D 6
ISSN 1611-275X
ISBN 978-3-631-64026-5

www.peterlang.de

Meinen Eltern

Vorwort

Die vorliegende Arbeit wurde im Wintersemester 2011/12 von der Rechtswissenschaftlichen Fakultät der Westfälischen Wilhelms-Universität Münster als Dissertation angenommen. Ihr Thema geht zurück auf eine Seminararbeit bei Prof. Dr. Ulrich Stein im Sommersemester 2008 zur Frage der Anwendbarkeit des „ne bis in idem"-Grundsatzes im europäischen Kartellrecht.

Für die Veröffentlichung konnten Rechtsprechung und Literatur bis November 2012 berücksichtigt werden.

Mein Dank gilt an erster Stelle meinem Doktorvater, Herrn Prof. Dr. Michael Heghmanns, der mir stets mit konstruktiven Ratschlägen zur Seite stand, Geduld bewies und fortwährend half, den Gegenstand der Arbeit in diesem weiten Themenfeld („ne bis in idem" in Europa) zu lenken und zu begrenzen. Zu seiner hervorragenden Betreuung gehörte nicht zuletzt auch die besonders schnelle Erstellung des Erstgutachtens. Frau Prof. Dr. Bettina Weißer danke ich für die ebenso zügige Zweitbegutachtung.

Der FAZIT-Stiftung danke ich für den großzügigen Druckkostenvorschuss. Herrn Prof. Dr. Hans-Heiner Kühne und Herrn Prof. Dr. Robert Esser bin ich für die freundliche Aufnahme der Dissertation in ihre Schriftenreihe sehr verbunden.

Ganz besonders bedanke ich mich bei meinen Eltern, denen ich dieses Buch widme. Ihre uneingeschränkte Förderung und liebevolle Unterstützung haben seine Anfertigung sowie eine sorgenfreie Promotionszeit erst ermöglicht.

Schließlich bedanke ich mich bei meiner lieben Frau Anna, die durch ihre Anregungen, ihr Verständnis und ihre unermüdlichen Ermunterungen zur Fertigstellung dieser Arbeit ebenfalls wesentlich beigetragen hat. Ihr und Katja Oligmüller gebührt zudem besonderer Dank für die Korrekturlesearbeiten.

Ein Gedankenaustausch über diese Dissertation würde mich sehr freuen. Leser sind daher herzlich dazu eingeladen, mir ihre Meinung und Anregungen mitzuteilen (johannesstalberg@web.de).

Köln, im November 2012 Johannes Stalberg

Inhaltsübersicht

Inhaltsverzeichnis

Abkürzungsverzeichnis

a.E. ....am Ende
a.F. ....alte Fassung
ABl. ....Amtsblatt
Abs. ....Absatz
Abschn. ....Abschnitt
ÄA ....Änderungsantrag
AEUV ....Vertrag über die Arbeitsweise der Europäischen Union
Alt. ....Alternative
AO ....Abgabenordnung
AöR................................Archiv des öffentlichen Rechts (Zeitschrift)
Art. ....Artikel
AT..................................Allgemeiner Teil
AufenthG........................Gesetz über den Aufenthalt, die Erwerbstätigkeit und die Integration von Ausländern im Bundesgebiet
AusfErstV.......................Ausfuhrerstattungsverordnung
AW-Prax.........................Außenwirtschaftliche Praxis (Zeitschrift)
BAK...............................Blutalkoholkonzentration
BayObLG ....Bayerisches Oberstes Landgericht
BBankG..........................Gesetz über die Deutsche Bundesbank
BetrPrämDurchfV ....Betriebsprämiendurchführungsverordnung
BFH ....Bundesfinanzhof
BGBl. ....Bundesgesetzblatt
BGH...............................Bundesgerichtshof
BRAK.............................Bundesrechtsanwaltskammer
BRD...............................Bundesrepublik Deutschland
Bsp. ....Beispiel
BT..................................Besonderer Teil
BT-Drs. ....Drucksache des Deutschen Bundestages
BVerfG...........................Bundesverfassungsgericht
BVerfGE.........................Entscheidungen des Bundesverfassungsgerichts
bzgl. ....bezüglich
bzw. ....beziehungsweise
d.h. ....das heißt

diesbzgl. ....diesbezüglich
DJ....................................Deutsche Justiz (Zeitschrift)
DRiZ...............................Deutsche Richterzeitung (Zeitschrift)
EAGFL ....Europäischer Ausrichtungs- und Garantiefond für die Landwirtschaft
EAGV ....Vertrag zur Gründung der Europäischen Atomgemeinschaft
ECN ....European Competition Network
EG...................................Europäische Gemeinschaft
EGFL ....Europäischer Garantiefond für die Landwirtschaft
EGKSV...........................Vertrag über die Gründung der Europäischen Gemeinschaft für Kohle und Stahl
EGMR.............................Europäischer Gerichtshof für Menschenrechte
EGMR-E.........................Europäischer Gerichtshof für Menschenrechte – Deutschsprachige Sammlung
EGV................................Vertrag zur Gründung der Europäischen Gemeinschaft
Einl. ....Einleitung
ELER ....Europäischer Landwirtschaftsfond für die Entwicklung des ländlichen Raums
EMRK.............................Konvention zum Schutze der Menschenrechte und Grundfreiheiten
EP ....(Vertreter) des Europäischen Parlaments
ESZB ....Europäisches System der Zentralbanken
etc. ....et cetera (lat.)
EU..................................Europäische Union
EuG................................Gericht der Europäischen Union
EuGH..............................Gerichtshof der Europäischen Union
EuGRZ...........................Europäische Grundrechte-Zeitschrift
EuR................................Europarecht (Zeitschrift)
EUV................................Vertrag über die Europäische Union
EuZW ....Europäische Zeitschrift für Wirtschaftsrecht
EWG...............................Europäische Wirtschaftsgemeinschaft
EWGV ....Vertrag zur Gründung der Europäischen Wirtschaftsgemeinschaft
EWS...............................Europäisches Wirtschafts- und Steuerrecht (Zeitschrift)
ex. ....ehemalig (lat.)
EZB................................Europäische Zentralbank
f. ....folgende
FG..................................Finanzgericht
FGO ....Finanzgerichtsordnung
FKVO ....Fusionskontrollverordnung
GA ....Goltdammer´s Archiv für Strafrecht (Zeitschrift)

GAP ....Gemeinsame Agrarpolitik
gem. ....gemäß
GG ....Grundgesetz
ggf. ....gegebenenfalls
ggü. ....gegenüber
GRCh ....Charta der Grundrechte der Europäischen Union
GVG ....Gerichtsverfassungsgesetz
GWB ....Gesetz gegen Wettbewerbsbeschränkungen
HRRS ....Onlinezeitschrift für Höchstrichterliche Rechtsprechung zum Strafrecht
i.d.R. ....in der Regel
i.e.S. ....im engeren Sinn
i.Erg. ....im Ergebnis
i.H.v. ....in Höhe von
i.S.d. ....im Sinne der/des
i.S.e. ....im Sinne eines/r
i.V.m. ....in Verbindung mit
i.w.S. ....im weiteren Sinn
inkl. ....inklusiv
insb. ....insbesondere
InVeKoS ....Integriertes Verwaltungs- und Kontrollsystem
JICJ ....Journal of International Criminal Justice (engl.)
JR ....Juristische Rundschau (Zeitschrift)
JURA ....Juristische Ausbildung (Zeitschrift)
Kap. ....Kapitel
KartG ....Kartellgesetz (Österreich)
KOM ....(Dokument) der Europäischen Kommission
lit. ....littera (lat.)
LFBG ....Lebensmittel-, Bedarfsgegenstände- und Futtermittelgesetzbuch
LG ....Landgericht
m.w.N. ....mit weiteren Nachweisen
MDR ....Monatsschrift für deutsches Recht (Zeitschrift)
MilchAbgV ....Milchabgabenverordnung
MOG ....Gesetz zur Durchführung der gemeinsamen Marktorganisation und der Direktzahlungen
n.Chr. ....nach Christus
NJW ....Neue Juristische Wochenschrift (Zeitschrift)
Nr. ....Nummer
NStZ ....Neue Zeitschrift für Strafrecht
NStZ-RR ....Neue Zeitschrift für Strafrecht – Rechtsprechungs-Report

NVwZ .... Neue Zeitschrift für Verwaltungsrecht
o.g. .... oben genannt/e/en
ÖJZ .... Österreichische Juristen-Zeitung
OLG .... Oberlandesgericht
OWiG .... Gesetz über Ordnungswidrigkeiten
Parl. .... (Vertreter) der nationalen Parlamente
PJZS .... Polizeiliche und justizielle Zusammenarbeit in Strafsachen
Pkt. .... Punkt
Ratsdok. .... Ratsdokument
RegB .... persönlicher Beauftragter des Staats- oder Regierungschefs
RGBl. .... Reichsgesetzblatt
RGSt. .... Entscheidungen des Reichsgerichts in Strafsachen
Rn .... Randnummer/n
S. .... Seite/n
s.o. .... siehe oben
SDÜ .... Schengener Durchführungsübereinkommen
Slg. .... Sammlung
sog. .... so genannte/s/r/n
StGB .... Strafgesetzbuch
StPO .... Strafprozessordnung
StraFo .... Strafverteidiger Forum (Zeitschrift)
StRR .... Strafrechtsreport (Zeitschrift)
StV .... Strafverteidiger (Zeitschrift)
StVG .... Straßenverkehrsgesetz
StVO .... Straßenverkehrsordnung (Österreich)
u.a. .... unter anderem *oder* und andere
u.U. .... unter Umständen
UAbs. .... Unterabsatz
Urt.v. .... Urteil vom
v.Chr. .... vor Christus
VerfVO .... Verfahrensverordnung
VG .... Verwaltungsgericht
VGH .... Volksgerichtshof
vgl. .... vergleiche
VO .... Verordnung
VollstrÜbK .... Übereinkommen zwischen den Mitgliedstaaten der Europäischen Gemeinschaften über die Vollstreckung ausländischer strafrechtlicher Verurteilungen
Vor./Vorbem. .... Vorbemerkungen
VStG .... Verwaltungsstrafgesetz (Österreich)

VVE .... Vertrag über eine Verfassung für Europa
VwGO.............................. Verwaltungsgerichtsordnung
wistra .... Zeitschrift für Wirtschafts- und Steuerstrafrecht
WpHG.............................. Gesetz über den Wertpapierhandel
WTO .... World Trade Organization (engl.)
WuW................................ Wirtschaft und Wettbewerb (Zeitschrift)
WuW-E (EU-R).............. Wirtschaft und Wettbewerb – Entscheidungssammlung (Europäische Union – Rechtsprechung)
z.B. .... zum Beispiel
z.T. .... zum Teil
ZEuS .... Zeitschrift für Europarechtliche Studien
ZIS .... Zeitschrift für Internationale Strafrechtsdogmatik
ZollVG............................ Zollverwaltungsgesetz
ZP .... Zusatzprotokoll
ZRG Kan. Abt. .... Zeitschrift für Rechtsgeschichte, Kanonistische Abteilung
ZRG Rom. Abt. .... Zeitschrift für Rechtsgeschichte, Romanistische Abteilung
ZStW .... Zeitschrift für die gesamte Strafrechtswissenschaft

I. Einleitung und Problemstellung

Art. 50 der Charta der Grundrechte der Europäischen Union[1] (GRCh) beinhaltet nach seiner amtlichen Überschrift das „Recht, wegen derselben Straftat nicht zweimal strafrechtlich verfolgt zu werden". Als justizielles europäisches Grundrecht verbietet die Norm damit sowohl eine Mehrfachbestrafung als auch -verfolgung von Personen in der Europäischen Union (EU) und stellt eine grundlegende rechtstaatliche Vorgabe für das Strafverfahren dar.[2] Zwar ist der derzeit geltende EU-Vertrag (Vertrag von Lissabon) in Bezug auf den endgültigen Charakter der rechtlichen Gestaltung der EU entwicklungsoffen. Ein eigenständiger europäischer Bundesstaat wird bislang keineswegs anvisiert.[3] Dennoch haben sich die Mitgliedstaaten bereits in den vergangenen EU-Verträgen dem Ziel verschrieben, den Bürgern der Union einen gemeinsamen Raum der Freiheit, der Sicherheit und des Rechts zu verschaffen (vgl. Art. 3 Abs. 2 EUV). Dadurch ergibt sich auch im Bereich des Strafrechts eine europäische Integration, die zum Zwecke der Verfolgung grenzüberschreitender Straftaten eine zunehmende Kooperation zwischen den verschiedenen mitgliedstaatlichen Strafverfolgungsbehörden und im Verhältnis dieser zu europäischen Strafverfolgungsbehörden (derzeit insbesondere Europol) zur Folge hat. Überdies wird bereits über die Errichtung einer Europäischen Staatsanwaltschaft nachgedacht. Damit droht den Bürgern im Falle der Begehung einer grenzüberschreitenden Straftat nicht nur in horizontaler (mehrere Mitgliedstaaten) sondern auch in vertikaler Hinsicht (EU, Mitgliedstaaten) eine Konfrontation mit mehreren hoheitlichen Institutionen, die sich in Zukunft noch eher verschärfen als abmildern dürfte. Es ist nun die Aufgabe eines grenzüberschreitenden ne bis in idem-Grundsatzes, sich daraus ergebende Doppelverfolgungen und -bestrafungen in Bezug auf dieselbe Tat zu verhindern. Denn in einem vereinten Europa ist es grundsätzlich unvertretbar, die kumulative Durchsetzung der Strafansprüche unterschiedlicher Hoheitsträger (sei es der EU und/oder der verschiedenen Mitgliedstaaten) gegenüber derselben Person in derselben Sache zuzulassen. In einer „immer engeren Union"[4] sollte es das Ziel sein, die Tat möglichst abschließend durch *einen* Hoheitsträger zu verfolgen.

Insofern stellt sich bereits im Bereich des Kriminalstrafrechts die Frage, wie weit der Anwendungsbereich des Art. 50 GRCh im Detail reicht, d.h. welche

---

1 Siehe: ABl. EU, 2010, C 83, S. 389 f.

2 So: *Jarass*, EU-Grundrechte, § 42, Rn 24.

3 Ähnlich das deutsche Bundesverfassungsgericht in seinem „Lissabon-Urteil": BVerfG, NJW 2009, S. 2267 f., S. 2290 f., Rn 376.

4 Mit diesen Worten beginnt die Präambel der GRCh.

Institutionen in welcher Konstellation an die Norm gebunden werden. Im Hinblick auf ein etwaiges Tätigwerden der EU im Bereich des Kriminalstrafrechts werden im Rahmen der Abhandlung überdies Konstellationen untersucht, die sich mangels entsprechender Rechtsetzung bislang zwar noch nicht tatsächlich ergeben, deren zukünftiges Aufkommen bei Betrachtung der europäischen Rechtsentwicklung aber als nicht unwahrscheinlich einzustufen ist. Eine frühzeitige Auseinandersetzung mit ihnen ist erforderlich, um den Anwendungsbereich des Art. 50 GRCh im Sinne der Rechtssicherheit klar und unmissverständlich zu umreißen und um mögliche Grundrechtsverletzungen bereits im Keim zu ersticken. Eine Monografie, die sich der Auslegung des Art. 50 GRCh widmet, existiert bislang nicht. Die wissenschaftlichen Auseinandersetzungen mit der Anwendung europäischer ne bis in idem-Regelungen konzentrieren sich bislang insbesondere auf die zwischenstaatlichen Konstellationen des Kriminalstrafrechts. Hypothetische Konstellationen unter Beteiligung der EU blieben dagegen unbehandelt.[5]

Doppelbestrafungsgefahren können sich nicht nur im Bereich des Kriminalstrafrechts, sondern auch im Bereich des Verwaltungsrechts ergeben. Sowohl in den mitgliedstaatlichen Rechtsordnungen als auch im europäischen Sekundärrecht haben sich unterhalb der Schwelle des Kriminalstrafrechts umfangreiche Sanktionssysteme herausgebildet. Neben den verschiedenen Strafverfolgungsbehörden können den Bürgern in der EU ebenso Verwaltungsbehörden gegenübertreten, welche die begangene Tat ebenfalls ahnden wollen. Wendet man Art. 50 GRCh außerhalb des Kriminalstrafrechts an, so stellt sich die grundsätzliche Frage, inwiefern die Norm im Verhältnis mehrfacher Verwaltungssanktionen zueinander und im Verhältnis dieser zu Kriminalstrafen zur Anwendung kommt. Untersucht man dies gesondert z.B. in der o.g. horizontalen (mehrere Mitgliedstaaten) oder vertikalen Dimension (EU, Mitgliedstaaten), so ergibt sich

5 So z.B.: *Jagla,* Auf dem Weg zu einem zwischenstaatlichen ne bis in idem im Rahmen der Europäischen Union, S. 91 f.; *Stein,* Zum europäischen ne bis in idem nach Artikel 54 des Schengener Durchführungsübereinkommens, S. 39 f.; *Kniebühler,* Transnationales „ne bis in idem", S. 169 f. und *Specht,* Die zwischenstaatliche Geltung des Grundsatzes ne bis in idem, S. 129 f., die sich insbesondere der Auslegung des Art. 54 SDÜ widmen. *Mansdörfer,* Das Prinzip des ne bis in idem im europäischen Strafrecht, S. 15 f., beschäftigt sich zwar mit den unterschiedlichen Wirkrichtungen europäischer ne bis in idem-Regelungen (insbesondere Art. 4 des 7. ZP der EMRK und Art. 54 SDÜ). Eine Behandlung zukünftiger, hypothetischer Konstellationen aus dem Bereich des Kriminalstrafrechts unter Beteiligung der EU findet jedoch nicht statt. Zu *Mansdörfer,* siehe auch: *Esser,* JR 2005, S. 218 f. (Rezension). Ferner siehe: *Mayer,* Ne-bis-in-idem -Wirkung europäischer Strafentscheidungen, S. 15 f. Auch: *Liebau,* „Ne bis in idem" in Europa, S. 27 f., widmet sich im Schwerpunkt der Geltung des Grundsatzes im europäischen Kartellrecht sowie im Verhältnis zu Drittstaaten.

eine Vielzahl potentieller Doppelbestrafungskonstellationen, in denen Art. 50 GRCh zur Anwendung kommen könnte. In den unterschiedlichen Konstellationen ergeben sich verschiedene Rechtsgebiete, in denen mitgliedstaatliche oder europäische Institutionen an die Norm gebunden sein könnten. Die Anwendbarkeit europäischer ne bis in idem-Regelungen außerhalb des Kriminalstrafrechts wird – mit Ausnahme des europäischen Kartellrechts – in der Wissenschaft bislang kaum erörtert.[6]

Die Untersuchung der genannten Problemstellungen stellt den Kern der Abhandlung dar. Die Erforschung des Anwendungsbereichs des Art. 50 GRCh wird dabei in verschiedene Fallgruppen unterteilt. Nachdem im Rahmen einer ersten Fallgruppe erörtert wird, inwieweit Art. 50 GRCh in rein nationalen ne bis in idem-Konstellationen innerhalb desselben Mitgliedstaates eingreift, wird in einer zweiten horizontalen Fallgruppe überprüft, inwiefern die Norm in Konstellationen Anwendung findet, in denen sich zwei Mitgliedstaaten der EU bei der Verfolgung gegenübersehen. In einer dritten Fallgruppe wird untersucht, ob Art. 50 GRCh auch in rein europäischen Konstellationen greift, in denen z.B. dieselbe europäische Institution mehrfach tätig werden will, während im Rahmen einer vierten Fallgruppe diejenigen Konstellationen erforscht werden, in denen sowohl mitgliedstaatliche als auch europäische Institutionen dieselbe Tat verfolgen wollen. Im Rahmen einer fünften und letzten Fallgruppe wird abschließend auf die Anwendung der Norm im Verhältnis zu Drittstaaten eingegangen.

Um ein besseres Verständnis des Art. 50 GRCh zu ermöglichen, soll der Prüfung des Anwendungsbereichs eine kurze Darstellung der geschichtlichen Entwicklung des ne bis idem-Grundsatzes vorangestellt werden. Für die spätere Auslegung der Norm erweist es sich zudem als unabdingbar, die Entstehung der GRCh im Kontext der europäischen Grundrechte sowie insbesondere die gesetzgeberische Entwicklung des Art. 50 GRCh näher zu beleuchten. Denn auch in der europäischen Auslegungslehre gilt: Je jünger eine Norm ist, desto höher

---

6 Die Anwendung des ne bis in idem-Grundsatzes im europäischen Kartellrecht wird umfangreich aufgearbeitet in: *Roesen,* Mehrfache Sanktionen im internationalen und europäischen Kartellrecht S. 1 f.; *Kruck,* Der Grundsatz ne bis in idem im Europäischen Kartellverfahrensrecht, S. 21 f. Einzig *Böse*, Strafen und Sanktionen im Europäischen Gemeinschaftsrecht, S. 171 f., S. 385 f., *Heitzer*, Punitive Sanktionen im europäischen Gemeinschaftsrecht, S. 170 f. und *Mansdörfer,* Das Prinzip des ne bis in idem im europäischen Strafrecht, S. 224 f. beschäftigen sich mit der grundsätzlichen Möglichkeit, europäische ne bis in idem-Regelungen auch außerhalb des Kriminalstrafrechts anzuwenden, wobei sich die Arbeiten von *Heitzer* und *Böse* im Kern nicht dem ne bis in idem-Grundsatz widmen. Auf deren Ausführungen wird an maßgebender Stelle näher eingegangen.

ist die Bedeutung der Genese für ihre Auslegung. Umgekehrt verliert sie mit zunehmendem Alter an Gewicht.[7] Auch diese Untersuchung soll daher der des Anwendungsbereichs vorhergehen.

7 *Köndgen,* in: Riesenhuber, Europäische Methodenlehre, § 7, Rn 42.

II. Geschichtliche Entwicklung

1. Herkunft und Entwicklung des ne bis in idem-Grundsatzes

a) Attisches und römisches Recht

Erforscht man die Ursprünge des ne bis in idem-Grundsatzes, so stößt man auf die griechische Antike. Die Unübersichtlichkeit der Verknüpfungen, welcher Rhetor[8] nun wessen Schüler oder Lehrer war, sowie die an vielen Stellen zu Tage tretenden Unklarheiten, welcher Rhetor letztlich von wem abschrieb, nur ähnlich formulierte oder gar eigenes zur Entwicklung des Grundsatzes beizusteuern vermochte, machen eine punktgenaue Datierung oder Zuordnung des Grundsatzes zu einem bestimmten Rhetor – als Urheber des Grundsatzes – unmöglich. Die Suche endet dennoch meist bei dem bedeutenden athenischen Staatsmann und Redner Demosthenes[9], welcher im vorchristlichen vierten Jahrhundert lebte. Er griff in einer seiner Gerichtsreden auf athenisches Gesetz zurück, welches die Erhebung einer Zivil- oder Strafklage verbot, wenn aufgrund derselben Sache schon einmal geklagt worden war.[10] Dabei wurde wohl nur Rechtshängigkeit der früheren Klage vorausgesetzt und nicht auch ein Urteil. Diese aus heutiger Sicht relevante Differenzierung darf aber nicht überbewertet werden, da alle aus dieser Zeit hervorgebrachten Beispielsfälle der griechischen Rhetoren immer mit einem Urteil abgeschlossen wurden.[11] Ohnehin waren die Rhetoren für ihre Unempfänglichkeit gegenüber juristischen Details bekannt. Ihre Aufgabe sahen Sie vielmehr in einem systematisch geordneten Bereitstellen von Argumentationsweisen, mit denen jede Rechtsansicht begründet werden konnte, je nachdem, wie es die übernommene Aufgabe forderte.[12]

Im römischen Recht findet sich der Grundsatz erstmals in dem sog. „lex Acilia repetundarum"[13], welches aus der Zeit des Gaius Gracchus, wahrscheinlich

---

8 Die Rhetoren waren bei den antiken Griechen Redner, sowie dann auch Lehrer der Beredsamkeit. Die Rhetorik gelang im 2. Jahrhundert v.Chr. nach Rom. Näheres hierzu: *Liebs*, ZRG Rom. Abt., 1967, S. 108.

9 Näheres zu „Demosthenes": *Wolff*, Demosthenes als Advokat, S. 1 f.

10 *Liebs*, ZRG 1967, Rom. Abt., S. 121; *Sellert*, in: Erler/Kaufmann, Handwörterbuch zur deutschen Rechtsgeschichte, Band 3, „ne bis in idem", S. 940.

11 *Liebs*, ZRG 1967, Rom. Abt., S. 121 f.

12 *Liebs*, ZRG 1967, Rom. Abt., S. 108.

13 Die „Lex Acilia repetundarum" betraf den Repetundenprozeß, d.h. ein Gerichtsverfahren zugunsten der Bürger der römischen Provinzen, in dem die Provinzialen gegen römische Amtspersonen wegen Erpressung in den Untertanengebieten vorgehen konnten.

aus den Jahren 122/123 v. Chr. stammte.[14] Wer nach diesem Repetundengesetz verurteilt oder freigesprochen war, war vor einem zweiten Verfahren geschützt.[15] Ob der Grundsatz neben seiner Geltung in diesem Spezialgesetz auch im sonstigen öffentlichen römischen Strafprozess galt, ist umstritten.[16] Der öffentliche Strafprozess trat in der römischen Antike grundsätzlich in zwei Formen auf, dem Akkusationsverfahren und dem Kognitionsverfahren. Zu Zeiten der römischen Republik galt zunächst das Kognitionsverfahren in seiner älteren Gestalt. Es zeichnete sich durch seine Formlosigkeit aus. Ein magistratischer Gemeindevertreter konnte den Prozess nach Belieben steuern. Er führte die Ermittlungen durch und fällte das Urteil.[17] Das Wesen dieser Prozessform war mit einem Institut der heutigen Rechtskraft unvereinbar. Es ist davon auszugehen, dass auch der ne bis in idem-Grundsatz zu dieser Zeit im öffentlichen Strafverfahren nicht galt.[18] Um dieser magistratischen Willkür entgegenzutreten, fand im letzten Jahrhundert der Republik und zu Beginn des Prinzipats eine völlige Umgestaltung des Strafverfahrens hin zum Akkusationsprozess statt. Die Ermittlungen sowie die Anklage wurden dem Magistrat entzogen und einer Privatperson überlassen. Jedem Bürger war es nun erlaubt, als Ankläger aufzutreten, um das verletzte öffentliche Interesse wiederherzustellen (Popularklage). Diese Klageerhebung vor dem Magistrat wurde dem eigentlichen Gerichtsverfahren in einem Vorverfahren, der sog. „anquisitio", vorangestellt. Das Strafverfahren teilte sich demnach in zwei Akte, der „anquisitio" sowie dem eigentlichen Gerichtsverfahren vor den Geschworenen – dem sog. „iudicium publicum" – welche sodann das Urteil unter Vorsitz des Magistrats fällten.[19] Diese grundlegenden Veränderungen verdankte man der „lex Iulia iudiciorum publicorum", welches um 17 v.Chr. durch die Gerichtsreform des Augustus[20] erlassen wurde.[21] Dieses Gesetz stellte dem Angeklagten auch eine Einrede der Rechtskraft, die sog. „exep-

Siehe dazu: *Landau*, ZRG 1970, Kan. Abt., S. 125 f.; *Waldstein/Rainer*, Römische Rechtsgeschichte, § 18, Rn 28; *Mommsen*, Römisches Strafrecht, S. 705 f.

14 *Landau*, ZRG 1970, Kan. Abt., S. 124; auch *Liebs*, ZRG 1967, Rom. Abt., S. 130 f., der aber eine kriminalgesetzliche Regelung des Grundsatzes erst in der „lex Iulia iudiciorum publicorum" unter Augustus betont; vgl. S. 125 f.

15 *Landau*, ZRG 1970, Kan. Abt., S. 125.

16 Siehe dazu: *Liebs*, ZRG 1967, Rom. Abt., S. 125 f.

17 *Mommsen*, Römisches Strafrecht, S. 340 f.

18 Siehe dazu: *Liebs*, ZRG 1967, Rom. Abt., S. 125 f.

19 *Mommsen*, Römisches Strafrecht, S. 342 f.

20 Zunächst seine Herrschaft im Triumvirat begonnen, schaffte es „Octavianus" (63 v.Chr. bis 14 n.Chr.) sich als Alleinherrscher durchzusetzen. Näheres dazu: *Liebs*, Römisches Recht, S. 45 f.; *Waldstein/Rainer*, Römische Rechtsgeschichte, § 26, Rn 1 f.; *Grimal*, Römische Kulturgeschichte, S. 517.

21 Waldstein/*Rainer*, Römische Rechtsgeschichte, § 12, Rn 21.

tio rei iudicatae", zur Seite; eine dem ne bis in idem-Grundsatz entsprechende Regelung.[22] Wer von nun an in einem iudicium publicum freigesprochen wurde, konnte somit faktisch nicht mehr wegen derselben Sache angeklagt werden. Als Ausnahme galt jedoch – wie schon im Repetundengesetz – der Fall der Prävarikation[23] des Anklägers. Konnte der zweite Ankläger die Prävarikation des ersten Anklägers nachweisen und eine Verurteilung erreichen, so wurde eine zweite Anklage in derselben Sache erlaubt.[24] Eine weitere Ausnahme vom Prinzip der Rechtskraft des Strafurteils gab es für den Fall des Freispruchs nach Anklage durch einen Dritten. Der Verletzte galt dann als höher berechtigt, so dass man ihm die erneute Möglichkeit zur Einleitung eines Prozesses gewährte, sofern er nachweisen konnte, von der ersten Anklage nichts gewusst zu haben.[25]

Mit der Kaiserzeit traten jedoch zunehmend die mit der öffentlichen Klage verbundenen Probleme zu Tage, was dem Kognitionsprozess erneut zu Aufschwung verhalf. In seiner neueren Gestalt als Kaisergericht wurde der Kognitionsprozess zunächst als außerordentliches Verfahren – sog. „cognitio extra ordinem" – neben die ordentliche Strafgerichtsbarkeit gestellt. Um dem Bedürfnis nach größerer Schnelligkeit und Geschmeidigkeit gegenüber dem Akkusationsprozess gerecht zu werden, waren die Magistrate erneut an keinerlei Formvorschriften gebunden.[26] Die Gefahren einer fehlenden Rechtskraftwirkung erkennend, begann man jedoch schon bald, die Prinzipien des iudicium publicum auf den immer weiter im Vordringen befindlichen Kognitionsprozess zu übertragen. Es wird davon ausgegangen, dass zu Beginn des Prinzipats auch die Rechtskraft und der ne bis in idem-Grundsatz im Kognitionsprozess Anwendung fanden.[27] Grundsätzlich waren die „exeptio rei iudicatae" und somit auch der ne bis in idem-Grundsatz bis zu diesem Zeitpunkt sowohl für Verurteilungen als auch für Freisprechungen anerkannt.[28] Allerdings war es die Regel, dass sich die Rechts-

22 *Liebs*, ZRG 1967, Rom. Abt., S. 127; *Landau*, ZRG 1970, Kan. Abt., S. 128.

23 Die „Prävarikation" war im römischen Recht der Straftatbestand des Parteiverrats. Er verbot das einvernehmliche Zusammenwirken zwischen dem öffentlichen Ankläger und dem Angeklagten, um dessen Freispruch zu erreichen. Ein mögliches Motiv dafür war meist, dass dem Täter ohnehin eine Anklage durch Dritte drohte, so dass er sich mit Hilfe dieser Scheinklage z.B. durch einen engen Vertrauten zu einer Freisprechung oder milderen Bestrafung verhelfen konnte. Näheres dazu: *Mommsen*, Römisches Strafrecht, S. 501 f.

24 *Berner*, GA 1855, S. 481; *Landau*, ZRG 1970, Kan. Abt., S. 128.

25 *Berner*, GA 1855, S. 480 f.; *Landau*, ZRG 1970, Kan. Abt., S. 129; *Liebs*, ZRG 1967, Rom. Abt., S. 129 f.

26 *Waldstein/Rainer*, Römische Rechtsgeschichte, § 32, Rn 22 f., Rn 25.

27 So: *Liebs*, ZRG 1967, Rom. Abt., S. 129 f.

28 *Berner*, GA 1855, S. 479; *Schwarplies*, Die rechtsgeschichtliche Entwicklung des Grundsatzes „ne bis in idem", S. 18.

kraftwirkung des Strafurteils nur auf die rechtlich qualifizierte Tat beschränkte. Nach einem Freispruch wegen Mordes konnte ein zweites Strafverfahren wegen Straßenraubes bzgl. derselben Tat durchgeführt werden.[29] Erst unter Kaiser Titus[30] (39 bis 81 n.Chr.) wurde es erstmalig verboten, gegen den Delinquenten erneut Anklage wegen derselben Tat nach einem anderen Kriminalgesetz zu erheben.[31] Die Anwendung des Grundsatzes galt ferner nur für den Fall, dass das erste Verfahren auch tatsächlich zu einem Urteil geführt hatte. War dies z.B. aus Gründen der Abolition[32] oder der Tergiversation[33] nicht der Fall, konnten Dritte jederzeit erneut anklagen.

Erst in der letzten Epoche des römischen Reiches – dem Dominat – schwand die Anerkennung des ne bis in idem-Grundsatzes in Bezug auf freisprechende Urteile. In den Paulussentenzen,[34] welche auszugsweise in das Breviarium Alaricianum[35] aufgenommen wurden, wodurch ihr Inhalt erhalten blieb, war eine zweite Anklage nach einem Freispruch zulässig, solange sie nicht vom ersten Ankläger ausging. Dritte durften somit erneut anklagen. Von einer Rechtskraft eines freisprechenden Strafurteils konnte im Gegensatz zum klassischen römischen Recht nun keine Rede mehr sein.[36] Auch wenn Justinian[37] die entspre-

---

29 *Landau*, ZRG 1970, Kan. Abt., S. 131.

30 „Titus Flavius Vespasianus" war einer derjenigen römischen Kaiser mit der kürzesten Regierungszeit. Er konnte die Nachfolge als Kaiser nur für unter 2 Jahre bis zu seinem Tode übernehmen. Näheres dazu: *Grimal*, Römische Kulturgeschichte, S. 598.

31 *Liebs*, ZRG 1967, Rom. Abt., S. 130 f.

32 Die „Abolitio" war der Wegfall der anhängigen Strafklage durch z.B. den Wegfall des Strafrichters oder Anklägers oder die gesetzliche Niederschlagung des konkreten Prozesses. Näheres dazu: *Mommsen*, Römisches Strafrecht, S. 452 f.

33 Die „Tergiversatio" war der ungerechtfertigte Rücktritt von der Anklage, woraufhin dem Ankläger das Calumnienverfahren wegen missbräuchlicher Anrufung des Gerichts drohte. Näheres dazu: *Mommsen*, Römisches Strafrecht, S. 498 f.

34 Die „Paulussentenzen" sind eine Zusammenstellung von Schriften des Juristen Iulius Paulus und wohl noch anderen Vorlagen, deren Entstehungszeitraum um 300 n.Chr. vermutet wird. Sie überlieferten weithin das Recht der klassischen Zeit, sind aber im Original nicht mehr erhalten. Näheres dazu: *Schellenberg*, Die Interpretation zu den Paulussentenzen, S. 11.

35 Das „Lex Romana Visigothorum" (auch Breviarium Alaricianum genannt) ist die bedeutendste Rechtsquelle des römischen Reiches in der Übergangszeit von der Antike zum Mittelalter, welches vom westgotischen König Alarich II. als Gesetzbuch erlassen wurde. Näheres hierzu: *Siems*, in: Erler/Kaufmann, Handwörterbuch zur deutschen Rechtsgeschichte, Band 2, „Lex Romana Visigothorum", S. 1940 f.

36 *Sellert*, in: Erler/Kaufmann, Handwörterbuch zur deutschen Rechtsgeschichte, Band 3, „ne bis in idem", S. 941; *Landau*, ZRG 1970, Kan. Abt., S. 132 f.

37 „Justinian" (482 - 565 n.Chr.) gelang es als oströmischer Kaiser noch einmal das Imperium Romanum in neuem Glanz als hellinistisch-christliches Weltreich wiederaufer-

chenden Stellen der Paulussentenzen nicht in das Corpus Iuris Civilis[38] aufnahm, sondern an der Rechtskraft freisprechender Urteile im akkusatorischen Verfahren festhielt, kam diesem Festhalten kaum praktische Bedeutung zu. Das akkusatorische Verfahren war mittlerweile durch das altbekannte formlose Kognitionsverfahren vollständig verdrängt.[39]

Rückblickend fasste *Mommsen* die Entwicklung der Rechtskraft im römischen Reich zutreffend so zusammen, die Rechtskraft als Fundament eines jeden Rechtsstaates sei von dem römischen Rechtsstaat nur so lange aufrecht gehalten worden, wie er selber aufrecht stand.[40]

Darüber, ob der ne bis in idem-Grundsatz letztlich dem attischen oder römischen Recht entsprang, oder unabhängig voneinander entwickelt wurde, herrscht Unklarheit.[41]

b) Klassisches kanonisches Recht

Im 9. Jahrhundert n. Chr. fand der Grundsatz sodann Eingang ins kanonische Recht. Die Regelung des Grundsatzes aus den Paulussentenzen wurde in das Werk des Benedikt Levita[42] in abgeänderter Form übernommen. Die in den Paulussentenzen vorgenommene Einschränkung, der Grundsatz solle nur bei Identität des Anklägers greifen, wurde verworfen und erstmals ein allgemeines absolutes Anklageverbot nach erfolgtem Freispruch ohne jegliche Ausnahmen ausgesprochen.[43] Als Teil der pseudoisidorischen Fälschergruppe[44] beabsichtigte

stehen zu lassen. Er widmete sich in überdurchschnittlichem Maße der Rechtswissenschaft und der Gesetzgebung. Dazu: *Waldstein/Rainer*, Römische Rechtsgeschichte, § 43, Rn 1 f.

38 Das „Corpus Iuris Civilis“ sind die wohl bedeutendsten römischen Kodifikationen, vollendet um 535 n.Chr., bestehend aus drei Bänden und als Gesetz geltend. Sie beinhalten die Institutiones, die Digesta, den Codex Iustinianus sowie die Novellae leges. Näheres dazu: *Liebs*, Römisches Recht, S. 96 f., S. 101; *Waldstein/Rainer*, Römische Rechtsgeschichte, § 43, Rn 1 f.

39 *Landau*, ZRG 1970, Kan. Abt., S. 134.

40 *Mommsen*, Römisches Strafrecht, S. 451.

41 Für einen attischen Ursprung: *Liebs*, ZRG 1967, Rom. Abt., S. 117, S. 122; für einen römischen Ursprung: *Landau*, ZRG 1970, Kan. Abt., S. 124.

42 „Benedictus Levita“ war ein Fälscher der um 850 n.Chr. vorgab, die Kapitulariensammlung des Ansegis ergänzen und fortführen zu wollen. Tatsächlich benutzte er für seine Sammlung aber u.a. kirchliches und weltliches Recht wie z.B. das Lex Romana Visigothorum. Näheres dazu: *Schmitz,* in: Cordes/Lück/Werkmüller, Handwörterbuch zur deutschen Rechtsgeschichte, Band 1, „Benedictus Levita“, S. 519 f.

43 *Landau*, ZRG 1970, Kan. Abt., S. 136; *Berner*, GA 1855, S. 482.

Levita damit, die Anklagemöglichkeiten gegen Kleriker einzuschränken.[45] Der ne bis in idem-Grundsatz wurde also nach einer Abänderung der römischen Quellen wiederhergestellt. Dieser modifizierte Paulussentenzentext des Grundsatzes wurde sodann zu Beginn des 11. Jahrhunderts n.Chr. in das Dekret des Bischofs Burchard von Worms[46] aufgenommen.[47] Auch taucht der Grundsatz in den Dekretalensammlungen des Ivo von Chartres[48] sowie im Speculum iudiciale des Wilhelm Durantis[49] auf, welche den kanonischen Rechtsstoff umfassend darstellten.[50] Um eine Restitution des Verfahrens eines ggf. unschuldig Verurteilten zu ermöglichen, galt der Grundsatz im kanonischen Recht allerdings nur für freisprechende Urteile.[51] Nur dem Freigesprochenen wurde die Einrede der Rechtskraft (exeptio rei iudicatae) zur Verfügung gestellt. In dem Dekretbuch des Gratian[52] fand der Grundsatz sodann keinen Niederschlag. Hiernach galt nur ein Verbot einer zweiten Anklage während eines laufenden Verfahrens. Ob der Grundsatz nach ausgesprochenem Urteil greifen sollte, wurde offen gelassen.[53]

---

44 Näheres dazu: *Fuhrmann,* in: Erler/Kaufmann, Handwörterbuch zur deutschen Rechtsgeschichte, Band 4, „Pseudoisidorische Fälschungen“, S. 80 f.

45 *Landau,* ZRG 1970, Kan. Abt., S. 136.

46 „Burchard von Worms“ wurde im Jahre 1000 von Otto III. zum Bischof von Worms ernannt und erarbeitete eine der damalig bedeutendsten Sammlungen kanonischen Rechts. Dazu: *Müller,* in: Cordes/Lück/Werkmüller, Handwörterbuch zur deutschen Rechtsgeschichte, Band 1, „Burchard von Worms“, S. 734 f.

47 *Landau,* ZRG 1970, Kan. Abt., S. 138.

48 „Ivo von Chartres“ wurde im Jahre 1090 Bischof von Chartres und verfasste mehrere Dekretalensammlungen wie z.B. die „Panormia“. Hierzu: *Schott,* in: Erler/Kaufmann, Handwörterbuch zur deutschen Rechtsgeschichte, Band 2, „Ivo von Chartres“, S. 510 f.

49 „Wilhelm Durantis“ wurde 1285 zum Bischof von Mende ernannt, wo er sein Werk „Speculum iudiciale“ verfasste. Näheres hierzu: *Lepsius,* in: Cordes/Lück/Werkmüller, Handwörterbuch zur deutschen Rechtsgeschichte, Band 1, „Durantis Guilelmus“, S. 1168 f.

50 *Landau,* ZRG 1970, Kan. Abt., S. 139 f.

51 *Schwarplies,* Die rechtsgeschichtliche Entwicklung des Grundsatzes „ne bis in idem“, S. 20; *Berner,* GA 1855, S. 482.

52 „Gratian“ – Begründer der kirchlichen Rechtswissenschaft – verfasste um 1140 sein berühmtes Decretum, welches später den ersten Teil des Corpus Juris Canonici bildete. Siehe hierzu: *Merzbacher,* in: Erler/Kaufmann, Handwörterbuch zur deutschen Rechtsgeschichte, Band 1, „Gratian“, S. 1798 f.

53 *Landau,* ZRG 1970, Kan. Abt., S. 141.

c) Der Einfluss des Inquisitionsverfahrens

Mit den Dekretalen von Innocenz III.[54] wurde mit Beginn des 13. Jahrhunderts das Inquisitionsverfahren neben das alte akkusatorische Verfahren als neue Verfahrensart gestellt, welches letzteres mit der Zeit auch verdrängte. Mit der steigenden Einflussnahme inquisitorischer Elemente kam es letztlich zur faktischen Aufhebung des Grundsatzes.[55] Maßgebend dafür waren die immer weiter voranschreitende Konzentrierung sämtlicher Macht bei der Obrigkeit sowie das unermüdliche Streben nach der materiellen Wahrheit. Diesem staatlichen Anspruch mussten die Interessen der Individuen und mithin auch der Grundsatz der Rechtskraft weichen.[56] Um dieses Vorgehen rechtlich zu untermauern, wurde die sog. „absolutio ab instantia" erfunden, das Institut der Instanzenentbindung. Bei Freisprüchen unterschied man zwischen unbedingtem Freispruch und Instanzenentbindung. Eine Verurteilung oder ein unbedingter Freispruch waren nur dann auszusprechen, wenn der Richter zu einer vollkommenen Überzeugung gelangt war. Bestand nur die Wahrscheinlichkeit der Schuld, dann entließ der Richter den Angeklagten aus der Instanz. Das Verfahren wurde vorläufig bis zum Aufkommen neuer Verdachtsmomente und unter gleichzeitiger Verhängung einstweiliger Sicherungsmaßnahmen eingestellt. Der Entbundene musste also jederzeit mit einer Fortsetzung seines Verfahrens rechnen.[57] Dieses Institut wurde repräsentativ für das Inquisitionsverfahren. Demgegenüber hing das Anklageverfahren mit der Anerkennung der Rechtskraft und des ne bis in idem-Grundsatzes untrennbar zusammen.

Das Institut der „absolutio ab instantia" wurde erst im Laufe des 17. Jahrhunderts von seinem italienischen Ursprung ins deutsche Recht übertragen[58], nachdem auch hier das Inquisitionsverfahren zur Regel geworden war. Die

---

54 „Papst Innozenz III." (1160 bis 1216 n.Chr.) wird u.a. auch „Juristenpapst" bezeichnet, da er mit seiner kontinuierlichen Dekretalenproduktion große Beiträge zum kanonischen Recht leistete. Hierzu: *Landau*, Kanones und Dekretalen, S. 333 f.

55 *Schwarplies*, Die rechtsgeschichtliche Entwicklung des Grundsatzes „ne bis in idem", S. 22 f.; *Küßner*, GA 1855, S. 199; *Landau*, ZRG 1970, Kan. Abt., S. 149.

56 *Schwarplies*, Die rechtsgeschichtliche Entwicklung des Grundsatzes „ne bis in idem", S. 23. Näheres zur geschichtlichen Entwicklung des Inquisitionsprozesses siehe: *Schlosser*, in: Erler/Kaufmann, Handwörterbuch zur deutschen Rechtsgeschichte, Band 2, „Inquisitionsprozess", S. 378 f.

57 Näheres dazu: *Spinellis*, Die materielle Rechtskraft des Strafurteils, S. 4 f.; *Schwarplies*, Die rechtsgeschichtliche Entwicklung des Grundsatzes „ne bis in idem", S. 22 f., S. 30; *Küßner*, GA 1855, S. 199.

58 Näheres dazu: *Schwarplies*, Die rechtsgeschichtliche Entwicklung des Grundsatzes „ne bis in idem", S. 43 f.

Carolina Karls V.[59] hatte weder eine dem ne bis in idem-Grundsatz vergleichbare Regelung[60], noch das Institut der „absolutio ab instantia“ enthalten[61]. Sie hatte den Akkusationsprozess zwar noch als die ordentliche Prozessform vorgesehen, dem Inquisitionsprozess jedoch Vorrang eingeräumt.[62]

Generell beeinflusste das auf der Kanonistik und dem römischen Recht aufbauende italienische gemeinrechtliche Strafrecht des 16. Jahrhunderts in großem Maße das weltliche Strafverfahrensrecht im deutschen Raum.[63]

d) Aufklärung und Moderne

Erst durch die Aufklärung wurde die gedankliche Grundlage für einen späteren Umschwung geschaffen. Der ihr entspringende Gedanke des Staatsvertrages sowie die Vorstellung, jedes Individuum solle nur so viel von seiner Freiheit opfern, wie es ein geordnetes Zusammenleben erfordere, vertrugen sich nicht mit dem Wesen des Inquisitionsprozesses. Der mit der französischen Revolution verbundene Umschwung bewirkte eine erstmalige Festsetzung des Grundsatzes in der französischen Verfassung von 1791.[64] Als Folge der englischen und französischen Einflüsse war die badische Gesetzgebung zu Beginn des 19. Jahrhunderts die erste deutsche Kodifikation, welche die „absolutio ab instantia“ nicht mehr zuließ.[65] Die Gesetze, welche 1846 zur preußischen Kriminalordnung von

---

59 Die „Constitutio Criminalis Carolina“ des Karl V. war das Ergebnis der gegen Ende des 15. Jahrhunderts einsetzenden Reformationsbestrebungen des Reiches auf dem Gebiete des Strafrechts. Näheres dazu: *Lieberwirth,* in: Cordes/Lück/Werkmüller, Handwörterbuch zur deutschen Rechtsgeschichte, Band 1, „Constitutio Criminalis Carolina“, S. 886 f.

60 *Sellert*, in: Erler/Kaufmann, Handwörterbuch zur deutschen Rechtsgeschichte, Band 3, „ne bis in idem“, S. 941.

61 *Holzhauer,* in: Erler/Kaufmann, Handwörterbuch zur deutschen Rechtsgeschichte, Band 2, „Instanzenentbindung“, S. 388.

62 Der private Kläger hatte dem Fiskal Sicherheit zu leisten und sich in Gefangenschaft zu begeben sowie zivilrechtlich für den Prozessausgang zu haften. Es kam daher kaum mehr zu privaten Anklagen. Hierzu: *Rüping/Jerouschek*, Grundrisse der Strafrechtsgeschichte, S. 53 f.

63 *Landau*, ZRG 1970, Kan. Abt., S. 152; *Sellert,* in: Erler/Kaufmann, Handwörterbuch zur deutschen Rechtsgeschichte, Band 3, „ne bis in idem“, S. 941.

64 *Spinellis*, Die materielle Rechtskraft des Strafurteils, S. 6.

65 Näheres dazu: *Schwarplies*, Die rechtsgeschichtliche Entwicklung des Grundsatzes „ne bis in idem“, S. 51 f.

1805 erlassen wurden, waren wohl die ersten, welche den Akkusationsprozess wiedereinführten.[66]

Alle Partikulargesetzgebungen bis hin zur Reichsprozessordnung von 1877 durchlebten im 19. Jahrhundert eine gleiche Entwicklung. Zunächst wurde das Anklageverfahren wieder eingeführt und das Institut der „absolutio ab instantia" abgeschafft. Dies führte zu einer ernsthaften Anerkennung der Rechtskraft von Urteilen sowie des ne bis in idem-Grundsatzes.[67] Die Reichsprozessordnung regelte den Grundsatz nicht ausdrücklich, setzte ihn aber stillschweigend in vielen ihrer Vorschriften voraus.[68] Entsprechend war der Grundsatz schon früh in der Rechtsprechung des Reichsgerichts anerkannt.[69]

e) Gewährleistung während und nach dem Nationalsozialismus

Während der Zeit des Nationalsozialismus erfuhr die Anerkennung des Grundsatzes ihren bislang letzten gewichtigen Rückschlag. Das an den rechtsstaatlichen Grundsätzen orientierte Strafverfahren der Reichsprozessordnung hinderte die Nationalsozialisten an einer effizienten Durchsetzung ihrer Ideologie. Nationalsozialistisches Recht hatte der Verwirklichung der nationalsozialistischen Weltanschauung zu dienen. Demgemäß mussten auch viele Verfahrensgrundsätze immer dann zurücktreten, wenn sie einem dem „gesunden Volksempfinden" gerecht erscheinenden Ergebnis entgegenstanden. Davon war der ne bis in idem-Grundsatz nicht ausgenommen. Der Volksgerichtshof führte in einer Entscheidung 1938 aus:

> „Der Grundsatz, daß eine Strafklage nicht von neuem erhoben werden kann, wenn über dieselbe Tat bereits durch Urteil rechtskräftig entschieden worden ist, muß jedoch in einem Fall wie dem vorliegenden eine Ausnahme erleiden. Das Ergebnis würde sonst sein,... daß aber das eigentliche schwere Verbrechen keine Sühne finden würde. Dieses Ergebnis ist widersinnig und schlägt jedem gesunden Rechtsempfinden ... ins Gesicht. Der Schutz des Staates und des Volkes geht der Anwendung

---

66 *Schwarplies*, Die rechtsgeschichtliche Entwicklung des Grundsatzes „ne bis in idem", S. 105; *Rüping/Jerouschek*, Grundrisse der Strafrechtsgeschichte, S. 108.

67 *Schwarplies*, Die rechtsgeschichtliche Entwicklung des Grundsatzes „ne bis in idem", S. 104 f. Zu dieser Übergangsphase am Beispiel des preußischen Rechts siehe: *Küßner*, GA 1855, S. 201 f.

68 Siehe dazu: *Spinellis*, Die materielle Rechtskraft des Strafurteils, S. 7 f.

69 RGSt 2, S. 347 f., S. 348; RGSt 49, S. 272 f., S. 274. Näheres hierzu: *Specht*, Die zwischenstaatliche Geltung des Grundsatzes ne bis in idem, S. 11 f.

von Verfahrensgrundsätzen vor, wenn diese in ihrer letzten Folge zum Widersinne führen".[70]

Die Umgehung des Grundsatzes wurde auch gesetzlich manifestiert. Per Gesetz führte man 1939 einen außerordentlichen Einspruch des Oberreichsanwalts gegen rechtskräftige Urteile ein, sofern dieser schwerwiegende Bedenken gegen die Richtigkeit des Urteils hegte und eine neue Entscheidung für notwendig hielt.[71] Darüber hinaus führte man im Jahre 1940 die sog. Richtigkeitsbeschwerde des Oberreichsanwalts durch Verordnung ein.[72] Wenn dieser das rechtskräftige Urteil als grob materiell unrichtig ansah, so konnte er sie binnen eines Jahres nach Eintritt der Rechtskraft beim Reichsgericht einlegen. Das Reichsgericht konnte das angefochtene Urteil dann aufheben und in der Sache selbst entscheiden oder die Sache zurückverweisen.[73]

Nach Kriegsende nahmen die Verfassungsgesetzgeber der meisten Bundesländer den Grundsatz ausdrücklich in ihre Verfassungen auf, als Reaktion auf die im Nationalsozialismus geschehenen Missbräuche.[74] Der Parlamentarische Rat verankerte den Grundsatz in Art. 103 Abs. 3 des Grundgesetzes der Bundesrepublik. Die Verankerung in mehreren Länderverfassungen, die Einflussnahme der amerikanischen Besatzungsmacht sowie die Lehren aus dem Nationalsozialismus veranlassten ihn dazu.[75]

f) Ergebnis

Die geschichtliche Entwicklung des ne bis in idem-Grundsatzes zeigt dessen Reichtum an Gestaltungsmöglichkeiten auf. Jeder Epoche lassen sich für sie charakteristische Besonderheiten entnehmen. Die Nichtbeachtung und Unterdrückung des ne bis in idem-Grundsatzes zu Zeiten des Inquisitionsverfahrens und des Nationalsozialismus sollte aber nicht etwa auf die Möglichkeit des Verzichts, sondern vielmehr auf dessen herausragende Bedeutung hinweisen. Dem

70 VGH, DJ 1938, S. 1193.

71 Siehe: § 3 des „Gesetzes zur Änderung von Vorschriften des allgemeinen Strafverfahrens, des Wehrmachtstrafverfahrens und des Strafgesetzbuches", in: RGBl. 1939, Teil I 2, S. 1841 f., S. 1842.

72 Siehe: §§ 34 f. der „Verordnung über die Zuständigkeit der Strafgerichte, die Sondergerichte und sonstige strafverfahrensrechtliche Vorschriften", in: RGBl. 1940, Teil I 1, S. 405 f., S. 410.

73 Siehe: § 35 Abs. 4 der „Verordnung über die Zuständigkeit der Strafgerichte, die Sondergerichte und sonstige strafverfahrensrechtliche Vorschriften".

74 Dazu: *Rüping*, in: Bonner Kommentar zum GG, Art. 103 Abs. 3, Rn 7.

75 Dazu: *Nolte*, in: v.Mangoldt/Klein/Starck, GG-Kommentar, Band 3, Art. 103 Abs. 3, Rn 178.

klassischen kanonischen Recht ist eine absolutere und umfassendere Sichtweise der Anwendung des Grundsatzes zu verdanken, während sich aus dem römische Recht die Möglichkeit einer kontrollierten Billigung weniger Ausnahmen ergibt, wovon auch heute noch Gebrauch gemacht wird.

Auffallend bleibt, dass der Grundsatz niemals strikt und ausnahmslos sowohl für Freisprechungen als auch für Verurteilungen anerkannt und fixiert wurde. Die Angst der Hoheitsträger vor Gerechtigkeitseinbußen schien zu groß. Vielmehr hing der Grad der Gewährleistung und Stärke des ne bis in idem-Grundsatzes vom Grad der Rechtsstaatlichkeit der jeweiligen Staatsordnung ab. Je rechtsstaatlicher eine Staatsordnung fungierte, desto strikter fand auch der ne bis in idem-Grundsatz Anwendung.[76]

2. Herkunft und Entwicklung des Art. 50 GRCh

Losgelöst von der Entwicklung und Verankerung des Grundsatzes im deutschen Recht (Art. 103 Abs. 3 GG) stellt sich nun die Frage, wie es zu einer parallelen Normierung des Grundsatzes in europäischen Grundrechten kam, insbesondere des Art. 50 GRCh innerhalb einer eigenen europäischen Grundrechtskodifikation.

a) Entstehung der europäischen Grundrechte und der GRCh

aa) Grundrechtsjudikatur des EuGH

In den Gründungsverträgen EGKSV, EWGV und EAGV waren zunächst keine Bestimmungen über den Grundrechtsschutz Einzelner enthalten.[77] Wirtschaftlicher Zusammenschluss, Integration und Friedenssicherung standen im Vordergrund und Übergriffe in die Individualsphäre Einzelner erschienen als wenig wahrscheinlich.[78] Erst als in der zweiten Hälfte der sechziger Jahre die EWG Regulierungsstrukturen errichtet hatte und mit Sekundärrechtsakten die individuelle Handlungsfreiheit der Wirtschaftsteilnehmer immer mehr beschränkte,

76 Ähnlich *Mommsen* zur Rechtskraft im römischen Reich siehe: S. 5 f.

77 Es fanden sich lediglich einzelne Gewährleistungen, in der Regel im unmittelbaren Zusammenhang mit den Grundfreiheiten und Zielen des Gemeinsamen Marktes; *Nicolaysen*, in: Heselhaus/Nowak, Handbuch der Europäischen Grundrechte, § 1, Rn 1.

78 *Nicolaysen*, in: Heselhaus/Nowak, Handbuch der Europäischen Grundrechte, § 1, Rn 2 f.

entdeckte man die Notwendigkeit von grundrechtlichem Schutz. Der europäische Gerichtshof, von nationalen Gerichten im Wege des Vorabentscheidungsverfahrens (Art. 234 EGV a.F.[79]) angerufen, bezog nun erstmals zu der bis dato offen gelassenen Frage der Existenz gemeinschaftsrechtlicher Grundrechte Stellung und wurde von nun an rechtsfortbildend tätig.[80] In der Entscheidung „Stauder"[81] im Jahre 1969 wies er darauf hin, in den allgemeinen Grundsätzen der Gemeinschaftsrechtsordnung seien Grundrechte enthalten, und ihm obliege ebenso die Aufgabe, diese zu sichern. In der Entscheidung „Internationale Handelsgesellschaft"[82] im Jahre 1970 bestätigte der EuGH diese Entscheidung und entwickelte sie fort. Er bezeichnete erstmals die Beachtung der Grundrechte selbst als „allgemeinen Rechtsgrundsatz" und konstatierte, die Gewährleistung der Grundrechte müsse von den gemeinsamen Verfassungsüberlieferungen der Mitgliedstaaten getragen sein und nannte mithin eine erste Rechtserkenntnisquelle. Beide Entscheidungen bilden die Geburtsstunde der Grundrechtsjudikatur des EuGH, woraufhin mit der Zeit eine ausgedehnte und dichte grundrechtliche Schutzordnung entwickelt werden sollte.[83] Im Jahre 1975 wurde in der „Rutili"-Entscheidung sodann auch erstmals ausdrücklich die Europäische Menschenrechtskonvention (EMRK)[84] als weitere Rechtserkenntnisquelle genannt.[85]

Auch wenn die Rechtsprechung des EuGH sicherlich den geschichtlichen Schwerpunkt in der Entwicklung der europäischen Grundrechte darstellt, so muss auch der politische Einfluss – insbesondere in Form von Organerklärungen – Erwähnung finden. Das Europäische Parlament, der Rat der Europäischen Union und die Europäische Kommission (Kommission) verabschiedeten bereits 1977 eine gemeinsame Erklärung, in der es hieß: „Das Europäische Parlament,

---

79 Sofern die jeweilige Fassung des ehemaligen EGV nicht konkretisiert wird, handelt es sich um die letzt gültige Fassung, d.h. den Vertrag von Nizza. Siehe: ABl. EU, 2006, C 321, S. E/1 f.

80 Methodisch ist die Ermittlung des Standards der Gemeinschaftsgrundrechte dem Bereich der Lückenfüllung zuzurechnen, zu welcher der EuGH nach Art. 19 EUV legitimiert ist. Die Interpretation von Normen geht dabei in den Bereich der Rechtsfortbildung über. Hierzu näher: *Wegener*, in: Calliess/Ruffert, EUV/AEUV, Art. 19 EUV, Rn 17.

81 EuGH, Urt. v. 12.11.1969 – „Stauder/Ulm", Slg. 1969, S. 419 f.

82 EuGH, Urt. v. 17.12.1970 – „Internationale Handelsgesellschaft", Slg. 1970, S. 1125 f.

83 *Oppermann/Classen/Nettesheim*, Europarecht, § 17, Rn 2.

84 Die EMRK wurde unmittelbar nach der Gründung des Europarats von einer durch diese bestellte Kommission ausgearbeitet und am 4.11.1950 sodann in Rom unterzeichnet. Sie wurde zur Sicherung und Ergänzung der eigenen Grundrechtsgewährung der Mitgliedstaaten konzipiert; *Nicolaysen*, in: Heselhaus/Nowak, Handbuch der Europäischen Grundrechte, § 1, Rn 30 f.

85 EuGH, Urt. v. 28.10.1975 – „Rutili", Slg. 1975, S. 1219 f.

der Rat und die Kommission unterstreichen die vorrangige Bedeutung, die sie der Achtung der Grundrechte beimessen, wie sie insbesondere aus den Verfassungen der Mitgliedstaaten sowie aus der Europäischen Konvention zum Schutze der Menschenrechte und Grundfreiheiten hervorgehen. Bei der Ausübung ihrer Befugnisse und bei der Verfolgung der Ziele der Europäischen Gemeinschaften beachten sie diese Rechte und werden dies auch in Zukunft tun."[86] Diese Erklärung war erstmals deutlich umfassender als die auf Einzelfälle bezogene Rechtsprechung des EuGH.[87] Auch wenn sie keinen Rechtsakt der Gemeinschaft darstellte, so war sie doch rechtspolitisch von großer Bedeutung.[88] EuGH-Präsident Kutscher bewertete 1982 diese Bemühungen als hilfreich: „Ein Grundrechtskatalog, der auf die spezifischen Bedürfnisse der Europäischen Gemeinschaft zugeschnitten wäre, würde eine starke Ausstrahlungskraft entfalten."[89] In weiteren Entschließungen setzte das Europäische Parlament seine Bemühungen zur Achtung, Durchsetzung und Formulierung der Grundrechte fort.[90] Aufgrund dieser Bemühungen zog die Anerkennung der Grundrechte sukzessive in die Vertragstexte ein; beginnend 1986 mit der Präambel zur Einheitlichen Europäischen Akte[91], sowie 1992 mit Art. F Abs. 2 des Gründungsvertrages über die Europäische Union von Maastricht.[92]

86 Siehe: ABl. EU, 1977, C 103, S. 1.

87 *Mombaur*, in: Tettinger/Stern; Gemeinschaftskommentar zur EU-GRCh, B IV, Rn 6.

88 Als Reaktion auf die „Solange I"-Entscheidung des BVerfG im Mai 1974 wies die Erklärung die Lösung der Grundrechtsfrage dem Gemeinschaftsrecht zu und enthielt damit eine Ablehnung eines Geltungsanspruchs mitgliedstaatlicher Grundrechte. Ebenso enthielt sie die Anerkennung der gemeinschaftsrechtlichen Grundrechte durch die erklärenden Organe im Sinne einer Absichtserklärung mit dem Ziel ihrer Selbstbindung. *Nicolaysen*, in: Heselhaus/Nowak, Handbuch der Europäischen Grundrechte, § 1, Rn 49.

89 Dazu: *Mombaur*, in: Tettinger/Stern; Gemeinschaftskommentar zur EU-GRCh, B IV, Rn 6 m.w.N.

90 Siehe dazu: *Knecht*, in: Schwarze, EU-Kommentar, GRCh Präambel, Rn 5; *Nicolaysen*, in: Heselhaus/Nowak, Handbuch der Europäischen Grundrechte, § 1, Rn 51 f.

91 „...entschlossen, gemeinsam für die Demokratie einzutreten, wobei sie sich auf die in den Verfassungen und Gesetzen der Mitgliedstaaten in der Europäischen Konvention zum Schutze der Menschenrechte und Grundfreiheiten und der Europäischen Sozialcharta anerkannten Grundrechte, insbesondere Freiheit, Gleichheit und soziale Gerechtigkeit stützen,..."; ABl. EG, 1987, L 169, S. 2.

92 „Die Union achtet die Grundrechte, wie sie in der am 4. Nov. 1950 in Rom unterzeichneten Europäischen Konvention zum Schutze der Menschenrechte und Grundfreiheiten gewährleistet sind und wie sie sich aus den gemeinsamen Verfassungsüberlieferungen der Mitgliedstaaten als allgemeine Grundsätze des Gemeinschaftsrechts ergeben.";

bb) Grundrechtekonvent

Den Durchbruch und Startschuss zu einem gemeinsamen Kodex schaffte dann der Europäische Rat auf seiner Tagung in Köln am 3./4. Juni 1999. In den Schlussfolgerungen fasste der Vorsitzende zusammen: „Der Europäische Rat ist der Auffassung, dass im gegenwärtigen Entwicklungsstand der Europäischen Union die auf der Ebene der Union geltenden Grundrechte in einer Charta zusammengefasst und dadurch sichtbarer gemacht werden sollten. Er hat hierzu den als Anhang IV beigefügten Beschluss gefasst. Der künftige Vorsitz wird gebeten, bis zur Sondertagung des Europäischen Rates in Tampere am 15./16. Oktober 1999 die Voraussetzungen für die Umsetzung dieses Beschlusses zu fassen."[93] Im Folgenden erarbeitete der Europäische Rat in seiner Tagung im Oktober 1999 in Tampere einen weiteren Beschluss, der die Zusammensetzung und das Arbeitsverfahren des Gremiums zur Ausarbeitung des Entwurfs der europäischen Grundrechtscharta regelte.[94] Auf dessen Geheiß trat der „Grundrechtekonvent" am 17.12.1999 zu einer Eröffnungssitzung zusammen und wählte dabei den ehemaligen deutschen Bundespräsidenten Roman Herzog zu seinem ständigen Vorsitzenden. Man tagte in insgesamt 18 Sitzungen, die sich i.d.R. jeweils über zwei Tage erstreckten, über einen Zeitraum neun Monaten. Die Abschlusssitzung fand bereits am 2.10.2000 statt. Der Konvent arbeitete unter erheblichem Zeitdruck und erfüllte damit sogar die Forderung, der Entwurf solle bereits dem Europäischen Rat in seiner informellen Sitzung in Biarritz im Oktober 2000 zu einer ersten Begutachtung vorliegen, um später sodann – wie auch tatsächlich geschehen – bei der formellen Tagung des europäischen Rates in Nizza und zum Abschluss der französischen Ratspräsidentschaft im Dezember 2000 proklamiert werden zu können.[95] Die Charta wurde zwar nicht Bestandteil des Nizza-Vertrages und erlangte keine Rechtsverbindlichkeit, erhielt aber bereits rechtspolitisches Gewicht.[96]

ABl. EG, 1992, C 191, S. 1 f. Der Artikel ist wortgleich mit dem späteren Art. 6 Abs. 2 des Vertrages über die Europäische Union von Amsterdam.

93 Der Inhalt des Beschlusses ist abgedruckt bei: *Mombaur*, in: Tettinger/Stern; Gemeinschaftskommentar zur EU-GRCh, B IV, Rn 11.

94 Der Inhalt des Beschlusses ist abgedruckt bei: *Mombaur*, in: Tettinger/Stern; Gemeinschaftskommentar zur EU-GRCh, B IV, Rn 12.

95 Siehe die damalige Chartafassung in: ABl. EU, 2000, C 364, S. 1 f.

96 Nach anfänglicher Zurückhaltung wurde sie sowohl vom EuGH als auch von den Generalanwälten zur Auslegung herangezogen. Eine Selbstbindung der europäischen Organe, die von den Vertretern der Organe selbst ins Auge gefasst wurde, ist abzulehnen. Näher hierzu: *Knecht*, in: Schwarze, EU-Kommentar, GRCh Präambel, Rn 11.

cc) Verfassungskonvent und Scheitern des Verfassungsvertrages

Unmittelbar nach Nizza beschloss der Europäische Rat im Dezember 2001 mit der „Erklärung von Laeken zur Zukunft der europäischen Union", einen zweiten – nach Vorbild des ersten – „Konvent über die Zukunft Europas" unter dem Vorsitz des ehemaligen französischen Staatspräsidenten Giscard d`Estaing einzuberufen.[97] Der Konvent entschied sich für die Inkorporierung der Grundrechtscharta in den von ihm vorgeschlagenen „Vertrag über die Verfassung für Europa" als Teil II dieser Verfassung.[98]

Dieser Vorschlag war sodann Grundlage für eine monatelange Regierungskonferenz i.S.d. Art. 48 EUV a.F.[99] über eine Verfassung für Europa, welche den letztendlichen Vertragstext festzulegen hatte. Die Regierungskonferenz erzielte eine politische Einigung und konnte am 18.06.2004 in Brüssel ihren erarbeiteten Entwurf verabschieden. Am 29.10.2004 wurde der verabschiedete Text sodann in Rom von den Staats- und Regierungschefs unterzeichnet und konnte den Mitgliedstaaten zur Ratifizierung zugeleitet werden. Ursprünglich sollte er am 01.11.2006 in Kraft treten. Nach ablehnenden Referenden in Frankreich und den Niederlanden[100] konnte die nötige Ratifizierung aller Mitgliedstaaten jedoch nicht mehr erreicht werden, obwohl der Inhalt des Verfassungsvertrages auch für die Zukunft wesentlich bleiben sollte.

dd) Vertrag von Lissabon

Nach einer zweijährigen „Reflektionsphase" erarbeitete der Europäische Rat auf seiner Tagung in Brüssel am 21.-23. Juni 2007 ein ungewöhnlich detailliertes Mandat für eine neue Regierungskonferenz, was die Wiederaufnahme des Reformprozesses einläutete.[101] Die Regierungskonferenz beendete ihre Arbeit am

97 Inhalt dieses Konvents war nun die institutionelle Reform der Europäischen Union, um mehr Demokratie, Transparenz und Effizienz in der Europäischen Union zu erzielen; so die immer wieder anzutreffenden Schlagworte in der Erklärung von Laeken zur Zukunft der Europäischen Union, „Die Herausforderungen und Reformen in einer erneuerten Union". Es galt die Handlungsfähigkeit der Union trotz bevorstehender Osterweiterung zu bewahren, das viel beklagte Demokratiedefizit abzubauen, die Mitgliedstaaten besser vor der „Regulierungswut" der EU zu schützen sowie den Status der Grundrechtscharta zu klären; *Oppermann/Classen/Nettesheim*, Europarecht, § 3, Rn 9.

98 Art. II-61 bis II-114 VVE.

99 Sofern lediglich von der alten Fassung des EUV ohne nähere Konkretisierung die Rede ist, handelt es sich um die letzt gültige Fassung vor Inkrafttreten des Vertrages von Lissabon, d.h. dem Vertrag von Nizza. Siehe: ABl. EU, 2006, C 321, S. E/1 f.

100 55% „Nein" im französischen und 62% „Nein" im holländischen Referendum.

101 Der Regierungskonferenz oblag nun grundsätzlich die Aufgabe, die Neuerungen, welche auf der Regierungskonferenz 2004 erarbeitet wurden, in die bestehenden Verträge

18.10.2007. Über den endgültigen Wortlaut des Vertrages konnte sodann bei der informellen Tagung des Europäischen Rates am 18./19. Oktober 2007 eine politische Einigung erzielt werden, so dass der Vertrag am 13.12.2007 bei der Tagung des Europäischen Rates in Lissabon unterzeichnet werden konnte. Ursprünglich sollte dieser „Vertrag von Lissabon" am 01.01.2009 in Kraft treten. Nach einem ablehnenden irischen Referendum im Juni 2008 verzögerte sich jedoch der ursprüngliche Zeitplan. Erst ein zweites irisches Referendum im Oktober 2009 brachte den gewünschten Erfolg, und der Vertrag konnte am 01.12.2009 in Kraft treten.

Der Vertrag von Lissabon besteht aus dem Vertrag über die Europäische Union in einer neuen Variante (EUV) und dem Vertrag über die Arbeitsweise der Europäischen Union (AEUV), welcher den alten EG-Vertrag ersetzt.[102] Die Verträge stehen gem. Art. 1 UAbs. 3 S. 2 EUV im Rang nebeneinander. Angehängte Protokolle erläutern und ergänzen die Verträge an einigen Stellen.

Anders als im gescheiterten Verfassungsvertrag ist die Grundrechtscharta nicht in den Vertragstext aufgenommen. Die Inhalte der Grundrechtscharta werden jedoch durch einen Verweis in Art. 6 Abs. 1 UAbs. 1 EUV anerkannt und für rechtsverbindlich erklärt. Die Charta steht gleichrangig neben den Verträgen. Es wird behauptet, der Grundrechtskatalog sei aus der Haupturkunde herausgenommen und in den Anhängen versteckt worden, um einem Vergleich mit nationalen Verfassungen vorzubeugen.[103] Das Europarecht bliebe somit auch nach Lissabon wohl eher Spezialistenmaterie, anstatt wünschenswerte Bürgernähe auszustrahlen.[104] Ob der Unionsbürger mit dem Vertrag von Lissabon über dessen wahre Natur getäuscht und ob das Identifikationsproblem mit der Europäischen Union somit einmal mehr herausgeschoben wurde, soll hier dahingestellt

einzuarbeiten bzw. zu „retten", da man sich über deren inhaltliche Richtigkeit und Wichtigkeit für die Zukunft der EU im Klaren war; siehe: Mandat für die Regierungskonferenz 2007 des Rates der Europäischen Union, „Allgemeine Bemerkungen". Die beiden künftigen Grundlagenverträge sollten „keinen Verfassungscharakter" haben, und alle an eine staatliche Verfassung erinnernden Begrifflichkeiten sollten weggelassen bzw. durch die alt bekannten Begrifflichkeiten ersetzt werden (Verfassung, Außenminister der Union, Gesetz und Rahmengesetz, Vorrang des EU-Rechts). Auch solche Artikel, die Symbole der EU wie Flagge, Hymne, Leitspruch oder den Europatag enthielten, sollten keine Erwähnung mehr finden. Siehe: Mandat für die Regierungskonferenz 2007 des Rates der Europäischen Union, „Allgemeine Bemerkungen".

102 Die geltende Fassung siehe in: ABl. EU, 2010, C 83/1, S. 1 f.

103 *Hatje/Kindt*, NJW 2008, S. 1768.

104 *Oppermann/Classen/Nettesheim*, Europarecht, § 3, Rn 15.

bleiben. Jedenfalls ging der vorherige Verfassungsvertrag für viele Unionsbürger zu weit,[105] obwohl er keine verfassungsändernde Gewalt konstituiert hätte.[106]

b) Entstehung des Art. 50 GRCh durch den „Grundrechtekonvent"

Art. 50 GRCh wurde in seiner jetzigen Fassung während des Grundrechtekonvents in den Jahren 1999/2000 entwickelt.

aa) Konventsmethode und Präsidiumsarbeit

Der Grundrechtekonvent konstituierte sich in seiner Eröffnungssitzung am 17. Dezember 1999. Dass der Konvent zu einem erfolgreichen Ergebnis in Form eines übereinstimmenden Entwurfes einer Grundrechtscharta gelangen würde, war keineswegs vorherbestimmt. Es galt, z.T. erhebliche Unterschiede zwischen den Rechtstraditionen der Mitgliedstaaten sowie die Sorge, der EU könnten neue Kompetenzen zuwachsen, zu überwinden.[107] Für den Erfolg war zumindest auch die hochrangige Besetzung mitverantwortlich. Das Gremium bestand insgesamt aus 62 Delegierten, die sich aus persönlichen Beauftragten der Staats- und Regierungschefs, Vertretern des Europäischen Parlaments, Vertretern der nationalen Parlamente sowie einem Beauftragten der Europäischen Kommission zusammensetzte.[108] Eine Großzahl dieser Mitglieder war nicht nur politisch, sondern auch verfassungspolitisch und verfassungsrechtlich als Hochschullehrer, Richter oder Rechtsanwälte erfahren. Ferner gehörten nahezu ¾ der Mitglieder einem der beteiligten 16 Parlamente an, so dass diese als Parlamentarier im Umgang mit der Öffentlichkeit geübt und ebenso in spätere Ratifizierungsverfahren eingebunden waren.[109] Ein weiterer Grund war sicherlich die neue „Konventsmethode". Zunächst waren die Sitzungen dieses ersten „europäischen Konvents" öffentlich, worin ein wesentlicher Unterschied zu den bis dahin herkömmlichen, nicht öffentlichen Diplomatenkonferenzen lag, die die Verhandlungen der Regierungschefs vorbereiteten. Sodann zog man alle drei Mitgliedergruppen – die mitgliedstaatlichen Parlamente, das Europäische Parlament, den Europäische

105 *Hatje/Kindt*, NJW 2008, S. 1767.

106 *Streinz*, Europarecht, Rn 144.

107 Dazu: *Mombaur*, in: Tettinger/Stern; Gemeinschaftskommentar zur EU-GRCh, B IV, Rn 13; *Bernsdorff/Borowsky*, Die Charta der Grundrechte der Europäischen Union, Handreichungen und Sitzungsprotokolle, S. 49 f.

108 Zur Zusammensetzung näher: *Bernsdorff/Borowsky*, Die Charta der Grundrechte der Europäischen Union, Handreichungen und Sitzungsprotokolle, S. 46 f.

109 *Mombaur*, in: Tettinger/Stern; Gemeinschaftskommentar zur EU-GRCh, B IV, Rn 15.

Rat – gleichermaßen in die Meinungsfindung mit ein. Gegenüber allen bisherigen Grundrechtserklärungen wurde die Charta also durch ein Zusammenwirken europäischer und mitgliedstaatlicher Organe und Institutionen geschaffen.[110] Ferner hatte man sich als Verfahren der Meinungsfindung auf eine Konsensfindung eingeschworen. Bereits in der dritten Sitzung wurde festgestellt, dass Abstimmungen überhaupt möglichst zu vermeiden seien. Entgegen starren parlamentarischen Willensbildungsprozessen galt es, einen Konsens durch Annäherung und Diskussion zu erreichen, womit es zumindest keine offensichtlichen „Sieger" und „Verlierer" geben sollte.[111] Ein freier, konstruktiver und belebender Dialog war angestrebt, in dem sich Schritt für Schritt ein konsensfähiger Entwurf herausschälen sollte. Das Präsidium legte einen Entwurf vor, ließ ihn diskutieren, änderte ihn, stellte ihn erneut zur Diskussion und kam so einer allgemein akzeptierten Fassung näher.[112] Tatsächlich wurden während des gesamten Konvents nahezu keine Abstimmungen abgehalten. Diese neue Form des Willensbildungsprozesses kann durchaus als neue innovative „Konventsmethode" angepriesen und als Geburt eines neuen demokratienäheren Instruments europäischer Verfassungsgebung angesehen werden.[113] Weiterer Grund für den erfolgreichen Abschluss war der von vornherein klar umrissene Auftrag. Wie oben zitiert, galt es nach dem in Köln formulierten Auftrag die *geltenden* Grundrechte zu formulieren, mithin sich auf die geltende Rechtskultur zu beschränken und nicht – entgegen vieler Befürchtungen – Kompetenz und Machtfragen der EU-Organe untereinander oder im Verhältnis zu den Mitgliedstaaten zu klären.

In der Eröffnungssitzung hatte sich der Konvent einem Präsidium unterstellt, welches aus dem Vorsitzenden und seinen drei Stellvertretern der drei großen Mitgliedergruppen Europäischer Rat, Europäisches Parlament und nationale Parlamente bestand.[114] Die Verabschiedung einer Geschäftsordnung kam nicht in

---

110 *Kingreen*, in: Calliess/Ruffert, EUV/AEUV, Art. 6 EUV, Rn 10.

111 *Bernsdorff/Borowsky*, Die Charta der Grundrechte der Europäischen Union, Handreichungen und Sitzungsprotokolle, S. 53.

112 *Bernsdorff/Borowsky*, Die Charta der Grundrechte der Europäischen Union, Handreichungen und Sitzungsprotokolle, S. 52.

113 So: *Mombaur*, in: Tettinger/Stern; Gemeinschaftskommentar zur EU-GRCh, B I, Rn 6 f., B IV, Rn 15, 21.

114 Das Präsidium setzte sich namentlich aus dem Vorsitzenden Roman Herzog (D, RegB) sowie den stellvertretenden Vorsitzenden Inigo Mendez de Vigo (Esp, EP), Gunar Jansson (Fin, Parl.) und für den jeweiligen Ratspräsidenten nacheinander Paavo Nikula (Fin), Pedro Bacelar de Vasconcelos (Por) bzw. Guy Braibant (Fra) zusammen. Auf diese Art und Weise hatte sich der Europäische Rat zumindest in Form eines stellvertretenden Vorsitzenden die Repräsentation der jeweiligen Ratspräsidentschaft im Konventspräsidium gesichert. Siehe dazu das Protokoll der konstituierenden Sitzung vom

Frage, da der Zeitdruck zu hoch schien. Die Sekretariatsgeschäfte wurden vom Generalsekretariat des Rates wahrgenommen, dessen Rolle aber über die eines bloß administrativen Hilfsdienstes weit hinausging. Eine ursprünglich zu Koordinierungszwecken eingesetzte „task force“[115] des Sekretariats arbeitete dem Präsidium inhaltlich effektiv zu und hatte mithin erheblichen Einfluss auf die Arbeit des Präsidiums und damit des Konvents selbst.[116] Der Europäische Rat hatte ferner die Einrichtung eines Redaktionsausschusses beschlossen, der sich aus dem Präsidium sowie dem Vertreter der Kommission[117] zusammensetzte. Ein Unterschied zwischen Präsidium und Redaktionsausschuss bestand aber nur in der Theorie. In den ersten Sitzungen des Konvents wurden bereits erste vom Redaktionsausschuss erarbeitete Artikelvorschläge vorgelegt, die anders als die Beschlüsse von Tampere[118] nicht auf Formulierungsvorschläge der Konventsmitglieder, sondern auf Eigeninitiativen des Redaktionsausschusses zurückgingen.[119]

Auch im weiteren Verlauf des Konvents kam dem Präsidium eine bedeutende richtungweisende Funktion zu. Die Mitglieder bearbeiteten die unzähligen Ideen und Vorschläge der Konventsmitglieder und der zur Anhörung herangezogenen Institutionen. Jede Änderung oder Ergänzung eines Ausgangsvorschlags bedurfte einer fundierten Argumentation.[120] Ob ein Ausgangsvorschlag des Präsidiums – der meist die Diskussionsgrundlage für die nächste Sitzung darstellte – durch einen Änderungsvorschlag im Vorhinein von Seiten des Präsidiums abgeändert wurde, entschied dieses eigenständig und war somit in der Lage, die spätere Diskussion in nicht zu unterschätzendem Maße zu beeinflus-

17. Dezember 1999: Charte 4105/00 Body 1. Nach der auf Eigeninitiative geschehenen Umbenennung des Gremiums in „Konvent“ wurden die Dokumente sodann nicht mehr unter dem Stichwort „Body“ sondern „Konvent“ geführt.

115 Zur Besetzung der Arbeitsgruppe „task force“ näher: *Bernsdorff/Borowsky*, Die Charta der Grundrechte der Europäischen Union, Handreichungen und Sitzungsprotokolle, S. 48.

116 *Bernsdorff/Borowsky*, Grundrechtekonvent, Unveröffentlichte Arbeitsdokumente, Band 1, S. 111.

117 Namentlich Antonio Vitorino (Por).

118 Siehe dazu: „Anlage“ der „Schlussfolgerungen des Vorsitzes“ des Europäischen Rates in Tampere vom 15./16. Oktober 1999, B, IV, abrufbar unter: http://www.europarl.europa.eu/summits/tam_de.htm#annexe zuletzt abgerufen am 10.11.2012.

119 Der erste Entwurf wurde nach und nach, beginnend mit den bürgerlichen und politischen Rechten vorgelegt; Charte 4123/1/00 Rev 1 Convent 5. Alle auch im Folgenden genannten Dokumente des Präsidiums sind abrufbar unter: http://www.consilium.europa.eu/documents/access-to-council-documents-public-register/search-in-the-register?lang=de zuletzt abgerufen am 10.11.2012.

120 *Knecht*, Die Charta der Grundrechte der Europäischen Union, S. 77, 87.

sen.[121] Dieses Verfahren um die Verarbeitung von Änderungsvorschlägen wurde richtigerweise scharf kritisiert. Die Arbeit des Präsidiums war zu wenig transparent. Man wusste nicht, nach welchen Kriterien Änderungsvorschläge als berücksichtigungsfähig bzw. nicht berücksichtigungsfähig eingestuft wurden. Es wurde nicht offen gelegt, wie man zu den neuen Vorschlägen gelangte.[122] Die Willensbildung im Präsidium konnte nicht nachvollzogen werden. Die meisten Änderungsvorschläge stellten damit faktisch eine bloße Anregung für die Wortlautvorschläge des Präsidiums dar.[123] Auch nachträglich unterließ es das Präsidium, in vollem Umfang die ihm vorliegenden Dokumente zu veröffentlichen. Selbst einige Chartaentwürfe des Präsidiums blieben unveröffentlicht.[124] Viele Dokumente sind nur in Papierform vorhanden und waren in den Konventssitzungen in begrenzten Stückzahlen an die Konventsmitglieder und deren Mitarbeiter verteilt worden. Sie sind heute nur schwer zugänglich.[125]

Umso mehr ist man nun im Rahmen der historisch-genetischen Auslegung der Charta auf die zumindest zum Teil veröffentlichten Bündelungen von Änderungsanträgen der Konventsmitglieder angewiesen. Nirgendwo sonst offenbarte sich der Wille der Konventsmitglieder – der sich mit den Vorstellungen des Präsidiums keineswegs immer deckte – deutlicher, als in den Änderungsvorschlägen.[126]

bb) Ablauf des Konvents und einzelne Konventsitzungen

(1) Überblick über den Ablauf des Konvents

Der Konvent tagte insgesamt in sieben formellen und neun informellen Sitzungen an 30 Tagen in neun Monaten. Hinzu traten die erwähnte Eröffnungs- und Abschlusssitzung. Man diskutierte in den damals elf Amtssprachen der EU, wobei simultan gedolmetscht, bedauerlicherweise aber nicht protokolliert wurde. Diese 18 Sitzungen wurden ferner in drei „Lesungen“ unterteilt. Eine erste Le-

121 *Bernsdorff/Borowsky*, Grundrechtekonvent, Unveröffentlichte Arbeitsdokumente, Band 1, S. 111.

122 *Bernsdorff/Borowsky*, Die Charta der Grundrechte der Europäischen Union, Handreichungen und Sitzungsprotokolle, S. 281; *Bernsdorff/Borowsky*, Grundrechtekonvent, Unveröffentlichte Arbeitsdokumente, Band 1, S. 164.

123 *Bernsdorff/Borowsky*, Die Charta der Grundrechte der Europäischen Union, Handreichungen und Sitzungsprotokolle, S. 53.

124 *Bernsdorff/Borowsky*, Die Charta der Grundrechte der Europäischen Union, Handreichungen und Sitzungsprotokolle, S. 54.

125 *Bernsdorff/Borowsky*, Grundrechtekonvent, Unveröffentlichte Arbeitsdokumente, Band 1, Vorwort, S. 3.

126 *Bernsdorff/Borowsky*, Grundrechtekonvent, Unveröffentlichte Arbeitsdokumente, Band 1, Vorwort, S. 3.

sung[127] beinhaltete vielfältigste Einzelbeiträge und erfolgte im Verhältnis offen und formlos, um alle Ansichten und Rechtstraditionen zu Wort kommen zu lassen.[128] Man beschäftigte sich eingehend mit den Inhalten. Die zweite Lesung[129] sollte sodann – wie es Herzog ausdrückte – eher „parlamentarischen Gepflogenheiten" folgen. Diese Änderung rief jedoch erheblichen Unmut hervor, dem man sich auf Seiten des Präsidiums beugte, weiterhin am grundsätzlich herrschaftsfreien Konsensverfahren festhielt und jede Art von Abstimmung, insbesondere auch eine Schlussabstimmung über einen endgültigen Entwurf vermied. Zu den vorgestellten Formulierungsvorschlägen des Präsidiums waren ab jetzt allerdings nur noch schriftliche Änderungsanträge der Mitglieder zugelassen, die zudem innerhalb einer Frist einzureichen waren, damit genügend Zeit für eine Übersetzung blieb. Falls unterbreitete Änderungsvorschläge erst in der folgenden Sitzung eingereicht wurden, blieben diese aber ebenso zulässig. Mithin handelte es sich nicht um eine starre Ausschlussfrist. Tatsächlich wurden mehr als 1000 Änderungsvorschläge aus der Mitte des Konvents formuliert, was zu einer nochmaligen eingehenden Beratung sämtlicher Grundrechte während der zweiten Lesung führte. Zur Vorbereitung der abschließenden dritten Lesung[130] versandte das Präsidium nun erstmalig eine komplette Fassung der Charta („Convent 45"), wobei von nun an die Einreichung von individuellen Änderungsanträgen nicht mehr möglich war, sondern nur noch „Gruppenanträge" Bearbeitung fanden, um die Zustimmungsfähigkeit des Chartaentwurfs zu eruieren.[131] Die dritte Lesung diente nun in erster Linie der endgültigen Konsensfindung. Um letztlich eine Zustimmungsfähigkeit der drei großen Mitgliedergruppen[132] des Konvents zu finden, tagten die Gruppierungen solange getrennt, bis man jeweils einen Konsens gefunden hatte. Es folgte eine letzte inhaltliche Überarbeitung der Charta aufgrund der noch eingereichten Änderungsanträge und man erreichte schließlich einen Konsens.[133]

127 24./25. Februar 2000 bis 5. Juni 2000.

128 Auch wurden Bürgerbeauftragte, Vertreter des Wirtschafts- und Sozialausschusses, des Ausschusses der Regionen und gesellschaftliche Gruppen sowie Sachverständige gehört. Dazu: *Kingreen*, in: Calliess/Ruffert, EUV/AEUV, Art. 6 EUV, Rn 10.

129 6. Juni 2000 bis 19. Juli 2000.

130 11./12. September 2000 bis 25./26. September 2000.

131 *Bernsdorff/Borowsky*, Die Charta der Grundrechte der Europäischen Union, Handreichungen und Sitzungsprotokolle, S. 355.

132 Mitgliedstaatlichen Parlamente, Europäisches Parlament, und Europäischer Rat.

133 Zu den drei Lesungen des Konvents grundsätzlich: *Bernsdorff/Borowsky*, Die Charta der Grundrechte der Europäischen Union, Handreichungen und Sitzungsprotokolle, S. 55 f.

(2) Sitzungen mit ne bis in idem-Bezug

Innerhalb dieser drei „Lesungen“ diskutierte man über den Inhalt des späteren Art. 50 GRCh in der 4., 5., 13. und 16. Sitzung.

(a) 4. Konventsitzung unter Zugrundelegung des Dokuments „Convent 5“

Der vom Präsidium vorgelegte Ausgangsentwurf für eine erste inhaltliche Diskussion erhielt die Bezeichnung „Convent 5“. Der darin enthaltene Art. 7 hatte folgenden Wortlaut:

> „Niemand darf wegen einer Handlung, wegen der er bereits freigesprochen oder rechtskräftig verurteilt wurde, erneut verfolgt oder verurteilt werden.“[134]

Die vorgeschlagene Fassung wurde sodann erstmals in der 4. Sitzung (informell) am 2./3. März 2000 unter der Artikelüberschrift *„ne bis in idem“* diskutiert. Rodriguez Bereijo (E) regte zunächst eine Umformulierung des Titels der Bestimmung an. Altmaier (D) wies darauf hin, dass die vorgeschlagene Fassung von der ne bis in idem-Regelung des Art. 4 Abs. 1 des 7. ZP der EMRK[135] abweiche und begrüßte dies. Die Abweichung, weg von einem rein innerstaatlichen geltenden Grundsatz wie er in Art. 4 Abs. 1 des 7. ZP der EMRK geregelt ist („...eines Staates ... desselben Staates...“), hin zu einer transnationalen Geltung innerhalb der EU sollte einer der Hauptstreitpunkte werden. Im späteren Verlauf des Konvents wurden hierzu Änderungsanträge gestellt, die diese Abweichung von Art. 4 des 7. ZP der EMRK im Wortlaut ausdrücklich fixiert wissen wollten. Ballin/Patijn forderten beispielsweise die Aufnahme der Worte *„... in der Europäischen Union oder in einem ihrer Mitgliedstaaten“*, wollten demnach beide Konstellationen – d.h. rein national sowie transnational innerhalb der Union – verankern.[136] Auch Dehaene (B) forderte in einem späteren Antrag die Aufnahme der Worte *„...in ... der Europäischen Union“*, hatte damit aber vielmehr im Sinn, die transnationale Geltung mit Drittstaatenbezug von der Vorschrift aus-

---

134 Charte 4123/1/00 Rev 1 Convent 5.

135 Der Wortlaut von Art. 4 (Recht, wegen derselben Sache nicht zweimal vor Gericht gestellt oder bestraft zu werden) des 7. ZP EMRK lautet: „1. Niemand darf wegen einer Straftat, wegen der er bereits nach dem Gesetz und dem Strafverfahrensrecht eines Staates rechtskräftig verurteilt oder freigesprochen worden ist, in einem Strafverfahren desselben Staates erneut verfolgt oder bestraft werden. 2. Absatz 1 schließt die Wiederaufnahme des Verfahrens nach dem Gesetz und dem Strafverfahrensrecht des betreffenden Staates nicht aus, falls neue oder neu bekannt gewordene Tatsachen vorliegen oder das vorausgegangene Verfahren schwere, den Ausgang des Verfahrens berührende Mängel aufweist. 3. Von diesem Artikel darf nicht nach Artikel 15 der Konvention abgewichen werden.“

136 ÄA 198 von Ballin/Patijn, in: Charte 4332/00 Convent 35.

zuklammern.[137] Die Endfassung des Art. 50 enthält nun die Worte *„...in der Union“*, weshalb festgehalten werden kann, dass die genannten Änderungsanträge hierfür wohl zumindest mitursächlich wurden. Der Vorschlag, den Anwendungsbereich gegenüber der zitierten EMRK-Norm zu erweitern, war allerdings nicht unumstritten. Melograni (IT) reichte im späteren Verlauf des Konvents einen Änderungsantrag ein, der den Grundsatz auf eine rein innerstaatliche Geltung beschränken sollte.[138]

Ein anderer Diskussionspunkt war die Frage der Einbeziehung oder sonstigen Geltung von Ausnahmen. Lord Goldsmith (GB) – Wortführer der „Charta-Skeptiker“ und Befürworter des Ansatzes, sich so eng wie möglich am Wortlaut der EMRK zu halten[139] – sprach sich dafür aus, die Ausnahmeregelung des Art. 4 Abs. 2 des ZP der EMRK ebenfalls mit in die Vorschrift aufzunehmen. Beim Vorliegen neuer Beweise müsse es möglich sein, ein bereits abgeschlossenes Verfahren wieder aufzunehmen.[140] Auch im späteren Verlauf wurde in zahlreichen Änderungsanträgen entweder eine ausdrückliche Aufnahme des Wortlautes der Wiederaufnahmeregelung des Art. 4 Abs. 2 des 7. ZP der EMRK oder zumindest eine ausdrückliche Bezugnahme auf die Regelung gefordert.[141] Auch wenn das Verlangen hiernach als stark zu bewerten ist, wurden die Ausnahmen jedenfalls nicht ausdrücklich im Wortlaut der Norm verankert.

Weiterhin stieß Rodriguez Bereijo (E) noch den letzten größeren Diskussionspunkt an, ob der Grundsatz nach einer Strafverfolgung auch nachfolgende verwaltungsrechtliche Verfahren und Sanktionen (wie z.B. Disziplinarverfahren) sperre. Er war der Ansicht, der in Rede stehende Wortlaut stünde auch der Durchführung eines verwaltungsrechtlichen Verfahrens entgegen, das einem Strafverfahren nachfolge. Ebenso wie Braibant (F) wollte er aber gerade diese Sperrwirkung verhindert wissen und strebte die Beschränkung des Grundsatzes einzig auf das Strafrecht an. Ein Nebeneinander von strafrechtlichen und verwaltungsrechtlichen Maßnahmen (insb. Disziplinarmaßnahmen) sollte möglich sein. Ihrer Initiative entspringt wohl, dass bereits in der nächsten sowie auch in der Endfassung der Terminus *„...in einem Strafverfahren“* verankert wurde,

137 ÄA 204 von Dehaene, in: Charte 4332/00 Convent 35.

138 ÄA 197 von Melograni, in: Charte 4332/00 Convent 35.

139 *Meyer/Engels*, Charta der Grundrechte der Europäischen Union, Berichte und Dokumentation, S. 241.

140 Das Protokoll Nr. 7 ist zwar vom Vereinigten Königreich nicht ratifiziert worden, das englische Recht wurde aber im Hinblick auf Art. 4 Abs. 2 des Protokolls geändert; *Bernsdorff/Borowsky*, Die Charta der Grundrechte der Europäischen Union, Handreichungen und Sitzungsprotokolle, S. 154.

141 Siehe: ÄA 190 von Olsen, ÄA 192 von Dam (EP), ÄA 193 von Altes, ÄA 194 von Tarschys, sowie ÄA 201 von Goldsmith selbst, in: Charte 4332/00 Convent 35.

wodurch die Kumulierung derartiger Sanktionen zumindest in diesem intersystematischen Bereich für dieselbe Tat ausdrücklich zugelassen wird.[142] Im Sitzungsbericht wurde abschließend festgehalten, dass aufgrund der Aussprache Änderungsvorschläge erarbeitet und mithin Fortschritte erzielt wurden.[143]

(b) 5. Konventsitzung unter Zugrundelegung des Dokuments „Convent 13"

Das überarbeitete Dokument „Convent 13" enthielt nun im Rahmen des Art. 11, sowie unter der Überschrift *„Recht, wegen derselben Sache nicht zweimal vor Gericht gestellt oder bestraft zu werden"*, folgenden Wortlaut:

> „Niemand darf wegen einer Straftat, wegen der er bereits nach dem Gesetz rechtskräftig verurteilt oder freigesprochen worden ist, in einem Strafverfahren erneut verfolgt oder bestraft werden."[144]

Zur Klarstellung wurde in der Begründung erwähnt, der Wortlaut des Artikels ziele nicht darauf ab, Art. 4 Abs. 2 des 7. ZP der EMRK seiner Rechtswirkung zu berauben. Art. 4 Abs. 2 finde schließlich aufgrund des Art. 6 EUV a.F. im Gemeinschaftsrecht Anwendung.

Im Gegensatz zur Formulierung in „Convent 5" wurden die Worte *„...erneut verfolgt oder verurteilt werden"* durch *„...erneut verfolgt oder bestraft werden"* ersetzt. Welche Beweggründe zu dieser Änderung geführt haben, ist nicht ersichtlich, da dies zu keinem Zeitpunkt Gegenstand der Diskussion im Konvent war und ein Einblick in das inhaltliche Arbeiten des Präsidiums bekanntlich verwehrt bleibt. Festgestellt werden kann jedoch, dass dieser Wechsel zwischen den Begrifflichkeiten „verurteilt" und „bestraft" ebenfalls Gegenstand späterer Änderungsanträge war, die den Rückaustausch der Begrifflichkeiten durch das Präsidium erreichen wollten. In deren Begründung hieß es, „verurteilt" sei der rechtlich genauere Begriff und dem allgemeineren „bestraft" daher vorzuziehen.[145]

Ferner wurde der Wortlaut in „Convent 5" dahingehend abgeändert, daß man *„... wegen einer Handlung..."* durch *„... wegen einer Straftat..."* austauschte. Das Merkmal des „idem" erfuhr hier folglich eine begriffliche Veränderung. Eine Begründung ist jedoch auch hier nicht ersichtlich, da die Änderung

---

142 Das diese Änderung im Wesentlichen auf Braibant zurückgeht bestätigt auch der spätere ÄA 195 von Braibant, in: Charte 4332/00 Convent 35. Ebenso: ÄA 203 von Rodota/Paciotti,/Manzella, in: Charte 4332/00 Convent 35.

143 Sitzungsbericht: Charte 4154/00 Convent 14.

144 Charte 4149/00 Convent 13.

145 So: ÄA 196 von Tura und ÄA 202 von Laborda, in: Charte 4332/00 Convent 35. Diese Diskussion bezog sich demnach auch auf die Überschrift. Siehe: ÄA 199 von Beres, in: Charte 4332/00 Convent 35.

in der nachfolgenden Sitzung des Konvents weder diskutiert noch eine Einsicht in das Zustandekommen des Dokuments „Convent 13" ermöglicht wurde. Einzig in einem späteren, aber unbeachteten Änderungsantrag von Goldsmith taucht diese Veränderung nochmals auf, der eine Rückumkehrung dieser Begrifflichkeiten fordert. Doch auch in der Begründung seines Antrags lassen sich keine Erläuterungen hierzu finden.[146] Auch ein weiterer Änderungsantrag von Berejo, der sich im Kern eigentlich der Frage der Kumulation von verwaltungsrechtlichen und strafrechtlichen Sanktionen widmete, warf ebenso die Frage auf, ob für das Element des „idem" der Terminus „Straftat" oder jener der „Sache" angemessener sei.[147] Neben dem Antrag von Goldsmith scheint dies der einzige der Allgemeinheit zugängliche Auszug zu sein, in welchem Überlegungen zum Tatbegriff angestellt werden. Ohne Begründung verlangt Berejo die Verwendung des Begriffs „Sache", da dieser „besser" sei. Der Vorschlag wird auf späteren Konventssitzungen aber ebenfalls weder diskutiert noch übernommen.

Ähnlich lässt der europäische Gesetzgeber den Rechtsanwender im Dunkeln, wenn dieser nach einer Begründung für den eingefügten Passus *„... nach dem Gesetz"* sucht. Die gegenüber dem Dokument „Convent 5" eingefügte Formulierung wird weder in einem der veröffentlichten Änderungsanträge noch in späteren Konventssitzungen diskutiert, weshalb erneut von einer eigenmächtigen und undurchsichtigen Wortlautänderung des Präsidiums auszugehen ist.

Der 5. Konventsitzung waren 14 Stellungnahmen bzw. Änderungsvorschläge vorangegangen, die in dem Entwurf „Convent 13" mündeten, der sich wiederum auf die damaligen Art. 1-16 bezog. Diese Vorschläge wurden den Mitgliedern erst zu Beginn dieser 5. Sitzung gebündelt sowie mit dem Vermerk versehen vorgelegt, dass darüber in dieser Sitzung nicht diskutiert oder abgestimmt werden sollte. Vielmehr sollten sie dem Präsidium zunächst als Grundlage für eine endgültige Fassung des Entwurfs der Charta dienen und daraufhin wiederum dem Konvent zur Prüfung unterbereitet werden.[148] Dies sorgte verständlicherweise für Verwirrung, weswegen die Delegierten, entgegen der Aufforderung, dennoch immer wieder auf ihre schriftlichen Änderungsanträge Bezug nahmen.[149] Auch machte ein Delegierter darauf aufmerksam, sein rechtzeitig übermittelter Vorschlag zu Art. 11 sei nicht in dem gebündelten Papier der Än-

146 ÄA 201 von Goldsmith, in: Charte 4332/00 Convent 35. Wie der Begründung des Antrags entnommen werden kann, war der Antrag wohl primär der Aufnahme von Wiederaufnahmegründen in den Wortlaut gewidmet.

147 ÄA 200 von Bereijo, in: Charte 4332/00 Convent 35.

148 Siehe dazu: Charte 4212-00 convent 24, dazu das verfahrensleitende Dokument: Charte 4156/00 Convent 15.

149 *Bernsdorff/Borowsky*, Die Charta der Grundrechte der Europäischen Union, Handreichungen und Sitzungsprotokolle, S. 168.

derungsvorschläge enthalten.[150] Dieses gebündelte Papier, d.h. die Änderungsvorschläge zwischen der 4. und 5. Sitzung, wurde bedauerlicherweise nicht vom Präsidium veröffentlicht.

Diskussionsgrundlage für die 5. Sitzung (förmlich) am 20./21. März 2000 – in welcher die Art. 1-12 beraten wurden – war somit der Entwurf „Convent 13".[151] Inhaltlich beschäftigte man sich weitgehend mit den gleichen Fragestellungen wie schon zuvor. Zunächst wurde erneut die transnationale Geltung innerhalb der EU angesprochen. Melograni (IT) plädierte gegen eine solche Reichweite und für eine rein nationale Geltung. Goldsmith (GB) erwähnte in diesem Zusammenhang, es gebe noch kein Verfahren für eine gegenseitige Anerkennung strafrechtlicher Urteile. Mombaur (EP; D) wies darauf hin, dass im Bereich des Schengener Abkommens eine transnationale Geltung innerhalb der Vertragsparteien bereits bestehe und daher geltendes, zu befürwortendes Recht sei (vgl. Art. 54 SDÜ)[152]

Ebenso wurde nochmals die Problematik der Möglichkeit der Wiederaufnahme eines Verfahrens diskutiert (Ausnahmen). Das Präsidium hatte im vorgelegten Entwurf „Convent 13" die Auslassung einer Wiederaufnahmeregelung damit begründet, dass Art. 4 Abs. 2 des ZP EMRK über Art. 6 EUV a.F. Anwendung finden würde.[153] Dies wurde nun von Lehmann (DK) und Tarschys (S) damit angegriffen, nicht alle Mitgliedstaaten hätten die Zusatzprotokolle unterschrieben.[154] Goldsmith (GB) wiederholte in diesem Zusammenhang seinen Vorschlag, den einschlägigen Artikel 4 des ZP EMRK in die Definition der Rechte in Teil B aufzunehmen.[155]

Trotz der bereits geschehenen Änderung wurde auch die Erstreckung auf verwaltungsgerichtliche Entscheidungen weiter beraten. Rodriguez-Bereijo (E) und Goldsmith (GB) traten dafür ein, ein Nebeneinander von strafrechtlichen und verwaltungsrechtlichen Entscheidungen zuzulassen, mithin den strafrechts-

---

150 Dazu: *Bernsdorff/Borowsky*, Die Charta der Grundrechte der Europäischen Union, Handreichungen und Sitzungsprotokolle, S. 168.

151 *Meyer/Engels*, Charta der Grundrechte der Europäischen Union, Berichte und Dokumentation, S. 241.

152 Näher zu Art. 54 SDÜ unten: S. 166 f.

153 Charte 4149/00 Convent 13.

154 *Meyer/Engels*, Charta der Grundrechte der Europäischen Union, Berichte und Dokumentation, S. 244.

155 Goldsmith verfolgte bereits seit der zweiten Konventssitzung den Plan, die Charta der Klarheit halber in zwei Teile A und B einzuteilen. Der erste Teil sollte für den Bürger anschaulich verdeutlichen, welche Grundrechte ihm garantiert werden, während der zweite Teil juristische Erläuterungen und Einschränkungen für den ersten Teil enthalten sollte; *Meyer/Engels*, Charta der Grundrechte der Europäischen Union, Berichte und Dokumentation, S. 220.

bezogenen Charakter der Norm hervorzuheben.[156] In einem späteren Änderungsantrag differenzierte Bereijo noch detaillierter und stellte fest, zwar sei ein Nebeneinander dieser unterschiedlichen Sanktionsarten möglich, jedoch eine doppelte rein verwaltungsrechtliche Sanktion ebenfalls verboten.[157]

Erstmals beschäftigte man sich in der 5. Sitzung zudem intensiver mit der Frage, ob Justizgrundrechte überhaupt in die Charta mit aufgenommen werden sollten. Bereits in dem vom Präsidium vorgeschlagenen Entwurf „Convent 5" wurden die Justizgrundrechte ohne nähere Erläuterung mit aufgeführt. In der Kommentierung wird lediglich erwähnt, man habe die einzelnen Rechte der EMRK sowie der Erklärung des Europäischen Parlaments von 1989 entnommen. Nachdem die Aufnahme der Rechte in der 3. Sitzung von Altmaier begrüßt wurde[158], kritisierte sie erstmals Goldsmith in der 5. Sitzung. Er lehnte die Aufnahme von Justizgrundrechten unter dem Hinweis auf die fehlende Zuständigkeit der EU auf dem Gebiet des Strafrechts ab. Dagegen wiesen jedoch gleich drei Europaparlamentarier darauf hin, dass sich insbesondere im Zusammenhang mit Europol die Zuständigkeiten der EU auf diesem Gebiet bereits entwickeln würden. Sie trugen vor, die Strafrechtsharmonisierung sei im Hinblick auf die effektive Bekämpfung organisierter Kriminalität erforderlich. Die GRCh müsse diesen Aspekt zukunftsweisend aufgreifen.[159] Im weiteren Verlauf lässt sich zu dieser Problematik nur noch ein von Berthu (F) überreichter, jedoch anscheinend kaum beachteter Vorschlag mit dem Inhalt auffinden, der gesamte Art. 11 müsse – ebenso wie die anderen Justizgrundrechte – aufgehoben werden. Die Begründung deckt sich inhaltlich mit dem Vorwurf Goldsmiths, der EU fehle die Zuständigkeit. Berthu räumte im Gegensatz zu Goldsmith aber zumindest die Möglichkeit ein, die Justizgrundrechte mit einzubeziehen, sofern man die europäischen Zuständigkeiten im Bereich des Strafrechts genauestens umreißen und klarstellen würde.[160]

156 Rodriguez Bereijo machte in diesem Zusammenhang noch auf die nötige Vereinbarkeit mit dem spanischen Verfassungsrecht aufmerksam. Dies lasse nämlich eine strafrechtliche und zusätzlich disziplinarrechtliche Sanktion für dieselbe Tat zu. Spanien habe aus diesem Grunde auch nicht das einschlägige 7. ZP der EMRK ratifiziert; *Bernsdorff/Borowsky*, Die Charta der Grundrechte der Europäischen Union, Handreichungen und Sitzungsprotokolle, S. 181.

157 ÄA 200 von Bereijo, in: Charte 4332/00 Convent 35.

158 *Meyer/Engels*, Charta der Grundrechte der Europäischen Union, Berichte und Dokumentation, S. 224.

159 *Meyer/Engels*, Charta der Grundrechte der Europäischen Union, Berichte und Dokumentation, S. 243 f.

160 ÄA 189 von Berthu, in: Charte 4332/00 Convent 35.

Das offensichtliche Übergehen bzw. Auslassen der grundsätzlichen Problematik, inwieweit der EU Rechtsetzungskompetenzen im Strafrecht – wenn auch hier nur in abgeschwächterer Form durch die Gewährung von Justizgrundrechten – zustehen, ist wohl auf den o.g., klar definierten Auftrag des Grundrechtekonvents zurückzuführen. Der Auftrag bestand darin, einen gemeinsamen Nenner bzgl. bereits bestehender Grundrechtsgewährleistungen zu finden, nicht aber in der Klärung von Kompetenzfragen. Man war sich offensichtlich einig, die bestehenden Kompetenzen der EU mit der Hereinnahme der Justizgrundrechte weder in Frage zu stellen noch zu erweitern. Überdies ist anzunehmen, dass man der ohnehin unaufhaltbaren Europäisierung des Strafrechts und Harmonisierung der Strafrechtssysteme nicht im Wege stehen, sondern sie durch die Aufnahme strafrechtlicher Verfahrensgrundsätze vielmehr fördern wollte. Im knappen Sitzungsbericht zu dieser Tagung findet sich lediglich der Hinweis, über die einschlägigen Artikel sei diskutiert worden.[161]

(c) 13. Konventsitzung unter Zugrundelegung des Dokuments „Convent 28"

In der Zwischenzeit endete die „erste Lesung", deren Beratungsergebnisse man in einem neuen Dokument „Convent 28" festhielt und den Delegierten in der 10. Sitzung am 11./12. Mai 2000 übergab.[162] Zu diesem Dokument wurden sodann 598 Änderungsvorschläge abgeben, von denen 18 den Art. 11 betrafen.[163] Die 598 Vorschläge wurden vom Präsidium jedoch nicht in das als Diskussionsgrundlage dienende Dokument „Convent 28" eingearbeitet, sondern lediglich in einem gebündelten neuen Dokument namens „Convent 35" von 729 Seiten in der 11. Sitzung am 5./6. Juni 2000 verteilt.[164] Ferner legte man ein weiteres Dokument mit dem Titel „Convent 36" aus, in dem vom Präsidium vorgeschlagene „Kompromissvorschläge für Änderungen" aufgeführt waren, und erklärte, man habe es auf der Basis der eingereichten Änderungsvorschläge erarbeitet.[165] In Bezug auf Art. 11 enthielt dieses Dokument jedoch keine nennenswerten Vorschläge.[166] Die Eröffnung eines parallelen Dokuments neben einem bestehenden

161 Charte 4212/00 Convent 24.

162 Charte 4284/00 Convent 28.

163 Vorschläge 189 bis 206; siehe: *Bernsdorff/Borowsky*, Grundrechtekonvent, Unveröffentlichte Arbeitsdokumente, Band 1, S. 254 f.

164 Charte 4332/00 Convent 35.

165 Charte 4333/00 Convent 36.

166 Der einzig zu findende Vorschlag zu Art. 11 betrifft die Überschrift, welche wie folgt verändert wird: *„Recht, wegen derselben Straftat nicht zweimal vor Gericht gestellt oder bestraft zu werden"*. Im Vergleich zum Dokument „Convent 28" wurde hier lediglich der Begriff „Sache" durch „Straftat" ersetzt, um einen Gleichklang zwischen

„Convent"-Dokument war neu und kann nur damit erklärt werden, dass das Präsidium entweder von den Änderungsvorschlägen nicht überzeugt war, die Diskussion aber nicht behindern bzw. Vorschläge vorenthalten wollte. Oder man hatte schlichtweg zu wenig Zeit und Arbeitskräfte zur Verfügung, um, wie in der Vergangenheit geschehen, ein einzelnes Papier als Diskussionsgrundlage zu erstellen. Insbesondere an dieser Stellte kam nun die o.g. Kritik am Verfahren um die Verarbeitung der Änderungsvorschläge auf. Es wurde bezweifelt, dass die Vielzahl der Vorschläge in der kurzen Zeit sorgfältig genug analysiert wurde.[167] Auf Wunsch der Delegierten wurde vom Präsidium der Übersichtlichkeit halber ein weiteres neues Dokument entworfen, was die Änderungsvorschläge stichpunktartig auf 45 Seiten zusammenfasste und das man zur 12. Sitzung am 19./20. Juni 2000 nachreichte.[168] Ob mit dieser inhaltlichen Zusammenfassung der Änderungsvorschläge die bezweckte Vereinfachung erreicht wurde, sei dahingestellt.

Erst in der 13. Sitzung (informell) des 28.-30. Juni 2000 diskutierte man erneut über den Inhalt des Art. 11. Überschrift und Wortlaut waren im Vergleich zur 5. Sitzung nicht verändert, sondern lediglich in die aktualisierte Fassung „Convent 28" vom 5. Mai 2000 übertragen worden, deren Wortlaut nun die Diskussionsgrundlage für die Artikel 9 bis 15 darstellen sollte.[169]

Die Debatte des unverändert gebliebenen Art. 11 gestaltete sich kurz,[170] wobei im Wesentlichen das Problem der Wiederaufnahme behandelt wurde. In Bezug auf die erneute Auslassung einer Aufnahme des Art. 4 Abs. 2 des 7. ZP EMRK änderte das Präsidium nun seine Argumentation und führte in der Begründung des Dokuments „Convent 28" aus, Art. 4 Abs. 2 des 7. ZP EMRK fände aufgrund der sog. horizontalen Bestimmungen (Art. 52, 53 GRCh) in Bezug auf die Konvention Anwendung.[171] Doch auch gegen diese Argumentation wehrte man sich in Änderungsanträgen mit dem Hinweis, dass eine Einbeziehung der Wiederaufnahmeregelung über die horizontalen Bestimmungen „nicht ausreiche".[172] Das Wiederaufnahmeverfahren des Art. 4 Abs. 2 des 7. ZP EMRK

Überschrift und Wortlaut in Bezug auf das „idem" herzustellen. Siehe: Charte 4333/00 Convent 36.

167 *Bernsdorff/Borowsky*, Grundrechtekonvent, Unveröffentlichte Arbeitsdokumente, Band 1, S. 164.

168 Charte 4360/00 Convent 37.

169 *Bernsdorff/Borowsky*, Die Charta der Grundrechte der Europäischen Union, Handreichungen und Sitzungsprotokolle, S. 281.

170 Siehe zur Debatte: *Bernsdorff/Borowsky*, Die Charta der Grundrechte der Europäischen Union, Handreichungen und Sitzungsprotokolle, S. 283 f.

171 Charte 4284/00 Convent 28.

172 ÄA 194 von Tarschys und ÄA 201 von Goldsmith, in: Charte 4332/00 Convent 35.

bliebe bei einer derartigen Einbeziehung nämlich auf rein nationale Fälle beschränkt.[173] In der Sitzung wurden jedoch auch andere Wiederaufnahmegründe diskutiert. Neben der Wiederaufnahme im Falle neuer Beweismittel (Art. 4 Abs. 2 des 7. ZP EMRK) forderte Goldsmith (GB) eine Wiederaufnahme, wenn das Ausgangsverfahren an schwerwiegenden Mängeln gelitten habe. Rotkirch (FN) plädierte für eine Wiederaufnahme, wenn das erste Verfahren nur „Hohn und Spott" bzw. ein „Scheinverfahren" gewesen sei und der Bedeutung der Tat nicht gerecht werde.

Melograni (IT) trug einmal mehr vor, der Grundsatz dürfe nicht im transnationalen Bereich gelten.[174] Auch wurde ein neuer Vorschlag von Ballin (NL), Paciotti (EP; IT) unterbreitet, das Verbot nur auf Verurteilungen in den Mitgliedstaaten zu beschränken. Diese Einschränkung wurde jedoch nicht übernommen. Die Sitzung endete hier.

(d) 16. Konventssitzung unter Zugrundelegung des Dokuments „Convent 45"

In der 15. und letzten Sitzung im Rahmen der zweiten Lesung am 17.-19. Juli 2000 erfuhr die Struktur der Charta nochmals eine grundlegende Veränderung. Das Präsidium hatte mit „Convent 44" ein Dokument vorgeschlagen, in dem es die Aufteilung in sieben Kapitel vorschlug.[175] Die Charta sollte in eine Präambel sowie die Kapitel Rechte des Menschen, Freiheitsrechte, Gleichheitsrechte, Bürgerschaft, Solidarität, Justizielle Rechte und Allgemeine Bestimmungen eingeteilt werden.[176] Damit signalisierte man zugleich die Ablehnung gegenüber der von Goldsmith vorgeschlagenen Idee, die Charta in die Teile A und B zu unterteilen.[177] Unter Jansson (FN) fand eine Diskussion über Aufbau und Gliederung der Charta statt, in welcher Beres (EP; F) vorschlug, das Präsidium solle die Anordnung der Kapitel regeln. Am Ende konnte Jansson jedenfalls zusammenfassen, die Einteilung in Kapitel, wie sie im Präsidiumsentwurf vorgeschla-

---

173 ÄA 201 von Goldsmith, in: Charte 4332/00 Convent 35.

174 Er unterstützte sein Vorhaben nun mit dem nicht unproblematischen Beispiel, dass der Besitz bestimmter Drogen in den Mitgliedstaaten nicht einheitlich unter Strafe gestellt würde und daher das Verbot nur innerhalb ein- und derselben Rechtsordnung gelten dürfe. Siehe: *Bernsdorff/Borowsky*, Die Charta der Grundrechte der Europäischen Union, Handreichungen und Sitzungsprotokolle, S. 284.

175 Wahrscheinlich ist, dass diese Gliederung wiederum auf einem zuvor von Braibant eingereichten Beitrag fußte: Charte, 4413/00 Contrib 269.

176 Charte 4412/00 Convent 44.

177 Auch Goldsmith hatte einen entsprechenden Beitrag zu seiner Gliederungsvorstellung eingereicht; siehe: Charte 4428/00 Contrib 282.

gen wurde, fand die größte Zustimmung.[178] Das Präsidium gliederte somit die Charta neu und erarbeitete den Entwurf „Convent 45", in welchem sich die ne bis in idem-Regelung auf die Artikelnummer 48 verschob.[179] Der Wortlaut der Norm entsprach aber weiterhin dem in „Convent 28" und damit ebenso dem in „Convent 13".

In der 16. Sitzung (informell) des Konvents am 11./12. September 2000 wurde der neue, die dritte Lesung einleitende Entwurf „Convent 45" sodann beraten und auch die Justizgrundrechte wurden kurz angesprochen. Hirsch Ballin (NL) regte zunächst an, zumindest in den Erläuterungen zum Text der Charta ausdrücklich Bezug auf Art. 4 des 7. ZP der EMRK zu nehmen. Ebenso forderte er, dem Wortlaut den Satzteil *„... nach dem Recht der EU oder eines Mitgliedstaates"* hinzuzufügen. Dem wurde jedoch nicht entsprochen.[180] Meyer merkte an, dass über die justiziellen Rechte wenig diskutiert wurde, nicht zuletzt, weil sie auf der EMRK und deren Protokollen fußten.[181] In diesen Punkten erschöpfte sich bereits die Diskussion um Art. 48.

In dem nach der Sitzung entworfenen Dokument „Convent 47" änderte sich der Wortlaut überraschend dahingehend, dass die Worte *„... in der Union"* in die Norm eingefügt wurden.[182] Warum die zuvor bereits häufig geforderte Klarstellung des Anwendungsbereichs erst zu einem so späten Zeitpunkt unternommen wurde, ist nicht ersichtlich. Sie war jedenfalls, im Hinblick auf die bis dato erfolgten Diskussionen und eingereichten Änderungsanträge, längst überfällig. Der Wortlaut hatte nun seine endgültige Fassung erreicht, die Stellung verschob sich mit diesem Dokument aber nochmals auf Art. 49.

Eine letzte inhaltliche Überarbeitung in der 17. Sitzung des Konvents am 25./26. September 2000 führte dann nochmals zu einer Verschiebung des

178 Siehe zur Diskussion: *Bernsdorff/Borowsky*, Die Charta der Grundrechte der Europäischen Union, Handreichungen und Sitzungsprotokolle, S. 352 f.; *Meyer/Engels*, Charta der Grundrechte der Europäischen Union, Berichte und Dokumentation, S. 356 f.

179 Charte 4422/00 Convent 45.

180 *Meyer/Engels*, Charta der Grundrechte der Europäischen Union, Berichte und Dokumentation, S. 374.

181 Auch forderte er erstens eine Popularklage einzuführen und zweitens den Schutz der Bürger bei Zwangsmaßnahmen der Polizei und StA zu gewährleisten. Zwar sei Europol derzeit noch eine „Informationssammelstelle", dies bliebe aber nicht so. Eine Verletzung der GRCh fordere ein individuelles Klagerecht der Bürger, was bislang nicht geregelt sei. Zur gesamten Diskussion siehe: *Meyer/Engels*, Charta der Grundrechte der Europäischen Union, Berichte und Dokumentation, S. 374 f.; *Bernsdorff/Borowsky*, Die Charta der Grundrechte der Europäischen Union, Handreichungen und Sitzungsprotokolle, S. 375 f.

182 Charte 4470/00 Convent 47.

Grundsatzes auf Art. 50, wo er seine endgültige Position fand. Das Präsidium holte hier bereits zudem ein umfassendes Meinungsbild im Plenum ein.

In der abschließenden 18. Sitzung am 2. Oktober 2000 gab man die Voten zur Endfassung ab und es konnte ein allgemeiner Konsens festgestellt werden. Mendez de Vigo (EP; E) verlas zudem einen von Herzog formulierten Brief an den damaligen Präsidenten des Europäischen Rates Chirac, in welchem mitgeteilt wurde, dass ein konsensfähiger Entwurf der Charta vorliege.[183] Mit diesem Brief, in dem der Chartatext als „für alle Seiten zustimmungsfähig" bezeichnet wurde, wollte man nachfolgende Treffen des Europäischen Rates unter Druck setzen. Es sollte ihnen bewusst erschwert werden, nachträglich Änderungs- oder Ergänzungswünsche durchzusetzen. Denn jegliche Neuverhandlungen oder Nachbesserungen der Inhalte hätten den austarierten Kompromiss gefährdet, den der Konvent in enger Abstimmung mit den nationalen Regierungen und Parlamenten erarbeitet hatte.[184]

c) Art. 50 GRCh nach dem „Verfassungskonvent"

Trotz der Inkorporierung der Grundrechtscharta als „Teil II" in den Entwurf des Verfassungskonvents blieben ihre Inhalte nahezu unverändert. Eine Diskussion über die Inhalte der Charta sollte nicht erneut geführt, das „Paket" also nicht wieder „aufgeschnürt" werden.[185] Diese Handhabung entsprach auch dem Auftrag des Konvents. In der Erklärung von Laeken lässt sich lesen: „Ferner muss darüber nachgedacht werden, ob die Charta der Grundrechte in den Basisvertrag aufgenommen werden soll...".[186] Es kommt zum Ausdruck, dass die Charta als einheitliches Ganzes betrachtet wird. Die Neueröffnung einer Diskussion wird nicht vorgeschlagen. Einzig Art. 42 (zu diesem Zeitpunkt Art. II - 102 VVE) sowie die Art. 51 und 52 (Art. II - 111, 112 VVE) wurden verändert. Zudem wurde die Präambel der Charta um einen neuen drittletzten Satz ergänzt, welcher zur Auslegung des Chartatextes ausdrücklich auf die Erläuterungen des Präsidiums Bezug nimmt. Weitere Bestimmungen wurden lediglich sprachlich geglättet.[187]

---

183 Brief veröffentlicht in: Charte 4960/00 Convent 55; Endfassung als Anlage dem Brief angehangen: Charte 4487/00 Convent 50.

184 *Bernsdorff/Borowsky*, Die Charta der Grundrechte der Europäischen Union, Handreichungen und Sitzungsprotokolle, S. 53.

185 *Bernsdorff/Borowsky*, Grundrechtekonvent, Unveröffentlichte Arbeitsdokumente, Band 1, Vorwort, S. 2.

186 Siehe: Erklärung von Laeken zur Zukunft der Europäischen Union, II, a.E.

187 Dazu: *Mombaur*, in: Tettinger/Stern, Gemeinschaftskommentar zur EU-GRCh, B IV, Rn 31; *Knecht*, in: Schwarze, EU-Kommentar, GRCh Präambel, Rn 1.

Auch in der darauffolgenden Regierungskonferenz, der dieser Entwurf für einen Vertrag über eine Verfassung vorgelegt wurde, erfuhren die Chartaartikel keine grundlegenden Änderungen mehr. Der neu eingefügte Satz in der Präambel wurde umformuliert, ebenso wie Art. 42. Ferner wurde Art. 52 um einen neuen Abs. 7 ergänzt, der noch einmal die Bedeutung der Erläuterungen des Chartatextes für dessen Auslegung hervorhob.[188] Alle übrigen Artikelvorschläge blieben inhaltlich unverändert[189]. Mithin wurde zu dieser Zeit lediglich die Stellung Art. 50 GRCh hin zu Art. II-110 VVE verändert.

Während der langen Zeit der Unverbindlichkeit der Grundrechtscharta und fehlenden Integration ins europäische Primärrecht konnten die Chartagrundrechte nicht als Quelle subjektiver Rechte und hoheitlicher Verpflichtungen dienen. Auch entsprechende Selbstbindungserklärungen europäischer Organe, worin sie bekräftigten, die Charta bei der Ausübung ihrer Kompetenzen zu achten, vermochten daran nichts zu ändern. Zu dieser Zeit war mithin Art. 6 Abs. 2 EUV a.F. maßgebliche Rechtsgrundlage für den Grundrechtsschutz. Hierüber konnte die Charta aber als Ausdruck der gemeinsamen Verfassungsüberlieferungen der Mitgliedstaaten Beachtung finden. Auf diese Weise nutzte auch der EuGH die Charta zumindest als Inspiration für die gemeinsamen Überzeugungen der Mitgliedstaaten, mithin als erweiterte Rechtserkenntnisquelle, ohne dass dies als gewohnheitsrechtliche Anerkennung der Charta als Rechtsquelle zu bewerten war.[190]

d) Ergebnis

Das vielfach zu lesende Lob für die neue „Konventsmethode“ ist sicherlich grundsätzlich berechtigt. Dennoch kommen bei genauerem Hinsehen auch Schwächen zum Vorschein, die eine Ergründung des gesetzgeberischen Willens nicht in dem Maße zulassen, wie es wünschenswert wäre. Schwerpunkt des Vorwurfs ist, die angestrebte Transparenz und Offenheit wurde nicht in letzter Konsequenz umgesetzt. Hierbei steht insbesondere die Arbeitsweise des Präsidiums im Fokus. Sicherlich wurde erstmalig in der Geschichte der europäischen Integration ein hohes Maß an Transparenz und Offenheit gewährt. Die Sitzungen des Konvents waren fast ausnahmslos öffentlich und eine Großzahl der Do-

188 Dazu: *Mombaur*, in: Tettinger/Stern; Gemeinschaftskommentar zur EU-GRCh, B IV, Rn 34; *Kingreen*, in: Calliess/Ruffert, EUV/AEUV, Art. 6 EUV, Rn 11; *Knecht*, in: Schwarze, EU-Kommentar, GRCh Präambel, Rn 1, 17.

189 *Bernsdorff/Borowsky*, Grundrechtekonvent, Unveröffentlichte Arbeitsdokumente, Band 1, Vorwort, S. 2.

190 Hierzu: *Stumpf*, in: Schwarze, EU-Kommentar, Art. 6 EUV, Rn 12.

kumente wurde im Internet veröffentlicht. Der Konvent entsprach damit der Vorgabe von Tampere: „Grundsätzlich sollten die Sitzungen des Gremiums und die in diesen Sitzungen unterbreiteten Dokumente der Öffentlichkeit zugänglich sein."[191] Dennoch blieben zahlreiche Dokumente unveröffentlicht und werden auch in Zukunft wohl nicht zugänglich sein. Darunter befinden sich auch Änderungsanträge zu Art. 50 GRCh. Hinzu kommt, dass die Transparenz in Bezug auf den Willensbildungsprozess – wie gesehen – schließlich vor den Türen des Präsidiums endete. Im Interesse wahrhafter Transparenz hätten gerade diese Türen aber geöffnet werden müssen, um ein zusammenhängendes Bild der Genese der einzelnen Artikel erschaffen zu können. Viele Vorschläge zu Art. 50 GRCh wurden im Büro des Präsidiums wohl zwar inhaltlich angesprochen und diskutiert. Diese Aussprachen, sowie die Begründungen für deren Nichtberücksichtigung, sind aber nicht zugänglich und stehen damit im Rahmen einer Auslegung nicht zur Verfügung. Der Ursprung dieser Schwäche darf nicht in den Vorgaben des Rates von Tampere gesucht werden.[192] In den Schlussfolgerungen von Tampere wurde gefordert, dass der Redaktionsausschuss einen ersten Entwurf unter Einbeziehung der Meinung des Konvents vorlegen sollte. Der Konvent wurde jedoch bereits hier nicht zu Rate gezogen, dieser sinnvollen Vorgabe demnach nicht nachgekommen. Bei aller Kritik an der Arbeitsweise des Präsidiums muss diesem die ungeheure Arbeitsbelastung während des gesamten Konvents zu Gute gehalten werden.

Zusammenzufassen ist, was trotz dieser Kritik dennoch an inhaltlichen Schlussfolgerungen aus der Genese des Art. 50 GRCh gezogen werden kann. Auffallend ist zunächst, dass Art. 54 SDÜ in der gesamten Diskussion nahezu keine Beachtung fand, obwohl die Norm eine der relevanten Textvorlagen des Art. 50 GRCh darstellte und von äußerster praktischer Relevanz war.[193] Auch das Verhältnis der beiden Normen zueinander fand keine Erörterung. Obgleich bereits eine umfangreiche Rechtsprechung des EuGH zu dieser SDÜ-Norm existierte, orientierte man sich vielmehr an Art. 4 des 7. ZP der EMRK.[194] Dies ist

---

191 Siehe: „Anlage" der „Schlussfolgerungen des Vorsitzes" des Europäischen Rates in Tampere vom 15./16. Oktober 1999, B, II.

192 So aber: *Bernsdorff/Borowsky*, Die Charta der Grundrechte der Europäischen Union, Handreichungen und Sitzungsprotokolle, S. 54; die die Autonomie des Präsidiums als Folge der Vorgaben des Beschlusses von Tampere sehen.

193 Die Norm deckte als einzige den zwischenstaatlichen Anwendungsbereich innerhalb der EU ab.

194 Das 7. Zusatzprotokoll zur EMRK ist bislang allerdings nicht von allen Mitgliedstaaten ratifiziert worden. Mit Stand vom 10.11.2012 ist in folgenden vier Mitgliedstaaten noch keine Ratifizierung erfolgt: Deutschland, Belgien, Niederlande, Türkei. Siehe un-

wohl dem Umstand geschuldet, dass bereits das Präsidium in seinem Ausgangsentwurf den Wortlaut der EMRK-Norm zugrunde legte.[195] Dass die EMRK-Norm als primäre Textvorlage dienen sollte, unterstrich auch Herzog mit seinen Äußerungen in der 4. Sitzung des Konvents. Denn im Verlauf der Debatte sprach er sich hinsichtlich aller justiziellen Rechte immer wieder für kurze, überschaubare und leicht lesbare Texte in enger Anbindung an die Bestimmungen der EMRK aus.[196] Die EMRK als erste geschriebene umfassende Kodifikation europäischer Grundrechte stand somit in wesentlichen Teilen der GRCh Pate, was auch durch deren Erwähnung in der Präambel der Charta bekräftigt wird.[197] Eine Hierarchie innerhalb der zur Verfügung stehenden Textvorlagen war somit von Beginn an vorgegeben und erfuhr auch keine Veränderung mehr.

Viel diskutiert wurde hingegen der räumliche Anwendungsbereich der Norm. Die Endfassung des Art. 50 GRCh stellt diesbzgl. fest, dass sowohl rein nationale als auch transnationale Fälle innerhalb der EU erfasst werden. Auch ist es als letztlich bewusste „Intention des Gesetzgebers" anzusehen, transnationale Fälle mit Drittstaatenbezug nicht zu erfassen, da die Ausgrenzung dieser Fälle in einem dem Konvent vorgelegten Änderungsantrag begehrt wurde. Dass der Anwendungsbereich der Norm wegen seiner transnationalen Dimension im Vergleich zu Art. 4 des 7. ZP der EMRK erweitert wurde, stellt jedoch lediglich eine Scheinerrungenschaft dar. In den Konventssitzungen wurde bereits zu Recht darauf hingewiesen, diese Dimension entspräche bereits dem geltenden „acquis communautaire". Dass man keine Erweiterung des bestehenden Besitzstandes bezweckte, unterstreichen auch die Erläuterungen des Präsidiums des Konvents, die in diesem Zusammenhang ausdrücklich auf Art. 54 SDÜ, Art. 7 des Übereinkommens über den Schutz der finanziellen Interessen der EG sowie Art. 10 des Übereinkommens über die Bekämpfung der Bestechung hinweisen. Obgleich diese Erläuterungen des Präsidiums nach Aussage der Europäischen Union zwar „...als solche keinen rechtlichen Status (haben), stellen (sie) jedoch eine nützliche Interpretationshilfe dar, die dazu dient, die Bestimmungen der Charta

ter „full list of Treaties Nr. 117" unter: http://conventions.coe.int zuletzt abgerufen am 10.11.2012.

195 Der Kommentar zum damaligen Art. 7 in „Convent 5" lautet: „Siehe Artikel 4 des Protokolls Nr. 7 zur Europäischen Menschenrechtskonvention sowie Artikel 20 der Erklärung des Europäischen Parlaments von 1989.". Siehe: Charte 4123/1/00 Rev 1 Convent 5.

196 Siehe: *Bernsdorff/Borowsky*, Die Charta der Grundrechte der Europäischen Union, Handreichungen und Sitzungsprotokolle, S. 150.

197 *Grabenwarter/Pabel*, Europäische Menschenrechtskonvention, § 4, Rn 8.

zu verdeutlichen.“[198] Nach Aussage des Präsidiums wurden die Erläuterungen in eigener Verantwortung formuliert.[199] Hierauf bezieht sich ebenfalls der erst im Rahmen des Verfassungskonvents eingefügte drittletzte Satz der Präambel, der die Erläuterungen ausdrücklich als Auslegungsquelle bezeichnet.

Ebenso war die Frage der Geltung von Ausnahmen Gegenstand ausführlicher Diskussionen. Festzuhalten bleibt hier, dass sich eine Einbeziehung von Ausnahmen in den Wortlaut weder ausdrücklich noch in Gestalt eines Verweises auf bereits bestehende Ausnahmen durchsetzen konnte. Eine primärrechtliche Regelung von Ausnahmen existiert nicht. Gegen den vorschnellen Schluss, der „Gesetzgeber“ hätte demnach keinerlei Ausnahmen zulassen wollen, sprechen aber die Erläuterungen des Präsidiums. Über sie wird klargestellt, dass z.B. die Ausnahmen des Art. 55 SDÜ (in zwischenstaatlichen Konstellationen) oder die Ausnahmeregelung des Art. 4 des ZP der EMRK (in nationalen Konstellationen) Anwendung finden können, worauf an späterer Stelle noch näher eingegangen wird.[200]

Der Genese der Norm lassen sich ferner in Bezug auf die Frage eines Nebeneinanders von verwaltungsrechtlichen und strafrechtlichen Entscheidungen eindeutige Ergebnisse entnehmen. Art. 50 GRCh soll einem Verwaltungsverfahren nach einem Strafverfahren und umgekehrt nicht entgegenstehen. Darüber, ob Art. 50 GRCh ebenso in zwei aufeinander folgenden Verwaltungsverfahren in derselben Sache nicht eingreifen soll, wurde nicht entschieden. Der Konvent wurde zwar durch einen Änderungsantrag auf diese Konstellation hingewiesen, unterließ aber jegliche Stellungnahme oder Klarstellung.

Zu der ebenfalls zentralen Frage der Definition des Tatbegriffs sowie der Frage, welche Entscheidungen taugliche Erst- oder Zweitentscheidung i.S.d. Norm darstellen, oder wie man solche erkennen könnte, wurde ebenfalls keine Stellung bezogen. Zumindest der Frage des Tatbegriffs kommt im Rahmen dieser Abhandlung aber ohnehin eine nur untergeordnete Bedeutung zu.

198 Siehe die Vorbemerkung in „Erläuterungen zur Charta der Grundrechte“ in: ABl. EU, 2007, C 303/02, S. 17.

199 Siehe Vorbemerkung in: Charte 4473/00 Convent 49.

200 Siehe dazu unten: S. 170 f.

III. Anwendungsbereich des Art. 50 GRCh

Sofern es zu klären gilt, ob ein bestimmtes Verhalten mit einem Chartagrundrecht vereinbar ist, muss der Frage nachgegangen werden, ob das jeweilige Chartagrundrecht auf den Sachverhalt überhaupt anwendbar ist. Die Frage der Anwendbarkeit eines Chartagrundrechts richtet sich nach dessen persönlichem und räumlichem Anwendungsbereich.

Innerhalb des persönlichen Anwendungsbereichs eines Unionsgrundrechts der GRCh muss wiederum zwischen seinen Grundrechtsträgern (bzw. Grundrechtsberechtigten) und seinen Grundrechtsadressaten (bzw. Grundrechtsverpflichteten) unterschieden werden.

Die Abgrenzung des Kreises der Grundrechtsträger, d.h. derjenigen, denen die Grundrechte zustehen und denen sie subjektive Rechte vermitteln, ist ebenso für den personalen Schutzbereich von zentraler Bedeutung.[201] Während der Kreis der Grundrechtsträger bereits an dieser Stelle abschließend und vorweg erörtert wird, soll die Unterscheidung zwischen Schutzbereich und Anwendungsbereich erst an späterer Stelle erfolgen.[202] Die Grundrechtsträgereigenschaft wird in der Charta nicht im Rahmen allgemeiner Grundrechtsvorschriften geklärt, sondern ist jedem Grundrecht gesondert zu entnehmen.[203] Art. 50 GRCh spricht von „Niemand darf", stellt daher ein „jedermann"-Grundrecht dar und ist im Gegensatz zu anderen Chartagrundrechten nicht auf Unionsbürger beschränkt. Grundrechtsträger sind zunächst alle natürlichen Personen, mithin alle Menschen, unabhängig von ihrem Alter und ihren Fähigkeiten.[204]

Ebenso können sich juristische Personen vereinzelt auf die Grundrechte der GRCh berufen. Dies wird nach überwiegender Ansicht unabhängig davon beurteilt, ob das jeweilige Grundrecht die juristischen Personen ausdrücklich erwähnt, und ist vielmehr durch Auslegung zu ermitteln.[205] Dem jeweiligen Wort-

---

201 *Jarass,* EU-Grundrechte, § 4, Rn 21.

202 Siehe unten: S. 53.

203 *Hatje*, in: Schwarze, EU-Kommentar, GRCh Art. 51, Rn 4.

204 *Jarass,* EU-Grundrechte, § 4, Rn 22; *Ehlers*, in: Ehlers, Europäische Grundrechte und Grundfreiheiten, § 14, Rn 42.

205 Für eine grundsätzliche Einbeziehung der juristischen Personen spricht insbesondere die Natur des Unionsrechts, welches in weiten Teilen „Unternehmensrecht" ist. Grundrechtsfragen stellen sich ihnen daher besonders häufig. So: *Hatje*, in: Schwarze, EU-Kommentar, GRCh Art. 51, Rn 6; *Jarass,* EU-Grundrechte, § 4, Rn 27; *Ladenburger*, in: Tettinger/Stern, Gemeinschaftskommentar zur EU-GRCh, Art. 51 GRCh, Rn 3; *Ehlers*, in: Ehlers, Europäische Grundrechte und Grundfreiheiten, § 14, Rn 43 m.w.N.

laut der Grundrechte können bereits Anhaltspunkte über die Einbeziehung juristischer Personen entnommen werden. Spricht die Norm von „Mensch", so ist dies als Indiz für lediglich natürliche Personen als Grundrechtsträger zu werten. Spricht sie dagegen von „Personen", so sind wohl auch juristische Personen in den Kreis miteinbezogen.[206] Art. 50 GRCh verwendet mit der Formulierung „Niemand darf" ein sog. Indefinitpronomen, was sich aus den Wörtern „nie" und „Mann" zusammensetzt, wobei „Mann" als Synonym für „Mensch" verstanden werden muss.[207] Der Wortlaut des Art. 50 GRCh legt also die Erfassung lediglich natürlicher Personen nahe. Hierfür spricht ebenso ein Vergleich mit anderen Chartagrundrechten, die ebenfalls die Wendung „Niemand darf" verwenden. Eine juristische Person kann beispielsweise weder zur Todesstrafe verurteilt und hingerichtet (Art. 2 Abs. 2 GRCh) noch in Sklaverei und Zwangsarbeit gehalten werden (Art. 5 GRCh). Diese systematischen Erwägungen unterstützen also die engere Auslegung. Während sich die Genese des Art. 50 GRCh – wie gesehen – hierzu ausschweigt, sprechen teleologische Erwägungen für eine Einbeziehung der juristischen Personen. Denn auch juristische Personen können in vielen Mitgliedstaaten von einer Strafverfolgung betroffen und auf europäischer Ebene beispielsweise Adressat von Geldbußen sein. Auch ihnen gegenüber ist es erforderlich, den sie verfolgenden Stellen nur *einen* abschließenden Versuch zuzugestehen, um auf eine wie auch immer geartete Zuwiderhandlung zu reagieren. Sie haben ebenso wie natürliche Personen einen Anspruch auf Rechtssicherheit, um nach dem für sie belastenden Verfahren wieder zur alltäglichen Normalität zurückkehren zu können, ohne eine weitere Verfolgung wegen derselben Sache mit beispielsweise rufschädigenden Durchsuchungen der Geschäftsräume fürchten zu müssen. Auch den juristischen Personen gilt es daher, ein geeignetes Abwehrrecht in Gestalt eines geschriebenen justiziellen Unionsgrundrechts gem. Art. 50 GRCh in die Hand zu geben. Art. 50 GRCh ist, im Gegensatz zu vielen anderen Grundrechten, in denen ebenso der Begriff „niemand" verwendet wurde, „seinem Wesen nach" auf juristische Personen anwendbar, sofern man diese Formel denn auf die europäische Ebene zu übertragen bereit ist.[208] Es bleibt daher festzuhalten, dass in den Kreis der Grundrechtsträger des

---

Ausdrücklich werden die juristischen Personen nur selten erwähnt (Art. 42, 43, 44 GRCh).

206 *Jarass,* EU-Grundrechte, § 4, Rn 30.

207 Vgl.: Duden, Die deutsche Rechtschreibung, „Niemand".

208 In der Rechtsprechung des EuGH findet sich dieses Institut nicht. Er geht vielmehr kasuistisch vor. *Ehlers*, in: Ehlers, Europäische Grundrechte und Grundfreiheiten, § 14, Rn 43; *Ladenburger*, in: Tettinger/Stern, Gemeinschaftskommentar zur EU-GRCh, Art. 51 GRCh, Rn 2 m.w.N.

Art. 50 GRCh auch juristische Personen mit einzubeziehen sind,[209] und der Gesetzgeber anstelle der Wendung „Niemand darf" treffender die Formulierung „Keine Person" hätte wählen sollen. Wirtschaftsunternehmen können sich folglich, unabhängig von ihrer Organisationsform,[210] auf Art. 50 GRCh berufen.

Der Differenzierung zwischen den natürlichen und juristischen Personen als Grundrechtsträgern fällt im Rahmen des Art. 50 GRCh im Übrigen eine besonders hohe Bedeutung zu, da sich nur derjenige Grundrechtsträger auf die Sperrwirkung der Norm berufen kann, der mehrmals Betroffener eines Strafverfahrens wird. Auch wenn Unternehmen sowie die für das Unternehmen tätigen Aufsichtspersonen eine Einheit bilden, so stellen sie dennoch unterschiedliche Rechtssubjekte dar. Aufgrund der unterschiedlichen Art und Zielsetzung der Sanktionen gegen natürliche und juristische Personen wird richtigerweise davon ausgegangen, dass ein ne bis in idem-Grundsatz hier aufgrund der mangelnden Identität der Betroffenen keine Anwendung findet.[211] Gleiches gilt für Art. 50 GRCh.

Schließlich stellt sich in Bezug auf den Kreis der Grundrechtsträger noch die Frage, ob dies nur natürliche oder juristische Personen privater Natur sein können, oder ob sich auch Stellen der Union oder mitgliedstaatliche Stellen auf Art. 50 GRCh berufen können. Obgleich die damit verbundene Grundsatzfrage der Grundrechtsbindung staatlicher Stellen in den nationalen Verfassungen unterschiedlich beurteilt wird, sind richtigerweise weder die Stellen der EU noch der Mitgliedstaaten als Grundrechtsträger der Chartagrundrechte anzusehen.[212] Hierfür sprechen vor allem die Funktionen der Chartagrundrechte, wonach diese in erster Linie als subjektive Abwehrrechte gegen die Grundrechtsadressaten ausgestaltet sind,[213] was auch auf Art. 50 GRCh zutrifft. Ein Vergleich mit der EMRK, die als Rechtserkenntnisquelle dient, stützt dieses Ergebnis. Denn aus

209 In dieser Ausdrücklichkeit zumindest auch: *Mansdörfer*, Das Prinzip des ne bis in idem im europäischen Strafrecht, S. 241; *Dannecker*, in: Eser/Rabenstein, Neighbours in law, S. 179.

210 *Jarass*, EU-Grundrechte, § 5, Rn 29.

211 Zu dieser Problematik im Rahmen des europäischen Kartellrechts siehe: *Schwarze/Weitbrecht*, Grundzüge des europäischen Kartellverfahrensrechts, § 7, Rn 27; *Dannecker/Biermann*, in: Immenga/Mestmäcker, Wettbewerbsrecht EG, Band 1, Teil 2, VO 1/2003, Vorbem. Art. 23, Rn 256; *Kindhäuser*, in: Frankfurter Kommentar zum Kartellrecht, Band 2, Art. 81 EGV, Bußgeldrechtliche Folgen, Rn 231; *Kruck*, Der Grundsatz ne bis in idem im Europäischen Kartellverfahrensrecht, S. 277.

212 *Jarass*, EU-Grundrechte, § 5, Rn 32; *Ehlers*, in: Ehlers, Europäische Grundrechte und Grundfreiheiten, § 14, Rn 44; *Rengeling/Szczekalla*, Grundrechtsschutz in der EG, Rn 392.

213 *Hatje*, in: Schwarze, EU-Kommentar, GRCh Art. 51, Rn 7; *Ehlers*, in: Ehlers, Europäische Grundrechte und Grundfreiheiten, § 14, Rn 33 f.

Art. 1 EMRK folgt, dass die durch die EMRK Verpflichteten die Vertragsstaaten sind, während die aus der EMRK Berechtigten die deren Staatsgewalt unterstehenden Personen sind.[214] Auch Art. 34 EMRK beschränkt die Beschwerdebefugnis für Individualbeschwerden vor dem EGMR auf „nichtstaatliche Organisationen und Personengruppen", was ebenso für eine Beschränkung auf Personen des Privatrechts spricht.[215]

Im Gegensatz zum Kreis der Grundrechtsträger ist der Kreis der Grundrechtsadressaten für alle Grundrechte der Charta gleichermaßen und abschließend in Art. 51 Abs. 1 S. 1 GRCh geregelt. Hauptziel des Art. 51 GRCh ist die trennscharfe Abgrenzung der Charta zu den entsprechenden Rechtsordnungen der Mitgliedstaaten.[216] Daher beinhaltet die Norm auch lediglich Ausführungen zu den Grundrechtsadressaten, nicht aber zu den Grundrechtsträgern.[217] Die Frage des Grundrechtsadressaten bzw. der Grundrechtsbindung ist demnach ein zentrales Element bei der Frage des Anwendungsbereichs der Grundrechte, denn nur wenn eine bestimmte Stelle auch tatsächlich an die Charta gebunden ist, kann ihr Verhalten an den Chartagrundrechten gemessen werden.[218] Die Abgrenzung des Adressatenkreises gestaltet sich jedoch als äußerst aufwendig und teilweise problematisch. Sie erfolgt daher der Übersichtlichkeit halber innerhalb der einzelnen Fallgruppen des räumlichen Anwendungsbereichs von Art. 50 GRCh.

Die folgende Untersuchung des räumlichen Anwendungsbereichs wird der Übersichtlichkeit halber in die im Rahmen der Einleitung genannten Fallgruppen unterteilt, wobei sich in jeder einzelnen davon die Frage stellt, inwieweit Art. 50 GRCh im Detail greift. Der räumliche Anwendungsbereich ist dabei nicht mit dem sachlichen Schutzbereich des Grundrechts gleichzusetzen. Letztere ist enger, worauf jedoch noch näher eingegangen wird.[219]

---

214 *Grabenwarter*, EMRK, § 17, Rn 1.

215 *Grabenwarter*, EMRK, § 17, Rn 5.

216 *Hatje*, in: Schwarze, EU-Kommentar, GRCh Art. 51, Rn 2.

217 *Hatje*, in: Schwarze, EU-Kommentar, GRCh Art. 51, Rn 2.

218 *Jarass*, EU-Grundrechte, § 4, Rn 1, § 6, Rn 3.

219 Siehe dazu unten: S. 53 f.

1. Nationaler Anwendungsbereich innerhalb eines Mitgliedstaates

In demselben Mitgliedstaat können demselben Grundrechtsträger aufgrund derselben Tat unterschiedliche staatliche Sanktionen drohen. Im Rahmen dieser ersten Fallgruppe wird nun untersucht, inwieweit sich die Betroffenen nach einer erfolgten Erstsanktion bei einer drohenden Zweitsanktion auf Art. 50 GRCh berufen können.

Bei den möglichen Fallkonstellationen, in denen Art. 50 GRCh innerhalb desselben Mitgliedstaates ggf. Anwendung findet, gilt es nun, zwischen Konstellationen des „Kriminalstrafrechts“ und solchen des „Strafrechts i.w.S.“ zu unterscheiden.

a) Exkurs: Begrifflichkeiten

Die Begrifflichkeiten des „Kriminalstrafrechts“ und des „Strafrechts i.w.S.“ sind im weiteren Verlauf der Abhandlung nicht nur i.S.d. deutschen Rechts zu verstehen. Sie sind im europäischen Sinne und dort wiederum weit zu begreifen, um in allen Fallgruppen des Art. 50 GRCh gleichermaßen und umfassend Verwendung finden zu können.

Der europäische Begriff des Kriminalstrafrechts soll demzufolge sowohl alle Kriminalstrafrechtssysteme der Mitgliedstaaten als auch etwaige Kriminalstrafrechtssysteme auf europäischer Ebene erfassen.[220] Damit geht der Begriff des europäischen Kriminalstrafrechts über den des originären europäischen Kriminalstrafrechts hinaus. Der materielle Gehalt beider Begriffe ergibt sich allerdings – unabhängig von einer mitgliedstaatlichen Konturierung anhand formaler Kriterien, aus Überschneidungen, die Ergebnis einer wertenden mitgliedstaatlichen Rechtsvergleichung sind. Den mitgliedstaatlichen Kriminalstrafrechtssystemen ist gemein, dass die Kriminalstrafen den Kernbestand punitiver Sanktionen bilden. Diese Kriminalstrafen verfolgen regelmäßig repressive Zwecke, bringen ein sozialethisches Unwerturteil zum Ausdruck, werden durch ein Gericht in einem dafür vorgesehenen Verfahren verhängt und bringen als Rechtsfolge die Verhängung einer Freiheitsstrafe oder finanziellen Einbuße mit sich, die wiederum in eine Ersatzfreiheitsstrafe umwandelbar ist.[221] Neben weiteren

220 Der Begriff des europäischen Kriminalstrafrechts wurde bislang weder vom EuGH noch vom europäischen Gesetzgeber definiert. Zur Frage, ob europäische Kriminalstrafrechtssysteme de lege lata existieren siehe unten: S. 213 f.

221 Dazu: *Hecker*, Europäisches Strafrecht, § 4, Rn 63; *Satzger*, Internationales und Europäisches Strafrecht, § 8, Rn 9.

Überschneidungen können hieran fortan die Bereiche des Kriminalstrafrechts bzw. die Sanktionsform der Kriminalstrafe erkannt werden, unabhängig davon, ob man sich auf mitgliedstaatlicher oder europäischer Ebene befindet. Wenn im Folgenden von „kriminalstrafrechtlichen Konstellationen" die Rede ist, meint dies alle Fallkonstellationen, denen ausschließlich Verfahren zugrunde liegen, die die Verhängung von Kriminalstrafen zum Gegenstand haben.

Gleiches gilt für einen europäischen Begriff des „Strafrechts i.w.S." Unter ihm ist sowohl das mitgliedstaatliche Strafrecht i.w.S. als auch das originär europäische Strafrecht i.w.S. zu verstehen. Der Bereich des „Strafrechts i.e.S." wird auf alle weiteren repressiven Sanktionen ausgedehnt und die Gesamtheit all dieser Sanktionen sodann als „Strafrecht i.w.S." bezeichnet,[222] soweit diese dem öffentlichen Recht angehören.[223] Als Teilmenge dessen umfasst das originäre europäische Strafrecht i.w.S. dabei alle in den Mitgliedstaaten unmittelbar anwendbaren Sanktionsvorschriften repressiven Gehalts aus dem europäischen Primär- oder Sekundärrecht. Wenn in der Literatur von „europäischem Strafrecht i.w.S." die Rede ist, ist meist nur diese Teilmenge gemeint, wobei vereinzelt sogar vertreten wird, dieser Begriff könne nicht auf die europäische Ebene übertragen werden.[224]

Die Gesamtheit der neben das Strafrecht i.e.S. hinzutretenden repressiven Sanktionen kann wiederum als „Verwaltungssanktionenrecht" bezeichnet werden, soweit die Sanktionen von einer europäischen oder mitgliedstaatlichen Verwaltungsbehörde verhängt werden.[225] Sie unterliegen nicht dem Richtervor-

222 Ähnlich: *Böse*, Strafen und Sanktionen im Europäischen Gemeinschaftsrecht, S. 35.

223 Der öffentlich -rechtliche Bezug verdeutlicht, dass die Sanktionen keine vertragliche, sondern eine gesetzliche Grundlage haben und grenzt die Sanktion mithin von zivilrechtlichen Maßnahmen wie z.B. der Vertragsstrafe ab.

224 Für eine Verwendung des Begriffs des „Strafrechts i.w.S." auf europäischer Ebene, sowie näher zu dem Begriff: *Hecker*, Europäisches Strafrecht, § 4, Rn 62; *Satzger*, Die Europäisierung des Strafrechts, S. 58 f., 64 f., 72 f., 80 f. m.w.N.; *Satzger*, Internationales und Europäisches Strafrecht, § 8, Rn 3, 5 f. Gegen eine generelle Übertragung des Begriffs: *Böse*, Strafen und Sanktionen im Europäischen Gemeinschaftsrecht, S. 43 f., S. 45 f., der darauf hinweist, dass z.B. in Frankreich der Bereich des Kriminalstrafrechts vollständig vom Bereich der Verwaltungssanktionen „sanctions administratives" getrennt ist, da diese auch vor den Verwaltungsgerichten geltend gemacht werden, die entsprechenden Verfahren auch nebeneinander betrieben werden können, und eine Kategorisierung zum Strafrecht mithin keinen Sinn ergäbe. Dagegen wiederum jedoch: *Heitzer*, Punitive Sanktionen im europäischen Gemeinschaftsrecht, S. 17, die auf eine Entwicklung der mitgliedstaatlichen Rechtsordnungen hinweist, wonach zunehmend strafrechtliche Fundamentalgrundsätze auch im Bereich des Verwaltungssanktionenrechts Anwendung finden.

225 *Böse*, Strafen und Sanktionen im Europäischen Gemeinschaftsrecht, S. 37.

behalt und können keine Freiheitsstrafe zur Folge haben. Auch dieser Begriff des „europäischen Verwaltungssanktionenrechts" wird hier weit verstanden, um die Gesamtheit aller mitgliedstaatlichen sowie originär europäischen Verwaltungssanktionen zu erfassen. Der Begriff des originären europäischen Verwaltungssanktionenrechts hat sich insbesondere aus den Gebieten des europäischen Wettbewerbs- und Agrarrechts herausgebildet,[226] wobei er richtigerweise auch die europäischen Geldbußeregelungen umfasst.[227]

Zum darin enthaltenen Begriff der „Sanktion" finden sich im europäischen Recht zahlreiche Definitionsansätze. Es kristallisiert sich aber ein enger[228] und ein weiter[229] Sanktionsbegriff heraus.[230] Letzterer deckt sich mit der Sanktion im rechtstheoretischen Sinne, wonach unter einer Sanktion jegliche Androhung von Rechtsnachteilen für den Fall von Verstößen gegen eine Rechtsvorschrift zu verstehen ist.[231] Die Sanktion dient somit der Sicherung der Rechtsgeltung. Ebenso wenig wie über ihren Zweck, sagt die Definition etwas über die Zugehörigkeit von Sanktionen zum Straf-, Zivil- oder öffentlichen Recht aus. Ihr unterfallen auch Maßnahmen mit rein restitutiver Zielsetzung, wie z.B. Schadensersatz oder Zwangsgelder. Dieser weite Sanktionsbegriff wird in erster Linie von den gesetzgeberischen Organen der EU und dem EuGH sowie von Teilen der Literatur verwendet.[232] Nach dem engen Sanktionsbegriff liegt eine Sanktion nur dann

226 *Nelles/Tinkl/Lauchstädt,* in: Schulze/Zuleeg, Europarecht, § 42, Rn 20.

227 So wohl auch: *Tiedemann,* Wirtschaftsstrafrecht AT, Rn 251, der von „Geldbußen und andere(n) Verwaltungssanktionen" spricht. Ähnlich: *Dannecker*, in: Wabnitz/Jannovsky, Handbuch des Wirtschafts- und Steuerstrafrechts, 2. Kap., Rn 80 f.; *Nelles/Tinkl/Lauchstädt,* in: Schulze/Zuleeg, Europarecht, § 42, Rn 20; *Vogel,* in: Sieber/Brüner/Satzger/Heintschel-Heinegg, Europäisches Strafrecht, § 5, Rn 7 f. Anders: Hecker, Europäisches Strafrecht, § 4, Rn 65, 67, der die Geldbußen neben dem Verwaltungssanktionenrecht sieht.

228 Im Folgenden: „Sanktion i.e.S."

229 Im Folgenden: „Sanktion i.w.S."

230 Dazu im Überblick: *Böse*, Strafen und Sanktionen im Europäischen Gemeinschaftsrecht, S. 46 f.

231 *Böse*, Strafen und Sanktionen im Europäischen Gemeinschaftsrecht, S. 47; *Heitzer*, Punitive Sanktionen im europäischen Gemeinschaftsrecht, S. 6; *Magiera*, in: Grabitz/Hilf/Nettesheim, Das Recht der Europäischen Union, Band 3, Art. 325 AEUV, Rn 65; *Vogel,* in: Sieber/Brüner/Satzger/Heintschel-Heinegg, Europäisches Strafrecht, § 5, Rn 7.

232 EuGH, Urt. v. 27.11.1992 – „Deutschland/Kommission", Slg. 1992, Band I/7, S. 5383 f., S. 5428. In der „Ratsverordnung 2532/98 über das Recht der europäischen Zentralbank Sanktionen zu verhängen" wird in Art. 1 der Begriff der Sanktion wie folgt definiert: „Geldbußen und in regelmäßigen Abständen zu zahlende Zwangsgelder, die infolge einer Übertretung verhängt werden." Ferner zur Verwendung der Begrifflichkeiten innerhalb der „Ratsverordnung 2988/95 über den Schutz der finanziellen Interessen

vor, wenn sie auch einen repressiven Zweck verfolgt. Rein restitutive oder präventive Sanktionen fallen mithin nicht unter den Begriff. Dieser Begriff wird häufig in der Literatur gebraucht, um die Nähe der Sanktion zur Kriminalstrafe hervorzuheben.[233] Hier soll der Begriff der Sanktion grundsätzlich in seinem engeren Sinn verstanden werden. Ansonsten wird ausdrücklich von einer „Sanktion i.w.S." oder „Reaktion" gesprochen.

Mithin werden hier unter dem Begriff des europäischen Verwaltungssanktionenrechts auch konsequenterweise nur solche Verwaltungssanktionen verstanden, die repressiver Natur sind. Neben dieser Einengung ist der Begriff aber – wie gesehen – auch weit im Hinblick auf dessen Einbeziehung aller mitgliedstaatlicher Verwaltungssanktionen zu verstehen.

Soweit im Folgenden mithin von „Konstellationen des Strafrechts i.w.S." die Rede ist, meint dies alle Fallkonstellationen, denen Verfahren zugrunde liegen, die zumindest auch die Verhängung von Sanktionen i.e.S. zum Gegenstand haben.

b) Kriminalstrafrecht

Art. 50 GRCh könnte zunächst Anwendung finden, wenn eine Person oder ein Unternehmen in einem Mitgliedstaat in Bezug auf eine Kriminalstrafe rechtskräftig verurteilt oder freigesprochen wurde und sodann nochmals in demselben Mitgliedstaat wegen derselben Tat durch eine Kriminalstrafe verfolgt und verurteilt werden soll.

Die Anwendung des Art. 50 GRCh setzt nun sowohl die Eröffnung des Schutzbereichs des Art. 50 GRCh als auch die Eröffnung des Anwendungsbereichs der gesamten Grundrechtscharta gem. Art. 51 GRCh voraus.

---

der EG" siehe unten: S. 91 f. Auch wird der Begriff vereinzelt in der Literatur verwendet. So: *Jarass,* EU-Grundrechte, § 41, Rn 5-7; *Hecker,* Europäisches Strafrecht, § 4, Rn 62; *Dannecker/Biermann*, in: Immenga/Mestmäcker, Wettbewerbsrecht EG, Band 1, Teil 2, VO 1/2003, Art. 23, Rn 328 f. (vgl. deren Kapitelüberschrift), die noch zwischen verwaltungsstrafrechlichen Sanktionen und rein verwaltungsrechtlichen Sanktionen differenzieren.

233 So: *Böse*, Strafen und Sanktionen im Europäischen Gemeinschaftsrecht, S. 52 f. m.w.N. Ebenso: *Heitzer*, Punitive Sanktionen im europäischen Gemeinschaftsrecht, S. 9 f., die der Klarstellung halber sodann von „punitiven Sanktionen" spricht. Anders: *Vogel,* in: Sieber/Brüner/Satzger/Heintschel-Heinegg, Europäisches Strafrecht, § 5, Rn 7.

aa) Schutzbereichseröffnung des Art. 50 GRCh

Der Schutzbereich des Art. 50 GRCh muss demnach rein innerstaatliche kriminalstrafrechtliche Konstellationen überhaupt erfassen. Vereinzelt wird in der Literatur vertreten, Art. 50 GRCh könne nur bei Anwendung des Gemeinschaftsrechts Schutz gewähren, sei also nur dann anzuwenden, wenn zwischenstaatliche Mehrfachverfolgung drohe. Dies sei dem in Art. 50 GRCh enthaltenen Passus „in der Union nach dem Gesetz rechtskräftig verurteilt oder freigesprochen" zu entnehmen. Handele es sich hingegen um rein nationale Straftatbestände, würde die Norm nicht greifen. Ein Grundrechtsschutz könne sich hier weiterhin nur aus Art. 54 SDÜ[234] ergeben, da dieser sowohl den zwischenstaatlichen als auch den rein nationalen Anwendungsbereich abdecke.[235] Richtigerweise erfasst Art. 50 GRCh aus den nachfolgenden Gründen jedoch ebenso den rein innerstaatlichen Bereich.[236]

(1) Wortlaut „in der Union nach dem Gesetz"

Zunächst gilt es, den Wortlaut des Art. 50 GRCh, genauer die darin enthaltene Formulierung „in der Union nach dem Gesetz", zu untersuchen. Die Wendung „in der Union nach dem Gesetz" kann zunächst unbedenklich in die Wendung „Gesetz in der Union" umgekehrt und damit gleichgesetzt werden. Beide Formulierungen dürfen hingegen keinesfalls mit den Begriffen „europäisches Gesetz" oder „Unionsgesetz" verwechselt oder gleichgestellt werden. Die Wendung „Gesetz in der Union" wird weder durch den EuGH definiert noch durch die Literatur näher umrissen.

Auch wenn der Begriff europarechtlich autonom zu bestimmen ist, kann bzgl. des Begriffs „Gesetz" auf mitgliedstaatliche Überlegungen – im Folgenden die deutsche Staatsrechtsdogmatik zurückgegriffen werden. Hier wird nämlich deutlich, dass für den Begriff des Gesetzes grundsätzlich zwei Definitionsansätze bestehen.[237] Nach einem älteren Ansatz lässt sich ein Gesetz als eine abstrakt generelle Regelung verstehen. Es regelt eine Vielzahl von Fällen und wendet

234 Näher zu Art. 54 SDÜ unten: S. 166 f.

235 So: *Dannecker*, in: Kohlmann Festschrift, S. 612 f.

236 So ebenfalls: *Eser,* in: Sieber/Brüner/Satzger/Heintschel-Heinegg, Europäisches Strafrecht, § 36, Rn 57; *Eser*, in: Meyer, Kommentar zur GRCh, Art. 50, Rn 6; *Blanke*, in: Calliess/Ruffert, EUV/AEUV, Art. 50 GRCh, Rn 1; *Voet van Vormizeele*, in: Schwarze, EU-Kommentar, Art. 50 GRCh, Rn 4; *Nehl*, in: Heselhaus/Nowak, Handbuch der Europäischen Grundrechte, § 58, Rn 2, 17 f.; *Streinz,* in: Streinz, EUV/AEUV, Art. 50 GRCh, Rn 8; *Jarass,* GRCh-Kommentar, Art. 50 GRCh, Rn 9.

237 Im deutschen Recht wird daher auch vom sog. doppelten oder gespaltenen Gesetzesbegriff gesprochen.

sich an eine Vielzahl von Adressaten. Diese sog. „Allgemeinheit des Gesetzes“ ist Ausdruck notweniger Distanz des Staates gegenüber seinen Bürgern und verbürgt die Gewährleistung der Gleichbehandlung.[238] Mittlerweile wird der Begriff im deutschen Recht aber rein formalisiert definiert, wonach ein Gesetz jeder Hoheitsakt ist, der in dem in der Verfassung vorgesehenen Gesetzgebungsverfahren zustande gekommen und wirksam geworden ist.[239] An die materielle Komponente der „Allgemeinheit des Gesetzes“ wird nicht mehr angeknüpft. Dieser Gedanke, dass ein Gesetz durch seine Allgemeinheit ausgezeichnet ist, durchzieht allerdings die gesamte europäische Rechtsgeschichte[240] und kann auf europäischer Ebene daher nicht einfach verworfen werden. Unter Rückgriff auf beide Komponenten im Sinne eines dualistischen Begriffs kann man demzufolge unter dem Begriff des „Gesetzes“ sodann jegliche Hoheitsakte verstehen, die in einem von „Verfassungen“ vorgesehenen Gesetzgebungsverfahren zustande gekommen und wirksam geworden sind sowie der Voraussetzung der Allgemeinheit genügen.[241]

Die Einschränkung „in der Union“ führt dazu, dass dieses Gesetzgebungsverfahren ein solches der mitgliedstaatlichen Verfassungen oder ein solches des europäischen Primärrechts i.S.d. Art. 289 Abs. 1 oder 2 AEUV (ordentliches oder besonderes Gesetzgebungsverfahren) sein muss. Das Gesetz muss also von einem mitgliedstaatlichen Gesetzgebungsorgan oder der EU selbst erlassen worden sein, wodurch Hoheitsakte von Gesetzgebungsorganen aus Drittstaaten aus dem Begriff „Gesetz in der Union“ herausfallen. Ohne letztlich die Frage abschließend zu klären, ob ein dualistischer oder rein formalistischer Begriff auf europäischer Ebene angemessener erscheint, kann unter einem „Gesetz in der Union“ i.S.d. Art. 50 GRCh letztlich jeder Hoheitsakt verstanden werden, der in einem Gesetzgebungsverfahren der mitgliedstaatlichen Verfassungen oder einem solchen der EU zustande gekommen und wirksam geworden ist sowie der

238 *Ossenbühl*, in: Isensee/Kirchhof, Handbuch des Staatsrechts, Band V, § 100, Rn 11 f.

239 *Ossenbühl*, in: Isensee/Kirchhof, Handbuch des Staatsrechts, Band V, § 100, Rn 13; *Pieroth*, in: Jarass/Pieroth, GG-Kommentar, Art. 76, Rn 1; *Brun-Otto Bryde*, in: v.Münch/Kunig, GG-Kommentar, Band 2, Art. 76, Rn 2.

240 *Ossenbühl*, in: Isensee/Kirchhof, Handbuch des Staatsrechts, Band V, § 100, Rn 11 m.w.N.

241 Gegen die Essentiale der „Allgemeinheit“ auf europäischer Ebene könnte die Regelungstechnik des Art. 289 AEUV sprechen, der Verordnungen, Richtlinien und Beschlüsse als „Gesetzgebungsakte“ bezeichnet, mithin in gewisser Weise gleichsetzt. Sie entspringen alle dem ordentlichen Gesetzgebungsverfahren des Art. 294 AEUV. Während Verordnungen und Richtlinien nun allerdings die Essentiale der „Allgemeinheit“ erfüllen, richten sich Beschlüsse gem. Art. 288 Abs. 4 AEUV nur an einen bestimmten Adressaten und sind nur für diesen verbindlich.

Voraussetzung der Allgemeinheit genügt. In Bezug auf die Ausgangsfrage ergibt die Wortlautauslegung somit, dass der Wortlaut keineswegs die rein innerstaatliche Anwendung sperrt.[242]

(2) Genese

Ein gleiches Ergebnis erhält man nach einem Blick auf die dargestellte Genese des Art. 50 GRCh. In keiner Konventsitzung wurde in Erwägung gezogen, den rein innerstaatlichen Anwendungsbereich aus der Norm herauszunehmen. Vielmehr wurde ausführlich diskutiert, ob *neben* dem rein innerstaatlichen Anwendungsbereich auch eine Ausweitung auf den zwischenstaatlichen Bereich erfolgen sollte. Die spärliche Diskussion über die Justizgrundrechte wurde zudem gerade damit begründet, dass man sich bei ihrer Auslegung im Übrigen an die Normen der EMRK halten wollte. Gerade Art. 4 des 7. ZP der EMRK statuiert aber ebenfalls ein rein innerstaatliches ne bis in idem. Auch die Erläuterungen des Präsidiums zu Art. 52 Abs. 3 S. 2 GRCh sprechen dieselbe Sprache. Dort findet man eine Liste der Artikel, die „...dieselbe Bedeutung haben wie die entsprechenden Artikel der EMRK, deren Tragweite aber noch umfassender ist". Art. 50 GRCh wird hier ausdrücklich aufgeführt. „Dieselbe Bedeutung" meint hier die Geltung im rein innerstaatlichen Fall. Auch die zu Art. 50 GRCh vorgebrachten Änderungsvorschläge unterstreichen das Ergebnis. In ihnen wurde der Passus „... in der Europäischen Union oder in einem ihrer Mitgliedstaaten" gefordert, was verdeutlicht, dass die Differenzierung durchaus bekannt war, aber letztlich in dem Passus „... in der Union" zusammengefasst wurde. Den Änderungsvorschlägen lässt sich ebenso entnehmen, dass der Hauptgrund der Hereinnahme des Satzteils „in der Union" die Ausgrenzung von Sachverhalten mit Drittstaatenbezug war. Der gesetzgeberische Wille ist daher in diesem Punkt eindeutig. Rein innerstaatliche kriminalstrafrechtliche Konstellationen sollten von Art. 50 GRCh umfasst sein.

(3) Kohärenzgebot des Art. 52 Abs. 3 GRCh

Unabhängig von der Wortlautauslegung sowie der historischen Auslegung sprechen auch andere Aspekte dafür, die rein innerstaatliche Konstellation unter den Anwendungsbereich des Art. 50 GRCh fallen zu lassen. Art. 4 des 7. ZP der EMRK verbürgt, dass innerhalb desselben Staates keine Doppelverfolgung bzw. Bestrafung wegen derselben Sache erfolgen darf. Dies ist dem Wortlaut „... in einem Strafverfahren desselben Staates" klar zu entnehmen. Mehrfache Verbürgungen desselben Grundrechtsschutzes erfordern jedoch eine Abstimmung un-

242 So auch: *Eser*, in: Meyer, Kommentar zur GRCh, Art. 50, Rn 6.

tereinander. Das Verhältnis der GRCh zur EMRK regelt nun Art. 52 Abs. 3 GRCh. Hierin bemühte man sich, das Verhältnis der beiden Grundrechtskataloge im Interesse der Rechtssicherheit möglichst kohärent zu gestalten.[243] Die Widerspruchsfreiheit der Gesamtrechtsordnung sollte gewährleistet werden.[244] S. 1 des Abs. 3 besagt, dass die „Bedeutung und Tragweite" der in der EMRK garantierten Rechte für die GRCh zu übernehmen sind, wenn sich die Grundrechtsbestimmungen entsprechen. S. 2 des Abs. 3 legt als Ausnahme von der grundsätzlichen Übereinstimmung fest, dass die GRCh durchaus weitergehenden Schutz gewähren darf. Demnach kann Art. 50 GRCh in Bezug auf seinen Anwendungsbereich den Grundrechtsberechtigten in stärkerem Maße schützen als Art. 4 des 7. ZP der EMRK. Art. 52 Abs. 3 GRCh scheint mithin darauf ausgelegt, letztlich alle Grundrechtsgewährleistungen der EMRK mit ihren Pendants in der GRCh in Beziehung zu setzen.[245] Art. 52 Abs. 3 GRCh stellt dabei aber lediglich die beiden Alternativen zur Verfügung, dass durch die GRCh entweder dasselbe Schutzniveau oder eben ein weitergehender Schutz gewährt wird. Die Frage, wie es sich verhalten würde, wenn tatsächlich das Schutzniveau eines Chartaartikels unter dem der EMRK bleiben würde, findet in der Norm keine Erwähnung. Die Systematik des Art. 52 Abs. 3 GRCh spricht also dafür, das Schutzniveau der beiden Artikel zumindest als gleichwertig einzustufen. Der durch die Charta gewährleistete Schutz darf somit in keinem Fall unter das Schutzniveau der EMRK fallen.[246]

(4) Ergebnis

Der Schutzbereich des Art. 50 GRCh umfasst mithin letztlich auch die rein innerstaatliche kriminalstrafrechtliche Konstellation.

---

243 Siehe zur Genese des Art. 52 GRCh: *v.Danwitz/Ladenburger*, in: Tettinger/Stern, Gemeinschaftskommentar zur EU-GRCh, Art. 52 GRCh, Rn 4.

244 *Becker*, in: Schwarze, EU-Kommentar, Art. 52 GRCh, Rn 14.

245 Darüber hinaus werden in der GRCh aber noch weitere Grundrechte gewährleistet. Dazu siehe: *Molthagen*, Das Verhältnis der EU-Grundrecht zur EMRK, S. 50 f.

246 *v.Danwitz*, in: Tettinger/Stern, Gemeinschaftskommentar zur EU-GRCh, Art. 52 GRCh, Rn 62; *Molthagen*, Das Verhältnis der EU-Grundrecht zur EMRK, S. 63 f.; *Nehl*, in: Heselhaus/Nowak, Handbuch der Europäischen Grundrechte, § 58, Rn 2. Dieser Ansicht folgt auch das Präsidium in seinen Erläuterungen: „Auf jeden Fall darf der durch die Charta gewährleistete Schutz niemals geringer sein, als der durch die EMRK gewährte Schutz." Abdruck der Erläuterungen in: *v.Danwitz/Ladenburger*, in: Tettinger/Stern, Gemeinschaftskommentar zur EU-GRCh, Art. 52 GRCh, vor Rn 1.

bb) Eröffnung des Anwendungsbereichs nach Art. 51 Abs. 1 S. 1 GRCh

Ob und inwieweit Art. 50 GRCh allerdings tatsächlich Anwendung findet, bestimmt nicht allein der Schutzbereich der Norm. Den Anwendungsbereich aller Grundrechte regelt nämlich Art. 51 GRCh, welcher mit Art. 52 GRCh sowie in geringem Maße mit Art. 53 GRCh die allgemeinen Grundrechtslehren der Charta beinhaltet.[247] Auch wenn der Schutzbereich des Art. 50 GRCh die rein nationalen Fallkonstellationen umfasst, kann eine Verneinung der Voraussetzungen des Art. 51 GRCh dazu führen, dass der konkreten Fallgruppe kein tatsächlicher Anwendungsbereich verbleibt.[248] Trotz des Anspruchs der Chartagrundrechte, alle Lebensbereiche und im nationalen Verfassungsrecht anerkannten Garantien abzudecken,[249] sagt dies noch nichts über deren Anwendbarkeit im konkreten Fall aus.

In Bezug auf den Grundrechtsadressaten der „Mitgliedstaaten" regelt Art. 51 Abs. 1 S. 1 GRCh, dass diese nur dann zur Einhaltung der Chartagrundrechte verpflichtet sind, wenn sie selbst im Anwendungsbereich des Unionsrechts handeln („ausschließlich bei der Durchführung des Rechts der Union").

(1) Wortlaut „Mitgliedstaaten"

Unter den Begriff der „Mitgliedstaaten" fallen sämtliche Träger der Staatsgewalt, einschließlich aller Untergliederungen, unabhängig von der Organisationsform. Unerheblich ist dabei, welche der drei Staatsgewalten tätig wird.[250]

(2) Wortlaut „ausschließlich bei der Durchführung des Rechts der Union"

Wann eine „Durchführung" i.S.d. Art. 51 Abs. 1 S. 1 GRCh durch Mitgliedstaaten gegeben ist, ist grundsätzlich heftig umstritten und in Bezug auf den Bereich des innerstaatlichen Kriminalstrafrechts nahezu ungeklärt. In der Literatur lassen sich nur ganz vereinzelt Ausführungen hierzu finden. Während es bei der Diskussion vordergründig um den richtigen Durchführungsbegriff geht, verbirgt sich dahinter die Suche nach der richtigen Balance zwischen Souveränitätserhal-

247 *Ladenburger*, in: Tettinger/Stern, Gemeinschaftskommentar zur EU-GRCh, Art. 51, Rn 1.

248 Zur Differenzierung zwischen Schutz- und Anwendungsbereich im Rahmen der GRCh siehe: *Jarass*, EU-Grundrechte, § 6, Rn 6.

249 *Ladenburger*, in: Tettinger/Stern, Gemeinschaftskommentar zur EU-GRCh, Art. 51, Rn 52, 64.

250 *Ehlers*, in: Ehlers, Europäische Grundrechte und Grundfreiheiten, § 14, Rn 48.

tung und Vereinheitlichung der Rechtssysteme.[251] Unstreitig ist lediglich, dass keine Durchführung von Unionsrecht gegeben ist, wenn es sich um nicht unionsrechtlich determiniertes Recht, d.h. um in keiner Weise von der europäischen Union geprägtes, rein nationales Strafrecht handelt.[252] Normen, die weder aufgrund gemeinschaftsrechtlicher Vorgaben ergangen sind noch nachträglich durch solche beeinflusst wurden, gilt es also allein am Maßstab der nationalen Grundrechte zu messen.[253]

(a) Bindung bei nationalem Recht, das auf ehemalige Rahmenbeschlüsse zurückgeht

Es wird vertreten, dass der Anwendungsbereich der Charta eröffnet, d.h. eine Bindung an die Charta gegeben sei, wenn materielles Strafrecht oder Strafverfahrensrecht Gegenstand unionsrechtlicher Harmonisierung geworden ist. Es wird dabei auf „Art. 31 EUV (a.F.) bzw. künftig Art. 82 und 83 AEUV" verwiesen.[254] Der Vertreter dieser Ansicht führt weiter aus, dass dagegen die Grundrechtsbindung der Mitgliedstaaten *zu verneinen* sei, wenn „das Strafgesetz[255] Verstöße gegen unionsrechtlich determinierte Bestimmungen (etwa im Umwelt- oder Lebensmittelrecht) sanktioniert".[256] Aus dem Kontext sowie aus den vorgebrachten Beispielen wird deutlich, dass er hiermit ausschließlich nationale Normen meint, die aufgrund von Angleichungsrichtlinien im Rahmen der ehemaligen ersten Säule erlassen wurden. Auch wenn keine Begründung für diese Differenzierung aufgezeigt wird, so führt diese Ansicht letztlich dazu, die Mitgliedstaaten an Art. 50 GRCh zu binden, wenn eine derjenigen nationalen Normen Anwendung findet, die unter Art. 31 Abs. 1 lit. e EUV a.F. im Rahmen der ehemaligen dritten Säule erlassen oder zumindest abgeändert wurde. Folgende Kriminalitätsbereiche sind hiervon grundsätzlich betroffen: Organisierte Kriminalität, Falschgelddelikte, Menschenhandel, Schleuserkriminalität, Geldwäsche, Terrorismus, illegaler Drogenhandel, Straftaten im Zusammenhang mit bargeldlosen Zahlungsmitteln, Kinderpornographie, Korruption im privaten Sektor, Cy-

251 *Burchard/Brodowski*, StraFo 2010, S. 182.

252 *Ehlers*, in: Ehlers, Europäische Grundrechte und Grundfreiheiten, § 14, Rn 48. Zum Begriff des determinierten Rechts: *Burchard/Brodowski*, StraFo 2010, S. 181; BVerfG, NJW 2012, S. 1202 f., S. 1204.

253 *Rengeling/Szczekalla*, Grundrechtsschutz in der EG, Rn 327.

254 So einzig: *Ladenburger*, in: Tettinger/Stern, Gemeinschaftskommentar zur EU-GRCh, Art. 51, Rn 45. Als Beispiel führt er an, dass die Ausstellung und Vollstreckung eines Europäischen Haftbefehls durch einen Mitgliedstaat sich an den europäischen Grundrechten der Charta messen lassen müsse.

255 Gemeint sind nationale Strafgesetze.

256 *Ladenburger*, in: Tettinger/Stern, Gemeinschaftskommentar zur EU-GRCh, Art. 51, Rn 45.

berkriminalität sowie rassistisch oder fremdenfeindlich motivierte Straftaten.[257] Das nationale deutsche Recht entsprach aber in den Bereichen Falschgelddelikte, Menschenhandel, Geldwäsche, illegaler Drogenhandel, Jugend- und Kinderpornographie, Cyberkriminalität und rassistisch oder fremdenfeindlich motivierte Straftaten bereits den Vorgaben der jeweiligen Rahmenbeschlüsse.[258] Nachbessern musste der Gesetzgeber hingegen in den Bereichen Schleuserkriminalität (§ 96 AufenthG), Terrorismus (§ 129a StGB), Straftaten im Zusammenhang mit bargeldlosen Zahlungsmitteln (§ 152 lit. a und b StGB) und Korruption im privaten Sektor (§ 299 StGB), so dass letztlich nur hier von Recht gesprochen werden kann, was auf Rahmenbeschlüsse zurückgeht und mithin einer Anwendung des Art. 50 GRCh offen stünde.[259]

(b) Bindung bei nationalem Recht, das auf Richtlinien zurückgeht

Neben dem dargestellten lassen sich weitere Ansätze finden, deren Ausführungen sich allerdings nicht auf den Bereich des Strafrechts beziehen, sondern vielmehr auf den Bereich der sog. „administrativen Durchführung", d.h. der Durchführung im Rahmen von Verwaltungsaktivitäten. Es wird vertreten, dass die Charta nicht nur bei dem eigentlichen gesetzgeberischen Umsetzungsakt von Richtlinien,[260] d.h. der Formulierung des nationalen Gesetzes, sondern auch bei der späteren Anwendung des „umgesetzten oder normativ ausgeführten Unionsrecht(s)", also letztlich formell nationalem Recht, zu beachten sei. Die Chartagrundrechte seien also bei der Auslegung und Anwendung von umgesetztem Richtlinienrecht anzuwenden.[261] In Bezug auf die vorliegende Konstellation hätte dies zur Folge, dass im Gegensatz zum erstgenannten Ansatz Art. 50 GRCh Anwendung fände, wenn die mitgliedstaatlichen Gerichte strafrechtliche Normen anwenden, die in ihrer jetzigen Form Produkt europäischer Richtlinien sind. Im Rahmen der ersten Säule wurden bislang Richtlinien mit strafrechtlichem Bezug z.B. im Bereich der Geldwäsche, des Lebensmittelrechts sowie der

257 *Hecker*, Europäisches Strafrecht, § 11, Rn 10 f.; *Satzger*, Internationales und Europäisches Strafrecht, § 9, Rn 33.

258 Im Bereich der Geldwäsche hatte man bereits zuvor den § 261 StGB eingeführt, um sodann den Anforderungen der zuvor erlassenen Geldwäscherichtlinie zu genügen. Siehe hierzu: *Hecker*, Europäisches Strafrecht, § 11, Rn 62.

259 Siehe umfassend zu der jeweiligen Umsetzung: *Hecker*, Europäisches Strafrecht, § 11, Rn 10 f.

260 Dazu: *Borowsky*, in: Meyer, Kommentar zur GRCh, Art. 51, Rn 27.

261 *Jarass*, EU-Grundrechte, § 4, Rn 12; *Borowsky*, in: Meyer, Kommentar zur GRCh, Art. 51, Rn 28; *Rengeling/Szczekalla*, Grundrechtsschutz in der EG, Rn 313; *Streinz/Michl*, in: Streinz, EUV/AEUV, Art. 51 GRCh, Rn 7 f.; *Ehlers*, in: Ehlers, Europäische Grundrechte und Grundfreiheiten, § 14, Rn 51.

Insidergeschäfte erlassen.[262] Strafrechtliche Rechtsangleichungsmaßnahmen in Form von Richtlinien werden dabei seit der Entscheidung des EuGH zum Rahmenbeschluss über den Schutz der Umwelt durch das Strafrecht[263] nicht nur im Bereich des Wirtschaftsrechts vorgenommen, um das Funktionieren des Binnenmarktes zu gewährleisten, sondern auch in den übrigen Feldern der Gemeinschaftspolitik. Dieser Ansatz würde mithin dazu führen, nur bei Anwendung von nationalem Recht, das in Richtlinien seinen Ursprung hat, eine Grundrechtsbindung zu bejahen. Doch auch hier gab es wiederum Bereiche, in denen das deutsche Recht bereits den gestellten Anforderungen aus der Richtlinie genügte, vgl. das Lebensmittelrecht.[264] Anders hingegen gestaltete es sich in den Bereichen Geldwäsche (§ 261 StGB) und der Insidergeschäfte (§ 38 i.V.m. § 14 WpHG).[265]

(c) Bindung nur bei primärem oder sekundärem Unionsrecht

Ferner wird ein dritter, engster Ansatz vertreten, welcher sich aber erneut nur aus allgemeinen, nicht auf das Strafrecht gemünzten Aussagen ableiten lässt. Im Gegensatz zu den beiden o.g. Ansätzen sei eine Grundrechtsbindung der Mitgliedstaaten nur dann gegeben, wenn die rechtliche Beurteilung des maßgeblichen Sachverhalts durch eine Norm geprägt sei, die dem primären oder sekundären Unionsrecht angehöre,[266] d.h. eine primär- oder sekundärrechtliche Norm tatsächlich Anwendung fände.

---

262 Vgl. dazu: *Hecker*, Europäisches Strafrecht, § 8, Rn 4, 11 f., § 10, Rn 15 f.; *Ambos*, Internationales Strafrecht, § 11, Rn 11 m.w.N.

263 Der Umfang der Strafrechtsanweisungskompetenz im Rahmen der ehemals ersten Säule, d.h. die Befugnis im Wege von Sekundärrechtsvorgaben (insb. Richtlinien) den Mitgliedstaaten die Verpflichtung aufzuerlegen, nationale Strafbestimmungen zum Schutze bestimmter Gemeinschaftsinteressen zu erlassen, war lange Zeit umstritten, da die Mitgliedstaaten sich in ihrer Souveränität verletzt sahen. Erst durch die EuGH-Entscheidung zum Umweltrahmenbeschluss im Jahre 2005 wurde der Streit zwischen den Mitgliedstaaten und der Kommission zu Gunsten der Kommission vorerst entschieden, indem der vom Europäischen Rat erlassene Rahmenbeschluss für nichtig erklärt und die Anweisungskompetenz der EU im Rahmen der ehemals ersten Säule erheblich ausgeweitet wurde. Dazu ausführlich: *Hecker*, Europäisches Strafrecht, § 8, Rn 27 f. m.w.N.

264 Siehe: *Hecker*, Europäisches Strafrecht, § 10, Rn 15 f.

265 Vgl: *Hecker*, Europäisches Strafrecht, § 11, Rn 62.

266 So im Allgemeinen: *Hatje*, in: Schwarze, EU-Kommentar, Art. 51 GRCh, Rn 16. *Hatje* stellt sodann noch die überwiegend verwendete Definition des Begriffs der „Durchführung“ in Frage und plädiert neben der Bindung der Mitgliedstaaten bei administrativem Vollzug für die Bindung bei gerichtlichem Vollzug europarechtlicher Normen. Er bleibt i.Erg. allerdings dabei, es muss sich um Unionsrecht selbst handeln (Rn 17-19).

(d) Stellungnahme

Zu untersuchen gilt es also, ob letztlich eine engere oder weitergehende Grundrechtsbindung angezeigt ist, und welche Auswirkungen dies ggf. für die Anwendung von Art. 50 GRCh mit sich bringen würde. Zunächst muss klargestellt werden, dass der von Art. 51 GRCh verfolgte Ansatz, einen Mittelweg in Bezug auf die Grundrechtsbindung der Mitgliedstaaten zu finden, jedenfalls den richtigen Weg darstellt. Weder der EuGH noch die Gesetzgeber der Charta wollten eine strikte Ablehnung jeglicher Bindung der Mitgliedstaaten an die GRCh. Ebenso wenig wollten sie eine ausnahmslose Bindung der Mitgliedstaaten an die Charta.[267] Ungeachtet dieser Übereinkunft ist das Konfliktpotential der Norm dennoch enorm hoch, da eine weite Auslegung – überspitzt dargestellt – zu einer uferlosen Zuständigkeit des EuGH in Gestalt einer weitreichenden Kontrolle mitgliedstaatlichen Handelns führen könnte. Das Bundesverfassungsgericht könnte dann ebenso in die Bedeutungslosigkeit hinabsinken, wie es nach Gründung der Bundesrepublik Deutschland mit den Verfassungsgerichten der deutschen Länder im Verhältnis zum Bundesverfassungsgericht der Fall war.[268] Die zur Diskussion stehende Formulierung wird daher nicht ohne Grund als „schlummernder integrationspolitischer Sprengstoff" bezeichnet.[269] Eine abschließende Klärung dieser Problematik im Allgemeinen durch den EuGH wird erwartet.[270]

(aa) Gleichbehandlung von europäisch determiniertem nationalen Recht

Unabhängig davon, ob letztlich eine enge oder weite Grundrechtsbindung vorzugswürdig ist, soll vorweg geklärt werden, ob die erst- und zweitgenannte Ansicht nicht sinnvollerweise zusammengefasst werden sollten. Während nach erster Ansicht die Grundrechtsbindung erfolgt, wenn nationales Recht angewandt wird, das auf ehemalige Rahmenbeschlüsse zurückgeht, hängt sie nach zweiter Ansicht davon ab, ob nationales Recht angewandt wird, das auf Richtlinien zurückgeht. Beide Ansätze könnten dergestalt zusammengefasst werden, dass eine mitgliedstaatliche Grundrechtsbindung immer dann gegeben wäre, wenn nationales Recht angewandt wird, welches Gegenstand unionsrechtlicher Harmonisierung wurde, sei es infolge Richtlinien oder ehemaliger Rahmenbeschlüsse.

Ebenso zu verstehen wohl: *Kingreen*, in: Calliess/Ruffert, EUV/AEUV, Art. 51 GRCh, Rn 8. Inzwischen in Bezug auf das Strafrecht mit demselben Ergebnis: *Eckstein*, ZStW 2012, S. 520.

267 Zu den Extrempositionen siehe: *Rengeling/Szczekalla*, Grundrechtsschutz in der EG, Rn 291 f.

268 *Borowsky*, in: Meyer, Kommentar zur GRCh, Art. 51, Rn 24a.

269 *Cremer*, NVwZ 2003, S. 1452.

270 *Borowsky*, in: Meyer, Kommentar zur GRCh, Art. 51, Rn 24.

Während sich die Vertreter des zweiten Ansatzes hierzu nicht äußern, stellt sich der Vertreter des ersten Ansatzes – wie gesehen – klar gegen eine solche Gleichbehandlung. Er verneint die Grundrechtsbindung, wenn nationale Strafgesetze angewandt werden, die aufgrund von Angleichungsrichtlinien im Rahmen der ehemaligen ersten Säule erlassen wurden, bejaht dagegen aber die Bindung, sofern es um Normen geht, die Resultate der harmonisierenden Rahmenbeschlüsse im Rahmen der ehemaligen dritten Säule sind.[271] Diese durch den Vertreter nicht näher begründete Differenzierung ergibt insbesondere nach dem Inkrafttreten des Vertrages von Lissabon keinen Sinn mehr. Während früher im Rahmen der dritten Säule das Instrument des Rahmenbeschlusses Verwendung fand, um damit von der Harmonisierungskompetenz Gebrauch zu machen, zeigt sich bereits jetzt – nach Inkrafttreten des Vertrages von Lissabon –, dass europäische Vorgaben zur Strafrechtsvereinheitlichung nur noch in Richtlinienform i.S.d. Art. 288 Abs. 3 AEUV ergehen (vgl. Art. 82 Abs. 2 AEUV für die Harmonisierung von Prozessrecht und Art. 83 AEUV für das materielle Recht).[272] Denn die Abschaffung der Säulenstruktur führte sowohl zur Abschaffung der besonderen Rechtsinstrumente der dritten Säule – mithin des Rahmenbeschlusses – als auch zur grundsätzlichen Unterwerfung der PJZS unter das Mehrheitsprinzip.[273] Da die Rechtspolitik der EU u.a. von dem Interesse angetrieben ist, ihre Kompetenzen möglichst weitgehend zu nutzen, um die Machtstellung gegenüber den Mitgliedstaaten zu manifestieren, ist auch zukünftig mit einer breitgefächerten Harmonisierung zu rechnen.[274]

Die Hervorhebung und Sonderbehandlung des Rahmenbeschlusses erschien zudem schon vor Inkrafttreten des Vertrages von Lissabon und der heutigen Rechtslage nicht zukunftsorientiert. Denn auch die EuGH-Rechtsprechung favorisierte bereits das Harmonisierungsinstrument der Richtlinie. Infolge des o.g. EuGH-Urteils zum Rahmenbeschluss über den Schutz der Umwelt durch das

---

271 *Ladenburger*, in: Tettinger/Stern, Gemeinschaftskommentar zur EU-GRCh, Rn 45.

272 Zu den neuen im Europäischen Parlament eingebrachten und die alte Rahmenbeschlüsse ersetzenden Richtlinienvorschlägen gegen sexuelle Ausbeutung, Menschenhandel sowie Angriffe auf Informationssysteme siehe: *Brodowski,* ZIS 2010, S. 752 f.; *Kubiciel,* ZIS 2010, S. 743 f.

273 *Meyer,* Demokratieprinzip und Europäisches Strafrecht, S. 119; *Zöller*, ZIS 2009, S. 343. Zu weiteren durch Art. 83 AEUV eintretenden Veränderungen gegenüber der ehemaligen dritten Säule siehe: *Satzger*, Internationales und Europäisches Strafrecht, § 9, Rn 32.

274 *Kubiciel,* ZIS 2010, S. 744. Auch das Bundesverfassungsgericht hat in seinem „Lissabon"-Urteil die damit einhergehenden, nicht unerheblichen Kompetenzerweiterungen abgesegnet, da es annimmt, dass den Mitgliedstaaten substantielle Handlungsfreiräume verbleiben. Vgl.: BVerfG, NJW 2009, S. 2267 f.

Strafrecht bejahte der EuGH eine umfangreiche Strafrechtsharmonisierungskompetenz als Annex zur Sachregelungsbefugnis der EG und weitete damit die Erlassmöglichkeiten von Richtlinien mit strafrechtlichen Inhalten im Rahmen der ersten Säule auf nahezu sämtliche Politikbereiche aus. Ein Tätigwerden innerhalb der dritten Säule sollte sodann bei Bejahung einer Strafrechtsharmonisierungskompetenz der EG sogar gesperrt sein, und auch die Kommission ließ nach der EuGH-Entscheidung eilig verlauten, zukünftig vermehrt von diesen (neuen) Kompetenzen der ersten Säule Gebrauch zu machen. Es fand also eine erhebliche Aufwertung der Möglichkeiten der Harmonisierung innerhalb der ersten Säule zu Lasten der dritten Säule statt.[275] Seit dieser Rechtsprechung war mit einer vermehrten Aufnahme von Sanktionierungsverpflichtungen für die Mitgliedstaaten in thematisch unterschiedlichsten Richtlinien zu rechnen.[276] Der Weg zu einer vermehrten Nutzung der Richtlinie als Harmonisierungsmittel war somit bereits zuvor eingeschlagen, was den kritisierten Ansatz weiter schwächt.

Die hier de lege lata vertretene Gleichstellung nationalen europarechtlich determinierten Rechts lässt sich ferner mit der Vergleichbarkeit der beiden zur Harmonisierung gebrauchten Instrumente begründen. Die Richtlinie dient nach überwiegender Ansicht der Festlegung von Zielvorgaben bzw. „Leitbildern“ und der „Angleichung der Ahndungseffekte“. Ferner wird sie durch die Grundsätze der Subsidiarität und der Verhältnismäßigkeit begrenzt.[277] Auch der Rahmenbeschluss war nur hinsichtlich des zu erreichenden Ziels verbindlich, nicht aber in Bezug auf die Formen und Mittel der Zielverwirklichung (Art. 34 Abs. 2 S. 2 lit. b EUV a.F.). Ebenso wurde er gem. Art. 29 EUV a.F. dadurch begrenzt, dass „die Annäherung der Strafvorschriften der Mitgliedstaaten“ nur erfolgen dürfe, „soweit dies erforderlich“ sei.[278] Nicht zuletzt wurde der Rahmenbeschluss aus Art. 34 Abs. 2 S. 2 lit. b EUV a.F. auch der Richtlinie nach Art. 249 Abs. 3 EGV a.F. nachgebildet.[279] Lediglich die Urheber der Rechtsakte waren verschieden, was aber nichts an der Vergleichbarkeit ihrer Rechtsnatur ändert. Während die Rahmenbeschlüsse dem ehemals intergouvernementalen Bereich der Mitgliedstaaten zuzurechnen waren, ließen sich die Richtlinien der ehemaligen EG zuordnen. Sowohl die „Polizeiliche und justizielle Zusammenarbeit in Strafsachen“ (PJZS) als auch die EG waren jedoch wiederum Teil der ehemals überge-

275 Hierzu: *Ambos*, Internationales Strafrecht, § 11, Rn 33.

276 *Brodowski*, ZIS 2010, S. 381.

277 Siehe zu den Grenzen der Anweisungskompetenz der EG: *Hecker*, Europäisches Strafrecht, § 8, Rn 48 f.

278 Das Subsidiaritätsprinzip konnte hier zumindest in ausdrücklicher Form nicht gelten, da es in der dritten Säule an einer hierarchischen Über-/Unterordnung zweierabgrenzbarer Kompetenzebenen fehlte.

279 *Böse*, in: Schwarze, EU-Kommentar, Art. 34 EUV, Rn 6.

ordneten EU, sodass sich auch hier wieder eine Übereinstimmung entdecken lässt. Aus der Entsprechung der beiden Handlungsformen lässt sich also die Vergleichbarkeit der entsprechend determinierten nationalen Normen ableiten. Es erscheint somit gerechtfertigt, die beiden Ansätze zu einem übergreifenden Ansatz zusammenzufassen.

Konsequent wäre es, anhand dieses Zwischenergebnisses nun sogar nationale Straftatbestände, welche infolge der weiteren europäischen Handlungsform der Verordnung beeinflusst wurden, in den Bereich des determinierten nationalen Rechts mit einzubeziehen. Denn ausnahmsweise wurde bei der nationalen Umsetzung der Abfallverbringungsverordnung ebenfalls nationales Strafrecht beeinflusst (§ 326 Abs. 2 StGB).[280]

In Bezug auf die Frage der mitgliedstaatlichen Grundrechtsbindung gem. Art. 51 GRCh erscheinen demnach nur die beiden folgenden Ansätze sinnvoll: Entweder man erkennt eine Grundrechtsbindung bei jeglicher Anwendung nationaler Normen an, die einen europäischen Ursprung bzw. zumindest eine europäische Beeinflussung (Determination) erfahren haben, sei es durch Richtlinien, Verordnungen oder Rahmenbeschlüsse (weite Ansicht), oder man verneint an dieser Stelle für jegliches determiniertes nationales Recht die Grundrechtsbindung und bejaht diese nur, sofern die rechtliche Beurteilung des maßgeblichen Sachverhalts durch eine Norm geprägt wird, die dem Unionsrecht angehört (enge Ansicht).

(bb) Wortlaut

Ausgangspunkt der Auslegung muss der Wortlaut „ausschließlich bei der Durchführung des Rechts der Union“ sein. Der Begriff „Recht der Union“ ist dem des „Unionsrechts“ gleichzusetzen, worunter unproblematisch die Gesamtheit des vom Integrationsverband gesetzten Rechts, d.h. sowohl des Primär- als auch des Sekundärrechts, zu verstehen ist.[281] Nationales Recht fällt daher, auch bei noch so starkem europäischem Ursprung, nicht unter den Begriff des „Rechts der Union“. Dies hat aber nicht zur Konsequenz, dass damit der weite Ansatz, welcher die Bindung auch bei der Durchführung nationalen Rechts zulässt, bereits vom Wortlaut ausgeschlossen ist. Bei der Anwendung ausschließlich nationaler Normen kann nämlich noch immer von „Durchführung des Rechts der Union“ gesprochen werden kann, wenn man in Erwägung zieht, dass

280 Siehe dazu: *Fischer*, StGB Kommentar, § 326, Rn 2a m.w.N.

281 Eine Unterscheidung zwischen Unions- und Gemeinschaftsrecht erübrigt sich mit Inkrafttreten des Vertrages von Lissabon: *Streinz*, Europarecht, Rn 2; *Ladenburger*, in: Tettinger/Stern, Gemeinschaftskommentar zur EU-GRCh, Art. 51, Rn 33; *Kingreen*, in: Calliess/Ruffert, EUV/AEUV, Art. 51 GRCh, Rn 8; *Hatje*, in: Schwarze, EU-Kommentar, Art. 51 GRCh, Rn 14.

die Anwendung einer nationalen Norm durch einen Mitgliedstaat ebenfalls noch als Bestandteil des „Durchführungs"-prozesses z.B. einer europäischen Richtlinie angesehen werden kann. Die entsprechende Richtlinie oder der entsprechende Rahmenbeschluss, auf welchem die nationale Norm fußt, stellen dann das jeweilige „Unionsrecht" dar.

Entscheidend für die aufgeworfene Frage der Grundrechtsbindung ist demzufolge die Auslegung des Begriffs „Durchführung". Der Begriff des „Durchführens" wird weder in der Charta noch im EGV a.F. definiert, wo er bereits im Zusammenhang mit den Befugnissen der Kommission Erwähnung fand (Art. 202, 211 EGV a.F.).[282] Der EuGH hat lediglich bestimmt, der Begriff der Durchführung müsse im Kontext der Norm und ihrer Funktion ausgelegt werden.[283] Auch in der Literatur findet sich keine eindeutige, überwiegend vertretene Definition des Begriffs. Vereinzelt trifft man allenfalls auf den Ansatz, Durchführen sei als der Oberbegriff von „Umsetzen" und „Vollziehen" zu verstehen,[284] woran auch hier angeknüpft wird. Unter dem Begriff des Vollziehens kann nun nicht nur der administrative Vollzug von Unionssekundärrecht verstanden werden, sondern auch die schlichte „Anwendung" und praktisch bedeutsame Konkretisierung von Unionsrecht durch mitgliedstaatliche Gerichte.[285] Wenn die nationalen Gerichte nicht unmittelbar EU-Recht, sondern nationales Recht anwenden, das zur normativen Durchführung von EU-Recht ergangen ist, wird auch von „mittelbarem indirekten Vollzug" des Unionsrechts gesprochen.[286] Diese Fälle können ebenfalls als ein Durchführen von Unionsrecht angesehen werden, so dass sich der Wortlaut auf keinen der o.g. Ansätze festlegt.

Auch die Verwendung des Begriffs „ausschließlich" innerhalb des Art. 51 Abs. 1 S. 1 GRCh vermag an diesem offenen Ergebnis nichts zu ändern. Es ist

282 Überdies ist die Begriffsbildung in anderen Übersetzungen nicht einheitlich. In anderen Fassungen werden zwei oder mehrere Begriffe gebraucht; *Jarass/Beljin*, NVwZ 2004, S. 6.

283 EuGH, Urt. v. 19.11.1998 – „Portugal/Kommission", Slg. 1998, Band I/9, S. 7379 f., S. 7416.

284 So: *Kingreen*, in: Calliess/Ruffert, EUV/AEUV, Art. 51 GRCh, Rn 8; Zum Begriff der Durchführung weiterhin: *Jarass/Beljin*, NVwZ 2004, S. 6 f.; *Schwarze*, Europäisches Verwaltungsrecht, S. 438.

285 *Jarass/Beljin*, NVwZ 2004, S. 9; i.Erg. ebenso: *Hatje*, in: Schwarze, EU-Kommentar, Art. 51 GRCh, Rn 19.

286 *Jarass/Beljin*, NVwZ 2004, S. 9; *Schwarze*, Europäisches Verwaltungsrecht, S. 438. Siehe ebenso zum Begriff des Vollzugs unten: S. 100 f.

davon auszugehen, dass der Begriff lediglich aussagt, die mitgliedstaatliche Bindung solle nicht umfassend sein.[287]

Ferner gilt es im Rahmen dieser Auslegungsmethode zu bedenken, dass auch die Wortlautüberschreitung eines Ansatzes nicht zwingend zu seiner Unvertretbarkeit führen würde. Vielmehr wäre dann eine über den Wortlaut hinausgehende Rechtsfortbildung zu diskutieren. Denn gerade in Bezug auf die hiesige Problematik der mitgliedstaatlichen Bindung an Unionsgrundrechte hat sich der EuGH vor Geltung des Art. 51 CRCh dieser Vorgehensweise im Rahmen des Art. 6 Abs. 2 EUV a.F. bedient, um die mitgliedstaatliche Bindung in Teilen zu erreichen.[288] Hierauf wird sogleich noch näher eingegangen.

(cc) Genese und Rechtsprechung des EuGH

Zu untersuchen ist, ob die Genese der Norm zu weiteren Erkenntnissen führt. Zunächst muss festgehalten werden, dass die in Rede stehende Problematik in keiner Weise Gegenstand der Diskussion innerhalb der Konventsitzungen war. Den Sitzungen, die eine Auseinandersetzung mit Art. 51 GRCh zum Inhalt hatten, kann jedoch entnommen werden, dass es das erklärte Ziel war, die Bindung der Mitgliedstaaten möglichst restriktiv zu gestalten.[289] Dies zeigte sich bereits in dem vom Präsidium vorgelegten Ausgangsentwurf „Convent 5" für die erste inhaltliche Diskussion. Dem heutigen Art. 51 GRCh[290] wurde ein Kommentar mit folgendem Inhalt beigefügt: „Dieser allgemeine Artikel sollte entweder in der Präambel stehen oder Artikel 1 der Charta sein. Er zielt darauf ab, klar zum Ausdruck zu bringen, dass der Anwendungsbereich der Charta auf die Europäische Union beschränkt ist, und zu vermeiden, dass die Charta auf die Mitgliedstaaten angewandt wird, wenn diese aufgrund ihrer eigenen Befugnisse handeln. ...". Dieser restriktive Appell fand auch Zustimmung bei den Konventsmitgliedern und wurde im weiteren Verlauf des Konvents sogar aktiv verteidigt. Denn nachdem das Präsidium den Wortlaut zwischenzeitlich unaufgefordert extensi-

---

287 So: *Hatje*, in: Schwarze, EU-Kommentar, Art. 51 GRCh, Rn 18. *Scheuning*, EuR 2005, S. 183 versucht hingegen den Nachweis dafür zu erbringen, dass dieser ohne Begründung eingefügte Begriff als bloße redaktionelle Angelegenheit anzusehen sei.

288 Dazu siehe: *Cremer*, NVwZ 2003, S. 1454 f.

289 So i.Erg.: *Ladenburger*, in: Tettinger/Stern, Gemeinschaftskommentar zur EU-GRCh, Art. 51, Rn 22; *Borowsky*, in: Meyer, Kommentar zur GRCh, Art. 51, Rn 2 f., der zudem umfassend zu den Konventsitzungen bzgl. des Art. 51 GRCh Stellung nimmt.

290 Der vorgeschlagene Ausgangswortlaut lautete damals: „Die nachfolgenden Bestimmungen richten sich an die Organe und Einrichtungen der Europäischen Union bei der Wahrnehmung der ihnen von den Verträgen zugewiesenen Zuständigkeiten und Aufgaben. Sie sind für die Mitgliedstaaten nur bei der Umsetzung oder Anwendung des Unionsrechts verbindlich."

ver formulierte („im Geltungsbereich des Rechts der Union"),[291] und diese Abänderung zu heftigem und geschlossenem Widerstand durch die Konventsmitglieder führte, nahm man jene Änderung zurück und kehrte zu der ursprünglich engen Formulierung zurück. Dies unterstreicht den restriktiven Willen der Konventsmitglieder und mithin des europäischen Gesetzgebers.[292]

Auch die anfängliche und zwischenzeitliche Verwendung der Begrifflichkeiten „Anwendung" und „Umsetzung" – anstelle des Begriffs der „Durchführung" – vermag dieses Zwischenergebnis nicht zu ändern. Da man europäisches Recht in o.g. Sinn auch „mittelbar" „anwenden" kann und alle drei Begrifflichkeiten scheinbar weitgehend als synonym betrachtet wurden, lassen sie keinerlei Schlüsse zu Gunsten des einen oder anderen Ansatzes zu.

Des weiteren wird der restriktive Wille des Gesetzgebers durch zahlreiche Änderungsanträge der Konventsmitglieder gestützt, in denen die Sorge vor einer zu weitgehenden Bindung der Mitgliedstaaten zum Ausdruck kommt. Hier fällt insbesondere der Antrag von Friedrich (D) auf, welcher den Wortlaut vorschlug: „sowie auf die Mitgliedstaaten, soweit diese unmittelbar Unions- oder Gemeinschaftsrecht anwenden." Diese Formulierung spiegelt aufgrund der Hereinnahme des Begriffs „unmittelbar" inhaltlich exakt die enge Ansicht wider. Die Nichtübernahme dieses konkreten Änderungsvorschlages kann unterschiedlich ausgelegt werden. Man könnte zunächst behaupten, die Ablehnung des Antrags spreche für die weiten o.g. Ansätze, da er gerade nicht konsensfähig war. Dieser Schluss wäre jedoch voreilig. Vielmehr wurde der Vorschlag wohl deshalb abgelehnt, weil man sich mit der alleinigen Verwendung des Begriffs „anwenden" nicht anfreunden konnte, da ansonsten die Gefahr bestanden hätte, dass die jeweiligen „Umsetzungen" des Unionsrechts ins mitgliedstaatliche Recht aus der mitgliedstaatlichen Bindung herausgefallen wären. Dies sollte vermieden werden. Stattdessen spricht auch dieser Änderungsvorschlag einmal mehr für den restriktiven Willen des Gesetzgebers.

Ohne dass sich der Gesetzgeber mit der zur Rede stehenden Problematik auseinandergesetzt hätte, kann also festgehalten werden, dass er eine restriktive Auslegung der Norm befürwortete, was für die enge Ansicht spricht, nach welcher eine mitgliedstaatliche Bindung nur in Betracht zu ziehen ist, wenn die rechtliche Beurteilung des maßgeblichen Sachverhalts durch eine Norm geprägt ist, die dem primären oder sekundären Unionsrecht angehört.

---

291 Der veränderte Wortlaut lautete: „Diese Charta findet Anwendung … sowie auf die Mitgliedstaaten ausschließlich im Geltungsbereich des Rechts der Union."

292 Es ist davon auszugehen, dass dieser Formulierungsvorschlag auf die bis dato geltende Rechtsprechung des EuGH zurückging, das Präsidium also eine Kohärenz zwischen Wortlaut der Norm und der Rechtsprechung herzustellen versuchte.

Gegen diese Schlussfolgerung könnte jedoch Folgendes sprechen: Hätte zum Zeitpunkt des Konvents eine gefestigte EuGH-Rechtsprechung bestanden, welche die in Rede stehende Problematik zu Gunsten der weiten Ansicht geregelt hätte, so ließe sich nun im Nachhinein vertreten, dass diese etwaige Rechtsprechung durch den Konvent stillschweigend anerkannt worden wäre und der Konvent sich deshalb nicht um eine Klärung der speziellen Rechtsfrage bemühte. Es gilt somit, die bis dato geltende Rechtsprechung des EuGH im Hinblick auf die konkrete Fragestellung zu beleuchten.

Vor der Geltung des heutigen Art. 51 Abs. 1 S. 1 GRCh wendete man Art. 6 Abs. 2 EUV a.F. analog an, um eine Bindung der Mitgliedstaaten an die Unionsgrundrechte zu erreichen. Der EuGH entwickelte hierzu eine umfangreiche Rechtsprechung.[293] Er machte die Bindung der Mitgliedstaaten von den durch Rechtsfortbildung entwickelten Voraussetzungen abhängig. Danach mussten die Mitgliedstaaten „im Anwendungsbereich des Gemeinschaftsrechts" handeln, und die Sachverhalte mussten einen „hinreichend engen Gemeinschaftsrechtsbezug" aufweisen. Diese nur schwer zu handhabenden Formeln wurden sodann insbesondere durch zwei Fallgruppen ausgefüllt, in denen der EuGH eine Grundrechtsbindung bei Mitgliedstaaten anerkannte.

In der ersten Fallgruppe – sog. *„Durchführungskonstellation"* – bejahte der EuGH die Bindung, wenn Mitgliedstaaten Unionsrecht durch den Erlass weiterer Rechtsakte durchführen. Diese Rechtsprechung wird auch als „Wachauf"-Rechtsprechung bezeichnet. Im Rahmen dieser Rechtsprechung blieb aber ungeklärt, was genau unter „Durchführung gemeinschaftsrechtlicher Regelungen" außerhalb der direkten Anwendung von Verordnungen zu verstehen sei,[294] weshalb sich hieraus keine weiteren Erkenntnisse für die vorliegende Frage gewinnen lassen.

In der zweiten, wesentlich umstritteneren Fallgruppe – sog. *„Einschränkungskonstellation"* – bejahte der EuGH die Grundrechtsbindung der Mitgliedstaaten, wenn sie Grund*freiheiten* des Binnenmarktes unter Ausnutzung geschriebener oder ungeschriebener Schrankenvorbehalte im Unionsrecht durch mitgliedstaatliches nationales Recht einschränken. Hiernach bilden die Unionsgrundrechte also „Schranken-Schranken" für eine Einschränkung von Grundfreiheiten durch die Mitgliedstaaten.[295] Diese Rechtsprechung wird als „ERT"[296]-Rechtsprechung bezeichnet.[297] Da man sich hierbei aber nur auf Ein-

293 Zur Entwicklung der Rechtsprechung siehe: *Scheuing*, EuR 2005, S. 162 f.

294 *Rengeling/Szczekalla*, Grundrechtsschutz in der EG, Rn 282.

295 *Borowsky*, in: Meyer, Kommentar zur GRCh, Art. 51, Rn 24.

296 Elliniki Radiofonia Tileorasi (staatlicher Hörfunk und Fernsehen in Griechenland).

297 Zu einer ausführlichen Darstellung der Fallgruppen siehe: *Schaller*, Die EU-Mitgliedstaaten als Verpflichtungsadressaten der Gemeinschaftsgrundrechte, S. 35 f.

schränkung der Grundfreiheiten mittels mitgliedstaatlicher Legislativakte bezog, lassen sich auch hieraus keine weiteren Schlüsse ziehen.

Es stellt sich die Frage, ob sich aus der weiteren Rechtsprechung des EuGH Erkenntnisse gewinnen lassen. Auch im Rahmen der „ORF“[298]-Rechtsprechung des EuGH, in welcher er sich zur Grundrechtsbindung bei Richtlinien äußern musste, finden sich keinerlei Ausführungen zu der Frage, inwieweit eine Grundrechtsbindung bei Anwendung des nationalen, auf Richtlinien basierenden Rechts anzunehmen sei.[299] Allerdings lässt sich der „Procura della Repubblica“-Rechtsprechung des EuGH von 1996 entnehmen, es sei Aufgabe der mitgliedstaatlichen Gerichte, im Rahmen der „Auslegung des zur Durchführung der Richtlinie erlassenen nationalen Rechts ... für die Einhaltung *dieses* Grundsatzes zu sorgen.“ Die Aufforderung zur „Einhaltung *dieses* Grundsatzes“ bezog sich auf einen allgemeinen europäischen Rechtsgrundsatz, nämlich das Verbot einer den Täter belastenden Analogie.[300] Auch wenn der EuGH in diesem Urteil nicht ausdrücklich von Unionsgrundrechten sprach, so ist dennoch bekannt, dass er grundsätzlich der Ansicht ist, die ungeschriebenen Unionsgrundrechte wiesen die Rechtsform von allgemeinen Rechtsgrundsätzen auf.[301]

Es bleibt damit festzuhalten, dass der EuGH in seiner damaligen Rechtsprechung jedenfalls nicht in aller Deutlichkeit zu der hier aufgeworfenen Frage Stellung bezog und schon gar nicht von einer gefestigten Rechtsprechung gesprochen werden kann. Dennoch ist aufgrund der dargestellten Rechtsprechung von der Tendenz auszugehen, dass er in seiner zukünftigen Rechtsprechung zu Art. 51 GRCh eine weite Grundrechtsbindung der Mitgliedstaaten fördern wird. Es ist zu erwarten, dass er die im Rahmen der „Procura della Repubblica“-Rechtsprechung betroffene Entscheidung zu allgemeinen Rechtsgrundsätzen auf die nun geschriebenen Unionsgrundrechte überträgt, was die Bindung an Unionsgrundrechte bei der Anwendung von unionsrechtlich determiniertem nationalen Recht zur Folge hätte.

Es stellt sich daher also tatsächlich die Frage, ob der Grundrechtekonvent diese Rechtsprechung billigte, was dem oben gefundenen Zwischenergebnis entgegenstehen würde. Innerhalb der Konventsitzungen beschäftigte man sich nicht mit der „Procura della Repubblica“-Rechtsprechung und deren möglichen Folgen. Über die „ERT“ und „Wachauf“-Rechtsprechung des EuGH wurde zumindest mittelbar dahingehend diskutiert, als die diese Rechtsprechung wider-

---

298 Österreichischer Rundfunk.

299 Zur Würdigung der „ORF“-Rechtsprechung siehe: *Scheuing,* EuR 2005, S. 170 f.

300 EuGH, Urt. v. 12.12.1996 – „Strafverfahren gegen X“, Slg. 1996, Band I/8, S. 6609 f., S. 6636 f.

301 Hierzu: *Oppermann/Classen/Nettesheim*, Europarecht, § 17, Rn 12.

spiegelnde Formulierung – „im Anwendungsbereich des Gemeinschaftsrechts" – für Art. 51 GRCh jedenfalls abgelehnt wurde. In Bezug auf die viel diskutierte Frage, ob der europäische Gesetzgeber mit dem neu gewählten Wortlaut eine Einengung oder gar Korrektur der bestehenden Rechtsprechungslinie des EuGH (insbesondere „ERT" und „Wachauf") erreichen wollte, erscheint es daher naheliegend, dass der Wortlaut des Art. 51 GRCh jedenfalls einen bewussten, vom Willen des Konvents getragenen vorsichtigen Versuch darstellt, die bisherige Rechtsprechung des EuGH einzuschränken.[302] Wie weitgehend man nun die Rechtsprechungslinie tatsächlich abzuändern bereit war – ggf. sogar bis hin zu einer Unanwendbarkeit –, soll hier dahingestellt bleiben. Die Tatsache, dass man mit der Formulierung des Art. 51 GRCh die großzügige Rechtsprechung des EuGH einzuschränken versuchte, lässt in Bezug auf die aufgeworfenen Fragestellung jedenfalls den Schluss zu, der Konvent hätte diesbzgl. eine restriktive Lösung befürwortet. Es bleibt bei dem Ergebnis, dass die Genese des Art. 51 GRCh für den engen o.g. Ansatz spricht.

An diesem Ergebnis vermögen ferner auch die Erläuterungen des Präsidiums zu Art. 51 GRCh nichts zu ändern, welche eine weite Auslegung der Norm befürworten.[303] Dass das Präsidium nach ursprünglich restriktivem Ausgangsvorschlag sodann eine weitere Formulierung anstrebte, zeigte der Ausdehnungsversuch während des Konvents. Nach den Erläuterungen wird eine Grundrechtsbindung der Mitgliedstaaten zunächst bejaht, sofern diese bereits im „Anwendungsbereich des Unionsrechts" handeln. Anschließend folgen Rechtsprechungsnachweise, die verdeutlichen, dass diese Formulierung der ehemaligen EuGH-Rechtsprechung entnommen wurde. Die Übernahme dieser ehemaligen EuGH-Formulierung führt zu ihrer faktischen Gleichstellung mit dem jetzigen Wortlaut, obwohl dies – wie gesehen – vom Konvent nicht geduldet wurde. Diese unreflektierte Hereinnahme der ehemaligen Rechtsprechungsformulierung durch das Präsidium kann im Nachhinein jedoch nicht den eigentlichen, aufgezeigten engen Willen des Konvents korrigieren. Die Erläuterungen spiegeln nicht den Willen des Plenums wider und können allenfalls als Indiz für den Willen des Gesetzgebers herangezogen werden, welcher sich hier aber bereits anders darstellt. Es bleibt daher bei dem gefundenen Ergebnis, dass die Genese für den engen o.g. Ansatz spricht.

---

302 So ebenfalls: *Borowsky*, in: Meyer, Kommentar zur GRCh, Art. 51, Rn 24; *Cremer*, NVwZ 2003, S. 1455 f. Dagegen: *Ladenburger*, in: Tettinger/Stern, Gemeinschaftskommentar zur EU-GRCh, Art. 51, Rn 23; *Scheuing*, EuR 2005, S. 183 f.

303 *Scheuing*, EuR 2005, S. 185 f.

(dd) Allgemeine europäische Rechtsgrundsätze

Zu untersuchen ist nun, welche weiteren Argumente für den einen oder anderen Ansatz gefunden werden können. Im Rahmen der allgemeinen Diskussion über eine generell weite oder enge mitgliedstaatliche Grundrechtsbindung wird gerne auf allgemeine europäische Rechtsgrundsätze als Argumentationstopoi zurückgegriffen.

Zunächst wird für eine generell möglichst weitgehende Bindung der Mitgliedstaaten an die Unionsgrundrechte häufig das Gebot der einheitlichen Anwendung des Gemeinschaftsrechts (Uniformitätsprinzip) angeführt.[304] Dieses besagt, die Rechtsordnung der EU könne nur dann eine gemeinschaftliche sein, wenn Geltung und Anwendung des Gemeinschaftsrechts in allen Mitgliedstaaten einheitlich sind und nicht jeweils verschiedenen Bedingungen unterliegen.[305] Nach diesem Gebot sei es nicht wünschenswert, wenn im Rahmen des Vollzugs oder der Anwendung von Gemeinschaftsrecht in den Mitgliedstaaten ein unterschiedlicher Grundrechtsstandard zugrunde gelegt wird.[306] Die Wirksamkeit der Unionsgrundrechte sei nur gegeben, wenn sie auch im Rahmen der Durchführung des Gemeinschaftsrechts von den Mitgliedstaaten zu beachten seien.[307] Übertragen auf die vorliegende Fragestellung könnte man das Gebot also dahingehend verstehen, die mitgliedstaatliche Bindung auch bei der bloßen Anwendung nationalen europäisch determinierten Rechts zu verlangen, um somit bei einer größtmöglichen Zahl mitgliedstaatlicher Sachverhalte eine Bindung an die Chartagrundrechte zu erreichen, um ein größtmögliches Maß an Uniformität herzustellen.

Richtigerweise ist das Gebot der einheitlichen Anwendung des Gemeinschaftsrechts jedoch nicht derart weitgehend zu verstehen. Ihm wird bereits ausreichend entsprochen, wenn die Mitgliedstaaten im Rahmen des legislativen Umsetzungsaktes einer europarechtlichen Vorgabe frühzeitig an die Grundrechtscharta gebunden sind. Die jeweilige nationale determinierte Norm wird also schon am Maßstab der Charta entwickelt, so dass eine ausreichende Uniformität bzw. ein gemeinsamer Standard hergestellt sind. Auch besteht anschließend, im Rahmen der Rechtsanwendung der jeweiligen nationalen Norm, nicht die Gefahr, den von dem Sekundärrechtsakt verbindlich geforderten Mindestgehalt nachträglich durch die Anwendung unterschiedlicher innerstaatlicher Grund-

304 So: *Rengeling/Szczekalla*, Grundrechtsschutz in der EG, Rn 296.

305 *Streinz*, Europarecht, Rn 175. Zum Uniformitätsprinzip sowie zum Effektivitätsprinzip umfassend: *Schroeder*, in Hummer: Paradigmenwechsel im Europarecht zur Jahrtausendwende, S. 238 f.

306 *Rengeling/Szczekalla*, Grundrechtsschutz in der EG, Rn 296.

307 *Rengeling/Szczekalla*, Grundrechtsschutz in der EG, Rn 296.

rechte zu unterlaufen.[308] Denn die europarechtliche sekundärrechtliche Vorgabe selbst gilt sodann als alleiniger Maßstab bei der Anwendung der national umgesetzten Norm. Sie genießt Anwendungsvorrang noch vor den mitgliedstaatlichen Grundrechten.[309] Das Gebot der einheitlichen Anwendung von Gemeinschaftsrecht wird also auch nach dem o.g. engeren Ansatz gewahrt.

Von den Befürwortern einer weiten mitgliedstaatlichen Bindung wird ferner das Prinzip des Anwendungsvorrangs von Gemeinschaftsrecht – mithin auch Unionsgrundrechten – gegenüber den nationalen Grundrechten herangezogen.[310] Nationale Grundrechte hätten hiernach zurückzutreten, wenn es um Fragen von Grundrechtsverletzungen durch Maßnahmen geht, die auf Gemeinschaftsrecht basieren.[311] Eine Kriminalstrafe, die aufgrund einer national europarechtlich determinierten Norm ergeht, stellt jedoch in erster Linie ein mitgliedstaatliches Handeln im Rahmen der eigenen nationalen Befugnisse dar. Es liegt im Schwerpunkt also eine Maßnahme vor, die auf nationalem Recht basiert. Es vermag daher nicht zu überzeugen, als Argument ein Prinzip heranzuziehen, welches erst dann greift, wenn das Gemeinschaftsrecht überhaupt angewandt wird und ein Kollisionsfall besteht. Gerade die Frage der „Anwendung" von Gemeinschaftsrecht wird hier aber bezweifelt.

Ferner könnte für eine möglichst weitgehende Grundrechtsbindung der damit verbundene integrative Effekt sprechen. Zumindest in den Fällen, in denen europarechtlich determinierte nationale Normen Anwendung fänden, müsste derselbe Grundrechtskatalog herangezogen werden. Dies hätte i.d.R. auch keinen schädigenden Einfluss auf die nationalen Grundrechtsordnungen, da beide Kataloge ohnehin parallel anzuwenden wären und eine Kollision und Verdrängung mitgliedstaatlicher Grundrechte ohnehin die Ausnahme bliebe. Die Rechtsangleichung würde in starkem Maße gefördert. Hiergegen spricht jedoch, dass der Prozess der Integration und insbesondere dessen Geschwindigkeit dem politischen Willen der Herren der Verträge – mithin den Mitgliedstaaten – zu überlassen ist. Dies ist nicht die Aufgabe des Gesetzesanwenders.[312]

Letztlich spricht noch gegen die weiten Ansätze, dass deren praktische Anwendung im Einzelfall auf erhebliche Probleme stoßen kann. Unklar ist beispielsweise, ob unionsrechtlich determiniertes nationales Recht vorliegt, wenn nur ein Teil einer Norm unionsrechtlich determiniert ist, aber der andere Teil gerade derjenige ist, welcher Anwendung finden soll.

---

308 *Kingreen*, in: Calliess/Ruffert, EUV/AEUV, Art. 51 GRCh, Rn 12.

309 *Kingreen*, in: Calliess/Ruffert, EUV/AEUV, Art. 51 GRCh, Rn 12.

310 So: *Rengeling/Szczekalla*, Grundrechtsschutz in der EG, Rn 296, 313.

311 *Rengeling/Szczekalla*, Grundrechtsschutz in der EG, Rn 296.

312 *Rengeling/Szczekalla*, Grundrechtsschutz in der EG, Rn 297.

(ee) Ergebnis

Aufgrund der Genese sowie der weiteren Überlegungen kann somit die engere Ansicht überzeugen, wonach die Grundrechtsbindung der Mitgliedstaaten nur gegeben ist, wenn die rechtliche Beurteilung des maßgeblichen Sachverhalts durch eine Norm geprägt wird, die dem primären oder sekundären Unionsrecht angehört. Dieser enge Ansatz wird sich auch im Rahmen der folgenden Fallgruppen als der Richtige erweisen und wird dort sogar noch weiter argumentativ untermauert.

Die Anwendung des engen Ansatzes hat zur Folge, dass Art. 50 GRCh im Rahmen dieser Fallgruppe keinerlei Anwendungsbereich verbleibt, weil Art. 51 GRCh die Anwendung vollumfänglich sperrt. Die europarechtliche Determinierung nationaler Kriminalstraftatbestände spielt in dieser Fallgruppe des innerstaatlichen kriminalstrafrechtlichen Bereichs somit keine Rolle. Die hier festgelegten Grundlagen wirken sich allerdings in beträchtlicher Weise auf die weiteren Fallgruppen aus, in denen es sorgfältig zu überprüfen gilt, ob sich der eingeschlagenen Weg des engen Ansatzes als der Richtige erweist.

Konsequenz dieses Ansatzes ist ebenfalls, dass Art. 50 GRCh nicht „einspringen“ kann, wenn ein Mitgliedstaat seinen ne bis in idem-Standard auf der rein nationalen Ebene aufweicht oder abschafft, da der Anwendungsbereich nach wie vor über Art. 51 Abs. 1 S. 1 GRCh eröffnet werden muß. Auch wenn die meisten nationalen Gewährleistungen leicht abänderbar sind, da sie im Gegensatz zur deutschen Gewährleistung nicht auf Verfassungsebene verankert sind, ist das Fehlen dieser „lückenfüllende Funktion“ hinzunehmen,[313] zumal dieser Fall ein nur theoretisches und unwahrscheinliches Szenario darstellt. Auch die weitere Ansicht würde hier im Übrigen nicht zu befriedigenden Ergebnissen führen. Die lückenfüllende Funktion würde unter Anwendung des Prinzips des Anwendungsvorrangs des Gemeinschaftsrechts nur in Bezug auf solche Sachverhalte greifen, in denen nationales europarechtlich determiniertes Recht angewandt würde, könnte die Absenkung des Schutzniveaus also nicht insgesamt aufhalten.

c) Strafrecht i.w.S.

Löst man sich nun vom rein kriminalstrafrechtlichen Bereich der Mitgliedstaaten und betrachtet das Gebiet des Strafrechts i.w.S., so stellt sich die Frage, ob der Schutzbereich auch in Bezug auf dieses Gebiet eröffnet ist. Kommt man zu

313 I.Erg. ebenso: *Nehl*, in: Heselhaus/Nowak, Handbuch der Europäischen Grundrechte, § 58, Rn 18, der die lückenfüllende Funktion ebenfalls nur sieht, sofern der Anwendungsbereich des Art. 51 Abs. 1 GRCh eröffnet ist.

dem Ergebnis der Schutzbereichseröffnung, so gilt es dann wiederum, die Grenzen des Schutzbereichs des Strafrechts i.w.S. eindeutig festzulegen. Nach Klärung der Schutzbereichsfrage schließt sich erneut die Fragestellung der Eröffnung des Anwendungsbereichs der Charta gem. Art. 51 Abs. 1 S. 1 GRCh an. Anschließend gilt es, die gefundenen Ergebnisse auf in der Praxis relevante Fallkonstellationen zu übertragen.

Die Fallkonstellationen des Bereichs des Strafrechts i.w.S. lassen sich in innersystematische und intersystematische unterteilen. Eine innersystematische Konstellation liegt vor, wenn ein Mitgliedstaat einer Person oder einem Unternehmen eine Verwaltungssanktion als Erstentscheidung auferlegt, und derselbe Mitgliedstaat wegen desselben Verhaltens nochmals mittels einer Verwaltungssanktion nachsanktionieren will. Beide Sanktionen entspringen mithin ausschließlich dem o.g. Bereich des Verwaltungssanktionenrechts. Eine intersystematische Konstellation liegt stattdessen vor, wenn zunächst eine Verwaltungssanktion als Erstentscheidung durch einen Mitgliedstaat ergeht und sodann in demselben Mitgliedstaat ein Strafverfahren in derselben Sache nachfolgen soll. Ebenso fällt hierunter die umgekehrte Konstellation, dass zunächst im Rahmen eines Kriminalstrafverfahrens eine Strafe ergeht und sodann in einem weiteren Verfahren eine Verwaltungssanktion verhängt werden soll. Im intersystematischen Bereich entspringen die Sanktionen mithin einerseits dem Kriminalstrafrecht und andererseits dem Verwaltungssanktionenrecht.

aa) Schutzbereichseröffnung des Art. 50 GRCh

Zu untersuchen gilt es also zunächst, ob derartige Fallkonstellationen überhaupt vom Schutzbereich des Art. 50 GRCh umfasst sein können, d.h. der Schutzbereich des Art. 50 GRCh überhaupt über den Bereich des Kriminalstrafrechts hinausgeht. Ausgangspunkt der Untersuchung muss erneut der Wortlaut der Norm sein. Nach diesem muss die vorangegangene Aburteilung zunächst wegen einer „Straftat“ erfolgt sein, und auf diese Aburteilung dürfe kein neues „Strafverfahren“ folgen. Ferner können auch die Begrifflichkeiten „verurteilt oder freigesprochen“, welche die Aburteilung konkretisieren, eine Rolle spielen.

(1) Systematik und Wortlaut „Straftat“, „Strafverfahren“, „verurteilt oder freigesprochen“

Es stellt sich daher die Frage, ob der Wortlaut eine Anwendung über den rein kriminalstrafrechtlichen Bereich hinaus verbietet, bzw. wie Begrifflichkeiten der „Straftat“ und des „Strafverfahren(s)“, sowie „verurteilt oder freigesprochen“ zu definieren sind. Zunächst muss festgestellt werden, dass eine Übernahme der jeweiligen Definition des betroffenen Mitgliedstaates nicht sinnvoll wäre.[314] Den Mitgliedstaaten würde de facto die Möglichkeit eingeräumt, den Anwendungsbereich der Norm, beispielsweise durch Entkriminalisierung, zu beeinflussen. Die Gemeinschaftstermini sind daher autonom zu bestimmen. Ob ein Verfahren z.B. durch einen Mitgliedstaat letztlich formell als „Ordnungswidrigkeitenverfahren" oder als „Verwaltungsstrafverfahren" bezeichnet wird, ist irrelevant, wenn es sich seinem Wesen nach als „strafrechtlich" herausstellt und die Anwendung strafrechtlicher Garantien daher sinnvoll wäre.[315] Die Begrifflichkeiten werden zudem weder im geschriebenen Gemeinschaftsrecht noch vom EuGH definiert.

(a) Straftat

(aa) Vergleich mit Art. 48 Abs. 1 GRCh

In Bezug auf den Begriff der Straftat gilt Folgendes: In dem Art. 50 GRCh vorgelagerten Justizgrundrecht des Art. 48 Abs. 1 GRCh ist die Unschuldsvermutung normiert. Wie bei allen strafrechtlichen Justizgrundrechten diente auch hier eine EMRK-Norm als Vorlage. Nach den Erläuterungen des Präsidiums „entspricht" Art. 48 Abs. 1 GRCh sogar Art. 6 Abs. 2 EMRK, obwohl im Gegensatz zu Art. 6 EMRK in Art. 48 GRCh nicht ausdrücklich der Begriff der „Straftat" verwendet wurde.[316] Dies führt dazu, dass in Art. 48 Abs. 1 GRCh ebenfalls der Begriff der „Straftat" hineingelesen wird, da der Angeklagte gerade wegen einer solchen angeklagt sein muss; „Jeder *in einem Strafverfahren wegen einer Straftat* Angeklagte…".[317] Als Ausgangspunkt der gesuchten Begriffsdefinition kann im Sinne einer der Rechtssicherheit dienlichen einheitlichen Begriffsdefinition im Rahmen der Chartagrundrechte somit die in Art. 6 Abs. 2 EMRK verwendete Definition zugrunde gelegt werden.

(bb) Rückgriff auf Art. 6 Abs. 2 EMRK – „Engel-Kriterien"

Ob es sich um eine Straftat i.S.d. Art. 6 Abs. 2 EMRK handelt, wird davon abhängig gemacht, ob es sich um eine strafrechtliche Angelegenheit handelt. Dies wird wiederum an der Norm gemessen, die das angeklagte Verhalten erfaßt

314 So i.Erg. auch: *Jarass*, EU-Grundrechte, § 41, Rn 4.

315 Vergleichbar im Recht der EMRK: *Vogler*, in: Internationaler Kommentar EMRK, Art. 6 EMRK, Rn 196.

316 Der Wortlaut von Art. 6 Abs. 2 EMRK lautet nach der offiziell korrigierten Übersetzung: „Jede Person, die einer Straftat angeklagt ist, gilt bis zum gesetzlichen Beweis ihrer Schuld als unschuldig."

317 So z.B.: *Jarass*, EU-Grundrechte, § 41, Rn 4; *Blanke*, in: Calliess/Ruffert, EUV/AEUV, Art. 48 GRCh, Rn 1.

(Straftatbestand).[318] Um die in Frage stehende Norm nun als eine solche des Strafrechts zu definieren, bedient man sich bei Art. 6 Abs. 2 EMRK dreier in der Rechtsprechung des EGMR im Fall „Engel u.a."[319] entwickelten sog. „Engel-Kriterien". Demzufolge sind die staatliche, also nationale Einordnung des Geschehens, die Natur des Vergehens sowie die Art und Schwere der Sanktion maßgeblich.[320] Die Kriterien sind dabei grundsätzlich alternativ zu verstehen.[321]

Das erstgenannte Kriterium spielt in der Praxis keine sonderlich große Rolle, sondern wird lediglich als Indiz herangezogen. Denn wenn ein Mitgliedstaat eine strafähnliche Sanktion als nicht strafrechtlich einordnet, obwohl sie nach europäischen Maßstäben ansonsten dem Strafrecht zuzuordnen wäre, soll dafür gesorgt sein, dass die Mitgliedstaaten mit ihrer Einordnung nicht selbst über den Anwendungsbereich der Art. 6 und 7 EMRK bestimmen können.[322]

Weitaus größeres Gewicht kommt daher dem zweiten Kriterium der Natur des Vergehens zu, wobei hier mehrere Unterpunkte von Bedeutung sein können und erneut vor allem die Norm untersucht wird, unter welche das zu bewertende Verhalten gefasst wird. Vor allem die Strafvorschrift selbst, und nicht die unter diese zu subsumierende strafbare Handlung, bildet die Basis für die Zuordnung.[323] Zunächst kommt es auf den in der Norm zum Ausdruck gebrachten

---

318 *Meyer-Ladewig*, EMRK-Handkommentar, Art. 6, Rn 23 f.; *Schädler*, in: Karlsruher Kommentar zur StPO, Art. 6 EMRK, Rn 8 f.

319 EGMR, EuGRZ 1976, S. 221 f. („Engel u.a./Niederlande"). Eine Zusammenfassung des Falles bei: *Peukert*, in: Frowein/Peukert, EMRK-Kommentar, Art. 6, Rn 27.

320 *Grabenwarter/Pabel*, Europäische Menschenrechtskonvention, § 24, Rn 17 f.; *Meyer-Ladewig*, EMRK- Handkommentar, Art. 6, Rn 23 f.; *Schädler*, in: Karlsruher Kommentar zur StPO, Art. 6 EMRK, Rn 8 f.; *Vogler*, in: Internationaler Kommentar EMRK, Art. 6 EMRK, Rn 197 f.; *Paeffgen,* in: Systematischer Kommentar zur StPO, Band 10, Art. 6 EMRK, Rn 30 f.

321 *Schädler*, in: Karlsruher Kommentar zur StPO, Art. 6 EMRK, Rn 8; *Meyer-Ladewig*, EMRK- Handkommentar, Art. 6, Rn 28. Zwischen dem zweiten und dritten Kriterium bestehen jedoch Zusammenhänge, die sich in bestimmten Fällen in einer kumulativen Betrachtungsweise niederschlagen, und zwar insbesondere dann, wenn die getrennte Prüfung eines der beiden Kriterien zu keinem klaren Ergebnis führt. Dazu: *Grabenwarter/Pabel*, Europäische Menschenrechtskonvention, § 24, Rn 17, 24.

322 *Meyer-Ladewig*, EMRK- Handkommentar, Art. 6, Rn 23. Der EGMR hat beispielsweise die Eröffnung von Art. 6 EMRK in einem Fall abgelehnt, in dem der Führerschein eines Betroffenen als „vorläufige Maßnahme der Verkehrssicherheit" sichergestellt wurde. Obwohl diese „vorbereitende" Maßnahme in einem staatlichen Strafgesetz geregelt war, verfolgte sie keine bestrafenden Zwecke. Zu diesem EGMR-Urteil „Escoubet/Belgien" aus dem Jahre 1999 siehe: *Meyer-Ladewig*, EMRK- Handkommentar, Art. 6, Rn 28, 30 m.w.N.

323 *Grabenwarter/Pabel*, in: Grote/Marauhn, EMRK/GG-Konkordanzkommentar, Kap. 14, Rn 22.

Zweck an. Hat die angedrohte Sanktion sowohl präventiven als auch repressiven Charakter, ist der Anwendungsbereich des Art. 6 EMRK eröffnet.[324] Hinweise auf eine etwaige strafrechtliche Natur des „Vergehens“ – bzw. der entsprechenden Norm –, lassen sich neben der Rechtsfolgenseite aber auch aus der Tatbestandsseite ablesen.[325] Auf der Tatbestandsseite ist insbesondere der Adressatenkreis bedeutsam. Richtet sich die Regelung wenigstens potentiell an die Allgemeinheit – wie im deutschen Ordnungswidrigkeitenrecht (Strafrecht i.w.S.) –, spricht dies für den strafrechtlichen Charakter des Vergehens. Richtet sie sich hingegen nur an einen bestimmten Personenkreis – wie z.T. beim Disziplinarrecht –, so spricht dies für einen nichtstrafrechtlichen Charakter.[326] Schließlich können sich als letzter Unterpunkt aus dem Verfahren, welches zur Ahndung des Vergehens vorgesehen ist, Indizien für den strafrechtlichen Charakter ergeben. Die Durchführung eines Verhörs durch Kriminalbeamte der Polizei oder die Zuständigkeit beim Strafgericht sprächen beispielsweise für ein strafrechtliches Vergehen.[327]

Das dritte Engel-Kriterium der Art und Schwere der Strafe hängt mit dem rechtsfolgenbezogenen Teil des zweiten Kriteriums zusammen. Es werden die potentiellen Auswirkungen der Sanktion auf den konkreten Beschuldigten, von der Art der Strafe (Freiheit-, Geld-, oder sonstige Maßnahmen), der angedrohten Höchststrafe und der Modalitäten ihrer Vollstreckung her beleuchtet. Zusammenfassend wird das Gewicht der dem Beschuldigten insgesamt drohenden negativen Konsequenzen erfasst. Dabei ist immer von der abstrakten Strafandrohung, d.h. im Regelfall der angedrohten Höchststrafe auszugehen. Die tatsächlich verhängte Strafe ist nicht entscheidend.[328] Während Freiheitsstrafen grundsätzlich zu einer Bejahung des strafrechtlichen Charakters führen[329], kann ein solcher Grundsatz für Geldstrafen nicht aufgestellt werden. Für eine Bejahung muss die Geldstrafe zumindest „schwerwiegende Konsequenzen“ für den Be-

---

324 Bei der Verhängung von Zwangsgeldern oder Beugestrafen verneinte der EGMR daher die Anwendung des Art. 6 EMRK. Dazu m.w.N.: *Grabenwarter/Pabel*, Europäische Menschenrechtskonvention, § 24, Rn 19.

325 *Grabenwarter/Pabel*, in: Grote/Marauhn, EMRK/GG-Konkordanzkommentar, Kap. 14, Rn 23.

326 So auch der EGMR in seinen Entscheidungen. Siehe m.w.N.: *Grabenwarter/Pabel*, Europäische Menschenrechtskonvention, § 24, Rn 19; *Meyer-Ladewig*, EMRK- Handkommentar, Art. 6, Rn 24; *Peters*, Einführung in die EMRK, S. 110.

327 *Grabenwarter/Pabel*, Europäische Menschenrechtskonvention, § 24, Rn 19.

328 Insgesamt hierzu: *Grabenwarter/Pabel*, Europäische Menschenrechtskonvention, § 24, Rn 20 m.w.N; *Meyer-Ladewig*, EMRK- Handkommentar, Art. 6, Rn 25; *Grabenwarter/Pabel*, in: Grote/Marauhn, EMRK/GG-Konkordanzkommentar, Kap. 14, Rn 24.

329 *Vogler*, in: Internationaler Kommentar EMRK, Art. 6 EMRK, Rn 200.

schuldigten mit sich bringen, die in ihrer Schwere einer nicht bloß kurzfristigen Freiheitsstrafe gleichkommen. Ein Schwellenwert hat sich hier bislang nicht herauskristallisiert. Auch anderen Sanktionen wie z.B. Berufsverboten kann – sofern sie nicht bloß vorübergehend und kurzfristig sind – ein derartiges Gewicht zukommen, dass sie als strafrechtliche Maßnahmen einzustufen sind.[330] Sowohl bei Auferlegung erheblicher zusätzlicher Steuern[331] als auch bei der Auferlegung einer hohen Geldbuße wegen der Verletzung von Importvorschriften[332] wurde der strafrechtliche Charakter schon bejaht.

Eine Definition der „Straftat" i.S.d. Art. 6 Abs. 2 EMRK anhand der „Engel-Kriterien" könnte daher zusammenfassend wie folgt lauten: Es liegt eine Straftat vor, wenn ein Verhalten von einer Norm erfasst wird, die nach Berücksichtigung ihrer nationalen Einordnung, der Natur des Vergehens sowie der Art und Schwere der Sanktion als eine solche des Strafrechts zu verstehen ist.

Ob nun der dargestellte Begriff der „Straftat" i.S.d. Art. 6 Abs. 2 EMRK anhand der „Engel-Kriterien" ebenfalls solche Taten erfasst, deren Verhalten von einer Norm erfasst wird, die letztlich nicht unter den Bereich des Kriminalstrafrechts fällt, der Begriff mithin auch dem Bereich des Strafrechts i.w.S. offen steht, lässt sich anhand der „Öztürk"-Rechtsprechung des EGMR darstellen. Inhaltlich ging es hierbei um einen Bußgeldbescheid, der durch die deutschen Behörden aufgrund eines Verstoßes gegen die Straßenverkehrsordnung erlassen wurde. In Bezug auf das erste Engel-Kriterium maß der EGMR der Tatsache, dass die deutschen Ordnungswidrigkeiten zumindest nicht dem Kriminalstrafrecht zuzuordnen sind, keine nähere Bedeutung zu. Vielmehr legte er das Gewicht auf das zweite Kriterium und führt dazu aus, dass der Zweck der Ordnungswidrigkeit sowohl repressiv als auch präventiv sei und die Ordnungswidrigkeit zudem von jedermann erfüllt werden könne, d.h. an die Allgemeinheit gerichtet sei. Auch der nach Einspruchseinlegung eröffnete Rechtsweg vor den ordentlichen Gerichten wurde zu Gunsten einer Eröffnung der EMRK-Vorschriften berücksichtigt. Aufgrund der Erfüllung dieses zweiten Kriteriums hielt man es sodann nicht mehr für erforderlich, das dritte Kriterium zu prüfen. Die Anwendung des Art. 6 EMRK war für den Bereich der deutschen Ordnungswidrigkeiten eröffnet, mithin für eine „Straftat" außerhalb des kriminalstrafrechtlichen Bereichs.[333]

---

330 *Grabenwarter/Pabel*, Europäische Menschenrechtskonvention, § 24, Rn 21, 23.

331 Dazu: *Meyer-Ladewig*, EMRK- Handkommentar, Art. 6, Rn 27 m.w.N.

332 Dazu: *Peters*, Einführung in die EMRK, S. 110.

333 EGMR, EuGRZ 1985, S. 62 f., S. 67 f. („Öztürk/Deutschland"). Eine Zusammenfassung des Falls siehe bei: *Peukert*, in: Frowein/Peukert, EMRK-Kommentar, Art. 6, Rn 29.

Die Rechtsprechung des EGMR verdeutlicht, dass der Begriff der „Straftat“ aus Art. 6 Abs. 2 EMRK keinesfalls auf den rein kriminalstrafrechtlichen Bereich beschränkt ist, sondern auch andere Sanktionsnormen umfasst.

Das gefundene Ergebnis in Bezug auf die EMRK-Norm spricht nun wiederum dafür, auch unter dem Begriff der „Straftat“ aus Art. 50 GRCh Verhaltensweisen zu verstehen, die von Normen des „Strafrechts i.w.S.“ erfasst werden.

(b) Strafverfahren

(aa) Vergleich mit Art. 47 S. 2 GRCh

Den Begriff des „Strafverfahrens“ findet man innerhalb der Art. 47 f. GRCh nur in Art. 50 GRCh. In Art. 47 S. 2 GRCh ist lediglich von einem „fairen Verfahren“ die Rede. Art. 47 S. 2 GRCh stellt jedoch kein strafrechtliches, sondern ein allgemeines Justizgrundrecht auf ein faires Verfahren dar und gilt daher für alle Verfahrensarten vor allen Gerichten.[334] Eine Gleichstellung der Begrifflichkeiten wäre daher verfehlt, da das Strafverfahren ja gerade von anderen Verfahrensarten abgegrenzt werden soll. Jedoch hilft die Norm insofern weiter, als auch sie wiederum auf der EMRK beruht, welche sodann zwischen zivilrechtlichen und strafrechtlichen Verfahren differenziert (Art. 6 Abs. 1 EMRK).

(bb) Rückgriff auf Art. 6 Abs. 1 EMRK

Der Blick auf Art. 6 Abs. 1 EMRK kann daher Aufschlüsse über den Begriff des Strafverfahrens geben. Denn Abs. 1 differenziert zwischen „Streitigkeiten in Bezug auf … zivilrechtliche(n) Ansprüche … oder über eine … erhobene strafrechtliche Anklage“. Beide Streitigkeiten müssen sodann in einem „fairen Verfahren … verhandelt“ werden. Die Untergliederung „Streitigkeit über eine strafrechtliche Anklage“ wird infolge dessen auch als Synonym für „strafrechtliches Verfahren“ oder „Strafverfahren“ i.S.d. Art. 6 EMRK verstanden.[335] Auch wenn die Bezeichnung der „strafrechtlichen Anklage“ autonom zu bestimmen ist,[336] so ist seitens des EGMR bislang noch keine abschließende Definition erkennbar, wodurch sich Kommission und Gerichtshof die Anwendung des Art. 6 EMRK für den Einzelfall offen halten.[337] In Bezug auf den Begriff „strafrechtlich“ und der an dieser Stelle sodann verbundenen Frage, wann ein Verfahren als strafrechtlich zu qualifizieren ist, wird erneut auf die entwickelten Engels-Kriterien zurückgegriffen. Man orientiert sich damit wiederum an der jeweiligen Sankti-

334 *Alber*, in: Tettinger/Stern, Gemeinschaftskommentar zur EU-GRCh, Art. 47, Rn 53.

335 So beispielsweise: *Peters*, Einführung in die EMRK, S. 109.

336 *Grabenwarter/Pabel*, in: Grote/Marauhn, EMRK/GG-Konkordanzkommentar, Kap. 14, Rn 19.

337 *Vogler*, in: Internationaler Kommentar EMRK, Art. 6 EMRK, Rn 189 f.

onsnorm, welche das vorgeworfene Verhalten rechtlich einordnet.[338] Folgende Voraussetzungen werden ferner an den Begriff der „Anklage“ gestellt. Die strafrechtliche Anklage selbst muss der Verfahrensgegenstand der Entscheidung sein, wobei der Anklagebegriff extrem weit verstanden wird. Es ist weder eine formelle Anklageerhebung erforderlich, noch muss der Betroffene eine offizielle Mitteilung über das Verfahren erhalten.[339] Als wohl einzig brauchbares Element des Anklagebegriffs hat sich das Erfordernis der „Entscheidung über die Schuld- oder Unschuld“ des Angeklagten herauskristallisiert.[340]

Ob nun der im Rahmen des Art. 6 Abs. 1 der EMRK verwendete Begriff des „Strafverfahrens“ auch solche Verfahren umfasst, die sich nicht ausschließlich als kriminalstrafrechtliche darstellen, kann erneut ein Blick in die Rechtsprechungskasuistik des EGMR beantworten.[341] Dieser entschied beispielsweise, sowohl das deutsche Ordnungswidrigkeitenverfahren (wie gesehen)[342] als auch das Steuerstrafverfahren[343] würden von dem Begriff erfasst. Ebenso wurde das österreichische Verwaltungsstrafverfahren als ein unter den Begriff fallendes Verfahren angesehen.[344] Hingegen wurde ein verwaltungsrechtliches Verfahren nicht unter den Begriff eingeordnet, in dem es um den Widerruf einer behördli-

---

338 *Vogler*, in: Internationaler Kommentar EMRK, Art. 6 EMRK, Rn 194; *Grabenwarter/Pabel*, in: Grote/Marauhn, EMRK/GG-Konkordanzkommentar, Kap. 14, Rn 19; *Ackermann*, in: Thürer, EMRK: Neuere Entwicklungen, S. 35, der bei strafrechtlichen Verfahren von solchen spricht, „,... die den sog. Engel-Test bestehen“.

339 Die Bekanntgabe kann sogar die Form anderer Maßnahmen annehmen, die einen derartigen Vorwurf enthalten, und den Verdächtigen ähnlich belasten. Die Übersetzung mit „strafrechtliche Anklage“ wird aufgrund der Weite des Begriffs daher z.T. auch als ungenau bezeichnet. Zum Anklagebegriff insgesamt: *Grabenwarter/Pabel*, Europäische Menschenrechtskonvention, § 24, Rn 25 f.; *Peukert*, in: Frowein/Peukert, EMRK-Kommentar, Art. 6, Rn 41 f.; *Grabenwarter/Pabel*, in: Grote/Marauhn, EMRK/GG-Konkordanzkommentar, Kap. 14, Rn 27; *Esser*, StraFo 2003, S. 339.

340 Zunächst wurde dies dem im Wortlaut verwendeten Begriff der „Stichhaltigkeit“ entnommen. Nachdem der Begriff der „Stichhaltigkeit“ allerdings infolge einer neuen bereinigten Übersetzung wegfiel, wurde das Verschuldenserfordernis dem Begriff der „Anklage“ entnommen. Hierzu: *Grabenwarter/Pabel*, Europäische Menschenrechtskonvention, § 24, Rn 26; *Vogler*, in: Internationaler Kommentar EMRK, Art. 6 EMRK, Rn 202 f.; *Grabenwarter/Pabel*, in: Grote/Marauhn, EMRK/GG-Konkordanzkommentar, Kap. 14, Rn 28.

341 Ein Überblick über die Kasuistik liefern: *Peukert*, in: Frowein/Peukert, EMRK-Kommentar, Art. 6, Rn 27 f.; *Paeffgen*, in: Systematischer Kommentar zur StPO, Art. 6 EMRK, Rn 37 f.

342 EGMR, EuGRZ 1985, S. 62 f., S. 67 f. („Öztürk/Deutschland“).

343 *Ackermann*, in: Thürer, EMRK: Neuere Entwicklungen, S. 35.

344 EGMR, ÖJZ 1995, S. 954 f. („Gradinger/Österreich“).

chen Erlaubnis zum Ausschank alkoholischer Getränke ging,[345] ebenso wenig ein Verfahren, welches zu Sanktionen einer landwirtschaftlichen Kontrollbehörde gegenüber einem Landwirt führte.[346] Ebenfalls fiel ein schweizerisches Verfahren, in dem es um den Entzug einer Fahrerlaubnis ging, nicht unter den Begriff.[347] Ob ein kartellrechtliches Bußgeldverfahren als Strafverfahren anzusehen ist, wurde nicht entschieden, da im entsprechenden Fall eine Klagerücknahme erfolgte.[348]

Die Rechtsprechung des EGMR zeigt, dass auch verwaltungsrechtliche Verfahren unter den Begriff des „Strafverfahrens" gem. Art. 6 Abs. 1 der EMRK fallen, dieser mithin ebenfalls nicht auf den rein kriminalstrafrechtlichen Bereich begrenzt ist. Dieses Ergebnis gilt es nun erneut auf den Begriff des „Strafverfahren(s)" in Art. 50 GRCh zu übertragen, weshalb auch dieser i.w.S. zu verstehen ist.[349]

(c) Verurteilt oder freigesprochen

Auch die in Art. 50 GRCh verwendeten Begriffe „verurteilt oder freigesprochen" könnten eine Ausdehnung des Schutzbereichs über den kriminalstrafrechtlichen Bereich hinaus verhindern, wenn man beispielsweise nur gerichtliche Entscheidungen und diese z.B. nur in Urteilsform akzeptieren würde. Ungeachtet der zahlreichen Auslegungsfragen darüber, welche Entscheidung nun als taugliche Erstentscheidung gelten kann, sollen die Begrifflichkeiten an dieser Stelle nur auf die Frage hin untersucht werden, ob überhaupt außergerichtliche und nicht durch ein Gericht getroffene rechtskräftige Entscheidungen hierunter fallen können.

(aa) Vergleich mit Art. 49 Abs. 1 und 2 GRCh

Auch an dieser Stelle hilft ein Blick auf die Nachbarnormen des Art. 50 GRCh. Denn zumindest der Begriff „verurteilt" findet sich ebenso in Art. 49 Abs. 1 und 2 der GRCh, welcher das Rückwirkungsverbot regelt. Die Norm stützt sich wie-

---

345 EGMR, EGMR-E 4, S. 342 f., S. 351 („Tre Traktörer Aktiebolage/Schweden").

346 EMRK, Urt. v. 14.10.1992 – „J.M./Schweiz", Nr. 17782/91, unter „decisions" abrufbar unter: http://cmiskp.echr.coe.int zuletzt abgerufen am 10.11.2012.

347 EGMR, Urt. v. 30.05.2000 – „R.T./Schweiz", Nr. 31982/96, unter „decisions" abrufbar unter: http://hudoc.echr.coe.int zuletzt abgerufen am 10.11.2012.

348 Siehe: *Peukert*, in: Frowein/Peukert, EMRK-Kommentar, Art. 6, Rn 33.

349 So i.Erg. ebenfalls, jedoch ohne nähere Begründung: *Blanke*, in: Calliess/Ruffert, EUV/AEUV, Art. 50 GRCh, Rn 1, Art. 49 GRCh, Rn 1, Art. 48, Rn 1. *Blanke* spricht von „strafähnlichen Verfahren" und „strafähnlichen Sanktionen".

derum auf Art. 7 EMRK, so dass zumindest in Bezug auf den Begriff der „Verurteilung“ hierauf zurückgegriffen werden kann.[350]

(bb) Rückgriff auf Art. 7 EMRK

Während Art. 6 EMRK die verfahrensrechtliche Komponente des Rechtsstaats schützt, enthält Art. 7 EMRK grundlegende rechtsstaatliche Prinzipien wie das Rückwirkungsverbot oder den Bestimmtheitsgrundsatz für das materielle Strafrecht.[351] Der Begriff des Verurteilens ist zunächst in Art. 7 EMRK und Art. 4 des 7. ZP der EMRK gleich zu verstehen.[352] Gemeint ist an dieser Stelle die Verhängung einer Strafe als Reaktion auf festgestellte Schuld.[353] Der EGMR misst die Verhängung einer Strafe sodann wiederum an den o.g. „Engel-Kriterien“,[354] wobei erneut nicht maßgeblich ist, ob ein Gericht die Strafe ausspricht.[355] Die Rechtsprechung des EGMR zeigt auch hier, dass eine verwaltungsbehördliche Sanktion eine Verurteilung im Sinne der Konvention darstellen kann.[356] Diese weite Auslegung ist insofern konsequent, als Art. 7 EMRK an die Begrifflichkeiten des Art. 6 EMRK anknüpft. Denn wenn in Art. 7 EMRK von „Handlung“ die Rede ist, so ist damit letztlich eine „strafbare Handlung“ gemeint, wobei sich der Begriff der Strafbarkeit sodann wieder nach Art. 6 EMRK richtet.[357] Freisprüche werden aufgrund des eindeutigen Wortlautes, welcher sich nur auf Verurteilungen bezieht, nicht erfasst. Auch Einstellungen von Verfahren werden nach der Rechtsprechung des EGMR nicht von Art. 7 EMRK umfasst.[358] Dies vermag jedoch nichts an dem Art. 7 EMRK entnommenen Ergebnis zu ändern, dass der Begriff des Verurteilens nicht auf gerichtliche Entscheidungen beschränkt bleibt, sondern auch Entscheidungen außerhalb des reinen kriminalstrafrechtlichen Verfahrens erfasst.

---

350 Siehe: Erläuterungen des Präsidiums zu Art. 49 GRCh. Abgedruckt in: *Alber*, in: Tettinger/Stern, Gemeinschaftskommentar zur EU-GRCh, Art. 49. Ferner: *Eser*, in: Meyer, Kommentar zur GRCh, Art. 49, Rn 2.

351 *Grabenwarter/Pabel*, Europäische Menschenrechtskonvention, § 24, Rn 132.

352 *Kadelbach*, in: Grote/Marauhn, EMRK/GG-Konkordanzkommentar, Kap. 29, Rn 8.

353 *Kadelbach*, in: Grote/Marauhn, EMRK/GG-Konkordanzkommentar, Kap. 29, Rn 8; vgl. ferner: *Meyer-Ladewig*, EMRK-Handkommentar, Art. 7, Rn 16.

354 Vgl.: *Kadelbach*, in: Grote/Marauhn, EMRK/GG-Konkordanzkommentar, Kap. 15, Rn 15; *Meyer-Ladewig*, EMRK-Handkommentar, Art. 7, Rn 16 m.w.N.

355 *Kadelbach*, in: Grote/Marauhn, EMRK/GG-Konkordanzkommentar, Kap. 29, Rn 8.

356 So im Fall: EGMR, ÖJZ 1995, S. 954 f. („Gradinger/Österreich“). Hierzu ebenfalls: *Kadelbach*, in: Grote/Marauhn, EMRK/GG-Konkordanzkommentar, Kap. 29, Rn 8.

357 *Kadelbach*, in: Grote/Marauhn, EMRK/GG-Konkordanzkommentar, Kap. 15, Rn 11. Ähnlich: *Grabenwarter/Pabel*, Europäische Menschenrechtskonvention, § 24, Rn 134.

358 *Kadelbach*, in: Grote/Marauhn, EMRK/GG-Konkordanzkommentar, Kap. 15, Rn 14; *Grabenwarter/Pabel*, Europäische Menschenrechtskonvention, § 24, Rn 134.

(d) Zwischenergebnis

Nach einem Vergleich mit den Art. 47 bis 49 GRCh sowie einer Betrachtung der diesen zugrunde liegenden EMRK-Normen bleibt somit festzuhalten, dass die in Art. 50 GRCh verwendeten Begrifflichkeiten „Straftat", „Strafverfahren" und „verurteilt oder freigesprochen" i.w.S. zu verstehen sind.

(2) Genese

Zu untersuchen gilt es nun, ob bzw. welche gesetzgeberischen Motive hinter der Wortwahl standen. Wie erläutert, wurde über das Verhältnis von Strafverfahren zu Verwaltungsverfahren diskutiert. Man kam zu dem einstimmigen Ergebnis, dass der ne bis in idem-Grundsatz einem Verwaltungsverfahren nach einem Strafverfahren und umgekehrt nicht entgegensteht. Ob der Grundsatz einer doppelten Verfolgung und Bestrafung innerhalb zweier aufeinander folgender Verwaltungsverfahren entgegensteht, wurde nicht geklärt.[359] Da man – im Gegensatz zu der in dieser Abhandlung favorisierten Unterteilung – nicht zwischen innernationalen, transnationalen und supranationalen Fallkonstellationen differenzierte, ist der gesetzgeberische Wille so zu verstehen, dass eine Ausweitung über den kriminalstrafrechtlichen Bereich hinaus in keiner dieser Fallkonstellationen gewollt war. Man wollte Art. 50 GRCh in keinem Bereich außerhalb des kriminalstrafrechtlichen Bereichs anwenden. Es ist davon auszugehen, dass dies auch für das System der Ordnungswidrigkeiten gelten sollte, da auch dort behördliche Sanktionen außerhalb des Kriminalstrafrechts verhängt werden. Deren Nichterwähnung in den Konventsitzungen ist auf ihre nur geringe europäische Verbreitung zurückzuführen. Dieses Auslegungsergebnis bestätigen zusätzlich die Erläuterungen des Präsidiums, in welchen darauf hingewiesen wird, dass die Regel des Verbots der Doppelbestrafung sich auf gleichartige Sanktionen, in diesem Fall durch ein Strafgericht verhängte Strafen, bezieht.[360] Der gesetzgeberische Wille spricht somit für eine enge, rein kriminalstrafrechtliche Auslegung der Begrifflichkeiten „Straftat" und „Strafverfahren".[361]

359 Wie oben dargestellt wurde lediglich in einem Änderungsantrag vorgeschlagen, dass eine Doppelbestrafung durch mehrere Verwaltungsverfahren in derselben Sache nicht zulässig sei, der Grundsatz innersystematisch mithin gelte. Ein einziger Änderungsantrag kann aber nun nicht repräsentativ für den gesamten gesetzgeberischen Willen herangezogen werden.

360 Siehe Abdruck der Erläuterungen in: *Alber*, in: Tettinger/Stern, Gemeinschaftskommentar zur EU-GRCh, Art. 50.

361 So einzig auch: *Rengeling/Szczekalla*, Grundrechtsschutz in der EG, Rn 1218, der dafür plädiert, dass außerhalb des Kriminalstrafrechts lediglich der Verhältnismäßig-

Obgleich die Genese aufgrund des noch jungen Alters der Norm von außerordentlicher Wichtigkeit für die Auslegung ist, muss ihre Bedeutung in der vorliegenden Frage relativiert werden. Bei der Meinungsfindung im Konvent orientierte man sich wegen des knapp bemessenen Zeitfensters immer wieder an der Rechtsprechung des EuGH. Dies bestätigen die Erläuterungen des Präsidiums zu zahlreichen Grundrechten, in denen auf die damals aktuelle Rechtsprechung verwiesen wird. Gleiches gilt für die Erläuterungen zu Art. 50 GRCh, die auf die „umfangreiche Rechtsprechung" europäischer Gerichte bis zum Jahre 1999 Bezug nehmen.[362] Zum Zeitpunkt des Grundrechtekonvents, also der Entstehung der Charta, wendete jedoch auch der EuGH den ne bis in idem-Grundsatz in Form eines Erledigungsprinzips nicht außerhalb des Kriminalstrafrechts an. Erst im Jahre 2004 erfolgte eine Rechtsprechungsänderung, infolge welcher der Grundsatz im Bereich des europäischen Kartellrechts angewandt wurde, mithin außerhalb des Kriminalstrafrechts.[363] Auch wenn nur gemutmaßt werden kann, ob der Konvent unter Zugrundelegung einer gegenteiligen Rechtsprechungsansicht anders entschieden hätte, bleibt festzuhalten, dass dieser Kurswechsel die Bedeutung der Genese in Bezug auf die konkrete Fragestellung jedenfalls schwächt.

Die Auslegung des Wortlauts und der Genese des Art. 50 GRCh führt demnach zu unterschiedlichen Ergebnissen.

(3) Kohärenzgebot des Art. 52 Abs. 3 GRCh

Art. 52 Abs. 3 GRCh regelt das Verhältnis zwischen EMRK und GRCh. Der durch die Charta gewährleistete Schutz darf – wie gesehen – nicht unter das Schutzniveau der EMRK fallen, sondern lediglich weiter gehen (Art. 52 Abs. 3 S. 2 GRCh). Übertragen auf Art. 50 GRCh bedeutet dies, dass dessen Schutzniveau – hier in Form der Schutzbereichsfrage der Anwendung des Grundsatzes außerhalb des Kriminalstrafrechts im innerstaatlichen Bereich –, nicht unter das Schutzniveau des Art. 4 des 7. ZP der EMRK fallen darf. Die Begriffe der „Straftat", des „Strafverfahrens" sowie „verurteilt oder freigesprochen" gem. Art. 4 des 7. ZP der EMRK sind zudem aufgrund des Verhältnisses zwischen

---

keitsgrundsatz eine gewisse Steuerungsfunktion übernehmen könne. Als Beispiel führt er an, dass es keinen Strafklageverbrauch bei Steuerzuschlägen geben dürfe.

362 Die Erläuterungen verweisen auf folgende Rechtsprechung: EuGH, Urt. v. 5.5.1966 – „Gutmann/Kommission", Slg.1966, S. 153 f.; EuGH, Urt. v. 20.4.1999 – „Limburgse Vinyl Maatschappij NV/Kommission", Slg. 1999, Band II/2, S. 931 f. Erläuterungen abgedruckt bei: *Alber*, in: Tettinger/Stern, Gemeinschaftskommentar zur EU-GRCh, Art. 50.

363 Dazu genauer unten: S. 269 f.

dem Grundrechtskatalog der EMRK und dessen Zusatzprotokollen mit den Begriffen in Art. 6 und 7 EMRK einheitlich zu definieren.[364] Da Art. 6 und 7 EMRK wie gesehen für eine weite Auslegung sprechen, gilt dies auch für Art. 4 des 7. ZP der EMRK, so dass auch Art. 50 GRCh von weiten Begriffsdefinitionen ausgehen muss, um nicht Gefahr zu laufen, einen nur geringeren Schutz zu gewährleisten. Dies würde einen Verstoß gegen Art. 52 Abs. 3 GRCh darstellen.

Um einen solchen Bruch mit Art. 52 Abs. 3 GRCh zu vermeiden, aber dennoch unterschiedliche Definitionsansätze zwischen der EMRK und der GRCh aufrecht zu erhalten, gäbe es nur einen Weg. Art. 52 Abs. 3 GRCh müsste dazu von Grund auf anders verstanden werden. Systematisch müsste neben den beiden Alternativen aus S. 1 und S. 2[365] eine dritte Alternative in Erwägung gezogen werden, nämlich dass sich EMRK-Norm und GRCh-Norm nicht entsprechen. Sodann könnte man vertreten, dass sich Art. 4 des 7. ZP. der EMRK und Art. 50 GRCh – eben aufgrund des unterschiedlichen Schutzbereichs bzgl. der Anwendung außerhalb des Kriminalstrafrechts – i.S.d. der dritten Alternative eben nicht entsprechen, so dass weder Abs. 3 S. 1 noch S. 2 anzuwenden wäre. Die EMRK würde folglich über Art. 52 GRCh als Rechtserkenntnisquelle für Art. 50 GRCh gar nicht erst „aktiviert“. Die geschehene Einordnung des Art. 50 GRCh durch das Präsidium unter Art. 52 Abs. 3 S. 2 GRCh müsste als fehlerhaft angesehen werden. Letztgenanntes wäre unproblematisch, da der Einordnung in den Erläuterungen des Präsidiums ohnehin keine Bindungswirkung zukommt.

Hiergegen sprechen jedoch folgende Überlegungen: Die von Art. 52 Abs. 3 GRCh verfolgten Ziele der Gewährung eines möglichst hohen Mindeststandards sowie der Kohärenz zwischen den Katalogen erfordern eine weite Auslegung des Begriffs „entsprechen“.[366] Kein völliges „Entsprechen“, sondern lediglich ein „ungefähres“ Entsprechen wird gefordert.[367] Daher gilt es, den Schutzbereich und die Schranken („Bedeutung und Tragweite“) der EMRK-Norm bereits dann auf den jeweiligen Chartaartikel zu übertragen, wenn von beiden Normen der gleiche Lebenssachverhalt umfasst wird.[368] Greift man hier auf die Definition aus der deutschen Literatur zum Regelungsbereich eines Grundrechts zurück, so meint man hiermit den Lebensbereich, dem das Grundrecht gilt und in dem es

---

364 *Kadelbach*, in: Grote/Marauhn, EMRK/GG-Konkordanzkommentar, Kap. 29, Rn 8, 11; *Ackermann*, in: Thürer, EMRK: Neuere Entwicklungen, S. 34.

365 S. 1: EMRK-Norm und GRCh-Norm entsprechen sich; S. 2: Normen entsprechen sich und die GRCh-Norm gewährt weiter gehenden Schutz.

366 *v.Danwitz*, in: Tettinger/Stern, Gemeinschaftskommentar zur EU-GRCh, Art. 52 GRCh, Rn 54.

367 *Grabenwarter*, in: Steinberger Festschrift, S. 1136.

368 *Grabenwarter*, in: Steinberger Festschrift, S. 1135 f.

seinen Schutzbereich erst noch bestimmt.[369] Der Lebensbereich eines europäischen ne bis in idem-Grundsatzes liegt in dem Schutz vor europäischen und mitgliedstaatlichen Hoheitsträgern, wenn einer von ihnen in einer wie auch immer gearteten Konstellation wegen derselben Sache eine Zweitverfolgung und Bestrafung anstreben. Unter Außerachtlassung einer genauen Konturierung der Schutzbereiche deckt sich somit der Lebensbereich der beiden Grundrechte, weshalb sich die Normen „entsprechen" i.S.d. Art. 52 Abs. 3 GRCh. Auch die bereits oben dargelegte Systematik des Art. 52 Abs. 3 GRCh spricht gegen diesen Ansatz. Es wurden lediglich die beiden erstgenannten Alternativen verankert. Die Frage, wie es sich verhalten würde, wenn tatsächlich das Schutzniveau eines Chartaartikels unter dem der EMRK bleiben würde, wurde bewusst nicht geregelt. Da Art. 52 Abs. 3 GRCh die Unterschreitung des EMRK-Schutzniveaus verbietet, wäre eine Öffnung des Schutzbereichs des Art. 50 GRCh, hin zu einer Geltung außerhalb des reinen Kriminalstrafrechts, nur konsequent.

(4) Sinn und Zweck

Auch der objektiv zu ermittelnde Sinn und Zweck des Art. 50 GRCh spricht für eine Auslegung über die Grenzen des rein kriminalstrafrechtlichen Bereichs hinaus. Die Norm dient der Schaffung von Rechtssicherheit. Rechtssicherheit spiegelt die Forderung wider, staatliche Hoheitsakte sollten einerseits so klar und bestimmt, andererseits so beständig sein, dass sich der Bürger auf sie hinreichend verlassen kann. Es geht im Kern um die Verlässlichkeit der Rechtsordnung. Ohne ein Mindestmaß an solcher Verlässlichkeit bleibt das Handeln des Staates für den Bürger unberechenbar, unvorhersehbar sowie unverständlich.[370] Um Rechtssicherheit zu erreichen, ist es also erforderlich, dass ein staatlicher Strafanspruch verbraucht wird und eine endgültige Erledigung der Sache eintritt, sobald der Hoheitsträger in einem Strafverfahren über eine Tat entschieden hat. Eine bedingungslose Durchsetzung des staatlichen Strafanspruchs sowie rücksichtsloses Streben nach tat- und schuldangemessener Bestrafung sind nicht erwünscht. Das Damoklesschwert der jederzeitig möglichen neuen Bestrafung würde den Bürger zum Objekt staatlicher Gewalt herabwürdigen und wäre mit der grundgesetzlichen Gewährleistung der Menschenwürde sowie des Rechts auf freie Entfaltung der Persönlichkeit nicht zu vereinbaren.[371] Die Menschen-

369 *Pieroth/Schlink*, Grundrechte Staatsrecht II, Rn 214.

370 Siehe dazu im deutschen Recht: *Grzeszick*, in: Maunz/Dürig, GG-Kommentar, Band 3, Art. 20 VII, Rn 50.

371 Vgl. dazu im deutschen Recht: *Schmidt-Aßmann*, in: Maunz/Dürig, GG-Kommentar, Band 6, Art. 103 Abs. 3, Rn 260.

würde und das allgemeine Persönlichkeitsrecht erfordern es, dem einzelnen Bürger zu ermöglichen, einen Schlussstrich unter sein von der Rechtsordnung missbilligtes Verhalten zu ziehen und es einmal als endgültig erledigt betrachten zu können.[372] Der entstehende Rechtsfrieden kommt auch nicht nur dem Bürger zugute, sondern auch dem Staat selbst. Nur wenn einer staatlichen Sanktion auf Dauer Endgültigkeit zukommt, wird ihr Autorität verliehen, welche notwendig ist, um dem gefundenen Ergebnis allseitig Anerkennung zukommen zu lassen.[373]

Nun kann sich ein solches Bedürfnis des einzelnen Bürgers aber nicht nur im Rahmen einer kriminalstrafrechtlichen Verfolgung ergeben, sondern auch im Rahmen eines Strafverfahrens i.w.S., in dem eine Verhängung von Verwaltungssanktionen droht. Auch hier kann es angezeigt sein, die Abwehrmaßnahme eines ne bis in idem-Grundsatzes als notwendiges rechtsstaatliches Gegengewicht zur Verfügung zu stellen, um den Betroffenen ausreichend zu schützen. Der ursprünglich nur für harte und schwerwiegende Grundrechtseingriffe wie die Kriminalstrafe konzipierte ne bis in idem-Grundsatz, der Ausnahmen nur in eng begrenzten Fällen zulässt, kann auch hier ein angemessenes Gegenmittel darstellen. Denn auch Sanktionen aus dem Bereich des Strafrechts i.w.S. sind dazu in der Lage, die zukünftige freie Entfaltung der Persönlichkeit des Einzelnen erheblich zu stören, indem eine weitere Verfolgung und Entscheidung in einem als Verwaltungsverfahren bezeichneten Verfahren wie ein Damoklesschwert über dem Betroffenen schweben. An späterer Stelle wird noch gezeigt, dass sich hier eingriffsintensive Maßnahmen ergeben können. Es wäre fatal, ein derart wichtiges Abwehrrecht von der gesetzgeberischen Einordnung des jeweils zugrunde liegenden Verfahrens abhängig zu machen. Der Übergang von der Anwendung eines ne bis in idem-Grundsatzes hin zu sonstigen allgemeinen rechtsstaatlichen Garantien wie z.B. „lediglich" des Verhältnismäßigkeitsgrundsatzes ist fließend, muss aber dennoch anhand klarer Kriterien bestimmt werden, bei denen die gesetzgeberische Einordnung allenfalls ein Indiz sein kann. Je mehr ein Verfahren an sich sowie die aus der anzuwendenden Norm hervorgehende Sanktion der Kriminalstrafe und dem Kriminalstrafverfahren ähneln, desto eher besteht ein Verlangen nach der Anwendung des schützenden ne bis in idem-Grundsatzes, und desto eher kann dessen Anwendung gerechtfertigt sein. Die strafrechtlichen Garantien weisen einen durchweg dichteren und strikteren Gewährleistungsgehalt auf, indem sie Abschichtungen und Relativierungen begrenzter zugänglich sind.[374] Der Gedanke der Rechtssicherheit beschränkt sich also nicht auf den Bereich des Kriminalstrafrechts.

---

372 Vgl. dazu im deutschen Recht: *Fliedner*, AöR 1974, S. 254.

373 Vgl. dazu im deutschen Recht: *Fliedner*, AöR 1974, S. 253.

374 *Appel*, Verfassung und Strafe, S. 489; *Schwarze*, EuZW 2003, S. 264, S. 266.

Für den Bereich des Verwaltungsrechts bedeutet dies ferner, dass bei einer Anwendung strafrechtlicher Garantien in Verwaltungsverfahren Zweckmäßigkeits- und Effizienzerwägungen der Verwaltung ggf. hinter diesen zurücktreten müssen.[375] Auch der im europäischen Sekundärrecht oft gewährte weite Ermessensspielraum für die Behörden wird eingeschränkt und kann lediglich bis zur Grenze des Verstoßes gegen strafrechtliche Garantien ausgeübt werden.[376] Je milder sich dagegen der grundrechtliche Eingriff gestaltet, desto eher ist es gerechtfertigt, die Sperrwirkung entweder durch weitergehende Ausnahmen zu schwächen oder gänzlich andere Regelungstechniken dem ne bis in idem-Grundsatz vorzuziehen. Die bloße Anwendung verwaltungsrechtlicher Grundsätze führt sodann zu einer weniger strengen rechtsstaatlichen Bindung der Behörden. Entscheidungen anhand von Gesichtspunkten wie Effizienz und Leistungsfähigkeit der Verwaltung rücken wieder in den Vordergrund.[377] Das strenge Schutzkonzept der Heranziehung strafrechtlicher Garantien wird entbehrlich.[378] Eine Doppelverfolgung muss sich i.d.R. nur noch am Verhältnismäßigkeitsgrundsatz messen lassen. Keinesfalls sollte jedoch der Grundsatz im Vorhinein statisch auf den Bereich des Kriminalstrafrechts begrenzt bleiben.

(5) Ergebnis

Unter Beachtung dessen, sowie der durch die Charta aufgestellten allgemeinen Grundrechtslehren, gelangt man mithin zu dem Ergebnis, dass der Schutzbereich des Art. 50 GRCh gegen den Willen des Gesetzgebers über den kriminalstrafrechtlichen Bereich hinaus ausgedehnt werden muss. Dieses Ergebnis wird auch überwiegend in der Literatur vertreten, ohne dass es jedoch dort näher begründet würde.[379]

Ob sich der EuGH dem anschließt, bleibt abzuwarten. Zwar hat der EuGH nach Entstehung, aber vor Inkrafttreten der Grundrechtscharta entschieden, den ne bis in idem-Grundsatz in Form eines ungeschriebenen europäischen allgemeinen Rechtsgrundsatzes auch im europäischen Kartellgeldbußenrecht anzuwenden, welches mit dem deutschen Ordnungswidrigkeitenrecht vergleichbar

---

375 So zum europäischen Kartellrecht: *Schwarze/Weitbrecht*, Grundzüge des europäischen Kartellverfahrensrechts, § 7, Rn 15; *Schwarze*, EuZW 2003, S. 264, S. 266.

376 *Schwarze*, EuZW 2003, S. 266.

377 *Schwarze/Weitbrecht*, Grundzüge des europäischen Kartellverfahrensrechts, § 7, Rn 6.

378 *Appel*, Verfassung und Strafe, S. 489.

379 Siehe: *Eser*, in: Sieber/Brüner/Satzger/Heintschel-Heinegg, Europäisches Strafrecht, § 36, Rn 77; *Eser*, in: Meyer, Kommentar zur GRCh, Art. 50, Rn 8; *Blanke*, in: Calliess/Ruffert, EUV/AEUV, Art. 50 GRCh, Rn 1; *Alber*, in: Tettinger/Stern, Gemeinschaftskommentar zur EU-GRCh, Art. 50, Rn 3; *Jarass*, EU-Grundrechte, § 42, Rn 27; *Jarass*, GRCh-Kommentar, Art. 50 GRCh, Rn 5.

ist, mithin im europäischen Verwaltungssanktionenrecht.[380] In der Entscheidung „ThyssenKrupp Liften Ascenseurs NV/Kommission“ vom 13.07.2011 – mithin nach Inkrafttreten der Charta – hat der EuG Art. 50 GRCh jedoch nicht erwähnt.[381] Stattdessen wurde nur allgemein formuliert, „dass der auch in Art. 4 des Protokolls Nr. 7 zur EMRK verankerte Grundsatz ne bis in idem ein fundamentaler Grundsatz des Unionsrechts ist, den der Gemeinschaftsrichter zu beachten hat“.[382] Ebenso wurde kurz darauf eingegangen, dass auch die Voraussetzungen des Art. 54 SDÜ[383] in dem untersuchten Fall nicht vorlägen, wobei offen gelassen wurde, ob „eine Berufung auf Art. 54 SDÜ im Bereich des Wettbewerbsrechts der Union möglich sei“.[384] Es ließe sich daher vertreten, dass der EuG eine Anwendung des Art. 50 GRCh im europäischen Kartellrecht nicht in Erwägung zieht.

Eine solche Schlussfolgerung wäre jedoch verfrüht. Vielmehr können aus der genannten Entscheidung keine abschließenden Schlüsse über die Handhabung des Art. 50 GRCh durch den EuGH gezogen werden. Zunächst waren in dem zu entscheidenden Fall sowohl der ungeschriebene europäische ne bis in idem-Grundsatz als auch Art. 54 SDÜ nicht einschlägig, da keine endgültige Entscheidung in der Sache ergangen war,[385] so dass auch Art. 50 GRCh nicht zwingend zu erwähnen war. Ferner existiert in dieser oder einer vergleichbaren Sache nach wie vor keine (Rechtsmittel-)Entscheidung des EuGH.

Nach hier vertretener Ansicht überzeugt es jedenfalls nicht, weiterhin auf den vor der Charta geltenden ne bis in idem-Grundsatz in Form eines ungeschriebenen europäischen allgemeinen Rechtsgrundsatzes zurückzugreifen. Es wäre unsinnig, weiterhin auf den vor der Charta geltenden ne bis in idem-Grundsatz in Form eines ungeschriebenen europäischen allgemeinen Rechtsgrundsatzes zurückzugreifen, nachdem der Grundsatz nunmehr im geschriebe-

380 In der Literatur wird daher davon ausgegangen, dass der EuGH den Art. 50 GRCh auch im europäischen Kartellrecht anwendet: *Jarass*, EU-Grundrechte, § 42, Rn 27; *Nehl*, in: Heselhaus/Nowak, Handbuch der Europäischen Grundrechte, § 58, Rn 11.

381 Der EuG hatte u.a. darüber zu befinden, ob die Entscheidung einer nationalen Wettbewerbsbehörde über die Einräumung einer Kronzeugenbehandlung ein weiteres Tätigwerden durch die Kommission auf europäischer Ebene sperrt. EuG, Urt. v. 13.07.2011 – „ThyssenKrupp Liften Ascenseurs NV/Kommission“, WuW/E, EU-R, S. 2046 f., S. 2068 f.

382 EuG, Urt. v. 13.07.2011 – „ThyssenKrupp Liften Ascenseurs NV/Kommission“, WuW/E, EU-R, S. 2046 f., S. 2069.

383 Näher zu Art. 54 SDÜ unten: S. 166 f.

384 EuG, Urt. v. 13.07.2011 – „ThyssenKrupp Liften Ascenseurs NV/Kommission“, WuW/E, EU-R, S. 2046 f., S. 2070 f.

385 EuG, Urt. v. 13.07.2011 – „ThyssenKrupp Liften Ascenseurs NV/Kommission“, WuW/E, EU-R, S. 2046 f., S. 2069.

nen Primärrecht fixiert ist und somit mehr Rechtssicherheit leisten kann. Das geschriebene Primärrecht steht im Rang über den ungeschriebenen allgemeinen Rechtsgrundsätzen.[386]

bb) Schutzbereichsgrenzen des Art. 50 GRCh in Konstellationen des Strafrechts i.w.S.

An das gewonnene Ergebnis schließt sich nun die Frage an, wie weit der Schutzbereich des Art. 50 GRCh zu verstehen ist. Da die Schutzbereichsgrenzen nicht zwischen den kriminalstrafrechtlichen Konstellationen und denen des Strafrechts i.w.S. zu ziehen sind, müssen die Konstellationen des Strafrechts i.w.S. von sonstigen nichtstrafrechtlichen Konstellationen abgegrenzt werden.

(1) Ansätze in der Grundrechtsliteratur

Zunächst soll hinsichtlich dieser Frage die bestehende Grundrechtsliteratur zu Art. 50 GRCh untersucht werden. Hier wird meist vorgetragen, Art. 50 GRCh sei bei Verfahren mit „strafähnlichem Charakter“[387] bzw. mit „strafähnlichen Sanktionen“[388] anzuwenden. Was allerdings unter dem Merkmal der Strafähnlichkeit zu verstehen ist, bleibt i.d.R. unbeantwortet.[389] Meist wird lediglich beispielhaft festgestellt, „zumindest“ das deutsche Ordnungswidrigkeitenrecht sei davon erfasst.[390]

Auch wird vertreten, „Verwaltungsverfahren“ fielen ebenso hierunter, sofern sie eben zu „strafähnlichen Sanktionen“ führten.[391] Ferner wird vertreten, dies gelte aber wiederum nicht für solche Verwaltungsverfahren, die sich mit der

---

386 *Oppermann/Classen/Nettesheim*, Europarecht, § 9, Rn 21.

387 So: *Alber*, in: Tettinger/Stern, Gemeinschaftskommentar zur EU-GRCh, Art. 48, Rn 5, im Rahmen der Frage der Anwendbarkeit der Unschuldsvermutung. Im Rahmen des Art. 50, Rn 3 spricht er dem Grundsatz Anwendung zu, „...wenn es um Sanktionen geht“.

388 *Jarass*, EU-Grundrechte, § 42, Rn 27; *Jarass,* GRCh-Kommentar, Art. 50 GRCh, Rn 5; *Blanke*, in: Calliess/Ruffert, EUV/AEUV, Art. 50 GRCh, Rn 1; ähnlich: *Eser*, in: Meyer, Kommentar zur GRCh, Art. 48, Rn 11, Art. 49, Rn 28.

389 Einzig weiterführend an dieser Stelle: *Eser*, in: Meyer, Kommentar zur GRCh, Art. 48, Rn 11, dessen Ausführungen sich allerdings auf den Anwendungsbereich der Unschuldsvermutung beziehen.

390 *Eser*, in: Meyer, Kommentar zur GRCh, Art. 50, Rn 8; *Alber*, in: Tettinger/Stern, Gemeinschaftskommentar zur EU-GRCh, Art. 50, Rn 3, wobei hier nicht klar wird, ob nur deutsche Ordnungswidrigkeiten gemeint sind, oder der Begriff sonst wie auf europäische Ebene projiziert wird.

391 *Blanke*, in: Calliess/Ruffert, EUV/AEUV, Art. 50 GRCh, Rn 1, Art. 49 GRCh, Rn 1, Art. 48, Rn 1; *Jarass*, EU-Grundrechte, § 42, Rn 27.

Abwicklung von Subventionen befassten, da sich der Begünstigte hierauf schließlich freiwillig eingelassen hätte und der restitutive Charakter ohnehin dominiere.[392] Nach dieser Ansicht könnten beispielsweise Geldbußenverfahren im europäischen Kartellrecht unter den Schutzbereich der Norm fallen, während Verfahren mit Sanktionen im europäischen Agrarsubventionenrecht vom Schutzbereich ausgeschlossen wären.

Vereinzelt wird sogar vertreten, Zwangsmittel seien unter den Begriff der Verwaltungssanktionen zu fassen und stellten strafähnliche Sanktionen dar.[393] Zumindest Letztgenanntes ist allerdings keinesfalls mehr vertretbar und steht in völligem Gegensatz zu den oben vorgeschlagenen Definitionen des Sanktionsbegriffs. Zwar erscheint es möglich, „Geldbußen und Zwangsgelder" unter den Begriff der Verwaltungssanktion i.w.S. zu fassen. Unvertretbar erscheint es aber, insoweit von „strafähnlichen Sanktionen" und sogar von „Beugestrafen" zu sprechen, da man so den Begriff der Kriminalstrafe sogar in den Bereich der Sanktionen i.w.S. hinein ausdehnte.

Ohne dass sich eine klare Systematik herauskristallisiert, wirft die Grundrechtsliteratur zumindest einige grundlegende Fragen auf, deren Untersuchung es bedarf. Ferner kann ihr der zutreffende Ausgangspunkt entnommen werden, dass die Beantwortung der Frage, ob eine Konstellation unter den Schutzbereich des Art. 50 GRCh fällt, von der dem Verfahren zugrunde liegenden Sanktionsnorm bzw. deren Rechtsfolgen abhängt. Diese muss zumindest eine „strafähnliche Sanktion" darstellen.

(2) Methodik zur Differenzierung zwischen strafrechtlichen und nichtstrafrechtlichen Konstellationen

Klärungsbedürftig scheint daher, was unter dem Begriff der „strafähnlichen Sanktion" zu verstehen ist. Bereits eingangs hat sich zur Bestimmung des Schutzbereichs der europäische Dreiklang des Kriminalstrafrechts, des Strafrechts i.w.S. und des nichtstrafrechtlichen Bereichs abgezeichnet. In diese Differenzierung, die aus der Kompetenzdiskussion zur Setzung von originärem europäischen Kriminalstrafrecht der EU hervorgeht,[394] kann der Begriff der „strafähnlichen Sanktion" insofern eingeordnet werden, als er eine Maßnahme darstellt, die zwar noch in den strafrechtlichen Bereich i.w.S. fällt, aber eben nicht mehr in den nichtstrafrechtlichen Bereich.[395] Die „strafähnliche Sanktion" ist

392 *Jarass*, EU-Grundrechte, § 41, Rn 7.

393 *Jarass*, EU-Grundrechte, § 41, Rn 6.

394 So: *Hecker*, Europäisches Strafrecht, § 4, Rn 61. Dazu ebenfalls unten: S. 213 f.

395 *Hecker* verwendet bei der Zuordnung von unterschiedlichen Maßnahmen keine einheitliche Begriffsterminologie. Maßnahmen, die seiner Ansicht nach noch in den Be-

daher dem bereits erläuterten Begriff der „Sanktion i.e.S." unter Außerachtlassung der Kriminalstrafen gleichzustellen.[396] Es gilt aber nun zu untersuchen, anhand welcher Methode hinreichend genau festgestellt werden kann, ob eine Maßnahme noch eine solche des Strafrechts i.w.S. darstellt oder nicht mehr in den Bereich des Strafrechts fällt. Alle Begrifflichkeiten bedürfen hierbei einer autonomen gemeinschaftsrechtlichen Bestimmung, die sich wiederum nur an materiellen Kriterien orientieren kann.[397]

Was unter einer Sanktion zu verstehen ist, die nur in den engsten Bereich des Kriminalstrafrechts fällt, kann hier dahinstehen, da dies in der Abgrenzungsproblematik nicht weiterführt.[398]

Wie eingangs im Rahmen der Klärung der Begrifflichkeiten angedeutet, ist ein Sanktionsmittel aber nach überwiegender Ansicht dem Strafrecht i.w.S. zuzuordnen, wenn mit ihm zumindest auch ein repressiver,[399] auf die Sanktionie-

---

reich des Strafrechts i.w.S. fallen, bezeichnet er als solche mit „strafrechtlichem Charakter", „verdeckte Strafsanktion" oder „punitive Sanktion". Siehe: *Hecker*, Europäisches Strafrecht, § 4, Rn 65-67. *Heitzer* bezeichnet solche Maßnahmen einheitlich als „punitive Sanktionen". Siehe: *Heitzer*, Punitive Sanktionen im Europäischen Gemeinschaftsrecht, S. 9. Beide greifen mithin nicht auf den Begriff der „Strafähnlichkeit" zurück.

396 Siehe dazu oben: S. 45 f.

397 Siehe zur Untauglichkeit einer formalen Begriffsbestimmung: *Hecker*, Europäisches Strafrecht, § 4, Rn 60; *Schwarze/Weitbrecht*, Grundzüge des europäischen Kartellverfahrensrechts, § 7, Rn 10.

398 Zum Begriff der Kriminalstrafe siehe oben: S. 45 f.

399 Der Strafzweck der *Repression* deckt sich mit dem Begriff der *Vergeltung*. Vergeltung bedeutet, die Strafe solle eine Antwort auf das begangene Unrecht darstellen und diesem daher nach dem Grundsatz der austeilenden Gerechtigkeit gleichwertig sein. Vergeltung ist folglich ein Maßprinzip, bei dem die begangene Tat den Grund sowie das Maß der Strafe bestimmt. Der Vergeltungsgedanke beruht dabei auf drei immanenten Voraussetzungen. Die erste besteht darin, dass der Staat bei einer Vergeltung nur dann gerechtfertigt sein kann, wenn die sittliche Überlegenheit der Gemeinschaft gegenüber dem Verbrecher anerkannt wird. Als zweite Voraussetzung muss es Schuld überhaupt geben, nach welcher sich dann die Vergeltung maßvoll richten kann. Drittens muss es überhaupt möglich sein, Schuldgrad und Strafgröße miteinander ins Gleichgewicht zu bringen, damit die Strafe von allen Beteiligten als gerecht empfunden wird. Siehe: *Jescheck/Weigend*, Lehrbuch des Strafrechts, AT, S. 66 f. Die Ahndung einer eingetretenen Rechtsverletzung durch eine Strafe nach dem Prinzip der austeilenden Gerechtigkeit kommt ihrer Natur nach zwar immer zu spät. Ihre repressive Funktion ist aber notwendig, um den Schutz der Gesellschaft auf gerechte Weise erreichen zu können. In dem Ausspruch der angemessenen Strafe liegt die sichtbare Bestätigung der Unverbrüchlichkeit der Rechtsordnung. Das Urteil bringt für Täter und die Allgemeinheit zum Ausdruck, dass sich das Recht durchsetzt und dass damit gerechnet werden kann,

rung eines missbilligten Verhaltens gerichteter Zweck verfolgt wird.[400] Richtigerweise ist es hiernach ausreichend, wenn die Sanktion überhaupt einen repressiven Zweck verfolgt. Dieser muss – entgegen einer anderen Ansicht – nicht übergeordnet sein oder den Schwerpunkt gegenüber einem etwaig präventiven Zweck bilden.[401] Denn eine Schwerpunktbildung zwischen den unterschiedlichen Zweckrichtungen erweist sich – wie noch zu sehen sein wird – bei einigen Sanktionsarten als nahezu unmöglich.[402]

Letztlich sind Sanktionen nichtstrafrechtlicher Natur solche, die ausschließlich präventive oder restitutive[403] Zwecke verfolgen.[404] Präventivwirkungen einer Maßnahme sind nämlich weder in Form von Spezial- noch Generalprävention als Eigenart strafrechtlicher Maßnahmen anzusehen. Sie können vielmehr auch zahlreichen anderen Maßnahmen wie z.B. dem Schadensersatz zukommen.[405]

Es kann somit zunächst festgehalten werden, dass die allgemeine Zweckrichtung der Sanktion selbst jedenfalls das vorrangige Abgrenzungskriterium darstellt,[406] welches mit Hilfe der teleologischen Auslegung so präzise wie mög-

---

dass es dies auch in Zukunft tun wird. Durch eine schuldangemessene und maßvolle Erfüllung entfaltet das Strafrecht eine sittenbildende Kraft, durch die es die Gesamtheit der Bevölkerung von der Maßgeblichkeit der Rechtsordnung überzeugt und damit die umfassende generalpräventive Wirkung erzeugt (Prävention durch Repression). *Jescheck/Weigend*, Lehrbuch des Strafrechts, AT, S. 4.

400 *Hecker*, Europäisches Strafrecht, § 4, Rn 62; *Schwarze*, EuZW 2003, S. 265; *Schwarze/Weitbrecht*, Grundzüge des europäischen Kartellverfahrensrechts, § 7, Rn 13; *Heitzer*, Punitive Sanktionen im Europäischen Gemeinschaftsrecht, S. 38; *Eser*, in: Meyer, Kommentar zur GRCh, Art. 48, Rn 11, der seine Ausführungen allerdings in Bezug auf den Anwendungsbereich der Unschuldsvermutung äußert.

401 So zu verstehen aber: *Jarass*, EU-Grundrechte, § 41, Rn 5-7, der vertritt, dass keine Strafähnlichkeit gegeben sei, wenn eine *primär* präventive Maßnahme vorläge. Dem Umkehrschluss hieraus kann entnommen werden, dass eine strafähnliche Maßnahme sodann *primär* repressiv sein muss. Ebenso: *Wolffgang*, in: Ehlers/Wolffgang, Rechtsfragen der Europäischen Marktordnungen, S. 209 f., S. 214.

402 Siehe unten: S. 110 f.

403 Im Unterschied zur Repression, bei welcher der Rechtsbruch ausgeglichen wird, wird bei der *Restitution* der durch den Rechtsverstoß entstandene Schaden beseitigt und so der von der Norm vorgesehene Zustand wiederhergestellt. Die Restitution setzt einen messbaren Schaden voraus, weil nur dieser erkennbar zu beseitigen ist; vgl. *Heitzer*, Punitive Sanktionen im Europäischen Gemeinschaftsrecht, S. 38.

404 *Hecker*, Europäisches Strafrecht, § 4, Rn 62; *Heitzer*, Punitive Sanktionen im Europäischen Gemeinschaftsrecht, S. 38.

405 *Appel*, Verfassung und Strafe, S. 459, S. 480.

406 *Hecker*, Europäisches Strafrecht, § 4, Rn 62; *Heitzer*, Punitive Sanktionen im Europäischen Gemeinschaftsrecht, S. 43 f.

lich bestimmt werden muss.[407] Der repressive Zweck einer Sanktion ist derjenige, welcher – sofern vorhanden – die strafrechtlichen Sanktionen von nichtstrafrechtlichen Maßnahmen abgrenzt.[408] Bei der Erforschung des Zwecks ist sodann wiederum auf den objektiven, d.h. den in der Regelung selbst zum Ausdruck kommenden Zweck abzustellen, für welchen die subjektive Zielsetzung des Gesetzgebers nur ein Indikator sein kann.[409]

Zu klären gilt es nun, ob neben dem Zweck einer Sanktion ggf. noch andere Abgrenzungskriterien heranzuziehen sind. Nach überwiegender Auffassung kann sich die Zuordnung zum Strafrecht i.w.S. ausnahmsweise auch aus dem nachgeordneten Kriterium der tatsächlichen Wirkung der Sanktion ergeben.[410] Dieses Kriterium soll greifen, wenn sich ein repressiver Zweck der Maßnahme nicht oder nicht eindeutig feststellen lässt.[411] Kritisch gilt es anzumerken, dass über das Kriterium der tatsächlichen Wirkung, welches auf die Schwere des Eingriffs abstellt, zahlreiche Faktoren wie die Bedeutung des Eingriffsguts – d.h. ob z.B. die körperliche Integrität oder nur wirtschaftliche Chancen betroffen sind –, die Intensität des Eingriffs – d.h. ob im Randbereich oder im Kernbereich eingegriffen wurde –, sowie die Dauer des Eingriffs mit in die Abgrenzung einfließen.[412] Die Anwendung zu vieler Faktoren erschwert grundsätzlich die Grenzziehung und kann dadurch zu Rechtsunsicherheit führen. Diesen Bedenken kann jedoch wiederum entgegengehalten werden, dass das Kriterium der tatsächlichen Wirkung deshalb ja auch ein der Zweckrichtung nachgeordnetes Kriterium darstellt und es nur hilfsweise zur Anwendung kommen soll. Außerdem hat es der Gesetzgeber durch eine klare Zwecksetzung selbst in der Hand, einer etwaigen Rechtsunsicherheit entgegenzuwirken.[413] Um die Abgrenzung auch mittels dieses Zweitkriteriums weiter handhabbar zu machen sowie einer etwaigen Rechtsunsicherheit vorzubeugen, wird ferner angenommen, man könne nur dann von einem ausreichend schweren Eingriff sprechen, wenn ein wich-

---

407 *Schwarze/Weitbrecht*, Grundzüge des europäischen Kartellverfahrensrechts, § 7, Rn 14; *Schwarze*, EuZW 2003, S. 265.

408 *Heitzer*, Punitive Sanktionen im Europäischen Gemeinschaftsrecht, S. 38.

409 *Heitzer*, Punitive Sanktionen im Europäischen Gemeinschaftsrecht, S. 39.

410 *Hecker*, Europäisches Strafrecht, § 4, Rn 62; *Heitzer*, Punitive Sanktionen im Europäischen Gemeinschaftsrecht, S. 41.

411 *Hecker*, Europäisches Strafrecht, § 4, Rn 62; *Heitzer*, Punitive Sanktionen im Europäischen Gemeinschaftsrecht, S. 41 f. Andere lassen die Abgrenzungskriterien des Zweckes der Sanktion, sowie der konkreten Wirkungsweise einer Sanktion, dagegen nebeneinander bestehen: *Schwarze/Weitbrecht*, Grundzüge des europäischen Kartellverfahrensrechts, § 7, Rn 10 f.

412 Zu den Kriterien: *Heitzer*, Punitive Sanktionen im Europäischen Gemeinschaftsrecht, S. 41 f.

413 Ähnlich: *Heitzer*, Punitive Sanktionen im Europäischen Gemeinschaftsrecht, S. 43 f.

tiges Gut praktisch aufgehoben werde, ohne dass dies alleine durch präventive oder restitutive Zwecke zu rechtfertigen wäre. Erst dann sei eine strafrechtliche Einordnung gerechtfertigt, obwohl ein repressiver Zweck nicht nachgewiesen wurde.[414] Als Beispiele werden hierfür der Freiheitsentzug sowie jede gravierende Beschränkung der wirtschaftlichen Bewegungsfreiheit genannt.[415]

Auch kann die Freiwilligkeit im Subventionsrecht, mit der sich ein entsprechender Antragsteller gesetzlichen Regelungen unterwirft, nicht dafür maßgebend sein, wie eine sich aus diesen Regelungen ebenfalls ergebende Maßnahme einzuordnen ist und ob das dazugehörige Verfahren sodann an strafrechtlichen Grundsätzen zu messen ist.[416] Denn welche vom Gesetzgeber in der jeweiligen Regelung gewählte Sanktion oder sonstige Maßnahme – mit der ein Nachteil verbunden ist – zur Anwendung kommt, wird einseitig vom Rechtsanwender entschieden und ist nicht vom Einverständnis des Betroffenen abhängig. Sein Einverständnis ist nicht konstitutiv für die Sanktionierungsmöglichkeit bzw. die Vornahme der sonstigen Maßnahme. Dies unterstreicht auch der generelle Regelungscharakter des Subventionsrechts, welches von Subordination geprägt ist.[417]

Die dargestellte Einordnungsmethode gilt es im weiteren Verlauf auf die einzelnen in Rede stehenden Reaktionen der verschiedenen Stellen in den unterschiedlichen Themengebieten anzuwenden, um festzustellen, ob eine „strafähnliche Sanktion" bzw. „Sanktion i.e.S." vorliegt, und somit die Schutzbereichsgrenzen weiter zu konturieren. Liegt eine solche Sanktion vor, muss sich das entsprechende, mit der Maßnahme verbundene Verfahren an Art. 50 GRCh messen lassen, da dessen Schutzbereich eröffnet ist. Sollte sich die Anwendung der dargestellten Methode im Einzelfall als schwierig gestalten, so kann dies jedenfalls nicht das tatsächliche Bestehen der Grenze zwischen dem Strafrecht i.w.S. und dem nichtstrafrechtlichen Bereich in Frage stellen.[418]

(3) Differenzierungsvorschlag durch die VO 2988/95

Doch bevor die Maßnahmen der einzelnen Rechtsgebiete auf ihre Rechtsnatur hin untersucht werden, gilt es zu untersuchen, ob der europäische Gesetzgeber nicht selbst im Rahmen des Sekundärrechts eine Einordnung aller in Betracht zu ziehenden Maßnahmen vorgenommen hat. Im Jahre 1995 erließ der Rat der EU

414 *Heitzer*, Punitive Sanktionen im Europäischen Gemeinschaftsrecht, S. 41; *Hecker*, Europäisches Strafrecht, § 4, Rn 62.

415 *Hecker*, Europäisches Strafrecht, § 4, Rn 76 m.w.N.

416 So aber: *Jarass*, EU-Grundrechte, § 41, Rn 7.

417 Ähnlich: *Heitzer*, Punitive Sanktionen im Europäischen Gemeinschaftsrecht, S. 42 f.

418 *Schwarze/Weitbrecht*, Grundzüge des europäischen Kartellverfahrensrechts, § 7, Rn 14.

die heute noch gültige, jedoch bislang wenig erforschte VO 2988/95 über den Schutz der finanziellen Interessen der Europäischen Gemeinschaften.[419] Die Verordnung will einen Beitrag zur Bekämpfung aller Handlungen zum Nachteil der finanziellen Interessen der EU leisten.[420] Sie verfolgt gem. Art. 1 Abs. 1 VO 2988/95 den Zweck, einen gemeinsamen rechtlichen Rahmen für alle Maßnahmen und Sanktionen zum Schutz der finanziellen Interessen der EU zu schaffen,[421] ohne dabei selbst eigene Sanktionsregelungen zu beinhalten. Diese müssen vielmehr weiterhin den sektoriellen Verordnungen – meist Kommissionsverordnungen – entnommen werden. Die Sanktionsregelungen waren damals – und sind auch heute noch zu großem Teil – in Kontrollsystemen zahlreicher sektorieller Regelungen verstreut und nicht immer systematisch geregelt. Es wurden daher mit der VO 2988/95 allgemeine Anforderungen an zu erlassende Sanktionsregelungen im sekundären Gemeinschaftsrecht formuliert. Sie wird demzufolge auch als „Allgemeiner Teil für das europäische Verwaltungssanktionenrecht" bezeichnet.[422] Den Erwägungsgründen kann entnommen werden,

---

419 Siehe: ABl. EG, 1995, L 312, S. 1 f. Der Rat beauftragte in seiner Entschließung vom 13.11.1991 über den Schutz der finanziellen Interessen der Gemeinschaft (ABl. EG, 1991, C 328, S. 1 f.) die Kommission, eine rechtsvergleichende Untersuchung „über die ... Rechts- und Verwaltungsvorschriften der Mitgliedstaaten durchzuführen, um zu klären, ob Maßnahmen getroffen werden sollten, damit diese Vorschriften besser miteinander kompatibel werden." Dies sollte „der Verhütung und Ahndung betrügerischer Praktiken zu Lasten der finanziellen Interessen der Gemeinschaften von Nutzen" sein (Nr. 8 und 9 der Entschließung). Die für die Kommission wiederum arbeitende Expertenkommission bestand aus den Strafrechtswissenschaftlern Bacigalupo, Grasso und Tiedemann. Die Studie ergab, dass entsprechende Maßnahmen auf europäischer Ebene getroffen werden mussten. Der darauf aufbauende Verordnungsvorschlag wurde Grundlage der VO 2899/95. Eine weitere, ebenfalls infolge der Entschließung des Rates in Auftrag gegebene Studie wurde ferner Grundlage für das „Übereinkommen über den Schutz der finanziellen Interessen der Europäischen Gemeinschaft". Einen kurzen Überblick über die Verordnung liefern: *Dannecker*, in: Wabnitz/Janovsky, Handbuch Wirtschafts- und Steuerstrafrecht, 2. Kap., Rn 157 f.; *Dannecker*, ZStW 1996, S. 604 f.; *Heitzer*, Punitive Sanktionen im Europäischen Gemeinschaftsrecht, S. 121 f.; *Böse*, Strafen und Sanktionen im Europäischen Gemeinschaftsrecht, S. 328 f.; *Nelles/Tinkl/Lauchstädt,* in: Schulze/Zuleeg, Europarecht, § 42, Rn 22 f.

420 Siehe: 3. Erwägungsgrund der VO 2988/95.

421 Ebenso: 4. Erwägungsgrund der VO 2988/95.

422 So: *Dannecker*, in: Wabnitz/Janovsky, Handbuch Wirtschafts- und Steuerstrafrecht, 2. Kap., Rn 95; *Dannecker*, ZStW 1996, S. 604; *Waldhoff*, in: Calliess/Ruffert, EUV/AEUV, Art. 325 AEUV, Rn 3; *Nelles/Tinkl/Lauchstädt,* in: Schulze/Zuleeg, Europarecht, § 42, Rn 22; *Wolffgang*, in: Ehlers/Wolffgang, Rechtsfragen der Europäischen Marktordnungen, S. 222; *Vogel,* in: Sieber/Brüner/Satzger/Heintschel-Heinegg, Europäisches Strafrecht, § 6, Rn 35.

dass das damalige europäische Agrarrecht zwar den Anstoß für das Bedürfnis nach horizontalen Regelungen i.S.d. VO gab, diese aber keinesfalls auf das Agrarrecht beschränkt bleiben sollte.[423] Die VO soll vielmehr dazu beitragen, „in allen Bereichen Handlungen zum Nachteil der finanziellen Interessen der Gemeinschaften zu bekämpfen.“[424] Rechtsgrundlage für die VO war die damalige Generalklausel des Art. 235 EGV (vgl. heute Art. 352 AEUV), da es keine spezifisch primärrechtliche Rechtsgrundlage gab, die derartige materiell-rechtliche horizontale Vorschriften über Maßnahmen und Sanktionen zum Schutz der finanziellen Interessen der Gemeinschaften erlaubt hätte.[425] Dies hat sich bislang auch nicht geändert.

(a) Maßnahmen und Sanktionen i.S.d. Art. 4 und 5 Abs. 1 VO 2988/95

Die VO differenziert ausführlich zwischen rein verwaltungsrechtlichen Maßnahmen und verwaltungsrechtlichen Sanktionen. Die verwaltungsrechtlichen Maßnahmen, wie z.B. die Rückerstattung des erhaltenen Geldbetrages inklusiv Verzinsung oder der auf Restitution beschränkte Kautionsverfall, werden in Art. 4 VO 2988/95 aufgezählt und sodann in dessen Abs. 4 als „keine Sanktionen“ bezeichnet. Die verwaltungsrechtlichen Sanktionen, wie z.B. die Geldbuße, der Strafzuschlag, die Kürzung oder der Ausschluss, werden stattdessen in Art. 5 Abs. 1 der VO 2988/95 genannt. Bei den Aufzählungen werden allerdings – mit Ausnahme der Geldbuße in Art. 5 Abs. 1 lit. a VO 2988/95 – nicht die soeben aufgeführten technischen Begriffe verwendet. Die jeweiligen Maßnahmen werden stattdessen allgemein umschrieben, was wohl auf die mangelnde Einheitlichkeit der Terminologie in den sektoriellen Regelungen der Kommissionsverordnungen zurückzuführen ist. Da diese allgemein gehaltenen Umschreibungen sodann auch keinen technischen Begriffen gleichgesetzt werden, kann auch nicht von Legaldefinitionen gesprochen werden. Die Aufzählung ist richtigerweise als abschließend anzusehen[426] und Art. 5 Abs. 1 lit. g VO 2988/95, der „weitere ausschließlich wirtschaftliche Sanktionen gleichwertiger Art und Tragweite“ als Sanktionen einordnet, dabei als eine Art „Auffangsanktion“ zu verstehen. Es ist nicht ersichtlich, welche Methode bei der Einteilung in Sanktionen und Maßnahmen angewandt wurde.[427] Der Zweck der Nennung aller rele-

423 8. Erwägungsgrund der VO 2988/95.

424 3. Erwägungsgrund der VO 2988/95.

425 14. Erwägungsgrund der VO 2988/95.

426 So: *Böse*, Strafen und Sanktionen im Europäischen Gemeinschaftsrecht, S. 329. Die Norm dagegen als nicht abschließend ansehend: *Heitzer*, Punitive Sanktionen im Europäischen Gemeinschaftsrecht, S. 126.

427 In Art. 2 Abs. 2 S. 2 der VO 2988/95 wird lediglich angesprochen, dass alle Maßnahmen und Sanktionen „abschreckend“ sein müssten.

vanten Maßnahmen und Sanktionen liegt zunächst in der Bestätigung der eigenen Rechtsetzungskompetenz der EU bzgl. dieser Reaktionen.[428] Auch ist er darin zu sehen, allgemeine Grundsätze zu fixieren, die sowohl für Maßnahmen als auch für Sanktionen gelten. Darunter fallen z.B. das Erfordernis der Verhältnismäßigkeit der Regelung gem. Art. 2 Abs. 1 VO 2988/95, das Erfordernis, die Art und Tragweite als Reaktion individuell festzulegen gem. Art. 2 Abs. 3 VO 2988/95, die Vorschriften über die Verfolgungs- und Vollstreckungsverjährung gem. Art. 3 VO 2988/95, oder die Vorschriften über den Täterkreis gem. Art. 7 VO 2988/95. Die von der VO vorgenommene Differenzierung zwischen Maßnahmen und Sanktionen verfolgt dagegen das Ziel, manche Grundsätze nur für Sanktionen gelten zu lassen. Hierunter fallen z.B. das Rückwirkungsverbot gem. Art. 2 Abs. 2 VO 2988/95, das Schuldprinzip gem. Art. 5 Abs. 1 VO 2988/95 oder die ne bis in idem-Regelung gem. Art. 6 VO 2988/95, auf die sogleich noch näher eingegangen wird. Selbst wenn der Gesetzgeber es unterließ, die verankerten Grundsätze auch mit den hier gebrauchten strafrechtlichen Termini zu bezeichnen, so ändert dies nichts daran, dass er inhaltlich dennoch drei fundamentale rein strafrechtliche Garantien in der VO regelte, die nur für die Sanktionen gelten sollen.[429]

Der europäische Gesetzgeber nahm also bereits im Jahre 1995 eine Differenzierung aller gängigen Maßnahmen vor, wobei er die Geldbuße, den Strafzuschlag, die Kürzung, den Ausschluss sowie bestimmte Formen des Kautionsverfalles als sog. „Sanktionen“ bezeichnete. Dies könnte demzufolge als Einordnungsvorschlag angesehen werden, aus welchem in Bezug auf Art. 50 GRCh wiederum geschlussfolgert werden könnte, Verfahren, die Sanktionen i.S.d. Art. 5 Abs. 1 der VO 2988/95 zum Inhalt haben, müssten sich an Art. 50 GRCh messen lassen.

(b) Sanktionen die einer strafrechtlichen Sanktion nicht gleichgestellt werden können i.S.d. Art. 5 Abs. 2 VO 2988/95

Einer solchen Übertragung des Einordnungsvorschlags aus der VO und Gleichstellung aller Sanktionen i.S.d. Art. 5 Abs. 1 der VO 2988/95 mit dem oben favorisierten Begriff der „Sanktion i.e.S.“, welcher wiederum dem Begriff der „strafähnlichen Sanktionen“ gleichzustellen ist, könnte aber wiederum die VO selbst, genauer deren Art. 5 Abs. 2 VO 2988/95, im Wege stehen. Art. 5 Abs. 1 der VO 2988/95 setzt – wie gesehen – nur für Sanktionen vorsätzlich oder fahrlässig begangene Tathandlungen voraus und verankert mithin das Schuldprinzip.

428 So: *Heitzer*, Punitive Sanktionen im Europäischen Gemeinschaftsrecht, S. 127.

429 So werden Rückwirkungsverbot und Schuldprinzip in der VO 2988/95 nicht als solche bezeichnet. Einzig der ne bis in idem-Grundsatz wird im 10. Erwägungsgrund der VO 2988/95 auch als solcher bezeichnet.

Verwaltungsrechtliche Maßnahmen können im Umkehrschluss ohne Verschuldensnachweis vorgenommen werden. Art. 5 Abs. 2 VO 2988/95 regelt nun, dass von dem Grundsatz des Verschuldenserfordernisses bei bestimmten Sanktionen eine Ausnahme gemacht werden kann, sofern dies für die „korrekte Anwendung der Regelung unerlässlich" ist. Hiermit wollte der Rat der Rechtsprechung des EuGH zur Zulässigkeit von verschuldensunabhängigen Sanktionen bei Verhältnismäßigkeit der Regelung nachkommen. Diese Ausnahme gilt aber wiederum nur bei solchen Sanktionen des Abs. 1, „die nicht einer strafrechtlichen Sanktion gleichgestellt werden können" (Art. 5 Abs. 2 der VO 2988/95). Unabhängig von dem Erfordernis des Verschuldens für Sanktionen – worauf sich die Differenzierung zwischen Abs. 1 und 2 ja im Kern bezieht – muss aus dieser Rückausnahme des Abs. 2 gefolgert werden, dass der Gesetzgeber auch die Sanktionen des Art. 5 Abs. 1 VO 2988/95 gedanklich wiederum in zwei Gruppen unterteilte, nämlich solche, die einer strafrechtlichen Sanktion gleichgestellt werden können, und solche, die es nicht können. Diese Unterscheidung schien auch durchaus beabsichtigt, da sie in Art. 6 Abs. 5 der VO 2988/95 nochmals aufgegriffen wird, ohne dabei weiter ausgeführt oder klargestellt zu werden.

(c) Zwischenergebnis

Die gefundene Unterdifferenzierung in Art. 5 Abs. 2 VO 2988/95 führt zu folgendem Ergebnis: Nach Ansicht des Gesetzgebers befinden sich unter den aufgezählten Sanktionen des Art. 5 Abs. 1 VO 2988/95 zwingend solche, die nicht als „strafähnlich" zu bezeichnen sind. Der Gesetzgeber hat mithin den Sanktionsbegriff i.w.S. verwendet[430] und nur zwischen rein restitutiven Verwaltungsmaßnahmen in Art. 4 VO 2988/95 und allen sonstigen Maßnahmen bzw. Sanktionen in Art. 5 Abs. 1 VO 2988/95 unterschieden.[431] Es ist davon auszugehen, dass der Gesetzgeber keine letztlich abschließende und verbindliche Entscheidung darüber treffen wollte oder konnte, welche der aufgeführten Sanktionen strafähnlich und welche es nicht sind. Obwohl die VO 2988/95 bekanntlich den Anspruch verfolgt, eine Rahmenregelung für zahlreiche verwaltungsrechtliche Maßnahmen darzustellen, erklärt dies ihren nur rudimentären und fragmentarischen Charakter.[432] Denn ohne die Ausdifferenzierung zwischen strafähnlichen und nicht strafähnlichen Sanktionen i.w.S. war es nicht möglich, in größerem

430 So im Ergebnis auch: *Dannecker*, ZStW 1996, S. 605.

431 So: *Dannecker*, ZStW 1996, S. 608.

432 So: *Dannecker*, in: Wabnitz/Janovsky, Handbuch Wirtschafts- und Steuerstrafrecht, 2. Kap., Rn 95, 160. Näher dazu, welche strafrechtlichen Grundsätze noch zusätzlich in die Verordnung hätten Eingang finden können siehe: *Dannecker*, ZStW 1996, S. 606.

Ausmaß strafrechtliche Grundsätze zu normieren.[433] Unklarheiten über deren Anwendungsbereich wären ansonsten die Folge gewesen. Der aufgezeigte gesetzgeberische Konflikt zeigt sich insbesondere auch in der Kompliziertheit der drei zumindest in Ansätzen geregelten strafrechtlichen Grundsätze; dem Rückwirkungsverbot, dem Schuldprinzip und dem ne bis in idem-Grundsatz. Sowohl beim ne bis in idem-Grundsatz als auch beim Schuldprinzip mussten Ausnahmen von deren Geltung festgeschrieben werden, sofern es um Sanktionen geht, die nicht strafähnlich sind (vgl. Art. 5 Abs. 2 und Art. 6 Abs. 5 VO 2988/95). Es ist daher durchaus zutreffend, wenn behauptet wird, der europäische Gesetzgeber habe bislang seine Chance nicht genutzt, durch eine Überarbeitung der VO 2988/95 einen hohen rechtsstaatlichen Standard zumindest auf einem Teilgebiet des Verwaltungssanktionenrechts festzulegen und somit eine einheitliche Handhabung sekundärrechtlicher Sanktionen durch die Mitgliedstaaten sicherzustellen.[434]

Schließlich können aus der Differenzierung in der VO 2988/95 zwischen Maßnahmen und Sanktionen i.w.S. insoweit keine dahingehenden Rückschlüsse auf die Schutzbereichsgrenzen des Art. 50 GRCh gezogen werden, als sich alle Verfahren, die eine „Sanktion" i.S.d. Art. 5 Abs. 1 der VO 2988/95 zum Inhalt haben, an Art. 50 GRCh messen lassen müssten.

Welche der in Art. 5 Abs. 1 VO 2988/95 aufgeführten Sanktionen als eine „strafähnliche Sanktion" oder eine Sanktion i.e.S. einzuordnen ist, verrät die VO nicht. Die im Rahmen der weiteren Untersuchung in Betracht kommenden Maßnahmen müssen somit anhand der dargestellten abstrakten Einordnungsmethode in den einzelnen Rechtsgebieten einzeln den Sanktionen i.e.S. oder den sonstigen Maßnahmen zugeordnet werden. Die gefundenen Ergebnisse können anschließend mit der Differenzierung in VO 2988/95 konfrontiert werden.

(d) Exkurs: „ne bis in idem-Regelung" des Art. 6 Abs. 4 VO 2988/95

Unabhängig von der im Rahmen der VO vorgenommenen Differenzierung zwischen Maßnahmen und Sanktionen, enthält die VO 2988/95 in Art. 6 auch eine „ne bis in idem-Regelung", die hier in ihren Grundzügen skizziert werden soll, um im späteren Verlauf darauf zurückgreifen zu können. Diese Regelung sollte ausweislich der Erwägungsgründe das Ziel verfolgen, „eine Kumulierung finanzieller Sanktionen der Gemeinschaft und einzelstaatlicher strafrechtlicher Sanktionen bei ein und derselben Person für dieselbe Tat zu verhindern."[435] In den Erwägungsgründen wird nun bereits die Beantwortung der Doppelbestrafungsfrage vorweggenommen. Dort heißt es, dass „die strafrechtliche Bewertung des

433 So: *Dannecker*, ZStW 1996, S. 608.

434 So: *Dannecker*, ZStW 1996, S. 608.

435 10. Erwägungsgrund der VO 2988/95.

Verhaltens der betroffenen Wirtschaftsteilnehmer durch die zuständigen Behörden der Mitgliedstaaten unberührt" bleibt.[436] Entsprechend der Erwägungsgründe enthält Art. 6 der VO 2988/95 daher keine ne bis in idem-Regelung im Sinne eines Erledigungsprinzips, sondern lediglich eine Anrechnungslösung[437], weswegen sich die Frage stellt, ob damit eine Kumulierung von Sanktionen tatsächlich „verhindert" wird. Ferner nimmt Art. 6 VO 2988/95 lediglich zu einer ganz bestimmten Fallkonstellation Stellung, während zahlreiche weitere Konstellationen unbehandelt bleiben. Die Norm bezieht sich nur auf das Verhältnis zwischen einem mitgliedstaatlichen, verwaltungsbehördlichen Erstverfahren, das eine Sanktion i.S.d. Art. 5 VO 2988/95 zum Gegenstand hat, und einem nachfolgenden mitgliedstaatlichen Strafverfahren. Alle anderen Konstellationen, wie z.B. die Frage der Doppelbestrafungsgefahr durch unterschiedliche oder gleiche Sanktionen i.S.d. Art. 5 VO 2988/95 oder durch eine Sanktion i.S.d. Art. 5 VO 2988/95 einerseits und eine rein nationale Sanktion andererseits, bleiben unerwähnt.

Im Einzelnen ist Art. 6 VO 2988/95 wie folgt gestaltet: Abs. 1 S. 1 legt zunächst fest, dass ein verwaltungsbehördliches, mitgliedstaatliches Erstverfahren für die Zeit ausgesetzt werden „kann", zu der ein Strafverfahren gegen dieselbe Person wegen derselben Sache eingeleitet wird. Abs. 1 spricht in seinem Wortlaut dabei aber nicht von verwaltungsbehördlichen Verfahren, sondern von Verfahren zur „Verhängung von finanziellen Sanktionen". D.h., es wird neben der o.g. Unterdifferenzierung innerhalb der Sanktionen i.S.d. Art. 5 der VO 2988/95 nun eine weitere Unterdifferenzierung der Sanktionen zwischen solchen finanzieller Natur und nicht finanzieller Natur vorgenommen, ohne dies näher zu erläutern.[438] Wenn man sich dazu die Aufzählung der Sanktionen in Art. 5 Abs. 1 VO 2988/95 ansieht, fällt auf, dass beispielsweise neben dem Subventionsausschluss nach lit. e, auf welchen noch am chesten die Bezeichnung „nicht finanziell" zuträfe, wohl mit „nicht finanziell(en)" Sanktionen die „Auffangsanktionen" des lit. g gemeint sind. Diese werden in lit. g nämlich als „weitere ausschließlich *wirtschaftliche* Sanktionen"[439] deklariert. Auf Verwaltungsverfahren, die diese wirtschaftlichen Sanktionen zum Gegenstand haben, findet die Aussetzungsmöglichkeit des Verfahrens keine Anwendung.

Das Verwaltungsverfahren „wird" sodann gem. Abs. 2 wieder aufgenommen, d.h. es ist aufzunehmen, falls das Strafverfahren „nicht fortgesetzt" wird.

---

436 9. Erwägungsgrund der VO 2988/95.

437 Der europäische Gesetzgeber verwendet den Begriff des ne bis in idem-Grundsatzes jedoch auch, sofern nur eine Anrechnungslösung normiert wurde.

438 Zu dieser Unterdifferenzierung im Ansatz ebenso: *Heitzer*, Punitive Sanktionen im Europäischen Gemeinschaftsrecht, S. 173.

439 Hervorhebung durch den Verfasser.

Kommt das Strafverfahren hingegen „zu einem Abschluss", so „wird" das Verwaltungsverfahren gem. Abs. 3 ebenfalls wieder aufgenommen, sofern „allgemeine Rechtsgrundsätze dem nicht entgegenstehen". Im Rahmen der Absätze 2 und 3 wird nun nicht mehr auf die in Abs. 1 gewählte Formulierung „Verhängung von finanziellen Sanktionen" zurückgegriffen. Vielmehr ist nur noch von „Verwaltungsverfahren" die Rede. Es ist davon auszugehen, dass damit nur solche Verwaltungsverfahren gemeint sind, die finanzielle Sanktionen zum Inhalt haben, da die Absätze 2 und 3 inhaltlich an die in Abs. 1 S. 1 begründete Aussetzungsmöglichkeit anknüpfen. Wie allerdings nun die in Abs. 3 gewählte Einschränkung des Wiederaufnahmezwangs zu verstehen ist, bleibt unklar. Es wird vertreten, unter den Begriff der „allgemeinen Rechtsgrundsätze" sei auch der ne bis in idem-Grundsatz zu fassen.[440] Folgt man diesem Ansatz, könnte nach jedem erfolgreichen Abschluss eines mitgliedstaatlichen Strafverfahrens jedes weitere Verwaltungsverfahren, das eine finanzielle Sanktion zum Gegenstand hat, gesperrt sein. Dies kann indes nicht die Intention des Gesetzgebers gewesen sein. Zum einen stünde dies im Gegensatz zu der im Kern gewählten Anrechnungslösung der Verordnung und zum anderen würde sodann die in Abs. 1 fixierte Freiwilligkeit der Aussetzungsmöglichkeit des Verfahrens keinen Sinn ergeben. Denn um der sodann abschließenden Einstellung nach erfolgter freiwilliger Aussetzung nach Abs. 3 zu entgehen, könnte die Behörde statt der Aussetzung immer ihr Verwaltungsverfahren weiterführen, um ihrem Sanktionsbedürfnis zu genügen. Eine Heranziehung eines ne bis in idem-Grundsatzes i.S.e. Erledigungsprinzips – quasi „durch die Hintertür" – kann der Gesetzgeber mit der Formulierung in Abs. 3 daher nicht bezweckt haben.

Neben diesen Verfahrensbestimmungen der Abs. 1 bis 3 normiert Abs. 4 die Anrechnungslösung dahingehend, dass von der das Verfahren wieder aufnehmenden Verwaltungsbehörde „alle Sanktionen berücksichtigt werden können", die wegen derselben Tat im Strafverfahren verhängt wurden. Ob sich diese Anrechnungslösung nun nur auf Verfahren bezieht, die finanzielle Sanktionen zum Gegenstand haben, bleibt unklar. Dafür spricht jedenfalls die inhaltliche Anknüpfung des Abs. 4 an die Verfahrensaussetzung in Abs. 1, sowie Abs. 5, der sogleich noch näher erläutert wird.

Es kann also bislang festgehalten werden, dass die Aussetzung des Verwaltungsverfahrens nur fakultativ ist und eine parallele Verfahrensführung daher grundsätzlich gebilligt wird, während die Wiederaufnahme nach einmal erfolgter Aussetzung des Verfahrens obligatorisch ist. Die Anrechnung der Sanktion

---

440 So: *Mansdörfer*, Das Prinzip des ne bis in idem im europäischen Strafrecht, S. 230; *Nelles/Tinkl/Lauchstädt,* in: Schulze/Zuleeg, Europarecht, § 42, Rn 23. Im Ergebnis ablehnend: *Heitzer*, Punitive Sanktionen im Europäischen Gemeinschaftsrecht, S. 172.

aus dem geführten Strafverfahren ist sodann wieder fakultativ und die gesamte Regelung bezieht sich wohl nur auf solche verwaltungsrechtlichen Erstverfahren, die eine finanzielle Sanktion zum Gegenstand haben. Ziel dieser Absätze 1 bis 4 ist es wohl, im Interesse der Verfahrensökonomie die schwerwiegendere nationale Sanktion, d.h. die Kriminalstrafe, möglichst vorrangig zu verhängen, um sie dann bei der Verhängung weiterer Sanktionen zu berücksichtigen, was aus Gründen der Verhältnismäßigkeit ohnehin zu geschehen hätte.[441] Die Regelung präsentiert sich damit als eine Mischform zwischen einer dem deutschen § 21 OWiG vergleichbaren Vorrangregelung für die strafrechtliche Verfolgung und einer Anrechnungslösung.

Nun wird mittels des Abs. 5 versucht, den gesamten Anwendungsbereich der Norm wiederum einzuschränken. Denn nach Abs. 5 sollen die Absätze 1 bis 4 nicht für „finanzielle Sanktionen" gelten, die „Bestandteil von Unterstützungssystemen sind und die unabhängig von etwaigen strafrechtlichen Sanktionen angewandt werden können, wenn und soweit sie diesen nicht gleichgestellt werden können." Abs. 5 greift mithin erneut die bereits dargestellte Unterdifferenzierung zwischen Sanktionen, die strafrechtlichen Sanktionen gleichgestellt werden können, und solchen, die es nicht können, auf und legt dabei fest, dass sowohl die Anrechnungs- als auch die Verfahrensaussetzungsmöglichkeit nicht greifen, soweit es sich um „finanzielle Sanktionen" handelt, die keine strafrechtlichen Sanktionen darstellen. Unklar bleibt, auf welche Sanktionen sich Abs. 5 überhaupt bezieht. Denn durch den Terminus der „finanziellen Sanktionen", werden – wie gesehen – wohl insbesondere der Subventionsausschluss nach Art. 5 Abs. 1 lit. e VO 2988/95 sowie die unter lit. g fallenden „weiteren ... wirtschaftlichen Sanktionen" aus dem Anwendungsbereich der Norm herausgenommen. Diese stellen aber nun wiederum diejenigen Sanktionen dar, die noch am ehesten als solche einzustufen sind, die nicht strafrechtlicher Natur sind. Es stellt sich also die Frage, welche „finanziellen Sanktionen" aus der Aufzählung des Art. 5 Abs. 1 VO 2988/95 noch verbleiben, die nicht strafrechtlicher Natur sind, oder ob derartige Sanktionen ggf. gar nicht existieren, mit der Folge, dass der Einschränkungsversuch des Abs. 5 leer liefe. Die finale Einordnung der unterschiedlichen Sanktionsarten soll an dieser Stelle aber noch nicht vorgenommen werden, sondern bedarf einer eingehenden Prüfung im jeweiligen Rechtsgebiet.

Ob diese Anrechnungslösung für die genannte Fallkonstellation des verwaltungsbehördlichen mitgliedstaatlichen Erstverfahrens mit einer zugrunde liegenden „finanziellen Sanktion" im Verhältnis zu nachfolgenden mitgliedstaatlichen Kriminalstrafverfahren vorzugswürdig ist, bleibt hier zunächst offen. Stattdessen

441 So: *Heitzer*, Punitive Sanktionen im Europäischen Gemeinschaftsrecht, S. 171.

wird im Rahmen der einzelnen Rechtsgebiete überprüft, ob die Lösung des Art. 6 Abs. 4 VO 2988/95 überzeugt und aufrecht zu erhalten ist.

cc) Eröffnung des Anwendungsbereichs nach Art. 51 Abs. 1 S. 1 GRCh

Zu klären gilt es, wann in den vorliegenden Konstellationen des rein innerstaatlichen Anwendungsbereichs des Strafrechts i.w.S. Art. 50 GRCh tatsächlich zur Anwendung kommen könnte und sodann ggf. neben einer nationalen Regelung stehen würde. Dazu muss – wie auch im Bereich des Kriminalstrafrechts – der Blick auf Art. 51 Abs. 1 S. 1 GRCh gerichtet werden, wonach die Mitgliedstaaten an die Grundrechtscharta gebunden sind, wenn sie das Recht der Union durchführen. Unstreitig gilt es die Grundrechtscharta anzuwenden, wenn im Rahmen der administrativen Durchführung des Unionsrechts Verwaltungsentscheidungen getroffen werden, bei denen europäische Rechtsverordnungen angewandt werden.[442] Die Gemeinschaft verfügt über keinen administrativen Unterbau, der die umfangreichen und über das gesamte Gemeinschaftsgebiet verstreut anfallenden Verwaltungsaufgaben erledigen könnte. Nur in äußerst eng begrenztem Maße, bei Aufgaben, die ihrer Natur nach gemeinschaftsweit erledigt werden sollten, behält sich die EU Vollzugskompetenzen vor (direkter Vollzug). In den Fällen, in welchen die jeweils zuständigen mitgliedstaatlichen Behörden Sanktionen anwenden, die in europäischen Sekundärrechtsakten geregelt sind, d.h. Verwaltungsentscheidungen unter Anwendung des europäischen Sekundärrechts treffen, liegt unmittelbarer indirekter Vollzug gemeinschaftlichen Rechts vor.[443] Indirekter Vollzug liegt immer dann vor, wenn die Mitgliedstaaten vollziehen.[444] In diesen Fallkonstellationen werden daher auch nach dem favorisierten engen Ansatz die Voraussetzungen des Art. 51 Abs. 1 S. 1 GRCh erfüllt, welcher für die Bindung der Mitgliedstaaten die Beurteilung des Sachverhalts durch eine Norm des europäischen Primär- oder Sekundärrechts fordert.

Neben dieser – in Bezug auf Art. 51 GRCh unproblematischen – Konstellation kann sich im Rahmen dieser Fallgruppe vereinzelt aber auch die Situation ergeben, dass nationale Behörden auf Sanktionsregelungen zurückgreifen, die sich aus europäisiertem nationalen Recht ergeben, welches lediglich ein Überbleibsel zu entsprechendem europäischen Durchführungsrecht darstellt. Im Gegensatz zum obigen Fall wenden die Behörden dabei nationale Sanktionstatbe-

---

442 *Jarass*, EU-Grundrechte, § 4, Rn 12; *Borowsky*, in: Meyer, Kommentar zur GRCh, Art. 51, Rn 28; *Rengeling/Szczekalla*, Grundrechtsschutz in der EG, Rn 305 f.; *Ladenburger*, in: Tettinger/Stern, Gemeinschaftskommentar zur EU-GRCh, Art. 51, Rn 36.

443 Zur Begriffsdefinition siehe: *Jarass/s*, NVwZ 2004, S. 9.

444 *Ruffert*, in: Calliess/Ruffert, EUV/AEUV, Art. 197 AEUV, Rn 10.

stände an, weshalb sich die Erfüllung der Voraussetzungen des Art. 51 Abs. 1 S. 1 GRCh als weitaus schwieriger gestaltet. In Bezug auf Sanktionstatbestände, die mit den Normen aus den europäischen Sekundärrechtsakten in Verbindung stehen, kann nur noch von mittelbarem indirekten Vollzug,[445] d.h. einer Anwendung von nationalem unionsrechtlich determiniertem Recht, gesprochen werden, wenn man nicht vertritt, dass aufgrund des Rückgriffs auf europäisches Sekundärrecht – trotz der Verankerung der Sanktionsnorm im nationalen Recht – Unionsrecht durchgeführt wird. Diese Fälle des sog. mittelbaren Vollzugs sind Resultat des Prinzips der institutionellen und verfahrensmäßigen Autonomie der Mitgliedstaaten[446] und bedürfen im Hinblick auf die Erfüllung der Voraussetzungen des Art. 51 GRCh einer gesonderten Untersuchung.

Die aufkommenden Fallkonstellationen werden der Übersichtlichkeit halber in innersystematische (Verwaltungssanktionenrecht und Verwaltungssanktionenrecht) und intersystematischen Konstellationen (Kriminalstrafrecht und Verwaltungssanktionenrecht) unterteilt.

(1) Innersystematische Anwendung zwischen Verwaltungssanktionenrecht und Verwaltungssanktionenrecht (am Beispiel des europäischen Agrarsubventionenrechts)

Im Rahmen der innersystematischen Konstellationen wird wiederum danach differenziert, ob es sich um einen Fall handelt, bei dem sich sowohl die Erstsanktion als auch die drohende Zweitsanktion aus europäischem Sekundärrecht ergeben und durch mitgliedstaatliche Behörden desselben Mitgliedstaates verhängt werden, oder ob sich nur die Erstsanktion oder die Zweitsanktion aus europäischem Recht ergibt und sich die jeweils andere Sanktion sodann aus nationalem Recht herleitet.

(a) Erst- *und* Zweitsanktion ergeben sich aus europäischem Sekundärrecht

Untersucht man die Frage der Verhängung gemeinschaftsrechtlicher Sanktionen durch nationale Behörden, stößt man schnell auf das europäische Agrarsubventionenrecht. Die Durchführung aller in der gemeinsamen Agrarpolitik vorgesehenen Maßnahmen der Marktordnung liegt aus den soeben genannten Gründen in den Händen der Mitgliedstaaten und deren Verwaltungen. Es ist daher auch

445 Zur Begriffsdefinition siehe: *Jarass/Beljin*, NVwZ 2004, S. 9; *Ruffert,* in: Calliess/Ruffert, EUV/AEUV, Art. 197 AEUV, Rn 10.

446 Dabei darf das nationale Recht die Tragweite und Wirksamkeit des Gemeinschaftsrechts nicht beeinträchtigen, d.h. das mitgliedstaatliche Recht muss sich im Rahmen der gemeinschaftsrechtlichen Vorgaben halten. Siehe: *Stettner*, in: Dauses, Handbuch des EU-Wirtschaftsrechts, Band 1, Kap. B III., Rn 33.

deren Aufgabe, zu prüfen, ob die Voraussetzungen für Ansprüche auf Zahlung einer Agrarsubvention vorliegen.[447] Ferner gehört auch die Sanktionierung von Verstößen gegen das Agrarsubventionenrecht zum mitgliedstaatlichen Aufgabenbereich.

Um die näher zu untersuchenden unterschiedlichen Sanktionsarten nachvollziehen und einordnen zu können, ist ein kurzer Überblick über die Struktur des europäischen Agrarrechts – des komplexesten aller europarechtlichen Teilbereiche – unabdingbar.

(aa) Exkurs: Einführung in das europäische Agrarsubventionenrecht

Die Agrarrechtsetzungskompetenz gem. Art. 43 AEUV (Art. 37 EGV a.F.) ist die in der Praxis am stärksten in Anspruch genommene Zuständigkeit.[448] Es handelt sich um eine äußerst heterogene Rechtsmaterie, bei welcher die Gefahr besteht, sich in der fast unübersehbaren Normenmasse zu verlieren.[449] Die praktische Wichtigkeit dieses Gebiets kann nicht hoch genug eingeschätzt werden, da im Laufe der letzten Jahre die Agrarfördermittel zwar gekürzt und z.T. umgeschichtet wurden, der Haushaltsplan der EU im Jahre 2009 aber mit einer Veranschlagung von 41,92% immer noch 56,1 Milliarden. Euro für Agrarausgaben und Direktzahlungen, Fischerei und Entwicklung des ländlichen Raums und Umwelt vorsah.[450] Folge dieser Ausgabenintensität, die auch im Rahmen der EU eine wirtschaftspolitische Besonderheit darstellt, ist auf der anderen Seite eine immens hohe Zahl von „Betrugsfällen“ zu Lasten des Gemeinschaftshaushalts, die der Kommission jährlich von den Mitgliedstaaten gemeldet werden.[451]

Ausgangspunkt der Gemeinsamen Agrarpolitik (GAP) ist Art. 38 Abs. 1 UAbs. 1 AEUV (Art. 3 Abs. 1 lit. e EGV a.F.), nach der die Tätigkeit der Gemeinschaft „eine gemeinsame Politik auf dem Gebiet der Landwirtschaft und der Fischerei“ umfasst. Die Ziele der GAP sind in Art. 39 Abs. 1 AEUV (Art. 33 EGV a.F.) normiert, worunter die Steigerung der Produktivität der Landwirt-

447 Hierfür wurden in allen Mitgliedstaaten i.S.d. Art. 6 der VO 1290/05 sog. „Zahlstellen“ eingerichtet. Siehe: *Thiele*, in: Calliess/Ruffert, EUV/AEUV, Art. 40 AEUV, Rn 70.

448 Unter Einbeziehung täglich geänderten Durchführungsregelungen (insb. Preise) ergehen jährlich Tausende Agrarrechtsakte. Während das Parlament in der Vergangenheit in Bezug auf die Agrarrechtsetzung noch auf ein Anhörungsrecht beschränkt war, greift auch hier nach dem Vertrag von Lissabon das ordentliche Gesetzgebungsverfahren. Vgl.: *Oppermann/Classen/Nettesheim*, Europarecht, § 24, Rn 21.

449 *Busse*, in: Schulze/Zuleeg, Europarecht, § 25, Rn 1.

450 Von diesen 56,1 Milliarden Euro werden die Landwirte in 2009 73,3%, d.h. 41,1 Milliarden Euro als Einkommensstützung erhalten. Zu den aktuellen Zahlen siehe: *Grimm*, Agrarrecht, Rn 373.

451 Dazu: *Hedtmann*, EuR 2002, S. 122.

schaft[452], die Gewährleistung einer angemessenen Lebenshaltung der landwirtschaftlichen Bevölkerung, die Stabilisierung der Märkte, die Sicherstellung der Versorgung, sowie die Gewährleistung angemessener Preise für die Verbraucher fallen.[453]

Im Wesentlichen zwei Säulen bzw. Mittel versuchen diese Ziele zu verwirklichen. Zunächst gibt es die sog. „Agrarstrukturpolitik", durch die mittels Verbesserung der Strukturen der landwirtschaftlichen Betriebe die Lage des ländlichen Raumes verbessert werden soll.[454] Daneben steht die sog. „Gemeinsame Marktorganisation" [455] gem. Art. 40 Abs. 1 UAbs. 2 lit. c AEUV (Art. 34 EGV a.F.), welche die stärkste von den in UAbs. 2 angebotenen Organisationsformen darstellt und als zur Verfügung stehendes Mittel fast ausschließlich zur Erreichung der Ziele der GAP gewählt wurde. Gemeinsame Marktorganisation definiert sich dabei als die Gesamtheit rechtlicher Regelungen, mit der die zuständigen Behörden versuchen, den Markt zu kontrollieren und zu lenken.[456] Ein Ordnungsrahmen für ein bestimmtes Erzeugnis soll verhindern, dass sich auf dem jeweiligen Markt Ergebnisse einstellen, die wirtschaftlich- und gesellschaftspolitisch unerwünscht sind.[457] Während früher die Marktorganisation für die jeweiligen Markterzeugnisse in jeweils eigenständigen Verordnungen geregelt waren (VO für Olivenöl, Zucker, Reis, Wein, etc.), wurde aus Vereinfachungszwecken seit dem 1.1.2008 eine neue gemeinsame Marktorganisation, die eine einheitliche gemeinsame Marktorganisation für nahezu alle Erzeugnisse darstellt, erlassen (VO 1234/07 über eine gemeinsame Organisation der Agrarmärkte mit Sondervorschriften für bestimmte landwirtschaftliche Erzeugnisse).[458] Die Lenkungsmittel dieses bewusst dirigistisch, planwirtschaftsähnlich gewählten Konzepts der gemeinsamen Marktorganisation kann man nun in Instrumente für den Binnenmarkt (Teil 2 der VO) und für den Handel mit Drittländern (Teil 3 der

452 Der Begriff der Landwirtschaft i.w.S. bzw. der landwirtschaftlichen Erzeugung umfasst auch die Fischerei, da die Erzeugnisse der Fischerei den landwirtschaftlichen Erzeugnissen in Art. 32 Abs. 1 S. 2 EGV a.F. zugeordnet werden. Landwirtschaft i.e.S. umfasst dagegen nur die Bodenkulturen und die Viehzucht. Dazu: *Bittner*, in: Schwarze, EU-Kommentar, Art. 32 EGV, Rn 8.

453 Dazu näher: *Bittner*, in: Schwarze, EU-Kommentar, Art. 33 EGV, Rn 8 f.

454 Näher dazu: *Oppermann/Classen/Nettesheim*, Europarecht, § 24, Rn 19, 46 f.

455 Auch „Europäische Marktordnung" oder „Gemeinsame Marktordnung" genannt.

456 EuGH, Urt. v. 13.11.1964 – „Kommission/Luxemburg", Slg. 1964, S. 1331 f.

457 *Grimm*, Agrarrecht, Rn 379 a.E.

458 ABl. EG, 2007, L 299, S. 1 f. Diese einheitliche gemeinsame Marktorganisation ersetzt die bis dahin bestehenden 21 gemeinsamen Marktorganisationen mit Ausnahme der gemeinsamen Marktorganisation für Obst und Gemüse und Verarbeitungserzeugnisse aus Obst und Gemüse sowie Wein. Dazu näher: *Bittner*, in: Schwarze, EU-Kommentar, Art. 34 EGV, Rn 51 f.

VO) aufteilen. Sie lassen sich grundsätzlich Art. 40 Abs. 2 AEUV entnehmen.[459] Unter denen in Teil 2 aufgelisteten Instrumenten finden sich in den Art. 86-112 der VO 1234/07 Beihilferegelungen, während sich in Teil 3 beispielsweise in Art. 161 der VO 1234/07 Ausfuhrlizenzen und in deren Art. 162-170 Ausfuhrerstattungen für den Handel mit Drittstaaten befinden.[460]

Zur Verwirklichung und Finanzierung der angestrebten Ziele dient neben diesen beiden Lenkungsmitteln auch die Errichtung von Ausrichtungs- oder Garantiefonds für die Landwirtschaft (Art. 40 Abs. 3 AEUV). Der ursprünglich eingerichtete Europäische Ausrichtungs- und Garantiefond für die Landwirtschaft (EAGFL) wurde mit der VO 1290/05 über die Finanzierung der Gemeinsamen Agrarpolitik[461] in den Europäischen Garantiefond für die Landwirtschaft (EGFL) und in den Europäischen Landwirtschaftsfond für die Entwicklung des ländlichen Raums (ELER) aufgeteilt.[462]

Wie bereits angedeutet, trägt dieser Einsatz enormer Finanzmittel ein erhebliches Betrugspotential in sich. Gerade im Marktordnungsrecht werden daher auch Sanktionen von nicht unerheblicher Höhe verhängt, denn je höher die Einbußen im Gemeinschaftshaushalt, desto drastischer fallen auch die entsprechenden Sanktionen aus.[463] Bereits die VO 1234/2007 weist daher auch in ihren Erwägungsgründen darauf hin, dass Verwaltungsmaßnahmen und -sanktionen erforderlich seien, um „die Einhaltung der in dieser Verordnung festgelegten Verpflichtungen zu sichern. … Der Kommission ist daher die Befugnis zu übertragen, die entsprechenden Vorschriften … zu erlassen.“[464]

Dieses Zitat lässt ferner gut die drei Regelungsebenen[465] des europäischen Agrarsekundärrechts erkennen. Die erste und oberste Stufe bilden die unmittel-

459 Steuerungsmechanismen sind z.B. die Preisregelung (Festlegung künstlicher Preise für die Erzeugnisse), die Gewährung von Beihilfen und Prämien, die Regulierung der Erzeugung (Quoten, einzelstaatliche Garantiemengen, oder die Förderung der Flächenstilllegung), sowie die Steuerung des Handels mit Drittländern (Lizenzen, Ausfuhrerstattungen, Zölle).

460 Zu den Instrumenten des Marktordnungsrechts siehe statt vieler: *Bittner*, in: Schwarze, EU-Kommentar, Art. 34 EGV, Rn 4 f.

461 ABl. EU, 2005, L 209, S. 1 f.

462 Die Fonds haben keine eigene Rechtspersönlichkeit, sondern sind Bestandteil des EU-Haushalts. Klagen gegen die Fonds sind folglich nicht möglich. Der Fond stellt den Mitgliedstaaten mithin die Finanzmittel zur Verfügung, die zur Erfüllung der vorgesehenen Ansprüche notwenig sind, und überwacht deren ordnungsgemäße Verausgabung. Hierzu: *Busse*, in: Schulze/Zuleeg, Europarecht, § 25, Rn 50 f..

463 *Hedtmann*, EuR 2002, S. 130.

464 101. Erwägungsgrund der VO 1234/07.

465 Zu den drei Stufen siehe: *Thiele*, in: Calliess/Ruffert, EUV/AEUV, Art. 43 AEUV, Rn 22 f.

bar vom Rat erlassenen Vorschriften gem. Art. 43 Abs. 2, 3 AEUV (Art. 37 EGV a.F.), bei denen sich der Rat derweil meist des Rechtsaktes der Verordnung, wie z.B. bei den Grundverordnungen zu den Gemeinsamen Marktordnungen, bedient. Auf der zweiten Stufe – heute jedoch kaum noch von Relevanz – stehen Durchführungsbestimmungen des Rates zu den o.g. Grundverordnungen der ersten Ebene, deren Kompetenz sich der Rat in den jeweiligen Grundverordnungen selbst zuschrieb.[466] Auf der dritten Stufe stehen Durchführungsvorschriften der Kommission, die sie aufgrund von Ermächtigungen durch den Rat, die wiederum in dessen Verordnungen der ersten und zweiten Stufe enthalten sein können, erlässt. Auch die Kommission handelt hier mit Hilfe des Instruments der Verordnung.

(bb) Lenkungsmittel für den Binnenmarkt (insb. Betriebsprämien) i.S.d. Titel 1 des zweiten Teils der VO 1234/07

Die oben erwähnte VO 1234/07, die eine neue einheitliche gemeinsame Marktorganisation darstellt, beinhaltet in ihrem Titel 1 des zweiten Teils nun Lenkungsmittel für den Binnenmarkt. Diese sind wiederum einer Missbrauchsgefahr durch den jeweiligen Antragssteller ausgesetzt, weshalb innerhalb der dazu erlassenen Rechtsakte auch entsprechende Sanktionsmittel zu finden sind.

α) Politik und Historie der Lenkungsmittel

Die europäische Agrarpolitik erfuhr in den letzten 30 Jahren einen starken Wandel. Während man zu Beginn ein Preisstützungssystem verfolgte, dessen wichtigstes Element die Intervention i.e.S., d.h. der staatliche Aufkauf von Erzeugnissen war, traten dadurch auch Defizite offen zu Tage, weshalb man der erzeugten Interventionswirkung wiederum durch Quoten- und Abgabenregelungen entgegenzusteuern versuchte; sog. Stabilisierungsmechanismen. Diesen Weg gab man aber bereits mit der GAP-Reform von 1992 auf und ging dazu über, das Interventionssystem selbst abzubauen. Als Kompensation für die nun wegfallenden Interventionen führte man Beihilfen in Form von Direktzahlungen ein. Die Förderung wurde von einer indirekten Art der Förderung der Produktion abgetrennt und sodann direkter und betriebsbezogener ausgestaltet.[467] Man entkoppelte die Einkommenssicherung der landwirtschaftlichen Bevölkerung von der Erzeugung von Produkten, d.h. man machte zumindest die Gewährung von

466 Es bestand die langjährige nicht unumstrittene Praxis, dass der Rat zunächst die jeweiligen Grundverordnungen für ein landwirtschaftliches Erzeugnis erließ, sowie die alljährlichen Preisbeschlüsse nach Anhörung des Parlaments, und weitere Durchführungsbefugnisse an sich selbst delegierte. Hierzu: *Thiele*, in: Calliess/Ruffert, EUV/AEUV, Art. 43 AEUV, Rn 22.

467 *Busse*, in: Schulze/Zuleeg, Europarecht, § 25, Rn 33 f.

Direktbeihilfen nicht mehr von der Produktion eines bestimmten Erzeugnisses abhängig. Das Ziel war die Loslösung von Preisstützung und produktionsabhängiger Förderung bei Beibehaltung nachhaltiger Einkommen für die Landwirte.[468] Diese Direktbeihilfen an die Erzeuger werden in den deutschen Fassungen als „Betriebsprämien"[469] bezeichnet. Die bisherigen Zahlungen in einzelnen Sektoren, wie z.B. dem Olivenölsektor, wurden in die Betriebsprämienregelungen integriert. Dieser Paradigmenwechsel wurde auch in der ersten Dekade des neuen Jahrtausends weiter vorangetrieben, was auch den Interessen der WTO entsprach, die Agrarbeihilfen weltweit abzubauen.[470] Die Fischler-Agrarmarktreform im Jahre 2003 brachte daher erneut Veränderungen mit sich, deren Ergebnis die Ratsgrundverordnung 1782/03[471] mit gemeinsamen Regeln für Direktzahlungen im Rahmen der Gemeinsamen Agrarpolitik und mit bestimmten Stützungsregelungen für Inhaber landwirtschaftlicher Betriebe war. In Erwägungsgrund 5 der VO 1234/07 heißt es: „Die Gemeinschaft verfolgt schon seit einiger Zeit das Ziel, das Regelungsumfeld der GAP zu vereinfachen. Dementsprechend wurde mit dem Erlass der VO 1782/03 … ein horizontaler Rechtsrahmen für alle Direktzahlungen zur Einbeziehung einer Vielzahl von Stützungsregelungen in die Betriebsprämienregelung geschaffen. Dieser Ansatz sollte auch auf die Grundverordnungen Anwendung finden. In diesem Zusammenhang sind die darin enthaltenen Vorschriften in einen einzigen Rechtsrahmen einzubeziehen und die sektorspezifischen Vorschriften durch horizontale Vorschriften zu ersetzen, wenn dies möglich ist."

β) Vorgehen gegen Missbräuche durch Schaffung eines InVeKoS in der VO 1122/09 (ex. VO 796/04)

Zu dieser Grundverordnung des Rates 1782/03 wurden mehrere Durchführungsverordnungen der Kommission (3. Ebene) erlassen. Während die VO 795/04[472] der Kommission sich mit der Betriebsprämienregelung im Allgemeinen befass-

468 Dazu: *Thiele*, in: Calliess/Ruffert, EUV/AEUV, Art. 40 AEUV, Rn 37 f.; *Grimm*, Agrarrecht, Rn 373 a.E.

469 Ausgangspunkt dieser Prämienregelung ist die Zuweisung von „Zahlungsansprüchen". Diese Ansprüche kann der Landwirt jährlich über Flächenanträge „aktivieren", d.h. die Zahlung eines entsprechenden Beihilfebetrages beantragen. Siehe dazu: *Thiele*, in: Calliess/Ruffert, EUV/AEUV, Art. 40 AEUV, Rn 44 f., 49.

470 Der Weltmarkt hatte sich schon lange über das von der EU angewandte Prinzip der Gemeinschaftspräferenz beschwert, welches die Bevorzugung der in der EU erzeugten Agrarprodukte bedeutet und damit den Weltmarkt nicht nur unwesentlich beeinflusste. Zur Historie der Agrarpolitik allgemein siehe: *Busse*, in: Schulze/Zuleeg, Europarecht, § 25, Rn 33 f.; *Bittner*, in: Schwarze, EU-Kommentar, Art. 34 EGV, Rn 4 f.

471 ABl. EU, 2003, L 270, S. 1 f.

472 ABl. EU, 2004, L 141, S. 1 f.

te, wurde in der VO 796/04[473] u.a. das von der Grundverordnung geforderte integrierte Verwaltungs- und Kontrollsystem (InVeKoS) für Unregelmäßigkeiten bei den Beihilfen fixiert. Das InVeKoS regelt die Einzelheiten des Antragsverfahrens, Fragen der Flächen- und Tieridentifizierung sowie die Kontrolle und errichtet darüber hinaus in den Art. 51f. VO 796/04 ein System zur Anwendung von „Sanktionen" im Falle von Falschangaben, welche je nach Umfang und Verschuldensmaßstab von Kürzungen bis zum Ausschluss der Teilnahme reichen können. Diese „Sanktions"-regelungen – als Teil des InVeKoS – gilt es im Lichte der o.g. VO 2988/95 zu sehen.[474] In Anbetracht zahlreicher Änderungen und in dem Bemühen um Klarheit wurden die RatsVO 1782/03 durch die seit dem 01.01.2010 geltende RatsVO 73/09[475] und die entsprechende Durchführungsverordnung der Kommission – 796/04 – durch die heute geltende VO 1122/09[476] ersetzt. Insbesondere wollte man die Entkoppelung der Direktzahlungen noch weiter ausdehnen und die Betriebsprämienregelung vereinfachen.[477] Die Hauptbestandteile des InVeKoS sollten dabei allerdings beibehalten werden.[478] Somit wurde in der VO 1122/09 auch das bereits in der VO 796/04 geregelte „Sanktions"-system beibehalten, welches aus einem ausdifferenzierten System von Subventionskürzungen und -ausschlüssen besteht. Es ist nunmehr in Art. 58f. VO 1122/09 geregelt.

Dass sich die Reaktionen in einem übergreifenden System von Kürzungen und Ausschlüssen erschöpfen, war jedoch nicht immer so. Früher fanden sich zersplitterte Reaktionen unterschiedlichster Art in den verschiedenen erzeugnisspezifischen Marktordnungsverordnungen. Auch auf das Sanktionsmittel der Geldbuße wurde vermehrt zurückgegriffen, wie z.B. in Art. 7 Abs. 1 lit. a der Kommissionsverordnung 2048/90 zur Durchführung der Beihilferegelung für Baumwoll-Kleinerzeuger,[479] sowie in Art. 12 der Kommissionsverordnung 2677/85 über die Durchführungsvorschriften für Verbrauchsbeihilfe für Olivenöl.[480] Die genannten Beispiele sowie zahlreiche andere Geldbußeregelungen wurden jedoch abgeschafft. Dies geschah teilweise aufgrund von Veränderun-

473 ABl. EU, 2004, L 141, S. 18 f.

474 *Thiele*, in: Calliess/Ruffert, EUV/AEUV, Art. 40 AEUV, Rn 22.

475 ABl. EU, 2009, L 30, S. 16 f.

476 ABl. EU, 2009, L 316, S. 65 f.

477 2. Erwägungsgrund der VO 73/09.

478 21. Erwägungsgrund der VO 73/09.

479 Hiernach konnte einem vermeintlichen Kleinerzeuger eine Geldbuße auferlegt werden, wenn er kein Kleinerzeuger war, sondern eine größere als die angegebene Anbaufläche bewirtschaftete.

480 Hiernach konnte eine Geldbuße verhängt werden konnte, wenn eine Verbrauchsbeihilfe für eine größere als die tatsächliche Menge beantragt wurde.

gen von Produktionsstrukturen, da man die mit der entsprechenden Beihilferegelung gesteckten Ziele nicht erreichte,[481] aber auch, weil man zu dem Schluss kam, die Art der Beihilferegelung für Kleinerzeuger avancierte zur regelrechten Betrugsquelle und man könne dem mittels der statuierten Geldbußenregelung nicht Herr werden.[482]

Man kann daher letztlich festhalten, dass mit den o.g. agrarpolitischen Entwicklungen, d.h. dem Wechsel und Sondieren der tauglichsten Lenkungsmittel, auch ein Wechsel der Reaktionsmittel einherging. Während früher die Geldbuße oft als Sanktionsmittel herangezogen wurde,[483] stehen nun Mittel wie Strafzuschläge, Kautionsverfall, Subventionskürzungen und Subventionsausschlüsse im Vordergrund, deren Sanktionstauglichkeit noch zu überprüfen ist. Dies gilt zumindest für den Bereich der Missbräuche gegenüber Lenkungsmitteln für den Binnenmarkt.

γ) Kürzungen und Ausschlüsse gem. Art. 58f. VO 1122/09

Es gilt mithin, das heute geltende abgestufte „Sanktions"-system von Kürzungen und Ausschlüssen der Art. 58f. VO 1122/09 näher zu untersuchen. Der Tatbestand des Art. 58 Abs. 1 der VO 1122/09 verlangt zunächst, dass die angemeldete Fläche einer Kulturgruppe für die Zwecke der flächenbezogenen Beihilferegelungen über der gemäß Art. 57 VO 1122/09 von den Behörden ermittelten Flächengröße liegt; sog. Übererklärung.[484] Wird im Nachhinein z.B. im Rahmen

481 So im 7. Erwägungsgrund der VO 1553/95 des Rates zur fünften Anpassung der mit dem Protokoll Nr. 4 im Anhang zur Akte über den Beitritt Griechenlands eingeführten Beihilferegelung für Baumwolle, welche sodann die Ratsverordnung 1152/90 zur Einführung einer Beihilferegelung für Baumwoll-Kleinerzeuger aufhob. Die aufgehobene Ratsverordnung 1152/90 war wiederum Rechtsgrundlage für Art. 7 Abs. 1 lit. a) der Kommissionsverordnung 2048/90 zur Durchführung der Beihilferegelung für Baumwoll-Kleinerzeuger.

482 So der 3. Erwägungsgrund der Ratsverordnung 1638/98 zur Änderung der VO 136/66/EWG über die Errichtung einer gemeinsamen Marktorganisation für Fette. Art. 12 der Kommissionsverordnung 2677/85 über die Durchführungsvorschriften für Verbrauchsbeihilfe für Olivenöl wurde somit aufgehoben. Auch diese Durchführungsverordnung, deren Rechtsgrundlage die RatsVO 136/66 /EWG über die Errichtung einer gemeinsamen Marktorganisation für Fette war, wurde sodann später durch die VO 2367/98 mit Übergangsmaßnahmen im Hinblick auf die Neuregelung für Olivenöl aufgehoben.

483 Siehe als Beispiel die heute allesamt nicht mehr geltenden Bußgeldnormen bei: *Böse*, Strafen und Sanktionen im Europäischen Gemeinschaftsrecht, S. 256 f.

484 Die Voraussetzungen zur Erlangung eines Zahlungsanspruchs z.B. über eine Betriebsprämie sind der übergeordneten Ratsverordnung (1. Ebene) 73/09 (VorgängerVO 1782/03) zu entnehmen; Art. 33. Siehe als Beispielsfall für eine Übererklärung: VG München, Urt. v. 23.01.2008, M 18 K 07.943.

einer Vorortkontrolle festgestellt, dass die tatsächlich z.B. mit Kartoffeln angebaute Fläche geringer ist als die im Beihilfeantrag angegebene, so greift das „Sanktions"-system. Auch sind in der Praxis häufig die Fälle der sog. Doppelbeantragung anzutreffen, wenn für dieselbe Fläche unter zwei unterschiedlichen Namen eine Betriebsprämie beantragt wird.[485] Die Doppelbeantragung wird wie ein Fall der Übererklärung behandelt, d.h. die „Sanktions"-regeln sind anzuwenden.[486] Es folgt die Anwendung eines in höchstem Maße ausdifferenzierten Systems, welches an die letztlich tatsächlich ermittelte Fläche anknüpft. In einer ersten Stufe wird gem. Art. 58 Abs. 1 a.E. der VO 1122/09 zunächst die tatsächlich zustehende Beihilfe anhand der ggf. neu ermittelten Fläche berechnet. Beträgt die Differenz zwischen ermittelter und angemeldeter Fläche über 3 % oder 2 Hektar, aber nicht mehr als 20 %, so wird die Beihilfe um das Doppelte der festgestellten Differenz gekürzt. Liegt die Differenz hingegen über 20 % der ermittelten Fläche, so wird für die betreffende Kulturgruppe keine flächenbezogene Beihilfe gewährt; Art. 58 Abs. 2 der VO 1122/09. Es liegt nun ein sog. Beihilfeausschluss vor.[487] Beläuft sich die Differenz auf mehr als 50 %, so wird der Betriebsinhaber ein weiteres Mal bis zur Höhe des Betrags, welcher der Differenz zwischen der angemeldeten Fläche und der gemäß Art. 57 der VO ermittelten Fläche entspricht, von der Beihilfegewährung ausgeschlossen; Art. 58 Abs. 3 der VO 1122/09. Es folgt mithin eine weitere Beihilfekürzung, die sich bei entsprechender Höhe ebenfalls als Ausschluss darstellen kann, sich aber nun ausschließlich auf die nächste anstehende Beihilfegewährung bezieht. Während

---

485 Es muss dabei nicht immer ein Fall der vorsätzlichen Doppelbeantragung vorliegen. Auch Fälle der fahrlässigen Beantragung sind möglich. So im Fall des VG Minden, Urt. v. 13.01.2010, 3 K 2613/08 der Verpächter einem Pächter eine Fläche solange unentgeltlich überließ, bis ein anderer Pächter gefunden sei, welcher die Flächen pachte. Als nun der Verpächter die neue Verpachtung dem ehemaligen Pächter nicht mitteilte, beantragten nun sowohl der alte Pächter als auch der neue Pächter eine Betriebsprämie für die gleiche Fläche. Das Gericht hielt die Sanktionierung der Behörde gem. Art. 51 Abs. 1 796/04 durch das Gericht aufrecht. Typischerweise verhält es sich in den Fällen der Doppelbeantragung jedoch so, dass es einen vermeintlichen Pächter, einen tatsächlichen Pächter und einen Verpächter gibt, und sich die Bewilligungszeiträume der drei Parteien oder eben nur zweier der genannten Parteien sodann überschneiden. Nachdem dann geklärt wurde, wem die Fläche tatsächlich zur landwirtschaftlichen Nutzung zur Verfügung steht, werden die beiden anderen Parteien mit Sanktionen belegt. So im Fall: VG Augsburg, Urt. v. 04.08.2009, Au 3 K 08.394.

486 Diesbezüglich herrscht Einigkeit in der Rechtsprechung.

487 Dass der Gesetzgeber dieses Sanktionsmittel als ein solches des Ausschlusses und nicht der Kürzung auf 0 einordnete, lässt sich der Formulierung „ein weiteres Mal" in Art. 58 Abs. 3 S. 1 der VO 1122/09 entnehmen, obwohl er selbst die Formulierung „keine … Beihilfe gewährt" verwendet.

Art. 59, 61 und 62 der VO spezielle „Sanktions"-besonderheiten bzgl. Kartoffeln, Saatgut und Baumwolle regeln, beinhaltet Art. 60 der VO sodann eine allgemeine „Sanktions"-verschärfung in Fällen vorsätzlichen Handelns. Innerhalb des Art. 60 der VO wird sodann erneut nach der Höhe der Differenz unterschieden. Nach Art. 60 Abs. 1 der VO erfolgt bei vorsätzlicher Unregelmäßigkeit ein Beihilfeausschluss für das gesamte laufende Kalenderjahr, sofern die Differenz mehr als 0,5 % beträgt, d.h. letztlich nicht nur unerheblich ist.[488] Beträgt die Differenz mehr als 20 %, so folgt zusätzlich zu dem vorherigen Ausschluss eine weitere Kürzung bzgl. der nächsten in Frage kommenden Beihilfegewährung; Art. 60 Abs. 2 der VO.

Alle „Sanktions"-tatbestände fordern ein Verschulden in Form von vorsätzlichem oder fahrlässigem Verhalten. Dies kann Art. 73 VO 1122/09 entnommen werden, wonach eine „Ausnahme von der Anwendung der Kürzungen und Ausschlüsse" in folgenden Fällen gemacht wird: „Die in den Kapiteln I und II vorgesehenen Kürzungen und Ausschlüsse finden keine Anwendung, wenn der Betriebsinhaber sachlich richtige Angaben vorgelegt hat oder auf andere Weise belegen kann, dass ihn keine Schuld trifft." Zumindest fahrlässiges Verhalten wird demnach so lange unterstellt, bis dem Antragsteller der Gegenbeweis gelingt.

Nicht unerwähnt soll bleiben, dass die VO neben dem allgemeinen „Sanktions"-system in den Art. 58f. VO 1122/09 noch weitere spezielle Kürzungsregelungen in Art. 55 in Bezug auf Sammelanträge sowie in Art. 23 VO 1122/09 für den Fall der verspäteten Einreichung von Anträgen enthält. Art. 23 Abs. 1 UAbs. 1 der VO 1122/09 hat den Inhalt, die Subvention dem Ausmaß der Verspätung entsprechend gestaffelt zu kürzen, und zwar um 1% pro Arbeitstag. Ab einer Fristüberschreitung von 25 Kalendertagen wird die Subvention gem. UAbs. 3 gänzlich versagt.

δ) Sanktionen i.e.S. bzw. strafähnliche Sanktionen

Damit Art. 50 GRCh nun in der Konstellation, in der sowohl Erst- als auch Zweitsanktion dem europäischen Sekundärrecht entspringen, Anwendung findet, müssen die den jeweiligen Verfahren zugrunde liegenden Sanktionen solche i.e.S. bzw. strafähnlichen Charakters sein. Die im Bereich der Lenkungsmittel für den Binnenmarkt dargestellten Reaktionen der Kürzungen und Ausschlüsse müssen daher im Rahmen der o.g. Methodik dem Strafrecht i.w.S. zuzuordnen sein, d.h. ihnen muss ein repressiver Zweck innewohnen.

Aufgrund der Indizwirkung der gesetzgeberischen Zweckrichtung gilt es, zunächst nach Hinweisen in der VO 1122/09 selbst zu suchen. Den Erwägungs-

488 Dass der Gesetzgeber diese längerfristige Sanktion nach Art. 60 Abs. 1 VO 2988/95 ebenfalls als „Sanktionsausschluss" verstand, kann erneut der Formulierung „ein weiteres Mal" in Abs. 2 entnommen werden.

gründen der VO 1122/09 lässt sich diesbzgl. jedoch nichts entnehmen. Auch ein Blick in die Vorgängerverordnung 796/04 bringt wenig Aufschluss. Dort wird lediglich ausgeführt, die Mittel sollten die finanziellen Interessen der Gemeinschaft wirksam schützen.[489] Erst der Blick in die höherrangige Ratsverordnung 73/09 bringt erste Ansätze. Nach deren Erwägungsgründen soll das integrierte Verwaltungs- und Kontrollsystem dafür Sorge tragen, „dass die durch den ... EGFL finanzierten Maßnahmen tatsächlich und ordnungsgemäß durchgeführt werden, und Unregelmäßigkeiten verhindert und verfolgt werden."[490] Aus der Verwendung des Begriffs „verfolgt" kann abgeleitet werden, dass nicht nur ein rein zukunftsorientiertes präventives Tätigwerden i.S.d. Begriffs „verhindert" angedacht wurde, sondern auch Raum für ein repressives Tätigwerden bleiben sollte. Auch wenn der Zweck der Repression nicht ausdrücklich erwähnt wird, verschließt sich der gesetzgeberische Wille dem jedenfalls nicht.

Im Weiteren muss zwischen den Kürzungen und Ausschlüssen differenziert werden, wobei seitens der Literatur z.T. noch weitere Unterscheidungen vorgenommen werden. Sobald beispielsweise der Subventionsbetrag vollständig auf Null gekürzt wird, spricht die Literatur hier zunächst von einer „Streichung", „Versagung" oder einem „vollständigen Verlust" der Subvention, während die VO dies bereits als Ausschluss der konkreten Beihilfe einstuft. Die VO stellt diese Maßnahme mithin der längerfristigen „Subventionssperre" – die sie ebenfalls als Ausschluss bezeichnet – gleich. Für geringfügige Kürzungen wird in der Literatur ferner der Begriff der „Abzüge" gebraucht.[491]

Diese Unterdifferenzierungen der Literatur sind nicht unbegründet. Denn nicht alle Kürzungen können bzgl. ihres verfolgten Zweckes tatsächlich einander gleichgestellt werden. Kürzungen bei verspäteter Einreichung von Anträgen verfolgen einen anderen Zweck als Kürzungen bei falscher Angabe von Tatsachen, d.h. es muss anhand der zugrunde liegenden Tatbestände differenziert werden. Grundsätzlich ist es Wirtschaftsteilnehmern freigestellt, ob sie an Subventionen teilnehmen wollen. Unterlassen sie dies und interessieren sich schlicht nicht für eine Subvention, hat sich das Verhältnis zur Behörde noch in keiner Weise konkretisiert. In der Reaktion hierauf kann nicht die Ahndung einer Pflichtverletzung mit dem Ziel der Vergeltung gesehen werden (kein repressiver Zweck). Die Kürzungen bei verspäteter Einreichung dienen einzig der Planbarkeit und

489 55. Erwägungsgrund der VO 796/04.

490 20. Erwägungsgrund der VO 73/09.

491 Zu den verschiedenen Begrifflichkeiten siehe bei: *Böse*, Strafen und Sanktionen im Europäischen Gemeinschaftsrecht, S. 270 f.; *Dannecker*, in: Wabnitz/Janovsky, Handbuch Wirtschafts- und Steuerstrafrecht, 2. Kap., Rn 94; *Heitzer*, Punitive Sanktionen im europäischen Gemeinschaftsrecht, S. 93 f.

Steuerungsfähigkeit des Subventionssystems, mithin der Funktionsfähigkeit der Verwaltung.

Die Kürzungen bei Angaben falscher Tatsachen hingegen beinhalten ein repressives Element. Der Teilnehmer hat sich dazu entschieden, am Subventionsverfahren teilzunehmen, und unternimmt dies nun in missbräuchlicher Art und Weise. Das repressive Element zeigt sich darin, dass ihm nun – wie gesehen – die Subvention nicht nur bis zu dem Betrag gekürzt wird, zu dem ihm die Subvention auch tatsächlich zustand, sondern darüber hinaus ein Übel in Gestalt einer weiteren Kürzung auferlegt wird (das Doppelte der festgestellten Differenz zwischen ermittelter und angemeldeter Fläche). Auch diese Kürzung verfolgt jedoch präventive Ziele. Sowohl der konkrete Antragsteller als auch andere Teilnehmer sollen vor missbräuchlichem Verhalten abgeschreckt werden. Die Kürzung ist im Übrigen ein geeignetes Beispiel dafür, die im Rahmen der abstrakten Methodik aufgestellte Behauptung zu stützen, dass eine Schwerpunktbildung eines Sanktionszwecks oft unmöglich ist.

Innerhalb der Kürzungen ist also richtigerweise dahingehend zu differenzieren, dass Kürzungen bei verspäteter Einreichung von Anträgen im Gegensatz zu Kürzungen bei falscher Angabe von Tatsachen nicht als Sanktion i.e.S. bzw. strafähnliche Sanktion anzusehen sind.[492]

Die Ausschlüsse einer Subvention können nun in Gestalt eines Ausschlusses für eine konkrete Subvention oder in Gestalt eines Ausschlusses für einen längeren Zeitraum – dann auch als „Leistungssperre“ oder „Subventionssperre“ be-

492 So im Ergebnis auch: *Böse*, Strafen und Sanktionen im Europäischen Gemeinschaftsrecht, S. 270 f., S. 287, der in Bezug auf die zugrunde liegenden Tatbestände noch weiter zwischen Kürzungen aufgrund einer verspäteten Einreichung, aufgrund Verstoßes gegen „sonstige übernommene Pflichten“ (beide nicht repressiv), aufgrund falscher Tatsachenangaben, sowie aufgrund Verhinderung von Kontrollen (beide repressiv) differenziert. Da entsprechende Tatbestände, wie die Kürzung aufgrund einer Verhinderung von Kontrollen, in der VO 1122/95 jedoch nicht existieren, wurden diese Differenzierungen im weiteren Verlauf außer Acht gelassen. Ebenso: *Heitzer*, Punitive Sanktionen im europäischen Gemeinschaftsrecht, S. 93 f., S. 104, die wiederum zwischen Kürzungen aufgrund der Nichtbeachtung von Vergabevoraussetzungen (nicht repressiv) und Kürzungen aufgrund falscher Tatsachenangaben (repressiv) differenziert und daher zum gleichen Ergebnis kommt. Anders dagegen: *Dannecker*, in: Wabnitz/Janovsky, Handbuch Wirtschafts- und Steuerstrafrecht, 2. Kap., Rn 94, der die sog. „Abzüge“ – worunter wohl zumindest auch die Kürzung anhand verspäteten Antrags zu verstehen ist – den übrigen Kürzungen gleichstellt und dadurch beide als repressive Sanktionen versteht, was wiederum seiner Abschnittsüberschrift „sonstige repressive Verwaltungssanktionen“ entnommen werden kann. Ebenso: *Vogel*, in: Sieber/Brüner/Satzger/Heintschel-Heinegg, Europäisches Strafrecht, § 5, Rn 18, der sämtlichen Abzügen und Kürzungen „punitiven Charakter“ zuspricht.

zeichnet[493] – auftreten. Der Subventionsausschluss ist in erster Linie dazu gedacht, die das System missbrauchenden Antragsteller auszuschließen, um diese, sowie die übrigen Teilnehmer von falschen Antragstellungen abzuschrecken. Er ist mithin primär präventiver Natur.[494]

Für ein darüber hinausgehendes repressives Element sprechen jedoch folgende Überlegungen: Wie das abgestufte Regelungssystem beweist, stellt der Ausschluss eine Steigerung der Kürzung dar. Er stellt mithin die intensivere Sanktion dar und muss daher, ebenso wie die mildere Sanktion der Kürzung, einen repressiven Zweck mitverfolgen.[495] Ein Ausschluss wird zudem erst verhängt, wenn der Unrechtsgehalt der jeweiligen Handlung auf ein dazu erforderliches Maß angestiegen ist. Nun ist entscheidend, dass der Ausschluss als Sanktion die Kürzung teilweise vollständig ersetzt und nicht neben sie tritt – vgl. Art. 60 Abs. 1 VO 1122/09 –, d.h. den gesamten Unrechtsgehalt vollständig ausgleicht. Die Regelungstechnik der zitierten Normen spricht also bereits für einen repressiven Gehalt. Des weiteren knüpfen sowohl Kürzung als auch Ausschluss an denselben Tatbestand der falschen Tatsachenangaben an, was ebenso für eine Vergleichbarkeit mit der Kürzung und somit für ein repressives Element spricht.[496] Ferner lässt sich der dargestellten Historie entnehmen, dass früher in Bezug auf vergleichbare Tathandlungen die Geldbuße als Sanktionsmittel verwendet wurde. U.a. weil diese nicht zum gewünschten Erfolg führte, wurde sie durch die Kombination aus Kürzung und Ausschluss abgelöst. Die Änderung der gesamten Agrarpolitik (insb. der Lenkungsmittel), hin zu vermeintlich effektiveren Mitteln, lässt nun keinesfalls erkennen, ob dabei der noch bei der Geldbuße vorhandene repressive Zweck aufgegeben werden sollte. Vielmehr ist davon auszugehen, dass zwar ein effektiveres Mittel gesucht wurde, das Bedürfnis nach Vergeltung aber dennoch bestehen blieb.

Auch die mangelnde Vergleichbarkeit mit anderen rein präventiven Sanktionen spricht für ein repressives Element bei Ausschlüssen. Denn rein präventive Sanktionen sind i.d.R. Ausdruck von Prognoseentscheidungen, in der der Betroffene z.B. als „unzuverlässig" bezeichnet wird. Die hiesigen Ausschlüsse knüpfen aber nicht an Prognosen über die Zuverlässigkeiten der Antragsteller an, sondern sind zwingende Folge einer konkreten Verfehlung. Sie beziehen sich

493 So: *Heitzer*, Punitive Sanktionen im europäischen Gemeinschaftsrecht, S. 105 f.; *Dannecker*, in: Wabnitz/Janovsky, Handbuch Wirtschafts- und Steuerstrafrecht, 2. Kap., Rn 94; *Vogel,* in: Sieber/Brüner/Satzger/Heintschel-Heinegg, Europäisches Strafrecht, § 5, Rn 19.

494 *Böse*, Strafen und Sanktionen im Europäischen Gemeinschaftsrecht, S. 285; *Heitzer*, Punitive Sanktionen im europäischen Gemeinschaftsrecht, S. 109.

495 *Böse*, Strafen und Sanktionen im Europäischen Gemeinschaftsrecht, S. 286.

496 So: *Heitzer*, Punitive Sanktionen im europäischen Gemeinschaftsrecht, S. 109.

zudem auf eine bestimmte Zahlung bzw. auf einen von vornherein fest bestimmten Zeitraum, der keine Abweichungen oder Ausnahmen für den Gegenbeweis der Zuverlässigkeit zulässt.[497] Richtigerweise kristallisiert sich somit auch beim Subventionsausschluss ein repressives Element heraus, weshalb i.S.d. o.g. Methodik nicht auf das nachgeordnete Kriterium der tatsächlichen Wirkung der Sanktion zurückgegriffen werden muss. Greift man dennoch hilfsweise hierauf zurück, so gelangt man zu keinem anderen Ergebnis. Denn insbesondere der längerfristige Subventionsausschluss gilt als „besonders einschneidende Maßnahme", da mit ihm eine erhebliche Vermögenseinbuße einhergeht, die bis zur Vernichtung der wirtschaftlichen Existenz führen kann.[498]

Vergleicht man zuletzt die Ausschlüsse noch mit anderen mitgliedstaatlichen Reaktionsmöglichkeiten aus anderen Themenbereichen, wie z.B. dem straßenverkehrsrechtlichen Fahrverbot oder der Entziehung der Fahrerlaubnis, bestätigt dies abermals die gefundenen Ergebnisse. Greift man hierbei exemplarisch auf das deutsche Recht zurück, so steht ein gem. § 44 StGB verhängtes Fahrverbot als sog. Nebenstrafe in Abgrenzung zur Maßregel auf der gleichen „Sanktionsebene" wie die im gleichen Verfahren verhängte Hauptstrafe.[499] Im Rahmen der Strafzumessung ist in einer Gesamtschau die Wechselwirkung zwischen Haupt- und Nebenstrafe zu beachten und es muss sich im Gesamten die Schuldangemessenheit herstellen.[500] Zwar werden auch mit dem Fahrverbot in erster Linie spezialpräventive Zwecke verfolgt,[501] doch werden daneben, wenn

---

497 *Heitzer*, Punitive Sanktionen im europäischen Gemeinschaftsrecht, S. 110.

498 So: *Dannecker*, in: Wabnitz/Janovsky, Handbuch Wirtschafts- und Steuerstrafrecht, 2. Kap., Rn 94; *Heitzer*, Punitive Sanktionen im europäischen Gemeinschaftsrecht, S. 105; *Vogel*, in: Sieber/Brüner/Satzger/Heintschel-Heinegg, Europäisches Strafrecht, § 5, Rn 19.

499 *Herzog*, in: Kindhäuser/Neumann/Paeffgen, StGB Kommentar, Band 1, § 44, Rn 7.

500 *Herzog*, in: Kindhäuser/Neumann/Paeffgen, StGB Kommentar, Band 1, § 44, Rn 7; *Fischer*, StGB Kommentar, § 44, Rn 17.

501 Erstens soll der Täter selbst zur Besserung geführt werden, indem auf den nachlässigen und leichtsinnigen Kraftfahrer eingewirkt wird, ihm ein Gefühl zu vermitteln, was es bedeutet, vorübergehend nicht am Straßenverkehr teilzunehmen; sog. „Denkzettelstrafe". So: *Fischer*, StGB Kommentar, § 44, Rn 2; *Athing*, in: Münchener Kommentar zum StGB, Band 1, § 44, Rn 1. Zweitens soll die Allgemeinheit vor den von ihnen ausgehenden Gefahren geschützt werden, indem die Täter vom Straßenverkehr ausgeschlossen werden; *Herzog*, in: Kindhäuser/Neumann/Paeffgen, StGB Kommentar, Band 1, § 44, Rn 5. Drittens wurden dem Fahrverbot aber bereits generalpräventive Zwecke zugesprochen. Es solle nämlich „auf andere leichtsinnige Kraftfahrer abschreckend … wirken." So: BayObLG, DAR 1967, S. 138 f., S. 139; *Herzog*, in: Kindhäuser/Neumann/Paeffgen, StGB Kommentar, Band 1, § 44, Rn 6.

auch nicht im Vordergrund stehende repressive Zwecke verfolgt.[502] Richtigerweise wird dem Fahrverbot daher nach Rechtsprechung und Literatur auch Strafcharakter zugesprochen.[503] Die Vergleichbarkeit mit Ausschlüssen wird ferner dadurch bestärkt, dass beim Fahrverbot – im Gegensatz zu der Maßregel der Entziehung der Fahrerlaubnis nach § 69 StGB – keine Prognoseentscheidung bzgl. der zukünftigen Gefährlichkeit des Täters getroffen wird.[504] Die Entziehung der Fahrerlaubnis richtet sich dagegen gegen den zum Führen von Kraftfahrzeugen ungeeigneten Täter, dient allein der präventiven Gefahrenabwehr und ähnelt in ihrer Struktur dem Berufsverbot gem. § 70 StGB.[505] Sie vermag wegen ihrer anderen Zielrichtung daher auch im deutschen Recht nicht die Sperrwirkung des innerstaatlichen Doppelbestrafungsverbots gem. Art. 103 Abs. 3 GG auszulösen.[506]

Die hier vertretene Vergleichbarkeit des agrarrechtlichen Subventionsausschlusses mit innerstaatlichen Fahrverboten[507] führt ferner zur Vereinbarkeit des Ansatzes mit der EMRK-Rechtsprechung zur Rechtsnatur der mitgliedstaatlichen Entziehung der Fahrerlaubnis durch Verwaltungsbehörden, nach welcher „ein durch Verwaltungsbehörden verfügter Entzug der Fahrerlaubnis, ... ggü. Geldbuße und Haft nur eine zusätzliche Sanktion, aber keine neue Strafe“ ist.[508] Der Ansicht des EuGH, welcher den Subventionsausschluss als reines Instru-

---

502 *Stree/Kinzig*, in: Schönke/Schröder, StGB Kommentar, § 44, Rn 1; *Athing*, in: Münchener Kommentar zum StGB, Band 1, § 44, Rn 1.

503 Das BVerfG hat das Fahrverbot genauer als eine Sanktion nicht im Sinne einer Kriminalstrafe, aber als eine „die an ein strafbares Verhalten neben der eigentlichen Strafe geknüpfte Pflichtenmahnung zur künftigen Beachtung der Verkehrsregeln“ bezeichnet, was dem wohl gleichkommt; vgl. BVerfGE 27, S. 36 f., S. 42.

504 *Villmov*, in: Kindhäuser/Neumann/Paeffgen, StGB Kommentar, Band 1, Vorbem. §§ 38 f., Rn 13.

505 *Herzog*, in: Kindhäuser/Neumann/Paeffgen, StGB Kommentar, Band 1, § 44, Rn 8; *Fischer*, StGB Kommentar, § 44, Rn 2, § 69, Rn 2.

506 *Schmidt-Aßmann*, in: Maunz/Dürig, GG-Kommentar, Band 6, Art. 103 Abs. 3, Rn 291.

507 Anders: *Vogel*, in: Sieber/Brüner/Satzger/Heintschel-Heinegg, Europäisches Strafrecht, § 5, Rn 20, der die Ausschlüsse mit der Entziehung der Fahrerlaubnis vergleicht.

508 EGMR, Urt. v. 30.05.2000 – „R.T./Schweiz“, Nr. 31982/96, unter „decisions“ abrufbar unter: http://hudoc.echr.coe.int zuletzt abgerufen am 10.11.2012. In dem Fall wurde dem Beschwerdeführer der Führerschein durch das Straßenverkehrsamt St. Gallen entzogen. Anschließend wurde er von einem Schweizer Gericht zu einer „bedingten Gefängnisstrafe und Buße“ wegen „Fahrens im angetrunkenen Zustand“ verurteilt. Der EGMR sah in den unterschiedlichen Sanktionen durch zwei verschiedene „Behörden“ kein Verstoß gegen Art. 4 des 7. ZP der EMRK. Dazu ebenfalls: *Kadelbach*, in: Grote/Marauhn, EMRK/GG-Konkordanzkommentar, Kap. 29, Rn 12; *Meyer-Ladewig*, EMRK- Handkommentar, Art. 6, Rn 28, 30 m.w.N.

ment des Verwaltungsrechts ansieht, welches ausschließlich präventive Zwecke verfolge,[509] vermag daher nicht zu überzeugen. Vielmehr ist mit der im Vordringen befindlichen Literaturansicht anzunehmen, dass der Subventionsausschluss über ein repressives Element verfügt und daher durchaus als strafähnliche Sanktion bzw. Sanktion i.e.S. anzusehen ist.[510] Dies entspricht im Übrigen auch dem Art. 14 des „Corpus Juris der strafrechtlichen Regelungen zum Schutz der finanziellen Interessen der Union“[511] (2000), wonach die Subventionsausschlüsse sogar als „Nebenstrafen“ bezeichnet werden.

ε) Verhältnis zu Art. 77 Abs. 2 der VO 1122/09 und Art. 6 Abs. 4 der VO 2988/95 (ne bis in idem-Regelungen)

Zu untersuchen bleibt letztlich noch, ob die dargestellten Sekundärrechtsakte Ausführungen zur Handhabung von Doppelbestrafungen beinhalten, die möglicherweise einer Anwendung des Art. 50 GRCh widersprechen. In den Erwägungsgründen der VO 1122/09 wird zunächst angemerkt, Kürzungen und Ausschlüsse sollten unter Beachtung des Verhältnismäßigkeitsprinzips festgelegt werden.[512] Sodann wird in einem weiteren Punkt hinzugefügt: „Es sind spezifische und ausführliche Vorschriften festzulegen, um eine gerechte Anwendung mehrerer Kürzungen zu gewährleisten, die bei einem oder mehreren Beihilfeanträgen desselben Betriebsinhabers vorzunehmen sind. Die Kürzungen und Ausschlüsse gemäß dieser Verordnung sollten außerdem unbeschadet weiterer Sanktionen im Rahmen anderer gemeinschaftlicher oder einzelstaatlicher Rechtsvorschriften angewendet werden.“[513] Diese gesetzgeberischen Motive spiegeln sich sodann in den Art. 77 und 78 der VO 1122/09 wider.

Zunächst wird in Art. 77 Abs. 2 der VO 1122/09 das Verhältnis der Kürzungen und Ausschlüsse der VO zu „etwaige(n) zusätzlichen Sanktionen im Rahmen anderer gemeinschaftlicher oder einzelstaatlicher Rechtsvorschriften“ gere-

509 EuGH, Urt. v. 27.11.1992 – „Deutschland/Kommission“, Slg. 1992, Band I/7, S. 5383 f., S. 5431.

510 *Dannecker*, ZStW 1996, S. 608; *Dannecker*, in: Wabnitz/Janovsky, Handbuch Wirtschafts- und Steuerstrafrecht, 2. Kap., Rn 94; *Böse*, Strafen und Sanktionen im Europäischen Gemeinschaftsrecht, S. 270 f., S. 287; *Heitzer*, Punitive Sanktionen im europäischen Gemeinschaftsrecht, S. 110 f. Anders wohl: *Vogel,* in: Sieber/Brüner/Satzger/Heintschel-Heinegg, Europäisches Strafrecht, § 5, Rn 19 f.

511 Das „Corpus Juris der strafrechtlichen Regelungen zum Schutz der finanziellen Interessen der EU“ in der überarbeiteten Fassung von Florenz (2000) wurde von einer von *Delmas-Marty* geleiteten Gruppe europäischer Strafrechtslehrer im Auftrag der Kommission erarbeitet. Einen Überblick liefert: *Hecker,* Europäisches Strafrecht, § 14, Rn 28 f.

512 75. Erwägungsgrund der VO 1122/09.

513 98. Erwägungsgrund der VO 1122/09.

gelt und eine Doppelbestrafung diesbzgl. ausdrücklich zugelassen. Der Abs. 2 geht also zunächst auf das Verhältnis zwischen den Kürzungen und Ausschlüssen der VO 1122/09 zu anderen, sich aus dem Sekundärrecht ergebenden Sanktionen ein. Hierzu ist festzuhalten, dass keinerlei Sachverhalte bekannt sind, bei denen nach einer etwaigen Sanktionierung nach der VO 1122/09 weitere Sanktionierungen durch andere sekundärrechtliche Verordnungen in derselben Sache drohen. Dennoch würde eine konsequente Anwendung des Art. 50 GRCh einer solchen Doppelbestrafung im Wege stehen, sofern es sich bei beiden sekundärrechtlichen Sanktionen eben um strafähnliche bzw. solche des Strafrechts i.w.S. handelt. Bzgl. dieser ersten Aussage steht Art. 77 Abs. 2 VO 1122/09 daher in Konflikt mit Art. 50 GRCh. Aus dem Vorrang des Primärrechts vor dem Sekundärrecht ergibt sich nun, dass Art. 77 Abs. 2 VO 1122/09 unionsgrundrechtskonform ausgelegt werden muss, um die Norm vor der Unionsgrundrechtswidrigkeit (Primärrechtswidrigkeit) zu bewahren.[514] Eine mit Art. 50 GRCh übereinstimmende Lesart kann nur insoweit gefunden werden, als man als „zusätzliche Sanktionen im Rahmen anderer ... Rechtsvorschriften" allein solche akzeptiert, die nicht strafähnlicher Natur sind. Dies setzt die Verwendung des weiten Sanktionsbegriffs voraus. Ferner geht Art. 77 Abs. 2 VO 1122/09 auf das Verhältnis zwischen Kürzungen und Ausschlüssen der VO 1122/09 zu anderen, sich aus nationalem Recht ergebenden Sanktionen ein. Hierauf soll an späterer Stelle eingegangen werden.

Die Art. 77 Abs. 1 und 78 Abs. 2 VO 1122/09 können dagegen von vornherein nicht als Regelungen mit ne bis in idem-Relevanz betrachtet werden. Sie erlauben eine Kumulierung mehrerer Kürzungen gegen dieselbe Person, beziehen sich dabei aber auf unterschiedliche Sanktionsgründe, d.h. ihnen liegen unterschiedliche Taten zu Grunde.[515]

Die im Rahmen der VO 2988/95 dargestellte Anrechnungslösung des Art. 6 Abs. 4 VO 2988/95 kommt in der vorliegenden Fallgruppe ebenfalls nicht zur Anwendung, da sie keine Aussage zu Konstellation trifft, bei denen sich sowohl Erst- als auch Zweitsanktion aus europäischem Sekundärrecht ergeben.

ζ) Zwischenergebnis

Art. 50 GRCh kommt mithin in verwaltungsrechtlichen Verfahren, die eine Kürzung oder ein Ausschluss i.S.d. zitierten Normen zur Folge haben, zur Anwendung. Dies hat zur Konsequenz, dass eine mitgliedstaatliche Behörde, welche das dargestellte abgestufte Subventionensystem anwendet, sich mit einer ent-

---

514 Dazu: *Oppermann/Classen/Nettesheim*, Europarecht, § 10, Rn 39.

515 Es wird z.B. kumulativ gekürzt wegen verspäteter Antragstellung, unterlassener Angabe von Parzellen, Überschreitung der Haushaltsobergrenzen, oder der Nichteinhaltung anderweitiger Verpflichtungen, d.h. letztlich nicht aufgrund derselben Tat.

sprechenden Erstsanktion begnügen muss. Sie ist nicht in der Lage nachzusanktionieren. Weder eine weitere Kürzung noch ein weiterer Ausschluss stehen ihr nach erfolgter Erstsanktionierung in derselben Sache zur Verfügung.

Zugegebenermaßen wird den ausführenden Behörden, was die Wahl der Sanktionsmittel sowie deren Höhe angeht, keinerlei Spielraum gewährt, weswegen diese aufgrund der engen gesetzlichen Grenzen wohl gar nicht erst auf die Idee kommen dürften, nachzusanktionieren. Die Stärke der Sanktionierung wurde nämlich bereits durch das bis auf ein Höchstmaß ausdifferenzierte System bestimmt. Aufgrund der enormen Ermessensreduzierung ist daher anzunehmen, dass die Gefahr einer erneuten Sanktionierung in derselben Sache im Rahmen dieser Fallgruppe der Erst- und Zweitsanktionierung nach europäischem Sekundärrecht äußerst gering sein dürfte. Dennoch wird durch die hier erarbeiteten Ergebnisse der Grundstein für die Anwendung des Art. 50 GRCh in denjenigen Fallkonstellationen gelegt, in denen eine weitaus höhere Doppelbestrafungsgefahr herrscht.

In Bezug auf die von der VO 2988/95 vorgenommenen Differenzierungen ergibt sich Folgendes: Die o.g. Kürzungen bei verspäteter Einreichung von Anträgen können zunächst weder unter Art. 4 noch unter Art. 5 der VO 2988/95 gefasst werden. Dies kann damit begründet werden, dass Art. 4 VO 2988/95 nur rein restitutive Maßnahmen aufzählt, die genannte Kürzung jedoch nicht einmal restitutiver Natur ist, da es bei der schlichten Nichtbeantragung einer Subvention nichts wiederherzustellen gibt.[516] Ob überhaupt eine Unregelmäßigkeit i.S.d. Art. 1 Abs. 2 VO 2988/95 vorliegt, soll an dieser Stelle dahingestellt bleiben. Die Kürzungen bei falscher Angabe von Tatsachen und der Ausschluss in Bezug auf eine konkrete zu gewährende Subvention sind stattdessen unter Art. 5 Abs. 1 lit. c VO 2988/95 zu fassen („vollständiger oder teilweiser Entzug eines nach Gemeinschaftsrecht gewährten Vorteils"). Der Ausschluss i.S.e. Subventionssperre fällt hingegen unter Art. 5 Abs. 1 lit. d VO 2988/95 („Ausschluss von einem Vorteil oder Entzug eines Vorteils für einen Zeitraum"). Während die erstgenannte Kürzung also gar nicht unter die Differenzierung der VO 2988/95 fällt, werden alle anderen genannten Reaktionen als Sanktionen eingestuft. Dies führt dazu, dass sich die hier als Sanktionen i.e.S. eingestuften Reaktionen als solche darstellen, die auch innerhalb des Art. 5 Abs. 1 der VO 2988/95 als Sanktionen eingeordnet werden.

516 Anders: *Heitzer*, Punitive Sanktionen im Europäischen Gemeinschaftsrecht, S. 102, die die Reaktion unter Art. 4 Abs. 3 einordnet.

(cc) Lenkungsmittel für den Außenhandel (insb. Ausfuhrerstattungen) i.S.d. Kapitel 3 des dritten Teils der VO 1234/07

Die VO 1234/07, die eine neue einheitliche gemeinsame Marktorganisation darstellt, beinhaltet in ihrem dritten Teil Lenkungsmittel für den Außenhandel, d.h. den Handel mit Drittländern. Es kommen die Instrumente der Ein- und Ausfuhrlizenzen sowie der Ausfuhrerstattungen zum Einsatz, welche wiederum der Missbrauchsgefahr ausgesetzt sind.

α) Politik der Lenkungsmittel

Durch die Gewährung von Ausfuhrerstattungen soll die Ausfuhr von landwirtschaftlichen Erzeugnissen aus der Gemeinschaft in Drittländer gefördert werden, indem die Differenz zwischen dem Preis in der Gemeinschaft und den (niedrigeren) Weltmarktpreisen bei der Ausfuhr erstattet wird.[517] Es handelt sich folglich um eine Exportsubvention. Die Durchführung einer Ausfuhrerstattung richtet sich nach der Durchführungsverordnung 612/09[518] der Kommission (3. Ebene) über gemeinsame Durchführungsvorschriften für Ausfuhrerstattungen bei landwirtschaftlichen Erzeugnissen. Diese löste dabei aus Gründen der Rechtsklarheit die Kommissionsverordnung 800/99[519] über gemeinsame Durchführungsvorschriften für Ausfuhrerstattungen bei landwirtschaftlichen Erzeugnissen nach zehnjähriger Geltung ab.[520]

Voraussetzungen für die Gewährung sind, dass es sich um eines der in Art. 162 der VO 1234/07 genannten Erzeugnisse handelt, das Erzeugnis seinen Ursprung in der Gemeinschaft hat und es „gesunde und handelsübliche Qualität" aufweist (Art. 28 der VO 612/09). Ferner ist für die Gewährung einer Erstattung die Vorlage einer Ausfuhrlizenz nötig (Art. 167 der VO 1234/07). Gem. Art. 3 der VO 612/09 entsteht der Erstattungsanspruch, wenn die Erzeugnisse das Zollgebiet der Gemeinschaft verlassen haben oder in das in der Lizenz angegebene Bestimmungsland eingeführt wurden.[521]

517 *Bittner*, in: Schwarze, EU-Kommentar, Art. 34 EGV, Rn 27.

518 ABl. EU, 2009, L 186, S. 1 f. Die Kommissionsverordnung 612/09 wird auf Art. 170 der VO 1234/07 gestützt.

519 ABl. EU, 1999, L 102, S. 11 f.

520 Siehe dazu: Erwägungsgrund 1 der VO 612/09.

521 Der Verfahrensablauf für den Ausführer vollzieht sich in 3 Abschnitten. Im ersten Schritt werden die Erzeugnisse bei der Ausfuhrzollstelle zur Ausfuhr unter Vorlage der Ausfuhrpapiere, Ausfuhrlizenz oder der ggf. erforderlichen Erstattungsbescheinigung gestellt. Dort erfolgt die Ausfuhrabfertigung unter Durchführung der erstattungsrechtlich gebotenen Kontrollmaßnahmen. Die Erzeugnisse werden unter zollamtlicher Kontrolle bis zur Ausgangszollstelle verbracht. In einem zweiten Schritt erfolgt dort die Bestätigung der Ausfuhr und ggf. eine Kontrolle der Warensendung. In einem dritten Schritt folgt das Verfahren der Erstattungsgewährung durch die Zahlstelle, bei der der

Die Erstattung kann jedoch unabhängig vom Bestehen des Anspruchs auch schon im Voraus ausgezahlt werden. Diese sog. „Vorauszahlung der Erstattung“[522] richtet sich nach Art. 31f. VO 612/09. Nach Art. 31 Abs. 1 UAbs. 1 VO 612/09 ist eine solche Vorauszahlung aber nur dann möglich, wenn seitens des Antragstellers „eine Sicherheit in Höhe des Betrags dieser Vorauszahlung zuzüglich 10 % geleistet wird.“[523] Diese „Sicherheit“ wird in der Literatur auch als „Kaution“ oder „Garantie“ bezeichnet.[524]

β) Vorgehen gegen Missbräuche durch ein eigenes Sanktionen- und Rückzahlungssystem in der VO 612/09 (ex. VO 800/99)

In den Art. 32, Art. 48 und 49 der VO 612/09 zu den Ausfuhrerstattungen sind nun von dem o.g. InVeKoS unabhängige Regelungen über Strafzuschläge, Wiedereinziehungen zu Unrecht gezahlter Beträge sowie der Einbehaltung von Sicherheiten festgelegt worden. Dies entspricht den Vorgaben der höherrangigen VO 1234/07.

γ) Zuschläge gem. Art. 32 Abs. 1 UAbs. 1, Art. 48 Abs. 1; Wiedereinziehung zu Unrecht gezahlter Beträge und Kautionsverfall gem. Art. 49 Abs. 1 UAbs. 1 lit. a VO 612/09

Bei den zu untersuchenden Regelungen gilt es zu differenzieren. Erstens kann eine Reaktion erfolgen, wenn sich im Fall der Vorauszahlung einer Erstattung ergibt, dass die Anspruchsvoraussetzung in Bezug auf die beantragte Höhe nicht vorlag (Art. 32 Abs. 1 UAbs. 1 VO 612/09). Zweitens kann eine Reaktion ergehen, wenn die Auszahlung nur auf Grundlage der Angaben im Beihilfeantrag

---

Ausführer sämtliche für die Erstattung erforderlichen Unterlagen vorzulegen hat. An die Prüfung der Unterlagen durch die Zahlstelle, schließt sich bei Erfüllung der Voraussetzungen die Gewährung der Ausfuhrerstattung an. Näher zum Verfahrensablauf: *Feit*, Das System zum Schutz der finanziellen Interessen der Gemeinschaft im Ausfuhrerstattungsrecht, S. 11 f.

522 „Vorauszahlung der Erstattung“ bedeutet gem. Art. 2 Abs. 1 lit. j) VO 612/09 die Zahlung eines Betrags nach der Annahme der Ausfuhranmeldung, der höchstens der Ausfuhrerstattung entspricht.

523 Im gesamten Bereich des Agrarrechts ist es nicht unüblich, dass Marktteilnehmer einen bei der Union eine bestimmte Sicherheit hinterlegen müssen, bevor sie Leistungen der Gemeinschaft in Anspruch nehmen oder bestimmte Handlungen vornehmen dürfen. Zu den Kautionen im Allgemeinen: *Heitzer*, Punitive Sanktionen im Europäischen Gemeinschaftsrecht, S. 47 f.; *Dannecker*, in: Wabnitz/Janovsky, Handbuch Wirtschafts- und Steuerstrafrecht, 2. Kap., Rn 91 f.; *Böse*, Strafen und Sanktionen im Europäischen Gemeinschaftsrecht, S. 295 f.

524 So: *Heitzer*, Punitive Sanktionen im Europäischen Gemeinschaftsrecht, S. 47 f.; *Dannecker*, in: Wabnitz/Janovsky, Handbuch Wirtschafts- und Steuerstrafrecht, 2. Kap., Rn 91 f.

getätigt wurde, und sich diese Angaben bei einer späteren Kontrolle als falsch herausstellen (Art. 48 Abs. 1 VO 612/09).[525]

Art. 32 Abs. 1 UAbs. 1 VO 612/09 hat folgenden Inhalt: Wenn eine Vorauszahlung der Erstattung verbunden mit der Hinterlegung einer Sicherheit gem. Art. 29f. VO 612/09 vorgenommen wurde und „die Vorauszahlung über dem für die betreffende Ausfuhr oder für eine entsprechende Ausfuhr geschuldeten Betrag" liegt, hat der Ausführer „den Unterschied zwischen diesen beiden Beträgen zuzüglich 10 %" zu zahlen. Voraussetzung für diese Wiedereinziehung zuzüglich des Zuschlags ist nur, dass auf den vorausgezahlten Betrag zumindest in dieser Höhe kein Anspruch besteht. Ein Verschulden ist nicht erforderlich.

Das Sanktionssystem der Art. 48f. VO 612/09 hat dagegen folgenden Inhalt:[526] Art. 48 Abs. 1 lit. a der VO 612/09 bestimmt zunächst, dass bei Beantragung einer höheren als der zustehenden Erstattung grundsätzlich eine zusätzliche Geldsumme in Höhe der Hälfte der Differenz zwischen der beantragten Erstattung und der für die tatsächliche Ausfuhr geltenden Erstattung (also 50%) zu zahlen ist. In diesem Fall vermindert sich der Auszahlungsbetrag der Ausfuhrerstattung entsprechend oder es ergibt sich gar ein Negativbetrag, welcher gem. Abs. 5 ebenfalls zu entrichten ist. Abs. 1 lit. a setzt kein Verschulden des Ausführers voraus.[527] Dieser Betrag wird nun gem. Abs. 1 lit. b auf die doppelte Differenz, d.h. um ein Vierfaches erhöht (200%), wenn der Ausführer vorsätzlich falsche Angaben macht. Die gängigsten Missbrauchshandlungen des Abs. 1 stellen sich wie folgt dar: Der Ausführer macht beispielsweise eine Angabe über die Zusammensetzung der Ware, die sich später als falsch erweist. Sein Verhalten unterfällt automatisch der Sanktionsregelung.[528] Macht er hingegen beispiels-

525 *Heitzer*, Punitive Sanktionen im Europäischen Gemeinschaftsrecht, S. 81.

526 Ausführlich hierzu: *Feit*, Das System zum Schutz der finanziellen Interessen der Gemeinschaft im Ausfuhrerstattungsrecht, S. 187 f.

527 Der Erwägungsgrund Nr. 58 der VO 612/09 lautet: „Damit die Ausfuhrerstattungsregelung ordnungsgemäß funktioniert, müssen Sanktionen unabhängig vom Anteil subjektiver Schuld verhängt werden. ...Vorsatz ist jedoch stärker zu ahnden." Kritisch insbesondere zur fahrlässigen Falschbeantragung: *Feit*, Das System zum Schutz der finanziellen Interessen der Gemeinschaft im Ausfuhrerstattungsrecht, S. 217 f. Zu Verurteilungen ohne Verschuldensnachweis siehe: FG Hamburg, Urt. v. 12.02.2010, 4 K 227/08 und FG Hamburg, Urt. v. 19.06.2007, 4 K 50/05.

528 So beispielsweise im Fall des FG Hamburg, Urt. v. 12.02.2010, 4 K 4/08, in welchem der Antragsteller gefrorenes Rindfleisch ausführen wollte, was nach Anhang der entsprechenden Verordnung einen Mindestgehalt an magerem Rindfleisch von 78% hätte aufweisen müssen. Im Rahmen der Ausfuhrabfertigung entnahm der Zoll eine Probe, welche ergab, dass die geforderten Werte z.T. nicht eingehalten wurden, woraufhin das Hauptzollamt neben der Rückforderung der Beihilfe eine Sanktion gegen den Antragsteller verhängte. Aber auch durchaus schwerwiegendere Fälle, wie er z.B. der Ent-

weise falsche Angaben über die Menge der auszuführenden Ware, so wird dies höchstwahrscheinlich bereits durch die dem Sanktionssystem vorangehenden Kontrollen des Zolls erkannt und entsprechend verfolgt.[529] Die Tathandlung kann ferner darin bestehen, dass mit Hilfe gefälschter Einfuhrpapiere einer Zollbehörde die ordnungsgemäße Einfuhr in das Bestimmungsland vorgespiegelt wird, um die Erstattung auszulösen.[530]

Art. 48 Abs. 2 VO 612/09 regelt sodann ein ähnlich abgestuftes System für den speziellen Fall der falschen Angabe eines Erstattungssatzes am Tag der Einreichung des Antrags auf Erteilung einer Ausfuhrlizenz oder Vorausfestsetzungsbescheinigung. Dieses soll aber nicht weiter dargestellt werden.

Auch die Abgrenzung des Strafzuschlags zur o.g. Subventionskürzung spielt für den weiteren Verlauf keine Rolle und soll daher unbehandelt bleiben. Hierzu sei lediglich erwähnt, dass auch die Kommission innerhalb der VO 612/09 zwischen Kürzungen und „Verminderung der Erstattung" – mithin Strafzuschlägen – differenziert. Denn neben den Art. 48f. VO 612/09 beinhaltet die VO demnach auch Kürzungsregelungen; z.B. gem. Art. 47 VO 612/09 aufgrund Fristablaufs.

Letztlich muss der Ausführer gem. Art. 49 Abs. 1 UAbs. 1 der VO 612/09 sodann noch den „zu Unrecht erhaltenen Betrag – einschließlich aller gemäß Artikel 48 Absatz 1 anwendbaren Sanktionen – zuzüglich Zinsen für die Zeit zwischen der Gewährung der Erstattung und ihrer Rückzahlung zurückzahlen." Diese Wiedereinziehung des unrechtmäßig erhaltenen Betrages erledigt sich im Falle der Vorauszahlung der Erstattung durch die Einbehaltung der geleisteten Sicherheit (Art. 49 Abs. 1 UAbs. 1 lit. a VO 612/09).

---

scheidung des FG Hamburg, Urt. v. 19.06.2007, 4 K 50/05 zugrunde lag, unterfallen dieser Kategorie. Hier wollte die Klägerin Rindfleisch in die Russische Föderation ausführen, woraufhin die Zollbehörde bei einer entnommenen Warenprobe sodann feststellte, dass das Fleisch nicht von gesunder und handelsüblicher Qualität war, sondern vielmehr einen „scharfen Fremdgeruch" aufwies. Die Klägerin versuchte sich sodann noch erfolglos gegen den Rückforderungs- und Sanktionsbescheid mit Hilfe einer Anfechtungsklage zu wehren, um den im Voraus bezahlten Vorschuss behalten zu können.

529 Zur Zweistufigkeit des Systems siehe: *Hedtmann*, EuR 2002, S. 124 f.

530 Im zitierten Fall wurden dem Hauptzollamt gefälschte Einfuhrzolldokumente vorgelegt, welche die ordnungsgemäße Einfuhr beweisen sollten. Nachdem diese aber nicht anerkannt wurden, wurde eine entsprechende Sanktion verhängt. Ob der Antragsteller von der Falschheit der Dokumente wusste, oder nur im Drittland ansässige Abnehmer, vermochte das Gericht nicht festzustellen, spielte für die Bejahung der Sanktionsnorm aber auch keine Rolle. Siehe: FG Hamburg, Urt. v. 12.02.2010, 4 K 227/08. Ein ähnlicher Fall siehe: FG Hamburg, Urt. v. 15.02.2007, 4 K 204/06.

δ) Sanktionen i.e.S. bzw. strafähnliche Sanktionen

Damit Art. 50 GRCh erneut in der Konstellation, in der sowohl Erst- als auch Zweitsanktion dem europäischen Sekundärrecht entspringen, Anwendung finden kann, müssen wiederum die den jeweiligen Verfahren zugrunde liegenden Sanktionen solche i.e.S. bzw. strafähnlichen Charakters sein. Die im Bereich der Lenkungsmittel für den Außenhandel dargestellten Reaktionen der Strafzuschläge, der Wiedereinziehungen zu Unrecht gezahlter Beträge sowie der Einbehaltungen von Sicherheiten müssen im Rahmen der o.g. Methodik dem Strafrecht i.w.S. zuzuordnen sein, d.h. sie müssen einen repressiver Zweck beinhalten.

Die Indizwirkung der gesetzgeberischen Zweckrichtung stellt erneut den Ausgangspunkt der Untersuchung dar. Es gilt somit, in der VO 612/09 selbst nach Hinweisen bzgl. der Zweckrichtung der einzelnen Reaktionen zu suchen. Erwägungsgrund Nr. 35 bezieht sich zunächst nur auf Zuschläge im Rahmen der Wiedereinziehung einer Vorauszahlung und lautet: „Der vor der Ausfuhr gezahlte Betrag ist zurückzuzahlen, wenn sich herausstellt, dass kein Anspruch auf Ausfuhrerstattung besteht bzw. nur Anspruch auf eine niedrigere Erstattung besteht. Zur Vermeidung von Missbrauch muss die Rückzahlung einen Zuschlag umfassen. ...“. Der Gesetzgeber nennt also in Bezug auf diese konkrete Reaktionsform den Zweck der Prävention. Die Erwägungsgründe der Nr. 57 und 58 beziehen sich sodann auf alle in Betracht kommenden „Sanktionen“. Nr. 57 legt fest: „Aufgrund der bisherigen Erfahrungen müssen ... Sanktionen vorgesehen werden, die die Ausführer veranlassen, das Gemeinschaftsrecht einzuhalten.“. Nr. 58 lautet: „Diese Maßnahmen ... müssen ... hinreichend abschreckend sein.“ Der Gesetzgeber formuliert mithin ausnahmslos präventive Zwecke. Repressive Zwecke sind nicht ersichtlich.

Die dargestellte Reaktion des Art. 48 Abs. 1 VO 612/09 wird von der Kommission in der Norm selbst als „Verminderung der Erstattung“ bezeichnet, woraus sich ebenfalls kein repressiver Zweck ableiten lässt. Von der Literatur wird diese Hauptreaktionsform im Rahmen des Ausfuhrerstattungrechts allerdings als sog. „Strafzuschlag“ bezeichnet.[531] Ein solcher liegt grundsätzlich vor, wenn eine über die bloße Wiedereinziehung der unrechtmäßig empfangenen Beihilfe hinausgehende Zahlung eines weiteren Geldbetrages verlangt wird.[532] Art. 48 Abs. 1 VO 612/09 beinhaltet – wie die meisten Strafzuschläge – einen pauschalen Prozentsatz („in Höhe des halben Unterschieds“ = 50 %, „in

531 *Schwarze*, EuZW 2003, S. 267; *Wolffgang*, in: Ehlers/Wolffgang, Rechtsfragen der Europäischen Marktordnungen, S. 209 f., S. 218; *Hedtmann*, EuR 2002, S. 129.

532 Zu den Strafzuschlägen im Allgemeinen: *Böse*, Strafen und Sanktionen im Europäischen Gemeinschaftsrecht, S. 260 f.; *Heitzer*, Punitive Sanktionen im Europäischen Gemeinschaftsrecht, S. 81 f.

Höhe des doppelten Unterschieds" = 200 %) und erlegt dem Betroffenen damit über die bloße Rückforderung des zu Unrecht Erlangten hinaus einen weiteren Nachteil auf. Dass die Kommission an dieser Stelle nicht auf das Mittel der Kürzung zurückgreifen wollte, zeigt sich darin, dass sie in der Verordnung neben Art. 48 VO 612/09 auch ausdrücklich Kürzungen normiert. In dem dargestellten Zuschlag zeigt sich auch bereits das repressive Element.[533] Die noch zu zahlenden Ausfuhrerstattung wird nicht nur auf den Betrag gekürzt, für den die Erstattung auch tatsächlich zustand, sondern darüber hinaus um einen weiteren Betrag. Dieser stellt ein Übel und eine finanzielle Ahndung des vorangegangenen Fehlverhaltens dar.[534] Der Strafzuschlag aus Art. 48 Abs. 1 VO 612/09 stellt sich somit als Sanktion i.e.S. bzw. als strafähnliche Sanktion dar. Der EuGH schloss sich diesem Ergebnis in der Vergangenheit bzgl. der entsprechenden Vorgängernorm indes nicht an und sprach den 50-prozentigen Zuschlägen auf die zurückgeforderte Ausfuhrerstattung keinen strafrechtlichen Charakter zu.[535]

Zu untersuchen gilt es ferner die Zuschläge im Rahmen der Wiedereinziehung einer Vorauszahlung gem. Art. 32 Abs. 1 UAbs. 1 VO 612/09. Hiernach muss zunächst der Unterschied zwischen dem vorausgezahlten und dem tatsächlich geschuldeten Betrag gezahlt werden. Der errechnete Betrag wird dann zusätzlich um 10% erhöht. Hier spricht die Kommission nun ausdrücklich von „Zuschlag von 10%" (Art. 32 Abs. 1 UAbs. 2 VO 612/09). Auch diese Reaktion muss als Strafzuschlag eingestuft werden, da es – ebenso wie bei obiger Reaktion – nicht bei einer Wiedereinziehung des zu Unrecht empfangenen Betrages bleibt, sondern ein darüber hinausgehender Betrag verlangt wird, der einen Nachteil darstellt. Erneut wird also eine finanzielle Ahndung des vorangegangenen Fehlverhaltens vorgenommen. Dieser Betrag von „nur" 10% wird aufgrund der geringen Höhe nun z.T. als „erhöhter Zins" eingeordnet. Der gesamte Zuschlag wird sodann als rein restitutive Maßnahme verstanden und nicht als straf-

---

533 So i.Erg. wohl auch: *Dannecker*, in: Wabnitz/Janovsky, Handbuch Wirtschafts- und Steuerstrafrecht, 2. Kap., Rn 90; *Schwarze*, EuZW 2003, S. 267; *Heitzer*, Punitive Sanktionen im Europäischen Gemeinschaftsrecht, S. 92 f.; *Böse*, Strafen und Sanktionen im Europäischen Gemeinschaftsrecht, S. 263 f.; *Vogel*, in: Sieber/Brüner/Satzger/Heintschel-Heinegg, Europäisches Strafrecht, § 5, Rn 15.

534 *Schwarze*, EuZW 2003, S. 267.

535 EuGH, Urt. v. 11.7.2002 – „Käserei Champignon Hofmeister", Slg. 2002, Band I/7, S. 6453 f. In einem Vorabentscheidungsverfahren des deutschen BFH erklärte der EuGH die Vorgängernorm als mit dem Gemeinschaftsrecht vereinbar. Entgegen der Auffassung der Klägerin erklärte er, dass die Sanktion keinen strafrechtlichen Charakter habe und daher das Schuldprinzip nicht anzuwenden sei. Ablehnend zu dieser Entscheidung: *Schwarze*, EuZW 2003, S. 262 f.

ähnliche Sanktion angesehen.[536] Diese Einordnung wird auf eine EuGH-Rechtsprechung von 1987 gestützt, in der dieser bzgl. eines Verfalls einer Sicherheit von 120% urteilte, die zusätzlichen 20% seien ein unrechtmäßig erlangter Vorteil in Gestalt eines kostenlosen Kredites, den es noch abzuschöpfen gälte, indem man pauschal einen Zinssatz von 20% festlege.[537] Hiergegen spricht jedoch die Systematik der VO 612/09, in welcher die Kommission in der VO 612/09 sorgfältig zwischen Zinsen und Zuschlägen zu differenzieren wusste (vgl. Art. 32 Abs. 2 UAbs. 1 VO 612/09). Ferner nennt die Kommission in den Erwägungsgründen den Zweck der Prävention, was ebenfalls gegen die rein restitutive Einordnung des EuGH spricht. Aus der Grenzziehung zwischen Zinsen und Zuschlägen seitens des EuGH können auch deswegen keine Rückschlüsse auf die Strafähnlichkeit gezogen werden, weil dieser bekanntlich auch 50-prozentige Strafzuschläge als nicht strafrechtlich einordnet. Auch die Zuschläge im Rahmen der Wiedereinziehung einer Vorauszahlung gem. Art. 32 Abs. 1 UAbs. 1 VO 612/09 sind daher entgegen dem EuGH[538] als Strafzuschläge mit repressiver Natur einzuordnen und als Sanktionen i.e.S. bzw. als strafähnliche Sanktionen zu verstehen.

Die Wiedereinziehung aufgrund zu Unrecht empfangener, bereits erhaltener Leistungen gem. Art. 49 Abs. 1 UAbs. 1 der VO 612/09 stellt eine Wiederherstellung des rechtmäßigen Zustandes dar, verfolgt mithin einzig restitutive Zwecke.[539] Daran ändern auch die ebenfalls zu zahlenden Zinsen für die Zeit zwischen der Gewährung der Erstattung und ihrer Rückzahlung nichts. Die in Art. 49 Abs. 1 UAbs. 1 lit. a VO 612/09 angedrohte „Einbehaltung dieser Sicherheit" verfolgt ebenfalls einzig den Zweck, einer ungerechtfertigten Bereicherung vorzubeugen. Im Gegensatz zur o.g. Rückzahlungsaufforderung hat man hier die Durchsetzung der Rückzahlung lediglich mit der Hinterlegung einer Kaution für den Fall abgesichert, dass auf die Vorauszahlung kein Anspruch bestand.[540] Die ändert nichts an der rein restitutiven Natur.[541] Dieser Ansicht ist

536 *Heitzer*, Punitive Sanktionen im Europäischen Gemeinschaftsrecht, S. 89 f.; *Böse*, Strafen und Sanktionen im Europäischen Gemeinschaftsrecht, S. 262 f.

537 EuGH, Urt. v. 5.2.1987 – „Plange Kraftfutterwerke", Slg. 1987, Band I, S. 611 f., S. 625.

538 EuGH, Urt. v. 5.2.1987 – „Plange Kraftfutterwerke", Slg. 1987, Band I, S. 611 f., S. 625.

539 Ebenso: *Wolffgang*, in: Ehlers/Wolffgang, Rechtsfragen der Europäischen Marktordnungen, S. 209 f., S. 217.

540 *Heitzer*, Punitive Sanktionen im Europäischen Gemeinschaftsrecht, S. 49; *Böse*, Strafen und Sanktionen im Europäischen Gemeinschaftsrecht, S. 308.

541 So ebenfalls: *Heitzer*, Punitive Sanktionen im Europäischen Gemeinschaftsrecht, S. 61 f.; *Böse*, Strafen und Sanktionen im Europäischen Gemeinschaftsrecht, S. 309; *Vogel,*

auch der EuGH.[542] Diese Maßnahme wird auch „Kautionsverfall bei Vorauszahlung“ oder „Sicherheitsverfall“ bezeichnet.[543]

ε) Verhältnis zu Art. 48 Abs. 9 VO 612/09 und Art. 6 Abs. 4 der VO 2988/95 (ne bis in idem-Regelungen)

Ferner bleibt zu untersuchen, ob die dargestellten Sekundärrechtsakte Ausführungen zur Handhabung möglicher Doppelbestrafungen beinhalten, die möglicherweise einer Anwendung des Art. 50 GRCh entgegenstehen.

Art. 48 Abs. 9 der VO 612/09 regelt jedoch lediglich das Verhältnis der Sanktionen der VO 612/09 zu etwaigen sonstigen Sanktionen nach nationalem Recht und statuiert, dass beide nebeneinander verhängt werden können. Zur Konstellation einer Doppelbestrafungsgefahr von Sanktionen aus europäischem Sekundärrecht äußert sich die VO nicht. Auch Art. 6 Abs. 4 VO 2988/95 verhält sich nicht zu der vorliegenden Konstellation.

ζ) Zwischenergebnis

Letztlich bleibt festzuhalten, dass Art. 50 GRCh in verwaltungsrechtlichen Verfahren zur Anwendung kommt, denen ein Strafzuschlag i.S.d. zitierten Normen zugrunde liegt. Wird also dem Antragsteller einer Ausfuhrerstattung wegen Missbrauchs die Zahlung eines Strafzuschlags auferlegt, so kann die Behörde wegen desselben missbräuchlichen Verhaltens den verhängten Strafzuschlag nicht erhöhen, wenn sie im Nachhinein der Ansicht ist, dieser sei zu gering ausgefallen. Auch im Rahmen des Ausfuhrerstattungsrechts innerhalb dieser Fallgruppe der Erst- und Zweitsanktionierung nach europäischem Sekundärrecht ist jedoch zuzugeben, dass die Gefahr einer Doppelbestrafung aus o.g. Gründen als gering einzuschätzen ist.

In Bezug auf die von der VO 2988/95 vorgenommenen Differenzierungen ergibt sich Folgendes: Alle untersuchten Strafzuschläge können unproblematisch unter Art. 5 Abs. 1 lit. b VO 2988/95 gefasst werden („Zahlung eines Betrags, der den rechtswidrig erhaltenen … Betrag … übersteigt.“).[544] Der in die-

---

in: Sieber/Brüner/Satzger/Heintschel-Heinegg, Europäisches Strafrecht, § 5, Rn 22. Offen lassend: *Dannecker*, in: Wabnitz/Janovsky, Handbuch Wirtschafts- und Steuerstrafrecht, 2. Kap., Rn 93.

542 EuGH, Urt. v. 17.12.1970 – „Internationale Handelsgesellschaft“, Slg. 1970, S. 1125 f.

543 Zu den Begrifflichkeiten siehe: *Heitzer*, Punitive Sanktionen im Europäischen Gemeinschaftsrecht, S. 47 f.; *Böse*, Strafen und Sanktionen im Europäischen Gemeinschaftsrecht, S. 295 f.

544 Anders: *Heitzer*, Punitive Sanktionen im Europäischen Gemeinschaftsrecht, S. 93, die die Zuschläge bei der Wiedereinziehung von Vorauszahlungen aufgrund der Verneinung des repressiven Zwecks lediglich als Maßnahmen i.S.d. Art. 4 Abs. 2 VO

sem Zusammenhang ebenfalls vorgestellte Kautionsverfall bei Vorauserstattung fällt sodann unter Art. 4 Abs. 1 2.Spiegelstrich der VO 2988/95 („durch vollständigen oder teilweisen Verlust der Sicherheit"). Auch an dieser Stelle kommt man mithin zu dem Ergebnis, dass sich die hier überprüften Sanktionen i.e.S. bzw. strafähnlichen Sanktionen mit denen decken, die innerhalb des Art. 5 Abs. 1 der VO 2988/95 als Sanktionen bezeichnet werden.

Ferner bleibt an dieser Stelle anzumerken, dass der EuGH offenbar dazu tendiert, die Sanktionen des europäischen Agrarsekundärrechts als rein verwaltungsrechtliche Instrumente zu qualifizieren. Es wird unterstellt, die Sanktionen i.w.S. dienten der Aufrechterhaltung der ordnungsgemäßen Verwaltung und der wirksamen Durchsetzung des Gemeinschaftsrechts. Dies wird wohl vertreten, um verwaltungsrechtlichen Belangen in ausreichendem Maße Rechnung tragen zu können und nicht an einen zu engen, an strafrechtlichen Grundsätzen orientierten Entscheidungsrahmen gebunden zu sein.[545] Auch will der EuGH vermeiden, zu weit in den mitgliedstaatlich Bereich des Strafrechts vorzudringen, da dann Kompetenzkonflikte vorprogrammiert wären. Die Einordnung des EuGH hat in Bezug auf Art. 50 GRCh zur Konsequenz, die entsprechenden verwaltungsrechtlichen Verfahren der Geltung des Art. 50 GRCh sowie auch weiterer strafrechtlicher Grundsätze zu entziehen. Seiner Rechtsprechung zufolge ist der Rechtsschutz der Betroffenen durch allgemein anerkannte verwaltungrechtliche Grundsätze und Gemeinschaftsgrundrechte vor den jeweiligen Gemeinschaftsgerichten ausreichend gewährt, welche einen gleichwertigen Schutz wie straf- und strafverfahrensrechtliche Garantien gewährleisteten.[546] Damit bestimmt der EuGH den Prüfungsmaßstab der Verwaltungssanktionen und senkt für die Betroffenen das Schutzniveau in unbilliger Art und Weise.[547]

Die Literatur hat sich bislang nicht zu der Anwendung eines ne bis in idem-Grundsatzes in dieser Konstellation geäußert.

(b) Erst- *oder* Zweitsanktion ergibt sich aus europäischem Sekundärrecht und die jeweils andere Sanktion aus unionsrechtlich determiniertem nationalen Recht (am Beispiel des deutschen Rechts)

Im Rahmen der innersystematischen Konstellation ist nun weiterhin zu untersuchen, inwieweit Art. 50 GRCh Anwendung findet, wenn sich nur die Erst- oder Zweitsanktion aus europäischem Sekundärrecht ergibt, während die jeweils an-

2988/95 ansieht, wobei sie die zu zahlenden 10 % als „Zinsen, die pauschal festgelegt werden können" betrachtet.

545 So: *Schwarze*, EuZW 2003, S. 269.

546 EuG, Urt. v. 20.2.2011, „Mannesmannröhren-Werke/Kommission", Slg. 2001, Band II/1-2, S. 729 f., S. 758.

547 Ähnlich: *Schwarze*, EuZW 2003, S. 269.

dere Sanktion aufgrund unionsrechtlich determinierten nationalen Rechts ergeht. In Bezug auf das nationale Recht soll hierbei exemplarisch die Rechtslage im deutschen Recht dargestellt werden.

Für die Verhängung der dargestellten Sanktionen des sekundärrechtlichen Ausfuhrerstattungsrechts sind in Deutschland die jeweiligen Hauptzollämter als örtliche Verwaltungsbehörde zuständig.[548] Die Bundeszollverwaltung als Teil der Bundesfinanzverwaltung ist die hierzu übergeordnete Überwachungsbehörde zur Sicherung der Einnahmen der Bundesrepublik und der EU, mithin auch der Rechtmäßigkeit von Subventionszahlungen.[549] Für die Gewährung von Betriebsprämien sowie für die damit verbundenen Sanktionen ist hingegen das Amt für Landwirtschaft und Forsten zuständig.

(aa) Geldbußen aus dem Marktorganisationsrecht (§ 36 MOG)

In Betracht kommt zunächst eine weitere Sanktionierung nach nationalen agrarrechtlichen Bestimmungen. Das EU-Recht hat im Agrarmarktbereich das deutsche Recht fast vollständig verdrängt, was zu einem spezifischen EU-Durchführungsrecht in Deutschland führte, das den Inhalt des EU-Agrarmarktrechts in weitem Umfang widerspiegelt.[550] Hier ist insbesondere das „Gesetz zur Durchführung der gemeinsamen Marktorganisation und der Direktzahlungen - Marktorganisationsgesetz" (MOG)[551] von 1972 in seiner neusten Fassung zu nennen (unionsrechtlich determiniertes nationales Recht). Die Bestimmungen des MOG sind zumeist horizontal formuliert, um auf sämtliche ehemalige Marktorganisationen Anwendung zu finden. Die europarechtlichen Regelungen werden durch die nationalen Bestimmungen in der Form ergänzt, dass das MOG verwaltungsorganisatorische und verwaltungsverfahrensrechtliche Fragen bzgl. der Durchführung der gemeinsamen Marktorganisation regelt.[552] Es hat mithin Umsetzungsfunktion.[553] Das geltende MOG erstreckt seinen Anwendungsbereich gem. § 1 Abs. 1a MOG ausdrücklich auf Direktzahlungen und somit auch auf die Betriebsprämie. Ebenso werden im Rahmen der Ein- und

548 Dies ergibt sich aus 38 Abs. 3 S. 1 MOG i.V.m. § 36 Abs. 1 Nr. 1 OWiG.

549 Sie überwacht beispielsweise die Ein- und Ausfuhr von Marktordnungswaren in die bzw. aus der Gemeinschaft, die Zahlung von Ausfuhrerstattungen und Produktionserstattungen, sowie die Überwachung von Quotenregelungen; *Harder*, in: Wabnitz/Janovsky, Handbuch Wirtschafts- und Steuerstrafrecht, 20. Kap., Rn 2, 123.

550 *Busse*, in: Schulze/Zuleeg, Europarecht, § 25, Rn 9; *Schmidt*, Öffentliches Wirtschaftsrecht, BT 2, § 11, Rn 124.

551 *Schmidt*, Öffentliches Wirtschaftsrecht, BT 2, § 11, Rn 125.

552 *Harder*, in: Wabnitz/Janovsky, Handbuch Wirtschafts- und Steuerstrafrecht, 20. Kap., Rn 122; *Schmidt*, Öffentliches Wirtschaftsrecht, BT 2, § 11, Rn 125; zum deutschen MOG siehe: *Busse*, in: Schulze/Zuleeg, Europarecht, § 25, Rn 199 f.

553 *Schmidt*, Öffentliches Wirtschaftsrecht, BT 2, § 11, Rn 125.

Ausfuhrregelungen gem. §§ 18 f. MOG Ausfuhrerstattungen als Teil der gemeinsamen Marktorganisation miteinbezogen. I.S.d. § 6 MOG wurde das Gesetz auch bereits zum Erlass nationaler Durchführungsrechtsverordnungen genutzt. Derzeit bestehen etwa fünfzig dieser MOG-Verordnungen, die sich zumeist auf ein bestimmtes Erzeugnis beziehen.[554] Es wurde nicht nur eine Betriebsprämiendurchführungsverordnung (BetrPrämDurchfV), sondern auch eine Verordnung über die Durchführung des Integrierten Verwaltungs- und Kontrollsystems (InVeKoSV), sowie eine Ausfuhrerstattungsverordnung (AusfErstV) und eine deutsche Milchquotenregelung (MilchAbgV) erlassen. Doch weder die AusfErstV noch die BetrPrämDurchfV enthalten nationale Bußgeldnormen. Stattdessen wurden im 6. Abschnitt (§§ 35f.) des MOG umfangreiche Straf- und Bußgeldvorschriften normiert.

Der Bußgeldkatalog des § 36 MOG nimmt weitgehend auf die europäischen Regelungen Bezug. Nach Abs. 1 handelt u.a. ordnungswidrig, „wer vorsätzlich oder leichtfertig unrichtige oder unvollständige Angaben tatsächlicher Art macht oder benutzt, um für sich oder einen anderen eine Lizenz, Erlaubnis, Genehmigung, Zulassung, Anerkennung, Bewilligung oder Bescheinigung zu erlangen, die nach Regelungen im Sinne des § 1 Abs. 2 hinsichtlich Marktordnungswaren … erforderlich sind.“ Die Rechtsfolge ergibt sich aus § 36 Abs. 6 Nr. 1 MOG, wonach die Verhängung einer Geldbuße mit bis zu 50.000 Euro möglich ist. Die genannten Tathandlungen sind generalklauselartig formuliert und können nur in Verbindung mit den „Regelungen im Sinne des § 1 Abs. 2 MOG“ näher bestimmt werden. § 1 Abs. 2 MOG regelt, dass „Regelungen“ entweder europäisches Primär- oder Sekundärrecht oder nationale Durchführungsgesetze und Durchführungsverordnungen sind. Es ist daher davon auszugehen, dass die Blankettnorm des § 36 Abs. 1 i.V.m. § 1 Abs. 2 MOG alle im Rahmen der Art. 58 f. VO 1122/09 und Art. 32 Abs. 1 UAbs. 1, Art. 48 Abs. 1 VO 612/09 dargestellten Tathandlungen umfasst. Bzgl. dieser Tathandlungen muss § 36 MOG bei dessen Anwendung sodann zwingend i.V.m. der jeweiligen Sekundärrechtsnorm gelesen werden. Nationalen Behörden wird es hier demnach grundsätzlich ermöglicht, neben Sanktionen aus dem europäischen Sekundärrecht zusätzlich eine Geldbuße nach nationalem Recht aufgrund eines nationalen Ordnungswidrigkeitenstatbestandes i.V.m. der europäischen Sekundärrechtsnorm in derselben Sache zu verhängen.

Es besteht deshalb die Gefahr, dass die Ämter für Landwirtschaft und Forsten bzw. die Hauptzollämter nach Verhängung einer Sanktion aus Art. 58 f. VO 1122/09 bzw. Art. 32 Abs. 1 UAbs. 1, Art. 48 Abs. 1 VO 612/09 aus § 36 MOG i.V.m. der entsprechenden Norm mittels einer Geldbuße nachsanktionieren, so-

554 *Busse*, in: Schulze/Zuleeg, Europarecht, § 25, Rn 199.

fern ihnen die in einem Erstverfahren verhängten Sanktionen als zu niedrig erscheinen.

(bb) Geldbußen aus dem Zoll- und Steuerrecht (§§ 31 f. ZollVG und § 378 AO)

Bei der Suche nach einschlägigen nationalen Bußgeldtatbeständen, die im Falle von Schädigungen der Finanzinteressen der EU Anwendung finden könnten, stößt man zudem auf das Steuer- und Zollrecht. Die Union umfasst eine Zollunion (vgl. Art. 28 f. AEUV). Zölle werden daher an den EU-Binnengrenzen nicht mehr erhoben. Dies geschieht allerdings an den Außengrenzen nach weitgehend europäisiertem Recht,[555] dem Gemeinsamen Zolltarif sowie dem EU-Zollrechts (sog. Zollkodex).[556] Das deutsche nationale Zollverwaltungsgesetz (ZollVG) hat nur noch ergänzende Funktion. In den nationalen Bußgeldbestimmungen gem. §§ 31 bis 32 ZollVG (sog. zollrechtliche Ordnungswidrigkeiten) sind nun keine Tathandlungen ersichtlich, die gleichzeitig auch die o.g. Sanktionsnormen aus dem europäischen Agrarrecht erfüllen.[557]

Ähnlich wie bei den zollrechtlichen Bußgeldtatbeständen verhält es sich im Steuerstraf- bzw. -bußgeldrecht, ohne an dieser Stelle bereits zu weit auf die nächste Konstellation des intersystematischen Bereichs (Verhältnis Verwaltungssanktionenrecht - Kriminalstrafrecht) vorgreifen zu wollen. Neben dem klassischen Anwendungsbereich der Steuer- oder Mehrwertsteuerhinterziehung erfasst der Straftatbestand des § 370 Abgabenordnung (AO) ebenfalls die sog. Zollstraftaten. Dieses sind solche Steuerstraftaten, die darauf gerichtet sind, die für die Einfuhr und Ausfuhr von Waren zu entrichtenden Abgaben zu hinterziehen, d.h. Zölle und Abschöpfungen.[558] Vergleichbares gilt für die Fahrlässig-

555 Näheres dazu: *Franzen/Gast/Joecks*, Kommentar zum Steuerstrafrecht, § 370 AO, Rn 220; *Waldhoff*, in: Calliess/Ruffert, EUV/AEUV, Art. 28 AEUV, Rn 9.

556 VO 2913/92 des Rates zur Festlegung des Zollkodexes der Gemeinschaften, in: ABl. EG, 1992, L 302, S. 1 f.

557 In den §§ 31a, b ZollVG geht es vielmehr um Konstellationen, in denen Bußgelder im Rahmen des grenzüberschreitenden Bargeldverkehrs verhängt werden, wenn jemand seine Barmittel nicht ordnungsgemäß anzeigt. Auch in § 31 ZollVG i.V.m. § 382 AO geht es schwerpunktmäßig darum, dass jemand versucht, sich seiner Gestellungspflicht zu entziehen, indem die Zollstelle umgangen wird, und die Zollbehörde aufgrund mangelnder Kenntnis keinen Abgabenbescheid erlassen kann, oder man sich zwar nicht der Zollstelle entzieht, aber sodann falsche Angaben gegenüber der Stelle macht.

558 Die zollrechtlichen Tathandlungen bestehen, ebenso wie bei § 31 ZollVG, im Kern aus der Umgehung oder Täuschung der Zollstelle. Zu den Tathandlungen siehe: *Franzen/Gast/Joecks*, Kommentar zum Steuerstrafrecht, § 370 AO, Rn 220c. Im Übrigen stellt § 3 Abs. 3 AO klar, dass Einfuhr- und Ausfuhrabgaben Steuern im Sinne der AO sind, so dass die §§ 369 f. AO anzuwenden sind.

keitsvariante des § 378 AO. Die Hinterziehungen von Zöllen und Abschöpfungen stellen allerdings lediglich Unregelmäßigkeiten in Bezug auf die EU-Einnahmenseite dar.[559] Bei Unregelmäßigkeiten im Rahmen von Ausfuhrerstattungen geht es jedoch darum, eine höhere Erstattung zu erhalten, mithin gerade um die Ausgabenseite der Union.[560] Bei den Ausfuhrerstattungen ist das deliktische Ziel, eine möglichst hohe Menge anzugeben, um höhere Erstattungen zu erlangen, während beim Einfuhrzoll das Ziel ist, die konkrete Ware möglichst gar nicht oder nur in geringerer als der tatsächlichen Menge anzugeben. Auch hier lassen sich demnach keine typischerweise überschneidenden, sondern vielmehr spiegelbildliche Tathandlungen finden.

Eine Doppelbestrafungsgefahr durch das europäische Agrarrecht einerseits und das deutsche Steuer- und Zollrecht andererseits besteht daher nicht.

(cc) Geldbußen aus sonstigen Rechtsgebieten (z.B. § 60 LFBG) mit Beispielsfall

Eine Doppelbestrafungsgefahr könnte sich aufgrund der Anwendung von Sanktionsnormen allerdings aus sonstigen Rechtsgebieten – wie z.B. dem deutschen Lebensmittelrecht – ergeben.[561] Das deutsche Lebensmittel-, Bedarfsgegenstände- und Futtermittelgesetzbuch (LFGB) vom 01.09.2005, aber auch das übergeordnete europäische Lebensmittelrecht, bezwecken primär den Schutz des Verbrauchers vor Gesundheitsgefahren sowie vor Irreführung und Täuschung (vgl. § 1 LFGB sowie Art. 1 Ratsverordnung 178/02 zur Festlegung der allgemeinen Grundsätze und Anforderungen des Lebensmittelrechts, sog. „Basisverordnung“).[562] Der Geltungsbereich des LFGB erstreckt sich gem. § 57 LFGB auch auf den Export deutscher Lebensmittel, sofern für die jeweiligen Erzeugnisse im Bestimmungsland nicht abweichende Anforderungen gelten. Generell werden Lebensmittel als absolut und ausnahmslos verkehrsunfähig, d.h. als weder ein- noch ausfuhrfähig eingestuft, wenn sie geeignet sind, die Gesundheit zu gefähr-

---

559 *Dannecker*, in: Wabnitz/Janovsky, Handbuch Wirtschafts- und Steuerstrafrecht, 2. Kap., Rn 130.

560 Zu der allgemeinen Differenzierung zwischen Einnahmen und Ausgabenseite siehe: *Dannecker*, in: Wabnitz/Janovsky, Handbuch Wirtschafts- und Steuerstrafrecht, 2. Kap., Rn 126 f.; *Stoffers*, EuZW 1994, S. 305 f.; *Wolffgang*, in: Ehlers/Wolffgang, Rechtsfragen der Europäischen Marktordnungen, S. 231 f.

561 Das Lebensmittelrecht betrifft die staatliche bzw. gemeinschaftliche Regulierung des Verkehrs mit Lebensmitteln. So: *Hagenmeyer/Teufer*, in: Dauses, Handbuch des EU-Wirtschaftsrechts, Band 1, Kap. C. IV., Rn 1.

562 Die Ratsverordnung ist in allen Mitgliedstaaten unmittelbar anzuwenden und schafft damit eine weitgehende Harmonisierung; *Hagenmeyer/Teufer*, in: Dauses, Handbuch des EU-Wirtschaftsrechts, Band 1, Kap. C. IV., Rn 7.

den (§§ 5, 26, 30 LFGB).[563] Auch im Bereich des Lebensmittelrechts passt das LFGB jedoch nur das nationale Recht an europäischen Vorgaben an, nämlich an die europäische Basisverordnung 178/02, welche wiederum die Grundlage des europäischen Lebensmittelrechts ist.[564] Es ergibt sich also erneut das Bild, dass die Rechtsharmonisierung bereits weit voran geschritten ist und der nationale Gesetzgeber – hier in Form des LFGB – lediglich versucht, die noch in der Zuständigkeit der Mitgliedstaaten stehenden Überreste zusammenhängend in einem Gesetz zusammenzufassen (unionsrechtlich determiniertes nationales Recht).[565] Ferner obliegt den Mitgliedstaaten gem. Art. 17 Abs. 2 der VO 178/02 auch im Lebensmittelrecht die Durchsetzung des europäischen Rechts und damit auch seine Überwachung und Überprüfung, worunter wiederum die Sanktionierung etwaiger Zuwiderhandlungen fällt. Blickt man nun auf die in den §§ 58 f. geregelten Straf- und Ordnungswidrigkeitennormen des LFGB, fällt auf, dass bei den meisten lebensmittelrechtlichen Zuwiderhandlungen fahrlässig begangene Verstöße als Ordnungswidrigkeiten, Vorsatztaten jedoch als Straftaten verfolgt werden. Auf eine Darstellung des Sanktionssystems im Detail soll an dieser Stelle verzichtet und stattdessen überprüft werden, ob die Tathandlungen, die die dargestellten Normen des europäischen Agrarsekundärrechts erfüllen, ebenso typischerweise die §§ 58 f. LFGB erfüllen.

Dies könnte beispielsweise in den sog. „Gammelfleischfällen" der Fall sein: Ein Antragsteller will Rindfleisch in ein Drittland ausführen und beantragt hierfür eine Ausfuhrerstattung. Dabei verkennt er fahrlässigerweise, dass es sich um bereits z.T. verdorbene Ware handelt. Dies wird jedoch im Nachhinein aufgedeckt, nachdem die verdorbene Ware tatsächlich in den Verkehr gebracht wurde.[566]

Hierbei verwirklicht der Antragsteller zunächst den Sanktionstatbestand des Art. 48 VO 612/09. Er hat nämlich eine höhere als die ihm zustehende Erstattung beantragt. Ihm stand aufgrund der z.T. fehlenden „gesunden und handelsüblichen Qualität" vielmehr eine geringere Ausfuhrerstattung zu. Ein Strafzuschlag ist unabhängig von seinem Verschulden die Folge. Durch dasselbe Ver-

563 Zum Anwendungsbereich des Gesetzes näher: *Rützler*, in: Streinz, Lebensmittelrechts-Handbuch, Kap. II, A, Rn 59.

564 *Hagenmeyer/Teufer*, in: Dauses, Handbuch des EU-Wirtschaftsrechts, Band 1, Kap. C. IV., Rn 7.

565 Das LFGB ist daher gem. § 1 Abs. 2 LFGB immer im Zusammenhang mit der Basis-Verordnung 178/02 zu sehen, die ihr in den dort erfassten Bereichen vorgeht. Zum Verhältnis näher: *Hagenmeyer/Teufer*, in: Dauses, Handbuch des EU-Wirtschaftsrechts, Band 1, Kap. C. IV., Rn 8 f.

566 Der Beispielsfall wurde an den Sachverhalt des folgenden Urteils angelehnt: FG Hamburg, Urt. v. 19.06.2007, 4 K 50/05.

halten wird ein nationaler Ordnungswidrigkeitentatbestand gem. §§ 59 Abs. 2 Nr. 1, 60 Abs. 1 Nr. 1 LFGB i.V.m. Art. 14 Abs. 2 lit. a der VO 178/02 – bzw. eine nationale unionsrechtlich determinierte Sanktionsnorm – verwirklicht.[567] Die verdorbene Ware wird nämlich als gesundheitsschädliche und damit „nicht sichere" Ware i.S.d. Art. 14 VO 178/02 fahrlässigerweise auch tatsächlich „in den Verkehr gebracht". Ein solcher Erfolg ist erforderlich, damit die Sanktionsnorm greift, da ein Versuch des Ordnungswidrigkeitentatbestandes nicht unter Bußgeldbewehrung steht.

Ausnahmsweise sollen an dieser Stelle der Vollständigkeit halber bereits die in diesem Fall relevanten nationalen Straftatbestände aufgezählt werden, ohne die Bedeutung des Art. 50 GRCh im intersystematischen Verhältnis zu klären und vorwegzunehmen.[568] Es kommt ein fahrlässiger Subventionsbetrug nach § 264 Abs. 4 StGB in Betracht, da die Norm auf europäische Ausfuhrerstattungen anwendbar ist und der Antragsteller über die subventionsrechtliche Tatsache der Unverdorbenheit der Ware unrichtige Angaben macht.[569] Ebenso kommt sogar eine fahrlässige Körperverletzung gem. § 229 StGB in Betracht, wenn das Rindfleisch im Bestimmungsland konsumiert wird und dies zu entsprechenden gesundheitsschädlichen Folgen führt.

Der Beispielsfall „der Beantragung einer Ausfuhrerstattung bei fahrlässigem Verkennen der Verdorbenheit des Rindfleischs und auch tatsächlichem Inverkehrbringung dessen", belegt die Existenz von Fällen, in denen dieselbe Tathandlung europäisches Verwaltungssanktionenrecht, sowie nationales, unionsrechtlich determiniertes Verwaltungssanktionenrecht (hier in Form von Ordnungswidrigkeitenrecht) und zugleich nationales Kriminalstrafrecht verwirklicht.

567 Art. 59 Abs. 2 Nr. 1 LFGB lautet: „Ebenso wird bestraft, wer 1. gegen die Verordnung (EG) Nr. 178/2002 verstößt, indem er a) entgegen Artikel 14 Abs. 1 in Verbindung mit Abs. 2 Buchstabe b ein Lebensmittel in den Verkehr bringt oder…".
Art. 60 Abs. 1 Nr. 1 lautet: „Ordnungswidrig handelt, wer eine der in 1. § 59 Abs. 1 Nr. 8 oder Abs. 2 Nr. 1, … bezeichneten Handlungen fahrlässig begeht.". Art. 14 Abs. 1 und 2 der VO 178/02 lauten: „(1) Lebensmittel, die nicht sicher sind, dürfen nicht in Verkehr gebracht werden. (2) Lebensmittel gelten als nicht sicher, wenn davon auszugehen ist, dass sie a) gesundheitsschädlich sind, b) für den Verzehr durch den Menschen ungeeignet sind.". Eine Übersicht zu den Straf- und Bußgeldtatbeständen im Lebensmittelrecht liefert die Tabelle bei: *Rützler*, in: Streinz, Lebensmittelrechts-Handbuch, Kap. VII, C, Rn 117.

568 Zum intersystematischen Verhältnis siehe unten: S. 140 f.

569 Jedes Kriterium, welches die Zahlung einer Ausfuhrerstattung dem Grunde oder der Höhe nach bestimmt, ist letztlich geeignet, Grundlage eines Subventionsbetruges zu werden. So: *Harder*, in: Wabnitz/Janovsky, Handbuch Wirtschafts- und Steuerstrafrecht, 20. Kap., Rn 130.

In Bezug auf die hiesige Fallgruppe, in der sich Erst- oder Zweitsanktion aus europäischem Sekundärrecht ergeben, während sich die jeweils andere Sanktion aus unionsrechtlich determiniertem nationalen Recht ergibt, kann also festgehalten werden, dass durchaus eine Doppelbestrafungsgefahr besteht.

(dd) Verhältnis zu Art. 103 Abs. 3 GG

Zu untersuchen gilt es nun, ob nationale ne bis in idem-Regelungen an dieser Stelle greifen und eine Doppelbestrafung durch nationale Behörden desselben Mitgliedstaates verhindern. Dabei soll erneut das deutsche Recht exemplarisch untersucht werden.

Art. 103 Abs. 3 GG spricht von einem Verbot der Doppelbestrafung „auf Grund der allgemeinen Strafgesetze". Nach inzwischen strittiger Ansicht ist damit nicht das Ordnungswidrigkeitenrecht, sondern allein das Kern- und Nebenstrafrecht (Kriminalstrafrecht) gemeint.[570] Die Norm entfaltet also weder innerhalb des Ordnungswidrigkeitenrechts noch in dessen Verhältnis zum Kriminalstrafrecht Wirkung.[571] Legt man diesen Ansatz zu Grunde, kann Art. 103 Abs. 3 GG den dargestellten Doppelbestrafungsgefahren nicht entgegenwirken.

(ee) Verhältnis zu § 84 OWiG

In Bezug auf das deutsche Recht könnte jedoch § 84 OWiG, als ne bis in idem-Regelung des deutschen Ordnungswidrigkeitenrechts, greifen. Der ne bis in idem-Grundsatz gilt im deutschen Ordnungswidrigkeitenrecht nur eingeschränkt,[572] d.h. die Ahndungen genießen unterschiedliche Bindungswirkung.[573] Der ne bis in idem-Grundsatz i.S.d. § 84 OWiG gilt zunächst innersystematisch im Rahmen des Ordnungswidrigkeitenrechts. Die Rechtskraft eines Bußgeldbe-

570 So: BVerfGE 43, S. 101 f., S. 105; *Möstl,* in: Isensee/Kirchhof, Handbuch des Staatsrechts, Band VIII, § 179, Rn 57. Für eine analoge Anwendung: *Schulze-Fielitz,* in: Dreier, GG-Kommentar, Band 3, Art. 103 Abs. 3, Rn 21; *Kunig*, in: v.Münch/Kunig, GG-Kommentar, Band 2, Art. 103, Rn 41; *Schmidt-Aßmann*, in: Maunz/Dürig, GG-Kommentar, Band 6, Art. 103 Abs. 3, Rn 289; Ähnlich: *Degenhart*, in: Sachs, GG-Kommentar, Art. 103, Rn 80, der zwar das Ordnungswidrigkeitenrecht nicht vom Wortlaut erfasst sieht, dann aber Art. 103 Abs. 3 GG ohne nähere Begründung zumindest innerhalb des Ordnungswidrigkeitenrechts anwendet. Offen lassend: *Pieroth*, in: Jarass/Pieroth, Grundgesetz, Art. 103, Rn 74; *Rüping*, in: Bonner Kommentar zum GG, Art. 103 Abs. 3, Rn 81; *Nolte*, in: v.Mangoldt/Klein/Starck, GG-Kommentar, Band 3, Art. 103 Abs. 3, Rn 215. Für eine direkte Anwendung: *Appel*, Verfassung und Strafe, S. 531 f.

571 *Bohnert*, in: Karlsruher Kommentar zum OWiG, Einleitung, Rn 134.

572 *Bohnert*, in: Karlsruher Kommentar zum OWiG, Einleitung, Rn 134; *Seitz*, in: Göhler, Kommentar zum OWiG, § 84, Rn 4.

573 *Bohnert*, Ordnungswidrigkeitenrecht, Rn 689.

scheides nach § 84 Abs. 1 1. Alt. OWiG bewirkt ein von Amts wegen zu berücksichtigendes Verfahrenshindernis für ein Zweitordnungswidrigkeitenverfahren wegen derselben Tat. Der ne bis in idem-Grundsatz wird hier aus dem Rechtsstaatsprinzip und – wie gesehen – nicht aus Art. 103 Abs. 3 GG abgeleitet.[574] Auch wird nicht nur die Verfolgung durch dieselbe Behörde, sondern auch die Verfolgung durch andere Behörden aus anderen Ordnungswidrigkeiten in derselben Sache gesperrt. Selbst wenn die Erstbehörde für die Ahndung der im Bußgeldbescheid nicht berücksichtigten weiteren Ordnungswidrigkeit sachlich gar nicht zuständig gewesen ist, bleibt ein weiteres Bußgeldverfahren durch eine Zweitbehörde gesperrt. Die Erstbehörde trifft also eine umfassende „Kognitionspflicht". Der zu prüfende Sachverhalt muss erschöpfend im Hinblick auf verwirklichte Bußgeldtatbestände untersucht werden (vgl. § 39 OWiG).[575] Innersystematisch wirkt der ne bis in idem-Grundsatz ebenfalls, wenn ein Gericht ein Urteil über einen Bußgeldbescheid fällt (§ 84 Abs. 1 2. Alt. OWiG). Hinsichtlich weiterer Ordnungswidrigkeiten wegen derselben Sache besteht eine Verfolgungssperre.[576]

Übertragen auf die vorliegenden agrarrechtlichen Sachverhalte ergibt sich jedoch Folgendes: § 84 Abs. 1 OWiG kann nach einer Erstsanktion aus europäischem Sekundärrecht – wie z.B. aus Art. 58 f. VO 1122/09 oder Art. 32 Abs. 1 UAbs. 1, Art. 48 Abs. 1 VO 612/09 –, den Betroffenen nicht vor weiteren nationalen Bußgeldern aus nationalen Ordnungswidrigkeiten wie z.B. § 36 MOG oder den §§ 59, 60 LFBG schützen. Es liegt schon keine taugliche Erstentscheidung i.S.d. Norm vor, da Ordnungswidrigkeiten i.S.d. § 84 Abs. 1 OWiG nur solche Sanktionen sind, deren Ahndungsmittel die Geldbuße ist (§ 1 OWiG). § 84 Abs. 1 OWiG könnte aber selbst dann nicht greifen, wenn die sich aus dem Sekundärrecht ergebende Erstsanktion eine Geldbuße darstellen würde, mithin zunächst eine Geldbuße nach europäischer Norm erlassen würde und sodann eine weitere Geldbuße aufgrund eines nationalen Ordnungswidrigkeitentatbestandes folgen würde. Denn § 2 OWiG bestimmt als sachlichen Geltungsbereich des Gesetzes – und mithin auch des § 84 OWiG – nur solche Ordnungswidrigkeiten, die nach Bundes- oder Landesrecht erlassen wurden. Dies träfe für Geldbußenregelungen aus europäischem Sekundärrecht nicht zu. Gleiches gilt demzufolge für die umgekehrten Fälle, in denen zunächst ein Bußgeld nach nationa-

574 *Bohnert*, in: Karlsruher Kommentar zum OWiG, Einleitung, Rn 135.

575 Da die Zuständigkeit damit im Umfang des § 39 OWiG besteht, liegt sodann auch keine Durchbrechung des Grundsatzes, nach dem die Rechtskraftwirkung ihre Grenze in der Entscheidungsbefugnis findet. Dazu: *Wache*, in: Karlsruher Kommentar zum O-WiG, § 84, Rn 3; *Rebmann/Roth/Herrmann*, OWiG Kommentar, § 84, Rn 16.

576 *Wache*, in: Karlsruher Kommentar zum OWiG, § 84, Rn 10; *Seitz*, in: Göhler, Kommentar zum OWiG, § 84, Rn 15.

ler Ordnungswidrigkeitennorm ergeht und eine weitere Sanktion aus europäischem Sekundärrecht droht.

Es kann also festgehalten werden, dass § 84 OWiG nur in dem innersystematischen Verhältnis von nationalen Ordnungswidrigkeiten zu nationalen Ordnungswidrigkeiten Anwendung finden kann (z.B. zwischen § 36 MOG und §§ 59, 60 LFBG). Die Norm kann keine Sperrwirkung zwischen einer nationalen Ordnungswidrigkeit und einer mitgliedstaatlichen Sanktion nach europäischem Recht entfalten. Sobald eine andere Sanktionsform als die Geldbuße vorliegt oder ein Bußgeld nicht auf einen nationalen bundes- oder landesrechtlichen Ordnungswidrigkeitentatbestand gestützt wird, vermag § 84 OWiG keinen Schutz zu gewähren.

Die nationalen deutschen ne bis in idem-Regelungen gewähren demnach in der dargestellten agrarrechtlichen Fallkonstellation keinen ausreichenden Schutz vor Doppelbestrafung.

(ff) Probleme bei der Einhaltung der Voraussetzungen des Art. 51 Abs. 1 S. 1 GRCh

Damit Art. 50 GRCh jedoch in den beschriebenen Fällen Anwendung findet, müsste erneut die „Hürde" des Art. 51 Abs. 1 S. 1 GRCh überwunden werden. Mit der hier favorisierten engen Ansicht, dass nur dann eine Durchführung von Unionsrecht vorliegt, wenn die für den Sachverhalt maßgebliche Norm selbst primäres oder sekundäres Unionsrecht darstellt, könnte man zu dem voreiligen Schluss kommen, im Rahmen der Zweitverfolgung sei allein § 36 MOG oder § 60 LFBG die maßgebliche Norm. Jene stelle nationales Recht dar, weshalb kein Unionsrecht durchgeführt werde, die Hürde des Art. 51 GRCh nicht überwunden wäre und Art. 50 GRCh keine Anwendung finden könnte.

Richtigerweise muss an dieser Stelle jedoch sorgfältiger untersucht werden, welche diejenige Norm ist, die den Sachverhalt tatsächlich prägt. Zur Beurteilung der Frage, ob Unionsrecht durchgeführt wird, kann an dieser Stelle nicht länger nur auf die zugrunde liegende Sanktionsnorm abgestellt werden. Bei der Suche nach der Norm, die den Sachverhalt prägt, müssen vielmehr auch weitere Normen einbezogen werden. Dafür spricht auch die Formulierung der Suchformel, nach welcher die Norm lediglich die rechtliche Beurteilung des maßgeblichen Sachverhalts „prägen" muss, was nicht zwingend nur die Beachtung der entsprechenden Sanktionsnorm zulässt. Vielmehr können auch sekundärrechtliche Normen, auf die über § 36 MOG oder § 60 LFBG zugegriffen wird (Blankettnormen), solche sein, die die rechtliche Beurteilung des Falls prägen, da sie beispielsweise die genauen Voraussetzungen der Subventionsbeantragung regeln. Diese Vorgehensweise des Rückgriffs auf die mit den nationalen Normen in Verbindung stehenden europäischen Normen erscheint auch sachnäher. Denn wie gesehen, sind MOG und LFBG als Überbleibsel des deutschen Rechts nur noch bloßes EU-Durchführungsrecht. Die europarechtlichen Vorgaben prägen die Sachverhalte in erheblichem Maße.

Es muss also festgehalten werden, dass auch nach der engen Ansicht in den bezeichneten Fällen eine Durchführung von Unionsrecht gegeben ist, da die sekundärrechtlichen Normen jene sind, die neben dem nationalen, unionsrechtlich determinierten Bußgeldtatbestand den Sachverhalt zumindest maßgeblich „mitprägen“. In diesen Fällen des mittelbaren Vollzugs kann daher die Hürde des Art. 51 Abs. 1 S. 1. GRCh genommen werden, so dass eine Anwendung des Art. 50 GRCh eine Doppelbestrafung verhindern kann.

Dieses Ergebnis wird noch durch folgende Überlegung unterstützt: Im umgekehrten Fall, wenn eine Behörde zunächst wegen § 36 MOG oder § 60 LFBG und sodann in einem Zweitverfahren aus den gemeinschaftsrechtlichen agrarrechtlichen Normen nachsanktionieren will, wären die Voraussetzungen des Art. 51 Abs. 1 S. 1 GRCh unproblematisch erfüllt, da nicht nur gemeinschaftsrechtlich determiniertes nationales Recht, sondern unmittelbar Sekundärrecht angewandt würde. Einer Zweitverfolgung stünde Art. 50 GRCh entgegen. Mithin muss die Anwendung des Art. 50 GRCh konsequenterweise auch für den umgekehrten Fall gelten.

Der im Rahmen der mitgliedstaatlichen Grundrechtsbindung favorisierte engste Ansatz führt hier mithin zu billigen Ergebnissen. Der Kreis der Normen, welche für die rechtliche Beurteilung des Sachverhalts in Betracht zu ziehen ist, muss aber weiter gezogen werden bzw. darf nicht einzig auf die eigentliche Sanktionsnorm beschränkt bleiben.

(gg) Verhältnis zu Art. 77 Abs. 2 der VO 1122/09, Art. 48 Abs. 9 VO 612/09 und Art. 6 Abs. 4 der VO 2988/95 (ne bis in idem-Regelungen)

Zu untersuchen bleibt letztlich noch, ob und inwieweit sich die entsprechenden ne bis in idem-Regelungen aus dem Bereich des Sekundärrechts zu der hiesigen Fallgruppe äußern und mit einer Anwendung des Art. 50 GRCh in Konflikt treten.

Wie bereits dargestellt, regelt Art. 77 Abs. 2 der VO 1122/09 u.a. das Verhältnis von Kürzungen und Ausschlüssen zu „zusätzliche(n) Sanktionen im Rahmen anderer … einzelstaatlicher Rechtsvorschriften“ und bejaht dabei die Möglichkeit, kumulativ Sanktionen zu verhängen. Ebenso zielt Art. 48 Abs. 9 der VO 612/09 auf genau dieses Verhältnis ab und lässt ein Nebeneinander von Strafzuschlägen und „Sanktionen … nach nationalem Recht“ zu. Nach dem hier vertretenen Ergebnis der Anwendung des Art. 50 GRCh innerhalb dieser Fallgruppe treten die Normen mithin in einen Konflikt mit Art. 50 GRCh. Erneut müssen sie daher dahingehend unionsgrundrechtskonform ausgelegt werden, dass mit „Sanktionen“ unter Anwendung des weiten Sanktionsbegriffs nur solche gemeint sein können, die nichtstrafrechtlicher Natur sind.

Eine Kollision mit Art. 6 Abs. 4 VO 2988/95 liegt innerhalb dieser Fallgruppe indes nicht vor. Wie erläutert bezieht sich diese Norm nur auf das im Folgenden zu untersuchende Verhältnis zwischen einem mitgliedstaatlichen verwaltungsbehördlichen Erstverfahren und einem nachfolgenden mitgliedstaatlichen Strafverfahren.

(hh) Zwischenergebnis

Es verbleibt somit das Ergebnis, dass Art. 50 GRCh in umfangreichem Maße Anwendung findet, wenn sich nur die Erst- oder Zweitsanktion aus europäischem Sekundärrecht ergibt, während die jeweils andere Sanktion aufgrund unionsrechtlich determinierten nationalen Rechts ergeht.

Dieses Ergebnis ist erstrebenswert, da die Betroffenen bzgl. derselben Handlung mit mehrfachen schwerwiegenden strafähnlichen Sanktionen verfolgt werden können. Die strafähnlichen Verwaltungssanktionen des Sekundärrechts können den Betroffenen im Einzelfall u.U. sogar härter treffen als eine Kriminalstrafe und setzen zudem z.T. kein Verschulden voraus. Es erscheint nicht gerechtfertigt, zusätzlich eine Geldbuße beispielsweise nach § 36 MOG mit bis zu 50.000 Euro zu verhängen, nachdem ein in sich abgeschlossenes Sanktionssystem aus dem Sekundärrecht angewandt wurde. Auch die ne bis in idem-Regelungen der Sekundärrechtsakte schützen die Betroffenen hier nicht ausreichend. Sie befürworten vielmehr ausdrücklich die Möglichkeit der Kumulation von Sanktionen. Den Betroffenen muss daher ein wirksames Verteidigungsmittel in Form eines justiziellen Unionsgrundrechts an die Hand gegeben werden. Die Anwendung des Art. 50 GRCh erscheint sachgerecht.

Das Erfordernis eines Doppelbestrafungsverbots ergibt sich zudem insbesondere aus dem Verhältnis zwischen europäischem und deutschem Agrarrecht, denn je enger sich Rechtsordnungen miteinander verweben, desto höher steigt die Doppelbestrafungsgefahr und macht einen wirksamen ne bis in idem-Schutz erforderlich. Das europäische Agrarrecht ist bereits äußerst weit vorangeschritten und hat das deutsche Agrarrecht nahezu vollständig verdrängt. Gleiches gilt für die meisten Bereiche des deutschen Nebenstrafrechts (vgl. Umwelt- oder Lebensmittelrecht).[577] An dieser Stelle nun zu vertreten, mit dem innerstaatlichen Agrarrecht würden eigene Interessen verfolgt und mit der Sanktionsvorschrift aus § 36 MOG eigene Rechtsgüter geschützt mit der Folge, dass man die beiden Rechtsgebiete getrennt betrachten könnte, erscheint weder sachgerecht

577 So: *Meyer,* NStZ 2009, S. 661.

noch zeitgemäß. In Bezug auf den deutschen Mitgliedstaat verfolgen das europäische Agrarrecht und das nationale Agrarrecht vielmehr dieselben Ziele, wie den Schutz des Agrarbinnenmarktes, die Förderung der landwirtschaftlichen Bevölkerung und nicht zuletzt die Sicherstellung der Versorgung der Bevölkerung (vgl. Art. 39 Abs. 1 AEUV). Auch schützen sowohl § 36 MOG als auch die sekundärrechtlichen Sanktionsregelungen dasselbe Rechtsgut, nämlich die finanziellen Interessen der Gemeinschaft.[578] In einem derart eng verwobenen Rechtsgebiet, in dem das nationale Recht lediglich noch zur Durchführung des europäischen Rechts herangezogen wird, erscheint es unvertretbar, denselben Betroffenen wegen derselben Handlung einmal nach nationalem Agrarrecht und sodann nach europäischem Agrarrecht zu verfolgen. Gleiches gilt für die umgekehrte Konstellation.

(ii) Ansätze von Böse und Mansdörfer vor Inkrafttreten des Art. 50 GRCh

Der Vollständigkeit halber sollen noch kurz die von der Literatur vertretenen Lösungswege aufgezeigt werden. Es gilt zu beachten, dass die Vorschläge allesamt aus der Zeit vor Inkrafttreten des Art. 50 GRCh stammen.

Böse unterscheidet innerhalb des hier aufgezeigten Verhältnisses zwischen originären europäischen Verwaltungssanktionen und nationalen Verwaltungssanktionen danach, ob beide in einem Verfahren oder in zwei von einander zu trennenden Verfahren verhängt werden. Soweit nationale Normen dasselbe Verhalten mit einer Verwaltungssanktion bedrohen wie das europäische Recht, sei eine Kumulation von Sanktionen zulässig, sofern „die Sanktionen aufeinander abgestimmt werden". Der ne bis in idem-Grundsatz in Gestalt eines allgemeinen, ungeschriebenen Rechtsgrundsatzes stünde hingegen entgegen, wenn eine Behörde dieselbe Tat in zwei getrennten Verfahren nach nationalem und europäischem Recht ahnde.[579] Da *Böse* die Kumulation von Sanktionen in demselben Verfahren mit der Verhängung von Haupt- und Nebenstrafen im deutschen Strafrecht vergleicht, wird deutlich, dass er im Rahmen einer Gesamtschau in der „Sanktionszumessung" wohl nur dann eine Kumulation von Sanktionen akzeptiert, wenn sich die Sanktionierung im Ganzen als schuldangemessen darstellt. Auch wenn sich ein solches Ermessen der Behörden in den bisher untersuchten, ausdifferenzierten Sanktionsregelungen noch nicht ergeben hat, ist eine solche Vorgehensweise innerhalb eines Verfahrens grundsätzlich zu akzeptieren. Maßgeblich ist, dass das begangene Unrecht letztlich nur einmal geahndet wird. Hinsichtlich der Verfolgung einer Tat in zwei getrennten Verfahren gelangt *Böse* mit der Sperrung des Zweitverfahrens zum selben Ergebnis wie die vorlie-

578 Zu diesem Rechtsgut siehe unten: S. 288 f.

579 *Böse*, Strafen und Sanktionen im Europäischen Gemeinschaftsrecht, S. 390 f.

gende Untersuchung. Es besteht lediglich die Besonderheit, dass sich nunmehr auf einen geschriebenen ne bis in idem-Grundsatzes in Gestalt des Art. 50 GRCh berufen werden kann.

Auch *Mansdörfer* schließt in diesem Verhältnis eine Doppelbestrafung aus. Er sucht insoweit aber lediglich nach einer Lösung für das deutsche Recht und wendet § 84 OWiG an.[580] Nach seiner Ansicht seien die supranationalen Sanktionen mit nationalen Ordnungswidrigkeiten gleichzusetzen, und der Begriff der Ordnungswidrigkeit sei daher „entsprechend europarechtskonform zu interpretieren“. Dabei bleibt jedoch unklar, ob er sich bei der Anwendung des § 84 OWiG des Rechtsinstituts der Analogie bedient, oder ob er die Norm direkt anwendet.[581] Gegen eine direkte Anwendung sprechen bereits die o.g. Erörterungen. Auf die Möglichkeit und Erforderlichkeit einer analogen Anwendung des § 84 OWiG wird erst an späterer Stelle näher eingegangen.[582] Entscheidend ist zunächst, dass auch der von *Mansdörfer* vertretene Ansatz jedenfalls zu denselben Ergebnissen kommt.

(2) Intersystematische Anwendung zwischen Verwaltungssanktionenrecht und Kriminalstrafrecht (am Beispiel des Europäischen Agrarsubventionenrechts und deutschen Kriminalstrafrechts)

Nach der Darstellung der verschiedenen innersystematischen Konstellationen bleibt zu klären, ob Art. 50 GRCh auch bei intersystematischen Konstellationen, d.h. zwischen Verwaltungssanktionenrecht und nationalem Kriminalstrafrecht, Anwendung finden kann.

Es muss untersucht werden, ob nach einer rechtskräftigen Erstsanktion nach europäischem Recht durch nationale Behörden eine Zweitentscheidung in Form einer Kriminalstrafe in demselben Mitgliedstaat wegen derselben Sache erfolgen darf. Von diesen Fällen der verwaltungsbehördlichen Erstentscheidung gilt es die Fälle zu trennen, in denen die Erstsanktion eine gerichtliche Entscheidung darstellt. Die Fälle der gerichtlichen Erstsanktion können sodann wiederum in der Form auftreten, dass entweder zunächst eine Kriminalstrafe durch ein Gericht ergeht und sodann nationale Behörden nach europäischem Recht nachsanktionieren wollen oder dass eine verwaltungsbehördliche Entscheidung gerichtlich bestätigt wird und sodann eine Kriminalstrafe droht.

Alle intersystematischen Konstellationen gilt es dabei anhand des europäischen Agrarsubventionenrechts i.V.m. dem deutschen Kriminalstrafrecht zu er-

580 *Mansdörfer*, Das Prinzip des ne bis in idem im europäischen Strafrecht, S. 229 f.
581 *Mansdörfer*, Das Prinzip des ne bis in idem im europäischen Strafrecht, S. 230 f.
582 Siehe dazu unten: S. 159 f.

örtern, wobei das deutsche Kriminalstrafrecht erneut exemplarisch für die mitgliedstaatlichen Kriminalstrafrechtsordnungen stehen soll.

(a) Erstentscheidung durch eine Verwaltungsbehörde

Zunächst ist also die Konstellation zu untersuchen, nach der eine Erstentscheidung durch eine mitgliedstaatliche Verwaltungsbehörde aufgrund europäischen Sekundärrechts ergeht, rechtskräftig wird und sodann ein Kriminalstrafverfahren wegen derselben Sache droht.

Bezogen auf die o.g. Sanktionsnormen des europäischen Agrarrechts, das durch deutsche Behörden vollzogen wird, stellt sich die Frage, ob nach einer Erstsanktionierung durch das Zollamt oder das Amt für Landwirtschaft und Forsten nach Art. 58 f. VO 1122/09 bzw. Art. 32 Abs. 1 UAbs. 1 oder Art. 48 Abs. 1 VO 612/09 der Art. 50 GRCh einer weiteren kriminalstrafrechtlichen Verfolgung durch die nationalen Strafverfolgungsbehörden im Wege steht.

Es gilt also zunächst diejenigen nationalen Straftatbestände aufzuzeigen, die mitverwirklicht werden können, wenn im Rahmen derselben Tathandlung die o.g. Normen des europäischen Agrarsekundärrechts erfüllt sind. In Bezug auf das Zoll- und Steuerrecht gilt Folgendes: Ebenso wie im innersystematischen Bereich sind neben den Ordnungswidrigkeitentatbeständen des deutschen Zoll- und Steuerrechts auch keine Straftatbestände aus dem Zoll- und Steuerrecht ersichtlich, bei denen sich die Tathandlungen mit denen des europäischen Verwaltungssanktionenrecht überschneiden könnten. Dies schließt jedoch nicht eine Verwirklichung von Straftatbeständen aus dem Kernstrafrecht aus.

(aa) Kriminalstrafen aus dem Kernstrafrecht

Der zentrale Straftatbestand im deutschen Recht zur Erfassung von Unregelmäßigkeiten in Bezug auf Gemeinschaftsausgaben ist der bereits oben angesprochene Subventionsbetrug gem. § 264 StGB,[583] welcher im Gegensatz zu § 370 AO sowohl die vorsätzliche als auch fahrlässige Begehung (Abs. 4) unter Kriminalstrafe stellt. Mit der Neufassung des Abs. 7 des § 264 StGB wurde dem „Übereinkommen über den Schutz der finanziellen Interessen der EG" von 1995 Rechnung getragen. Denn sofern es um Betrugssachverhalte ging, welche die aus EU-Haushalten zu zahlenden Subventionen betrafen, sollten die Mitgliedstaaten einen umfassenden Schutz der Ausgabenseite der EU gewährleisten.[584] Abs. 7 S. 1 Nr. 2 des § 264 StGB öffnet daher den Anwendungsbereich in umfassender Weise für Subventionen, die im Haushaltsplan der EU vorgesehen

583 *Dannecker*, in: Wabnitz/Janovsky, Handbuch Wirtschafts- und Steuerstrafrecht, 2. Kap., Rn 133.

584 Zu diesem Übereinkommen siehe auch unten: S. 297 f.

sind.[585] Nach überwiegender Ansicht sind auch gemeinschaftsrechtliche Ausfuhrerstattungen für landwirtschaftliche Produkte erfasst,[586] so dass die o.g. typischen Tathandlungen der Falschangaben bzw. Täuschungen über die Menge oder Qualität der ausgeführten Ware i.d.R. ebenfalls den nationalen Straftatbestand des § 264 StGB erfüllen.[587] Auch die klassischen Missbrauchshandlungen im Rahmen der gemeinschaftsrechtlichen Betriebsprämien werden von der Norm erfasst.[588] Im o.g. Fall der sog. „Übererklärung", d.h. des Angebens einer größeren als der tatsächlich vorhandenen Fläche, stellt die Fläche des Betriebes eine „subventionsrechtliche Tatsache" dar, da sie ein Kriterium für die Subventionsgewährung ist. Über diese Tatsache wird sodann eine „unrichtige Angabe" gemacht. Auch der Subventionsbegriff nach Abs. 1 i.V.m. Abs. 7 S. 1 Nr. 2 ist erfüllt, da die Gewährung eine Leistung darstellt, die „aus öffentlichen Mitteln nach dem Recht der Europäischen Gemeinschaften" erbracht ist. Im Fall der „Übererklärung" im Rahmen der Betriebsprämie ist somit ebenfalls der Tatbestand des § 264 Abs. 1 Nr. 1 StGB erfüllt.

Neben § 264 StGB können noch weitere Straftatbestände aus dem Kernstrafrecht verwirklicht sein. Wenn bei Sachverhalten des Ausfuhrerstattungsrechts die Tathandlung beispielsweise darin besteht, mit Hilfe gefälschter Einfuhrpapiere einer Zollbehörde des Bestimmungslandes die Ausgangszollstelle über die ordnungsgemäße Einfuhr der Ware zu täuschen, um sich die Voraussetzungen der Auszahlung einer Ausfuhrerstattung zu verschaffen[589], können ebenfalls Ur-

---

585 Die Erweiterung des Anwendungsbereichs auf Fälle mit europäischen Subventionen und die damit verbundene Ausdehnung des Subventionsbegriffs führte dazu, dass man bei § 264 nun zwischen 2 unterschiedlichen Subventionsbegriffen unterscheidet; einem weiteren Begriff im Falle europarechtlicher Subventionen, um möglichst viele Fallkonstellationen zu erfassen und einen umfassenden Schutz der EU-Finanzen zu gewährleisten, sowie einem engeren Begriff bei rein nationalen Subventionen. Dazu: *Dannecker*, in: Wabnitz/Janovsky, Handbuch Wirtschafts- und Steuerstrafrecht, 2. Kap., Rn 133; *Fischer*, StGB Kommentar, § 264, Rn 12.

586 *Bender*, in: Müller-Gugenberger, Wirtschaftsstrafrecht, § 52, Rn 51 f.; *Fischer*, StGB Kommentar, § 264, Rn 12 m.w.N.; verneinend: *Schrömbges*, wistra 2009, S. 249, S. 253 f.

587 Jedes Kriterium, welches die Zahlung einer Ausfuhrerstattung dem Grunde oder der Höhe nach bestimmt, ist letztlich geeignet, Grundlage eines Subventionsbetruges zu werden. So: *Harder*, in: Wabnitz/Janovsky, Handbuch Wirtschafts- und Steuerstrafrecht, 20. Kap., Rn 130.

588 *Bender*, in: Müller-Gugenberger, Wirtschaftsstrafrecht, § 52, Rn 51, sieht „die zahlreichen Subventionen der EG-Agrarmarktordnungen auf Grund der VO 1234/07" als von der Norm erfasst.

589 So z.B. im Fall des FG Hamburg, Urt. v. 12.02.2010, 4 K 227/08, wo die Fälschung der Einfuhrzolldokumente erst spät entdeckt wurde und daraufhin gegenüber dem An-

kundendelikte wie die Urkundenfälschung gem. § 267 StGB oder eine mittelbare Falschbeurkundung gem. § 271 StGB[590] verwirklicht werden. Auch Bestechungsdelikte können eine Rolle spielen.[591] Ohne an dieser Stelle zu weit in die Problematik des Tatbegriffs vordringen zu wollen, ist davon auszugehen, dass es sich bei den Tathandlungen noch immer um dieselbe Tat i.S.d. Art. 50 GRCh handelt. Auch wenn denkbar ist, dass es sich um materiell-rechtlich selbstständige Handlungen handelt, so sind diese dennoch so miteinander verbunden, dass der Unrechts- und Schuldgehalt der einen nicht ohne die Umstände, die zu der anderen Handlung geführt haben, gewürdigt werden kann.

Es besteht somit im Bereich des Agrarsubventionenrechts durchaus die Gefahr, dass nach einer Erstentscheidung in Form einer Verwaltungssanktion durch die mitgliedstaatlichen Behörden die Strafverfolgungsbehörden desselben Mitgliedstaates ein Kriminalstrafverfahren gegen dieselbe Person wegen derselben Tat durchführen.

(bb) Verhältnis zu Art. 103 Abs. 3 GG

Wie erläutert, findet Art. 103 Abs. 3 GG in den hier aufgeworfenen intersystematischen Konstellationen keine Anwendung.[592] Der Schutz der Norm beschränkt sich auf das Gebiet des Kriminalstrafrechts.

(cc) Verhältnis zu § 84 OWiG

Schwieriger gestaltet sich erneut die Frage nach der Anwendbarkeit des § 84 OWiG. Grundsätzlich trifft § 84 OWiG auch Aussagen zum intersystematischen Verhältnis, genauer dem Verhältnis zwischen Kriminalstrafen und Ordnungswidrigkeiten. Wie bereits erwähnt, gilt der Grundsatz im deutschen Ordnungswidrigkeitenrecht aber nur eingeschränkt, was sich nun in dieser Konstellation zeigt. Denn das Vorliegen eines rechtskräftigen Bußgeldbescheids nach behördlicher Entscheidung schließt die Verfolgung des Täters wegen einer Straftat in derselben Sache nicht aus (Umkehrschluss aus § 84 Abs. 1 OWiG). D.h. der ne

tragsteller zunächst eine entsprechende Sanktion verhängt wurde. Ob der Antragsteller von der Falschheit der Dokumente wusste, oder nur im Drittland ansässige Abnehmer, konnte allerdings nicht geklärt werden, spielte aber für die Bejahung der Sanktionsnorm auch keine Rolle. Ein ähnlicher Fall siehe: FG Hamburg, Urt. v. 15.02.2007, 4 K 204/06.

590 § 271 StGB könnte z.B. verwirklicht sein, wenn eine tatsächlich nicht ausgeführte Ware durch den Zollbeamten auch tatsächlich als ausgeführt deklariert wird. Zu § 271 StGB: *Harder*, in: Wabnitz/Janovsky, Handbuch Wirtschafts- und Steuerstrafrecht, 20. Kap., Rn 120.

591 So: *Dannecker*, in: Wabnitz/Janovsky, Handbuch Wirtschafts- und Steuerstrafrecht, 2. Kap., Rn 132.

592 Siehe oben: S. 134.

bis in idem-Grundsatz greift nicht, und es wird an dieser Stelle keine intersystematische Sperrwirkung entfacht. Die Verwaltungsbehörde kann mit ihrer Entscheidung also weder die Staatsanwaltschaft noch das Strafgericht an einem Tätigwerden in derselben Sache hindern. Zum Strafrecht hin ist „die Flanke offen".[593] Die Entscheidung einer Verwaltungsbehörde in Form eines Bußgeldbescheides kann also keine weiteren kriminalstrafrechtlichen Entscheidungen sperren.[594] Das Rechtsstaatsprinzip verlangt lediglich eine „Berücksichtigung" der vorhergehenden Geldbuße in der strafgerichtlichen Verurteilung, was in Form einer Anrechnung in § 86 Abs. 2 OWiG fixiert wurde.[595]

Dieses Ergebnis kann sich allerdings erneut nur auf das Verhältnis zwischen deutschem Ordnungswidrigkeitenrecht und deutschem Kriminalstrafrecht (z.B. § 36 MOG zu § 264 StGB) beziehen. § 84 OWiG trifft erneut keine Aussagen darüber, ob nach einer rechtskräftigen Erstsanktion nach europäischem Sekundärrecht durch nationale Behörden eine Zweitentscheidung in Form einer Kriminalstrafe in demselben Mitgliedstaat wegen derselben Sache erfolgen darf.

(dd) Übertragung der Systematik des § 84 OWiG auf Art. 50 GRCh

Auch wenn § 84 OWiG auf die genannte intersystematische Konstellation keine Anwendung findet, so stellt sich die Frage, ob seine grundsätzliche Aussagen und Systematik bzgl. des intersystematischen Verhältnisses ggf. auf die europäische Ebene bzw. den Anwendungsbereich des Art. 50 GRCh zu übertragen sind. Transferiert man die Aussage zum Verhältnis zwischen deutschem Ordnungswidrigkeitenrecht zu deutschem Kriminalstrafrecht auf das Verhältnis zwischen originären europäischen Verwaltungssanktionen zu mitgliedstaatlichen Kriminalstrafen in demselben Mitgliedstaat, so erhält man folgendes Ergebnis: Nach einer mitgliedstaatlichen behördlichen Erstsanktion nach originärem europäischen Verwaltungssanktionenrecht ist ein weiteres Strafverfahren in demselben Mitgliedstaat wegen derselben Sache nicht ausgeschlossen. Die weitere Verfolgung bleibt vielmehr möglich. Für die agrarrechtlichen Sachverhalte würde dies bedeuten, dass nach einer bestandskräftigen Erstsanktionierung durch das Zollamt oder das Amt für Landwirtschaft und Forsten nach Art. 58 f. VO 1122/09 bzw. Art. 32 Abs. 1 UAbs. 1 oder Art. 48 Abs. 1 VO 612/09 dennoch ein Kriminalstrafverfahren in derselben Sache z.B. wegen eines Vergehens nach § 264 StGB durchgeführt werden kann.

---

593 So: *Bohnert*, Ordnungswidrigkeitenrecht, Rn 693.

594 *Wache*, in: Karlsruher Kommentar zum OWiG, § 84, Rn 3; *Seitz*, in: Göhler, Kommentar zum OWiG, § 84, Rn 4; *Rebmann/Roth/Herrmann*, OWiG Kommentar, § 84, Rn 6.

595 *Bohnert*, in: Karlsruher Kommentar zum OWiG, Einleitung, Rn 134; *Kühne*, in: Löwe-Rosenberg, StPO Kommentar, Band 1, Einl. Abschn. K, Rn 93.

Gegen eine Übertragung von Aussagen des § 84 OWiG jedweden Inhalts auf die europäische Ebene spricht grundsätzlich die mangelnde Vergleichbarkeit des deutschen Ordnungswidrigkeitenrechts sowohl mit dem originären europäischen Verwaltungssanktionenrecht als auch mit den einzelnen Verwaltungssanktionssystemen anderer Mitgliedstaaten.[596] Eine dem deutschen OWiG entsprechende Kodifikation besteht lediglich in Italien, Österreich und Portugal, wobei dort keine Übereinstimmung darüber besteht, ob für das Verfahren vor Gericht sodann die Vorschriften über das Strafverfahren gelten.[597] Die Kodifikationen enthalten eigenständige allgemeine Teile, die inhaltlich an die des Kriminalstrafrechts angelehnt sind. Hauptsanktion aller drei Kodifikationen ist die Geldbuße.[598] In Frankreich und anderen Mitgliedstaaten haben Verwaltungssanktionen i.w.S. eine lange Tradition. Hierunter fallen alle Sanktionen i.w.S., auch wenn zunehmend eine Abgrenzung zwischen Sanktionen i.e.S. und i.w.S. unternommen wird.[599] In der verfassungsgerichtlichen Rechtsprechung besteht zudem eine starke Tendenz, auf Sanktionen i.e.S. strafrechtliche Grundsätze anzuwenden, welche bislang nur sehr eingeschränkt zur Geltung kamen. Es existiert kein strafrechtsähnlicher allgemeiner Teil.[600] Die Abgrenzbarkeit zwischen Sanktionen und Kriminalstrafen wird anhand der vom Gesetzgeber festgelegten Zuständigkeit zur Verfolgung vorgenommen. Für die Sanktionen ist der Verwaltungsrechtsweg eröffnet, nachdem sie von einer Verwaltungsbehörde verhängt wurden.[601] Das verwaltungsgerichtliche Verfahren kann neben dem Strafverfahren betrieben werden.[602] Im englischen Recht gibt es hingegen gar kein Recht der Verwaltungssanktionen i.e.S. Bloße Ordnungsverstöße – sog. „regulatory offences" – sind Teil des Kriminalstrafrechts.[603]

Auch bestehen zwischen dem deutschen OWiG und dem originären europäischen Verwaltungssanktionenrecht nur begrenzt Gemeinsamkeiten. Die Geldbuße ist im deutschen Recht die einzige Hauptsanktion des Ordnungswidrigkeiten-

596 Einen rechtsvergleichenden Überblick liefern: *Böse*, Strafen und Sanktionen im Europäischen Gemeinschaftsrecht, S. 40 f.; *Heitzer*, Punitive Sanktionen im europäischen Gemeinschaftsrecht, S. 13 f.

597 In Deutschland hat dies den Hintergrund, dass man bei Einführung des Ordnungswidrigkeitengesetzes der Ansicht war, die Strafgewalt weise mit der Verhängung repressiver Sanktionen mehr Erfahrung auf.

598 *Böse*, Strafen und Sanktionen im Europäischen Gemeinschaftsrecht, S. 41 f.; *Heitzer*, Punitive Sanktionen im europäischen Gemeinschaftsrecht, S. 14.

599 *Böse*, Strafen und Sanktionen im Europäischen Gemeinschaftsrecht, S. 147.

600 *Heitzer*, Punitive Sanktionen im europäischen Gemeinschaftsrecht, S. 16 f.

601 *Heitzer*, Punitive Sanktionen im europäischen Gemeinschaftsrecht, S. 16; *Böse*, Strafen und Sanktionen im Europäischen Gemeinschaftsrecht, S. 43.

602 *Böse*, Strafen und Sanktionen im Europäischen Gemeinschaftsrecht, S. 43.

603 *Böse*, Strafen und Sanktionen im Europäischen Gemeinschaftsrecht, S. 44.

rechts.[604] Auf europäischer Ebene existiert dagegen die bereits dargestellte Vielzahl repressiver Sanktionsarten. Diese Formenvielfalt ist dem deutschen Ordnungswidrigkeitenrecht fremd, weshalb eine Gleichstellung der Systeme einer Selbstüberschätzung des deutschen Systems gleichkäme.[605] Die aufgezeigten, de lege lata noch erheblichen Differenzen im Bereich des Ahndungs- bzw. Verwaltungssanktionenrechts können jedoch nicht dazu führen, dass der Anwendungsbereich eines Unionsgrundrechts nicht hinreichend klar definiert wird und die Betroffenen nicht ausreichend geschützt werden.

Im deutschen Recht wird die eingeschränkte Sperrwirkung im Verhältnis zu einer späteren Verfolgung als Straftat in der Literatur zunächst mit dem Grundsatz begründet, die Wirkung der materiellen Rechtskraft reiche nur so weit, wie die Befugnis und Pflicht der zur Entscheidung berufenen Stelle.[606] Eine Folge dieses Grundsatzes ist im deutschen Recht auch die Verschiedenheit der Prozessgegenstände für das Verfahren bei der Verwaltungsbehörde und für das gerichtliche Verfahren.[607] Beim Bußgeldverfahren der Verwaltungsbehörde wird die Tat lediglich als Ordnungswidrigkeit erfasst, während sie beim gerichtlichen Verfahren auch als Straftat erfasst wird.[608] Prozessgegenstand im Ordnungswidrigkeitenprozess ist der Lebenssachverhalt, soweit er ordnungswidrigkeitenrechtliche Bedeutung hat.[609] Der Bußgeldbescheid erwächst demnach bzgl. der Tat als Ordnungswidrigkeit in volle Rechtskraft. Die eingeschränkte Sperrwirkung ist also keine Folge von Rechtskraftbeschränkung,[610] sondern eine Konse-

604 § 22 Abs. 1 OWiG kennt lediglich die Einziehung von Gegenständen als Nebenfolge, die aber keinen repressiven Charakter hat. Eine allgemeine Verfallsregelung gibt es nicht, weil die Geldbuße gemäß § 17 Abs. 4 OWiG den erlangten wirtschaftlichen Vorteil übersteigen soll, die Gewinnabschöpfung also schon durch die Geldbuße erfolgt. Dazu: *Dannecker*, in: Wabnitz/Jannovsky, Handbuch des Wirtschafts- und Steuerstrafrechts, 1. Kap., Rn 67.

605 So: *Fromm*, ZIS 2007, S. 283.

606 *Wache*, in: Karlsruher Kommentar zum OWiG, § 84, Rn 3; *Seitz*, in: Göhler, Kommentar zum OWiG, § 84, Rn 4; *Rebmann/Roth/Herrmann*, OWiG Kommentar, § 84, Rn 6.

607 *Rebmann/Roth/Herrmann*, OWiG Kommentar, § 84, Rn 15.

608 *Rebmann/Roth/Herrmann*, OWiG Kommentar, § 84, Rn 15; *Molière*, Die Rechtskraft des Bußgeldbeschlusses, S. 49.

609 Vgl.: *Molière*, Die Rechtskraft des Bußgeldbeschlusses, S. 47. Zum Problem, inwieweit sodann bei der Bestimmung des Prozessgegenstandes außer auf den historischen Lebenssachverhalt auch auf die Rechtsfolgebehauptung bzw. das Rechtsfolgebegehren abzustellen ist, siehe: *Molière*, Die Rechtskraft des Bußgeldbeschlusses, S. 42 f.

610 So aber: *Seitz*, in: Göhler, Kommentar zum OWiG, § 84, Rn 4.

quenz des eingeengten Prozessgegenstandes des verwaltungsbehördlichen Verfahrens.[611]

Der Grundsatz, dass eine Wirkung der materiellen Rechtskraft nur so weit reicht, wie die Befugnis und Pflicht der zur Entscheidung berufenen Stelle, kann nun auch auf die europäische Ebene übertragen werden. Es ist davon auszugehen, dass diejenigen mitgliedstaatlichen Verwaltungsbehörden, die originäres europäisches Verwaltungssanktionenrecht vollziehen, nicht über eine entsprechende kriminalstrafrechtliche Bestrafungskompetenz verfügen. Ihre abschließende Entscheidung kann daher kein weiteres Strafverfahren in demselben Mitgliedstaat sperren. Die Behörden sind im Gegensatz zu einem Gericht in Bezug auf die Beantwortung rechtlicher Fragestellungen i.d.R. mit geringer qualifiziertem Personal besetzt und verfügen überdies nicht über die mit einem Gericht vergleichbaren Prüfungsmöglichkeiten rechtlicher Sachverhalte (Bsp: Vorabentscheidungsverfahren). Auch müssen sie oft eine große Anzahl an Verwaltungsverfahren führen, in welchen die Ahndung leichter Zuwiderhandlungen zügig und ohne größeren Aufwand durchgeführt werden kann, ohne sich dabei an zu strengen Verfahrensregeln zu orientieren. Es liegt in der Natur der Sache, dass damit eine höhere Fehlerquote einhergeht, weswegen es auch aus kriminalpolitischer Sicht vorzugswürdig ist, eine anschließende Strafverfolgung zuzulassen. Gegen die Sperrwirkung der behördlichen Erstentscheidung spricht auch das durch den ne bis in idem-Grundsatz verfolgte Ziel der Gewährung von Rechtssicherheit. Denn Rechtssicherheit kann nur dann verlangt werden, wenn tatsächlich Vertrauensschutz besteht. Ein Betroffener kann sich jedoch nicht auf Vertrauensschutz berufen, wenn er weiß, dass sein Verhalten bisher lediglich von der Behörde im Rahmen eines Verwaltungsverfahrens gewürdigt wurde, wegen ihrer mangelnden Kognitionsbefugnis jedoch keine sachlich umfassende Ahndung auch der kriminalstrafrechtlichen Inhalte stattfand.[612] Hinzukommend würde die Sperrung nachträglicher Strafverfahren die Betroffenen zu Lasten der materiellen Gerechtigkeit in unnötiger Art und Weise und über Gebühr beschützen.

Des weiteren wird die mangelnde Sperrwirkung im deutschen Recht damit begründet, dass die Staatsanwaltschaft an dem jeweiligen Verfahren der Verwaltungsbehörde nicht beteiligt ist.[613] Auch dieses Argument kann europaweit angeführt werden. Bereits in den dargestellten rein innerstaatlichen Verwaltungs-

611 *Wache*, in: Karlsruher Kommentar zum OWiG, § 84, Rn 3; *Rebmann/Roth/Herrmann*, OWiG Kommentar, § 84, Rn 1.

612 Ähnlich in Bezug auf die Erfassung rein nationaler Verwaltungssanktionen durch Art. 103 Abs. 3 GG: *Fliedner*, AöR 1974, S. 261, 280.

613 *Rebmann/Roth/Herrmann*, OWiG Kommentar, § 84, Rn 6.

sanktionssystemen der Mitgliedstaaten wird zumindest im Ausgangsverfahren keine Staatsanwaltschaft beteiligt. Es ist daher davon auszugehen, dass dies auch bei der Durchsetzung des originären europäischen Sanktionenrechts der Fall ist.

Es erscheint daher sachgerecht, im Verhältnis originärer europäischer Verwaltungssanktionen zu mitgliedstaatlichen Kriminalstrafen keine Sperrwirkung der behördlichen Erstentscheidung anzunehmen. Der Anwendungsbereich des Art. 50 GRCh wird also entsprechend § 84 OWiG im innerstaatlichen Recht konturiert, ohne dass Letzterer in irgendeiner Form Anwendung finden würde.

(ee) Verhältnis zu Art. 77 Abs. 2 der VO 1122/09, Art. 48 Abs. 9 VO 612/09 und Art. 6 Abs. 4 der VO 2988/95 (ne bis in idem-Regelungen)

Art. 77 Abs. 2 der VO 1122/09 und Art. 48 Abs. 9 VO 612/09 gehen auf dieses Verhältnis nicht ein, stehen dem vorgeschlagenem Ergebnis mithin nicht im Wege.

Art. 6 Abs. 4 VO 2988/95 bezieht sich dagegen ausschließlich auf das Verhältnis zwischen einem mitgliedstaatlichen, verwaltungsbehördlichen Erstverfahren, welches eine Sanktion i.S.d. Art. 5 VO 2988/95 zum Gegenstand hat, und einem nachfolgenden mitgliedstaatlichen Strafverfahren. Wie gesehen, regelt die Norm aber bei genauer Betrachtung nicht den Fall, dass das verwaltungsbehördliche Verfahren mittels einer Entscheidung bereits abgeschlossen ist, sondern stattdessen nur den Fall, dass das Verwaltungsverfahren zunächst noch in Gang ist. Sodann wird der Einschub bzw. Vorrang des strafrechtlichen Verfahrens geregelt, wobei offen bleibt, wie es sich mit der fakultativen Anrechnung verhielte, wenn das verwaltungsbehördliche Verfahren eben nicht ausgesetzt, sondern stattdessen zu Ende geführt würde. Dem Kontext der Norm kann jedoch entnommen werden, dass die Durchführung eines mitgliedstaatlichen Strafverfahrens auch nach einem bereits abgeschlossenen verwaltungsbehördlichen Verfahren erlaubt ist. Dies stützen auch die Erwägungsgründe der VO 2988/95, in denen es heißt, dass „die strafrechtliche Bewertung des Verhaltens der betroffenen Wirtschaftsteilnehmer durch die zuständigen Behörden der Mitgliedstaaten unberührt" bleibt.[614] Art. 6 Abs. 4 VO 2988/95 steht dem hier vertretenen Ergebnis mithin nicht im Wege.

(ff) Zwischenergebnis

Es verbleibt mithin das Ergebnis, dass Art. 50 GRCh ein mitgliedstaatliches Kriminalstrafverfahren nicht ausschließt, nachdem eine Verwaltungssanktion durch eine mitgliedstaatliche Verwaltungsbehörde aufgrund europäischen Sekundärrechts erlassen wurde.

614 9. Erwägungsgrund der VO 2988/95.

(gg) Ansatz von Mansdörfer vor Inkrafttreten des Art. 50 GRCh

In der Literatur geht bislang einzig *Mansdörfer* auf diese intersystematische Konstellation bei behördlicher Erstentscheidung ein. Nach seiner Ansicht geht die durch § 84 und § 86 Abs. 2 OWiG vorgeschlagene Anrechnungslösung jedenfalls nicht weit genug, da dies „dem Grundsatz ne bis in idem … nicht gerecht" würde. Ob er stattdessen eine klare Erledigungslösung favorisiert, wird nicht deutlich.[615] Eine Anwendung eines ne bis in idem-Grundsatzes in Form eines Erledigungsprinzips kommt jedenfalls aus den dargestellten Gründen nicht in Betracht.[616]

(b) Erstentscheidung durch ein Gericht

Als letztes gilt es zu untersuchen, inwiefern Art. 50 GRCh anzuwenden ist, wenn eine behördliche Sanktion nach europäischem Recht durch ein nationales Gericht bestätigt wird, mithin eine gerichtliche Erstsanktion gegeben ist und nun eine Zweitsanktion in Form einer Kriminalstrafe in demselben Mitgliedstaat wegen derselben Sache droht. Ebenso gilt es den umgekehrten Fall zu prüfen, in dem zunächst eine Kriminalstrafe durch ein Gericht ergeht und sodann eine nationale Behörde nach europäischem Recht nachsanktionieren will.

Bezogen auf die Fälle des europäischen Agrarsubventionenrechts bedeutet dies, dass eine Sanktionierung durch das Zollamt oder das Amt für Landwirtschaft und Forsten nach Art. 58 f. VO 1122/09 bzw. Art. 32 Abs. 1 UAbs. 1 oder Art. 48 Abs. 1 VO 612/09 zunächst vom Betroffenen angefochten und anschließend gerichtlich bestätigt sowie rechtskräftig bzw. bestandskräftig wird. Hieran soll sich nun ein Strafverfahren wegen derselben Sache anschließen. Im umgekehrten Fall ergeht zunächst beispielsweise eine Strafe wegen Subventionsbetrugs und es stellt sich die Frage, ob die Behörden wegen Nichtbeachtung der Art. 58 f. VO 1122/09 bzw. Art. 32 Abs. 1 UAbs. 1 oder Art. 48 Abs. 1 VO 612/09 im Strafverfahren noch nachsanktionieren dürfen.

(aa) Verhältnis zu § 84 OWiG

Im Falle einer rechtskräftigen gerichtlichen Entscheidung entfacht der Grundsatz durch § 84 Abs. 2 OWiG – im Gegensatz zum obigen Fall der behördlichen Erstentscheidung – eine intersystematische Wirkung zwischen nationalem Kriminalstrafrecht und nationalem Ordnungswidrigkeitenrecht. Unabhängig davon, ob das Ausgangsverfahren ein Bußgeld- oder ein Strafverfahren war, bewirkt die Entscheidung über die Tat – gleichgültig ob Straftat oder Ordnungswidrigkeit – den Eintritt einer absoluten Sperrwirkung für die Verfolgung von weiteren Straf- oder Bußgeldtatbeständen in derselben Sache (z.B. im Verhältnis eines gericht-

615 *Mansdörfer*, Das Prinzip des ne bis in idem im europäischen Strafrecht, S. 232 f.

616 Siehe oben: S. 144 f.

lich bestätigten Bußgelds nach § 36 MOG zu § 264 StGB und umgekehrt).[617] Denn eine Verwaltungsbehörde muss die Sache gem. § 41 Abs. 1 OWiG an die Staatsanwaltschaft abgeben, sobald der Verdacht der Verwirklichung einer Straftat besteht, und auch ein Gericht, welches zunächst nur in einem Bußgeldverfahren eine Entscheidung unterbreiten sollte, muss allumfassend prüfen sowie ggf. nach § 81 Abs. 1 S. 2, Abs. 2 OWiG die Sache in ein Strafverfahren überleiten. Ist das Ausgangsverfahren ein Strafverfahren, so hat das Gericht gem. § 82 Abs. 1 OWiG ebenso die Verpflichtung, die Tat unter dem rechtlichen Gesichtspunkt der Ordnungswidrigkeit zu prüfen (umfassende Kognitionspflicht).

Erneut kann § 84 Abs. 2 OWiG jedoch aus o.g. Gründen nicht auf die dargestellten Konstellationen angewandt werden. In beiden Konstellationen der gerichtlichen Erstentscheidung liegt jedenfalls keine Ordnungswidrigkeit i.S.d. Gesetzes vor. § 84 Abs. 2 OWiG ist nicht in der Lage, eine Doppelbestrafung zu verhindern.

(bb) Übertragung der Systematik des § 84 OWiG auf Art. 50 GRCh

Überträgt man auch in dieser Konstellation die Aussage des § 84 OWiG zum Verhältnis zwischen gerichtlich bestätigten deutschen Ordnungswidrigkeiten zu deutschen Kriminalstrafverfahren auf das Verhältnis zwischen gerichtlich bestätigten Sanktionen des originären europäischen Verwaltungssanktionenrechts zu Kriminalstrafverfahren in demselben Mitgliedstaat, so erhält man folgendes Ergebnis: Sobald eine behördliche Sanktion nach europäischem Recht durch ein Gericht bestätigt wurde, wird ein nachfolgendes mitgliedstaatliches Strafverfahren in demselben Mitgliedstaat gesperrt. Im umgekehrten Fall einer kriminalstrafrechtlichen Erstverurteilung wird ein nachfolgendes mitgliedstaatliches Verwaltungsverfahren, mit dem Ziel der Verhängung einer Zweitsanktion nach europäischem Recht, gesperrt. Für die agrarrechtlichen Sachverhalte würde dies bedeuten, dass nach einer rechtskräftigen gerichtlichen Entscheidung über eine Sanktionierung durch das Zollamt oder das Amt für Landwirtschaft und Forsten nach Art. 58 f. VO 1122/09 bzw. Art. 48 Abs. 1 VO 612/09 kein Kriminalstrafverfahren in derselben Sache, keine weitere Verfolgung nach § 264 StGB durchgeführt werden kann. Gleiches gilt für den umgekehrten Fall.

Ein solches Verständnis vom Sperrwirkungsumfang des Art. 50 GRCh führt de lege lata jedoch bereits im deutschen Recht zu nicht unerheblichen und grundlegenden Problemen. Das originär europäische Verwaltungssanktionen-

617 Dazu: *Wache*, in: Karlsruher Kommentar zum OWiG, § 84, Rn 10; *Bohnert*, Ordnungswidrigkeitenrecht, Rn 694; *Seitz*, in: Göhler, Kommentar zum OWiG, § 84, Rn 16; *Rebmann/Roth/Herrmann*, OWiG Kommentar, § 84, Rn 7.

recht stellt sich – wie gesehen – als eine Vielfalt unterschiedlichster Sanktionsarten dar. Nach deutschem Recht sind für die Verhängung der Sanktionen im Rahmen des o.g. Betriebsprämienrechts nun die Verwaltungsgerichte zuständig, während für die Verhängung von Sanktionen im Rahmen des o.g. Ausfuhrerstattungsrechts die Finanzgerichte zuständig sind. Im Gegensatz zum Bußgeldverfahren, für welches der Rechtsweg zur ordentlichen Gerichtsbarkeit eröffnet ist, sind demnach zwei andere Gerichtsbarkeiten betroffen. Die gegen ein nachfolgendes Kriminalstrafverfahren gerichtete Sperrwirkung würde also von verwaltungsgerichtlichen bzw. finanzgerichtlichen Entscheidungen ausgehen. Jene Entscheidungen würden sodann als taugliche Erstentscheidungen i.S.d. Art. 50 GRCh angesehen und der deutsche Staat würde seinen Strafanspruch verlieren. Die Sperrwirkung des Art. 50 GRCh würde ausnahmsweise im Verhältnis der unterschiedlichen Gerichtsbarkeiten zueinander gelten. Den durch die Entscheidungen in den anderen Gerichtsbarkeiten hervorgerufenen Verlust des Strafanspruchs könnte der deutsche Mitgliedstaat nur verhindern, indem die anderen Gerichtsbarkeiten jegliche verwaltungsrechtliche Verfahren, die eine Sanktion des originären europäischen Verwaltungssanktionenrechts zum Gegenstand haben, ohne Sachentscheidung hierüber zur Einstellung bringen würden. Sodann würde keine Sperrwirkung eintreten und der Staat könnte stattdessen seinen Strafanspruch im Rahmen eines Strafverfahrens wahrnehmen. Die auf diese Weise herbeigeführte kriminalstrafrechtliche Verfolgungsmöglichkeit wäre in der Praxis aber wohl nur dann erforderlich, wenn es sich tatsächlich um evidente strafrechtliche Verstöße handelt, deren kriminalstrafrechtliche Nichtahndung für den Mitgliedstaat unerträglich wäre. In allen anderen, wohl häufigeren Fällen, könnte das jeweilige Verfahren der anderen Gerichtsbarkeit mit der Verhängung einer schließlich ebenfalls repressiven Sanktion bewusst zum Abschluss gebracht werden, ohne hierbei zu weitgehende Einbußen bei der Verfolgung der materiellen Gerechtigkeit hinzunehmen. Gleiches gilt für den umgekehrten Fall. Eine kriminalstrafrechtliche Erstverurteilung würde eine die Gerichtsbarkeiten übergreifende Sperrwirkung auslösen und so eine weitere Verhängung originärer europäischer Verwaltungssanktionen verwehren.

Um dieser Situation de lege ferenda zu entgehen, bieten sich für den deutschen Mitgliedstaat zwei Lösungswege an:

- Nach ersterem könnte den Verwaltungs- bzw. Finanzgerichten ausnahmsweise eine Strafkompetenz in den Fällen des originären europäischen Verwaltungssanktionenrechts zugesprochen werden, um den Strafanspruch des Staates ausreichend verwirklichen zu können. Es stellt sich jedoch die Frage, ob dies mit dem geltenden Grundgesetz vereinbar wäre. Hierfür spricht zunächst, dass die rechtsprechende Gewalt nach Art. 92 GG lediglich von einem Richter ausgeführt werden muss. Auch wird die

Zuständigkeitsverteilung zwischen den einzelnen Gerichtszweigen des Bundes grundsätzlich dem einfachen Gesetzgeber im Rahmen des GVG zur Entscheidung überlassen (vgl. Art. 95 und 96 GG). Dennoch gilt es, den Art. 95 und 96 GG im Wege der Auslegung so weit wie möglich materielle Aussagen in Bezug auf die Zuständigkeitsverteilung zu entnehmen.[618] Insbesondere das Zusammenspiel zwischen Art. 96 Abs. 2 und 3 GG zeigt, dass die Strafgerichtsbarkeit der ordentlichen Gerichtsbarkeit zuzuordnen ist.[619] Der Ansatz erscheint mit dem geltenden Grundgesetz demnach nur schwerlich vereinbar, so dass eine Grundgesetzänderung benötigt würde. Ebenso wäre mit dieser Lösung eine Beteiligung der Staatsanwaltschaft sowie die Einhaltung eines strengen förmlichen Verfahrens i.S.e. Strafverfahrens vor der jeweils anderen Gerichtsbarkeit verbunden. Aufgrund dieser doch erheblichen Umbrüche erscheint dieser Weg in Bezug auf das deutsche Rechtssystem äußerst unpraktikabel und beschwerlich, was jedoch wiederum nicht ausschließt, dass er sich in anderen Mitgliedstaaten als durchaus gangbar erweist.

- Insbesondere im deutschen Recht erscheint daher ein zweiter Lösungsweg aussichtsreicher. Die Strafkompetenz könnte ausschließlich bei den Strafgerichten belassen und die Fälle, denen die Verhängung originärer europäischer Verwaltungssanktionen zu Grunde liegt, ebenso vollumfänglich vor diesen verhandelt werden. Das festgestellte Unrecht könnte daraufhin, je nach Schwere, mit den genannten Verwaltungssanktionen aus dem Sekundärrecht, mit Bußgeldsanktionen nach mitgliedstaatlichem Recht (§ 36 MOG) oder eben mit Kriminalstrafen ausreichend verfolgt werden. Dies setzt aber wiederum voraus, gegenüber der behördlichen Verhängung originärer europäischer Verwaltungssanktionen von Beginn an und ausschließlich den Rechtsweg vor den Strafgerichten zu eröffnen. Die de lege lata geltende Rechtswegseröffnung der Gerichtsbarkeiten in § 40 VwGO und § 33 FGO müsste in Bezug auf das originäre europäische Verwaltungssanktionenrecht abgeändert werden. Dieser Vorschlag hätte den Vorteil, dass in Bezug auf die verschiedenen Sanktionsarten des europäischen Verwaltungssanktionenrechts eine Gleichstellung der Geldbuße diesen erfolgt. Ebenso ist der ordentlichen Gerichtsbarkeit die Bewältigung eines derartigen Kompetenzzuwachses durchaus zuzumuten. Denn auch nach bisherigem Recht muss sie bereits über § 36 MOG inzident auch originäres europäisches Verwaltungssanktionenrecht prüfen, um ein entsprechendes Bußgeld verhängen zu können. Neben der Geldbuße würden nun

618 Vgl.: *Jachmann*, in: Maunz/Dürig, GG-Kommentar, Band 6, Art. 95, Rn 83 f.
619 Vgl.: *Jachmann*, in: Maunz/Dürig, GG-Kommentar, Band 6, Art. 95, Rn 90.

die o.g. sonstigen repressiven Sanktionsarten verhängt werden, so dass sich „lediglich“ die Wahl der Sanktionsmittel erweitern würde. Die innerstaatliche Strafkompetenz verbliebe weiterhin bei den Strafgerichten. Dieser Weg hätte wesentlich geringfügigere Umbrüche zur Folge und wird daher favorisiert.

Auch in den anderen Mitgliedstaaten wären mit einem solchen Sperrwirkungsumfang des Art. 50 GRCh z.T. grundlegende Veränderungen verbunden. In den o.g. Mitgliedstaaten,[620] in denen dem deutschen Ordnungswidrigkeitenrecht vergleichbare Systeme als Folge eines Entkriminalisierungsprozesses bestehen (so z.B. Italien), und demzufolge ohnehin eine gewisse Alternativität von Strafrecht und „Ordnungswidrigkeitenrecht“ die Regel ist,[621] wäre die Umsetzung des vorgeschlagenen Ansatzes mit nur geringen Umbrüchen verbunden. In zahlreichen anderen Mitgliedstaaten – wie beispielsweise Frankreich – wird jedoch vertreten, dass sämtliche Verwaltungssanktionen vor den Verwaltungsgerichten verhandelt und neben Kriminalstrafen verhängt werden können.[622] Die durchzuführenden Veränderungen wären hier tiefgehend. Ebenso kann dort nicht auf Erfahrungswerte zurückgegriffen werden. Ein solcher Sperrwirkungsumfang würde daher eine starke Harmonisierung in Bezug auf die mitgliedstaatliche Durchführung des europäischen Verwaltungssanktionenrechts mit sich bringen, was sich anschließend auch auf die rein nationalen Verwaltungssanktionen auswirken könnte.

Nach der erfolgten Darstellung der Auswirkungen eines solchen Sperrwirkungsumfangs des Art. 50 GRCh gilt es nun zu untersuchen, was für oder gegen eine derartige Übertragung der in § 84 OWiG enthaltenen Aussage spricht. Die Literatur begründet die Sperrwirkung des § 84 OWiG zwischen gerichtlich bestätigten deutschen Ordnungswidrigkeiten und Kriminalstrafen auch hier mit dem Grundsatz, dass die Wirkung der materiellen Rechtskraft grundsätzlich nur so weit reicht, wie die Befugnis und Pflicht der zur Entscheidung berufenen Stelle. Meist wird dies jedoch nicht in aller Deutlichkeit formuliert, sondern stattdessen nur auf die „umfassende Kognitionspflicht“ der Strafgerichte verwiesen.[623] Der Begriff der Kognitionspflicht bzw. -befugnis eines Gerichts bedeutet inhaltlich allerdings das Gleiche, nämlich die Rechtsmacht und damit ggf. verbundene Pflicht eines Gerichtes, einen bestimmten tatsächlichen Sachverhalt

620 Siehe oben: S. 144 f.

621 Siehe dazu: *Böse*, Strafen und Sanktionen im Europäischen Gemeinschaftsrecht, S. 386 m.w.N.

622 Siehe dazu: *Böse*, Strafen und Sanktionen im Europäischen Gemeinschaftsrecht, S. 386 m.w.N.

623 Vgl.: *Rebmann/Roth/Herrmann*, OWiG Kommentar, § 84, Rn 7.

festzustellen und rechtlich über ihn zu entscheiden. Die Kognitionspflicht des Gerichts erstreckt sich demnach auf das Ordnungswidrigkeitenrecht und das Strafrecht. Dieser Umfang der Sperrwirkung spiegelt sich sodann auch im jeweiligen Prozessgegenstand des rechtkräftig abgeschlossenen Verfahrens wider. Dies ist nämlich die prozessuale Tat, wie sie dem zuletzt entscheidenden Gericht auf Grund seiner Kognitionspflicht abzuurteilen rechtlich möglich war.[624]

Überträgt man diese Begründung nun auf die europäische Ebene, so spricht dieser Grundsatz de lege lata gegen den hier vorgeschlagenen weiten Sperrwirkungsumfang. Denn wenn das deutsche Verwaltungsgericht abschließend eine originäre europäische Verwaltungssanktion verhängt, erstreckt sich seine Kognitionsbefugnis bzw. Rechtsmacht bislang gerade nicht zugleich auf das Kriminalstrafrecht. Gleiches gilt für den umgekehrten Fall. Dem muss allerdings entgegengehalten werden, dass die Nichteinhaltung des Grundsatzes nur einen vorübergehenden Rechtszustand darstellen soll. Nach Durchsetzung der vorgeschlagenen Änderungen würde den Strafgerichten schließlich wiederum eine entsprechende Rechtsmacht über die Verhängung sämtlicher originärer Verwaltungssanktionen verliehen, wodurch diese wieder innerhalb ihrer Kognitionspflicht handeln würden, und der Grundsatz gewahrt bliebe. Die Nichteinhaltung des Grundsatzes muss vorübergehend hingenommen werden.

Für einen entsprechend weiten Sperrwirkungsumfang spricht, dass eine unterschiedliche Behandlung von Geldbußen und sonstigen Sanktionen des europäischen Verwaltungssanktionenrechts nicht begründbar ist. Denn auf die Geldbußen, die sich z.B. aus dem direkt vollzogenen europäischen Sekundärrecht ergeben, findet der ne bis in idem-Grundsatz Anwendung (z.B. im europäischen Kartellrecht).[625] Dies gilt ebenso für die Geldbußen, die sich aus dem unionsrechtlich determinierten nationalen Recht ergeben (im deutschen Recht unterfällt z.B. § 36 MOG grundsätzlich dem § 84 OWiG). Die weiteren Sanktionsarten, die sich aus dem europäischen Verwaltungssanktionenrecht ergeben, im Hinblick auf die Anwendung eines ne bis in idem-Grundsatzes nun anders zu behandeln, überzeugt nicht. Die Betroffenen werden gleichermaßen von einer wie auch immer gearteten repressiven Sanktion getroffen. Welcher Sanktionsart sich der europäische oder nationale Gesetzgeber (letzterer z.B. bei der Normierung von Durchführungsvorschriften wie z.B. § 36 MOG) bedient, darf nicht darüber entscheiden, ob dem Betroffenen der ne bis in idem-Grundsatz zur Verfügung steht. Den Gesetzgebern darf keine Missbrauchsmöglichkeit dahingehend eröffnet werden, durch die Wahl einer Sanktionsart, in der das repressive Element ggf. nur schwer erkennbar ist, weil z.B. das präventive Element im Vordergrund

---

624 *Kühne,* in: Löwe-Rosenberg, StPO Kommentar, Band 1, Einl. Abschn. K, Rn 88, 92.
625 Siehe unten: S. 266 f.

steht, die Geltung des Grundsatzes in Gefahr zu bringen. Bei der Ausgestaltung von Reaktionen hat aber insbesondere der europäische Gesetzgeber in den letzten Jahrzehnten einen enormen Einfallsreichtum bewiesen, indem er immer neue Sanktionsmittel entwarf, deren Charakterisierung schwer fällt. Für eine Gleichbehandlung von nationalen, unionsrechtlich determinierten Geldbußen, Geldbußen des direkt vollzogenen europäischen Verwaltungssanktionenrechts und den übrigen Sanktionsarten des *in*direkt vollzogenen europäischen Verwaltungssanktionenrechts spricht auch, dass die Einhaltung strafrechtlicher Garantien im Rahmen des europäischen Verwaltungssanktionenrechts weder vom mitgliedstaatlichen noch vom europäischen Gesetzgeber mit der erforderlichen Nachhaltigkeit verfolgt wird, wodurch die Gefahr ihres Unterlaufens steigt. Dies zeigt sich an zahlreichen Stellen (z.B. kein Verschuldensprinzip im europäischen Ausfuhrerstattungsrecht; kein Doppelbestrafungsverbot im Verhältnis von § 36 MOG zu anderen Sanktionsarten; lediglich fragmentarischer Charakter der VO 2988/95).

Neben dem Argument der Gleichbehandlung der Sanktionsarten (u.a. zum Schutze vor etwaigem Missbrauch durch den Gesetzgeber) lässt sich die intersystematische Sperrwirkung auch mit den umfangreichen Kompetenzen der Mitgliedstaaten und der EU begründen, zu deren Erläuterung es eines kurzen Vorgriffs auf die Ausführungen der dritten und vierten Fallgruppe bedarf. Sowohl die Mitgliedstaaten als auch die EU verfügen über eine umfangreiche Hoheitsgewalt, deren Bestandteil wiederum eine grundsätzlich umfassende Strafgewalt ist.[626] Diese Hoheitsgewalt ermöglicht es ihnen, infolge gesetzgeberischer Akte über das jeweilige Sanktionsmittel zu entscheiden. Die Mitgliedstaaten können sogar wählen, ob sie die Tat in einem verwaltungsrechtlichen Verfahren oder einem Kriminalstrafverfahren verfolgen wollen. Solange es sich um eine repressive Sanktion handelt und der Anwendungsbereich des Art. 50 GRCh über Art. 51 Abs. 1 S. 1 GRCh eröffnet ist, darf dies aber keine unterschiedliche Behandlung im Hinblick auf dessen Sperrwirkung zur Folge haben. Die Machtkonzentration bei den Mitgliedstaaten und der EU darf sich hierauf nicht auswirken.

Es lässt sich abschließend festhalten, dass es sachgerecht erscheint, auch im Verhältnis gerichtlich bestätigter originärer europäischer Verwaltungssanktionen zu mitgliedstaatlichen Kriminalstrafen die Sperrwirkung der gerichtlichen Erstentscheidung unabhängig von der jeweiligen Gerichtsbarkeit der zur Entscheidung berufenen Stelle zu bejahen. Den Anwendungsbereich des Art. 50 GRCh

626 Siehe dazu unten: S. 213 f.

gilt es auch in Bezug auf diese Konstellation erneut an den Aussagen des § 84 OWiG zu orientieren.

(cc) Probleme bei der Einhaltung der Voraussetzungen des Art. 51 Abs. 1 S. 1 GRCh

Um die Anwendung des Art. 50 GRCh in diesen Fällen zu ermöglichen, muss allerdings wiederum die Hürde des Art. 51 Abs. 1 S. 1 GRCh überwunden werden. In der Konstellation, in welcher nach einer gerichtlichen Kriminalstrafe eine Zweitsanktion durch eine nationale Verwaltungsbehörde nach europäischem Sekundärrecht droht, erweist sich die Überwindung der „Hürde" des Art. 51 GRCh als unproblematisch, da sodann Unionsrecht durchgeführt werden soll.

Als problematisch erweist sich dagegen die Konstellation, in welcher nach einer gerichtlich bestätigten behördlichen Sanktion nach europäischem Sekundärrecht die Verhängung einer Kriminalstrafe droht. Um die Hürde des Art. 51 GRCh zu überwinden, müssten die nationalen Strafverfolgungsbehörden im Rahmen der Zweitverfolgung Unionsrecht durchführen, was nach dem hier favorisierten Ansatz bedeutet, dass die rechtliche Beurteilung des maßgeblichen Sachverhalts durch eine Norm geprägt wird, die dem primären oder sekundären Unionsrecht angehört. Stellt man an dieser Stelle nun auf eine Sanktionsnorm aus dem Kernstrafrecht – wie z.B. § 264 StGB – ab, so liegt ggf. lediglich eine Anwendung von unionsrechtlich determiniertem nationalem Recht vor. Erneut muss daher auf das oben erlangte Zwischenergebnis zurückgegriffen werden, wonach der Kreis der Normen, welche für die rechtliche Beurteilung des Sachverhalts maßgeblich sind, nicht auf die eigentliche Sanktionsnorm beschränkt bleiben darf. Im Fall der drohenden Strafverfolgung nach § 264 StGB kämen an dieser Stelle die dahinterstehenden subventionsrechtlichen Bestimmungen aus dem europäischen Sekundärrecht in Betracht, auf welche § 264 StGB durch die Verwendung der Begrifflichkeiten „subventionserhebliche Tatsache" und „Subvention" Bezug nimmt (vgl. Abs. 1 i.V.m. Abs. 7 S. 1 Nr. 2 und Abs. 8). § 264 StGB wird insofern, durch seine dynamischen Verweise, auch z.T. ein blankettähnlicher Charakter zugesprochen.[627] Die Anwendung des europäischen Sekundärrechts stellt mithin einmal mehr das durchgeführte Unionsrecht dar, was sodann zur Einhaltung der durch Art. 51 Abs. 1 S. 1 GRCh aufgestellten Voraussetzungen führt.

Während diese Konstellation noch handhabbar scheint, spitzt sich die Problematik indes zu, wenn die Strafverfolgungsbehörden in einem Zweitverfahren nicht wegen § 264 StGB, sondern wegen anderer Tatbestände aus dem Kernstrafrecht bestrafen wollen, die wiederum nicht infolge blankettähnlicher Natur

627 So: *Perron*, in: Schönke/Schröder, StGB Kommentar, § 264, Rn 7.

auf Normen des europäischen Sekundärrechts zurückgreifen und auch ansonsten in keiner Weise unionsrechtlich determiniert sind. Werden z.B. im Rahmen des Subventionsantrags vorsätzlich gefälschte Unterlagen eingereicht, wodurch sodann eine Zweitverfolgung wegen Urkundendelikten wie z.B. § 267 StGB droht, fragt sich, inwieweit nun die rechtliche Beurteilung des maßgeblichen Sachverhalts durch Normen geprägt wird, die dem Unionsrecht angehören. In derartigen Fällen dürfte aber wohl zwingend immer auch eine Strafbarkeit nach § 264 StGB im Raum stehen. Dies begründet sich in den oben dargestellten Tathandlungen, bei welchen zumindest der fahrlässige Subventionsbetrug immer in Betracht zu ziehen ist. Die rechtliche Beurteilung des § 264 StGB steht in den vorliegenden Fällen wie dargelegt immer in Zusammenhang mit dem europäischen Sekundärrecht, weshalb letztlich wiederum die Beurteilung des gesamten Sachverhalts (§§ 264, 267 StGB) zumindest auch auf europäische Normen gestützt wird. Dieses Ergebnis wird ferner dadurch unterstrichen, dass im umgekehrten Fall, in welchem zunächst z.B. wegen § 267 StGB bestraft wird, und sodann eine erneute Verfolgung nach sekundärrechtlichen Sanktionsnormen droht, die Voraussetzungen des Art. 51 GRCh – wie gesehen – unproblematisch erfüllt sind und einer Anwendung des Art. 50 GRCh nichts im Wege steht. Auch die Verwendung des Begriffs „ausschließlich“ innerhalb des Art. 51 Abs. 1 S. 1 GRCh steht aufgrund der nur untergeordneten Bedeutung des Terminus der hier vertretenen Auslegung nicht entgegen.[628] In der genannten Konstellation kann die Erfüllung der Voraussetzungen des Art. 51 Abs. 1 S. 1 GRCh letztlich nur über Umwege und eine weite Auslegung gelingen, um eine Anwendung des Art. 50 GRCh zu gewährleisten.

(dd) Verhältnis zu Art. 77 Abs. 2 der VO 1122/09, Art. 48 Abs. 9 VO 612/09 und Art. 6 Abs. 4 der VO 2988/95 (ne bis in idem-Regelungen)

Art. 77 Abs. 2 der VO 1122/09 und Art. 48 Abs. 9 VO 612/09 gehen auf die vorliegende Konstellation nicht ein, sind mit der vorgeschlagenen Lösung daher vereinbar.

Art. 6 Abs. 4 VO 2988/95 regelt eine Anrechnungslösung für die Konstellation, dass ein mitgliedstaatliches verwaltungsbehördliches Erstverfahren ausgesetzt wird, sodann ein entsprechendes mitgliedstaatliches Strafverfahren zwischengeschoben und beendet wird, und schließlich das mitgliedstaatliche verwaltungsbehördliche (nun als Zweit-) Verfahren weitergeführt wird. Im Vergleich zur hiesigen Konstellation liegt also ebenfalls eine mitgliedstaatliche (letztlich) Erstentscheidung i.S.e. Kriminalstrafe vor, die nach hiesigem Ergeb-

628 Siehe dazu oben: S. 60 f.

nis die Durchführung eines weiteren verwaltungsbehördlichen Verfahrens mit dem Ziel einer Sanktion sperrt. Während nach Art. 6 Abs. 4 VO 2988/95 die Wiederaufnahme des Verwaltungsverfahrens sogar obligatorisch ist und sodann eine Anrechnungsmöglichkeit eröffnet wird, ist die Durchführung eines verwaltungsrechtlichen Verfahrens nach abgeschlossenem Kriminalstrafverfahren nach hiesiger Lösung durch eine Anwendung des Art. 50 GRCh verboten.

Art. 6 Abs. 4 VO 2988/95 steht mithin in Konflikt mit Art. 50 GRCh, welcher anhand des Grundsatzes des Vorranges des Primärrechts vor dem Sekundärrecht zu lösen ist. Art. 6 Abs. 4 VO 2988/95 kann hier nicht mehr unionsgrundrechtskonform ausgelegt werden. Denn der gesamte Art. 6 der VO 2988/95 bezieht sich gemäß dessen Abs. 5 bereits ausdrücklich nur auf strafähnliche Sanktionen. Auf den weiten Sanktionsbegriff kann daher nicht zurückgegriffen werden, um eine Unionsgrundrechtskonformität mit Art. 50 GRCh herzustellen. Nach der hier vertretenen Lösung ist Art. 6 Abs. 4 VO 2988/95 daher als unionsgrundrechts- und damit primärrechtswidrig zu betrachten, wobei davon auszugehen ist, dass der Eintritt der Derogationsfolge in einem solchen Kollisionsfall einer entsprechenden Feststellung durch den EuGH bedarf (vgl. Art. 264, 267 und Art. 277 AEUV).[629]

(ee) Zwischenergebnis

Letztlich ist mithin festzuhalten, dass Art. 50 GRCh ein mitgliedstaatliches Strafverfahren in derselben Sache sperrt, wenn eine behördlich nach originärem europäischen Verwaltungssanktionenrecht verhängte Sanktion durch ein Gericht desselben Mitgliedstaates abschließend bestätigt wurde. Ebenso sperrt Art. 50 GRCh ein nachfolgendes mitgliedstaatliches Verwaltungsverfahren mit dem Ziel der Verhängung einer Zweitsanktion nach originärem europäischen Verwaltungssanktionenrecht, nachdem sich eine strafrechtliche Verurteilung in derselben Sache in demselben Mitgliedstaat erging.

Es ist jedoch klarzustellen, dass sich der hier vertretene Ansatz nicht auf das Verhältnis zwischen nationalen Verwaltungssanktionen und dem nationalen Kriminalstrafrecht beziehen kann, da in diesem Verhältnis Art. 50 GRCh aufgrund von Art. 51 Abs. 1 S. 1 GRCh keine Anwendung findet. In Bezug auf diese Konstellation gelten die mitgliedstaatlichen ne bis in idem-Gewährleistungen.[630]

---

629 Siehe dazu: *Oppermann/Classen/Nettesheim*, Europarecht, § 10, Rn 41 f.

630 Siehe zum deutschen Recht: *Fliedner*, AöR 1974, S. 282, der „die Überführung aller Verwaltungsstrafen in das deutsche Ordnungswidrigkeitenrecht“ fordert, da eine Anwendung des § 84 OWiG dann wieder in vollem Umfang den Anforderungen des Art. 103 Abs. 3 GG entspräche.

Dieses Ergebnis steht im Übrigen im Einklang mit der EGMR-Rechtsprechung des Falles „Gradinger", in welcher es um die Frage eines Verstoßes gegen Art. 4 des 7. ZP der EMRK im Bereich des Straßenverkehrsrechts ging. Der EGMR bejahte zu Gunsten des Betroffenen einen Verstoß gegen den ne bis in idem-Grundsatz, weil nach einer Erstentscheidung durch das Strafgericht, welches den Betroffenen vom Vorwurf des Fahrens unter Alkoholeinfluss freisprach, eine weitere Entscheidung durch die Verwaltungsstrafbehörde in derselben Sache erging, in welcher diese sodann eine Geldbuße wegen Fahrens unter Alkoholeinfluss erließ.[631] Zwar bezieht sich die Entscheidung nicht auf das originäre europäische Verwaltungssanktionenrecht. Sie zeigt aber, dass auch nach dem EGMR in dieser intersystematischen Konstellation zwischen einer gerichtlichen Erstentscheidung und einem nachfolgenden Verwaltungsverfahren die Sperrwirkung eines ne bis in idem-Grundsatzes greifen muss.

(ff) Ansätze von Heitzer und Böse vor Inkrafttreten des Art. 50 GRCh

Der Vollständigkeit halber sollen auch die zu dieser intersystematischen Konstellation auffindbaren Lösungsversuche der Literatur kurz dargestellt und beurteilt werden.

Heitzer differenziert im Rahmen der intersystematischen Konstellationen nicht zwischen behördlichen und gerichtlichen Erstentscheidungen. Nachdem sie eine Analogie des § 84 OWiG in Erwägung zieht, dann aber ablehnt, gelangt sie zu dem Ergebnis, im intersystematischen Verhältnis könne lediglich eine Anrechnung aufgrund eines allgemeinen Verhältnismäßigkeitsprinzips erfolgen. Zur Begründung wird ein Vergleich mit der Rechtslage im europäischen Kartellrecht angestellt, in welchem zu damaliger Zeit noch die Anrechnungslösung seitens des EuGH favorisiert wurde.[632] Die mangelnde Analogiefähigkeit des § 84 OWiG wird damit begründet, das sich in § 84 OWiG widerspiegelnde Stufenverhältnis vom Ordnungswidrigkeitenrecht zum Strafrecht könne nicht ohne weiteres auf das Verhältnis zwischen originärem europäischen Verwaltungssanktionenrecht und Strafrecht übertragen werden. Im Gegensatz zum hier vertretenen Ansatz sei eine Sanktionierung nach originärem europäischen Verwaltungssanktionenrecht also selbst dann noch möglich, wenn bereits eine Erstentscheidung nach mitgliedstaatlichem Kriminalstrafrecht erging.[633] Bei der hier vertretenen Lösung wird gar nicht erst der Versuch unternommen, § 84 OWiG analog anzuwenden. Denn eine solche Überdehnung der Norm, um sie auch in Bezug auf originäres europäisches Verwaltungssanktionenrecht anzuwenden, ist weder erstrebenswert noch förderlich. Es handelt sich bei § 84 OWiG lediglich

631 EGMR, ÖJZ 1995, S. 954 f. („Gradinger/Österreich").

632 Siehe unten: S. 269 f.

633 *Heitzer*, Punitive Sanktionen im Europäischen Gemeinschaftsrecht, S. 174 f.

um einfaches nationales innerstaatliches Recht, so dass allenfalls eine Lösung für den deutschen Mitgliedstaat gefunden wäre. Die aufgezeigten Lücken müssen vielmehr durch eine europäische Norm geschlossen werden, um sich auf alle Mitgliedstaaten gleichermaßen zu erstrecken (hier Art. 50 GRCh). Auch die Rechtslage im europäischen Kartellrecht hat sich derweil geändert. Auch wird hier die Anwendung des Art. 50 GRCh in Form eines Erledigungsprinzips aus den genannten Gründen für erforderlich gehalten.

Böse unterscheidet ebenfalls innerhalb der intersystematischen Konstellationen nicht nach behördlichen und gerichtlichen Erstentscheidungen und spricht sich bzgl. des gesamten intersystematischen Verhältnisses gleichfalls für eine Anrechnungslösung aus. Dies begründet er damit, die originären europäischen Verwaltungssanktionen fixierten lediglich ein gewisses „Ahndungsminimum“, so dass die Sanktionen ihrer ratio nach bereits auf ein Nebeneinander mit nationalen Sanktionen ausgerichtet seien.[634] Ebenso führt er an, dass „die Zuständigkeitsverteilung zwischen Strafgerichten und Verwaltungsbehörden einer umfassenden rechtlichen Würdigung durch eine Stelle entgegensteht“.[635] Sodann diskutiert er eine mögliche analoge Anwendung des gesamten deutschen OWiG bei Durchführung der originären europäischen Verwaltungssanktionen und kommt zu dem Ergebnis, nur bzgl. weniger Regelungen des OWiG bestünde tatsächlich eine vergleichbare Interessenlage. Dies würde auch für § 84 OWiG gelten, da zwischen originärem europäischen Verwaltungssanktionenrecht und nationalem Kriminalstrafrecht allenfalls eine Anrechnung erfolgen könnte.[636]

Hinsichtlich der seinerseits angesprochenen fehlenden Möglichkeit der „umfassenden rechtlichen Würdigung“ kann auf die o.g. Ausführungen zur Kognitionspflicht der einzelnen Stellen verwiesen werden, da es sich inhaltlich wohl das Gleiche handelt.

Dem Argument, es sei lediglich ein „Ahndungsminimum“ fixiert worden, was sich allenfalls konkludent den entsprechenden ne bis in idem-Regelungen der jeweiligen Sekundärrechtsverordnungen entnehmen lässt (Art. 77 Abs. 2 der VO 1122/09, Art. 48 Abs. 9 VO 612/09 und Art. 6 Abs. 4 der VO 2988/95), kann Folgendes entgegengehalten werden: Im Rahmen der innersystematischen Konstellationen wurde bereits verdeutlicht, dass es sich bei den dargestellten Sanktionssystemen der einzelnen Verordnungen um in sich abgeschlossene, in höchstem Maße ausdifferenzierte Systeme handelt.[637] Diese scheinen das jewei-

---

634 *Böse*, Strafen und Sanktionen im Europäischen Gemeinschaftsrecht, S. 386 f. Ähnlich, aber in einem anderen Zusammenhang: *Heitzer*, Punitive Sanktionen im Europäischen Gemeinschaftsrecht, S. 169.

635 *Böse*, Strafen und Sanktionen im Europäischen Gemeinschaftsrecht, S. 386 f.

636 *Böse*, Strafen und Sanktionen im Europäischen Gemeinschaftsrecht, S. 403, 407.

637 Siehe oben: S. 138 f.

lig begangene Unrecht vollumfänglich und angemessen sanktionieren sowie ausgleichen zu wollen. Es entsteht keinesfalls der Eindruck, als hätte der Gesetzgeber nur einen Bruchteil des begangenen Unrechts sanktionieren und die restliche Ahndung dem jeweiligen Mitgliedstaat nach dessen nationalen Vorschriften überlassen wollen. Die Billigung von Seiten des Gesetzgebers, weitere Sanktionen nach nationalem Recht durchzuführen, ist vielmehr darauf zurückzuführen, dass Kompetenzkonflikte mit den Mitgliedstaaten im Bereich des Strafrechts stets vermieden werden sollen. Hinzu kommen dürfte die Furcht vor einer möglichen Lückenhaftigkeit der europäischen Sanktionssysteme und damit Unterbestrafung der Betroffenen. Es ist daher davon auszugehen, dass der europäische Gesetzgeber dem mitgliedstaatlichen Rechtsanwender umfangreiche Sanktionsmittel an die Hand geben und kein Ahndungsminimum fixieren wollte.

(3) Ergebnis

Zusammenfassend können für den tatsächlichen Anwendungsbereich des Art. 50 GRCh auf dem Gebiet des Strafrechts i.w.S. in der innerstaatlichen Fallgruppe folgende Ergebnisse festgehalten werden: Für den innersystematischen Bereich findet Art. 50 GRCh im Verhältnis von mitgliedstaatlich durchgeführten europäischen strafähnlichen Sanktionen zu anderen oder gleichen europäischen strafähnlichen Sanktionsarten Anwendung. Ebenso findet Art. 50 GRCh im Verhältnis von mitgliedstaatlich durchgeführten europäischen strafähnlichen Sanktionen zu Sanktionen, die auf unionsrechtlich determiniertes nationales Recht gestützt werden, Anwendung.

Ferner gilt für den intersystematischen Bereich, dass Art. 50 GRCh im Verhältnis europäischer Sanktionsnormen zu nationalen Strafnormen nur in eingeschränkter Weise wirkt und dabei eine Orientierung an den Aussagen des § 84 OWiG sinnvoll erscheint. Sofern keine gerichtliche, sondern nur eine behördliche Erstsanktion aufgrund europäischen Rechts vorliegt, greift Art. 50 GRCh nicht ein und eine Doppelbestrafung sowie -verfolgung wird erlaubt. Ein weiteres Strafverfahren sowie Sanktionsverfahren nach nationalem Recht werden indes durch Art. 50 GRCh gesperrt, wenn ein Gericht eine behördliche Sanktion bestätigt hat, die sich auf europäisches Sekundärrecht stützt. Insbesondere in dieser Konstellation ergeben sich allerdings erhebliche praktische Probleme innerhalb der mitgliedstaatlichen Rechtsordnungen sowie mit der Einhaltung der von Art. 51 Abs. 1 S. 1 GRCh aufgestellten Voraussetzungen. § 84 OWiG kann in all diesen Konstellationen nicht den erforderlichen Schutz gewähren.

Sofern die hier aufgezeigten Ergebnisse – insbesondere im Bereich des europäischen Agrarrechts – im Übrigen entweder mit der EGMR-Rechtsprechung oder mit durch Art. 6 und 7 EMRK aufgestellten Voraussetzungen bzgl. der Begrifflichkeiten der Straftat, des Strafverfahrens, des Freispruchs oder der Verurteilung unvereinbar sind, so ist dies hinzunehmen. Der hier vertretene Schutz des Art. 50 GRCh würde sodann weiter reichen als der Schutz des Art. 4 des 7. ZP der EMRK. Es läge damit kein Verstoß gegen Art. 52 Abs. 3 GRCh vor. Die Inhalte der EMRK und die Rechtsprechung des EGMR wurden hier in erster Linie als Auslegungshilfe verwendet.

2. Horizontal-transnationaler Anwendungsbereich innerhalb der EU

Im Rahmen der zweiten Fallgruppe wird untersucht, inwieweit sich ein Grundrechtsträger auf Art. 50 GRCh berufen kann, wenn gegen ihn eine Erstsanktion durch einen Mitgliedstaat verhängt wurde und eine Zweitsanktion durch einen anderen Mitgliedstaat wegen derselben Tat droht.

Auch im Rahmen dieser horizontal-transnationalen Fallgruppe soll zwischen Konstellationen des Kriminalstrafrechts und solchen des Strafrechts i.w.S. unterschieden werden.

a) Kriminalstrafrecht

Zunächst stellt sich daher die Frage, ob Art. 50 GRCh Anwendung findet, wenn eine Person oder ein Unternehmen in einem mitgliedstaatlichen kriminalstrafrechtlichen Verfahren rechtskräftig verurteilt oder freigesprochen wurde und anschließend in einem anderen Mitgliedstaat wegen derselben Tat nochmals in einem kriminalstrafrechtlichen Verfahren verfolgt und verurteilt werden soll.

aa) Schutzbereichseröffnung des Art. 50 GRCh

Dazu müsste in derartigen Fällen zunächst der Schutzbereich des Art. 50 GRCh eröffnet sein. Nach allgemeiner Literaturansicht umfasst der Schutzbereich die horizontal transnationalen Fälle im Bereich des Kriminalstrafrechts.[638]

Der Wortlaut des Art. 50 GRCh stützt eine solche Auslegung. Die Satzteile „in der Union nach dem Gesetz … verurteilt oder freigesprochen …, in einem Strafverfahren erneut …“ beinhalten die Möglichkeit, dass der Betroffene zunächst in einem beliebigen Mitgliedstaat innerhalb der Union verurteilt oder freigesprochen wird und sodann in einem weiteren Strafverfahren eines anderen Mitgliedstaates erneut verfolgt wird. Denn das „erneute Strafverfahren“ meint dabei eben Strafverfahren, die in der Union stattfinden, d.h. auch Strafverfahren in einem anderen Mitgliedstaat als dem der Erstentscheidung.

---

638 So: *Jarass*, EU-Grundrechte, § 42, Rn 31; *Jarass,* GRCh-Kommentar, Art. 50 GRCh, Rn 9; *Rengeling/Szczekalla*, Grundrechtsschutz in der EG, Rn 1215; *Voet van Vormizeele*, in: Schwarze, EU-Kommentar, Art. 50 GRCh, Rn 5; *Eser*, in: Meyer, Kommentar zur GRCh, Art. 50, Rn 11 f.; *Blanke*, in: Calliess/Ruffert, EUV/AEUV, Art. 50 GRCh, Rn 1; *Alber*, in: Tettinger/Stern, Gemeinschaftskommentar zur EU-GRCh, Art. 50, Rn 5; *Streinz,* in: Streinz, EUV/AEUV, Art. 50 GRCh, Rn 8; *Esser,* in: Sieber/Brüner/Satzger/Heintschel-Heinegg, Europäisches Strafrecht, § 53, Rn 22; *Eckstein,* ZStW 2012, S. 495.

Auch die Genese der Norm spricht für diese Auslegung. Wie dargestellt, kann den Protokollen der Konventssitzungen ein eindeutiger Wille entnommen werden, auch zwischenstaatliche kriminalstrafrechtliche Konstellation vom Anwendungsbereich des Art. 50 GRCh zu erfassen.[639] Diesen Willen bestätigen die Erläuterungen des Präsidiums zu Art. 50 GRCh und zu Art. 52 Abs. 3 GRCh. In den Erläuterungen zu Art. 50 GRCh heißt es: „Nach Art. 50 findet die Regel ne bis in idem ... auch zwischen den Gerichtsbarkeiten mehrerer Mitgliedstaaten Anwendung." Den Erläuterungen zum Kohärenzgebot des Art. 52 Abs. 3 S. 2 GRCh kann ferner eine Liste der Artikel entnommen werden, die „dieselbe Bedeutung haben wie die entsprechenden Artikel der EMRK, deren Tragweite aber noch umfassender ist". Die „umfassendere Tragweite" des Art. 50 GRCh wird dem Umstand entnommen, dass sich der Anwendungsbereich des Art. 4 des 7. ZP der EMRK im Gegensatz zu Art. 50 GRCh nur auf ein „Strafverfahren desselben Staates" bezieht, mithin nicht auf zwischenstaatliche Konstellationen.

Ferner besteht bislang keine effektive Kompetenzregelung zwischen den Mitgliedstaaten bei einer anstehenden Doppelverfolgung. Hieran ändert auch der Rahmenbeschluss 2009/948/JI des Rates vom 30.11.2009 zur Vermeidung und Beilegung von Kompetenzkonflikten in Strafverfahren nichts.[640] Er enthält keine zwingenden Vorgaben zur Konzentration des Strafverfahrens in einem Mitgliedstaat (vgl. dessen 11. Erwägungsgrund und Art. 10 Abs. 1).[641] Auf die zahlreichen, in der Literatur vertretenen Lösungsansätze kann im Rahmen dieser Abhandlung nicht weiter eingegangen werden.[642] Zur Frage, ob Art. 54 SDÜ im horizontal-transnationalen Bereich in der Lage ist einen ausreichenden Schutzstandard zu gewährleisten, siehe sogleich.[643]

639 Siehe oben: S. 37 f.

640 ABl. EU, 2009, L 328, S. 42 f.

641 Kritisch zum Rahmenbeschluss: *Esser,* in: Sieber/Brüner/Satzger/Heintschel-Heinegg, Europäisches Strafrecht, § 53, Rn 53; *Eser,* in: Sieber/Brüner/Satzger/Heintschel-Heinegg, Europäisches Strafrecht, § 36, Rn 99; *Anagnostopoulos,* in: Hassemer Festschrift, S. 1139 f.; *Schomburg/Suominen-Picht*, NJW 2012, S. 1191 f.; *Eckstein,* ZStW 2012, S. 505 f.

642 Vgl. hierzu vielmehr: *Werle/Jeßberger,* in: Leipziger Kommentar zum StGB, Band 1, Vor. § 3, Rn 47 m.w.N.; *Eser,* in: Sieber/Brüner/Satzger/Heintschel-Heinegg, Europäisches Strafrecht, § 36, Rn 99; *Schomburg/Suominen-Picht*, NJW 2012, S. 1191 f.; *Eckstein,* ZStW 2012, S. 502 f.

643 Siehe dazu: S. 166 f.

bb) Eröffnung des Anwendungsbereichs nach Art. 51 Abs. 1 S. 1 GRCh

Unabhängig von der Reichweite des Schutzbereichs ist für eine tatsächliche Anwendung des Art. 50 GRCh erneut die Erfüllung der Voraussetzungen des Art. 51 Abs. 1 S. 1 GRCh erforderlich, wonach die Mitgliedstaaten lediglich „ausschließlich bei der Durchführung des Rechts der Union" zur Einhaltung der Chartagrundrechte verpflichtet sind.

Im Rahmen der ersten Fallgruppe wurden in Bezug auf den „Durchführungsbegriffs" bereits mehrere Ansätze dargestellt und im Ergebnis der enge Ansatz favorisiert.[644] Dieses Ergebnis wird in der vorliegenden Fallgruppe nochmals auf seine Tauglichkeit und Richtigkeit hin überprüft. Um die Auswirkungen des engen Ansatzes sowie der weiten Ansicht für die hiesige Fallgruppe aufzuzeigen, wird nochmals zwischen den beiden Ansätzen unterschieden.

(1) Bindung nur bei primärem oder sekundärem Unionsrecht

Nach dem bevorzugten engen Ansatz ist eine Grundrechtsbindung nur dann gegeben, wenn die rechtliche Beurteilung des maßgeblichen Sachverhalts durch eine Norm geprägt wird, die dem primären oder sekundären Unionsrecht angehört.

Es stellt sich daher die Frage, welcher Norm des europäischen Rechts bei der Beurteilung klassischer zwischenstaatlicher ne bis in idem-Sachverhalte durch mitgliedstaatliche Stellen eine solch hohe Bedeutung zukommen könnte, dass sie den entsprechenden Sachverhalt prägt. Erst dann könnte Art. 50 GRCh über Art. 51 Abs. 1 S. 1 GRCh zur Anwendung gelangen.

(a) Art. 50 GRCh als durchzuführendes Unionsrecht

Man könnte zunächst vertreten, dass Art. 50 GRCh selbst die Norm sei, die von den mitgliedstaatlichen Strafverfolgungsbehörden und Strafgerichten angewandt werde und daher das durchgeführte Unionsrecht darstelle. Ein solcher Zirkelschluss würde allerdings Art. 51 Abs. 1 S. 1 GRCh ad absurdum führen und die zur Diskussion stehende Formulierung überflüssig machen. Die Chartagrundrechte wären bereits immer dann anzuwenden, wenn ihr Schutzbereich eröffnet wäre, und somit auch auf rein nationale Sachverhaltskonstellationen mit Grundrechtsrelevanz. Das o.g. Ziel des Art. 51 GRCh, einen Mittelweg in Bezug auf die Grundrechtsbindung der Mitgliedstaaten zu finden, würde verfehlt und vielmehr der Weg hin zur Extremposition der ausnahmslosen Bindung der Mitgliedstaaten an die Charta eingeschlagen. Diesem Ansatz fehlt aber die nötige demo-

644 Siehe dazu oben: S. 53 f.

kratische Legitimation der Mitgliedstaaten. Er würde zu einer Aushöhlung der nationalen Grundrechtsgewährleistungen führen.[645] Der Begriff Unionsrecht verweist demnach keinesfalls auf die Chartanormen selbst.[646]

(b) Art. 54 SDÜ als durchzuführendes Unionsrecht

Als durchzuführendes Unionsrecht kommt ferner Art. 54 des Schengener Durchführungsübereinkommen (SDÜ) in Betracht.[647] Die Norm stellt eine ne bis in idem-Regelung dar, die als Teil des SDÜ der praktischen Umsetzung des politischen Schengener Abkommens diente. Mit ihr wurde erstmals eine echte, jurisdiktionsübergreifende, unmittelbar wirksame ne bis in idem-Gewährleistung im zwischenstaatlichen Verhältnis festgesetzt, die zu einer wechselseitigen Anerkennung strafjustizieller Erledigungsakte führte.[648]

(aa) Unionsrecht, welches die rechtliche Beurteilung des maßgeblichen Sachverhalts prägt

Die Norm müsste zunächst dem europäischen Unionsrecht angehören und ferner die rechtliche Beurteilung der jeweiligen Sachverhalte prägen. Die Bestimmungen der SDÜ gehören zum sog. Schengen-Besitzstand, welcher durch Art. 2 Abs. 1 S. 4 des Schengen-Protokolls des Amsterdamer Vertrages das europäische Recht einbezogen wurde. Hiernach wurde der Schengen-Besitzstand dem Titel IV des EUV a.F. untergliedert, mithin den ehemaligen Bestimmungen über die PJZS. Im Ratsbeschluss 436/1999[649] wurde festgelegt, dass die Bestimmungen des Schengen-Besitzstandes Rechtsakte darstellen, welche auf die Art. 29 f. EUV a.F. gestützt wurden.[650] Im Besonderen legte der Rat für Art. 54 SDÜ die Art. 34 und 31 EUV a.F. als Rechtsgrundlage fest. Es handelt sich seit-

645 Weitere Argumente siehe bei: *Rengeling/Szczekalla*, Grundrechtsschutz in der EG, Rn 297.

646 So i.Erg. auch: *Ladenburger*, in: Tettinger/Stern, Gemeinschaftskommentar zur EU-GRCh, Art. 51, Rn 34; *Jarass*, EU-Grundrechte, § 4, Rn 11.

647 Art. 54 SDÜ lautet: „Wer durch eine Vertragspartei rechtskräftig abgeurteilt worden ist, darf durch eine andere Vertragspartei wegen derselben Tat nicht verfolgt werden, vorausgesetzt, dass im Falle einer Verurteilung die Sanktion bereits vollstreckt worden ist, gerade vollstreckt wird oder nach dem Recht des Urteilsstaates nicht mehr vollstreckt werden kann."

648 *Nolte*, in: v.Mangoldt/Klein/Starck, GG-Kommentar, Band 3, Art. 103 Abs. 3, Rn 197.

649 Beschluss des Rates vom 20. Mai 1999 zur Festlegung der Rechtsgrundlagen für die einzelnen Bestimmungen und Beschlüsse, die den Schengen- Besitzstand bilden, nach Maßgabe der einschlägigen Bestimmungen des Vertrags zur Gründung der Europäischen Gemeinschaft und des Vertrags über die Europäische Union. Siehe: ABl. EG, 1999, L 176, S. 17 f.

650 Dazu: *Jour-Schröder/Wasmeier*, in: v.d.Groeben/Schwarze, Kommentar EUV/EGV, Band 1, Vorbem. Art. 29 bis 42 EUV, Rn 36.

dem um Unionssekundärrecht.[651] Die mit dem Vertrag von Lissabon einhergehende Aufhebung der Säulenstruktur ändert an dieser Einordnung nichts. Während es sich bei dem gesamten Durchführungsübereinkommen zunächst um einen Rechtsakt handelt, der dem Raum der Freiheit, der Sicherheit und des Rechts gem. Art. 67 f. AEUV, also dem fünften Titel des AEUV zuzuordnen ist,[652] so kann als Rechtsgrundlage für Art. 54 SDÜ nunmehr Art. 82 AEUV aus dem Kapitel der Justiziellen Zusammenarbeit in Strafsachen herangezogen werden. Auch wenn zahlreiche SDÜ-Normen mittlerweile durch verschiedene andere Rechtsakte ersetzt und überlagert werden, so hat das Übereinkommen insgesamt noch immer Bestand.[653]

Art. 54 SDÜ müsste ferner die rechtliche Beurteilung der zwischenstaatlichen Sachverhalte prägen. Einen Sachverhalt prägen, d.h. entscheidend auf einen Sachverhalt Einfluss nehmen, kann eine Norm jedoch nur, wenn sie auch tatsächlich Anwendung findet. Art. 54 SDÜ findet auf die vorliegenden, klassischen kriminalstrafrechtlichen zwischenstaatlichen Fälle Anwendung, da er, sofern seine Voraussetzungen gegeben sind, den jeweiligen Zweitverfolgerstaat an einer erneuten Verfolgung hindert. Die jeweiligen Verfolgungsbehörden haben die Norm mithin zu beachten bzw. anzuwenden, indem sie die Zweitverfolgung unterlassen bzw. wegen Vorliegen eines Verfahrenshindernisses einstellen.

(bb) Übertragung des Vollstreckungselements von Art. 54 SDÜ auf Art. 50 GRCh

Die Heranziehung des Art. 54 SDÜ im Rahmen der Prüfung der Durchführung des Unionsrechts gem. Art. 51 Abs. 1 S. 1 GRCh bringt jedoch das Problem mit sich, dass die Anwendung des Art. 54 SDÜ letztlich über Art. 51 GRCh zur Grundvoraussetzung der Anwendung des Art. 50 GRCh gemacht würde. Die beiden Tatbestände weisen allerdings grundlegende Unterschiede auf. Art. 54 SDÜ beinhaltet im Gegensatz zu Art. 50 GRCh zusätzlich eine sog. „Vollstreckungsklausel“. Die Norm fordert, dass „die Sanktion bereits vollstreckt worden ist, gerade vollstreckt wird oder nach dem Recht des Urteilsstaats nicht mehr vollstreckt werden kann“. Eine Anwendung des Art. 50 GRCh wäre in dieser Fallgruppe damit immer von den engeren Voraussetzungen des Art. 54 SDÜ abhängig. Dies hätte einen Gleichlauf der beiden Normen zur Konsequenz. Die Frage des Verhältnisses zwischen Art. 50 GRCh und Art. 54 SDÜ bzw. die Fra-

651 BVerfG, NJW 2012, S. 1202 f., S. 1204; *Böse*, EWS 2007, S. 209; *Satzger*, Internationales und Europäisches Strafrecht, § 10, Rn 68; *Eckstein,* ZStW 2012, S. 515.

652 Die Inhalte des Übereinkommens sind breit gefächert, so dass das gesamte Übereinkommen keinem der in Titel V genannten Kapitel näher zugeordnet werden kann.

653 Zu den Überlagerungen der einzelnen SDÜ-Normen siehe: *Inhofer,* in: Beck`scher Online-Kommentar StPO, SDÜ Art. 54, Rn 2 f.

ge, ob ein solcher Gleichlauf wünschenswert ist, ist bislang völlig ungeklärt. Auch der EuGH hat seit dem Inkrafttreten des Vertrages von Lissabon noch nicht zum Schutzbereich des Art. 50 GRCh judiziert.[654]

Neben dem hier unternommenen Ansatz, Art. 54 SDÜ als durchzuführendes Unionsrecht im Rahmen der Prüfung des Art. 51 Abs. 1 S. 1 GRCh heranzuziehen, um so den Anwendungsbereich des Art. 50 GRCh zu bestimmen, stellt sich die Frage des Verhältnisses der beiden Normen zueinander auch ansonsten. Denn in den kriminalstrafrechtlichen zwischenstaatlichen Konstellationen ist der noch gültige Art. 54 SDÜ als europäisches Sekundärrecht ohnehin anzuwenden. Auch dann stellt sich die Frage seiner Vereinbarkeit mit bzw. seines Verhältnisses zu Art. 50 GRCh.

α) Übertragung

Eine Übertragung der Vollstreckungsklausel von Art. 54 SDÜ auf Art. 50 GRCh wird beispielsweise von der innerstaatlichen deutschen Rechtsprechung und Teilen der Literatur befürwortet, ohne dass zumeist darauf eingegangen wird, ob und inwieweit die Hürde des Art. 51 Abs. 1 S. 1 GRCh überwunden wird.[655] Dies hätte – wie gesehen – zur Konsequenz, Art. 50 GRCh nur dann anzuwenden, wenn zuvor das Vollstreckungselement des Art. 54 SDÜ neben dessen weiteren Voraussetzungen vorliegt. Nur dann läge eine Durchführung von Unionsrecht i.S.d. Art. 51 Abs. 1 S. 1 GRCh vor. Bei all denjenigen kriminalstrafrechtlichen zwischenstaatlichen Sachverhalten, bei denen lediglich das Vollstre-

---

654 Siehe dazu oben: S.84.

655 So: *Burchard/Brodowski*, StraFo 2010, S. 184 f.; *Brodowski*, ZIS 2010, S. 383; *Ambos*, Internationales Strafrecht, § 10, Rn 119; *Koch/Dorn,* JURA 2011, S. 694; *Streinz,* in: Streinz, EUV/AEUV, Art. 50 GRCh, Rn 14; *Hecker*, Europäisches Strafrecht, § 13, Rn 39; *Satzger*, Internationales und Europäisches Strafrecht, § 10, Rn 68; *Satzger,* in: Roxin Festschrift, Band 2, S. 1522 f. äußert sich jedenfalls kurz zu Art. 51 Abs. 1 S. 1 GRCh. Ausführlicher inzwischen: *Eckstein,* ZStW 2012, S. 520 f. der eine differenzierende Lösung („partielle Grundrechtsschranken") vorschlägt, indem er Art. 50 GRCh jedenfalls direkt „nur auf unmittelbar wirkende europäische Straftatbestände de lege ferenda", Art. 54 SDÜ dann aber mitsamt Vollstreckungsklausel in der zwischenstaatlichen Fallgruppe anwendet. Für eine (wohl vollständige) Übertragung ferner: LG Aachen, StraFo 2010, S. 190; BGH, Beschluss v. 25.10.10, 1 StR 57/10, Rn 13 f. Der erste Strafsenat des BGH spricht lediglich davon, dass der Senat die Norm „zu beachten hat" ohne dies jedoch näher auszuführen. Der zweite Strafsenat des BGH hat sich im Rahmen der Revisionsentscheidung zum o.g. Urteil des LG Aachen der Ansicht des ersten Senats ohne weitere Begründung angeschlossen; siehe: BGH, Beschluss v. 01.12.10, 2 StR 420/10. Auch das BVerfG hat in derselben Sache die Ausfassung des BGH in einem Nichtannahmebeschluss über eine Verfassungsbeschwerde für „vertretbar" erklärt; siehe: BVerfG, Beschluss v. 15.12.2011, BvR 148/11, Rn 42 f. = BVerfG, NJW 2012, S. 1202 f., S. 1204.

ckungselement nicht vorläge, wäre Art. 54 SDÜ nicht erfüllt und die Anwendung des Art. 50 GRCh gesperrt. Es würde kein Unionsrecht durch die mitgliedstaatlichen Stellen i.S.d. Art. 51 GRCh durchgeführt.

Die Übertragung der Vollstreckungsklausel wird dabei methodisch unterschiedlich begründet. Teilweise wird ein Weg über Art. 52 Abs. 1 GRCh beschritten, der eine allgemeine Schrankenregelung darstellt, d.h. die Anforderungen aufstellt, unter denen grundrechtseinschränkende Maßnahmen gerechtfertigt sind. Jeder Eingriff bedarf hiernach u.a. einer gesetzlichen Grundlage, muss verhältnismäßig sein und den Wesengehalt des Grundrechts achten.[656] Art. 54 SDÜ stelle daher eine Schrankenregelung in Form eines formellen Gesetzes dar, der den aufgestellten „Schranken-Schranken" aus Art. 52 Abs. 1 GRCh genüge. Art. 50 GRCh werde in der Form eingeschränkt, dass zumindest in den zwischenstaatlichen Konstellationen die Vollstreckungsklausel zu übertragen sei.[657] Die Mitgliedstaaten wären hiernach in zwischenstaatlichen Konstellationen und bei Nichtvorliegen des Vollstreckungsmerkmals ermächtigt, eine Zweitverfolgung und Verurteilung in derselben Sache durchzuführen. Sie würden in den eröffneten Schutzbereich des Art. 50 GRCh in gerechtfertigter Art und Weise eingreifen. Dieser Weg wird zutreffend auch als „Schrankenlösung qua Einschränkung des Art. 50 GRCh" bezeichnet.[658]

Daneben wird die Übertragung der Vollstreckungsklausel damit begründet, dass sie unter Zuhilfenahme von Auslegungsmethoden schlicht in den Tatbestand des Art. 50 GRCh hineinzulesen sei.[659] Auch wenn es von den Vertretern nicht ausgesprochen wird, so würde dies letztlich die Beförderung der Klausel vom geschriebenen Unionssekundärrecht zum ungeschriebenen Tatbestandsmerkmal im Primärrecht bedeuten. Der Konflikt mit dem Wortlaut wird schließlich damit gerechtfertigt, dass „derjenigen Auslegung der Vorzug zu geben ist, die die juristische Wirkungskraft der betreffenden Grundrechtenorm am stärksten entfaltet".[660] Diese Begründung wird als „Schutzbereichslösung qua Auslegung des Art. 50 GRCh" bezeichnet.[661]

656 Zur Natur des Art. 52 GRCh: *v.Danwitz*, in: Tettinger/Stern, Gemeinschaftskommentar zur EU-GRCh, Art. 52 GRCh, Rn 29.

657 LG Aachen, StraFo 2010, S. 190; BGH, Beschluss v. 25.10.10, 1 StR 57/10, Rn 13 f.; *Satzger*, Internationales und Europäisches Strafrecht, § 10, Rn 68.

658 So: *Burchard/Brodowski*, StraFo 2010, S. 184.

659 Auch wenn sich *Burchard/Brodowski*, StraFo 2010, S. 184 letztlich keiner der dargestellten Methodiken anschließen, so kann ihrer Argumentation wohl dennoch entnommen werden, dass sie diesen Ansatz zumindest favorisieren.

660 *Burchard/Brodowski*, StraFo 2010, S. 183.

661 *Burchard/Brodowski*, StraFo 2010, S. 184.

β) Keine Übertragung

Andere Stimmen in der Literatur vertreten dagegen, dass die Vollstreckungsklausel keinesfalls – in welcher Art auch immer – auf Art. 50 GRCh zu übertragen sei, zumeist ohne dies näher zu begründen.[662]

Die Konsequenz dieses Ansatzes wäre die Grundrechtswidrigkeit von Art. 54 SDÜ. Dies ergäbe sich aus dem Vorrang des Primärrechts vor dem Sekundärrecht. Denn der Wortlaut des Art. 54 SDÜ stellte sich jeglicher Lesart entgegen, die auf ein Vollstreckungselement verzichtet und eine übereinstimmende Lesart mit dem Primärrecht ermöglichte. Art. 54 SDÜ könnte nicht mehr primärrechtskonform ausgelegt werden, um ihn vor der Primärrechtswidrigkeit zu bewahren. Auch hier gälte allerdings, dass die Derogationsfolge nur durch den EuGH festgestellt werden könnte,[663] der im Wege der Nichtigkeitsklage gem. Art. 263, 264 AEUV durch einen klagebefugten Mitgliedstaat oder eine nicht privilegiert klagebefugte natürliche Person, die z.B. von der Nichtanwendung des Art. 54 SDÜ wegen mangelnder Vollstreckung betroffen wäre, angerufen werden müsste. Aufgrund der Grundrechtswidrigkeit könnte Art. 54 SDÜ dann nicht die gesuchte Norm darstellen, mit deren Hilfe über Art. 51 Abs. 1 S. 1 GRCh auch Art. 50 GRCh seine zwischenstaatliche Geltung entfalten könnte.

γ) Stellungnahme

αα) Genese und Erläuterungen des Präsidiums

Die Übertragung der Vollstreckungsklausel wird von deren Befürwortern insbesondere mit der Genese des Art. 50 GRCh begründet. Die Geltung der Vollstreckungsklausel stelle die „vom europäischen Gesetzgeber gewollte Auslegung“ dar.[664] Selbst der BGH erklärt, es bestünde „kein Zweifel, dass der Grundsatz … auch im Blick auf Art. 50 GRCh nur nach Maßgabe von Art. 54 SDÜ gilt“.[665]

---

662 *Heger*, ZIS 2009, S. 408; *Heger*, HRRS 2008, S. 415; *Nehl*, in: Heselhaus/Nowak, Handbuch der Europäischen Grundrechte, § 58, Rn 16; *Eser,* in: Sieber/Brüner/Satzger/Heintschel-Heinegg, Europäisches Strafrecht, § 36, Rn 78; *Eser*, in: Meyer, Kommentar zur GRCh, Art. 50, Rn 14; *Reichling,* StV 2010, S. 237 f., S. 238; *Zöller,* in: Krey Festschrift, S. 518 f.; *Swoboda,* JICJ 2011, S. 266; *Anagnostopoulos,* in: Hassemer Festschrift, S. 1137; *Schomburg,* in: Schomburg/Lagodny/Gless/Hackner, Internationale Rechtshilfe in Strafsachen Kommentar, SDÜ Art. 54, Rn 12 f.; *Schomburg/Suominen-Picht*, NJW 2012, S. 1191. Ausführlicher: *Merkel/Scheinfeld*, ZIS 2012, S. 212; *Böse,* GA 2011, S. 511.

663 Dazu: *Oppermann/Classen/Nettesheim*, Europarecht, § 10, Rn 41 f.

664 *Burchard/Brodowski*, StraFo 2010, S. 183, die sogar auf S. 185 von „scheinbar eindeutigen Erläuterungen“ sprechen.

665 BGH, Beschluss v. 25.10.10, 1 StR 57/10, Rn 14.

Nach Ansicht des LG Aachen kann der Entstehungsgeschichte des Art. 50 GRCh nicht entnommen werden, dass Art. 54 SDÜ verdrängt oder modifiziert werden sollte.[666] Auch das BVerfG hält die diesbzgl. Auslegung des BGH für „vertretbar" und „nahe liegend" und stützt sich auf die Genese der Norm.[667] Als einziger Nachweis für den gesetzgeberischen Willen wird von allen Vertretern der letzte Absatz der Erläuterungen des Präsidiums zu Art. 50 GRCh mit folgendem Inhalt benannt:

> „Art. 50 findet … auch zwischen den Gerichtsbarkeiten mehrerer Mitgliedstaaten Anwendung. Dies entspricht dem Rechtsbesitzstand der Union; siehe die Art. 54 bis 58 des SDÜ … Die klar eingegrenzten Ausnahmen, in denen die Mitgliedstaaten nach diesen Übereinkommen von der Regel ne bis in idem abweichen können, sind von der horizontalen Klausel des Art. 52 Abs. 1 über die Einschränkungen abgedeckt. Was die in Art. 4 des Protokolls Nr. 7 bezeichneten Fälle betrifft, nämlich die Anwendung des Grundsatzes in ein und demselben Mitgliedstaat, so hat das garantierte Recht dieselbe Bedeutung und dieselbe Tragweite wie das entsprechende Recht der EMRK".

Hieraus wird abgeleitet, der Gesetzgeber habe die Vollstreckungsklausel als eine „Ausnahme" i.S.d. Erläuterungen gesehen, die sodann über Art. 52 Abs. 1 GRCh Anwendung finde.[668] Die dargelegten Erläuterungen seien insoweit „offenkundig und zweifelsfrei".[669]

Dieser Ansicht ist darin beizupflichten, dass eine ausdrückliche Verdrängung oder Modifizierung des Art. 54 SDÜ in den Konventsitzungen nicht diskutiert wurde. Das gesamte Vollstreckungselement fand keinen Eingang in die Diskussion. Daraus lässt sich jedoch keinesfalls der Wille einer Übertragung des Vollstreckungselements auf Art. 50 GRCh ableiten. Eine Bewertung der Inhalte der Konventssitzungen spricht stattdessen für die gegenteilige Ansicht. Die ausführliche Untersuchung der Genese des Art. 50 GRCh hat gezeigt, dass man von der Existenz des Art. 54 SDÜ wusste.[670] Trotz dieser Kenntnis führte man keine Vollstreckungsklausel in die Norm ein, sondern orientierte sich bei der Gestaltung des Art. 50 GRCh fortwährend am Wortlaut des Art. 4 des 7. ZP der EMRK. Doch die EMRK-Norm enthält – wie gesehen – kein Vollstreckungs-

666 LG Aachen, StraFo 2010, S. 190.

667 BVerfG, Beschluss v. 15.12.2011, BvR 148/11, Rn 44 = BVerfG, NJW 2012, S. 1202 f., S. 1204.

668 *Burchard/Brodowski*, StraFo 2010, S. 184; BGH, Beschluss v. 25.10.10, 1 StR 57/10, Rn 13 f.; BVerfG, Beschluss v. 15.12.2011, BvR 148/11, Rn 42 f. = BVerfG, NJW 2012, S. 1202 f., S. 1204.

669 BGH, Beschluss v. 25.10.10, 1 StR 57/10, Rn 16.

670 Siehe oben zur 5. Konventsitzung: S. 28 f.

element.[671] Angesichts einer regen Diskussion über die übrige Gestaltung des Wortlautes des Art. 50 GRCh ist vielmehr davon auszugehen, dass der Gesetzgeber den ne bis in idem-Schutz in keiner Fallgruppe von weiteren Merkmalen als den in Art. 50 GRCh ausdrücklich genannten abhängig machen wollte. Eine Übertragung der Vollstreckungsklausel – sei es auch nur auf die zwischenstaatliche Fallgruppe – hätte angesichts der enormen praktischen Bedeutung dieser Fallgruppe vom europäischen Gesetzgeber in aller Deutlichkeit festgelegt werden müssen. Der gesetzgeberische Wille spricht daher klar gegen eine im Nachhinein unternommene Hereinnahme der Vollstreckungsklausel in den Wortlaut des Art. 50 GRCh, sei es als ungeschriebenes Tatbestandsmerkmal oder als Eingriffsschranke durch die Hintertür des Art. 52 Abs. 1 GRCh für nur zwischenstaatliche Fälle.

Unabhängig davon, dass den Erläuterungen des Präsidiums ohnehin eine nur sehr eingeschränkte Wirkung in Form einer „Auslegungshilfe" zukommt, muss ferner untersucht werden, ob sie diesem Auslegungsergebnis tatsächlich entgegenstehen, wie es von der Gegenseite behauptet wird. Wie gesehen, knüpft die Ansicht dabei insbesondere an den in den Erläuterungen verwendeten Begriff der „Ausnahmen" an. Sofern sich die Diskussion im Konvent jedoch um „Ausnahmen" des Art. 50 GRCh drehte, erörterte man insbesondere Art. 4 Abs. 2 des 7. ZP der EMRK und dessen Wiederaufnahmemöglichkeit beim Vorliegen neuer Beweise als Durchbrechung des Grundsatzes.[672] Mit dem Begriff der „Ausnahme" verband man folglich klassische Durchbrechungen des Grundsatzes, nicht aber das Vorliegen oder Nichtvorliegen von Tatbestandsmerkmalen. Denn von einem Grundsatz kann nur dann eine Ausnahme gemacht werden, wenn dieser zuvor aufgrund des Vorliegens seiner (tatbestandlichen-) Voraussetzungen auch greift. Nun sieht auch Art. 55 Abs. 1 SDÜ „Ausnahmen" von der mitgliedstaatlichen Bindung des Art. 54 SDÜ vor, indem den Mitgliedstaaten die Möglichkeit eingeräumt wurde, mit Hilfe einer einseitigen Erklärung eine sog. Territorial-, Sicherheits- sowie Amtsträgerausnahme einzuführen, mit der Folge, dass eine erneute Strafverfolgung unter bestimmten Voraussetzungen trotz Vorliegens der Voraussetzungen des Art. 54 SDÜ durchgeführt werden kann. Diese „Ausnahmen" werden in den Absätzen 2 bis 4 des Art. 55 SDÜ auch ausdrücklich als solche bezeichnet. Sie stellen neben Abs. 2 der EMRK-Norm ebenfalls eine Durchbrechung des Grundsatzes dar. Mit der Formulierung in den Erläuterungen „klar eingegrenzten Ausnahmen, in denen die Mitgliedstaaten ... von der Regel ... abweichen können" ist daher vielmehr Art. 55 SDÜ gemeint und nicht

671 Ebenfalls zu diesem Ergebnis kommend: *Böse,* GA 2011, S. 506.

672 Siehe oben zur 4. Konventssitzung: S. 26 f.

etwa das Tatbestandsmerkmal der Vollstreckung.[673] Die Erläuterungen des Präsidiums sprechen somit keinesfalls dafür, die Vollstreckungsklausel letztlich als „Ausnahme" i.S.d. Erläuterungen anzusehen. Den Erläuterungen des Präsidiums können keine Schlüsse in Bezug auf die Geltung des Vollstreckungselements entnommen werden.

Die Gegenansicht muss sich in diesem Zusammenhang überdies vorwerfen lassen, unreflektiert von den Erläuterungen des Präsidiums auf den Willen des Konvents zu schließen, ohne auf die eigentliche Diskussion im Konvent einzugehen. Es wird außer Acht gelassen, dass der Konventswille den eigentlichen gesetzgeberischen Willen darstellt und nicht die in Eigenregie formulierten Erläuterungen des Präsidiums. Die Genese spricht somit gegen eine Übertragung des Vollstreckungselements von Art. 54 SDÜ auf Art. 50 GRCh.

Ungeachtet dieser genetischen Auslegung werfen auch die von der Gegenansicht vertretenen methodischen Begründungen z.T. erhebliche Bedenken auf. Die „Schutzbereichslösung qua Auslegung des Art. 50 GRCh" will das Vollstreckungselement als Tatbestandsmerkmal unter Zuhilfenahme bloßer Auslegungsmethoden in den Art. 50 GRCh hineinlesen. Zugegebenermaßen hat sich im europäischen Recht mittlerweile eine eigene unionsrechtliche Interpretationslehre mit selbstständigen Grundsätzen entwickelt. Diese orientiert sich dennoch überwiegend an den aus dem nationalen Recht bekannten Auslegungsarten.[674] Auch der EuGH pflegt eine weitgehende Übereinstimmung mit den bekannten Methoden[675] und hat sich gelegentlich dazu bekannt, bei einem eindeutigen Wortlaut nicht weiter auf andere Auslegungsprinzipien zurückzugreifen.[676] Im vorliegenden Fall spricht der Wortlaut eine klare Sprache, da eine Vollstreckungsklausel schlicht fehlt. Es kann daher keinesfalls überzeugen, durch zweifelhafte Schlüsse aus der Genese im Nachhinein eine grundlegende Veränderung des Schutzbereiches vorzunehmen. Gegen diese Vorgehensweise spricht auch das Kohärenzgebot des Art. 52 Abs. 3 GRCh. Verstünde man das Vollstreckungselement tatsächlich als Tatbestandsmerkmal des Art. 50 GRCh, erstreckte sich dieses Merkmal auch auf die übrigen Fallgruppen. Auch in rein innerstaatlichen Fällen müsste beispielsweise die Vollstreckungsklausel erfüllt sein, um Art. 50 GRCh anwenden zu können. Unabhängig von einer Kollision mit innerstaatlichen Gewährleistungen würde auch das durch Art. 4 des 7. ZP der EMRK gewährte Schutzniveau unterschritten, was Art. 52 Abs. 3 GRCh widerspräche.

---

673 Zum selben Ergebnis kommend: *Böse*, GA 2011, S. 506; *Merkel/Scheinfeld*, ZIS 2012, S. 209.

674 *Oppermann/Classen/Nettesheim*, Europarecht, § 9, Rn 168.

675 *Schwarze*, in: Schwarze, EU-Kommentar, Art. 220 EGV, Rn 27.

676 Dazu, dass sich der EuGH dann aber selbst nicht immer an sein Postulat gehalten hat: *Oppermann/Classen/Nettesheim*, Europarecht, § 9, Rn 170 m.w.N.

Die „Schrankenlösung qua Einschränkung des Art. 50 GRCh" vertritt dagegen, die Vollstreckungsklausel als Schrankenregelung in nur zwischenstaatlichen Fällen anzusehen. Dieser Ansatz ist zumindest methodisch in sich stimmig. Es ist davon auszugehen, dass die Schranke des Art. 54 SDÜ auch den durch Art. 52 Abs. 1 GRCh aufgestellten „Schranken-Schranken" des Gesetzesvorbehaltes, der allgemeinen Verhältnismäßigkeit sowie der Wesensgehaltsgarantie genügt.[677] Dennoch geht mit diesem Ansatz, neben der dargestellten Missachtung des gesetzgeberischen Willens, eine erhebliche Wortlautschwächung des Art. 50 GRCh einher.

ββ) Erforderlichkeit des Vollstreckungselements und Entwicklung des Vollstreckungsrechts

Es stellt sich weiterhin die Frage, ob aus Sinn und Zweck des Vollstreckungselements auf dessen Unverzichtbarkeit geschlossen werden kann. Grundsätzlich dient das Vollstreckungselement des Art. 54 SDÜ dazu, den ne bis in idem-Schutz demjenigen zu verweigern, der sich der Strafvollstreckung des Erstverfolgerstaates durch Flucht in einen anderen Mitgliedstaat zunächst entzieht und sich anschließend dort auf einen ne bis in idem-Grundsatz ohne entsprechendes Vollstreckungselement beruft (sog. „forum fleeing").[678] Genauer soll in Bezug auf die erste Alternative des Vollstreckungselements („bereits vollstreckt worden ist") eine weitere Verfolgung durch den Zweitverfolgerstaat dann möglich bleiben, wenn der Verurteilte beispielsweise der im Erstverfolgerstaat auferlegten Gefängnisstrafe oder der Zahlung einer Geldstrafe oder der Erfüllung einer Auflage nicht nachgekommen ist. In Bezug auf die zweite Alternative („gerade vollstreckt wird") soll eine weitere Verfolgung durch den Zweitverfolgerstaat auch dann möglich bleiben, wenn es dem Verurteilten gelingt, sich vor vollständiger Erledigung der Vollstreckung im Erstverfolgerstaat in den Zweitverfolgerstaat abzusetzen und somit der Restvollstreckung des Erstverfolgerstaates zu entziehen. Die dritte Alternative („nach dem Recht des Urteilsstaats nicht mehr vollstreckt werden kann") legt schließlich fest, dass der Verurteilte hingegen schützenswert ist, wenn ihm gegenüber im Erstverfolgerstaat beispielsweise Amnestie oder Begnadigung gewährt wurde oder die Strafe verjährt ist.[679]

Das Vollstreckungselement wurde im Jahre 1990 statuiert, mithin zu einer Zeit, in der eine grenzüberschreitende Vollstreckung noch nicht in allen Fällen

677 Dazu siehe: LG Aachen, StraFo 2010, S. 190.

678 *Satzger*, Internationales und Europäisches Strafrecht, § 10, Rn 79; *Ambos*, Internationales Strafrecht, § 10, Rn 120; *Plöckinger/Leidenmühler*, wistra 2003, S. 87; *Merkel/Scheinfeld*, ZIS 2012, S. 207; *Böse,* GA 2011, S. 508; *Eckstein,* ZStW 2012, S. 509.

679 Zu den einzelnen Zielen der Vollstreckungselemente siehe: *Hecker*, Europäisches Strafrecht, § 13, Rn 42 f.

gesichert war. Das klassische Instrument der zwischenstaatlichen Zusammenarbeit in Strafsachen ist die Rechtshilfe, die aufgrund verschiedener Abkommen ausgestaltet ist. Das herkömmliche Rechtshilferecht basiert im Schwerpunkt auf der Souveränität der einzelnen Mitgliedstaaten. Es ist allerdings insofern nicht zukunftsorientiert, als die EU gem. Art. 3 Abs. 2 EUV einen einheitlichen Rechtsraum der Freiheit, der Sicherheit und des Rechts anstrebt. Infolgedessen soll das Rechtshilferecht nach und nach durch den sog. „Grundsatz der gegenseitigen Anerkennung" ersetzt werden.[680] So wurde bereits im Jahr 1999 von Seiten der Mitgliedstaaten im Rahmen des Rates von Tampere festgelegt, dass der Grundsatz der gegenseitigen Anerkennung für die Möglichkeit einer Ermittlungsanordnung gegenüber Behörden eines anderen Mitgliedstaates sowie die Freizügigkeit von Beweisen „gelten" solle.[681] Dies wurde sodann in dem Richtlinienvorschlag über eine Europäische Ermittlungsanordnung von 2010 aufgenommen, durch die auf Anordnung einer hinreichend legitimierten Strafverfolgungsbehörde nahezu sämtliche strafprozessualen Ermittlungsmaßnahmen durch einen anderen Mitgliedstaat durchgeführt werden sollen, der die Durchführung nur unter engen Voraussetzungen ablehnen kann. Die Richtlinie soll alle bisherigen Rechtshilferegelungen ersetzen, die sich auf die Erhebung und den Transfer von Beweisen für Strafverfolgungszwecke beziehen. Auch wenn die Richtlinie bislang nur als Vorschlag existiert, zeigt dieser doch die aktuelle europäische Tendenz.[682]

Dessen ungeachtet stellt der Rahmenbeschluss des Rates vom 13.6.2002 über den Europäischen Haftbefehl und die Übergabeverfahren zwischen den

680 *Satzger*, Internationales und Europäisches Strafrecht, § 10, Rn 24. Zum Grundsatz der gegenseitigen Anerkennung näher unten: S. 179 f.

681 Siehe in den „Schlussfolgerungen des Vorsitzes" des Europäischen Rates in Tampere vom 15./16. Oktober 1999: B, VI, Pkt. 36; abrufbar unter: http://www.europarl.europa.eu/summits/tam_de.htm#annexe zuletzt abgerufen am 10.11.2012.

682 Der Richtlinienvorschlag wurde am 29.04.2010 von einer Gruppe von Mitgliedstaaten vorgelegt und stützt sich auf Art. 82 Abs. 1 AEUV. Nachdem der Vorschlag im Rat der EU diskutiert wurde, und die belgische Ratspräsidentschaft einen Kompromissvorschlag vorlegte, welcher weitere Ablehungsgründe beinhaltete, fand dies die Zustimmung der überwiegenden Mehrheit der Mitgliedstaaten. In Deutschland lehnten allerdings sowohl Bundesrat als auch Bundestag die Initiative ab, da sie angesichts der bestehenden Unterschiede in den Strafverfahrensordnungen verfrüht und zu umfassend sei. Auf eine Prüfung der beiderseitigen Strafbarkeit könne daher noch nicht verzichtet werden. Unabhängig von dieser ablehnenden Haltung Deutschlands, zeigt dies die angedeutete Entwicklung der Abkehr vom Rechtshilferecht. Die Diskussion im Rat der EU ist noch keinesfalls beendet. An deren Ende könnte aber im Extremfall eine erstmalige Überstimmung des deutschen Ratsmitglieds stehen. Siehe zum Richtlinienvorschlag ausführlich: *Brodowski,* ZIS 2010, S. 755 f.

Mitgliedstaaten (Rahmenbeschluss 2002/584/JI)[683] die erste konkrete Verwirklichung des Grundsatzes im strafrechtlichen Bereich dar.[684] Der Anwendungsbereich des europäischen Haftbefehls bezieht sich gem. Art. 2 Abs. 1 des Rahmenbeschlusses 2002/584/JI nicht nur darauf, dass der Gesuchte eine Handlung begangen haben soll, die nach dem Recht des Ausstellungsstaates mit einer Freiheitsstrafe oder freiheitsentziehenden Maßregel der Sicherung von mindestens vier Monaten bedroht ist (Auslieferungshaftbefehl), sondern auch auf den Fall, dass der Betroffene bereits zu mindestens vier Monaten verurteilt wurde (Vollstreckungshaftbefehl). Es wurde also die Möglichkeit gefördert, die eigene Vollstreckung erfolgreich durchzusetzen. Auch existiert mittlerweile der Rahmenbeschluss 2008/909/JI[685] vom 27.11.2008 über die Europäische Vollstreckungsanordnung. Dieser regelt die Voraussetzungen für eine Vollstreckung einer freiheitsentziehenden Strafe oder Maßregel in einem anderen Mitgliedstaat als dem Urteilsstaat, nämlich dem Heimatstaat der verurteilten Person, um die Resozialisierung zu erleichtern. Ferner besteht die Möglichkeit, auf Antrag des Erstverfolgerstaates die Vollstreckung im Zweitstaat zu übernehmen. Dazu muss ein entsprechender Antrag nach Art. 2 Abs. 2 des Übereinkommens zwischen den Mitgliedstaaten der Europäischen Gemeinschaften über die Vollstreckung ausländischer strafrechtlicher Verurteilungen (EG-VollstrÜbK)[686] vom 13.11.1991 gestellt werden.

Die Rechtsentwicklung im Bereich der Vollstreckung zeigt somit, dass den beteiligten Mitgliedstaaten ausreichend Mittel an die Hand gegeben werden, das Ziel der erfolgreichen Vollstreckung zu erreichen.[687] Die Rechtslage ist nicht mehr mit der bei Entstehung der SDÜ im Jahre 1990 zu vergleichen. Es ist davon auszugehen, dass die genannten Zwecke der Vollstreckungsklausel auf anderem Wege, nämlich über das europäisch-strafrechtliche Vollstreckungsrecht in ausreichendem Maße erreichbar sind. Es erscheint unbillig, diesbezügliche, ggf. noch bestehende Lücken im ohnehin immer dichter werdenden europäischen Recht dem Verurteilten aufzuerlegen. Dem ohnehin bereits existierenden Primat

683 Siehe: ABl. EG, 2002, L 190, S. 1 f.

684 So: 6. Erwägungsgrund des Rahmenbeschlusses 2002/584/JI.

685 Der Titel des Rahmenbeschluss lautet: „Rahmenbeschluss des Rates über die Anwendung des Grundsatzes des gegenseitigen Anerkennung auf Urteile in Strafsachen, durch die eine freiheitsentziehende Strafe oder Maßnahme verhängt wird, für die Zwecke ihrer Vollstreckung in der Europäischen Union". Siehe: ABl. EU, 2008, L 327, S. 27 f.

686 Siehe: BGBl. 1997, II, S. 1351 f.

687 So inzwischen auch: *Böse,* GA 2011, S. 508; *Merkel/Scheinfeld,* ZIS 2012, S. 211. Bereits zuvor knapp (jedenfalls auf den Europäischen Haftbefehl verweisend): *Heger,* HRRS 2008, S. 415; *Anagnostopoulos,* in: Hassemer Festschrift, S. 1135.

der Auslieferung bzw. Vollstreckungsübernahme gegenüber einer Zweitverfolgung[688] gilt es dadurch nachzukommen, dass dem Strafverfolgungsanspruch aller beteiligten Mitgliedstaaten durch insgesamt *eine* erfolgreiche Verfolgung und Vollstreckung ausreichend Rechnung getragen wird. Die strafrechtliche Verfolgung einerseits und die Vollstreckung andererseits können sich dabei aber – wie gesehen – auf zwei Mitgliedstaaten aufteilen.

Nun kann es bei Ablehnung des Vollstreckungselements in der Praxis dennoch in Einzelfällen dazu kommen, dass eine Verurteilung nicht erfolgreich vollstreckt wird, sei es durch den verurteilenden Mitgliedstaat oder durch einen anderen. Ob dies hinnehmbar ist, ist fraglich. Ein solcher Fall liegt z.B. dann vor, wenn der Zweitverfolgerstaat die Auslieferung oder das Vollstreckungsübernahmeersuchen ablehnt und somit eine erfolgreiche Vollstreckung des Erstverfolgerstaates verhindert (so im Fall „Boere“).[689] Auch kann ein solcher Fall gegeben sein, wenn der Erstverfolgerstaat schlicht keinen Auslieferungsantrag oder kein Vollstreckungsübernahmeersuchen stellt, obwohl der inländischen Vollstreckung keine Vollstreckungshindernisse entgegenstehen (so im Fall „Scheungraber“).[690] Diesem, jüngst vom BGH entschiedenen Fall, lag folgender Sachverhalt zu Grunde: Der 1918 geborene Angeklagte soll im Jahre 1944 als Rache für einen Partisanenangriff auf seine Wehrmachtskameraden eine Vergeltungsaktion gegen die männliche Zivilbevölkerung geführt haben, bei welcher zahlreiche Menschen zu Tode kamen. Auf Grundlage dessen wurde der Angeklagte in Abwesenheit von dem italienischen Militärgericht „La Spezia“ im Jahre 2006 zu lebenslanger Haft verurteilt. Das Urteil wurde im Jahre 2008 rechtskräftig. Zwischenzeitlich wurden die deutschen Strafverfolgungsbehörden des Angeklagten habhaft. Das LG München I verurteilte ihn wegen zehnfachen Mordes und versuchten Mordes zu lebenslanger Freiheitsstrafe. Die beim BGH

688 So: *Burchard/Brodowski*, StraFo 2010, S. 185.

689 In diesem Fall soll der ursprünglich niederländische Staatsangehörige Heinrich Boere im Jahre 1944 bei den sog. „Silbertannenmorden“ beteiligt gewesen sein. Er wurde von einem Sondergerichtshof in Amsterdam 1949 in fluchtbedingter Abwesenheit verurteilt. Die Auslieferung zur Strafvollstreckung lehnte das OLG Köln 1983 ab, da nicht ausgeschlossen werden konnte, dass der Betroffene 1940 die deutsche Staatsangehörigkeit erworben hatte. Auch das im Jahre 2003 erfolgte Vollstreckungsübernahmeersuchen auf Grundlage des EG-VollstrÜbK lehnte das OLG Köln 2007 ab. Unter Berufung auf das Nichtvorliegen der Vollstreckungsklausel konnte in der Folgezeit vor dem LG Aachen ein zweites Verfahren angestrengt werden. Siehe hierzu den Eröffnungsbeschluss bzgl. des Hauptverfahrens vor dem LG Aachen: OLG Köln, Beschluss v. 03.07.2007, 2 Ws 156/07.

690 Siehe: BGH, Beschluss v. 25.10.10, 1 StR 57/10 = BGH NStZ-RR, 2011, S. 7 f.; LG München I, 1 Ks 115, Js 10394/07.

eingelegte Revision wegen Verletzung des Art. 54 SDÜ sowie Art. 50 GRCh blieb unter o.g. Argumentation erfolglos, da das Vollstreckungselement nicht erfüllt sei. Ein Auslieferungsantrag oder ein Vollstreckungsübernahmeersuchen wurden seitens der italienischen Behörden nicht gestellt, obwohl laut Auskunft der zuständigen italienischen Behörde keine Vollstreckungshindernisse entgegenstanden. Dieser Fall zeigt deutlich, dass der Mangel, welcher letztlich zur bislang fehlenden Vollstreckung gegenüber dem Verurteilten führte, im Bereich des Vollstreckungsrechts liegt. Warum die italienischen Behörden im vorliegenden Fall die Vollstreckung des Urteils bislang nicht in die Wege leiteten, bleibt unklar. Ihre Entscheidung gilt es allerdings zu akzeptieren und nicht durch eine Ausweitung der Doppelbestrafungsmöglichkeit mit Hilfe eines Vollstreckungselements zu unterlaufen. In einer immer enger zusammenwachsenden europäischen Union sind die Entscheidungen der an demselben Verfahren beteiligten Stellen anderer Staaten anzuerkennen, sei es in Form einer Ablehnung oder Nichtbeantragung einer Auslieferung oder in Form einer Ablehnung oder Nichtbeantragung einer Vollstreckungsübernahme. Dies ist Ausdruck der beim zwischenstaatlichen ne bis in idem gebotenen weitest möglichen Toleranz und Akzeptanz gegenüber anderen Rechtsordnungen im Gegensatz zu einzelfallorientiertem Misstrauen.[691] Im Umkehrschluss müssen sich aber die entscheidenden Stellen unter Strafzumessungsgesichtspunkten darüber im Klaren sein, dass mit ihrer Entscheidung ggf. die gesamteuropäische Ahndungsmöglichkeit erlischt, sei es – wie im vorliegenden Fall – durch die Nichtbeantragung der Auslieferung durch die italienische Behörde, oder – wie im Fall „Boere" – durch Ablehnung des Vollstreckungsübernahmegesuchs durch das OLG Köln.

Unter Vergegenwärtigung dieser Umstände erscheint es hinnehmbar, zukünftig auf das Vollstreckungselement zu verzichten. Die Entscheidung, ob letzten Endes vollstreckt wird, liegt in der Hand der mitgliedstaatlichen Stellen. Ein offensichtlicher Missbrauch des ne bis in idem-Grundsatzes durch den Erstverfolgerstaat, indem dieser beispielsweise einen Fall bewusst judiziert, aber nicht vollstreckt, um die erneute Verfolgung durch einen anderen Mitgliedstaat zu sperren, erscheint im gegenwärtigen Europa fernliegend.

Nicht nur die Entwicklung im europäischen Vollstreckungsrecht, sondern auch die allgemeine Entwicklung des europäischen Strafrechts spricht gegen eine Übertragung der Vollstreckungsklausel. Die EU verfolgt seit geraumer Zeit nicht nur das Ziel, einen gemeinsamen Binnenmarkt, sondern auch einen gemeinsamen Raum der Freiheit, der Sicherheit und des Rechts zu bilden.[692] Es

---

691 So generell: *Schomburg,* in: Schomburg/Lagodny/Gless/Hackner, Internationale Rechtshilfe in Strafsachen Kommentar, SDÜ Art. 54, Rn 66.

692 Näher zu diesem Dreiklang siehe unten: S. 180 f.

soll folglich auch ein Binnenrechtsraum etabliert werden, in dem sich ein unbeschränkter ne bis in idem-Grundsatz dadurch auszeichnet, dass eine darin begangene Straftat eine einzige strafverfahrensrechtliche Antwort findet.[693] Auch wenn das Fernziel kaum die Schaffung eines einzigen europäischen föderalen Bundesstaates ist, können in den unionsrechtlich harmonisierten Bereichen, wozu wohl zukünftig auch das Strafrecht gehören wird, die zugrunde liegenden Rechtsinstrumente ähnlich weitgehend, wie innerhalb eines „echten" Bundesstaates eingesetzt werden.[694] Ebenso wie z.B. in Deutschland eine bundesländerübergreifende Straftat nur in einem Bundesland tatsächlich abgeurteilt wird, und sodann der Strafklageverbrauch für das gesamte Bundesgebiet eintritt, sollte dies auch für eine grenzüberschreitende Straftat innerhalb der EU gelten. Gleichermaßen darf eine noch nicht vollstreckte Strafe aber nicht den Weg zu einer erneuten Verfolgung öffnen, sondern lediglich zur Durchsetzung der Strafvollstreckung berechtigen.[695] Das Vollstreckungselement wird daher richtigerweise auch als Relikt einer früheren EU bezeichnet[696] und steht der fortlaufend abnehmenden Bedeutung der Binnengrenzen innerhalb Europas entgegen.[697]

Zudem spricht gegen eine Übertragung der Klausel, dass der ne bis in idem-Grundsatz bekanntermaßen nicht nur vor doppelter Verurteilung, sondern bereits vor doppelter Verfolgung schützen soll. Diesem Zweck der Vermeidung von Mehrfachbelastungen wird, sofern man eine Vollstreckungsklausel fordert, nicht ausreichend Rechnung getragen.

γγ) Ergebnis

Damit bleibt festzuhalten, dass das Vollstreckungselement des Art. 54 SDÜ nicht auf Art. 50 GRCh übertragen werden kann und Art. 54 SDÜ als primärrechtswidrig anzusehen ist. Die Norm kann daher auch nicht im Rahmen der Voraussetzungen des Art. 51 Abs. 1 S. 1 GRCh herangezogen werden.

(c) Grundsatz der gegenseitigen Anerkennung gem. Art. 82 Abs. 1 AEUV als durchzuführendes Unionsrecht

Ferner könnte der Grundsatz der gegenseitigen Anerkennung, wie er in Art. 82 Abs. 1 AEUV erstmals seinen primärrechtlichen Niederschlag gefunden hat, die gesuchte Norm i.S.d. Art. 51 Abs. 1 S. 1 GRCh darstellen.[698]

693 *Heger*, HRRS 2008, S. 414.

694 *Heger*, HRRS 2008, S. 414.

695 *Heger*, HRRS 2008, S. 414.

696 So: *Heger*, HRRS 2008, S. 415.

697 So inzwischen auch: *Merkel/Scheinfeld*, ZIS 2012, S. 210.

698 Einzig zu dieser Idee, allerdings nicht weiter vertiefend: *Satzger*, Internationales und Europäisches Strafrecht, § 10, Rn 68; *Satzger,* in: Roxin Festschrift, Band 2, S. 1523.

(aa) Herkunft

Das in Art. 3 Abs. 2 EUV festgelegte und in Art. 67 Abs. 1 AEUV (Titel V) konkretisierte Ziel, einen Raum der Freiheit, der Sicherheit und des Rechts[699] zu schaffen, in welchem die Grundrechte und die verschiedenen Rechtsordnungen und -traditionen der Mitgliedstaaten geachtet werden,[700] soll u.a. durch das Mittel der gegenseitigen Anerkennung strafrechtlicher Entscheidungen erreicht werden (vgl. Art. 67 Abs. 3 AEUV). Dieser Grundsatz war in den bisherigen Art. 29 f. EUV a.F. noch gar nicht enthalten, wurde aber bereits vom Europäischen Rat von Tampere im Jahre 1999, der als Sondertagung über die Schaffung eines Raums der Freiheit, der Sicherheit und des Rechts zusammengetreten war, zum „Eckstein" der justiziellen Zusammenarbeit in Zivil- und Strafsachen erklärt.[701] Ursprünglich wurde er von der Kommission zur Herstellung des Binnenmarktes entwickelt, um die Verkehrsfähigkeit von Waren zu erreichen, ohne eine kaum zu bewältigende Harmonisierungstätigkeit vorschalten zu müssen.[702] Auch wenn einige der o.g. Rechtsakte noch auf Art. 31 EUV a.F. gestützt wurden, so stellen sie bereits konkrete Verwirklichungen des Grundsatzes dar.[703]

---

699 Dieser Dreiklang wurde erstmals im Vertrag von Amsterdam als neuer Leitparameter europäischer Integration etabliert und ist mittlerweile zu einem grundlegenden Postulat der gesamten EU-Politik geworden. Ausführlich dazu: *Müller-Graff*, EuR 2009, Beiheft 1, S. 105 f.; *Stumpf*, in: Schwarze, EU-Kommentar, Art. 2 EUV, Rn 14. Es wird teilweise sogar von einem „Aufstieg" dieses Ziels durch Vertrag von Lissabon gesprochen, da es nun – anders als bisher – noch vor dem Binnenmarkt und der Wirtschafts- und Währungsunion aufgeführt wird (Art. 3 Abs. 3 und 4). Richtigerweise handelt es sich jedenfalls nicht nur um ein Komplementärziel zu dem Vertragsziel Binnenmarkt, um einen Ausgleich für den freien Verkehr von Kapital, Waren und Personen zu schaffen, sondern um eine Manifestation des Bekenntnisses zu den Grundsätzen der Freiheit, der Demokratie, der Achtung der Menschenrechte, der Grundfreiheiten sowie der Rechtsstaatlichkeit in diesem Stadium der Integration (vgl. die Erwägungsgründe 4 und 12 der Präambel des EUV). So: *Suhr,* in: Fastenrath/Nowak, Der Lissaboner Reformvertrag, S. 301.

700 Wobei mit „Grundrechte" i.S.d. Art. 67 Abs. 1 AEUV auch die Grundrechte der Grundrechtscharta gemeint sind. So: *Heger*, ZIS 2009, S. 409.

701 Siehe in den „Schlussfolgerungen des Vorsitzes" des Europäischen Rates in Tampere vom 15./16. Oktober 1999: B, VI, Pkt. 33; abrufbar unter: http://www.europarl.europa.eu/summits/tam_de.htm#annexe zuletzt abgerufen am 10.11.2012.

702 *Satzger*, Internationales und Europäisches Strafrecht, § 10, Rn 24. Ausführlich hierzu: *Satzger,* StV 2003, S. 141. Diese Herkunft und Übertragbarkeit auf das Strafrecht wird scharf kritisiert. Dazu: *Suhr,* in: Fastenrath/Nowak, Der Lissaboner Reformvertrag, S. 315 m.w.N.; *Suhr,* in: Calliess/Ruffert, EUV/AEUV, Art. 82 AEUV, Rn 5.

703 So: der Rahmenbeschluss über den Europäischen Haftbefehl und die Übergabeverfahren zwischen den Mitgliedstaaten, der Rahmenbeschluss über die Europäische Überwachungsanordnung, der Rahmenbeschluss über die Vollstreckung von Entscheidun-

Innerhalb des Titels V des AEUV[704] wird der Grundsatz nun in Art. 82 AEUV unter dem Kapitel 4 „Justizielle Zusammenarbeit in Strafsachen" konkretisiert, in dessen Abs. 1 UAbs. 1 ihm sogar ein Vorrang gegenüber der Mindestharmonisierung des mitgliedstaatlichen Strafrechts gem. Art. 82 Abs. 2 und Art. 83 AEUV eingeräumt wird.[705] Dennoch sind die gegenseitige Anerkennung und die sektorale Rechtsangleichung durch Mindestvorschriften nicht als gegensätzliche, sondern als sich wechselseitig ergänzende Konzepte anzusehen.[706] Der Grundsatz wurde jedenfalls zum Leitprinzip der justiziellen Zusammenarbeit in Strafsachen erhoben.[707] Nach Ansicht des Bundesverfassungsgerichts und Teilen der Literatur stellt die gegenseitige Anerkennung einen gegenüber der Mindestharmonisierung minder schweren bzw. schonenderen Eingriff der nationalen Souveränität auf dem Gebiet des Strafrechts dar.[708]

(bb) Umfang und Verhältnis zum ne bis in idem-Grundsatz

Die lit. a bis d des Art. 82 Abs. 1 UAbs. 2 AEUV stellen zwar grundsätzlich Kompetenzvorschriften zum Erlass von Regeln über die gegenseitige Anerkennung dar, lassen dadurch aber auch Rückschlüsse auf den Umfang des Grundsatzes zu. Zu den Kompetenzen zählen die Anerkennung aller Arten von Urteilen und gerichtlichen Entscheidungen, das Verhindern von Kompetenzkonflikten zwischen den Mitgliedstaaten sowie die Förderung der Weiterbildung und Zusammenarbeit zwischen den Strafverfolgungsbehörden und Bediensteten. Der ne bis in idem-Grundsatz findet sich vor allem in den lit. a und d des Art. 82

---

gen über die Sicherstellung von Vermögensgegenständen oder Beweismitteln in der EU und der Rahmenbeschluss über die Anwendung des Grundsatzes der gegenseitigen Anerkennung von Geldstrafen und Geldbußen. Siehe dazu: *Satzger*, Internationales und Europäisches Strafrecht, § 10, Rn 26 f.

704 Der neue Titel V des Vertrages von Lissabon ersetzt den Titel IV des EGV a.F. über Visa, Asyl, Einwanderung und andere den freien Personenverkehr betreffende Politiken sowie den Titel VI EUV a.F. (mithin den Bereich der PJZS) bzw. führt diese zusammen. Einen guten Überblick über die Gliederung des Titel V liefert: *Suhr,* in: Fastenrath/Nowak, Der Lissaboner Reformvertrag, S. 302.

705 *Heger*, ZIS 2009, S. 410. Dies ist darauf zurückzuführen, dass die divergierenden nationalen Strafrechtssysteme einer Angleichung nach momentanem Rechtszustand nur beschränkt zugänglich sind. Ein gemeinsamer Rechtsraum im Bereich der Strafrechtspflege kann sich daher vorerst nur auf der Basis der gegenseitigen Anerkennung herausbilden. Vgl. dazu: *Hecker*, Europäisches Strafrecht, § 13, Rn 35.

706 *Suhr,* in: Calliess/Ruffert, EUV/AEUV, Art. 82 AEUV, Rn 7.

707 *Suhr,* in: Fastenrath/Nowak, Der Lissaboner Reformvertrag, S. 315.

708 BVerfGE 113, S. 273 (2. Leitsatz); *Heger*, ZIS 2009, S. 415. Anders: *Satzger,* StV 2003, S. 141, der davon spricht, dass dieser Grundsatz „mehr als … jede Harmonisierung … die Fundamente des nationalen Strafverfahrens unterminiert und verfälscht". Kritisch ebenfalls: *Eckstein,* ZStW 2012, S. 513.

AEUV wieder, die die Anerkennung justizieller Entscheidungen betreffen. Denn die Anerkennung justizieller Entscheidungen setzt nach dem EuGH voraus, dass „ein gegenseitiges Vertrauen der Mitgliedstaaten in ihre jeweiligen Strafjustizsysteme besteht und dass jeder Mitgliedstaat die Anwendung des in den anderen Mitgliedstaaten geltenden Strafrechts akzeptiert, auch wenn die Anwendung seines eigenen nationalen Rechts zu einem anderen Ergebnis führen würde".[709] Das auch im „Stockholmer Programm" von 2009 wertgeschätzte gegenseitige Vertrauen ist demnach unabdingbare Voraussetzung für Maßnahmen der gegenseitigen Anerkennung[710] und mithin auch für den ne bis in idem-Grundsatz. Umgekehrt kann ein umfangreich gewährleisteter ne bis in idem-Grundsatz das Vertrauen der Mitgliedstaaten bei zuvor nur zögerlich abgegebenen Kompetenzen auch positiv bestärken, d.h. vertrauensbildend wirken.[711] Denn ein effektiver ne bis in idem-Grundsatz wirkt sich positiv auf die Rechtsstellung des Betroffenen aus, stärkt die Rechtssicherheit innerhalb der Union und gewährleistet die uneingeschränkte Ausübung der Freizügigkeit.[712] Es besteht mithin eine Wechselwirkung zwischen dem ne bis idem-Grundsatz und gegenseitigem Vertrauen.

Ein umfangreich gewährter ne bis in idem-Grundsatz innerhalb der EU stellt einen von vielen Bausteinen auf dem Weg zu einem einheitlichen europäischen Rechtsraum dar, der wiederum erst bei uneingeschränkter Geltung des Grundsatzes der gegenseitigen Anerkennung erreicht werden kann.[713]

Auch wenn der Grundsatz in erster Linie dazu dient, den sich aus den nationalen Grenzen ergebenden Nachteilen für die Strafverfolgungsorgane entgegen-

---

709 So: EuGH, Urt. v. 11.2.2003 – „Gözütok und Brügge", Slg. 2003, Band I/2, S. 1345 f., S. 1391.

710 So der Rat der Europäischen Union im Allgemeinen und bezogen auf sämtliche Maßnahmen der gegenseitigen Anerkennung im Stockholmer Programm, welches der Europäische Rat im Rahmen seiner Sitzung am 11.12.2009 annahm. Das Stockholmer Programm stellt ein Mehrjahresprogramm für die Jahre 2010-2014 für den Raum der Freiheit, der Sicherheit und des Rechts dar. Siehe: Ratsdok. 17024/09, Pkt. 3.1 und 3.2. Ebenso der Rat der Europäischen Union in einem Entwurf für eine Strategie der inneren Sicherheit für die Europäische Union: Ratsdok. 5842/2010. Zum Stockholmer Programm: *Esser,* in: Sieber/Brüner/Satzger/Heintschel-Heinegg, Europäisches Strafrecht, § 53, Rn 38 f. m.w.N.

711 Rat der Europäischen Union, in: Ratsdok. 17024/09, Pkt. 3.1 und 3.2.

712 *Nalewajko*, Grundsatz der gegenseitigen Anerkennung, S. 277 f. Zum engen Bezug zwischen dem ne bis in idem-Grundsatz und der Ausübung von Grundfreiheiten siehe: *Heger*, HRRS 2008, S. 414.

713 Zum Gedanken eines einheitlichen Rechtsraumes allgemein: *Wasmeier*, in: v.d.Groeben/Schwarze, EUV/EGV-Kommentar, Band 1, Art. 31 EUV, Rn 25, der allerdings in Rn 26 lediglich von einem „Zusammenhang" des Anerkennungsprinzips und dem ne bis in idem-Grundsatz spricht.

zuwirken, so ist der ne bis idem-Grundsatz richtigerweise als eine beschuldigtenfreundliche Ausprägung des Grundsatzes der gegenseitigen Anerkennung anzusehen.[714] Er wirkt hier im Interesse der Verfolgten begrenzend auf die Strafverfolgung.[715]

(cc) Unionsrecht, welches die rechtliche Beurteilung des maßgeblichen Sachverhalts prägt

Nach der hier vertretenen Auslegung der Durchführung des Unionsrechts i.S.d. Art. 51 Abs. 1 S. 1 GRCh müsst die Norm dem europäischen Unionsrecht angehören sowie die rechtliche Beurteilung der jeweiligen Sachverhalte prägen. Der Grundsatz der gegenseitigen Anerkennung stellt infolge seiner ausdrücklichen Normierung in Art. 82 Abs. 1 AEUV geschriebenes Primärrecht dar.

Es stellt sich aber die Frage, ob der Grundsatz in der praktischen Anwendung im Einzelfall der weiteren Anforderung gerecht wird. Sofern mitgliedstaatliche Behörden oder Gerichte einen zwischenstaatlichen Sachverhalt bearbeiten, erlangen sie früher oder später Kenntnis von einer ggf. bestehenden justiziellen Entscheidung eines anderen Mitgliedstaates in derselben Sache, sei es durch behördliche Korrespondenz oder durch Mitteilung des Betroffenen. Dem schließt sich für den jeweiligen Zweitverfolgerstaat zwangsläufig die Frage des gegenseitigen Vertrauens in das jeweilige Strafrechtssystem des anderen Mitgliedstaates an. Ihre Beantwortung hat jedoch der Gesetzgeber in Form der „Anerkennung justizieller Entscheidungen" nach Art. 82 Abs. 1 UAbs. 2 lit. a und d AEUV eben zu Gunsten der Anerkennung, d.h. zu gewährenden Vertrauens vorgenommen. Indem die jeweilige mitgliedstaatliche Stelle mit der Frage des gegenseitigen Vertrauens konfrontiert wird, prägt dieses Kriterium bereits die rechtliche Beurteilung des maßgeblichen Sachverhalts. Da sich dieser Appell des zu gewährenden gegenseitigen Vertrauens in Art. 82 AEUV widerspiegelt, d.h. dessen Gedanke angewandt wird, erscheint die Schlussfolgerung vertretbar, dass die mitgliedstaatliche Stelle in diesen Fällen „Unionsrecht anwendet, welches die rechtliche Beurteilung des maßgeblichen Sachverhalts prägt". Art. 82 AEUV findet Gebrauch. Eine Durchführung von Unionsrecht i.S.d. Art. 51 Abs. 1 S. 1 GRCh liegt somit vor.

Sofern eine kriminalstrafrechtliche Verfolgung durch den Zweitverfolgungsstaat zulässig ist, weil sich z.B. herausstellt, dass die ergangene Entscheidung des zuvor tätig gewordenen Mitgliedstaates keine taugliche Erstentscheidung i.S.d. Art. 50 GRCh darstellt, wird dennoch Art. 82 AEUV i.S.d. Art. 51 Abs. 1

714 *Satzger*, Internationales und Europäisches Strafrecht, § 10, Rn 64; *Nalewajko*, Grundsatz der gegenseitigen Anerkennung, S. 277 f.

715 *Nalewajko*, Grundsatz der gegenseitigen Anerkennung, S. 277 f.

S. 1 GRCh „durchgeführt“. Denn die mitgliedstaatlichen Behörden oder Gerichte prüfen die Erstenscheidungstauglichkeit der vorangegangenen Maßnahme. Sie stellen sich die Frage, ob sie in ihre Endgültigkeit vertrauen und wenden damit bereits den weiter gehenden Art. 82 AEUV an. Nur auf diesem Wege kann der jeweilige Rechtsanwender überhaupt zu einer Subsumtion der Tatbestandsmerkmale des Art. 50 GRCh gelangen, und dessen Anwendung ggf. ablehnen.

(dd) Unmittelbare Anwendbarkeit von Primärrecht

Als problematisch könnte sich allerdings darstellen, dass mit Art. 82 Abs. 1 AEUV Primärrecht in den Mitgliedstaaten letztlich unmittelbar angewandt würde. Die unmittelbare Anwendbarkeit bzw. Wirkung von Unionsrecht ist – neben dem Grundsatz des Anwendungsvorrangs – ein sich aus der Supranationalität der Rechtsordnung ergebendes, anerkanntes Wesensmerkmal unionsrechtlicher Vorschriften.[716] Auch wenn dies im Vertrag von Lissabon erneut keinen Niederschlag gefunden hat, ist davon auszugehen, dass der Gesetzgeber an dem durch den EuGH entwickelten Grundsatz nichts ändern wollte.[717] Folge der unmittelbaren Wirkung ist, dass die entsprechende Norm des Unionsrechts auf ein Rechtsverhältnis im innerstaatlichen Bereich direkt einwirkt. Hierunter fällt auch das im vorliegenden Fall betroffene Verhältnis zwischen einzelnen Unionsbürgern und den Mitgliedstaaten.[718] Voraussetzung der unmittelbaren Wirkung ist jedoch das Bestehen einer eindeutigen, klaren und uneingeschränkten Verpflichtung eines Mitgliedstaates oder eines Einzelnen, wobei die Verpflichtung nicht durch einen mitgliedstaatlichen Regelungsvorbehalt eingeschränkt sein darf.[719] Dabei sind allerdings teleologische und funktionale Betrachtungen und nicht der Wortlaut der Norm entscheidend.[720] In der Literatur wird ausgeführt, der Grundsatz habe „bisher“ jedenfalls „keine unmittelbare Wirkung“. Ohne dass es bislang Anlass gab, sich mit der Frage der unmittelbaren Wirkung näher auseinanderzusetzen, wird dieser Gedanke meist nur dazu herangezogen, um die mitgliedstaatlichen Bedenken gegen den Grundsatz der gegenseitigen Anerkennung zu zerstreuen. Denn die Mitgliedstaaten konnten bislang im jeweiligen Gesetzgebungsverfahren eines Rahmenbeschlusses oder einer Richtlinie (denen der Grundsatz zu Grunde lag) dessen nähere Auswirkungen beeinflus-

716 *Oppermann/Classen/Nettesheim*, Europarecht, § 9, Rn 14; *Ruffert,* in: Calliess/Ruffert, EUV/AEUV, Art. 1 AEUV, Rn 25.

717 *Ruffert,* in: Calliess/Ruffert, EUV/AEUV, Art. 1 AEUV, Rn 25 m.w.N.

718 *Ruffert,* in: Calliess/Ruffert, EUV/AEUV, Art. 1 AEUV, Rn 26.

719 *Ruffert,* in: Calliess/Ruffert, EUV/AEUV, Art. 1 AEUV, Rn 30; *Oppermann/Classen/Nettesheim*, Europarecht, § 9, Rn 14 f.; *Streinz,* Europarecht, Rn 448.

720 *Oppermann/Classen/Nettesheim*, Europarecht, § 9, Rn 15; *Satzger,* in: Sieber/Brüner/Satzger/Heintschel-Heinegg, Europäisches Strafrecht, § 1, Rn 14.

sen.[721] Es ist jedoch davon auszugehen, dass die Vornahme eines weiteren Ausführungsaktes für seine Anwendbarkeit nicht zwingend ist. Der Maßnahmenkatalog des Art. 82 Abs. 1 UAbs. 2 AEUV stellt – wie gesehen – lediglich eine Kompetenznorm, nicht aber einen zwingenden Konkretisierungsauftrag des Grundsatzes der gegenseitigen Anerkennung dar. In seiner inhaltlichen Gestalt, dass eine in einem Mitgliedstaat rechtmäßig ergangene justizielle strafrechtliche Entscheidung in jedem anderen Mitgliedstaat auch als solche anerkannt werden muss,[722] ist er zudem eindeutig und klar umrissen, obwohl es sich um einen Rechtsgrundsatz handelt, d.h. eine Regelung, die von ihrer Natur her i.d.R. weit formuliert ist. Die unmittelbare Anwendbarkeit kann hier überdies insbesondere mit dem Sinn und Zweck der Norm begründet werden. Denn nach hiesigem Ansatz ist die unmittelbare Anwendung des Art. 82 Abs. 1 AEUV im Rahmen des Art. 51 Abs. 1 S. 1 GRCh unabdingbar, um eine erforderliche Anwendung des Art. 50 GRCh in der vorliegenden Fallgruppe zu erreichen und der Stellung des Art. 50 GRCh als geschriebenes Unionsgrundrecht gerecht zu werden. Eine umfassende Anwendung des Art. 50 GRCh fördert auch das durch das Mittel des Grundsatzes der gegenseitigen Anerkennung verfolgte Ziel der Schaffung eines rechtsstaatlichen Raums der Freiheit, der Sicherheit und des Rechts.

Auch eine Orientierung an den dogmatischen Begründungen des Grundsatzes der unmittelbaren Wirkung von Unionsrecht bestätigt dieses Ergebnis, wonach er der wirksamen Durchsetzung des Unionsrechts dienen soll („effet utile“).[723] Denn die unmittelbare Wirkung des Art. 82 Abs. 1 AEUV dient wiederum einer breiteren Anwendung des Art. 50 GRCh, wodurch die Ziele dieser Norm (Art. 50 GRCh) effektiv zur Geltung gebracht werden. Indirekt wird also die Durchsetzung eines geschriebenen Unionsgrundrechts gefördert. Auch dient der Grundsatz der unmittelbaren Wirkung von Unionsrecht dem besseren Rechtsschutz des Einzelnen.[724] Dem wird ebenso durch die unmittelbare Anwendung des Art. 82 Abs. 1 AEUV entsprochen, indem die Norm über Art. 51 Abs. 1 S. 1 GRCh das strafrechtliche Verfahrensgrundrecht des Art. 50 GRCh zur Anwendung kommen lässt.

(ee) Anwendung auf einen Beispielsfall

Die Anwendung des Grundsatzes im Rahmen der Prüfung des Art. 51 Abs. 1 S. 1 GRCh soll ergänzend an folgendem Beispielsfall verdeutlicht werden: Ein

---

721 So: *Suhr,* in: Calliess/Ruffert, EUV/AEUV, Art. 82 AEUV, Rn 7; *Suhr,* in: Fastenrath/ Nowak, Der Lissaboner Reformvertrag, S. 315 f.

722 *Satzger*, Internationales und Europäisches Strafrecht, § 10, Rn 24.

723 *Ruffert,* in: Calliess/Ruffert, EUV/AEUV, Art. 1 AEUV, Rn 29. Näher zum „effet utile“: *Wegener,* in: Calliess/Ruffert, EUV/AEUV, Art. 19 EUV, Rn 15.

724 Dazu: *Ruffert,* in: Calliess/Ruffert, EUV/AEUV, Art. 1 AEUV, Rn 29.

Deutscher mit Wohnsitz in Deutschland begeht in Belgien eine Körperverletzung und wird dort wegen dieser Tat verurteilt. Die Vollstreckung (in Form der Verbüßung einer Freiheitsstrafe oder Zahlung einer Geldstrafe) ist bereits abgeschlossen. Die deutschen Strafverfolgungsbehörden wollen den Betroffenen nun in derselben Sache verfolgen.[725]

Es handelt sich hierbei um einen Sachverhalt, bei dem sich den deutschen Behörden die Frage des Vertrauens in das belgische Strafrechtssystem, genauer der Anerkennung des belgischen Urteils stellt. Dies stellt einen Belang dar, der die Beurteilung des maßgeblichen Sachverhalts prägt. Dieser Belang ist mit dem Grundsatz der gegenseitigen Anerkennung im Primärrecht verankert, so dass die deutschen Strafverfolgungsbehörden Unionsrecht i.S.d. Art. 51 Abs. 1 S. 1 GRCh durchführen. Die Sperrwirkung des Art. 50 GRCh wird ausgelöst. Dieser greift hier unabhängig von der Frage, ob die belgische Verurteilung bereits vollstreckt wurde. Art. 50 GRCh würde nach den obigen Ausführungen zum Vollstreckungselement auch dann greifen, wenn das belgische Urteil noch nicht vollstreckt wäre.

(d) Kein durchzuführendes Unionsrecht

Ebenso wird vereinzelt vertreten, in den kriminalstrafrechtlichen zwischenstaatlichen Fällen würde keinerlei Unionsrecht durchgeführt.[726] Diesem Ansatz ist zuzugestehen, dass die meisten Straftatbestände rein nationales Recht darstellen. Ebenso stellen sie die maßgeblichen materiellen Sanktionsnormen dar, nach welchen der zugrunde liegende Sachverhalt bewertet wird. Sie bilden kein Unionsrecht i.S.d. Art. 51 Abs. 1 S. 1 GRCh, weshalb der Anwendungsbereich des Art. 50 GRCh nicht eröffnet ist und allenfalls auf Art. 54 SDÜ zurückgegriffen werden könnte.

Wie bereits erläutert, war eine derart weitgehende Nichterfassung zahlreicher zwischenstaatlicher Konstellationen jedoch keinesfalls vom Konvent beabsichtigt und entspricht daher nicht dem gesetzgeberischen Willen. Ein solches Ergebnis würde zudem der normhierarchischen Stellung und Bedeutung des Art. 50 GRCh als Bestandteil einer primärrechtlichen Grundrechtscharta nicht gerecht. Art. 50 GRCh würde seines in der Praxis wichtigsten Anwendungsbereichs beraubt und weitgehend leer laufen. Die entstehende Lücke durch An-

---

725 Abwandlung nach: *Satzger*, Internationales und Europäisches Strafrecht, § 10, Rn 62, auf Grundlage eines der ersten zwischenstaatlichen ne bis in idem-Sachverhalte. Originalfall siehe: EuGH, Urt. v. 11.2.2003 – „Gözütok und Brügge“, Slg. 2003, Band I/2, S. 1345 f.

726 *Nolte*, in: v.Mangoldt /Klein/Starck, GG-Kommentar, Band 3, Art. 103 Abs. 3, Rn 197, der ausführt, der Anwendungsbereich des Art. 50 GRCh sei wegen Art. 51 Abs. 1 S. 1 GRCh auf den Schutz gegenüber Maßnahmen der Union beschränkt.

wendung des Art. 54 SDÜ auszufüllen, ist jedoch aus den o.g. Gründen nicht wünschenswert. Die Ansicht ist daher abzulehnen.

Die Auseinandersetzung mit diesem Ansatz zeigt einmal mehr, dass in den Radius der gesuchten Normen (durchzuführendes Unionsrechts) nicht nur die eigentlichen materiellen Sanktionsnormen mit einbezogen werden dürfen, sondern jegliche Normen in Betracht zu ziehen sind, die die rechtliche Beurteilung des Sachverhalts prägen könnten.

(e) Zwischenergebnis

Letztlich kann somit nur der Ansatz überzeugen, der in Bezug auf die Frage des durchzuführenden Unionsrechts i.S.d. Art. 51 Abs. 1 S. 1 GRCh den Grundsatz der gegenseitigen Anerkennung justizieller Entscheidungen gem. Art. 82 Abs. 1 AEUV heranzieht. Der Anwendungsbereich des Art. 50 GRCh wird dadurch in allen klassischen kriminalstrafrechtlichen zwischenstaatlichen Konstellationen eröffnet.

(2) Bindung bei unionsrechtlich determiniertem nationalem Recht

Im Rahmen der ersten Fallgruppe wurde ferner ein weiter Ansatz dargestellt, nach dem eine Durchführung von Unionsrecht i.S.d. Art. 51 Abs. 1 S. 1 GRCh bereits dann gegeben ist, wenn die Mitgliedstaaten nationales, unionsrechtlich determiniertes Recht anwenden. Eine Grundrechtsbindung sei demnach bei jeglicher Anwendung nationalen Rechts gegeben, welches einen europäischen Ursprung oder zumindest eine europäische Beeinflussung erfahren hat. Auch wenn hier bereits der enge Ansatz favorisiert wurde, soll dennoch untersucht werden, welche Auswirkungen der weite Ansatz auf die hier thematisierte hiesige zwischenstaatliche Fallgruppe hat, um ggf. weitere Argumente für oder gegen die hier vertretene Auffassung zu gewinnen.[727]

Diese im Kern weite Ansicht führt nur zu einer teilweisen Anwendung des Art. 50 GRCh über Art. 51 Abs. 1 S. 1 GRCh. Denn der zwischenstaatliche Anwendungsbereich des Art. 50 GRCh wäre nur dann eröffnet, d.h. eine Zweitverfolgung ausgeschlossen, wenn der Zweitverfolgerstaat aus solchen Straftaten bestrafen wollen würde, die sich aus unionsrechtlich determiniertem nationalen Recht ergeben. Dies wären beispielsweise im deutschen Recht einerseits die nach den Rahmenbeschlüssen beeinflussten Tatbestände der Schleuserkriminalität (§ 96 AufenthG), des Terrorismus (§ 129a StGB), der Straftaten im Zusammenhang mit bargeldlosen Zahlungsmitteln (§ 152 lit. a und b StGB) sowie der Korruption im privaten Sektor (§ 299 StGB), andererseits die durch Richtlinien beeinflussten Tatbestände der Geldwäsche (§ 261 StGB) und der Insidergeschäf-

727 Zur bisherigen Auslegung des Art. 51 Abs. 1 S. 1 GRCh siehe oben: S. 60 f.

te (§ 38 i.V.m. § 14 WpHG). Ebenso würde das durch eine EU-Verordnung beeinflusste Abfallverbringungsrecht – normiert in § 326 Abs. 2 StGB –darunter fallen. Die Mitgliedstaaten wären in Bezug auf Sachverhalte, in denen sie aufgrund einer Verletzung der genannten Normen verfolgen wollen würden, an einer Zweitverfolgung nach Art. 50 GRCh gehindert. In den übrigen zwischenstaatlichen Fällen, in denen lediglich rein nationales Recht durchzusetzen wäre, würde Art. 50 GRCh die Zweitverfolgung nicht verhindern. Stattdessen müsste hilfsweise auf Art. 54 SDÜ zurückgegriffen werden, welcher mit der Vollstreckungsklausel jedoch wiederum engere Voraussetzungen an das Eingreifen des ne bis in idem-Grundsatzes stellt. Eine Ungleichbehandlung zwischenstaatlicher kriminalstrafrechtlicher Sachverhalte wäre die Folge.

Darin könnte ein Verstoß gegen den allgemeinen europäischen Gleichheitssatz liegen. Inhaltlich gewährt dieser in allen Lebensbereichen Schutz gegen unsachgemäße Differenzierung.[728] Auch wenn die Prüfung des Gleichheitssatzes im Gemeinschaftsrecht bislang noch wenig erforscht ist, erscheint – ebenso wie im nationalen Recht – eine zweistufige Prüfung sinnvoll. Nach erfolgter Feststellung einer Ungleichbehandlung wird deren etwaige Rechtfertigung geprüft.[729]

Es sind also zunächst zwei Sachverhalte heranzuziehen, die im Hinblick auf bestimmte Gegebenheiten und Eigenschaften gleich sind, bei denen aber eine benachteiligte Ungleichbehandlung vorliegt.[730] Beispielhaft kann hierbei einerseits auf eine Abwandlung des bereits erwähnten Falles zurückgegriffen werden, in dem der deutsche Staatsbürger in Belgien eine Körperverletzung begeht, und die deutschen Behörden den in Belgien Verurteilten nun wegen einer Verletzung des § 223 StGB erneut verfolgen wollen. Im Gegensatz zum o.g. Ausgangsfall wurde nun mit der Vollstreckung jedoch noch nicht begonnen. Da nun im Rahmen der deutschen Zweitverfolgung mit § 223 StGB kein national determiniertes Recht angewandt würde, könnte Art. 50 GRCh über Art. 51 Abs. 1 S. 1 GRCh nicht zur Anwendung kommen. Unabhängig von der hier vertretenen Unionsrechtswidrigkeit griffe auch Art. 54 SDÜ nicht ein, da das Vollstreckungselement nicht erfüllt wäre. Die Zweitverfolgung durch den deutschen Staat wäre nicht verhindert, da kein zwischenstaatlich geltender ne bis in idem-Grundsatz Anwendung fände. Vergleicht man diesen Sachverhalt mit einer weiteren Abwandlung des Sachverhalts, in der keine Körperverletzungs-, sondern beispielsweise eine Geldwäschehandlung in Belgien vorgenommen wurde, läge einer deutschen Zweitverfolgung unionsrechtlich determiniertes nationales

728 *Kingreen*, in: Ehlers, Europäische Grundrechte und Grundfreiheiten, § 17, Rn 4.
729 *Kingreen*, in: Ehlers, Europäische Grundrechte und Grundfreiheiten, § 17, Rn 8 f.
730 *Kingreen*, in: Ehlers, Europäische Grundrechte und Grundfreiheiten, § 17, Rn 14 f.

Recht aus § 261 StGB zu Grunde, welches eine Anwendung des Art. 50 GRCh über Art. 51 Abs. 1 S. 1 GRCh ermöglichen würde. Die Zweitverfolgung durch den deutschen Staat wäre verhindert. Bei beiden Sachverhalten handelt es sich um solche des kriminalstrafrechtlichen zwischenstaatlichen Bereichs, so dass deren Vergleichbarkeit gewährleistet ist. Ebenso ist die vom EuGH geforderte Austauschbarkeit der Sachverhalte gegeben.[731] Die benachteiligende Ungleichbehandlung liegt in der zugelassenen Zweitverfolgung im ersten Sachverhalt.

Die in einem zweiten Schritt anschließend zu prüfende objektive Rechtfertigung einer Ungleichbehandlung liegt vor, wenn sich die Differenzierung aus objektiven Gründen erklärt.[732] Ein solcher Grund ist jedoch nicht ersichtlich. Die Ungleichbehandlung erscheint vielmehr willkürlich. Es liegt somit ein Verstoß gegen den allgemeinen europäischen Gleichheitssatz vor.

Es erscheint allerdings nicht unproblematisch, auf welche Rechtsgrundlage hierbei zurückzugreifen ist. Denn der allgemeine Gleichheitssatz hat mittlerweile auch in Art. 20 der Grundrechtscharta seinen Niederschlag gefunden. Doch hierauf kann sich der Betroffene des ersten Sachverhalts nicht berufen, da wegen mangelnder Durchführung von Unionsrecht i.S.d. Art. 51 Abs. 1 S. 1 GRCh weder Art. 50 GRCh noch Art. 20 GRCh Anwendung finden können. Beide Normen teilen dasselbe Schicksal. Auch auf den vom EuGH anerkannten ungeschriebenen allgemeinen Gleichheitssatz[733] kann sich der Betroffene nicht berufen, da die Mitgliedstaaten hieran nur dann gebunden sind, wenn die Mitgliedstaaten im „Anwendungsbereich des Gemeinschaftsrechts" handeln. Die allgemeinen ungeschriebenen Rechtsgrundsätze finden demnach ebenso keine Anwendung auf rein innerstaatliche Maßnahmen.[734] Ebenso kann Art. 14 EMRK, der einen sog. akzessorischen Gleichheitssatz darstellt, hier nicht weiterhelfen. Zwar umfasst die Norm grundsätzlich mit ihrer beispielhaften Aufzählung nicht nur personenbezogene, sondern auch situationsbezogene Merkmale, d.h. jede Ungleichbehandlung – gleich aus welchen Gründen – wird verboten. So kann sie aber nur greifen, wenn ein anderes Recht der Konvention oder ihrer Protokolle zumindest vom Schutzbereich her einschlägig ist (Akzessorietät).[735] Art. 4 des 7.

731 Dazu: *Kingreen*, in: Ehlers, Europäische Grundrechte und Grundfreiheiten, § 17, Rn 14.

732 *Mayer*, in: Grabitz/Hilf/Nettesheim, Das Recht der Europäischen Union, Band 1, Grundrechtsschutz und rechtsstaatliche Grundsätze, nach Art. 6 EUV, Rn 224.

733 *Kingreen*, in: Ehlers, Europäische Grundrechte und Grundfreiheiten, § 17, Rn 11; *Stumpf*, in: Schwarze, EU-Kommentar, Art. 6 EUV, Rn 25.

734 *Ehlers*, in: Ehlers, Europäische Grundrechte und Grundfreiheiten, § 14, Rn 48; *Stumpf*, in: Schwarze, EU-Kommentar, Art. 6 EUV, Rn 12 f.

735 *Uerpmann-Wittzack*, in: Ehlers, Europäische Grundrechte und Grundfreiheiten, § 3, Rn 67 f.

ZP der EMRK greift jedoch in den zwischenstaatlichen Fällen nicht ein. Letztlich können sich die Betroffenen in derartigen Fällen daher nur auf eine Verletzung nationaler Gleichheitssätze wie z.B. Art. 3 Abs. 1 GG berufen, für die repräsentativ ein Verstoß gegen den allgemeinen europäischen Gleichheitssatz untersucht wurde.

Die dargestellte Ungleichbehandlung gleicher Sachverhalte zeigt, dass dieser weite Ansatz in der zwischenstaatlichen kriminalstrafrechtlichen Fallgruppe zu unvertretbaren Ergebnissen führt und den hier favorisierten engen Ansatz bestärkt.

(3) Ergebnis

Es bleibt festzuhalten, dass Art. 50 GRCh im kriminalstrafrechtlichen Bereich dieser zweiten Fallgruppe tatsächlich Anwendung findet. Dies kann aber nur über die Anwendung des Grundsatzes der gegenseitigen Anerkennung nach Art. 82 Abs. 1 AEUV im Rahmen des Art. 51 Abs. 1 S. 1 GRCh gelingen.

Im Übrigen ergibt sich aus dem Vorrang des Primärrechts vor dem Sekundärrecht eine Primärrechtswidrigkeit des Art. 54 SDÜ, der fortan von Art. 50 GRCh verdrängt wird. Dies wird der Stellung und den Inhalten des Art. 50 GRCh gerecht.

Ferner hat sich in dieser Fallgruppe der in der ersten Fallgruppe eingeschlagene Weg der engen Auslegung des Art. 51 Abs. 1 S. 1 GRCh weiter bestätigt.

b) Strafrecht i.w.S.

Des weiteren wird untersucht, ob Art. 50 GRCh in der zwischenstaatlichen Fallgruppe auch im Bereich des Strafrechts i.w.S. Anwendung findet, einer Person oder einem Unternehmen also eine Sanktion durch einen Mitgliedstaat auferlegt wird, und ein anderer Mitgliedstaat wegen desselben Verhaltens nachsanktionieren will.

Die Fälle lassen sich in innersystematische und intersystematische Konstellationen unterteilen. Zunächst muss daher erörtert werden, ob nach einer Verwaltungssanktion in einem Mitgliedstaat eine weitere Verwaltungssanktion in einem anderen Mitgliedstaat erlassen werden darf (innersystematisches Verhältnis). Anschließend wird untersucht, ob nach einer Kriminalstrafe im Erstverfolgerstaat eine verwaltungsrechtliche Sanktionierung in einem anderen Mitgliedstaat erfolgen darf und umgekehrt (intersystematisches Verhältnis).

aa) Schutzbereichseröffnung des Art. 50 GRCh

Im Rahmen der ersten Fallgruppe wurde erläutert, dass die Schutzbereichseröffnung über den kriminalstrafrechtlichen Bereich hinaus vom Verständnis der Begriffe „Straftat", „Strafverfahren" sowie „verurteilt oder freigesprochen" abhängig ist. Der unternommene Rückgriff auf entsprechende Definitionen aus der EMRK hat gezeigt, dass der Schutzbereich des Art. 50 GRCh auch Konstellationen des Strafrechts i.w.S. erfasst. Dieses Ergebnis legt es nahe, den Schutzbereich auch im Rahmen der zwischenstaatlichen Fallgruppe nicht auf das Kriminalstrafrecht zu begrenzen. Denn nur ein Gleichlauf der Begriffsdefinitionen über die Grenzen der verschiedenen Fallgruppen hinaus kann ein ausreichendes Maß an Rechtssicherheit gewährleisten. Eine unterschiedliche Behandlung der Begrifflichkeiten in den einzelnen Fallgruppen wäre auch mit dem Wortlaut des Art. 50 GRCh nicht zu vereinbaren.

Dem steht auch nicht das Kohärenzgebot des Art. 52 Abs. 3 GRCh entgegen. Zwar erstreckt sich der Schutzbereich des Art. 4 des 7. ZP der EMRK nicht auf den zwischenstaatlichen Bereich. Art. 52 Abs. 3 S. 2 GRCh erlaubt jedoch ausdrücklich ein weitergehendes Schutzniveau des vergleichbaren Chartaartikels.

Einzig die Genese steht dieser Auslegung – wie gesehen – entgegen. Der gesetzgeberische Wille ist so zu verstehen, dass eine Ausweitung des Schutzbereichs über den kriminalstrafrechtlichen Bereich hinaus in keiner Fallgruppe beabsichtigt war. Ebenso wie in der ersten Fallgruppe wird der Schutzbereich somit gegen den gesetzgeberischen Willen über die Grenzen des kriminalstrafrechtlichen Bereichs hinaus ausgedehnt.[736]

Es stellt sich die Frage, wie sich die Rechtsprechung des EuGH hierzu verhält. Zwar wurde seitens des EuGH bekanntlich noch nicht zu Art. 50 GRCh judiziert.[737] Hilfsweise soll aber auf die Rechtsprechung des EuGH zu Art. 54 SDÜ zurückgegriffen werden, da eine Übertragung ihrer Grundsätze auf Art. 50 GRCh zu erwarten ist.[738] Art. 54 SDÜ enthält jedoch keine vergleichbaren Begrifflichkeiten wie „Straftat" oder „Strafverfahren". Allenfalls können über die Auslegung des Begriffs der „Aburteilung" Erkenntnisse gewonnen werden. Während die deutsche Rechtsprechung diesen Begriff früher äußerst restriktiv

736 Siehe dazu oben: S. 84 f.

737 Siehe dazu oben: S. 84 f.

738 Ebenso: *Eser*, in: Meyer, Kommentar zur GRCh, Art. 50, Rn 13; *Nehl*, in: Heselhaus/Nowak, Handbuch der Europäischen Grundrechte, § 58, Rn 15; *Esser*, in: Sieber/Brüner/Satzger/Heintschel-Heinegg, Europäisches Strafrecht, § 53, Rn 22.

auslegte,[739] stellte der EuGH im Rahmen einer Vorlage durch ein belgisches Gericht im sog. „Gözütok und Brügge"-Urteil klar, dass „das in Art. 54 SDÜ aufgestellte Verbot ... auch für ... Verfahren gilt, in denen die Staatsanwaltschaft eines Mitgliedstaates ohne Mitwirkung eines Gerichts ein ... Strafverfahren einstellt".[740] Diese Aussagen beziehen sich jedoch auf die Frage der Geltung des Art. 54 SDÜ *innerhalb* des kriminalstrafrechtlichen Bereichs (staatsanwaltschaftliche, das Verfahren einstellende Beschlüsse). Sie lassen grundsätzlich keine Schlüsse in Bezug auf eine Anwendung des Art. 54 SDÜ im Bereich des Strafrechts i.w.S. zu. Es lässt sich jedoch eine Tendenz des EuGH zu einer weiten Auslegung des Begriffs der Aburteilung feststellen, da er weder eine gerichtliche Entscheidung zur Voraussetzung macht, noch eine Entscheidung in Form eines Urteils fordert. Ebenso ist davon auszugehen, dass der EuGH seine beschuldigtenfreundliche Rechtsprechung zukünftig in Bezug auf Art. 50 GRCh fortsetzen wird.

Es bleibt festzuhalten, dass sich der Schutzbereich des Art. 50 GRCh über den Bereich des Kriminalstrafrechts hinaus auch auf den Bereich des Strafrechts i.w.S. erstreckt.

bb) Eröffnung des Anwendungsbereichs nach Art. 51 Abs. 1 S. 1 GRCh

Um Art. 50 GRCh auf Konstellationen des Strafrechts i.w.S. anwenden zu können, müssten wiederum die Voraussetzungen des Art. 51 Abs. 1 S. 1 GRCh erfüllt sein. Legt man erneut den hier favorisierten engen Ansatz zu Grunde, ist eine Grundrechtsbindung der Mitgliedstaaten nur gegeben, wenn die rechtliche Beurteilung des maßgeblichen Sachverhalts durch eine Norm geprägt wird, die dem primären oder sekundären Unionsrecht angehört. Auch in den hiesigen Fallkonstellationen des Strafrechts i.w.S. kann – sofern erforderlich – auf den o.g. Grundsatz der gegenseitigen Anerkennung i.S.d. Art. 82 Abs. 1 AEUV zurückgegriffen werden, dessen Umfang sich nicht nur auf gerichtliche kriminalstrafrechtliche Entscheidungen, sondern auf jegliche Anerkennung justizieller Entscheidungen zwischen Mitgliedstaaten, d.h. auch behördliche Entscheidungen aus dem Bereich des Strafrechts i.w.S. erstreckt. Letzteres lässt sich den

739 Der im belgischen, niederländischen und französischen Recht bekannten außergerichtlichen Form der Verfahrensbeendigung – sog. „transactie" – sprach man keine Rechtskraftwirkung zu. Siehe: BGH, NStZ 1999, S. 250, 251. Gleiches galt für das österreichische Straferkenntnis, da die Rechtskraftwirkung nur durch gerichtliche Entscheidungen ausgelöst werden könne. Siehe: BayObLG, StV 2001, S. 263.

740 EuGH, Urt. v. 11.2.2003 – „Gözütok und Brügge", Slg. 2003, Band I/2, S. 1345 f., S. 1346.

Schlussfolgerungen des Rates von Tampere im Jahre 1999, mithin den Ursprüngen des Grundsatzes entnehmen. Dort heißt es in Punkt 33: „Eine verbesserte gegenseitige Anerkennung von gerichtlichen Entscheidungen und Urteilen und die notwendige Annäherung der Rechtsvorschriften würden die Zusammenarbeit zwischen den Behörden und den Schutz der Rechte des einzelnen durch die Justiz erleichtern."[741] Eine Beschränkung des Grundsatzes auf den Bereich des Kriminalstrafrechts ist nicht ersichtlich.

Es gilt erneut zwischen innersystematischen (Verwaltungssanktionenrecht und Verwaltungssanktionenrecht) und intersystematischen Fallkonstellationen (Verwaltungssanktionenrecht und Kriminalstrafrecht) zu unterscheiden.

(1) Innersystematische Anwendung zwischen Verwaltungssanktionenrecht und Verwaltungssanktionenrecht

Zunächst muss demnach die Konstellation untersucht werden, dass nach einer Erstentscheidung durch eine mitgliedstaatliche Verwaltungsbehörde aus dem Verwaltungssanktionenrecht eine weitere Verwaltungssanktion wegen derselben Sache durch einen weiteren Mitgliedstaat droht. Dabei sollen Fallbeispiele aus unterschiedlichen Rechtsgebieten beleuchtet werden.

(a) Straßenverkehrsrecht

(aa) Beispielsfall

Ein klassischer Anwendungsfall aus dem Bereich des Straßenverkehrsrechts wäre beispielsweise eine grenzüberschreitende Fahrt nach Alkoholgenuss. Ein deutscher Staatsbürger fährt z.B. mit seinem Kraftfahrzeug alkoholisiert (0,7 Promille) und ohne Ausfallerscheinungen über die Grenze zwischen Deutschland und Österreich. In Österreich wird gegen ihn nun gem. § 99 Abs. 1b[742] der österreichischen StVO ein sog. Verwaltungsstrafbescheid[743] mit einer Geldstrafe i.H.v. 1.500 Euro erlassen und eine sog. Vormerkung ins Führerscheinregister eingetragen. Der Bescheid ergeht durch die nach § 26 Abs. 1 des österreichi-

---

741 Die „Schlussfolgerungen des Vorsitzes" des Europäischen Rates in Tampere vom 15./16. Oktober 1999 sind abrufbar unter: http://www.europarl.europa.eu/summits/tam_de.htm#annexe zuletzt abgerufen am 10.11.2012.

742 § 99 Abs. 1b der österreichischen StVO lautet: „Eine Verwaltungsübertretung begeht und ist mit einer Geldstrafe von 800 Euro bis 3700 Euro, im Fall ihrer Uneinbringlichkeit mit Arrest von einer bis sechs Wochen, zu bestrafen, wer in einem durch Alkohol oder Suchtgift beeinträchtigten Zustand ein Fahrzeug lenkt oder in Betrieb nimmt."

743 Das österreichische Verwaltungsstrafrecht ähnelt dem deutschen Ordnungswidrigkeitenrecht. Nach § 11f. VStG können aber beispielsweise auch Freiheitsstrafen bis maximal 6 Wochen verhängt werden, wenn dies notwendig ist, um den Täter vor weiteren Verwaltungsübertretungen gleicher Art abzuhalten.

schen VStG zuständige Bezirksverwaltungsbehörde.[744] Der Bescheid wird rechtskräftig, weil der Betroffene von seinem Rechtsmittel der Berufung gem. § 51 des österreichischen VStG keinen Gebrauch macht. Auch die Zahlungsfrist verstreicht, ohne dass der Betrag entrichtet würde. Es werden keinerlei Vollstreckungsmaßnahmen durch österreichische Stellen vorgenommen. Nun stellt sich die Frage, ob die deutschen Behörden in derselben Sache erneut verfolgen und bestrafen dürfen, insbesondere ob sie ein Bußgeld nach § 24 lit. a StVG verhängen können.[745]

Eine Anwendung des Art. 50 GRCh auf den dargestellten Fall könnte zunächst an dem Erfordernis derselben Tat scheitern. Denn bei derartigen Sachverhalten könnte das Strafanwendungsrecht in Form des Gebietsgrundsatzes zu einer Aufspaltung des Sachverhalts führen, in deren Folge die zurückgelegte Strecke in zwei Strecken aufzuteilen ist und jeder Mitgliedstaat den im Inland zurückgelegten Teil bestraft. Denn nach österreichischem Verwaltungsstrafrecht sind gem. § 2 Abs. 1 VStG nur die im Inland begangenen Verwaltungsübertretungen strafbar und auch nach deutschem § 5 OWiG können grundsätzlich nur die Ordnungswidrigkeiten geahndet werden, die im räumlichen Geltungsbereich des Gesetzes begangen wurden, d.h. auf deutschem Gebiet. Art. 50 GRCh fände keine Anwendung, da es nicht um dieselbe Tat ginge. Diese Aufspaltung wird jedoch abgelehnt, da der Gebietsgrundsatz, welcher lediglich die eingeschränkte Verfolgbarkeit von Ordnungswidrigkeiten aufgrund deren minderen Unrechtsgehalts normiert, keine Auswirkungen auf den Tatbegriff haben kann und hiervon strikt zu trennen ist. Es handelt sich bei dem Geschehen noch immer um einen einheitlichen Lebensvorgang und daher um eine Tat, die lediglich mehrfache Tätigkeitsorte i.S.d. § 7 OWiG aufweist.[746] Wird sie dann in mehreren Staaten verfolgt, liegt den Verfahren dennoch dieselbe Tat zugrunde. Die künstliche Aufspaltung ist unter Berufung auf den Gebietsgrundsatz somit unzulässig.[747]

744 § 26 Abs. 1 der österreichischen VStG lautet: „Den Bezirksverwaltungsbehörden steht in erster Instanz die Untersuchung und Bestrafung aller Übertretungen zu, deren Ahndung nicht anderen Verwaltungsbehörden oder den Gerichten zugewiesen ist."

745 Der Fall ist angelehnt an: OLG Karlsruhe, NStZ 1987, S. 371 f., in welchem der Betroffene mit seinem Pkw von Deutschland in die Schweiz fuhr. Er wurde sodann sowohl in der Schweiz als auch in Deutschland zur Zahlung einer Geldbuße verurteilt, wobei das in der Schweiz verhängte Bußgeld aufgrund des Rechtsgedanken des § 51 Abs. 3 StGB angerechnet wurde. Eine Doppelverfolgung sei nach Ansicht des Gerichts ausdrücklich geboten, um neben dem in der Schweiz verhängten Fahrverbot noch zusätzlich eines in Deutschland verhängen zu können. Die Frage einer Anrechnung des schweizerischen Fahrverbots stelle sich nicht, da schließlich nichts dafür spreche, dass der Betroffene durch das schweizerische Fahrverbot nennenswert belastet werde.

746 OLG Karlsruhe, NStZ 1987, S. 371.

747 OLG Karlsruhe, NStZ 1987, S. 371.

Bei dem Sachverhalt handelt es sich ferner um einen solchen, in dem sich den deutschen Behörden die Frage des Vertrauens in das österreichische Strafrecht i.w.S. stellt, genauer der Anerkennung des Verwaltungsstrafbescheides. Mit diesem Belang handelt es um ein solches, welches die Beurteilung des maßgeblichen Sachverhalts prägt und überdies mit Art. 82 Abs. 1 AEUV im primären Unionsrecht verankert ist. Die deutschen Behörden führen daher Unionsrecht i.S.d. Art. 51 Abs. 1 S. 1 GRCh durch, so dass Art. 50 GRCh eingreift.

Auch im Rahmen dieser Fallgruppe gilt es allerdings zu prüfen, welche ne bis in idem-Gewährleistungen neben Art. 50 GRCh zur Anwendung kommen könnten und in welchem Verhältnis sie zu der Norm stehen.

(bb) Verhältnis zu Art. 54 SDÜ

Ungeachtet der bisherigen Ausführungen zu Art. 54 SDÜ, wonach von einer Primärrechtswidrigkeit der Norm ausgegangen wird, gilt es die Norm dennoch auf die vorliegende Konstellation anzuwenden. Denn die im Rahmen des Kriminalstrafrechts gefundenen Ergebnisse müssen sich auch im Bereich des Strafrechts i.w.S. als tragfähig erweisen. Dies muss insbesondere auch deshalb geschehen, weil das Verhältnis zwischen Art. 50 GRCh und Art. 54 SDÜ bislang noch völlig ungeklärt ist.

Auch die Literatur hat sich bisher im Schwerpunkt mit der Frage beschäftigt, inwieweit Art. 54 SDÜ *innerhalb* des Kriminalstrafrechts anzuwenden ist. Zur Geltung der Norm auch außerhalb dessen wird nur selten Stellung bezogen. Aus der Diskussion um den Anwendungsbereich innerhalb des Kriminalstrafrechts lassen sich jedoch auch Schlüsse in Bezug auf die Geltung des Art. 54 SDÜ außerhalb des Kriminalstrafrechts ziehen. Es wird vorgetragen, eine zu enge Auslegung des Aburteilungsbegriffs mindere die Attraktivität der für die Praxis wichtigen außergerichtlichen und nur beschränkt rechtskräftigen Verfahrenseinstellungen erheblich mindere und sei daher abzulehnen.[748] Ein gut beratener Beschuldigter würde einer staatsanwaltschaftlichen Verfahrenseinstellung nicht zustimmen und gegen einen Strafbefehl Einspruch einlegen. Bei entsprechenden Aussichten auf die Möglichkeit eines Freispruchs wäre ihm dies auch anzuraten. Denn nur der Freispruch würde dem engeren Aburteilungsbegriff genügen, um nicht in anderen Staaten einer erneuten Verfolgung ausgesetzt zu sein. Justizentlastende Erledigungsformen würden entwertet.[749] In dieser Argumentation spiegelt sich neben dem Ziel der Entlastung der Gerichte das Bedürfnis nach Vertrauensschutz bzw. Rechtssicherheit des Individuums wider. Beide Gesichtspunkte beschränken sich nicht auf das Kriminalstrafrecht. Auch für das Straf-

748 *Plöckinger/Leidenmühler*, wistra 2003, S. 86.

749 *Hecker*, Europäisches Strafrecht, § 13, Rn 33.

recht i.w.S. gilt: Je mehr Entscheidungen von den Mitgliedstaaten gegenseitig anerkannt werden, desto größer gestaltet sich der Gewinn an Effizienz. Auch das Verlangen nach individueller Rechtssicherheit besteht nicht nur im Bereich des Kriminalstrafrechts, sondern auch im zwischenstaatlichen Bereich des Strafrechts i.w.S. Denn auch dann, wenn ein verwaltungsbehördlicher Bescheid ergeht, sei es z.B. im Bereich des Straßenverkehrsrechts oder des europäischen Agrarrechts, muss der Betroffene darauf vertrauen dürfen, nicht erneut wegen derselben Tat in einem anderen Mitgliedstaat von einer verwaltungsrechtlichen Behörde verfolgt zu werden. Eine intensivere Auseinandersetzung mit dem Aburteilungsbegriff des Art. 54 SDÜ würde an dieser Stelle zu weit gehen. Es ist aber davon auszugehen, dass sich Art. 54 SDÜ auch auf den Bereich des Strafrechts i.w.S. erstreckt.[750] Die Norm könnte mithin im Beispielsfall Anwendung finden.

Unabhängig vom Verhältnis des Art. 54 SDÜ zu Art. 50 GRCh bringt die Anwendung des Art. 54 SDÜ im aufgeworfenen Beispielsfall jedoch erhebliche Probleme mit sich. Zunächst stellt sich die Frage, ob im Ausgangsfall nicht eine der in Art. 55 Abs. 1 SDÜ genannten Ausnahmen von der Geltung des Art. 54 SDÜ eingreift.[751] Nach Art. 55 Abs. 1 SDÜ konnten die Vertragsparteien bei Ratifikation des SDÜ eine einseitige Erklärung abgeben, dass sie in den in Abs. 1 genannten Fällen nicht an den ne bis in idem-Grundsatz gebunden sind, was sowohl Deutschland als auch Österreich nutzten.[752] Es wurde u.a. von der Territorialausnahme i.S.d. Art. 55 Abs. 1 lit. a SDÜ[753] Gebrauch gemacht, welche eine Zweitverfolgung durch die deutschen Behörden zulässt, wenn die Tat ganz

750 So ebenfalls: *Hecker*, Europäisches Strafrecht, § 13, Rn 23 f., 27, 36 Zu einer genaueren Auseinandersetzung mit dem Aburteilungsbegriff, allerdings beschränkt auf die Problematiken des kriminalstrafrechtlichen Bereichs, siehe: *Plöckinger/Leidenmühler*, wistra 2003, S. 83 f.

751 Zu den Ausnahmen siehe oben: S. 170 f.

752 BGBl. 1994-II, S. 631. Siehe dazu: *Schomburg*, in: Schomburg/Lagodny/Gless/Hackner, Kommentar Internationale Rechtshilfe in Strafsachen, Art. 55 SDÜ, Rn 1 f.

753 Der Wortlaut des Art. 55 Abs. 1 lit. a SDÜ lautet: „Eine Vertragspartei kann bei der Ratifikation, der Annahme oder der Genehmigung dieses Übereinkommens erklären, dass sie in einem oder mehreren der folgenden Fälle nicht durch Artikel 54 gebunden ist: a) Wenn die Tat, die dem ausländischen Urteil zugrunde lag, ganz oder teilweise in ihrem Hoheitsgebiet begangen wurde; im letzteren Fall gilt diese Ausnahme jedoch nicht, wenn diese Tat teilweise im Hoheitsgebiet der Vertragspartei begangen wurde, in dem das Urteil ergangen ist; …“.

oder teilweise auf deutschem Hoheitsgebiet begangen wurde.[754] Im Beispielsfall wurde die Tat teilweise auf deutschem Hoheitsgebiet begangen, so dass die Territorialausnahme greifen und Art. 54 SDÜ keine Sperrwirkung für eine deutsche Zweitverfolgung entfalten könnte.

Art. 55 Abs. 1 lit. a SDÜ statuiert allerdings ebenso eine Rückausnahme, nach der die Territorialausnahme nicht greift, wenn die Tat teilweise auch auf dem Hoheitsgebiet begangen wurde, in welchem die Erstentscheidung ergangen ist. Dies ist im vorliegenden Fall Österreich, so dass die Rückausnahme zunächst zu greifen scheint und die deutschen Behörden somit doch an Art. 54 SDÜ gebunden wären. Da Deutschland bei seiner Erklärung im Rahmen der Ratifikation aber diese Rückausnahme völlig unbeachtet ließ, ist die Geltung dieser Rückausnahme bereits unklar. Der Rechtssicherheit dienlich könnte allenfalls sein, dass auch ein deutsches Gericht diese Rückausnahme unbeachtet ließ und in einer Entscheidung – wenn auch nur hilfsweise – die Nichtanwendung des Art. 54 SDÜ mit der Ausnahme des Art. 55 Abs. 1 lit. a SDÜ begründete.[755] Unter der Voraussetzung, dass man die Rückausnahme mit dem Gericht demnach nicht gelten ließe, würde Art. 54 SDÜ also bisher nicht greifen.

Ungeachtet dieser Frage, wird de lege lata sogar die generelle Geltung dieser mitgliedstaatlichen Erklärungen und somit Möglichkeit von Ausnahmen des Art. 55 Abs. 1 SDÜ bezweifelt. Es wird vertreten, dass die abgegebenen einseitigen Erklärungen bei der Übernahme des Schengen-Besitzstandes in das europäische Gemeinschaftsrecht weggefallen seien. Die formale Abwicklung des Vertrages von Amsterdam im Jahre 1999 erfolgte durch das bereits erwähnte Schengen-Protokoll, in dessen Anhang im Einzelnen der spezifizierte Schengen-Besitzstand aufgeführt wurde. Auch die Anhänge des in diesem Zusammenhang ergangenen Ratsbeschlusses 436/1999[756] listen detailliert auf, welche Erklärungen und Beschlüsse zum Schengen-Besitzstand gehörten. In beiden Dokumenten lässt sich kein Hinweis auf eine Fortgeltung der mitgliedstaatlichen Vorbehalte des Art. 55 SDÜ finden, was entscheidend dafür spricht, dass die mitgliedstaatlichen Erklärungen durch die Übernahme ins Gemeinschaftsrecht ihre Geltung

754 Der Wortlaut der Erklärung lautet: „Die Bundesrepublik Deutschland ist durch Artikel 54 des Übereinkommens nicht gebunden, a) wenn die Tat, die dem ausländischen Urteil zugrunde lag, ganz oder teilweise in ihrem Hoheitsgebiet begangen wurde; …“.

755 BayObLG, StV 2001, S. 263.

756 Beschluss des Rates vom 20. Mai 1999 zur Festlegung der Rechtsgrundlagen für die einzelnen Bestimmungen und Beschlüsse, die den Schengen- Besitzstand bilden, nach Maßgabe der einschlägigen Bestimmungen des Vertrags zur Gründung der Europäischen Gemeinschaft und des Vertrags über die Europäische Union. Siehe: ABl. EG, 1999, L 176, S. 17 f.

verloren haben.[757] Hiernach griffe dann auch im vorliegenden Fall die Ausnahme des Art. 55 Abs. 1 lit. a SDÜ nicht ein und eine Anwendung des Art. 54 SDÜ bliebe weiterhin grundsätzlich denkbar.

Doch auch das bereits dargestellte Vollstreckungselement des Art. 54 SDÜ bringt im vorliegenden Fall weitere Auslegungsprobleme mit sich. Die erste Alternative des Vollstreckungselements, nach welcher „bereits vollstreckt worden" sein muss, ist nicht erfüllt, da im Beispielsfall keine Zahlung seitens des Betroffenen vorgenommen wurde.[758] Es müsste für eine Anwendung des Art. 54 SDÜ im vorliegenden Fall daher untersucht werden, ob die Sanktion bereits i.S.d. zweiten Alternative als „gerade vollstreckt" gilt, wenn nach Ablauf der Einspruchsfrist ohne Einspruchseinlegung der Bußgeldbescheid (im deutschen Recht nach § 67 OWiG) rechtskräftig und vollstreckbar wird oder ob die Alternative erst bei tatsächlicher Einleitung der Vollstreckung erfüllt ist. Nach deutschem Recht wird die Vollstreckung beispielsweise von der Vollstreckungsbehörde durch eine sog. „Vollstreckungsanordnung" eingeleitet. Gegen diesen zweiten Ansatz spricht aber, dass die Einleitung eine rein innerdienstliche Maßnahme darstellt und dem Betroffenen nicht bekannt gemacht werden muss. Sie ist an keine besondere Form gebunden.[759] Der Betroffene würde aufgrund der mangelnden Außenwirkung der Maßnahme also nicht erfahren, wann genau er dem Schutz des Art. 54 SDÜ unterstünde. Man könnte auch erst zu noch späterem Zeitpunkt von „gerade vollstreckt wird" sprechen, nämlich dann, wenn die Vollstreckungsmaßnahme bereits ausgewählt und mit der eigentlichen Vollstreckungshandlung – wie z.B. der Vollstreckung in das bewegliche Vermögen durch Pfändung – begonnen wurde.[760] Schließt man sich diesem letzten Ansatz an, so wäre im vorliegenden Fall das Vollstreckungselement jedenfalls noch nicht erfüllt, da laut Sachverhalt keinerlei Vollstreckungsmaßnahmen unternommen wurden. Einem Tätigwerden der deutschen Verfolgungsbehörden stünde Art. 54 SDÜ folglich nicht im Wege.

757 So: *Hecker*, Europäisches Strafrecht, § 13, Rn 65; *Plöckinger/Leidenmühler*, wistra 2003, S. 82 f. Anders: *Eckstein*, ZStW 2012, S. 510.

758 Dazu, ob die Zahlung einer Geldstrafe als Vollstreckung i.S.d. Art. 54 SDÜ angesehen werden kann: *Ambos*, Internationales Strafrecht, § 10, Rn 120.

759 Die Einleitung setzt aber voraus, dass der Bußgeldbescheid Rechtskraft erlangt hat, die Geldbuße nicht schon entrichtet wurde, kein Vollstreckungshindernis besteht, keine Zahlungserleichterungen bewilligt wurden und die Geldbuße nicht niedergeschlagen wurde. Zudem muss grundsätzlich eine Frist von 2 Wochen nach Eintritt der Fälligkeit abgelaufen sein. Zur Einleitung der Vollstreckung siehe: *Mitsch*, in: Karlsruher Kommentar zum OWiG, § 90, Rn 17 f.

760 Zu den Vollstreckungsmaßnahmen: *Mitsch*, in: Karlsruher Kommentar zum OWiG, § 90, Rn 20 f.

Die Ausführungen zeigen, dass mit einer Anwendung des Art. 54 SDÜ im zwischenstaatlichen Bereich des Strafrechts i.w.S. grundsätzlich erhebliche Auslegungsprobleme einhergehen. Dies gilt insbesondere für das Aburteilungselement, das Vollstreckungselement sowie die Frage der Anwendung des Art. 55 SDÜ. Auch wenn die Probleme anhand eines Fallbeispiels im Bereich des Strafrechts i.w.S. erörtert wurden, so beschränken sie sich nicht auf diesen. Sie stellen sich ebenfalls im Bereich des zwischenstaatlichen Kriminalstrafrechts.

Die Anwendung des Art. 54 SDÜ im konkreten Fall zeigt überdies, dass auch im zwischenstaatlichen Bereich des Strafrechts i.w.S. Fälle existieren, in denen Art. 54 SDÜ aufgrund seines Vollstreckungselementes keinen Schutz gewährt. Der Beispielsfall repräsentiert all diejenigen Fälle, in denen alle Merkmale des Art. 54 SDÜ mit Ausnahme des Vollstreckungselements vorliegen.

Art. 50 GRCh gewährt dagegen in diesen Konstellationen unter Verzicht auf ein Vollstreckungselement Schutz. Auch im Bereich des Strafrechts i.w.S. ist das Element entbehrlich. Die Rechtsentwicklung zur gegenseitigen Anerkennung von Entscheidungen schreitet in allen Rechtsgebieten voran. Der Rahmenbeschluss des Rates 2005/214/JI vom 24.2.2005 über die Anwendung des Grundsatzes der gegenseitigen Anerkennung von Geldstrafen und Geldbußen[761] ermöglicht bereits eine Vollstreckung von Entscheidungen über Geldstrafen und Geldbußen in einem Vollstreckungsstaat, der nicht der Entscheidungsstaat ist, ohne Überprüfung der beiderseitigen Strafbarkeit. Vom Anwendungsbereich des Rahmenbeschlusses sind gem. Art. 5 Abs. 1 auch „Verwaltungsübertretungen" aus dem Straßenverkehrsrecht umfasst,[762] d.h. er erstreckt sich bereits auf den Bereich des Strafrechts i.w.S. Allerdings sind gem. Art. 1 lit. a des Rahmenbeschlusses nur „Entscheidungen von nicht gerichtlichen Behörden" erfasst, bei denen der Betroffene „die Möglichkeit hatte, die Sache vor ein auch in Strafsachen zuständiges Gericht zu bringen". Der im vorliegenden Fall ergangene österreichische Verwaltungsstrafbescheid fällt demnach nicht unter den Beschluss. Es sind also keinesfalls alle repressiven Sanktionen der Mitgliedstaaten erfasst. Die favorisierte weite Anwendung des Art. 50 GRCh würde aber einen begrüßenswerten Harmonisierungsdruck auf das Vollstreckungsrecht im Bereich des Strafrechts i.w.S. entfachen. Wenn das Vollstreckungsrecht hier nicht so weit fortgeschritten ist wie im Bereich des Kriminalstrafrechts, so ist das unter Berufung auf den Schutz des Betroffenen über Art. 50 GRCh hinzunehmen. Auch ist für das Jahr 2011 bereits der nächste Legislativvorschlag zur gegenseitigen An-

761 Siehe: ABl. EU, L 76, S. 16 f.

762 Vgl. auch den 4. Erwägungsgrund des Rahmenbeschlusses 2005/214/JI.

erkennung von Geldstrafen und Geldbußen angekündigt, der inhaltlich aller Voraussicht nach nicht hinter dem Beschluss 2005/214/JI zurückbleiben wird.[763]

Das favorisierte Ergebnis der Primärrechtswidrigkeit des Art. 54 SDÜ wirkt sich also positiv auf das Schutzniveau im Bereich des Strafrechts i.w.S. aus und ist daher aufrecht zu erhalten, ohne dass auf eine weitere Rechtsangleichung im Bereich des Vollstreckungsrechts gewartet werden kann.

(cc) Verhältnis zu Art. 103 Abs. 3 GG

Wie gesehen, greift Art. 103 Abs. 3 GG nicht im Bereich des Strafrechts i.w.S. Hinzu kommt, dass sich der Schutz der Norm ebenfalls nicht auf die zwischenstaatlichen Fälle erstreckt. Die Erstentscheidung muss die eines deutschen Gerichts sein.[764] Art. 103 Abs. 3 GG greift damit auch nicht im geschilderten Beispielsfall.

Unabhängig von der bisherigen Geltung des Art. 54 SDÜ konnte die Nichtanwendung des ne bis in idem-Grundsatzes allenfalls durch § 51 Abs. 3 StGB abgemildert werden, wonach die im Ausland verhängte Strafe auf die inländische Strafe in dem Umfang anzurechnen *ist*, in dem sie bereits vollstreckt wurde. Nach welchem Maßstab die Anrechnungen zu erfolgen haben, insbesondere bei Strafen und Maßnahmen, die mit denen des deutschen Strafrechts nicht vergleichbar sind, bestimmt das Gesetz nicht und überlässt die Entscheidung richterlichem Ermessen; § 51 Abs. 4 S. 2 StGB. Prozessual wird diese Anrechnungslösung durch § 153 c Abs. 2 StPO ergänzt, wonach bei einem im Ausland ergangenen und vollstreckten Urteil die deutsche Staatsanwaltschaft von einer Verfolgung absehen *kann*, wenn die im Inland zu erwartende Strafe nach An-

763 Siehe m.w.N.: *Brodowski*, ZIS 2010, S. 380.

764 So die überwiegende Ansicht in Rechtsprechung und Literatur, die sich im Wesentlichen auf die staatliche Souveränität stützen: BVerfGE 12, S. 62 f., S. 66; BVerfG, NJW 2012, S. 1202 f., S. 1203; *Schulze-Fielitz*, in: Dreier, GG-Kommentar, Band 3, Art. 103 Abs. 3, Rn 28; *Pieroth*, in: Jarass/Pieroth, GG-Kommentar, Art. 103, Rn 78; *Roxin/Schünemann*, Strafverfahrensrecht, § 52, Rn 21; *Hecker*, Europäisches Strafrecht, § 13, Rn 3; *Schmidt-Aßmann*, in: Maunz/Dürig, GG-Kommentar, Band 6, Art. 103 Abs. 3, Rn 303; *Nolte*, in: v.Mangoldt/Klein/Starck, GG-Kommentar, Band 3, Art. 103 Abs. 3, Rn 190 f.; *Esser*, in: Sieber/Brüner/Satzger/Heintschel-Heinegg, Europäisches Strafrecht, § 55, Rn 40; *Merkel/Scheinfeld*, ZIS 2012, S. 207; *Eckstein*, ZStW 2012, S. 493. Kritisch: *Rüping*, in: Bonner Kommentar zum GG, Art. 103 Abs. 3, Rn 70; *Mayer*, Ne-bis-in-idem -Wirkung europäischer Strafentscheidungen, S. 109 f.; *Endriß/Kinzig*, StV 1997, S. 667.

rechnung der ausländischen Strafe i.S.d. § 51 Abs. 3 StGB nicht ins Gewicht fällt (Bedeutungslosigkeit).[765]

Das Problem der doppelten Verfahrensführung und Bestrafung in derselben Sache wird dadurch aber nicht zufriedenstellend gelöst. Denn die Anrechnungslösung verhindert keine doppelte Verfahrensführung, die aber bereits eine Belastung des Betroffenen darstellt. Der Wortlaut des Art. 51 Abs. 3 StGB setzt ja gerade eine Verurteilung als Abschluss eines deutschen Strafverfahrens voraus, in welcher der Richter die Tat nach deutschem Recht aburteilen und eine angemessene Strafe festsetzen muss. Hinzukommend stehen sowohl der Staatsanwaltschaft bei der Frage der Bedeutungslosigkeit als auch dem Gericht beim Maß der Anrechnung erhebliche Ermessensspielräume zur Verfügung. Der Betroffene erhält nach der Erstentscheidung damit keine gesicherte Rechtsposition, die ihm Rechtsfrieden gewährt.[766]

Auch dem erklärten Ziel, einen umfassenden europäischen Rechtsraum mit vollumfänglicher Anerkennung jeglicher justizieller Entscheidungen zu errichten, genügt diese Lösung nicht. Allein eine Anwendung des Art. 50 GRCh kann dieses Ziel zu erreichen.

(dd) Verhältnis zu § 84 OWiG

Ebenso kommt § 84 OWiG in den vorliegenden Konstellationen nicht zur Anwendung. § 84 Abs. 1 1. Alt. OWiG verbietet zwar die Einleitung eines Zweitordnungswidrigkeitenverfahrens bzgl. derselben Tat, sobald ein Bußgeldbescheid rechtskräftig geworden ist; auch ist das österreichische Straferkenntnis durchaus mit der deutschen Ordnungswidrigkeit vergleichbar. Wie gesehen, regelt aber § 2 OWiG, dass das Gesetz nur für solche Ordnungswidrigkeiten gilt, die nach Bundes- oder Landesrecht erlassen wurden.[767] Ausländische Sanktionsarten sind damit nicht als taugliche Erstentscheidung i.S.d. § 84 OWiG anzusehen.

Im deutschen Recht wird den zwischenstaatlichen Doppelsanktionen im Bereich des Strafrechts i.w.S. bislang ebenfalls lediglich mit der Anrechnungslösung begegnet. Die bereits verhängte Sanktion wird nach dem „allgemeinen Rechtsgrundsatz des § 51 Abs. 3 StGB" bei der Bemessung der Geldbuße be-

765 Nicht ins Gewicht fällt die Strafe, wenn die nach der Anrechnung verbleibende Rechtsfolge von den Strafzwecken her als bedeutungslos erscheint; vgl.: *Beulke*, in: Löwe-Rosenberg, StPO Kommentar, Band 5, § 153c, Rn 25. Ebenso hierzu: *Heghmanns,* in: Heghmanns/Scheffler, Handbuch zum Strafverfahren, V, Rn 114 f.

766 *Schomburg*, NJW 2000, S. 1833. Zu weiteren Nachteilen der Anrechnungslösung siehe: *Eser,* in: Sieber/Brüner/Satzger/Heintschel-Heinegg, Europäisches Strafrecht, § 36, Rn 34 f.

767 Siehe oben: S. 134 f.

rücksichtigt.[768] Nach dem Opportunitätsprinzip gem. § 47 OWiG wird allenfalls freiwillig von einer Verfolgung im Inland abgesehen. Es wird hingegen dennoch verfolgt, wenn die Ahndung im Ausland als unzureichend erscheint. Die Anwendung des Art. 50 GRCh ist damit aus den o.g. Gründen erforderlich.

(ee) Zwischenergebnis

Es kann somit festgehalten werden, dass sich insbesondere im Bereich des Straßenverkehrsrechts Fallkonstellationen ergeben, in denen eine Doppelbestrafungsgefahr besteht. Einzig die Anwendung des Art. 50 GRCh kann dieser Gefahr effektiv entgegenwirken und den Betroffenen Rechtssicherheit gewähren.

Der vorliegende Beispielsfall beinhaltete die Sanktionsmittel der Geldbuße i.S.d. deutschen Ordnungswidrigkeitenrechts sowie der „Geldstrafe" i.S.d. österreichischen Verwaltungsstrafrechts. An dieser Stelle soll daher nochmals klargestellt werden, dass Art. 50 GRCh jegliche Fallkonstellationen erfasst, in denen sowohl im Erst- als auch im Zweitverfahren eine Sanktion nach o.g. Maßstäben ergeht. Art. 50 GRCh greift demzufolge im zwischenstaatlichen Bereich des Strafrechts i.w.S. in jeglichen Konstellationen ein, in denen eine mitgliedstaatliche Verwaltungssanktion nach nationalem Recht ergangen ist und nun ein weiterer Mitgliedstaat in derselben Sache aus einer ebenfalls nationalen Verwaltungssanktion nachsanktionieren will. Die mitgliedstaatlichen Verwaltungssanktionen sind damit auch als taugliche Erst- und Zweitentscheidungen i.S.d. Art. 50 GRCh anzusehen. In Bezug auf den Anwendungsbereich des Art. 50 GRCh werden sie damit den Sanktionen des originären europäischen Verwaltungssanktionenrechts gleichgestellt. Nur durch eine Gleichbehandlung der mitgliedstaatlichen und originär europäischen Verwaltungssanktionen, mithin aller europäischen Verwaltungssanktionen, kann ein umfangreicher und lückenloser europäischer Schutz vor Doppelbestrafung erreicht werden.

(b) Agrarsubventionen- und Kartellrecht

Im Gegensatz zum Agrarsubventionenrecht[769] kann sich eine Doppelbestrafungsgefahr ferner im Bereich des europäischen Kartellrechts ergeben. Da dieses

768 *Gürtler*, in: Göhler, Kommentar zum OWiG, § 5, Rn 9; *Seitz*, in: Göhler, Kommentar zum OWiG, § 84, Rn 18; OLG Karlsruhe, NStZ 1987, S. 371. Teilweise wird auch von einer analogen Anwendung des § 51 Abs. 3 StGB gesprochen. So: *Rogall*, in: Karlsruher Kommentar zum OWiG, § 5, Rn 39; *Bohnert*, in: Karlsruher Kommentar zum O-WiG, Einleitung, Rn 136; *Wache*, in: Karlsruher Kommentar zum OWiG, § 84, Rn 18.

769 Im bereits vorgestellten *Agrarsubventionenrecht* sind in der vorliegenden Fallgruppe keine Konstellationen ersichtlich, in denen für denselben Antragsteller eine Doppelbestrafungsgefahr durch verschiedene Stellen aus unterschiedlichen Mitgliedstaaten besteht. Bei den Lenkungsmitteln für den Binnenmarkt beantragt der Subventionsempfänger beispielsweise nach deutschem Recht beim Amt für Landwirtschaft und Forsten

Rechtsgebiet noch bei späteren Fallgruppen näher erläutert wird, soll hier nur auszugsweise darauf eingegangen werden.

Im Rahmen des Kartellrechts könnte sich beispielsweise ein Sachverhalt ergeben, in dem ein deutsches und ein österreichisches Unternehmen eine Absprache treffen, die gegen das europäische Kartellrecht verstößt. Nachdem nun das deutsche Bundeskartellamt wegen des Verstoßes beide Unternehmen gem. § 81 Abs. 1 GWB, § 30 OWiG[770] i.V.m. Art. 101 AEUV unter Anwendung des europäischen Kartellrechts mit einem Bußgeld belegt hat,[771] beantragt die österreichische Bundeswettbewerbsbehörde vor dem österreichischen Kartellgericht anschließend ebenfalls die Einleitung eines Bußgeldverfahrens[772] mit dem Ziel der Verhängung eines weiteren Bußgeldes gegen beide Unternehmen gem. § 29 Nr. 1 lit. d des österreichischen KartG[773] i.V.m. Art. 101 AEUV. Es ist der Ansicht,

---

eine Betriebsprämie für eine bestimmte Fläche, die i.d.R. in demselben Mitgliedstaat liegt. Die ausschließlich zuständige mitgliedstaatliche Stelle entscheidet dann abschließend über etwaige Missbräuche. Zwischenstaatliche Sachverhaltskonstellationen erscheinen hier nicht möglich.

Gleiches gilt im Bereich der Lenkungsmittel für den Außenhandel. Der Subventionsempfänger wendet sich an das jeweilige mitgliedstaatliche Zollamt, um eine Ausfuhrerstattung zu beantragen, wobei er zuvor die jeweiligen zur Ausfuhr bestimmten Erzeugnisse vorlegt. Auch hier findet etwaig missbräuchliches Verhalten i.d.R. nur im Verhältnis zu einer mitgliedstaatlichen Stelle statt. Würde derselbe Antragsteller beispielsweise in zwei unterschiedlichen mitgliedstaatlichen Zollstellen Ausfuhrerstattungen mit jeweils einer zu geringen Angabe über die Menge des Erzeugnisses beantragen, so wären diese Verhaltensweisen bereits als unterschiedliche Taten zu bewerten, so dass ein Doppelbestrafungsverbot ohnehin nicht in Betracht käme. Hinzu kommt, dass falsche Angaben über die auszuführende Ware ohnehin höchstwahrscheinlich durch die dem Sanktionssystem vorangehenden Kontrollen des Zolls erkannt würden, so dass bereits keine Sanktion verhängt würde.

770 Zur Täterkreisbestimmung im Rahmen des deutschen Ordnungswidrigkeitenrechts und mithin auch Kartellrechts siehe unten: S. 312 f.

771 Zur Anwendung des innerstaatlichen und europäischen Kartellrechts siehe unten: S. 303 f.

772 Im Gegensatz zum deutschen Bundeskartellamt oder zur Europäischen Kommission entscheidet die österreichische Bundeswettbewerbsbehörde nicht, sondern ermittelt zunächst lediglich und beantragt dann ggf. beim Kartellgericht die Einleitung eines Verfahrens. Die Sachentscheidung liegt sodann beim Kartellgericht (vgl. § 36 des österreichischen KartG). Das Oberlandesgericht Wien ist dabei als Kartellgericht für das gesamte Bundesgebiet zuständig (§ 58 Abs. 1 des österreichischen KartG).

773 Der auch ansonsten mit dem deutschen § 81 GWB vergleichbare § 29 des österreichischen KartG lautet in seiner Nr. 1 lit. d: „Das Kartellgericht hat Geldbußen zu verhängen, und zwar 1. bis zu einem Höchstbetrag von 10 % des im vorausgegangenen Geschäftsjahr erzielten Gesamtumsatzes gegen einen Unternehmer oder eine Unterneh-

dass der sich auch auf den österreichischen Markt auswirkende Verstoß durch die deutsche Behörde nicht ausreichend geahndet wurde.

In Bezug auf die Zuständigkeit der mitgliedstaatlichen Kartellbehörden ergibt sich aus einer Bekanntmachung der Kommission[774] über die Zusammenarbeit innerhalb des Netzwerks europäischer Kartellbehörden (ECN),[775] dass es nicht nur möglich, sondern sogar beabsichtigt ist, in bestimmten Fällen die parallele Zuständigkeit mehrerer mitgliedstaatlicher Behörden für ein und denselben Fall zu eröffnen. Dies ist u.a. auf die Furcht der beteiligten Behörden vor einer Unterbestrafung der Unternehmen zurückzuführen. Es existieren keine Zuständigkeitsregelungen, die in der Lage wären, drohende Doppelbestrafungen in dieser Konstellation von vornherein zu verhindern.[776]

Im vorliegenden Fall verbietet aber nun Art. 50 GRCh dem österreichischen Kartellgericht bereits die Einleitung eines neuen Bußgeldverfahrens sowie eine damit verbundene erneute Sanktionierung der Tat. Auch wenn ggf. von mehreren Behörden parallel Ermittlungshandlungen durchgeführt werden können, so darf richtigerweise nur ein formelles Bußgeldverfahren eingeleitet werden, woraus sich wiederum nur eine Geldbußenentscheidung ergeben kann.[777] Die Anwendung des Art. 50 GRCh auf die zwischenstaatlichen Konstellationen des Kartellrechts ist dadurch gerechtfertigt, dass alle mitgliedstaatlichen Kartellbehörden bei der Bußgeldberechnung verpflichtet sind, die Auswirkungen des jeweiligen Wettbewerbsverstoßes auch im Hinblick auf die übrigen Mitgliedstaaten zu berücksichtigen, sie also eine entsprechend weitgehende Kognitionsbefugnis haben. Dem Wortlaut und Zweck der Art. 101, 102 AEUV lässt sich nämlich entnehmen, dass die Auswirkungen im gesamten Gemeinsamen Markt zu untersuchen sind. Eine künstliche Aufspaltung der Untersuchung wäre zudem praktisch kaum durchführbar.[778] Für eine Anwendung des Art. 50 GRCh in diesen Fällen spricht ferner der gesamte Regelungscharakter der VO 1/2003 zur Durchführung der in den Art. 81 und 82 des Vertrages niedergelegten Wettbe-

---

mervereinigung, der oder die vorsätzlich oder fahrlässig ...d) gegen Art. 81 oder Art. 82 EGV verstößt."

774 ABl. EG, 2004, C 101, S. 43 f.

775 Zu der Bekanntmachung und Fallverteilung siehe unten: S. 306 f.

776 Zu den Zuständigkeiten bzgl. des innerstaatlichen und europäischen Kartellrechts siehe unten: S. 306 f.

777 Ähnlich: *Eilmansberger*, in: Fischer Festschrift, S. 47, der zwar gleichzeitige Verfolgungshandlungen unterschiedlichen Kartellämter zulässt, aber „eine doppelte Sanktionierung" für „...jedoch ausgeschlossen" hält.

778 *Scharf-Kröner*, in: Löwisch Festschrift, S. 307; *Soltész/Marquier*, EuZW 2006, S. 105.

werbsregeln.[779] Im Rahmen des durch die Verordnung eingerichteten ECN gilt es darauf zu achten, den Fall derjenigen Behörde zuzuweisen wird, die auch rechtlich und tatsächlich zu einer angemessenen Ahndung in der Lage ist. Es soll die jeweils „best placed competition authority“ den Fall übernehmen.[780] Über Art. 12 VO 1/2003 haben die mitgliedstaatlichen Behörden zudem die Möglichkeit, einen umfangreichen Austausch an Informationen vorzunehmen, die dann als Beweismittel im jeweiligen Verfahren verwendet werden dürfen. Etwaige Versäumnisse bei vorhergehender gegenseitiger Hilfestellung oder Kommunikation können nun nicht im Nachhinein den Unternehmen durch eine doppelte Bestrafung zur Last gelegt werden. Keine der involvierten nationalen Kartellbehörden darf sich vorbehalten, etwaige Fehler nachträglich zu korrigieren und sich damit ein Letztentscheidungsrecht anzumaßen. Deshalb ist Art. 50 GRCh in den zwischenstaatlichen Fällen des Kartellrechts dahingehend anzuwenden, dass nach einer Bußgeldentscheidung einer mitgliedstaatlichen Behörde eine andere mitgliedstaatliche Behörde in derselben Sache nicht nachsanktionieren kann. Dies spiegelt ebenfalls die Ansicht der überwiegenden Literatur wider.[781]

Das im Beispielsfall verhängte Bußgeld nach deutschem Kartellrecht stellt ebenso wie das drohende Bußgeld nach österreichischem Recht unstreitig eine repressive Sanktion dar, wodurch taugliche Erst- und Zweitentscheidungen vorliegen. Auch werden die Voraussetzungen des Art. 51 Abs. 1 S. 1 GRCh eingehalten, da ähnlich wie bei § 36 MOG auf die mit § 81 Abs. 1 GWB in Verbindung stehende Norm des Art. 101 AEUV zurückgegriffen wird, welche die sekundärrechtliche Norm darstellt, die den Sachverhalt zumindest „mitprägt“.

Wandelt man den obigen Ausgangsfall dahingehend ab, dass das österreichische Kartellgericht nicht wegen § 29 Nr. 1 lit. d des österreichischen KartG i.V.m. Art. 101 AEUV, d.h. aus europäischem Kartellrecht, sondern aus rein nationalem Kartellrecht gem. § 29 Nr. 1 lit. a i.V.m. § 1 des österreichischen

---

779 ABl. EG, 2003, L 1, S. 1 f. Die Verordnung trat am 1. Mai 2004 in Kraft und löste dabei die erste Kartellrechtsverordnung 17/1962 ab.

780 Dies lässt sich dem Erwägungsgrund Nr. 18 der VO 1/2003 entnehmen.

781 *Soltész/Marquier*, EuZW 2006, S. 104 f.; *Dannecker/Biermann*, in: Immenga/Mestmäcker, Wettbewerbsrecht EG, Band 1, Teil 2, VO 1/2003, Vorbem. Art. 23 f., Rn 257; *Schwarze/Weitbrecht*, Grundzüge des europäischen Kartellverfahrensrechts, § 7, Rn 29; *Eilmansberger*, in: Fischer Festschrift, S. 47; *Scharf-Kröner*, in: Löwisch Festschrift, S. 307 f.; *Klees*, WuW 2006, S. 1229 f.; *Kindhäuser*, in: Frankfurter Kommentar zum Kartellrecht, Band 2, Art. 81 EGV, Bußgeldrechtliche Folgen, Rn 233. Andere Ansicht: *Hossenfelder*, in: Loewenheim/Meessen/Riesenkampff, Kartellrecht, Art. 11, VO 1/2003, Rn 12.

KartG[782] bestrafen will, ergibt sich für die Einhaltung der Voraussetzungen des Art. 51 Abs. 1 S. 1 GRCh Folgendes: Da nun rein nationale Sanktionsnormen angewandt werden, muss in Bezug auf das durchzuführende Unionsrecht erneut auf den Grundsatz der gegenseitigen Anerkennung gem. Art. 82 Abs. 1 AEUV zurückgegriffen werden. Da sich das österreichische Kartellgericht mit der Frage der Anerkennung der Bußgeldentscheidung des deutschen Bundeskartellamtes zu befassen hat, wird Unionsrecht im Sinne des Art. 51 Abs. 1 S. 1 GRCh durchgeführt. Eine derartige Anwendung des rein nationalen österreichischen Kartellrechts ist aufgrund des in Art. 3 der VO 1/2003 statuierten Grundsatzes der parallelen Anwendbarkeit der Kartellrechtsordnungen grundsätzlich möglich.

Auch im Bereich der nationalen Kartellrechtsordnungen gilt, dass die Geldbuße nicht das einzige Sanktionsmittel ist, welches den Behörden- bzw. Gerichten zur Verfügung steht. Auch andere Sanktionsmittel können eine taugliche Erst- und Zweitentscheidung i.S.d. Art. 50 GRCh darstellen.[783]

(2) Intersystematische Anwendung zwischen Verwaltungssanktionenrecht und Kriminalstrafrecht

Des weiteren stellt sich die Frage, ob nach einer rechtskräftigen Erstsanktion durch eine mitgliedstaatliche Verwaltungsbehörde ein anderer Mitgliedstaat eine Kriminalstrafe in derselben Sache verhängen darf. Dies gilt unabhängig davon, ob die Erstentscheidung auf nationalem oder europäischem Recht beruht. Hiervon ist die Konstellation zu unterscheiden, in der die Erstsanktion eine gerichtliche Entscheidung darstellt. Für beide intersystematischen Konstellationen sollen erneut Fallbeispiele aus unterschiedlichen Rechtsgebieten herangezogen werden.

(a) Erstentscheidung durch eine Verwaltungsbehörde

(aa) Straßenverkehrsrecht

Beispielhaft für eine Erstentscheidung durch eine Verwaltungsbehörde kann im Rahmen des Straßenverkehrsrechts der bereits in der innersystematischen Konstellation dargestellte Fall abgewandelt werden: Ein deutscher Staatsbürger fährt

782 § 1 des österreichischen KartG entspricht dem deutschen § 1 GWB. § 29 Nr. 1 lit. a) lautet: „Das Kartellgericht hat Geldbußen zu verhängen, und zwar 1. bis zu einem Höchstbetrag von 10 % des im vorausgegangenen Geschäftsjahr erzielten Gesamtumsatzes gegen einen Unternehmer oder eine Unternehmervereinigung, der oder die vorsätzlich oder fahrlässig … a) dem Kartellverbot (§ 1), dem Missbrauchsverbot (§ 5), dem Verbot von Vergeltungsmaßnahmen (§ 6) oder dem Durchführungsverbot (§ 17) zuwiderhandelt."

783 Zu den weiteren Entscheidungsformen im deutschen Recht siehe unten: S. 310 f.

alkoholisiert und ohne Ausfallerscheinungen über die Grenze, nun allerdings mit einer BAK von 1,5 Promille. Die österreichische Bezirksverwaltungsbehörde erlässt gegen ihn eine Geldstrafe über 3.000 Euro. Überdies wird gegen ihn die Entziehung der Lenkberechtigung für 4 Monate und eine Nachschulung angeordnet. Der auf § 99 Abs. 1a der österreichischen StVO[784] gestützte Verwaltungsstrafbescheid wird rechtskräftig, da keine Berufung eingelegt wird und auch die Zahlungsfrist verstreicht, ohne dass der Betrag entrichtet wird. Es stellt sich die Frage, ob die deutschen Behörden eine erneute Verfolgung gegen den Betroffenen aufnehmen können, um ihn nicht nur wegen einer Ordnungswidrigkeit, sondern wegen des Straftatbestandes der Trunkenheit im Verkehr gem. § 316 Abs. 1 und 2 StGB zu bestrafen.[785]

Die Voraussetzungen des Art. 51 Abs. 1 S. 1 GRCh sind aus denselben Gründen wie im Ausgangsfall erfüllt, so dass einer Anwendung des Art. 50 GRCh nichts mehr im Wege stünde. Auch würden andere ne bis in idem-Gewährleistungen nicht greifen. Art. 54 SDÜ würde aufgrund des nicht erfüllten Vollstreckungselements keinen Schutz gewähren und ansonsten ohnehin von Art. 50 GRCh verdrängt. Art. 103 Abs. 3 GG und § 84 OWiG würden aufgrund der o.g. eingeschränkten Anwendungsbereiche ebenfalls nicht zur Anwendung kommen (vgl. § 2 OWiG).

Ungeachtet des § 2 OWiG würde § 84 OWiG im vorliegenden Fall auch deswegen keine Sperrwirkung entfachen, weil – wie im Rahmen der innerstaatlichen Fallgruppe erläutert – eine behördliche Entscheidung nicht dazu in der Lage ist, die Verfolgung des Täters wegen einer Straftat in derselben Sache zu verhindern. Führt man die im Rahmen der innerstaatlichen Fallgruppe entwickelte Lösung weiter, so muss der Grundsatz, dass eine Wirkung der materiellen Rechtskraft nur so weit reicht, wie die zur Entscheidung berufenen Stelle befugt und verpflichtet ist, auch auf die vorliegende zwischenstaatliche Konstellation übertragen werden. Da davon auszugehen ist, dass die mitgliedstaatlichen Verwaltungsbehörden i.d.R. nicht über eine entsprechende kriminalstrafrechtliche Bestrafungskompetenz verfügen, kann ihre abschließende Entscheidung kein weiteres Strafverfahren in einem anderen Mitgliedstaat sperren.

784 § 99 Abs. 1a der österreichischen StVO lautet: „Eine Verwaltungsübertretung begeht und ist mit einer Geldstrafe von 1200 Euro bis 4400 Euro, im Fall ihrer Uneinbringlichkeit mit Arrest von zehn Tagen bis sechs Wochen, zu bestrafen, wer ein Fahrzeug lenkt oder in Betrieb nimmt, obwohl der Alkoholgehalt seines Blutes 1,2 g/l (1,2 Promille) oder mehr, aber weniger als 1,6 g/l (1,6 Promille) oder der Alkoholgehalt seiner Atemluft 0,6 mg/l oder mehr, aber weniger als 0,8 mg/l beträgt."

785 Der Straftatbestand wäre erfüllt, da der Betroffene hier infolge seiner alkoholbedingten absoluten Fahruntüchtigkeit nicht mehr in der Lage war, das Fahrzeug sicher zu führen und die Tat fahrlässig beging.

Es ist daher konsequent, auch im zwischenstaatlichen Bereich den verwaltungsbehördlichen Entscheidungen im Verhältnis zu Kriminalstrafen anderer Mitgliedstaaten keine Sperrwirkung i.S.d. Art. 50 GRCh zuzusprechen. Der Anwendungsbereich des Art. 50 GRCh ist auch in der zwischenstaatlichen Fallgruppe an der Systematik und den Aussagen des § 84 OWiG zu orientieren, ohne die Norm direkt oder analog anzuwenden.

Im vorliegenden Beispielsfall könnten die deutschen Strafverfolgungsbehörden demnach ein Verfahren wegen Verletzung des § 316 Abs. 1 und 2 StGB in derselben Sache anstrengen.

(bb) Kartellrecht

Ein entsprechender Sachverhalt im Bereich des europäischen Kartellrechts könnte sich daraus ergeben, dass in manchen Mitgliedstaaten eine kriminalstrafrechtliche Verfolgung von Unternehmen und Unternehmensvereinigungen möglich ist. Wird z.B. ein deutsches Unternehmen durch das Bundeskartellamt wegen einer kartellrechtswidrigen Absprache „lediglich" mit einem Bußgeld nach § 81 Abs. 1 GWB i.V.m. Art. 101 AEUV belegt, weil eine kriminalstrafrechtliche Verfolgung von Unternehmen bislang nicht zulässig ist,[786] so stellt sich nach eingetretener Rechtskraft die Frage, ob dasselbe Unternehmen in einem anderen Mitgliedstaat zusätzlich in einem Kriminalstrafverfahren verfolgt werden kann.

Auch in diesem Fall verfügt die mitgliedstaatliche Verwaltungsbehörde nicht über eine entsprechende kriminalstrafrechtliche Bestrafungskompetenz. Das Strafverfahren in dem anderen Mitgliedstaat wird daher nicht durch Art. 50 GRCh gesperrt.

(b) Erstentscheidung durch ein Gericht

Intersystematische Fälle, in denen eine gerichtliche Erstentscheidung vorliegt, können sich nun wie folgt darstellen: Zum einen kann die Erstentscheidung eine Kriminalstrafe darstellen, nach deren Erlass ein anderer Mitgliedstaat eine behördliche Verwaltungssanktion in derselben Sache verhängen will. Zum anderen kann die Erstentscheidung darin bestehen, dass eine behördliche Verwaltungssanktion gerichtlich bestätigt wird und dann eine Kriminalstrafe durch einen anderen Mitgliedstaat droht.

(aa) Straßenverkehrsrecht

Der intersystematische Beispielsfall aus dem Bereich des Straßenverkehrsrechts kann weiter dahingehend abgewandelt werden, dass der Betroffene gegen das erlassene österreichische Straferkenntnis Berufung gem. § 51 des österreichischen VStG vor dem sog. „unabhängigen Verwaltungssenat" einlegt. Das öster-

786 Näher hierzu unten: S. 322 f.

reichische Gericht bestätigt die verhängte Sanktion. Es stellt sich die Frage, ob die deutschen Strafverfolgungsbehörden anschließend noch eine kriminalstrafrechtliche Verfolgung wegen Verstoßes gegen § 316 Abs. 1 und 2 StGB einleiten können.

Ungeachtet dessen, dass § 84 Abs. 2 OWiG bei einer gerichtlichen Erstentscheidung grundsätzlich eine intersystematische Wirkung zwischen dem Kriminalstrafrecht und dem Ordnungswidrigkeitenrecht entfaltet, kann die Norm hier erneut wegen § 2 OWiG nicht greifen. Auch Art. 103 Abs. 3 GG und Art. 54 SDÜ finden aus den dargestellten Gründen keine Anwendung. Einzig Art. 50 GRCh könnte Schutz gewähren.

Auch an dieser Stelle gilt es den im Rahmen der innerstaatlichen Fallgruppe entwickelten Lösungsansatz anzuwenden bzw. weiterzuführen, d.h. den Anwendungsbereich des Art. 50 GRCh an der Systematik des § 84 OWiG zu orientieren. Sobald demnach eine mitgliedstaatliche, behördliche Verwaltungssanktion durch ein Gericht desselben Mitgliedstaates bestätigt wurde, wird ein nachfolgendes Kriminalstrafverfahren in einem anderen Mitgliedstaat durch Art. 50 GRCh gesperrt. Dies muss unabhängig davon gelten, in welchem Gerichtszweig die gerichtliche Überprüfung der Verwaltungssanktion durchgeführt wurde. Auch im umgekehrten Fall, in dem nach einer kriminalstrafrechtlichen Erstverurteilung eine nachfolgende behördliche Verwaltungssanktion in einem anderen Mitgliedstaat droht, greift die Sperrwirkung des Art. 50 GRCh.

Da die repressiven Verwaltungssanktionen in den verschiedenen Mitgliedstaaten – wie gesehen – nicht immer vor Strafgerichten verhandelt werden,[787] bringt dieses Ergebnis für die Mitgliedstaaten unterschiedliche Konsequenzen mit sich.

Im deutschen Recht führt der Ansatz zu keinen großen Veränderungen, da der Gesetzgeber im Wesentlichen auf das Mittel der Geldbuße als repressive Verwaltungssanktion zurückgegriffen hat und diese vor den Strafgerichten verhandelt werden. Dass die daraus ergehenden gerichtlichen Entscheidungen dann auch weitere kriminalstrafrechtliche Verfahren in anderen Mitgliedstaaten sperren, mithin eine taugliche Erstentscheidung darstellen, erscheint unproblematisch.

Wie gesehen, existiert z.B. im französischen Recht dagegen keine dem deutschen Ordnungswidrigkeitenrecht entsprechende Kodifikation. Für alle Verwaltungssanktionen i.w.S. ist die Verwaltungsgerichtsbarkeit zuständig. Doch auch eine hier erlassene verwaltungsgerichtliche Entscheidung über eine behördliche Verwaltungssanktion muss konsequenterweise eine Erstentscheidung i.S.d.

787 Siehe oben: S. 150 f.

Art. 50 GRCh darstellen, die damit nicht nur über die mitgliedsstaatlichen Grenzen, sondern auch über die Grenzen der verschiedenen Gerichtsbarkeiten hinweg wirkt. Dies könnte insbesondere deswegen problematisch sein, weil die an ein Strafverfahren zu stellenden allgemeinen Anforderungen in den Mitgliedstaaten mit vergleichbaren Rechtswegen u.U. nicht eingehalten würden. Diese Gefahr muss jedoch hingenommen werden. Denn der Rechtszustand ist nur vorübergehend und gilt zu Gunsten des Betroffenen. Auch können die Mitgliedstaaten dem Verbrauch des Strafanspruches entgegenwirken, indem sie das verwaltungsgerichtlichen Verfahren ohne Sachentscheidung einstellen und damit die Sperrung des weiteren Kriminalstrafverfahrens verhindern. Den mitgliedstaatlichen Gerichten steht damit auch de lege lata ein den Strafanspruch schützendes Mittel zur Verfügung. Ebenso muss vorübergehend hingenommen werden, dass in derartigen Mitgliedstaaten dem o.g. Grundsatz nicht entsprochen werden kann, wonach die Reichweite der Rechtskraft nur so weit reicht, wie die Kognitionsbefugnis der zur Entscheidung berufenen Stelle.

Für dieses Ergebnis spricht zunächst die Gleichbehandlung aller Verwaltungssanktionen in ihrem zwischenstaatlichen Verhältnis zueinander. Sobald Reaktionen nach den o.g. Maßstäben einen repressiven Charakter aufweisen, müssen ihnen gegenüber hinsichtlich der Anwendung des Art. 50 GRCh dieselben Ergebnisse gelten, und zwar unabhängig davon, in welchem Mitgliedstaat sie unter welchen Umständen erlassen wurden. Dies gilt auch hinsichtlich solcher Sanktionen, die sich aus rein nationalem Recht ergeben. Nur auf diese Weise wird eine Gleichbehandlung der zwischenstaatlichen Konstellationen des Verwaltungssanktionenrechts in den unterschiedlichen Mitgliedstaaten sichergestellt. Auch wird dem jeweiligen Gesetzgeber zumindest im zwischenstaatlichen Bereich die Möglichkeit genommen, die Sanktion dem Anwendungsbereich des Art. 50 GRCh zu entziehen. Dies könnte er z.B. durch eine fehlerhafte Deklaration der Sanktion (als „nicht strafähnlich“), durch die Wahl einer Sanktionsart, bei der das repressive Element nur schwerlich erkennbar ist, oder durch Eröffnung eines anderen Rechtsweges als vor den Strafgerichten erreichen wollen. Die hier vertretene Ansicht spiegelt sich auch in Punkt 28 der Schlussfolgerungen des Rates von Tampere von 1999 wider, in welchem formuliert wurde: „In einem echten Europäischen Rechtsraum sollten Einzelpersonen und Unternehmen nicht durch die Unvereinbarkeit oder die Komplexität der Rechtsordnungen und der Verwaltungssysteme in den Mitgliedstaaten daran gehindert oder davon abgehalten werden, von ihren Rechten Gebrauch zu machen.“ Dass die mitgliedstaatlichen Verwaltungssanktionen bislang nicht vereinheitlicht bzw. harmonisiert sind, darf somit nicht zu Lasten der Betroffenen gehen.

Die Gleichbehandlung ist auch im Hinblick auf die dem Betroffenen gegenüberstehenden Hoheitsträgers konsequent. Dem Betroffenen droht eine Doppelsanktionierung durch zwei Mitgliedstaaten, die infolge gesetzgeberischer Akte frei über die Ahndung der jeweiligen Tat entscheiden können. Die entgegenstehende Machtfülle rechtfertigt es, dem Betroffenen das starke Abwehrmittel des Art. 50 GRCh zur Verfügung zu stellen, sobald eine gerichtlich bestätigte Sanktion besteht.[788]

Zwar hat diese Lösung keine Auswirkungen auf die Behandlung von Sanktionen innerhalb eines Mitgliedstaates, die auf rein nationalem Recht basieren (innerstaatliche Fallgruppe), da die Reichweite des Art. 50 GRCh – wie gesehen – wegen Art. 51 Abs. 1 S. 1 GRCh hier endet. Sie bewirkt aber, dass aufgrund der zwischenstaatlichen, durch Art. 50 GRCh forcierten Gleichbehandlung der Sanktionen auch auf die rein innerstaatliche Behandlung ein erheblicher Harmonisierungsdruck dahingehend entfacht wird, sie selbst dort als Erst-und Zweitentscheidungen im Rahmen einer nationalen ne bis in idem-Gewährleistung anzuerkennen. Überdies kann die Lösung harmonisierende Auswirkungen für die Anwendung weiterer strafrechtlicher Grundsätze im Bereich des mitgliedstaatlichen Verwaltungssanktionenrechts haben (wie z.B. das Rückwirkungsverbot oder das Schuldprinzip). Es entsteht der Druck, jegliche nationale Verwaltungssanktion zumindest im gerichtlichen Verfahren an strafrechtlichen Grundsätzen zu messen. De lege ferenda wird also im Wege der Harmonisierung ein Rechtszustand vorgeschlagen, in dem in allen Mitgliedstaaten die Strafgerichtsbarkeit für die Überprüfung von Verwaltungssanktionen zuständig ist.

Die Sperrwirkung des Art. 50 GRCh wird überdies auch in der umgekehrten Fallkonstellation ausgelöst, in der zuerst eine mitgliedstaatliche Kriminalstrafe ergeht (gerichtliche Erstentscheidung), und die Behörde eines anderen Mitgliedstaates eine Verwaltungssanktion in derselben Sache erlassen will.

Der vorliegende Beispielsfall löst sich daher wie folgt: Die Entscheidung des österreichischen Verwaltungssenats sperrt ein weiteres deutsches Kriminalstrafverfahren. Sie ist als taugliche Erstentscheidung i.S.d. Art. 50 GRCh anzusehen. De lege ferenda müsste Österreich seine „verwaltungsstrafrechtlichen" Verfahren dem Gerichtszweig der Strafgerichtsbarkeit zuweisen, um dem Auseinanderfallen von Rechtskraftreichweite und Kognitionsbefugnis entgegenzuwirken.

(bb) Kartellrecht

Wandelt man den letztgenannten kartellrechtlichen Sachverhalt dahingehend ab, dass ein deutsches Unternehmen wegen einer kartellrechtswidrigen Absprache

788 Zu einer vergleichbaren Argumentation siehe bereits oben: S. 150 f.

mit einem Bußgeld nach § 81 Abs. 1 GWB i.V.m. Art. 101 AEUV belegt wird und dieses Bußgeld anschließend von der deutschen Strafgerichtsbarkeit bestätigt wird, liegt auch in diesem Fall eine gerichtliche Erstentscheidung vor. Die Strafverfolgungsbehörden eines anderen Mitgliedstaates könnten dasselbe Unternehmen wegen derselben Sache nun nicht mehr kriminalstrafrechtlich verfolgen. Art. 50 GRCh stünde dem entgegen.

(3) Ergebnis

Somit kann für den tatsächlichen Anwendungsbereich des Art. 50 GRCh in der zwischenstaatlichen Fallgruppe auf dem Gebiet des Strafrechts i.w.S. festgehalten werden, dass Art. 50 GRCh im innersystematischen Bereich im Verhältnis von mitgliedstaatlichen Verwaltungssanktionen zu den Verwaltungssanktionen aus anderen Mitgliedstaaten Anwendung findet.

Ferner gilt im intersystematischen Bereich, dass Art. 50 GRCh zunächst nicht greift, wenn die Ausgangsentscheidung eine nur behördliche Entscheidung nach nationalem Verwaltungssanktionenrecht eines Mitgliedstaates darstellt. Eine anschließende kriminalstrafrechtliche Verfolgung in einem anderen Mitgliedstaat in derselben Sache bleibt möglich.

Anders verhält es sich dagegen, wenn eine gerichtliche Erstsanktion eines Mitgliedstaates vorliegt. Art. 50 GRCh findet hier Anwendung und sperrt nachfolgende Verfahren durch einen anderen Mitgliedstaat.[789]

Es bleibt klarzustellen, dass der hier vertretene Ansatz zwar Auswirkungen auf das Verhältnis rein nationaler Verwaltungssanktionen verschiedener Mitgliedstaaten zueinander hat (zwischenstaatliche Ebene), jedoch nichts am rein innerstaatlichen Verhältnis von Sanktionen desselben Mitgliedstaates zueinander oder von Sanktion zu Kriminalstrafen desselben Mitgliedstaates ändert (innerhalb desselben Mitgliedstaates), die auf rein nationalem Recht basieren. Wie bereits im Rahmen der ersten Fallgruppe erörtert wurde, kann hier Art. 50 GRCh wegen Art. 51 Abs. 1 S. 1 GRCh keine Geltung entfachen. Etwaige nationale Regelungen finden weiterhin Anwendung.

---

789 Zu ähnlichen Ergebnissen im intersystematischen Bereich kommt auch *Hecker*, Europäisches Strafrecht, § 13, Rn 61 f., dessen Ausführungen sich aber auf Art. 54 SDÜ sowie lediglich auf Entscheidungen im Bußgeldverfahren beziehen. Allgemeingültige Aussagen für jegliche Verwaltungssanktionen werden nicht getroffen.

3. Horizontal-supranationaler Anwendungsbereich innerhalb der EU

In der dritten Fallgruppe wird im Folgenden untersucht, inwieweit sich ein Grundrechtsträger auf Art. 50 GRCh berufen kann, wenn ihm eine mehrfache Sanktionierung in derselben Sache in einem europäischem Straf- oder Verwaltungsverfahren droht (sei es durch verschiedene oder dieselbe Stelle der EU oder durch die Mitgliedstaaten).

Auch auf dieser horizontal-supranationalen, rein europäischen Ebene gilt es zwischen Konstellationen des Kriminalstrafrechts und solchen des Strafrechts i.w.S. zu unterscheiden.

a) Kriminalstrafrecht

In kriminalstrafrechtlichen Konstellationen müsste eine Person oder ein Unternehmen in einem kriminalstrafrechtlichen europäischen Verfahren z.B. verurteilt oder freigesprochen worden sein und anschließend nochmals wegen derselben Tat in einem europäischen Kriminalstrafverfahren verfolgt werden, damit eine Anwendung des Art. 50 GRCh in Betracht käme.

Ein europäisches Kriminalstrafverfahren existiert bislang nicht. Ebenso wenig besteht bislang ein originäres europäisches Kriminalstrafrecht.[790] Die Existenz derartiger Tatbestände ist für ein europäisches Kriminalstrafverfahren jedoch nicht zwingend erforderlich. Es werden verschiedene Konstellationen des Rückgriffs auf mitgliedstaatliches Recht diskutiert. Dennoch soll im Rahmen dieser Abhandlung ausschließlich die Möglichkeit untersucht werden, dass in einem zukünftigen europäischen Kriminalstrafverfahren auf zuvor erlassenes originäres europäisches Kriminalstrafrecht und nicht auf mitgliedstaatliches Recht zurückgegriffen wird, da dieses Szenario de lege ferenda als das wahrscheinlichste einzustufen ist.[791]

Institutionell fehlt es bislang ferner an einer an einem solchen Verfahren beteiligten europäischen Strafverfolgungsbehörde, die allerdings bereits im gelten-

790 Siehe nur: *Satzger*, Internationales und Europäisches Strafrecht, § 8, Rn 9 f.

791 Vgl.: *Tiedemann,* Wirtschaftsstrafrecht BT, Rn 34; *Hecker,* Europäisches Strafrecht, § 14, Rn 44 f. Zu den unterschiedlichen Möglichkeiten des Rückgriffs auf mitgliedstaatliches Recht: *Suhr,* in: Calliess/Ruffert, EUV/AEUV, Art. 86 AEUV, Rn 11, der die Möglichkeiten als gleichwertig ansieht. Siehe dazu ebenso die Ausführungen der Kommission in ihrem „Grünbuch zum strafrechtlichen Schutz der finanziellen Interessen der Europäischen Gemeinschaften und zur Schaffung einer Europäischen Staatsanwaltschaft", in: KOM, 2001, Nr. 0715, S. 36.

den Primärrecht angelegt ist.[792] Ob das Verfahren sodann vor nationalen oder noch neu zu errichtenden europäischen Strafgerichten geführt würde, wird an späterer Stelle erläutert.[793]

Aufgrund der fehlenden Existenz eines europäischen Strafverfahrens handelt es sich bei der aufgeworfenenen Konstellation um eine rein hypothetische. Dies macht sie für die Zukunft allerdings nicht minder interessant. Denn die fortschreitende Rechtsentwicklung im Bereich des europäischen Kriminalstrafrechts rechtfertigt eine frühzeitige Auseinandersetzung mit der Frage der Anwendung des Art. 50 GRCh in einer solchen Konstellation.[794]

In zukünftigen europäischen Strafverfahren auf originäres europäisches Kriminalstrafrecht zurückzugreifen, erfordert eine Kompetenz der EU zur Setzung von originärem europäischen Kriminalstrafrecht, die streng von der in Art. 82 f. AEUV geregelten Harmonisierungskompetenz der EU zu unterscheiden ist.[795] In der Literatur wird seit langem heftig über eine solche Rechtsetzungskompetenz („jurisdiction to prescribe") gestritten. Mit Inkrafttreten des Vertrages von Lissabon ging ein klarer Meinungsumschwung einher. Während die Kompetenz vorher weitgehend verneint wurde, wird sie seitdem überwiegend bejaht.[796] Es wird jedoch keine umfassende Rechtsetzungskompetenz befürwortet, da an einem „Europäischen Strafgesetzbuch" bislang weder ernsthaftes politisches Interesse besteht[797] noch wäre es von den Kompetenznormen des Primärrechts gedeckt.[798] Der Zuspruch bezieht sich auf eine Kompetenz insbesondere für den Bereich der Betrugsbekämpfung zum Schutz der finanziellen

---

792 Siehe dazu unten: S. 222.

793 Siehe unten: S. 222.

794 Die vorliegende Fallgruppe findet einzig Erwähnung bei: *Blanke*, in: Calliess/Ruffert, EUV/AEUV, Art. 50 GRCh, Rn 1, der sie zutreffend – ebenso wie die erste Fallgruppe – als eine rein „interne" Fallgruppe bezeichnet.

795 Durch die Harmonisierungskompetenz können die Mitgliedstaaten „lediglich" zum Erlass nationaler Strafrechtsnormen angewiesen werden, welche anschließend auch durch die Mitgliedstaaten vollzogen werden. Aufgrund dieses mitgliedstaatlichen Vollzugs ist die Harmonisierungskompetenz für die vorliegende Fallgruppe ohne Bedeutung. Zu den Vor- und Nachteilen einer Harmonisierung gegenüber einer originären Rechtsetzung siehe: *Schwarzburg/Hamdorf*, NStZ 2002, S. 622 f.

796 Einen guten Überblick über die Diskussion liefern: *Satzger*, Internationales und Europäisches Strafrecht, § 8, Rn 18 f.; *Zöller*, ZIS 2009, S. 341 f.

797 Siehe hierzu im Grünbuch der Kommission: „Es ist keinesfalls geplant, ein umfassendes und eigenständiges gemeinschaftliches Strafrechtssystem zu errichten."; KOM, 2001, Nr. 0715, S. 29. Ebenso: *Vogel*, in: Sieber/Brüner/Satzger/Heintschel-Heinegg, Europäisches Strafrecht, § 5, Rn 4.

798 Es existiert keine primärrechtliche Norm, die eine derart weitgehende Kompetenzausweitung auch nur ansatzweise begründen könnte.

Interessen der Union (sog. bereichsspezifische Rechtsetzungskompetenz).[799] Als Rechtsgrundlage wird hierfür Art. 325 Abs. 4 AEUV herangezogen. Darüber hinaus wird eine kriminalstrafrechtliche Rechtsetzungskompetenz ebenso im Bereich des Zollrechts (Art. 33 AEUV)[800] sowie im Bereich der Einwanderungspolitik (Art. 79 Abs. 2 lit. c und d AEUV)[801] zumindest diskutiert.

Ob der Vertrag von Lissabon letztlich den „Durchbruch für ein Europäisches Strafrecht i.e.S“ mit sich gebracht hat, soll aufgrund der Komplexität der Fragestellung an dieser Stelle nicht erläutert werden. Für die Ausgangskonstellation dieser Fallgruppe gilt jedenfalls: Es ist nach geltendem Primärrecht insbesondere im Bereich des Betrugsstrafrechts zum Schutze der finanziellen Interessen der Union denkbar, dass die EU hier Kriminalstraftatbestände festsetzt, die sodann Anwendung finden würden.

Aus europäisch-„verfassungsrechtlicher“ Sicht würde die Setzung entsprechender Tatbestände die Ausübung der eigenen legislatorischen Hoheitsgewalt

799 Befürwortend: *Satzger,* in: Streinz, EUV/AEUV, Art. 325 AEUV, Rn 21;.*Ambos*, Internationales Strafrecht, § 9, Rn 8; *Zimmermann,* JURA 2009, S. 846; *Mansdörfer,* HRRS 2010, S. 18; *Schramm,* ZJS 2010, S. 615; *Satzger*, Internationales und Europäisches Strafrecht, § 8, Rn 30; *Hecker*, Europäisches Strafrecht, § 4, Rn 83, § 14 Rn 43; *Heger*, ZIS 2009, S. 416; *Suhr,* in: Fastenrath/Nowak, Der Lissaboner Reformvertrag, S. 321; *Suhr,* in: Calliess/Ruffert, EUV/AEUV, Art. 86 AEUV, Rn 11; *Waldhoff,* in: Calliess/Ruffert, EUV/AEUV, Art. 325 AEUV, Rn 18; *Meyer,* NStZ 2009, S. 658; *Rossi,* in: Vedder/Heintschel von Heinegg, Europäischer Verfassungsvertrag, Art. III-415, Rn 6; *Calliess,* ZEuS 2008, S. 37; *Tiedemann,* Wirtschaftsstrafrecht BT, Rn 33 f.; *Vogel,* in: Sieber/Brüner/Satzger/Heintschel-Heinegg, Europäisches Strafrecht, § 5, Rn 6. Die Ansicht wird bereits als „herrschend“ bezeichnet. Ablehnend: *Schoo,* in: Schwarze, EU-Kommentar, Art. 280 EGV, Rn 18; *Zöller*, ZIS 2009, S. 344. Ebenso wohl: *Böse,* in: Krey Festschrift, S. 16; *Esser,* in: Zuleeg, Europa als Raum der Freiheit, der Sicherheit und des Rechts, S. 36 f. (noch zum europäischen Verfassungsvertrag). Die deutsche *Bundesregierung* spricht hier lediglich von einer „redaktionelle(n) Anpassung im Zusammenhang mit der Einbeziehung der PJZS in den AEUV“. So in einer Antwort der Bundesregierung auf eine „kleine Anfrage“ bestimmter Abgeordneter zu den Auswirkungen des Vertrages von Lissabon. Siehe: BT-Drs. 16/7683, S. 5. Zur Frage der Rechtsetzungskompetenz von Sanktionen i.e.S.: *Vogel,* in: Sieber/Brüner/Satzger/Heintschel-Heinegg, Europäisches Strafrecht, § 5, Rn 30 f.

800 So: *Schramm,* ZJS 2010, S. 615; *Satzger*, Internationales und Europäisches Strafrecht, § 8, Rn 25; *Ambos*, Internationales Strafrecht, § 9, Rn 9.

801 Ablehnend: *Schramm,* ZJS 2010, S. 615 f.; *Ambos*, Internationales Strafrecht, § 9, Rn 9; *Mansdörfer,* HRRS 2010, S. 18. Befürwortend: *Tiedemann,* Wirtschaftsstrafrecht BT, Rn 36. Offen gelassen bei: *Satzger*, Internationales und Europäisches Strafrecht, § 8, Rn 26.

der EU darstellen.[802] Die sich daran anschließende Anwendung der Norm würde die Ausübung einer eigenständigen, von derjenigen der Mitgliedstaaten gelösten, originären Strafgewalt der EU bedeuten.[803] Die Strafgewalt wäre dabei als Bestandteil von Hoheitsgewalt zu verstehen[804] und ließe sich – ebenso wie im deutschen Recht – in eine legislative und eine exekutive Dimension unterteilen.[805]

---

802 Zwar kann der Begriff der *Hoheitsgewalt* nicht unreflektiert aus den mitgliedstaatlichen Staatsrechtslehren übernommen werden, da Hoheitsgewalt z.T. als exklusives Attribut *staatlichen* Handelns angesehen wird. Sofern man unter „Hoheit" jedoch eine soziale Ordnungsstruktur im Sinne einer grundsätzlichen Hierarchie versteht, in der die mit Hoheit ausgestattete Institution prinzipiellen Vorrang vor der der Hoheit unterworfenen Person bzw. Institution hat, lässt sich der Begriff durchaus auf die europäische Ebene übertragen. Zum deutschen Recht: *Grzeszick;* in: Isensee/Kirchhof, Handbuch des Staatsrechts, Band IV, § 78, Rn 2. Ebenfalls von europäischer Hoheitsgewalt unter Loslösung von der traditionellen Koppelung an die Staatlichkeit sprechend: *Calliess,* in: Calliess/Ruffert, EUV/AEUV, Art. 1 EUV, Rn 59; *Hillgruber,* in: Isensee/Kirchhof, Handbuch des Staatsrechts, Band II, § 32, Rn 102.

803 In der deutschen Strafrechtswissenschaft bedeutet *Strafgewalt* die „eigene Strafberechtigung in dem Sinne, dass der Staat gegenüber einem Täter wie auch gegenüber allen anderen Staaten die Befugnis besitzt, in Bezug auf eine bestimmte Tat strafrechtlich vorzugehen." So: *Jescheck/Weigend,* Lehrbuch des Strafrechts, AT, S. 163. Es erscheint plausibel, die Strafgewalt der EU einerseits als eigenständige der EU, andererseits aber auch als Konsequenz der Übertragung mitgliedstaatlicher Hoheitsrechte zu betrachten. Denn ohne die vorherige Übertragung einer kriminalstrafrechtlichen Rechtsetzungskompetenz könnte keine Strafgewalt der EU existieren. Mit der Übertragung der Rechtsetzungskompetenz wird demnach inzident eine von den Mitgliedstaaten zu trennende Strafgewalt auf europäischer Ebene anerkannt. Ebenso wohl: *Böse,* ZIS 2010, S. 88, der davon spricht, dass es „nur konsequent" sei, der EU bei Anerkennung einer kriminalstrafrechtlichen Rechtsetzungskompetenz auch „weitergehende Zuständigkeiten einzuräumen" und damit wohl ihre eigenständige Strafgewalt meint. Ähnlich: *Cremer,* EuR 1995, S. 26. Sobald eine Rechtsetzungskompetenz für einen bestimmten Kriminalitätsbereich anerkannt wurde, vermag die EU über die Setzung eines originären materiellen Straftatbestandes zu entscheiden, wodurch die damit verbundene Ausübung von Strafgewalt in ihrer Hand liegt. Aufgrund dieser Entscheidungsfreiheit kann die Strafgewalt trotz ihrer Ableitung aus der mitgliedstaatlichen Kompetenzübertragung auch als eine „originäre", also neu begründete bezeichnet werden. Ähnlich: *Meyer,* NStZ 2009, S. 661, der von einem „originären Strafanspruch der Gemeinschaft" spricht. Anderer Ansicht: *Streinz,* in: Streinz, EUV/AEUV, Art. 50 GRCh, Rn 3, der der EU auch nach Begründung kriminalstrafrechtlicher Kompetenzen infolge des Vertrages von Lissabon keine „Strafahndungskompetenz im engeren Sinne" zuspricht.

804 Zum deutschen Recht: *Jescheck/Weigend,* Lehrbuch des Strafrechts, AT, S. 11.

805 Die *legislative Komponente* bestünde zunächst aus der Festlegung eines eigenen europäischen Strafanwendungsrechts, bei dem der Geltungsbereich eines originären euro-

aa) Schutzbereichseröffnung des Art. 50 GRCh

Um in den kriminalstrafrechtlichen Konstellationen Art. 50 GRCh anwenden zu können, müsste zunächst dessen Schutzbereich eröffnet sein.

(1) Wortlaut „in der Union nach dem Gesetz"

Die in den anderen Fallgruppen vorgenommene Analyse des Wortlauts hat gezeigt, dass die in Art. 50 GRCh gebrauchte Formulierung „in der Union nach dem Gesetz" mit „Gesetz in der Union" gleichgestellt werden kann.[806] Unter dem Begriff des Gesetzes sind dabei jegliche Hoheitsakte zu verstehen, die in einem in den mitgliedstaatlichen Verfassungen vorgesehenen Gesetzgebungsverfahren oder einem solchen der EU zustande gekommen und wirksam gewor-

päischen Kriminalstrafrechts bestimmt würde. Der europäische Gesetzgeber wäre bei der Ausgestaltung – ebenso wie die Staaten – dergestalt an völkerrechtliche Vorgaben (Schranke) gebunden, dass die zu erlassenden Regelungen durch die völkerrechtlich anerkannten Geltungsprinzipien gedeckt wären, um nicht gegen das völkerrechtliche Einmischungsgebot zu verstoßen. Die EU könnte beispielsweise auf das „Unionsschutzprinzip" als Modifikation des „Staatsschutzsprinzips" oder ein (europäisches) Territorialitätsprinzip zurückgreifen, wie es bereits im Corpus Juris (2000) Eingang fand (vgl. Art. 18 Abs. 1 und 24 Abs. 1). Auch wäre der Gesetzgeber an die europäische Schranke gebunden, seine Strafgewalt nur in den Bereichen ausüben zu können, in denen ihm zuvor auch eine entsprechende Rechtsetzungskompetenz übertragen wurde. Da die EU ihre Rechtsetzungskompetenz nicht eigenständig auf weitere Bereiche des Strafrechts ausweiten kann, ist auch ihre Strafgewalt entsprechend beschränkt. Unter die legislative Komponente fielen ferner die Festlegung, welches Recht sodann anzuwenden wäre (Rechtsanwendungsrecht), sowie die Festlegung des Zuständigkeitsbereichs der das originäre europäische Kriminalstrafrecht durchführenden Strafgerichtsbarkeit. Zu den entsprechenden Ausführungen im deutschen Recht: *Werle/Jeßberger*, in: Leipziger Kommentar zum StGB, Band 1, Vor. § 3, Rn 2 f., 218 f., 252 f.; *Ambos*, in: Münchener Kommentar zum StGB, Band 1, Vor. §§ 3-7, Rn 2f; *Böse*, in: Kindhäuser/Neumann/Paeffgen, StGB Kommentar, Band 1, Vor. § 3, Rn 8 f.
Der *exekutiven Komponente* der Strafgewalt unterfiele dagegen die Durchführung des strafgerichtlichen Verfahrens sowie die Verhängung und Vollstreckung von Strafe (Ausübung von Strafgewalt), wovon wiederum die Vornahme von Strafverfolgungsmaßnahmen zu trennen wäre (Ausübung von Hoheitsgewalt). In der Gewährung der Rechtsetzungskompetenz der EU ist zugleich eine mitgliedstaatliche Billigung zu sehen, die exekutive Komponente auf mitgliedstaatlichem Boden auszuüben (Ausnahme vom völkerrechtlichen Territorialitätsprinzip). Vgl. hierzu: *Ambos*, in: Münchener Kommentar zum StGB, Band 1, Vor. §§ 3-7, Rn 2; *Böse*, in: Kindhäuser/Neumann/Paeffgen, StGB Kommentar, Band 1, Vor. § 3, Rn 12; *Werle/Jeßberger*, in: Leipziger Kommentar zum StGB, Band 1, Vor. § 3, Rn 22; *Kreß*, ZStW 2002, S. 830; *Jescheck/Weigend*, Lehrbuch des Strafrechts, AT, S. 166.

806 Siehe oben: S. 49.

den sind sowie der Essentiale der Allgemeinheit genügen. Die Einschränkung „in der Union" ist so zu verstehen, dass es sich um Gesetze handeln muss, die von einem Gesetzgebungsorgan innerhalb der EU oder der EU selbst erlassen wurden. Originäre europäische Kriminalstraftatbestände, deren Verletzung unmittelbar von europäischen Stellen verfolgt werden könnte, würden nicht im Rahmen einer Richtlinie erlassen werden, da es dieser zumindest im Grundsatz an einer unmittelbaren Wirkung fehlt. Sie würden vielmehr im Rahmen einer Rechtsverordnung, der sog. Einsetzungsverordnung einer Europäischen Staatsanwaltschaft nach Art. 86 Abs. 1 UAbs. 1 S. 1 AEUV[807] ergehen, um eine Vielzahl von Fällen zu regeln und an eine Vielzahl von Adressaten gerichtet zu sein. Damit die Normen allerdings unmittelbare Geltung erlangten, müssten sie der Sache nach abschließend, vollständig und rechtlich perfekt sein, d.h. keines weiteren Ausführungsaktes bedürfen.[808] Um ferner als Kriminalstrafe und nicht lediglich als Sanktion des Strafrechts i.w.S. zu gelten, müsste die Norm überdies kriminalstrafrechtliche Züge aufweisen. Was unter einer originären europäischen Kriminalstrafe zu verstehen ist, ist jedoch noch nicht abschließend geklärt.[809] Die noch im Verfassungsvertrag als „Europäisches Gesetz" titulierte Rechtsverordnungsnorm würde also ein „Gesetz in der Union" i.S.d. Art. 50 GRCh darstellen, dessen Verletzung angeklagt würde. Es bleibt daher festzuhalten, dass Konstellationen, in denen die Verletzung eines originären europäischen Kriminalstraftatbestandes verfolgt würde, vom Wortlaut des Art. 50 GRCh erfasst wären.

(2) Genese, Sinn und Zweck

Die in Rede stehenden Konstellationen wurden weder in den Konventssitzungen noch in den Erläuterungen des Präsidiums diskutiert bzw. erwähnt, was wohl auf den damaligen Entwicklungsstand des europäischen Strafrechts zurückzuführen ist. Ein gesetzgeberischer Wille in Bezug auf diese Schutzbereichsfrage lässt sich daher nicht feststellen.

Sinn und Zweck des Art. 50 GRCh sprechen jedoch ebenfalls für eine Eröffnung des Schutzbereichs. Denn ein europäischer ne bis in idem-Grundsatz muss nicht nur vor der zunehmenden Vernetzung und Koordinierung der mitgliedstaatlichen Strafverfolgungen schützen, sondern auch bei der Schaffung völlig neuer Verfolgungswege und Verfolgungsinstanzen als Abwehrmittel zur Verfügung stehen. Das Schutzbedürfnis des Einzelnen erhöht sich mit zuneh-

807 Dazu sogleich: S. 222.

808 *Oppermann/Classen/Nettesheim*, Europarecht, § 9, Rn 15.

809 Siehe dazu oben: S. 45.

mender europäischer Rechtsentwicklung. Der Schutzbereich des Art. 50 GRCh wäre somit eröffnet.

bb) Eröffnung des Anwendungsbereichs nach Art. 51 Abs. 1 S. 1 GRCh

In den bisherigen Fallgruppen wurde ausführlich die mitgliedstaatliche Bindung an die Chartagrundrechte durch Art. 51 Abs. 1 S. 1 GRCh beleuchtet. Doch nicht nur die Bindung der Mitgliedstaaten, sondern auch die Bindung anderer Grundrechtsadressaten wird durch Art. 51 Abs. 1 S. 1 GRCh geregelt. Die Charta gilt hiernach für alle „Organe, Einrichtungen und sonstigen Stellen der Union". Sämtliche Stellen, die bisher durch Primär- oder Sekundärrecht begründet wurden (z.B. Ämter oder Agenturen), sind an die Charta gebunden.[810] Die Bindung gilt für sämtliche ihrer Handlungen.[811] Als justizielle „Einrichtungen der Union" kämen im Rahmen dieser Fallgruppe sowohl Europol, Eurojust als auch die Europäische Staatsanwaltschaft als Grundrechtsadressaten in Frage,[812] soweit sie sich an der Strafverfolgung bzw. Durchsetzung von zukünftigem europäischen Kriminalstrafrecht beteiligen würden.

Des weiteren kämen mitgliedstaatliche Strafgerichte als mitgliedstaatliche Stellen oder etwaige europäische Strafgerichte als „Organ(e) der EU" als Grundrechtsadressaten in Betracht, da vor ihnen ein europäisches Strafverfahren durchgeführt würde. Ebenso wie die mitgliedstaatlichen wären auch die europäischen Strafgerichte über Art. 51 Abs. 1 S. 1 GRCh an Art. 50 GRCh gebunden, da sie originäre europäische Kriminalstraftatbestände anwenden, d.h. Unionsrecht durchführen würden.

(1) Europäische Strafgerichtsbarkeit

Es wäre nur konsequent, die Durchsetzung von originärem europäischen Kriminalstrafrecht EU-eigenen Strafverfolgungsbehörden zu übertragen und die entsprechenden Anklagen vor europäischen Strafgerichten zu erheben. Die Strafgerichtsbarkeit wäre dem EuGH „beigeordnet" (vgl. Art. 257 Abs. 1 S. 1 AEUV), was als organisatorische und nicht als institutionelle Anbindung zu verstehen wäre. Das Strafgericht würde als Fachgericht einen selbstständigen Teil des Ge-

810 *Ladenburger*, in: Tettinger/Stern, Gemeinschaftskommentar zur EU-GRCh, Art. 51, Rn 5.

811 *Jarass*, EU-Grundrechte, § 4, Rn 4.

812 *Nowak*, in: Heselhaus/Nowak, Handbuch europäische Grundrechte, § 6, Rn 29.

samtorgans EuGH darstellen.[813] Für eine Verfahrensführung vor einer europäischen Strafgerichtsbarkeit spricht ferner, dass sich der EuGH ohnehin mit der neuen Materie erlassener europäischer Kriminalstraftatbestände befassen müsste. Denn auch im Falle der Durchführung des europäischen Kriminalstrafverfahrens vor mitgliedstaatlichen Gerichten müsste der EuGH im Wege des Vorabentscheidungsverfahrens gem. Art. 267 AEUV über die Auslegung des originären europäischen Kriminalstrafrechts entscheiden.[814] Ebenso weist der EuGH bereits eine jahrzehntelange Sanktionserfahrung im Bereich des Strafrechts i.w.S. auf, was ihm bei der Verhängung von Kriminalstrafen zu Gute käme. Der EuGH könnte als EU-eigenes Organ die eigene, originäre Strafgewalt der EU wahrnehmen und die Kontrolle über alle europäisch strafrechtlichen Institutionen (insb. Maßnahmen von Europol) ausüben.[815] Letzteres würde einen nicht zu unterschätzenden Fortschritt darstellen, da dies bislang nur unzureichend erfolgt.[816] Dass ein solches Gericht nur bei einer vollkommenen Europäisierung des Strafverfahrens sinnvoll wäre, d.h. bei Existenz einer europäischen StPO sowie eines europäischen StGB,[817] überzeugt nicht. Ebenso wie sich der EuGH bereits de lege lata mit zahlreichen Randgebieten des Rechts beschäftigt, könnte sich ein europäisches Strafgericht auch lediglich mit der Durchsetzung von bereichsspezifischem europäischen Kriminalstrafrecht befassen.

Orientiert man sich an den kriminalstrafrechtlichen Rechtsetzungskompetenzen der EU, könnte sich die Zuständigkeit einer solchen Gerichtsbarkeit auf Gefährdungen und Verletzungen der finanziellen Interessen der EU durch betrügerische Handlungen beziehen. Die Zuständigkeitsregelungen würden in einer das Gericht konstituierenden Verordnung festgesetzt (vgl. Art. 257 Abs. 1 S. 2 und Abs. 2 AEUV). Aus europäisch-„verfassungsrechtlicher“ Sicht wäre die Normierung von Zuständigkeitsregelungen als eine legislative Ausprägung der Strafgewalt der EU anzusehen.[818]

---

813 Vgl. hierzu: *Kretschmer,* in: Vedder/Heintschel von Heinegg, Europäischer Verfassungsvertrag, Art. III-359, Rn 2; *Wegener,* in: Calliess/Ruffert, EUV/AEUV, Art. 257 AEUV, Rn 8; *Esser,* StRR 2010, S. 136.

814 Er würde nur über die Auslegung des Unionsrechts, nicht aber anstelle des nationalen Gerichts entscheiden oder über dessen Anwendung auf den konkreten Einzelfall überprüfen. Siehe hierzu: *Oppermann/Classen/Nettesheim,* Europarecht, § 13, Rn 74.

815 So: *Kretschmer,* in: Vedder/Heintschel von Heinegg, Europäischer Verfassungsvertrag, Art. III-274, Rn 6. Zur justiziellen Kontrolle der Einrichtungen der EU und weiteren Errichtungsmotiven: *Esser,* StRR 2010, S. 137.

816 Siehe dazu unten: S. 238.

817 So: *Kretschmer,* in: Vedder/Heintschel von Heinegg, Europäischer Verfassungsvertrag, Art. III-274, Rn 6.

818 Siehe dazu oben: S. 213 f.

Unter Zugrundelegung der Konstellation, dass ein Betroffener in einem europäischen Kriminalstrafverfahren vor einem europäischen Strafgericht wegen betrügerischer Handlungen zum Nachteil der finanziellen Interessen der EU nach originärem europäischen Kriminalstrafrecht verfolgt würde, wäre demnach das europäische Strafgericht selbst an seine tauglichen Erstentscheidungen wie z.B. Urteile nach Art. 50 GRCh gebunden. Es dürfte mithin in derselben Sache nicht nochmals entscheiden. Welche unterschiedlichen Entscheidungs- bzw. Einstellungsarten in einem entsprechenden europäischen Kriminalstrafverfahrensrecht verankert würden, und ob von ihnen eine Sperrwirkung i.S.d. Art. 50 GRCh ausginge, kann gegenwärtig nicht vorhergesehen werden.

Unabhängig von den für eine solche Gerichtsbarkeit sprechenden Gesichtspunkten, wäre sie de lege lata – zumindest im Hinblick auf die Durchsetzung von originärem europäischen Kriminalstrafrecht – nicht mit dem geltenden Primärrecht vereinbar.[819] Zwar stünde ihr Art. 257 AEUV nicht entgegen.[820] Sie

819 So ausdrücklich einzig: *Suhr,* in: Calliess/Ruffert, EUV/AEUV, Art. 86 AEUV, Rn 27; *Suhr,* in: Fastenrath/Nowak, Der Lissaboner Reformvertrag, S. 321. Ein solches Fachgericht jedoch aus anderen Gründen bereits jetzt für „dringend erforderlich" haltend: *Esser,* StRR 2010, S. 137.

820 Nach Art. 257 Abs. 1 S. 1 AEUV können „gemäß dem ordentlichen Gesetzgebungsverfahren" i.S.d. Art. 294 AEUV neue Fachgerichte gebildet werden, die für „bestimmte Kategorien von Klagen zuständig sind, die auf besonderen Sachgebieten erhoben werden." Die Formulierung „bestimmte Kategorien von Klagen" die „erhoben werden" zeigt, dass der Gesetzgeber die Schaffung einer strafrechtlichen Fachgerichtsbarkeit zwar nicht im Sinn hatte (vielmehr einer solchen z.B. für Patentsachen). Dennoch schließt der Wortlaut die Erhebung einer strafrechtlichen *An*klage nicht aus. Auch wenn die Beschränkung auf bestimmte Rechtsgebiete im Gesetzgebungsverfahren durchaus versucht wurde, blieb sie letztlich aus. Die Struktur der europäischen Gerichtsbarkeit ist damit insbesondere im Hinblick auf die Delegation von Rechtsprechungskompetenzen auf die Schaffung unterschiedlicher Fachgerichtsbarkeiten ausgerichtet und weist eine hohe Flexibilität auf. Dazu: *Wegener,* in: Calliess/Ruffert, EUV/AEUV, Art. 257 AEUV, Rn 1, 7. In dem ordentlichen Gesetzgebungsverfahren wäre der Rat der EU gem. Art. 294 AEUV i.V.m. Art. 16 Abs. 3 f. EUV gleichberechtigt beteiligt. Es ist davon auszugehen, dass die Notbremsenregelung des Art. 82 Abs. 3 AEUV hier nicht durch die Mitgliedstaaten wahrgenommen werden könnte. Erstens würde es sich bei der Schaffung einer europäischen Strafgerichtsbarkeit zur Durchführung von Strafverfahren zum Schutze EU-eigener Rechtsgüter nicht um strafverfahrensrechtliche Belange handeln, die „grundlegende Aspekte (der) Strafrechtsordnung(en)" der Mitgliedstaaten berührten. Zweitens kann die Notbremse des Abs. 3 ausdrücklich nur bei der Entstehung harmonisierender Richtlinien und nicht bei Verordnungen „gezogen" werden. Die neue strafrechtliche Fachgerichtsbarkeit entstünde aber – wie gesehen – durch konstituierende Verordnung.

verstieße aber gegen Art. 86 Abs. 2 S. 2 AEUV,[821] wonach die Verfolgung von Straftaten gegen die finanziellen Interessen der EU vor den zuständigen Gerichten der Mitgliedstaaten erfolgen soll. S. 2 beinhaltet damit bereits einen gesetzgeberischen Verzicht auf die Schaffung einer Europäischen Strafgerichtsbarkeit[822] und impliziert dessen Entscheidung für eine Verfahrensführung vor den mitgliedstaatlichen Gerichten.

Auch die nach Vereinheitlichung strebende Kommission bevorzugt in ihrem „Grünbuch zum strafrechtlichen Schutz der finanziellen Interessen der Europäischen Gemeinschaften und zur Schaffung einer Europäischen Staatsanwaltschaft“[823] der Kommission aus dem Jahr 2001 die Verfahrensführung vor den nationalen Gerichten und hält die Errichtung einer europäischen Strafgerichtsbarkeit bislang nicht für geboten.[824] Obgleich die Durchführung eines zukünftigen europäischen Strafverfahrens vor den nationalen Gerichten damit in naher Zukunft als wahrscheinlicher einzustufen ist, dürfte sie aus den eingangs genannten Gründen auf lange Sicht nicht aus der Welt sein.

(2) Europäische Staatsanwaltschaft und mitgliedstaatliche Strafgerichtsbarkeiten

Sowohl im Rahmen einer Verfahrensführung vor europäischen als auch vor mitgliedstaatlichen Gerichten wäre die derzeit noch nicht existierende Behörde der Europäischen Staatsanwaltschaft die Anklagebehörde, welche die Verletzung des originären europäischen Kriminalstrafrechts verfolgen würde.[825] Sie käme

---

821 Um eine Europäischen Strafgerichtsbarkeit also errichten zu können, wäre eine Abänderung des Art. 86 Abs. 2 S. 2 AEUV erforderlich. Das vereinfachte Vertragsänderungsverfahren nach Art. 48 Abs. 6 EUV wäre maßgeblich. Die spezielle Vertragsänderungsmöglichkeit des Art. 86 Abs. 4 AEUV wäre nicht einschlägig. Die Norm ermöglicht eine Erweiterung der in Abs. 1 und 2 festgelegten Zuständigkeiten der Europäischen Staatsanwaltschaft (Straftaten zum Nachteil der finanziellen Interessen der EU) hin zur Bekämpfung jeglicher schwerer Kriminalität mit grenzüberschreitender Dimension. Eine Abänderung der gesetzgeberischen Vorgabe, das Verfahren vor den mitgliedstaatlichen Gerichten zu führen (Abs. 2 S. 2), wird von ihr nicht umfasst.

822 *Böse,* ZIS 2010, S. 88.

823 Siehe: KOM, 2001, Nr. 0715, S. 38 f. Kritisch zum Grünbuch insgesamt: *Satzger,* StV 2003, S. 137 f.; *Hecker*, Europäisches Strafrecht, § 14, Rn 39 f.

824 KOM, 2001, Nr. 0715, S. 62. Dort heißt es: „Der Europäische Staatsanwalt hätte die Aufgabe, die öffentliche Anklage bei den Gerichten der Mitgliedstaaten nach dem jeweiligen nationalen Recht zu erheben. Genauso wenig wie der Vorschlag der Kommission auf die Einrichtung einer Europäischen Gerichtsbarkeit abstellt, zielt er auf die Schaffung einer eigenen europäischen Anklage.“

825 Ebenso: *Hecker*, Europäisches Strafrecht, § 14, Rn 44; *Heger*, ZIS 2009, S. 416; *Zerdick*, in: Lenz/Borchardt, Kommentar zum Vertrag von Lissabon, Art. 86 AEUV, Rn 2.

damit als Grundrechtsadressat in Betracht. Das Grünbuch von 2001 zeigt, dass die europäische Kommission bereits seit über einem Jahrzehnt die Errichtung einer Europäischen Staatsanwaltschaft ins Auge gefasst hat.[826] Nach zahlreichen politischen und wissenschaftlichen Diskussionen über ihr „Ob“ und „Wie“ wird ihre Errichtung mittlerweile von den meisten Mitgliedstaaten befürwortet.[827] In Orientierung an das „Corpus Juris der strafrechtlichen Regelungen zum Schutz der finanziellen Interessen der Union“ aus dem Jahre 2000 und das Grünbuch der Kommission (2001) wurde diesem Vorhaben mit dem Vertrag von Lissabon nun ein rechtliches Fundament gegeben.[828] Nach Art. 86 AEUV kann die Institution mittels entsprechender Verordnung ins Leben gerufen werden (sog. Einsetzungsverordnung). Ihre Hauptaufgabe ist gem. Art. 86 Abs. 1 UAbs. 1 S. 1 AEUV auf den Schutz der finanziellen Interessen der Union begrenzt. Ihre Zuständigkeit könnte mit Hilfe der Ausdehnungsklausel des Abs. 4 S. 1 aber auf weitere Straftaten aus dem Bereich der schweren grenzüberschreitenden Kriminalität erweitert werden.[829] Sofern sie demnach originäres europäisches Kriminalstrafrecht außerhalb des Schutzes der finanziellen Interessen der Union durchsetzen wollen würde, wäre von dieser Erweiterungsmöglichkeit Gebrauch zu machen. Auf die ebenfalls denkbare Konstellation der Anwendung von nationalem harmonisierten Kriminalstrafrecht durch eine Europäische Staatsanwaltschaft wird hier aus den bereits genannten Gründen nicht eingegangen.[830]

826 Die spanische Ratspräsidentschaft regte bereits am 15. April 2010 an, die Möglichkeiten hin zu einer Europäischen Staatsanwaltschaft zu eruieren. Siehe, Rat der EU in: Ratsdok. 8614/10. Verlauf und Ergebnis der Diskussion bleiben abzuwarten.

827 Besonders vehement wird die Europäische Staatsanwaltschaft vom Vereinigten Königreich abgelehnt. Doch auch Dänemark und Irland beteiligen sich grundsätzlich nicht an Rechtsakten im Bereich des gemeinsamen Raums der Freiheit, der Sicherheit und des Rechts (Dritter Teil, Titel V des AEUV). Dazu: *Kretschmer,* in: Vedder/Heintschel von Heinegg, Europäischer Verfassungsvertrag, Art. III-274, Rn 1; *Zerdick*, in: Lenz/Borchardt, Kommentar zum Vertrag von Lissabon, Art. 86 AEUV, Rn 11 m.w.N.; *Suhr,* in: Fastenrath/Nowak, Der Lissaboner Reformvertrag, S. 310 f.

828 Zur bisherigen Entwicklung des Vorhabens einer Europäischen Staatsanwaltschaft siehe: *Suhr,* in: Calliess/Ruffert, EUV/AEUV, Art. 86 AEUV, Rn 3 f.

829 Genauer zur Ausdehnung der Befugnisse und den damit verbundenen, vom deutschen Bundesverfassungsgericht in seinem „Lissabon-Urteil“ aufgestellten Anforderungen eines Zustimmungsgesetzes nach Art. 23 Abs. 1 S. 2 GG: *Suhr,* in: Calliess/Ruffert, EUV/AEUV, Art. 86 AEUV, Rn 17 f.; *Zerdick*, in: Lenz/Borchardt, Kommentar zum Vertrag von Lissabon, Art. 86 AEUV, Rn 10; BVerfG, NJW 2009, S. 2267 f., S. 2295, Rn 419.

830 Siehe oben: S. 213. Hierzu ebenso: *Suhr,* in: Calliess/Ruffert, EUV/AEUV, Art. 86 AEUV, Rn 11. Ferner die Kommission in ihrem Grünbuch: KOM, 2001, Nr. 0715, S. 36.

Um zukünftige Berührungspunkte der Europäischen Staatsanwaltschaft oder mitgliedstaatlicher Gerichte, welche originäres europäisches Kriminalstrafrecht anwenden, mit Art. 50 GRCh feststellen zu können, wird auszugsweise eine mögliche Ausgestaltung des hypothetischen europäischen Kriminalstrafverfahrens skizziert, die sich an den Inhalten des Grünbuchs der Kommission (2001) orientiert.[831]

(a) Zuständigkeitsregelungen (bzw. europäisches Strafanwendungsrecht)

Nach den in dieser Untersuchung zu Grunde gelegten Faktoren, dass ein europäisches Kriminalstrafverfahren der Durchsetzung von originärem europäischen Kriminalstrafrecht dienen würde und eine Rechtsetzungskompetenz de lege lata unstreitig nur im Bereich der Betrügereien zum Nachteil der finanziellen Interessen der EU besteht,[832] wäre auch die Zuständigkeit einer Europäischen Staatsanwaltschaft nur dann eröffnet, wenn das Rechtsgut[833] der finanziellen Interessen der EU durch betrügerische Handlungen verletzt oder gefährdet würde. Die Normierung entsprechender Zuständigkeitsregeln würde dogmatisch die Setzung von Strafanwendungsrecht darstellen und wäre damit als Ausprägung der legislativen Komponente der Strafgewalt der EU anzusehen.[834] Der europäi-

831 Das Grünbuch ist eine der wenigen Quellen, die sich mit einer möglichen Ausgestaltung näher befasst.

832 Siehe dazu oben: S. 213 f.

833 Der Rechtsgutsbegriff ist im europäischen Recht nicht in einem dem deutschen Recht vergleichbaren Maße verankert. Zum deutschen Recht: *Vormbaum,* Schutz der Rechtsgüter von EU-Staaten durch das deutsche Strafrecht, S. 9 m.w.N.; *Jescheck/Weigend,* Lehrbuch des Strafrechts, AT, S. 257 f.; *Hassemer/Neumann,* in: Kindhäuser/ Neumann/Paeffgen, StGB Kommentar, Band 1, Vor. § 1, Rn 62 f. Die aus dem deutschen Recht bekannte Funktion des Rechtsguts als rechtspolitisches Instrument zur kriminalpolitischen Rechtfertigung von Strafe, hat sich im europäischen Recht bislang nicht durchgesetzt. Der Nachweis eines Rechtsgutes wird nicht als zentrales Kriterium für die kriminalpolitische Bestimmung von Strafwürdigkeit angesehen. Es wird allenfalls vertreten, das europäische Strafrecht diene vorrangig als wirtschafts-, verwaltungs- und sicherheitspolitisches Steuerungsinstrument der EU und allenfalls subsidiär dem Rechtsgüterschutz. So: *Killmann,* in: Sieber/Brüner/Satzger/Heintschel-Heinegg, Europäisches Strafrecht, § 11, Rn 2. Auch der *Europäische Rat* scheint eine ähnliche Vorstellung von der Aufgabe des Strafrechts zu haben. Zumindest in Bezug auf strafrechtliche Harmonisierungsvorgaben der EU äußerte er, dass „die Angleichung der strafrechtlichen Rechtsvorschriften der Mitgliedstaaten … unerlässlich für die wirksame Durchführung der Politik der Union" sein kann. Siehe: Ratsdok. 16542/2/09.

834 Die Kommission knüpft in allen Zuständigkeitsfällen im Kern an den Schutz der finanziellen Interessen der EU an und macht die Zuständigkeit der Europäischen Staatsanwaltschaft von einer Verletzung oder Gefährdung dieses Rechtsguts abhängig. Sie greift damit auf das völkerrechtliche Geltungsprinzip des „Unionsschutzprinzips" zu-

sche Gesetzgeber würde über den Geltungsbereich des originären europäischen Kriminalstrafrechts entscheiden. Die Zuständigkeitsregeln würden gem. Art. 86 Abs. 3 AEUV in der Einsetzungsverordnung der Europäischen Staatsanwaltschaft verankert, wonach u.a. die Regelung von „Einzelheiten für die Erfüllung ... (der) Aufgaben“ der Europäischen Staatsanwaltschaft sowie der „für ihre Tätigkeit geltenden Verfahrensvorschriften“ erlaubt ist.

Die Kommission unterteilt die aufkommenden Zuständigkeitskonstellationen in ihrem Grünbuch in drei Fälle. Teilweise muss hier bereits auf die nächste, vierte Fallgruppe – d.h. der Doppelbestrafungsgefahr durch ein aufeinander folgendes europäisches und mitgliedstaatliches Strafverfahren in derselben Sache – vorgegriffen werden, um die Thematik verständlich erörtern zu können.

Zunächst solle die Europäische Staatsanwaltschaft in den sog. *„gemeinschaftlichen Fällen“* ausschließlich für Straftaten zuständig sein, die sich gegen die finanziellen Interessen der EU richten.[835] Sofern in derartigen Fällen eine taugliche Erstentscheidung i.S.d. Art. 50 GRCh durch die Europäische Staatsanwaltschaft oder eben mitgliedstaatliche Gerichte erginge, dürfte dieselbe Tat wegen Art. 50 GRCh nicht nochmals in einem europäischen Kriminalstrafverfahren verfolgt werden.

Hiervon zu unterscheiden seien die sog. (unechten) *„gemischten Fälle“,* bei denen sowohl ein Verstoß gegen Gemeinschaftsrecht als auch gegen innerstaatliches Recht vorläge, wobei hier mit innerstaatlichem Recht solches gemeint sein dürfte, welches gerade nicht die finanziellen Interessen der EU schützt. In diesen Fällen könnten „die Verstöße und damit die öffentliche Anklage getrennt werden. ... Der Europäische Staatsanwalt, der von sämtlichen Umständen des Falles unterrichtet und mit dem Fall befasst würde, würde nur den Verstoß gegen das Gemeinschaftsrecht verfolgen und die Ahndung der anderen Straftaten den nationalen Strafverfolgungsbehörden überlassen.“[836] Nach deutschem Recht handelte es sich hierbei also um einen Sachverhalt mit mehreren prozessualen Taten, die voneinander abgetrennt werden könnten und auch mehrere Taten im Sinne des Art. 103 Abs. 3 GG darstellten.[837] Da sich sowohl der Tatbegriff des

rück, wonach die Strafgewalt der EU an den Schutz ihrer eigenen Interessen anschließt. Ebenso würde der europäischen Schranke entsprochen, wonach eine europäische Strafgewalt nur in dem Bereich ausgeübt werden könnte, in welchem eine entsprechende Rechtsetzungskompetenz besteht. Zu den Dimensionen der Strafgewalt der EU siehe bereits oben: S. 213 f.

835 Siehe: KOM, 2001, Nr. 0715, S. 51 f., 70.

836 KOM, 2001, Nr. 0715, S. 51 f.

837 Nach deutschem Recht ist eine Abtrennung nach § 2 Abs. 2 StPO nur zulässig, wenn es sich bei dem abgetrennten Verfahrensstoff um selbstständige prozessuale Taten i.S.d. § 264 StPO handelt. Siehe: *Meyer-Goßner*, StPO Kommentar, § 264, Rn 5.

Art. 50 GRCh als auch der des Art. 103 Abs. 3 GG an normativen Kriterien orientiert, ist von einem ungefähren inhaltlichen Gleichlauf der Begrifflichkeiten auszugehen. Unabhängig von der genauen Umgrenzung des Tatbegriffs des Art. 50 GRCh[838] fände die Norm daher wie folgt Anwendung: Sofern die Europäische Staatsanwaltschaft oder die mitgliedstaatlichen Gerichte eine taugliche Erstentscheidung i.S.d. Art. 50 GRCh erließen, würde sich die Sperrwirkung nur auf die abgeurteilte prozessuale Tat erstrecken, d.h. weder nationale noch europäische Behörden und Gerichte dürften dieselbe Tat nochmals verfolgen. Die Verfolgung der abgetrennten, an mitgliedstaatlichem Recht zu messenden Tat, bliebe dagegen weiterhin möglich. Sie bliebe von der Sperrwirkung unberührt. Umgekehrt würde der nach mitgliedstaatlichem Recht verfolgte Teil keine Sperrwirkung gegenüber dem europäischen Teil entfalten.

Schwieriger würde sich die Zuständigkeitsfrage jedoch in den von der Kommission als *„echt gemischt"* bezeichneten Fällen darstellen. Die Kommission unterscheidet hier zwischen Fällen, in denen eine Handlung mehrere Tatbestände erfüllt und solchen, in denen sog. „konnexe", also in einem inneren Zusammenhang stehende Handlungen vorliegen (beide Male würden sowohl nationale als auch originär europäische Straftatbestände erfüllt).[839] Nach Maßgabe der deutschen Konkurrenzlehre wären die Fälle mit denen der „Handlung im natürlichen Sinn" sowie der „natürlichen Handlungseinheit" vergleichbar. Es läge Tateinheit i.S.d. § 52 StGB vor, die regelmäßig als eine prozessuale Tat und auch als eine Tat i.S.d. Art. 103 Abs. 3 GG zu verstehen ist.[840] Wenn man mit der hier vertretenen Ansicht von einem Gleichlauf der Tatbegriffe in Art. 103 Abs. 3 GG und Art. 50 GRCh ausgeht, führt dies wiederum dazu, dass sich die „echt gemischten Fälle" nicht trennen ließen und eine Erstentscheidung über nur einen Teil der Tat nicht in Betracht käme, bzw. dies andernfalls zu einer die gesamte Tat umfassenden Sperrwirkung führen würde. Das Unrecht der gesamten Tat könnte daher in angemessener Art und Weise nur einheitlich von einer An-

838 Zum wohl gleichlaufenden Tatbegriff des Art. 54 SDÜ: *Hußung,* Der Tatbegriff des Art. 54 SDÜ, S. 1 f.

839 KOM, 2001, Nr. 0715, S. 52.

840 Im deutschen Recht deckt sich der Tatbegriff des Art. 103 Abs. 3 GG nicht mit dem materiellen Tatbegriff aus den §§ 52 f. StGB, lehnt sich jedoch trotz der einer gewissen Selbstständigkeit an den prozessualen Tatbegriff der StPO an. Der Tatbegriff des Art. 103 Abs. 3 GG ist weiter als der materielle. Er erfasst regelmäßig die Handlungen i.S.d. Tateinheit des § 52 StGB, kann darüber hinaus aber auch materiell-rechtliche selbstständige Handlungen i.S.d. § 53 StGB umgreifen, wenn sie derart miteinander verknüpft sind, dass der Unrechts- und Schuldgehalt der einen nicht ohne die Umstände, die zu der anderen Handlung geführt haben, richtig gewürdigt werden kann. Dazu: *Schmidt-Aßmann*, in: Maunz/Dürig, GG-Kommentar, Band 6, Art. 103 Abs. 3, Rn 282.

klagebehörde vor einem Gericht verfolgt werden, entweder durch nationale Behörden oder die Europäische Staatsanwaltschaft vor nationalen Gerichten.[841] Auch die Kommission favorisiert in ihrem Grünbuch eine einheitliche Verfolgung. Sie schlägt vor, der Europäische Staatsanwalt solle „entscheiden, jene Straftaten, die im Wesentlichen nationale Interessen betreffen, an die nationalen Behörden abzutreten. Zur Erläuterung des Begriffs im Wesentlichen könnte der Gemeinschaftsgesetzgeber genauere Hinweise geben."[842] Eine nähere Bestimmung der „Wesentlichkeit" erfolgt sodann nicht. Die Zuständigkeit der Europäischen Staatsanwaltschaft wäre demnach im Umkehrschluss eröffnet, wenn „im Wesentlichen" gemeinschaftsrechtliche Interessen betroffen wären. In Bezug auf die Sperrwirkung des Art. 50 GRCh gälte damit, dass nach einer einheitlichen Verfolgung durch eine mitgliedstaatliche oder die Europäische Staatsanwaltschaft vor mitgliedstaatlichen Gerichten, die mit einer tauglichen Erstentscheidung i.S.d. Art. 50 GRCh endete, das gesamte begangene Unrecht abgegolten wäre und nachfolgend weder ein europäisches noch ein nationales Kriminalstrafverfahren in derselben Sache angestrengt werden dürfte. Im Hinblick auf die ausgeübte Strafgewalt läge in derartigen Fällen nicht nur eine Ausübung europäischer Strafgewalt vor.[843] Vielmehr bestünde eine gemischte Ausübung der mitgliedstaatlichen und europäischen Strafgewalt entweder durch die Europäische Staatsanwaltschaft oder durch die nationalen Staatsanwaltschaften jeweils mit Hilfe der nationalen Gerichte. Der Anspruch seitens der EU, die eigene Strafgewalt auszuüben, entstünde immer nur insoweit eigenes Recht verletzt würde.

Insgesamt würde im Falle der Verwirklichung dieses Vorschlages der Kommission eine grundsätzlich vorrangige Zuständigkeit der Europäischen Staatsanwaltschaft gegenüber den mitgliedstaatlichen Strafverfolgungsbehörden geschaffen.

---

841 Ähnlich: Die Gemeinsame Stellungnahme der Bundesregierung und der Länder der BRD zum Grünbuch aus dem Jahr 2002 (S. 12), die aus dem prozessualen Tatbegriff schließen, es sei „unbedingt erforderlich, eine alleinige Zuständigkeit einer der beiden Behörden für die Verfolgung einer prozessualen Tat sicherzustellen."

842 KOM, 2001, Nr. 0715, S. 53.

843 Wie gesehen, unterläge die europäische Strafgewalt nämlich einer europäischen Schranke, die sich wiederum aus dem Prinzip der begrenzten Einzelermächtigung ergäbe. Die EU könnte ihre Strafgewalt nur in den Bereichen ausüben, in denen ihr zuvor auch eine entsprechende Rechtsetzungskompetenz übertragen worden wäre. Siehe hierzu: S. 213 f.

(b) Anwendbarkeitsregelungen (bzw. europäisches Rechtsanwendungsrecht)

Auch die Anwendbarkeitsregeln würden im Rahmen der Einsetzungsverordnung der Europäischen Staatsanwaltschaft festgesetzt. Die Normen würden regeln, welches Recht im Falle der Verletzung oder Gefährdung der finanziellen Interessen der EU anzuwenden wäre. Die Befugnis des europäischen Gesetzgebers, dies selbst zu regeln, d.h. Rechtsanwendungsrecht zu setzen, wäre ebenfalls als eine Ausprägung der legislativen Dimension der Strafgewalt anzusehen.[844]

Wie bereits erwähnt, wäre der europäische Gesetzgeber an dieser Stelle frei in seiner Entscheidung darüber, ob er seine Strafgewalt mithilfe von harmonisiertem nationalen Recht oder eben originärem europäischen Kriminalstrafrecht durchsetzt. Aus den o.g. Gründen wird hier jedoch nur der letztere Fall untersucht.[845]

Orientiert man sich dabei an den seitens der Kommission vorgeschlagenen Zuständigkeitsregelungen, ergibt sich Folgendes: In den rein „gemeinschaftsrechtlichen Fällen" würde die Europäische Staatsanwaltschaft sowie das mitgliedstaatliche Gericht im Rahmen eines europäischen Kriminalstrafverfahrens das neu geschaffene originäre europäische Kriminalstrafrecht anwenden. Es würde nicht auf ggf. ebenfalls einschlägiges nationales Recht zurückgegriffen, welches z.T. ebenfalls die finanziellen Interessen der EU schützt. Konsequent wäre hier demzufolge die Festsetzung einer ausschließlichen Anwendbarkeit des originären europäischen Rechts, um den beteiligten Instanzen die Anwendung von nationalem Recht zu ersparen. Den Effekt der Nichtanwendbarkeit des nationalen Rechts könnte auch nicht der Grundsatz des Anwendungsvorrangs des Unionsrechts erzielen, da dieser nationales Recht nur dann verdrängt, wenn es zu einem anderen Ergebnis kommt (Kollisionsfall).[846] Die ausschließliche Anwendbarkeit des europäischen Rechts läge wohl auch im Interesse der Kommission, die ausführt: „Der Idee der Einrichtung einer Europäischen Staatsanwaltschaft liegt der Gedanke zugrunde, dass für ureigene Gemeinschaftsinteressen die Möglichkeit bestehen soll, Zuwiderhandlungen gegen diese Interessen auf europäischer Ebene zu verfolgen."[847]

In den (unechten) „gemischten Fällen" würde nach einer Trennung der Taten im Rahmen des europäischen Strafverfahrens erneut ausschließlich originä-

844 Dazu siehe: S. 213 f.

845 Siehe oben: S. 213.

846 Nur auf diese Konstellation Bezug nehmend: *Schwarzburg/Hamdorf,* NStZ 2002, S. 623. Allgemein zum Grundsatz des Anwendungsvorrangs: *Streinz,* Europarecht, Rn 220; *Oppermann/Classen/Nettesheim*, Europarecht, § 10, Rn 32 f.

847 KOM, 2001, Nr. 0715, S. 47.

res europäisches Kriminalstrafrecht angewandt, während im nationalen abgetrennten Verfahren auf das jeweilige nationale Recht zurückgriffen würde.

Einzig in den „echt gemischten Fällen" wären die verfolgenden Instanzen ebenfalls zur Anwendung des jeweils anderen Rechts gezwungen. Das originäre europäische Kriminalstrafrecht wäre auch in denjenigen Verfahren anzuwenden, in denen die Europäische Staatsanwaltschaft das Verfahren an die mitgliedstaatlichen Staatsanwaltschaften abgibt.[848] Denn es stellte das höherrangige Recht dar und es wäre gewährleistet, dass die Taten an einheitlichen Maßstäben gemessen würden. Eine vergleichbare Handhabung der Anwendbarkeit von europäischem und nationalem Recht wird im Übrigen im Europäischen Kartellrecht vorgenommen.[849] Umgekehrt müsste die Europäische Staatsanwaltschaft – sofern sie das Verfahren betreibt – nationales, quasi „lückenfüllendes" Kriminalstrafrecht anwenden, um auch das Unrecht ahnden zu können, welches nicht mit Hilfe der europäischen Normen verfolgt werden könnte. In den „echt gemischten Fällen" könnte somit keine ausschließliche Anwendbarkeit des europäischen Rechts festgesetzt werden.

(c) Hauptverfahren (eines europäischen Kriminalstrafverfahrens)

Nach Vorstellung der Kommission bliebe das Hauptverfahren vollständig auf nationaler Ebene angesiedelt,[850] so dass z.B. Prozesshandlungen nach den Maßstäben des mitgliedstaatlichen Rechts vorzunehmen wären. Die Europäische Staatsanwaltschaft würde, sofern sie ihrer Ansicht nach ausreichend Beweise zusammengetragen hätte, in eigenem Ermessen den mitgliedstaatlichen Anklageort wählen.[851] Von der Literatur wird dieses Vorgehen jedoch kritisiert. Es wird vertreten, dass es unabdingbar sei, hinreichend klare und überprüfbare Kriterien gesetzlich festzulegen, die der Europäischen Staatsanwaltschaft allenfalls einen kleinen Ermessensspielraum zur Verfügung stellen würden. Ansonsten könne die Staatsanwaltschaft wegen der damit vorweggenommenen Entscheidung über das anzuwendende Prozessrecht den Anklageort bestimmen, von dem

848 Wie gesehen, wäre dies der Fall, wenn im Wesentlichen nationale Interessen betroffen wären. Siehe oben: S. 224 f.

849 Siehe dazu unten: S. 303 f.

850 KOM, 2001, Nr. 0715, S. 28. Ebenso: *Zerdick*, in: Lenz/Borchardt, Kommentar zum Vertrag von Lissabon, Art. 86 AEUV, Rn 2, ebenfalls zu den verschiedenen Möglichkeiten der Regelung eines entsprechenden Prozessrechts: *Vogel*, in: Grabitz/Hilf/Nettesheim, Das Recht der Europäischen Union, Band 1, Art. 86 AEUV, Rn 43 m.w.N., Rn 56.

851 KOM, 2001, Nr. 0715, S. 78. Die Kommission begründet dies damit, dass der Beschuldigte die sich ergebenden Nachteile schließlich selbst zu verantworten habe, was jedoch einen eklatanten Verstoß gegen die Unschuldsvermutung darstellen dürfte. So: *Satzger*, StV 2003, S. 140.

sie sich die besten Chancen für eine Verurteilung verspricht (sog. Gefahr des „forum shopping").[852] Ebenso würden sodann Probleme mit der Vorabbestimmung des gesetzlichen Richters auftreten, die auch im europäischen Recht nicht unbekannt ist.[853] Stattdessen könnte man sich an Art. 26 Abs. 2 des Corpus Juris der strafrechtlichen Regelungen zum Schutz der finanziellen Interessen der Union (2000) orientieren, wonach das Verfahren in dem Mitgliedstaat zu führen wäre, „dessen Gericht dafür im Interesse einer guten Rechtspflege am geeignetsten erscheint".[854] Kriterien hierfür wären demnach der Wohnsitz oder die Staatsangehörigkeit des (Haupt)angeklagten, die wirtschaftlichen Auswirkungen für den jeweiligen Staat sowie der Standort des überwiegenden Teils der Beweise.

Auch an dieser Stelle wird die Reichweite des Art. 50 GRCh relevant. Es stellt sich die Frage, bei welchen Entscheidungsarten eine taugliche Erstentscheidung i.S.d. Art. 50 GRCh vorläge. Da das gesamte Hauptverfahren auf mitgliedstaatlicher Ebene angesiedelt bliebe, würde sich auch die ne bis in idem-Tauglichkeit der Entscheidungen nach dem jeweiligen nationalen Recht bemessen.[855] Sofern das Verfahren beispielsweise mittels eines gerichtlichen Urteils abgeschlossen würde, wären zunächst alle mitgliedstaatlichen Strafgerichte und Staatsanwaltschaften an einer weiteren Entscheidung und Verfolgung in derselben Sache über Art. 51 Abs. 1 S. 1 GRCh i.V.m. Art. 50 GRCh gehindert. Gleiches gälte für die Europäische Staatsanwaltschaft, sofern diese nochmals ein europäisches Kriminalstrafverfahren anstrengen wollte. Eine solche Sperrwirkung könnte sich insbesondere auch aus einer Einstellungsentscheidung ergeben. Ob diese eine Sperrwirkung entfacht, wäre erneut nach dem jeweiligen nationalen Recht zu beantworten. Fehlte es dagegen an einer die Sperrwirkung auslösenden Erstentscheidung, wäre sowohl den mitgliedstaatlichen Gerichten und Staatsanwaltschaften als auch der Europäischen Staatsanwaltschaft eine weitere Verfolgung derselben Sache erlaubt. Auftretende Ungleichheiten zwischen mitgliedstaatlichen Entscheidungsarten wären hinzunehmen und würden zu einer Har-

---

852 *Satzger,* StV 2003, S. 140. Ebenso: *Ambos,* Internationales Strafrecht, § 13, Rn 21.

853 Siehe hierzu: *Wegener*, in: Calliess/Ruffert, EUV/AEUV, Art. 251 AEUV, Rn 5.

854 *Satzger,* StV 2003, S. 140, mit weiteren Problemen zur Schnittstelle zwischen Vor- und Hauptverfahren, wie z.B. der „Fremdrechtsanwendung" durch ein nationales Gericht, wenn es die Verwertbarkeit etwaiger Erkenntnisse von Ermittlungsmaßnahmen überprüft, die jedoch in einem anderen Mitgliedstaat vorgenommen wurden.

855 Ähnlich: *Biehler/Gleß/Parra/Zeitler,* Analyse des Grünbuchs zum Schutz der finanziellen Interessen der EG und zur Schaffung einer Europäischen Staatsanwaltschaft (2002), S. 63f, die jedoch nicht zwischen verfahrensbeendigenden Maßnahmen im Vor- und Hauptverfahren differenzieren, sondern immer die Aussage des mitgliedstaatlichen Rechts für maßgeblich erachten. Abrufbar unter: http://www.mpicc.de/shared/data/pdf/gp_mplanck_de_ref_eurecht.pdf zuletzt abgerufen am 10.11.2012.

monisierung der mitgliedstaatlichen Entscheidungsarten anhalten. Dieses Vorgehen würde dem Grundsatz der gegenseitigen Anerkennung nach Art. 82 Abs. 1 AEUV entsprechen.

(d) Ermittlungsverfahren (eines europäischen Kriminalstrafverfahrens)

(aa) Einleitung

Die Einleitung eines Ermittlungsverfahrens bei Straftaten gegen die finanziellen Interessen der EU könnte nach Ansicht der Kommission nur durch die Europäische Staatsanwaltschaft erfolgen.[856] Die Europäische Staatsanwaltschaft würde sich für zuständig befinden, wenn „die vorliegenden Tatsachen auf eine Verletzung des Gemeinschaftsrechts, die in den Zuständigkeitsbereich des Europäischen Staatsanwalts fällt, hinweisen oder eine solche zumindest vermuten lassen."[857] Eine Verletzung oder Gefährdung der finanziellen Interessen der EU durch betrügerische Handlungen müsste also in Betracht kommen. Sie würde entweder durch einfache „Information" nichtstaatlicher Personen oder durch „Befassung" von Behörden Kenntnis von entsprechenden Sachverhalten erlangen. Unter „Befassung" sei die „offizielle Information des Europäischen Staatsanwalts durch eine Behörde zum Zweck der Strafverfolgung" zu verstehen.[858] Für die „nationalen oder gemeinschaftlichen Behörden" solle eine „Pflicht zur Befassung" bestehen,[859] was im Übrigen Art. 19 Abs. 1 Corpus Juris (2000) entspräche.

Die Frage, inwieweit die Europäische Staatsanwaltschaft im Vorfeldbereich eines erneuten Ermittlungsverfahrens in unzulässiger Weise in einer Sache tätig werden könnte, in der bereits eine Erstentscheidung i.S.d. Art. 50 GRCh existiert, stellt sich hier nicht. Allenfalls durch Europol oder die nationalen Behörden würde eine solche Gefahr drohen.[860] Nach den dargestellten Verfahrensabläufen würden erst die Ergebnisse etwaiger Vorfeldermittlungen der Europäischen Staatsanwaltschaft im Wege der o.g. „Befassung" vorgelegt, woraufhin sie über die Einleitung des Ermittlungsverfahrens entscheiden würde.[861] Ein

856 KOM, 2001, Nr. 0715, S. 49.

857 KOM, 2001, Nr. 0715, S. 49.

858 KOM, 2001, Nr. 0715, S. 46 f. Die Befassung würde zu einer begründeten Beantwortung des Antrags verpflichten, nicht jedoch zu einer Übernahme des Verfahrens.

859 KOM, 2001, Nr. 0715, S. 47.

860 Siehe dazu unten: S. 249 f.

861 Der im deutschen Recht verwendete Begriff des „Anfangsverdachts", wonach tatsächliche Anhaltspunkte vorliegen müssen, die die Beteiligung des Betroffenen an einer verfolgbaren Handlung als möglich erscheinen lassen, wurde von der Kommission zwar nicht verwendet, ist aber inhaltlich vergleichbar. Zum deutschen Begriff: *Beulke*, Strafprozessrecht, Rn 311.

Eingreifen der Sperrwirkung würde daher frühestens mit der Frage der Einleitung eines Ermittlungsverfahrens relevant, nämlich sofern sich die neu vorgetragenen Tatsachen auf dieselbe Tat gegen dieselbe Person wie im Erstverfahren bezögen. Wenn allerdings ein gegen Unbekannt geführtes Ermittlungsverfahren eröffnet würde, würde der Zeitpunkt des Eingreifens der Sperrwirkung nach hinten verschoben. Erst wenn dieselbe Person zum Beschuldigten in der bereits abgeurteilten Sache würde, könnte die Sperrwirkung des Art. 50 GRCh eingreifen.

(bb) Ermittlungsmaßnahmen

Mit der Verfahrenseröffnung durch die Europäische Staatsanwaltschaft würde die Frage des im Ermittlungsverfahren anzuwendenden Rechts einhergehen. In Bezug auf die Ermittlungsmaßnahmen sollten nach Auffassung der Kommission „vertiefte Überlegungen ... darüber angestellt werden, auf welcher Ebene – auf nationaler oder gegebenenfalls gemeinschaftlicher Stufe – solche Maßnahmen geregelt und kontrolliert werden.“[862] Bei Lektüre der in Betracht kommenden Ermittlungsmaßnahmen wird deutlich, dass die Kommission selbst eine differenzierende Lösung favorisiert.

Zunächst seien sog. *„gemeinschaftliche Ermittlungsmaßnahmen“* von „nationalen Ermittlungsmaßnahmen“ zu unterscheiden.[863] Erstere müssten „jedenfalls in ein genau geregeltes Gemeinschaftsverfahren eingegliedert werden“, und ihre Ausübung stünde im freien Ermessen des zuständigen Europäischen Staatsanwalts. Sie würden unmittelbar von der Europäischen Staatsanwaltschaft vollzogen.[864] Sie seien nicht mit der Ausübung von Zwangsgewalt verbunden und hätten aufgrund des gemeinschaftlichen Charakters im gesamten gemeinsamen Ermittlungs- und Strafverfolgungsraum dieselbe Rechtswirkung.[865] Auch wenn die Kommission die Regelungsebene nicht explizit erwähnt, sind ihre Äußerungen so zu verstehen, dass sie die gemeinschaftlichen Maßnahmen in originären europäischen Verfahrensregeln verankern will. Diese lässt sich zunächst auf die von ihr vorgenommene Unterscheidung zwischen nationalen und gemeinschaftsrechtlichen Maßnahmen stützen, die ansonsten wenig Sinn ergeben würde. Auch sind mit der Eingliederung in ein „genau geregeltes Gemeinschaftsverfahren“ keine nationalen Normen im Stile einer bereichsspezifischen, nur für das europäische Strafverfahren geltenden Prozesskodifikation (vergleichbar mit dem Völkerstrafgesetzbuch) gemeint, sondern eben originäres europäisches Strafver-

862 KOM, 2001, Nr. 0715, S. 54.

863 KOM, 2001, Nr. 0715, S. 55.

864 Vgl.: KOM, 2001, Nr. 0715, S. 54.

865 Hierzu solle die Sammlung oder Mitnahme von Informationen oder die Befragung oder Vernehmung von Zeugen und Beschuldigten (Letzteres nur mit ihrer Zustimmung) gehören. Siehe: KOM, 2001, Nr. 0715, S. 55 f.

fahrensrecht. Hierfür spricht ferner die ausdrückliche Erwähnung der Anwendung des „nationalen Rechts“ im Rahmen der „nationalen Ermittlungsmaßnahmen“.

Neben diesen Maßnahmen müsste die Europäische Staatsanwaltschaft nach Vorstellung der Kommission auch *„Zwangsmaßnahmen“* durchführen können.[866] Diese „nationalen Ermittlungsmaßnahmen“[867] seien vorab von einem nationalen Richter im Ermittlungsverfahren nach dem jeweiligen nationalen Recht zu genehmigen.[868] Die Genehmigung sei anschließend von allen Mitgliedstaaten anerkannt und könnte ohne weitere Zwischenschritte in jedem anderen Mitgliedstaat durch mitgliedstaatliche Behörden unter Leitung der Europäischen Staatsanwaltschaft vollstreckt werden.[869] Um eine umfassende Rechtswirkung zu erzielen, schlägt die Kommission die gegenseitige Anerkennung der aus einer solchen Maßnahme rechtmäßig gewonnenen Beweise vor.[870] Dies erinnert an die bereits angesprochene Richtlinie über eine Europäische Ermittlungsanordnung.[871]

Ferner sollen als weitere, „nationale Ermittlungsmaßnahme“ solche vorgenommen werden können, *„die mit einer Freiheitsbeschränkung oder einem Freiheitsentzug verbunden sind“*. Aufgrund der besonderen Eingriffsschwere sollen diese ausschließlich vom nationalen Richter verfügt werden.[872] Der Euro-

866 Hierunter fielen Ermittlungsmaßnahmen wie die Zwangsvorführung, Hausdurchsuchung, Beschlagnahme, Sicherstellung von Vermögensgegenständen, Überwachung der Kommunikation, verdeckte Ermittlung und kontrollierte oder überwachte Lieferung. Siehe: KOM, 2001, Nr. 0715, S. 56.

867 KOM, 2001, Nr. 0715, S. 55.

868 KOM, 2001, Nr. 0715, S. 56.

869 KOM, 2001, Nr. 0715, S. 56.

870 KOM, 2001, Nr. 0715, S. 56, 63 f. Die gegenseitige Anerkennung rechtmäßig gewonnener Beweise ist einer der umstrittensten Punkte des Grünbuchs. Doch auch die Kommission erkennt, dass „die gegenseitige Anerkennung … ein Mindestmaß an Einheitlichkeit der nationalen Rechtsvorschriften über Ermittlungsmaßnahmen“ voraussetzt. Kritisch hierzu: *Satzger,* Internationales und Europäisches Strafrecht, § 10, Rn 23, der die Gefahr des sog. „Befugnis Shopping“ sieht, indem der Europäische Staatsanwalt regelmäßig nach dem Recht Zwangsmaßnahmen ergreifen wird, das die niedrigsten Eingriffsvoraussetzungen enthält. Ebenso: Stellungnahme der deutschen Strafrechtslehrer zum Grünbuch aus dem Jahr 2002 (Pkt. 4). Zu den zahlreichen Folgeproblemen siehe: *Biehler/Gleß/Parra/Zeitler,* Analyse des Grünbuchs zum Schutz der finanziellen Interessen der EG und zur Schaffung einer Europäischen Staatsanwaltschaft (2002), S. 31 f.; abrufbar unter: http://www.mpicc.de/shared/data/pdf/gp_mplanck_de_ref_eurecht.pdf zuletzt abgerufen am 10.11.2012.

871 Siehe oben: S. 174 f.

872 Hierunter fielen Haftbefehle, die Unterstellung unter richterliche Kontrolle sowie vorläufige Festnahmen.

päische Staatsanwalt könne nach Ansicht der Kommission lediglich einen entsprechenden Antrag auf deren Erlass stellen.[873]

Einige wenige Maßnahmen dieser differenzierenden Lösung würden auf europäischer Ebene, d.h. in der Einsetzungsverordnung der Europäischen Staatsanwaltschaft geregelt, während ansonsten auf nationales Recht zurückgegriffen würde.

In Bezug auf Art. 50 GRCh stellt sich nun die Frage, inwieweit die dargestellten Ermittlungsmaßnahmen im Falle des Bestehens einer tauglichen Erstentscheidung nach einem europäischen Kriminalstrafverfahren von dessen Sperrwirkung erfasst wären. Die Kommission äußert sich hierzu nicht.

Es lässt sich vertreten, dass die *„gemeinschaftlichen Ermittlungsmaßnahmen"* zunächst nicht erfasst wären und somit auch nach erfolgter Erstentscheidung i.S.d. Art. 50 GRCh in derselben Sache weiterhin vorgenommen werden könnten. Dazu wäre allerdings erforderlich, dass sie keinen Grundrechtseingriff darstellen. Denn nur in diesem Fall entfiele das sich aus Art. 50 GRCh ergebende Schutzbedürfnis. Von der Kommission werden als „gemeinschaftliche Ermittlungsmaßnahmen" die Sammlung oder Mitnahme von Informationen sowie die Befragung oder Vernehmung von Zeugen und Beschuldigten mit deren Zustimmung genannt. Die hiervon abzugrenzende zwangsweise Vorführung ordnet sie der zweiten Kategorie der „Zwangsmaßnahmen" zu. Im deutschen Recht wird der Begriff der „Ermittlungsmaßnahmen" zwar selten gebraucht,[874] eine Einteilung in „Zwangsmaßnahmen" und „sonstige Ermittlungshandlungen bzw. Ermittlungen" aber ebenfalls vorgenommen.[875] Teilweise wird nun die Vorführung zu einer Vernehmung[876] nicht unter den Zwangsmaßnahmen aufgeführt,[877] obwohl in ihr wohl unstreitig eine Grundrechtsbeeinträchtigung zu sehen ist.[878] Eine Unterscheidung zwischen „Zwangsmaßnahmen" und „sonstigen Ermittlungshandlungen" ergibt nur dann Sinn, wenn man mit den „Zwangsmaßnahmen" nur solche meint, die einen Grundrechtseingriff darstellen und auch besonders geregelt sind. Aufgrund des grundrechtseingreifenden Charakters (Recht

873 KOM, 2001, Nr. 0715, S. 57.

874 Im deutschen Recht wird nahezu ausnahmslos von „Ermittlungshandlungen" oder schlicht „Ermittlungen" gesprochen.

875 Vgl.: *Erb,* in: Löwe-Rosenberg, StPO Kommentar, Band 5, § 161, Rn 33 f.; *Beulke,* Strafprozessrecht, Rn 312 f.

876 §§ 163a Abs. 3 S. 2 i.V.m. 134 StPO.

877 So bei: *Beulke,* Strafprozessrecht, Rn 316; *Erb,* in: Löwe-Rosenberg, StPO Kommentar, Band 5, § 161, Rn 34.

878 Teilweise wird die Vorführung aber ebenfalls unter den Zwangsmaßnahmen aufgeführt und in ihr eine Beeinträchtigung der allgemeinen Handlungsfreiheit gesehen. So: *Kühne,* Strafprozessrecht, Rn 402; *Roxin/Schünemann,* Strafverfahrensrecht, § 29, Rn 3.

auf persönliche Freiheit gem. Art. 6 GRCh) überzeugt die von der Kommission vorgenommene Einordnung der zwangsweisen Vorführung in die „Zwangsmaßnahmen“ sowie die damit verbundene Abgrenzung von der freiwilligen Vernehmung eines Beschuldigten. Es ist davon auszugehen, dass die Kommission die „gemeinschaftlichen Maßnahmen“ von den „Zwangsmaßnahmen“ ebenfalls anhand des Kriteriums des Grundrechtseingriffs unterscheidet, da kein anderes ersichtlich ist.[879] Auch die Maßnahme der „Sammlung oder Mitnahme von Informationen“ dürfte keinen Grundrechtseingriff darstellen. Sie wäre nur zulässig, wenn die Informationen anschließend nicht mit der bereits verfolgten Person in Verbindung gebracht und beispielsweise im Rahmen einer Datenverarbeitungsmaßnahme in einer elektronischen Akte abgelegt und gespeichert würden, da hierin bereits ein informationeller Eingriff in das Grundrecht des Schutzes personenbezogener Daten aus Art. 8 GRCh zu sehen wäre.[880] Es wären also nur solche Informationsbeschaffungsmaßnahmen erlaubt, die zum Zeitpunkt der Beschaffung noch auf keine bestimmte Person hinweisen würden. Solange sich also kein Zusammenhang zu der bereits verfolgten Person ergäbe, bzw. die Europäische Staatsanwaltschaft davon keine Kenntnis hätte, könnten weiterhin Informationen gesammelt und mitgenommen werden, ohne dass die Sperrwirkung des Art. 50 GRCh dem entgegen stünde.

Die von der Kommission als „nationale Ermittlungsmaßnahmen“ bezeichneten Ermittlungsmaßnahmen der *„Zwangsmaßnahmen“* und *„Ermittlungsmaßnahmen, die mit einer Freiheitsbeschränkung oder einem Freiheitsentzug verbunden sind“* wären somit von der Sperrwirkung des Art. 50 GRCh erfasst.

(cc) Einstellungsentscheidungen

Auch zu möglichen Einstellungsarten im Ermittlungsverfahren äußert sich die Kommission, ohne sich jedoch in Bezug auf deren Verortung festzulegen. Die entsprechenden Vorschläge könnten ebenfalls als verfahrensrechtliche Normen in der Einsetzungsverordnung verankert werden, mithin auf europäischer Ebene.

Zunächst soll die Europäische Staatsanwaltschaft nach Vorstellung der Kommission das „Verfahren“ noch vor Einleitung des Ermittlungsverfahrens bei Taten von nur „geringer Bedeutung“ einstellen können. Die Feststellung der „geringen Bedeutung“ solle entweder in freiem Ermessen der Staatsanwaltschaft oder anhand einer festgelegten Schadenshöhe im Rahmen der Klärung der Zu-

879 Vgl. dazu: KOM, 2001, Nr. 0715, S. 54, wo sie erklärt, dass die Einbeziehung eines nationalen Richters nur bei denjenigen Maßnahmen erforderlich ist, die einen Grundrechtseingriff darstellen.

880 Siehe dazu unten: S. 247 f.

ständigkeit getroffen werden.[881] Sie würde außerdem eine der Ausnahmen des für die Europäische Staatsanwaltschaft geltenden Legalitätsprinzips darstellen.[882] Ferner wäre die Einstellung des Verfahrens „zwingend“, wenn nach Eröffnung des Ermittlungsverfahrens festgestellt würde, dass die „Verjährungsfrist ... abgelaufen, der Täter ... verschollen (ist) oder stirbt, oder ... eine allgemeine nationale Maßnahme wie Amnestie oder Begnadigung erlassen (wird)“.[883] Ebenso „sollte“ eine Einstellung im Rahmen des Ermittlungsverfahrens erfolgen, wenn keine ausreichenden Beweise vorlägen oder der Täter nicht zu ermitteln sei.[884] Weitere Verfahrenseinstellungen, wie z.B. eine Einstellung unter Auflagenerteilung, werden nicht erwähnt.

Es stellt sich die Frage, welche dieser auf europäischer Ebene geregelten Einstellungsarten des Ermittlungsverfahrens die Sperrwirkung des Art. 50 GRCh auszulösen im Stande wären. Auch hierzu nimmt die Kommission in ihrem Grünbuch keine Stellung. Die „Verfahrens“-einstellung aufgrund „geringer Bedeutung“, die bereits im Rahmen der Zuständigkeitsprüfung erfolgen würde und damit der Einleitung eines Ermittlungsverfahrens vorgeschaltet wäre, wäre keine taugliche Erstentscheidung i.S.d. Art. 50 GRCh.[885] Es würde keine vollumfängliche inhaltliche Prüfung über den Tatvorwurf erfolgen, sondern lediglich summarisch geprüft und anhand der Schadenshöhe über die weitere Verfolgung entschieden. Die Strafverfolgung könnte im Falle der späteren Feststellung eines höheren finanziellen Schadens der EU wieder aufgenommen werden.

Auch die zwingenden Verfahrenseinstellungen wegen Ablaufs der Verjährungsfrist, Unauffindbarkeit oder Versterben des Täters sowie der Amnestie oder Begnadigung würden keine Sperrwirkung i.S.d. Art. 50 GRCh entfachen. I.S.d. deutschen Terminologie könnte man die Gründe als unbehebbare bzw. endgültige Verfahrenshindernisse einordnen.[886] Die fehlende Sperrwirkung wäre

---

881 Angelehnt sei diese Regelung an Art. 19 Abs. 4 S. 4 lit. a Corpus Juris (2000); KOM, 2001, Nr. 0715, S. 50, 53.

882 KOM, 2001, Nr. 0715, S. 50.

883 KOM, 2001, Nr. 0715, S. 59.

884 KOM, 2001, Nr. 0715, S. 59.

885 Die Handhabung würde der mangelnden Rechtkraftwirkung des deutschen § 153 Abs. 1 S. 1 StPO entsprechen; *Beulke*, Strafprozessrecht, Rn 334; *Meyer-Goßner*, StPO Kommentar, § 153, Rn 37; *Roxin/Schünemann,* Strafverfahrensrecht, § 14, Rn 25; *Beulke,* in: Löwe-Rosenberg, StPO Kommentar, Band 5, § 153, Rn 88.

886 Dies wäre vergleichbar mit der Einstellung wegen eines unbehebbaren Verfahrenshindernisses im Rahmen des Vorverfahrens gem. § 170 Abs. 2 S. 1 StPO, der ebenfalls keine Sperrwirkung zukommt. So: *Roxin/Schünemann,* Strafverfahrensrecht, § 40, Rn 3; *Graalmann-Scheerer,* in: Löwe-Rosenberg, StPO Kommentar, Band 5, § 170,

auch insofern angebracht, als nur auf diesem Wege missbräuchlichem Verhalten vorgebeugt werden könnte. Der Täter könnte ansonsten z.B. bewusst und ihm zurechenbar seinen Tod vortäuschen, um eine irreversible Einstellung zu erreichen.

Schließlich würde auch die Einstellung mangels ausreichender Beweise nicht die Sperrwirkung des Art. 50 GRCh auslösen,[887] da auch hier keine Entscheidung in der Sache getroffen würde. Die Staatsanwaltschaft könnte das Ermittlungsverfahren jederzeit wieder aufnehmen, ohne dass neue Tatsachen oder Beweise vorliegen müssten. Gleiches gälte für die Einstellung eines Verfahrens gegen Unbekannt wegen erfolgloser Ermittlung eines Täters, da es einen Strafklageverbrauch nur gegenüber einer bestimmten Person geben könnte.[888]

(e) Rechtsschutz (gegenüber Maßnahmen der Europäischen Staatsanwaltschaft)

Die Rechtsschutzmöglichkeiten der Betroffenen würden sich aus Art. 263 AEUV ergeben und wären in Art. 6 Abs. 1 EUV i.V.m. Art. 47 GRCh begründet, wonach ein gerichtlicher Rechtsschutz gegen hoheitliches Handeln der EU gewährleistet sein muss.[889] Gemäß Art. 263 Abs. 1 AEUV könnten die Betroffenen sowohl gegen den die Institution betreffenden Gesetzgebungsakt (hier: Einsetzungsverordnung) als auch jegliche Handlungen (Ermittlungsmaßnahmen) der Europäischen Staatsanwaltschaft im Wege der Individualklage vorgehen. Wenn also eine taugliche Erstentscheidung i.S.d. Art. 50 GRCh existierte, müsste derselbe Betroffene gegenüber weiteren Maßnahmen in derselben Sache auf diesem Wege seinen Schutz erreichen. Von einer Verpflichtung der Einhaltung des Art. 50 GRCh von Amts wegen ist nicht auszugehen. Die nach Abs. 4 generell erforderliche Klagebefugnis, d.h. unmittelbare und individuelle Betroffenheit, dürfte vorliegen. Sowohl natürliche als auch juristische Personen wären

Rn 50; *Meyer-Goßner*, StPO Kommentar, § 170, Rn 9; *Beulke*, Strafprozessrecht, Rn 320; *Schmid*, in: Karlsruher Kommentar zur StPO, § 170 StPO, Rn 23.

887 Diese Entscheidung wäre mit der aus dem deutschen Recht bekannten Einstellung mangels hinreichenden Tatverdachts gem. § 170 Abs. 2 S. 1 StPO vergleichbar, der ebenso keine Sperrwirkung zukommt. Siehe: *Meyer-Goßner*, StPO Kommentar, § 170, Rn 9; *Roxin/Schünemann*, Strafverfahrensrecht, § 40, Rn 3; *Graalmann-Scheerer*, in: Löwe-Rosenberg, StPO Kommentar, Band 5, § 170, Rn 50; *Beulke*, Strafprozessrecht, Rn 320; *Schmid*, in: Karlsruher Kommentar zur StPO, § 170 StPO, Rn 23.

888 Auch hier würde im deutschen Recht wohl nach § 170 Abs. 2 S. 1 StPO eingestellt. Zur persönlichen Komponente des Strafklageverbrauchs siehe: *Meyer-Goßner*, StPO Kommentar, Einl., Rn 174.

889 Zur Begründung des Rechtsschutzes: *Vogel*, in: Grabitz/Hilf/Nettesheim, Das Recht der Europäischen Union, Band 1, Art. 86 AEUV, Rn 59.

klagebefugt (vgl. Abs. 4). Ebenso müssten die Voraussetzungen der Abs. 5 und 6 eingehalten werden.

Würde der Betroffene gegen Maßnahmen vorgehen wollen, die den nationalen Stellen zuzurechnen wären, bliebe es dagegen bei der Einlegung nationaler Rechtsmittel vor nationalen Gerichten. Ein Hauptproblem bei der Wahrnehmung des Rechtschutzes könnte in einem zukünftigen Europäischen Strafverfahren darin liegen, Ermittlungsmaßnahmen der europäischen Behörden von solchen nationaler Behörden zu trennen.[890]

(f) Verhältnis der Europäischen Staatsanwaltschaft zu anderen europäischen Behörden

Mit Blick auf die kommenden Grundrechtsadressaten soll im Vorhinein das Verhältnis der Europäischen Staatsanwaltschaft zu weiteren, an einer Strafverfolgung beteiligten europäischen Einrichtungen erläutert werden. Mittlerweile dürfte geklärt sein, dass die Europäische Staatsanwaltschaft aus einer Weiterentwicklung von Eurojust entstehen soll.[891] Auch das Primärrecht sieht in Art. 86 Abs. 1 UAbs. 1 S. 1 AEUV die Möglichkeit vor, „ausgehend von Eurojust eine Europäische Staatsanwaltschaft“ einzusetzen. Die Behörde soll also über eine Verstärkung und Fortentwicklung von Eurojust errichtet werden, um eine Verdoppelung der Institutionen zu vermeiden.[892] Es würde *eine* dezentrale Behörde entstehen.[893]

Im Verhältnis zu Europol würde sich eine funktionelle Verfahrensherrschaft der Europäischen Staatsanwaltschaft über Europol anbieten, um auf bewährte Erfahrungen des traditionellen Verhältnisses zwischen Staatsanwaltschaft und Polizei in den Mitgliedstaaten zurückgreifen zu können. Nicht unproblematisch wäre dabei die im Vergleich zu Europol originär engere Zuständigkeit der Europäischen Staatsanwaltschaft, die auf den Schutz der finanziellen Interessen der Union beschränkt ist. Denn um das Modell der Europäischen Staatsanwaltschaft als Kontrollinstanz anzuwenden, sollten sich die Zuständigkeitsbereiche decken. Dieses Problem könnte aber mit der bereits erwähnten Ausdehnungsklausel aus Art. 86 Abs. 4 AEUV behoben werden. Gegen ein solches Verhältnis spricht

890 *Streinz/Ohler/Herrmann*, Vertrag von Lissabon, S. 166; *Meyer,* NStZ 2009, S. 662; *Esser,* StRR 2010, S. 136.

891 In einer Mitteilung der Kommission zur Umsetzung des Stockholmer Programms ist eine solche Weiterentwicklung aber erst ab 2013 geplant. Stockholmer Programm siehe: Ratsdok. 17024/09; Mitteilung der Kommission: KOM, 2010, Nr. 0171, S. 20.

892 Siehe dazu Nr. 36 in: BT-Drs. 15/5110; so auch: *Weigend*, ZStW 2004, S. 300. Eurojust wird u.a. bereits als „Keimzelle“ der Europäischen Staatsanwaltschaft bezeichnet. So: *Ambos*, Internationales Strafrecht, § 13, Rn 18.

893 Dazu auch: KOM, 2001, Nr. 0715, S. 32 f.

ferner Art. 88 Abs. 2 UAbs. 2 AEUV. Hierin hat sich der Europäische Gesetzgeber für die Zukunft dem wohl ineffizienten Weg verschrieben, die Aufsicht und Kontrolle Europols dem Europäischen Parlament unter Beteiligung der nationalen Parlamente zu überlassen.[894] Parlamente sind jedoch allenfalls dazu in der Lage Regierungen zu kontrollieren, nicht aber nachgeordnete Exekutive. Eine Einzelfallkontrolle der Maßnahmen Europols ist hier nicht zu erwarten.[895]

(g) Zwischenergebnis

Es lässt sich zusammenfassen, dass die Wahrscheinlichkeit der Verfahrensführung eines bereichsspezifischen europäischen Kriminalstrafverfahrens unter Beteiligung einer Europäischen Staatsanwaltschaft vor den mitgliedstaatlichen Gerichten wegen Art. 86 Abs. 2 AEUV als hoch einzustufen ist.[896] Obgleich die Verfahrensführung vor einer europäischen strafrechtlichen Fachgerichtsbarkeit des EuGH – die sodann ebenfalls als Grundrechtsadressat des Art. 50 GRCh anzusehen wäre – mit vielen Vorteilen verbunden wäre, verstößt sie gegen das geltende Primärrecht.

In Bezug auf eine mögliche Ausgestaltung des zukünftigen europäischen Strafverfahrens vor mitgliedstaatlichen Gerichten können dem Grünbuch der Kommission wertvolle Erkenntnisse entnommen werden. Die Ausführungen der Kommission sind in ihrer Bedeutung keinesfalls zu unterschätzen, da ihre Vorschläge im Bereich des Strafrechts in der Vergangenheit stets richtungsweisend waren, was u.a. die Existenz des Art. 86 AEUV belegt.

Die Zuständigkeit der Europäischen Staatsanwaltschaft würde nach dem Ansatz der Kommission von der Verletzung oder Gefährdung der finanziellen Interessen der EU abhängig gemacht. Sofern auch nationale Interessen verletzt wären, gälte es die Verfahren zu trennen, wodurch sich auch die Sperrwirkung aus Art. 50 GRCh nur auf den jeweils verfolgten Teil bezöge. Sofern eine Trennung nicht möglich wäre, müsste die gesamte Tat entweder durch die Europäische Staatsanwaltschaft oder nationale Staatsanwaltschaften jeweils vor mitgliedstaatlichen Gerichten verfolgt werden. Die Sperrwirkung des Art. 50 GRCh

894 Zu bereits bestehenden Kontrollelementen durch das Europäische Parlament: *Suhr,* in: Calliess/Ruffert, EUV/AEUV, Art. 88 AEUV, Rn 23.

895 *Ambos*, Internationales Strafrecht, § 13, Rn 17; kritisch ebenso: *Wolter*, in: Kohlmann Festschrift, S. 710 f.; *Weigend*, ZStW 2004, S. 275 f., S. 297 m.w.N.; *Kretschmer,* in: Vedder/Heintschel von Heinegg, Europäischer Verfassungsvertrag, Art. III-276, Rn 10 f.; *Esser,* in: Zuleeg, Europa als Raum der Freiheit, der Sicherheit und des Rechts, S. 40 f.

896 Anders: *Vogel*, in: Grabitz/Hilf/Nettesheim, Das Recht der Europäischen Union, Band 1, Art. 86 AEUV, Rn 9, der es als wahrscheinlicher ansieht, dass nur eine Gruppe von Mitgliedstaaten im Verfahren nach Art. 86 Abs. 1 UAbs. 2 und 3 AEUV voranschreiten wird.

bezöge sich demnach auf die gesamte Tat. In letzteren Fällen würden von den strafverfolgenden Institutionen sowohl nationale als auch europäische Kriminalstraftatbestände angewandt. Das nationale Recht wäre „lückenfüllend" heranzuziehen, um das begangene Unrecht vollständig ahnden zu können.

Ein entsprechendes Hauptverfahren eines europäischen Strafverfahrens bliebe auf nationaler Ebene angesiedelt, so dass sich auch die Frage der Sperrwirkung abschließender Entscheidungen nach dem jeweiligen nationalen Recht bemessen würde. Aufkommende Ungleichheiten zwischen den Mitgliedstaaten wären unter Verweis auf den Grundsatz der gegenseitigen Anerkennung aus Art. 82 Abs. 1 AEUV hinzunehmen.

Das Ermittlungsverfahren würde sich hingegen teilweise nach nationalem und teilweise nach europäischem Strafverfahrensrecht richten. Seine Einleitung obläge allein der Europäischen Staatsanwaltschaft. Die im Ermittlungsverfahren in Betracht kommenden Ermittlungsmaßnahmen ergäben sich größtenteils aus nationalem Recht, z.T. aber auch aus europäischem Strafverfahrensrecht. Die von der Kommission als „gemeinschaftliche Ermittlungsmaßnahmen" bezeichneten Handlungen wären insoweit nicht von der Sperrwirkung des Art. 50 GRCh erfasst, als sie keinen Grundrechtseingriff darstellten. Alle anderen, von der Kommission genannten Maßnahmen, wären dagegen von der Sperrwirkung betroffen. Die von der Kommission vorgeschlagenen Einstellungsentscheidungen im Ermittlungsverfahren wären allesamt nicht als taugliche Erstentscheidungen i.S.d. Art. 50 GRCh anzusehen.

Alle zukünftigen Regelungen, die die Verfahrensführung eines zukünftigen europäischen Strafverfahrens vor mitgliedstaatlichen Gerichten betreffen, würden in der Einsetzungsverordnung der Europäischen Staatsanwaltschaft festgesetzt (vgl. Art. 86 Abs. 3 AEUV). Diesbzgl. könnte man also von einem bereichsspezifischen originären europäischen Strafverfahrensrecht sprechen.[897]

Der Rechtschutz der Betroffenen gegenüber der Europäischen Staatsanwaltschaft würde sich nach Art. 263 AEUV richten. Dies gälte auch in Bezug auf Verstöße gegen Art. 50 GRCh. Von einer Verpflichtung zur Beachtung der Norm von Amts wegen ist nicht auszugehen.

897 Ebenso: *Vogel*, in: Grabitz/Hilf/Nettesheim, Das Recht der Europäischen Union, Band 1, Art. 86 AEUV, Rn 56; kritisch hierzu: *Kotzur,* in: Geiger /Khan/Kotzur, EUV/ AEUV Kommentar, Art. 86 AEUV, Rn 7, der von einer „Gemengelage organisations- und verfahrensrechtlicher Aspekte" spricht und davon warnt, dass ein derartiges, „nur fallspezifisches, teileuropäisiertes Strafverfahren" eine „neue Unübersichtlichkeit" mit sich brächte.

(3) Europol

Als weitere „Einrichtung… der Union“ i.S.d. Art. 51 Abs. 1 S. 1 GRCh kommt Europol als europäische Polizeibehörde in Betracht. Europol könnte sowohl im Rahmen eines mitgliedstaatlichen Kriminalstrafverfahrens als auch im Rahmen eines zukünftigen, europäischen Kriminalstrafverfahrens vor mitgliedstaatlichen Gerichten von der Sperrwirkung des Art. 50 GRCh betroffen sein. Eine mögliche Adressatenstellung ergibt sich also auf zwei Ebenen. Die geltenden Regeln des Primär- und Sekundärrechts wurden zwar lediglich für die Beteiligung Europols an mitgliedstaatlichen Kriminalstrafverfahren konzipiert, wären jedoch auch als Maßstab für die Beteiligung an einem europäischen Kriminalstrafverfahren heranzuziehen. Die Kommission führt in ihrem Grünbuch aus, dass „heute noch nicht gesagt werden (kann), welches genau ihre Aufgaben sein werden. … Die Komplementarität von Europol und Europäischer Staatsanwaltschaft müsste ebenfalls vorgesehen werden. Für den Informationsaustausch bedarf es eines geeigneten Konzepts. Auch hier werden die Datenschutzregelungen zu beachten sein. Die Zusammenarbeit sollte es der Europäischen Staatsanwaltschaft ermöglichen, Zugang zu allen für den Schutz der finanziellen Interessen der Gemeinschaften relevanten Informationen zu erhalten. Umgekehrt müsste die Europäische Staatsanwaltschaft Europol alle Informationen, die seinen Zuständigkeitsbereich betreffen, übermitteln“.[898] Die Kommission strebt damit ein enges Verhältnis zwischen den beiden Behörden in einem potentiellen, zukünftigen europäischen Kriminalstrafverfahren an.

Nach geltendem Recht besteht der Auftrag Europols – trotz etlicher Kompetenzerweiterungen in der Vergangenheit – nach wie vor in der Verbesserung der Zusammenarbeit der nationalen Polizeibehörden in Bereichen grenzüberschreitender Kriminalität, durch Förderung und Strukturierung des Informationsaustausches zwischen den Behörden sowie durch Analyse und Weitergabe der gesammelten Informationen an die Mitgliedstaaten, d.h. in der bloßen Mitwirkung an rein nationalen Strafverfolgungen (vgl. Art. 88 Abs. 1 AEUV). Wie bereits angedeutet,[899] ist die Zuständigkeit Europols nicht auf den Bereich der Straftaten gegen finanzielle Interessen der Union beschränkt.[900] Nach Art. 88 Abs. 2 UAbs.

898 KOM, 2001, Nr. 0715, S. 72.

899 Siehe oben: S. 238.

900 Europol ist gem. Art. 4 Abs. 1 des Europol-Ratsbeschlusses bislang für organisierte Kriminalität, Terrorismus und andere Formen schwerer Kriminalität gemäß dem Anhang des Beschlusses zuständig, wenn zwei oder mehr Mitgliedstaaten in einer Weise betroffen sind, die aufgrund des Umfangs, der Bedeutung und der Folgen der Straftaten ein gemeinsames Vorgehen der Mitgliedstaaten erfordert. Der Europol-Ratsbeschluss ersetzt i.S.d. Art. 34 Abs. 2 lit. c EUV a.F. mit Wirkung zum 01.01.2010 das ehemalige Europol-Übereinkommen (vgl. Art. 62 und 64 Abs. 2 des Europol-

1 S. 1 AEUV können Rat und Parlament Aufbau, Arbeitsweise und Tätigkeitsbereich von Europol mittels einer Verordnung abändern und damit Veränderungen in erheblich leichterer Weise als noch vor Inkrafttreten des Vertrages von Lissabon durchsetzen.[901]

In Bezug auf die Rechtsschutzmöglichkeiten aus Art. 263 AEUV gegenüber Europol gilt das zur Europäischen Staatsanwaltschaft Ausgeführte entsprechend.[902]

(a) Ermittlungsmaßnahmen

Inwieweit Europol nach geltendem Recht selbst Ermittlungsmaßnahmen im Rahmen eines mitgliedstaatlichen Kriminalstrafverfahrens durchführen kann, ist äußerst problematisch. Es muss danach differenziert werden, welche Ermittlungsmaßnahmen Europol nach gegenwärtig anzuwendendem Sekundärrecht, d.h. dem Europol-Ratsbeschluss vornehmen kann und welche ggf. weitergehenden Möglichkeiten der übergeordnete Rahmen des Primärrechts zulässt (Art. 88 AEUV).

Nach dem derzeit geltenden Europol-Ratsbeschluss kann Europol nationale Ermittlungen lediglich durch „Übermittlung … sachdienliche(r) Informationen … unterstützen“, „Beratung bei den Ermittlungen anbieten“, die nationalen Behörden „um die … Durchführung oder Koordinierung von Ermittlungen ersuchen“ oder an gemeinsamen Ermittlungsgruppen teilnehmen (vgl. Art. 5 Abs. 1 lit. c, d und Abs. 3 lit. a, Art. 6 Abs. 1 und Art. 7 Abs. 1 des Europol-Ratsbeschlusses). Die nationalen Behörden entscheiden damit über das „Ob“ der Durchführung einer Ermittlungsmaßnahme (Letztentscheidungsbefugnis) und führen die Maßnahme anschließend unter eigener Sachleitung durch eigene Beamte durch (Sachleitungsbefugnis). Europol-Bedienstete können allenfalls die Vornahme bestimmter Maßnahmen mittels eines Ersuchens „anregen“.[903] Sie haben weder die Sachleitungsbefugnis inne noch dürfen sie eigenständig agieren, nach außen hin tätig werden oder an Zwangsmaßnahmen teilnehmen (vgl. Art. 6 Abs. 1 UAbs. 2 S. 2 AEUV Europol-Ratsbeschluss). Die Elemente der

---

Ratsbeschlusses). Zum Übereinkommen siehe: ABl. EG, 1995, C 316, S. 1 f. Zum Ratsbeschluss siehe: ABl. EU, 2009, L 121, S. 37 f.

901 Hierzu siehe: *Suhr,* in: Calliess/Ruffert, EUV/AEUV, Art. 88 AEUV, Rn 7.

902 Siehe oben: S. 237. Zum Rechtsschutz siehe ebenso: *Vogel*, in: Grabitz/Hilf/ Nettesheim, Das Recht der Europäischen Union, Band 1, Art. 88 AEUV, Rn 26 f.

903 Europol steht keine Beschwerdebefugnis gegen eine ablehnende Entscheidung der zuständigen Behörde zu. Die zuständige Behörde muss das Ersuchen lediglich bearbeiten, begründen und Europol von seiner Entscheidung in Kenntnis setzen (Art. 7 Abs. 3 des Europol-Ratsbeschlusses).

Unterstützung und Verstärkung sind das Relikt der ursprünglich intergouvernementalen Zusammenarbeit.

Nun wurden die Befugnisse Europols mit dem Vertrag von Lissabon allerdings erweitert, wobei dieser neue primärrechtliche Rahmen durch den geltenden Europol-Ratsbeschluss bisher noch nicht ausgeschöpft ist.[904] Art. 88 Abs. 2 UAbs. 1 S. 2 lit. b AEUV spricht von der Möglichkeit, dass „Ermittlungen ... gemeinsam ... durchgeführt werden“ können, und Art. 88 Abs. 3 S. 1 AEUV normiert, dass Europol „operative Maßnahmen ... in Verbindung ... mit den mitgliedstaatlichen Behörden ... ergreifen“ darf. Abs. 3 ist als unmittelbar anwendbares Recht zu verstehen, d.h. es bedarf keines vorangehenden gesetzgeberischen Tätigwerdens in Form einer Verordnung wie bei Abs. 2. Von bloßer Unterstützung oder einem Ersuchen ist keine Rede mehr. Vielmehr sind unterschiedlichste Formen der gegenseitigen Konsultation und Zusammenarbeit vorstellbar, sogar so weitgehend, dass Europol Ermittlungsmaßnahmen initiieren, in der Sache leiten und sich lediglich bei ihrer Durchführung nationaler Beamte bedienen könnte.[905] Auch die Beteiligung Europol-Bediensteter an der Durchführung von Ermittlungsmaßnahmen wäre nicht explizit ausgeschlossen, solange eine „gemeinsame“ Durchführung gegeben wäre. Einzig die vollkommen eigenständige Durchführung einer Ermittlungsmaßnahme wäre wohl nicht mehr vom Wortlaut des Art. 88 Abs. 2 UAbs. 1 S. 2 lit. b AEUV gedeckt.[906]

In Bezug auf die Art der vorzunehmenden Ermittlungsmaßnahme wird Europol allerdings durch Art. 88 Abs. 3 S. 2 AEUV eingeschränkt, wonach wiederum „die Anwendung von Zwangsmaßnahmen ... ausschließlich den zuständi-

904 So ebenfalls: *Suhr,* in: Calliess/Ruffert, EUV/AEUV, Art. 88 AEUV, Rn 7, 22; *Dannecker,* in: Streinz, EUV/AEUV, Art. 88 AEUV, Rn 16 f.

905 Ähnlich: *Dannecker,* in: Streinz, EUV/AEUV, Art. 88 AEUV, Rn 17, der von einer denkbaren Führungsrolle Europols spricht.

906 So zu verstehen: *Dannecker,* in: Streinz, EUV/AEUV, Art. 88 AEUV, Rn 18. Ebenso: *Suhr,* in: Calliess/Ruffert, EUV/AEUV, Art. 88 AEUV, Rn 15, der zwar nicht explizit zur Frage der Ermittlungsmaßnahmen Stellung nimmt, aber der Ansicht ist, dass Europol nur die in Art. 88 Abs. 2 UAbs. 1 S. 2 AEUV genannten Aufgaben übertragen werden können, da alles weitere gegen den Prinzip der begrenzten Einzelermächtigung verstieße. Die Gegenansicht hält die Aufzählung des Abs. 2 UAbs. 1 S. 2 aufgrund der Verwendung des Begriffs „kann“ dagegen für nicht abschließend, was auf eine freie Zuständigkeitserweiterung hinausliefe, nach der wohl auch die vollends selbstständige Durchführung von Ermittlungsmaßnahmen denkbar wäre. So: *Kretschmer,* in: Vedder/Heintschel von Heinegg, Europäischer Verfassungsvertrag, Art. III-276, Rn 4; *Kotzur,* in: Geiger/Khan/Kotzur, EUV/AEUV Kommentar, Art. 88 AEUV, Rn 6; *Zerdick,* in: Lenz/Borchardt, Kommentar zum Vertrag von Lissabon, Art. 88 AEUV, Rn 10.

gen einzelstaatlichen Behörden vorbehalten" bleibt. Welche Ermittlungsmaßnahmen Europol also letztlich „gemeinsam" mit den Mitgliedstaaten unternehmen darf, richtet sich nach der Abgrenzung der Begrifflichkeiten „operative Maßnahmen" (S. 1) und „Zwangsmaßnahmen" (S. 2).

Eine europäische Definition der „operativen Maßnahmen" existiert nicht. Die deutsche Literatur zum Polizeirecht versteht hierunter diejenigen Maßnahmen, die zur Erreichung eines operativen Erfolges notwendig sind. Dabei ist als ein operativer Erfolg nicht die einmalige Prävention oder Repression einer Tat zu verstehen, sondern die möglichst umfassende Beseitigung der kriminellen Zelle, d.h. ihrer Ausgangsbasis, Struktur und Logistik. Als operative Maßnahme zur Erreichung dieses Ziels werden vor allem die Vorfeldarbeit sowie das verdeckte Arbeiten bezeichnet. Als Ermittlungsmaßnahmen kommen daher insbesondere der Einsatz von Verbindungspersonen und verdeckten Polizeibeamten/Ermittlern sowie die technische Überwachung in Betracht, da diese im Vorfeld der Verdachtsgewinnung dienen.[907] Es stünde also dem Wortlaut des Art. 88 Abs. 3 S. 1 AEUV nicht entgegen, wenn sogar Europol-Bedienstete derartige Ermittlungsmaßnahmen ergreifen würden.

Der Begriff der „Zwangsmaßnahmen" nach Art. 88 Abs. 3 S. 2 AEUV wird in der Literatur mit dem Begriff der „exekutiven Befugnisse" gleichgesetzt. Hierunter werden Maßnahmen verstanden, bei denen Europol nach außen gegenüber dem Bürger tätig wird und in dessen Grundrechte eingreift.[908] Mit Ausnahme des Merkmals der Außenwirkung deckt sich dies mit dem bereits erwähnten Begriff der „Zwangsmaßnahmen" aus dem Grünbuch der Kommission, der nur einen Grundrechtseingriff fordert.[909] Von den dargestellten „operativen Maßnahmen" scheidet damit der Einsatz verdeckter Polizeibeamter/Ermittler aus, da ihr Einsatz regelmäßig einen Eingriff in das Recht auf informationelle Selbstbestimmung mit sich bringt.[910] Gleiches gilt für die technische Überwachung. Einzig der Einsatz von Verbindungspersonen bleibt zulässig, da damit kein Grundrechtseingriff verbunden ist, mithin keine Zwangsmaßnahme vor-

907 Dazu: *Tolmein*, StV 1999, S. 115; *Zöller*, Informationssysteme und Vorfeldmaßnahmen von Polizei, Staatsanwaltschaften und Nachrichtendiensten, S. 429 f.

908 Dazu: *Ambos*, Internationales Strafrecht, § 13, Rn 12. Zur Differenzierung der Begriffe siehe auch: *Ellermann*, ZEuS 2002, S. 569. Auch wird in Erwägung gezogen, dem Begriff unterfielen nur solche Eingriffe, die mit der Anwendung von unmittelbarem Zwang verbunden sind. Vgl.: *Esser*, in: Zuleeg, Europa als Raum der Freiheit, der Sicherheit und des Rechts, S. 40.

909 Siehe oben: S. 232 f.

910 Vgl. nach deutschem Recht: *Kühne*, Strafprozessrecht, Rn 402; *Roxin/Schünemann*, Strafverfahrensrecht, § 29, Rn 3; *Erb*, in: Löwe-Rosenberg, StPO Kommentar, Band 5, § 161, Rn 34.

liegt.[911] In erster Linie verbleiben Europol damit auch nach dem Vertrag von Lissabon koordinierende Tätigkeiten. Diese könnten sich z.B. so gestalten, dass Europol durch einen eigenen V-Mann von einem illegalen Transport erfahren, die nationalen Behörden informieren und sodann die faktische Koordinierung eines sog. „kontrollierten Transports" übernehmen würde.[912] Die Vornahme von Zwangsmaßnahmen wie z.B. der zunächst heimlichen technischen Überwachung des Transports muss Europol den mitgliedstaatlichen Behörden überlassen.

Auch wenn Europol mittlerweile bereits teilweise als Eingriffsbehörde bezeichnet wird,[913] steht dem letzten Schritt zu einer reinen Eingriffsbehörde somit der Wortlaut des Art. 88 Abs. 3 S. 2 AEUV entgegen. Die dargestellte unübersichtliche Kompetenzlage und Abgrenzung zwischen operativen Maßnahmen und Zwangsmaßnahmen birgt die Gefahr, dass Europol-Bedienstete künftig über die bloße Koordinierung von Ermittlungsmaßnahmen hinaus tätig werden, und sich ggf. unter Verletzung von Regelungen des Europol-Ratsbeschlusses auf das höherrangige, weitergehende Primärrecht (Art. 88 Abs. 3 S. 1 AEUV) berufen. Es könnte sogar zu Zwangsmaßnahmen kommen und im Nachhinein über deren Abgrenzung zur operativen Maßnahme gestritten werden. Die Gefahr verstärkt sich durch die mangelhafte Kontrolle Europols.[914]

Für den Anwendungsbereich des Art. 50 GRCh in Bezug auf mitgliedstaatliche Kriminalstrafverfahren ergibt sich hieraus Folgendes: Unter Beachtung der Vorgaben des Europol-Ratsbeschlusses darf Europol im Falle einer bestehenden tauglichen Erstentscheidung nach einem mitgliedstaatlichen Kriminalstrafverfahren kein Ersuchen mehr an die mitgliedstaatlichen Behörden zur Vornahme weiterer Ermittlungsmaßnahmen in derselben Sache stellen sowie in keiner Weise unterstützend an etwaigen weiteren Maßnahmen tätig werden. Ein dennoch gestelltes Ersuchen wäre von den mitgliedstaatlichen Behörden überdies abzulehnen. Im Hinblick auf die weitergehenden Befugnisse aus dem Primärrecht darf Europol ferner keine weiteren Ermittlungsmaßnahmen in derselben Sache initiieren und leiten, sofern diese einen Grundrechtseingriff darstellen. Dieses Verbot ergibt sich zunächst aus Art. 88 Abs. 3 S. 2 AEUV. Solange es besteht, erübrigt sich der zusätzliche Schutz der Sperrwirkung des Art. 50 GRCh in Bezug auf dieselbe Sache. Da Art. 88 Abs. 3 S. 2 AEUV umfassender ist, weil er nicht nur nachfolgende Zwangsmaßnahmen in derselben Sache bei bestehender Erstentscheidung verbietet, läuft Art. 50 GRCh leer. Nach dieser Aus-

---

911 *Erb,* in: Löwe-Rosenberg, StPO Kommentar, Band 5, § 161, Rn 39.

912 Dazu: *Tolmein*, StV 1999, S. 113 f.

913 So: *Ambos*, Internationales Strafrecht, § 13, Rn 13.

914 Dazu bereits oben: S. 238.

legung verbleiben damit lediglich gewisse koordinierende Tätigkeiten bei Europol.

Sofern Europol an einem europäischen Kriminalstrafverfahren beteiligt wäre, würden ebenfalls die dargestellten primärrechtlichen Beschränkungen gelten. Europol könnte erneut keine Zwangsmaßnahmen, sondern nur koordinierende Tätigkeiten vornehmen (Art. 88 Abs. 3 S. 2 AEUV). Dies stünde im Einklang mit dem o.g. Vorschlag der Kommission, wonach auch die Europäische Staatsanwaltschaft keine Zwangsmaßnahmen durchführen dürfte.[915] Es ist davon auszugehen, dass die Europäische Staatsanwaltschaft im Rahmen des Vollzugs der ihr zugesprochenen „gemeinschaftlichen Ermittlungsmaßnahmen" auf Europol-Bedienstete zurückgreifen könnte. Sofern man diese allerdings als operative Maßnahmen betrachten würde, wären hieran zwingend die mitgliedstaatlichen Behörden zu beteiligen (vgl. Art. 88 Abs. 3 S. 1 AEUV).

Europol würde von der Sperrwirkung des Art. 50 GRCh in einem europäischen Kriminalstrafverfahren also insoweit erfasst, als nach einem Verfahren mit tauglicher Erstentscheidung auch von Seiten der Behörde keine Zwangsmaßnahmen mehr in derselben Sache durchgeführt werden dürften. Dies ergäbe sich zunächst aus Art. 88 Abs. 3 S. 2 AEUV. Die Sperrwirkung aus Art. 50 GRCh liefe in Bezug auf nachfolgende Sachverhalte in derselben Sache leer. Die von der Kommission vorgeschlagenen „gemeinschaftlichen Ermittlungsmaßnahmen" blieben weiterhin möglich, sofern sie keine Grundrechtseingriffe darstellen würden.[916] Hätte man den Anspruch, Europol in einem zukünftigen europäischen Strafverfahren Zwangsmaßnahmen unter Aufsicht und Anweisung der Europäischen Staatsanwaltschaft durchführen zu lassen, wäre eine Primärrechtsänderung des Art. 88 Abs. 3 S. 2 AEUV unumgänglich.

(b) Einleitung eines Ermittlungsverfahrens

Nach dem Europol-Ratsbeschluss ist es Europol ferner verboten, eigenständig mitgliedstaatliche Ermittlungsverfahren einzuleiten (vgl. Art. 5 Abs. 1 lit. d und Art. 7 Abs. 1 des Europol-Ratsbeschlusses). Die Einleitung durch die mitgliedstaatlichen Behörden kann lediglich ersucht werden. In der Aufzählung des Art. 88 Abs. 2 UAbs. 1 S. 2 AEUV findet die Einleitung mitgliedstaatlicher Ermittlungsverfahren keine Erwähnung. Es ist davon auszugehen, dass sie ebenfalls nicht von der Formulierung des Art. 88 Abs. 3 S. 1 AEUV umfasst wird, weshalb es einer Änderung des Primärrechts bedürfte, wenn man Europol eine derartige Befugnis zu Teil werden lassen wollte. In Bezug auf ein europäisches Kriminalstrafverfahren entspräche dies auch den Überlegungen der Kommissi-

915 Siehe oben: S. 232 f.

916 Zur Bewertung der einzelnen Maßnahmen: S. 232 f.

on, die nach ihrem Grünbuch die Einleitung des Verfahrens ausschließlich der Europäischen Staatsanwaltschaft zuspräche.

Für den Anwendungsbereich des Art. 50 GRCh gilt damit, dass Europol nach einem mitgliedstaatlichen Kriminalstrafverfahren mit einer abschließenden Erstentscheidung i.S.d. Art. 50 GRCh kein Ersuchen mehr stellen darf, in derselben Sache nochmals ein Verfahren durchzuführen. Die Gefahr der erneuten Verfahrenseinleitung nach einer Erstentscheidung in einem europäischen Kriminalstrafverfahren besteht nicht, da Europol – wie gesehen – bereits die grundsätzliche Kompetenz hierzu fehlt.

(c) Wahrnehmung von Datenverarbeitungsaufgaben

Es stellt sich des weiteren die Frage, inwieweit ggf. die Kerntätigkeiten Europols, d.h. die Wahrnehmung von Datenverarbeitungsaufgaben, wie das Abrufen, Verarbeiten und Analysieren von Daten, nach einer Erstentscheidung i.S.d. Art. 50 GRCh noch erlaubt sind. Die Untersuchung richtet sich sowohl auf das mitgliedstaatliche als auch auf ein zukünftiges europäisches Kriminalstrafverfahren. Die Geltung der gefundenen Ergebnisse für ein zukünftiges europäisches Kriminalstrafverfahren setzt allerdings den inhaltlichen Fortbestand der untersuchten Normen des Europol-Ratsbeschlusses voraus.

Die Behörde darf gem. Art. 10 Abs. 1 des Europol-Ratsbeschlusses zunächst nur dann Informationen verarbeiten, wenn dies „zur Erreichung seiner Zielvorgaben erforderlich ist". Gleiches gilt gem. Art. 12 Abs. 1 S. 1 Europol-Ratsbeschluss für das bloße Abrufen von Daten aus dem Europol-Informationssystem. Die Koppelung des Tätigwerdens in diesem Bereich an den Erforderlichkeitsgrundsatz bewirkt, dass Europol nur aus repressiven oder aus präventiven Gründen erneut gegenüber derselben Person tätig werden darf.[917] Europol muss daher der Ansicht sein, die Person habe entweder noch andere unaufgeklärte schwere grenzüberschreitende Straftaten begangen, oder es drohe die Begehung neuer derartiger Taten. Nur dann bewegte sich Europol in den Zielvorgaben des Art. 3 Europol-Ratsbeschlusses und wäre zur Informationsverarbeitung befugt.[918] Es wird Europol daher einzig verboten, in derselben, bereits

917 Ähnlich verhält es sich im deutschen Recht, wo Datenverarbeitungsmaßnahmen zum Zweck gegenwärtiger Strafverfolgung (vgl. § 483 StPO) oder Verhinderung künftiger Straftaten (vgl. § 484 StPO) zulässig sind.

918 Europol kann auf drei Informationssysteme zugreifen. Das sog. „Europolinformationssystem" (Art. 11-13 Europol-Ratsbeschluss) stellt zunächst eine Art „Sofortauskunft" für die polizeiliche Arbeit über europolrelevante potentielle Straftäter, Tatverdächtige und Verurteilte dar. In den sog. „Arbeitsdateien zu Analysezwecken" (Art. 14 Europol-Ratsbeschluss), welche das Herzstück Europols darstellen, werten Analysegruppen die Europol übermittelten Informationen aus, die sich z.B. im Rahmen eines mitgliedstaat-

abgeschlossenen Sache nochmals, d.h. ohne Einhaltung des Erforderlichkeitsmerkmals, Daten zu analysieren oder zu verarbeiten, um ggf. übersehene Erkenntnisse in derselben Sache zu gewinnen.[919] Faktisch wird die Behörde in den meisten Fällen unter Einhaltung des Erforderlichkeitsgrundsatzes mit Ermittlungsverfahren in einer anderen Sache einer anderen Person befasst sein, wenn es auf die vorhandenen Informationen über eine bereits abgeschlossene Sache zugreift oder diese verarbeitet. Es dürfen lediglich nicht grundlos Informationen in einer abgeschlossenen Sache abgerufen und verarbeitet werden. Die Behörde wird daher in ihrer Kerntätigkeit nicht entscheidend durch Art. 50 GRCh eingeschränkt.

Weiter soll untersucht werden, inwieweit die Datenverarbeitungmaßnahmen Europols gegen das Verbot der Vornahme von Zwangsmaßnahmen verstoßen (vgl. Art. 88 Abs. 3 S. 2 AEUV). Denn auch bloße Datenverarbeitungsmaßnahmen stellen Eingriffe in das europäische Grundrecht des Schutzes personenbezogener Daten gem. Art. 8 GRCh und somit informationelle Eingriffe dar.[920] Vertritt man demnach – in Anlehnung an die von der Kommission im Rahmen des Grünbuchs verwendete Definition –, dass in jedem Grundrechtseingriff bereits eine Zwangsmaßnahme zu sehen ist, dürfte Europol keinerlei Datenverarbeitungsmaßnahmen mehr vornehmen. Auch die soeben dargestellten Datenverarbeitungsmöglichkeiten in einer bereits abgeurteilten und abgeschlossenen Sache gegenüber derselben Person wären unzulässig. Die Primärrechtskonformität des gesamten Europol-Ratsbeschlusses würde mit dieser Auslegung in Zweifel gezogen und die Systematik des Art. 88 AEUV ad absurdum geführt. Dies kann nicht die Intention des Europäischen Gesetzgebers gewesen sein, weshalb unter dem Begriff der Zwangsmaßnahmen – mit der Literatur – nur solche Grundrechtseingriffe zu verstehen sind, die gegenüber den Bürgern in der Union eine Außenwirkung aufweisen („exekutive Maßnahmen“).[921] Nach dieser Begriffsde-

lichen Ermittlungsverfahrens ergeben haben, um deren Ermittlungen zu unterstützen (Art. 12 Abs. 2 Europol-Ratsbeschluss). Ferner besteht das sog. „Indexsystem“ für die Arbeitsdateien zu Analysezwecken (Art. 15 Europol-Ratsbeschluss), was Benutzern eine Abfrage der in den Analysedateien enthaltenen Einträge erlaubt. Siehe: *Zöller*, Informationssysteme und Vorfeldmaßnahmen von Polizei, Staatsanwaltschaften und Nachrichtendiensten, S. 434 f.

919 Handelt es sich jedoch wiederum um eine Datei, die Ausführungen zu mehreren Taten einer Person enthält, von welcher aber z.B. nur eine rechtskräftig abgeurteilt wurde, so wird man den Gebrauch der Gesamtdatei mit der Folge des Zugriffs auf den gesamten Inhalt billigen müssen, sofern dies zur Verfolgung der übrigen Taten erforderlich ist.

920 Auch im deutschen Recht stellen Datenverarbeitungsmaßnahmen Eingriffe in das aus dem allgemeinen Persönlichkeitsrecht abgeleitete Recht auf informationelle Selbstbestimmung gem. Art. 2 Abs. 1 i.V.m. 1 Abs. 1 GG dar.

921 Siehe oben: S. 242 f.

finition stellen die Datenverarbeitungsmaßnahmen keine Zwangsmaßnahmen i.S.d. Art. 88 Abs. 3 S. 2 AEUV dar.

(d) Tätigwerden im Vorfeldbereich

Ferner stellt sich die Frage, inwieweit Europol nach einer tauglichen Erstentscheidung im Vorfeldbereich eines erneuten, weiteren Ermittlungsverfahrens tätig werden könnte, d.h. inwieweit die Sperrwirkung des Art. 50 GRCh ggf. noch vor dem Verbot der Einleitung eines weiteren Ermittlungsverfahrens ansetzt. Die auch aus nationalem Recht bekannte Problematik des Tätigwerdens von Verfolgungsbehörden im Vorfeldbereich spitzt sich hier zu, da Europol im Vorfeldbereich verstärkt agiert, was u.a. auf die ungeteilte Zuständigkeit für Repression und Prävention zurückzuführen ist.[922] Erneut bezieht sich die Untersuchung sowohl auf das mitgliedstaatliche als auch auf ein zukünftiges europäisches Kriminalstrafverfahren.

Die Frage der Zulässigkeit von Ermittlungsmaßnahmen im Vorfeldbereich lässt sich zwar grundsätzlich losgelöst von der Reichweite der Sperrwirkung des ne bis in idem-Grundsatzes beantworten. Sofern man jedoch z.B. die Vornahme grundrechtseingreifender Ermittlungsmaßnahmen im Vorfeldbereich billigt, würde die Sperrwirkung eines ne bis in idem-Grundsatzes zu deren Verbot in derselben Sache führen. Denn um Rechtsklarheit sowie einen möglichst effektiven Grundrechtsschutz zu gewährleisten, ist ein Ansetzen am frühestmöglichen Zeitpunkt erforderlich.[923] Die Sperrwirkung des Art. 50 GRCh sollte so weit gehen, dass sie vor jeglichen weiteren Grundrechtseingriffen in derselben Sache gegenüber demselben Betroffenen schützt, unabhängig vom jeweiligen Verfahrensstadium. Verbietet man hingegen die Vornahme von Ermittlungsmaßnahmen im Vorfeldbereich, so läuft die Sperrwirkung des Art. 50 GRCh leer.

Im deutschen Recht werden Ermittlungen im Vorfeldbereich in sog. „Vorermittlungen“ und „Vorfeldermittlungen“ unterteilt. „Vorfeldermittlungen“ dienen dazu, erst die Anhaltspunkte zu gewinnen, die anschließend ggf. zu einem Anfangsverdacht führen. Sie werden strafprozessual als generell unzulässig erachtet, da zuvor keinerlei Anfangsverdacht besteht, mithin kein Bedürfnis besteht, tätig zu werden.[924] Auch auf europäischer Ebene sind keine Gründe ersichtlich, wozu man derartige Ermittlungen durch Europol-Bedienstete zur Be-

922 Zur mangelhaften Abgrenzung der Aufgabenbereiche siehe: *Zöller*, Informationssysteme und Vorfeldmaßnahmen von Polizei, Staatsanwaltschaften und Nachrichtendiensten, S. 426 f.

923 Vgl. zum deutschen Art. 103 Abs. 3 GG: *Nolte*, in: v.Mangoldt/Klein/Starck, GG-Kommentar, Band 3, Art. 103 Abs. 3, Rn 216.

924 *Meyer-Goßner*, StPO-Kommentar, § 152, Rn 4a; *Hilger*, in: Hilger Festgabe, S. 14 f.

kämpfung grenzüberschreitender Kriminalität zulassen sollte. Es wäre unbillig, wenn die Bürger der Union, ohne in strafprozessualen Verdacht zu geraten, grundsätzlich verdächtig und Gegenstand von polizeilichen Ermittlungen sein könnten.

Schwieriger gestaltet sich die Rechtslage im deutschen Recht allerdings bei den „Vorermittlungen". Sie dienen der Klärung, ob die Einleitung eines Ermittlungsverfahrens zulässig ist, also ein Anfangsverdacht vorliegt.[925] Nach der Literatur besteht hier eine nicht unerhebliche Gefahr des Unterlaufens von Beschuldigtenrechten sowie der Begehung von Grundrechtseingriffen,[926] da der im Vorermittlungsstadium Betroffene nicht die Stellung eines Beschuldigten hat und daher keinem entsprechenden Schutz unterliegt.[927] Vorermittlungen sind dem deutschen Verfahrensrecht daher grundsätzlich fremd, auch wenn einzelne Fallgruppen zugelassen werden. Zwangsmaßnahmen dürfen hier unstreitig nicht vorgenommen werden, da ansonsten die gleichzeitige Ablehnung eines Anfangsverdachts widersprüchlich wäre.[928] Die einzelnen Ermittlungsmaßnahmen der StPO leiten ihre Legitimation schließlich gerade daraus ab, dass ein Anfangsverdacht vorliegt.[929] Auch auf europäischer Ebene erscheint es sachgerecht, Zwangsmaßnahmen im Vorfeldbereich ausnahmslos zu verbieten und Grundrechtsverletzungen in dieser rechtlichen Grauzone ohne ausreichende Ermächtigungsgrundlage, Kontrollmöglichkeit und Anlass nicht zu tolerieren. Diesen Weg scheint auch die Kommission im Rahmen ihres Grünbuchs zu verfolgen, da sich ihre Ausführungen zu den möglichen Ermittlungsmaßnahmen einer Europäischen Staatsanwaltschaft stets auf bereits eröffnete Ermittlungsverfahren beziehen. Die Vornahme von Ermittlungsmaßnahmen im Vorfeldbereich wird von ihr nicht anvisiert. Wenn dies nun schon für die Kontrollbehörde der Europäischen Staatsanwaltschaft gilt, so muss es erst Recht für Europol gelten, einer Behörde, die nach geltendem Recht nicht einmal im Rahmen mitgliedstaatlicher Strafverfahren Zwangsmaßnahmen vornehmen darf. Die Vornahme von Zwangsmaßnahmen im Vorfeldbereich ist demnach für Europol verboten.

925 *Meyer-Goßner*, StPO-Kommentar, § 152, Rn 4a; *Beulke*, Strafprozessrecht, Rn 311.

926 *Beulke*, Strafprozessrecht, Rn 311.

927 So: *Meyer-Goßner*, StPO-Kommentar, § 152, Rn 4a. Äußerst umstritten ist beispielsweise die Frage der Belehrungspflicht des von der Vorprüfung Betroffenen. Dazu: *Krause*, in: Festschrift zu Ehren des Strafrechtsausschusses der BRAK, S. 357 f.; *Lange*, DRiZ 2002, S. 271.

928 *Beulke*, in: Löwe-Rosenberg, StPO-Kommentar, Band 5, § 152, Rn 34; *Lange*, DRiZ 2002, S. 271; *Krause*, in: Festschrift zu Ehren des Strafrechtsausschusses der BRAK, S. 359; *Hilger*, in: Hilger Festgabe, S. 13.

929 *Krause*, in: Festschrift zu Ehren des Strafrechtsausschusses der BRAK, S. 359.

Erneut könnte einzig die Vornahme solcher Ermittlungsmaßnahmen durch Europol-Bedienstete zulässig sein, die keinen Grundrechtseingriff darstellen. Auf europäischer Ebene wären die von der Kommission für die Europäische Staatsanwaltschaft vorgesehenen „gemeinschaftlichen Ermittlungsmaßnahmen" als zulässig anzusehen.[930]

Die grundsätzliche Genehmigung derartiger Vorermittlungen wirkt sich damit auch auf die Fälle aus, in denen bereits eine taugliche Erstentscheidung i.S.d. Art. 50 GRCh existiert. Die Sammlung oder Mitnahme von Informationen sowie die Befragung oder Vernehmung von Zeugen und Beschuldigten mit deren Zustimmung („gemeinschaftliche Ermittlungsmaßnahmen") könnten in einem europäischen Kriminalstrafverfahren auch im Vorfeldbereich durchgeführt werden. Sofern sich im Rahmen einer Vernehmung oder Befragung herausstellen würde, dass gegenüber einer von den Maßnahmen betroffenen Person bereits eine taugliche Erstentscheidung besteht, müssten weitere Ermittlungen unterbleiben. Zulässig blieben hingegen Maßnahmen, die bei einem Gesamtvorgang gerade erst ermitteln sollten, ob sie dieselbe Sache derselben Person betreffen. Der Umfang der in den Vorfeldbereich hineinreichenden Sperrwirkung würde sich damit nach dem jeweiligen Kenntnisstand Europols bemessen.[931] Derselbe Betroffene könnte die Vernehmung oder Befragung in derselben Sache auch schlicht verweigern und müsste einer grundrechtseingreifenden Vorladung nicht nachkommen. Sofern seine Befragung ergäbe, dass ihm gegenüber ein Anfangsverdacht in Bezug auf die Begehung einer anderen Straftat besteht, müsste er augenblicklich belehrt und wie ein Beschuldigter in einer neuen Sache behandelt werden. Das Ermittlungsverfahren wäre unverzüglich zu eröffnen.

Das gefundene Ergebnis ist mit der deutschen Rechtslage vergleichbar, in der nach überwiegender Ansicht ebenfalls informatorische Befragungen im Vorfeldbereich erlaubt sind. Die Strafverfolgungsorgane sind zwar aktiv, verdächtigen aber noch keine konkrete Person, sondern orientieren sich zunächst nur über das Geschehen.[932]

---

930 Siehe oben: S. 242 f.

931 Vgl. zum deutschen Recht ebenso: *Schmidt-Aßmann*, in: Maunz/Dürig, GG-Kommentar, Band 6, Art. 103 Abs. 3, Rn 301.

932 So: *Beulke*, in: Löwe-Rosenberg, StPO Kommentar, Band 5, § 152, Rn 34; *Beulke*, Strafprozessrecht, Rn 311. Gegen die Zulässigkeit von informatorischen Befragungen: *Hilger*, in: Hilger Festgabe, S. 14. Wiederum andere billigen sie nur unter Hinweis auf die Freiwilligkeit sowie unter Belehrung der betroffenen Person: *Krause*, in: Festschrift zu Ehren des Strafrechtsausschusses der BRAK, S. 360. Zu weiteren Anwendungsfällen siehe: *Beulke*, in: Löwe-Rosenberg, StPO Kommentar, Band 5, § 152, Rn 34.

Hieran schließt sich zuletzt die Frage an, ob Eingriffe Europols in das informationelle Selbstbestimmungsrecht im Vorfeldbereich in mitgliedstaatlichen Strafverfahren oder zukünftigen europäischen Strafverfahren zu dulden sind. Im deutschen Recht wird die Frage der Zulässigkeit *informationeller* Eingriffe im Vorfeldbereich nicht einheitlich beantwortet. Einerseits wird vorgebracht, solche Eingriffe seien im Interesse einer funktionstüchtigen Strafrechtspflege auch ohne ausdrückliche Normierung für einen angemessenen Zeitraum hinzunehmen.[933] Andererseits wird vertreten, derartige Grundrechtsverstöße seien aufgrund der fehlenden Rechtsgrundlage nicht mit dem Volkszählurteil des deutschen Bundesverfassungsgerichts vereinbar.[934] Derjenige, der sich rechtstreu verhielte, sollte vielmehr vollumfänglich von hoheitlichen Eingriffen verschont bleiben, konsequenterweise daher auch vor solchen, die „lediglich" einen informationellen Eingriff darstellen.[935] Jene müssten auch deshalb verboten werden, weil ansonsten das Verbot anderer vergleichbarer „geringfügiger" Grundrechtseingriffe im Vorfeldbereich nicht konsequent wäre.[936] Würde man Eingriffe in das informationelle Selbstbestimmungsrecht erlauben, gäbe es keinen überzeugenden Grund, z.B. kurzzeitige Observationen zu verbieten. Die grundsätzliche Erlaubnis informationeller Eingriffe würde die Gefahr einer unkontrollierten Ausweitung der Befugnisse im Vorfeldbereich mit sich bringen.[937] Aus den genannten Gründen sind sowohl im deutschen Recht als auch auf europäischer Ebene in Bezug auf Europol informationelle Eingriffe im Vorfeldbereich zu verbieten. Wie bereits erwähnt, sollte im Vorfeldbereich nicht zwischen Zwangsmaßnahmen mit Außenwirkung (z.B. technische Überwachung) und sonstigen Grundrechtseingriffen ohne Außenwirkung (z.B. Datenverarbeitungsmaßnahmen) differenziert werden. Beide Handlungen sind aufgrund ihrer grundrechtseingreifenden Wirkung als unzulässig zu erachten.

Nach der hier favorisierten Ansicht der Unzulässigkeit jeglicher Grundrechtseingriffe (nicht nur Zwangsmaßnahmen) im Vorfeldbereich erübrigt sich die Sperrwirkung des Art. 50 GRCh bzw. läuft leer.

(e) Zwischenergebnis

Es lässt sich somit Folgendes festhalten: Die der Behörde im Europol-Ratsbeschluss zur Verfügung stehenden Kooperationsmöglichkeiten mit natio-

---

933 *Lange*, DRiZ 2002, S. 271.

934 *Krause*, in: Festschrift zu Ehren des Strafrechtsausschusses der BRAK, S. 360.

935 *Zöller*, Informationssysteme und Vorfeldmaßnahmen von Polizei, Staatsanwaltschaften und Nachrichtendiensten, S. 439.

936 So: *Hilger*, in: Hilger Festgabe, S. 14. Im Rahmen des Ermittlungsverfahrens werden diese auf §§ 161, 163 StPO gestützt.

937 *Hilger*, in: Hilger Festgabe, S. 17.

nalen Behörden[938] in Bezug auf die Durchführung von Ermittlungsmaßnahmen bleiben hinter denjenigen, die im neueren Primärvertrag geschaffenen wurden, zurück. Der Primärvertrag lässt vom Wortlaut her mindestens ein gleichberechtigtes Vorgehen beider Behörden zu (vgl. Art. 88 Abs. 2 UAbs. 1 S. 2 lit. b AEUV). Hinsichtlich der Art der Maßnahmen muss jedoch differenziert werden: Während die Vornahme operativer Maßnahmen unter Beteiligung mitgliedstaatlicher Behörden erlaubt ist, ist Europol die Durchführung jeglicher Zwangsmaßnahmen untersagt (Art. 88 Abs. 3 S. 1 und S. 2 AEUV). Überträgt man die aus dem deutschen Recht bekannte Definition der operativen Maßnahmen und misst diese am Verbot der Vornahme jeglicher Zwangsmaßnahmen, verbleiben als operative Maßnahmen nur noch der Einsatz an Verbindungspersonen sowie koordinierende Tätigkeiten. Durch die unklare Kompetenzlage wegen fehlender europarechtlicher Begriffsdefinitionen sowie mangelnder Kontrolle Europols besteht die Gefahr, dass die Behörde ihre Kompetenzgrenzen überschreitet.

In Bezug auf Art. 50 GRCh gilt, dass Europol bei bestehender Erstentscheidung in einem mitgliedstaatlichen Verfahren die mitgliedstaatliche Behörden nicht darum ersuchen darf, in derselben Sache weitere Ermittlungsmaßnahmen vorzunehmen. Die Vornahme eigener, nachfolgender Zwangsmaßnahmen in derselben Sache wird ohnehin bereits durch das Verbot aus Art. 88 Abs. 3 S. 2 AEUV verwehrt. Solange dieses besteht, läuft die Sperrwirkung des Art. 50 GRCh in Bezug auf die Vornahme eigener Zwangsmaßnahmen ins Leere. Die „gefilterten" operativen Maßnahmen Europols können weiterhin vorgenommen werden. Dieses Zugeständnis dürfte allerdings erneut nur von theoretischer Bedeutung sein, da in Bezug auf eine z.B. bereits abgeurteilte Sache keine operativen Maßnahmen ersichtlich sind (Verbindungspersonen, Koordinierung eines kontrollierten Transports), die auf Behördenseite gewünscht sein könnten.

In einem zukünftigen europäischen Kriminalstrafverfahren dürfte Europol bei Bestehen einer tauglichen Erstentscheidung ebenfalls keine erneuten Zwangsmaßnahmen in derselben Sache ausüben (vgl. Art. 88 Abs. 3 S. 2 AEUV). Art. 50 GRCh liefe de lege lata auch hier leer. Es verblieben bestimmte operative Maßnahmen. Ebenfalls erlaubt blieben die von der Kommission als „gemeinschaftliche Ermittlungsmaßnahmen" deklarierten Handlungen.

Es ist ferner davon auszugehen, dass Europol nach geltendem Primärrecht die Kompetenz fehlt, eigenständig mitgliedstaatliche oder zukünftig europäische Strafverfahren einzuleiten. Im Rahmen von mitgliedstaatlichen Strafverfahren darf im Falle einer tauglichen Erstentscheidung i.S.d. Art. 50 GRCh kein weite-

938 Europol hat weder eine Letztentscheidungskompetenz über das „ob" der Maßnahme noch eine Sachleitungskompetenz inne. Es kann lediglich ein Ersuchen über die Vornahme der Maßnahme gestellt werden.

res Ersuchen gestellt werden, nochmals in derselben Sache ein Verfahren einzuleiten.

Die Kerntätigkeit Europols – die Wahrnehmung von Datenverarbeitungsmaßnahmen – wird durch die Sperrwirkung des Art. 50 GRCh nicht nachhaltig beeinträchtigt, da sich die Behörde meistens auf die Einhaltung des Erforderlichkeitsgrundsatzes berufen können wird. Trotz der hier scheinbar engen Auslegung verbleiben der Behörde damit ausreichende Kompetenzen, effektiv zu arbeiten. Entgegen der seitens der Kommission in ihrem Grünbuch vertretenen Ansicht sind unter Zwangsmaßnahmen nur solche Grundrechtseingriffe zu verstehen, die eine Außenwirkung aufweisen, da ansonsten die gesamte Kerntätigkeit Europols unter das Verbot des Art. 88 Abs. 3 S. 2 AEUV fiele.

Im Vorfeldbereich ist sowohl in Bezug auf ein mitgliedstaatliches als auch auf ein europäisches Kriminalstrafverfahren von der Unzulässigkeit jeglicher Zwangsmaßnahmen auszugehen. Die aus dem deutschen Recht bekannten, ausnahmsweise zulässigen Maßnahmen ähneln den „gemeinschaftlichen Ermittlungsmaßnahmen" der Kommission, welche in einem europäischen Strafverfahren Europol zuzugestehen wären. In Bezug auf die Sperrwirkung des Art. 50 GRCh würde hier gelten, dass sich der Umfang der Sperrwirkung nach dem jeweiligen Kenntnisstand Europols bemessen würde. Auch zeigt die Untersuchung erneut, dass die Sperrwirkung grundsätzlich nicht an ein bestimmtes Verfahrensstadium gebunden ist, sondern vor jeglichen weiteren Grundrechtseingriffen in derselben Sache schützt.

Sowohl in mitgliedstaatlichen als auch in europäischen Strafverfahren überzeugt es, informationelle Eingriffe Europols im Vorfeldbereich zu verbieten, da auch sie einen Grundrechtseingriff darstellen. Weil damit jegliche Grundrechtseingriffe Europols im Vorfeldbereich verboten sind, läuft die Sperrwirkung des Art. 50 GRCh in Fällen einer bereits bestehenden tauglichen Erstentscheidung leer.

(4) Eurojust

Als letzte „Einrichtung … der Union" i.S.d. Art. 51 Abs. 1 S. 1 GRCh kommt Eurojust (Europäische Stelle für justizielle Zusammenarbeit) als Institution europäischer Strafverfolgung in Betracht. Während Europol die polizeiliche Zusammenarbeit fördern soll, obliegt Eurojust die Aufgabe, die justizielle Zusammenarbeit insbesondere der nationalen Staatsanwaltschaften zu fördern.[939] Ge-

939 Siehe Pkt. 46 der Schlussfolgerungen des Europäischen Rates von Tampere vom 15./16. Oktober 1999.

nauer hat Eurojust gem. Art. 85 Abs. 1 UAbs. 1 AEUV bisher den Auftrag, die Koordinierung und Zusammenarbeit zwischen den nationalen Behörden zu unterstützen und zu verstärken, die für die Ermittlung und Verfolgung von schwerer Kriminalität zuständig sind, wenn zwei oder mehrere Mitgliedstaaten betroffen sind oder eine Verfolgung auf gemeinsamer Grundlage erforderlich ist.[940] Auch Eurojust erfuhr eine erhebliche Aufwertung durch den Vertrag von Lissabon.[941] Das Europäische Parlament und der Rat können im Wege einer Verordnung über den Aufbau, den Tätigkeitsbereich, die Arbeitsweise und die Aufgaben der Institution entscheiden (Art. 85 Abs. 1 UAbs. 2 S. 1 AEUV).

Eurojust ist nach geltendem Recht gem. Art. 6 lit. a, lit. i des Eurojust-Ratsbeschlusses lediglich dazu befugt, nationale Behörden zu ersuchen, bestimmte Ermittlungsmaßnahmen vorzunehmen oder ein Ermittlungsverfahren einzuleiten. Eine eigenständige Vornahme von beidem ist ausgeschlossen.

In Bezug auf die Vornahme von Ermittlungsmaßnahmen kann der Aufgabenbereich Eurojusts nach Art. 85 Abs. 1 UAbs. 2 S. 2 lit. a AEUV aber zukünftig dahingehend erweitert werden, diese eigenständig einzuleiten. Sie würden allerdings nach wie vor von den zuständigen nationalen Behörden durchgeführt. Die eigenständige Einleitung von Ermittlungsmaßnahmen ist bereits im „Stockholmer Programm" angedacht[942] und würde sich auch grundsätzlich mit den Überlegungen der Kommission zur sich aus Eurojust erwachsenden Europäischen Staatsanwaltschaft decken, die ebenfalls eigenständig Ermittlungsmaßnahmen initiieren können soll.[943] Allerdings könnte der Kommissionsvorschlag der vollends eigenständigen Vornahme „gemeinschaftlicher Ermittlungsmaß-

940 Der Begriff der schweren Kriminalität richtet sich dabei – ebenso wie bei der Zuständigkeit Europols – nach den aufgelisteten Straftaten im Anhang des Europol-Ratsbeschlusses. Nicht nur mit dem sog. „Europäischen Justiziellen Netz", sondern auch mit Europol besteht eine enge Zusammenarbeit. Die Vermeidung von Doppelarbeit aufgrund des sich überschneidenden Auftrags der grenzüberschreitenden Kriminalitätsbekämpfung wird dabei ausdrücklich angemahnt (Art. 26 Abs. 1 S. 1 Eurojust-Ratsbeschluss). Im Gegensatz zu Europol wird Eurojust aber rein repressiv tätig. Europol und Eurojust stellen daher zwei einander ergänzende Elemente der europäischen Strafverfolgung dar. Siehe den Eurojust-Ratsbeschluss in: ABl. EG, 2002, L 63, S. 1 f. Ebenso den dazugehörigen Änderungsbeschluss in: ABl. EU, 2009, L 121, S. 37 f. Zur Errichtung Europols und der Umsetzung ins deutsche Recht siehe: *Esser/Herbold,* NJW 2004, S. 2421 f.

941 *Streinz/Ohler/Herrmann*, Vertrag von Lissabon, S. 164; *Kretschmer,* in: Vedder/Heintschel von Heinegg, Europäischer Verfassungsvertrag, Art. III-273, Rn 7.

942 Das Programm fordert zunächst einen Vorschlag für eine Verordnung, die Eurojust die Befugnis zur Einleitung von Ermittlungen verleihen soll. Siehe: Ratsdok. 17024/09, S. 24.

943 Siehe oben: S. 232 f.

nahmen" durch die zukünftige Europäische Staatsanwaltschaft gegen Art. 85 Abs. 1 UAbs. 2 S. 2 lit. a AEUV verstoßen. Ein solcher primärrechtlicher Verstoß durch die Europäische Staatsanwaltschaft läge aber schon deshalb nicht vor, da sich die Norm nur auf Eurojust bezieht. Für die Europäische Staatsanwaltschaft existiert mit Art. 86 AEUV eine eigene Norm. Mit Art. 86 Abs. 3 AEUV steht eine ausreichende Kompetenznorm zur Verfügung, mit der einer Europäischen Staatsanwaltschaft die von der Kommission vorgeschlagenen Verfahrensrechte zugesprochen werden könnten.

Ferner bezieht sich die Möglichkeit der Kompetenzerweiterung aus Art. 85 Abs. 1 UAbs. 2 S. 2 lit. a AEUV schwerpunktmäßig auf „Straftaten zum Nachteil der finanziellen Interessen der Union". Ein dem Art. 88 Abs. 3 S. 2 AEUV vergleichbares Verbot der Vornahme von Zwangsmaßnahmen existiert nicht. Damit wird bereits ein weicher Übergang hin zu einer Europäischen Staatsanwaltschaft vorbereitet. Erneut ergibt sich im Übrigen das Bild, dass der primärrechtliche Rahmen von den sekundärrechtlichen Bestimmungen noch nicht vollständig ausgeschöpft wurde.

Für den Anwendungsbereich des Art. 50 GRCh ergibt sich daraus Folgendes: Im Rahmen mitgliedstaatlicher Kriminalstrafverfahren besteht nach einer tauglichen Erstentscheidung i.S.d. Art. 50 GRCh wohl keine Gefahr, dass derselbe Betroffene in derselben Sache nochmals durch ein Handeln Eurojusts belastet wird. Etwaige Ersuchen Eurojusts, gegenüber den mitgliedstaatlichen Behörden in derselben Sache nochmals tätig zu werden, müssten unterbleiben bzw. wären abzulehnen. Für die Zukunft wird überdies erwartet, dass Eurojust in der Europäischen Staatsanwaltschaft aufgeht. In Bezug auf den Anwendungsbereich des Art. 50 GRCh im Rahmen eines zukünftigen Europäischen Kriminalstrafverfahrens gilt daher das zur Europäischen Staatsanwaltschaft Gesagte.[944]

Auch Bezug auf den Rechtsschutz aus Art. 263 AEUV gelten die obigen Ausführungen zur Europäischen Staatsanwaltschaft.[945]

(5) Ergebnis

Es lässt sich zusammenfassen, dass in einem zukünftigen europäischen Strafverfahren mehrere Stellen der EU als Grundrechtsadressaten i.S.d. Art. 51 Abs. 1 S. 1 GRCh in Betracht kämen. Die noch zu errichtende Europäische Staatsanwaltschaft wäre in großem Umfang an Art. 50 GRCh gebunden. In Bezug auf Europol und Eurojust gilt, dass die de lege lata vorhandenen, starken Kompetenzbeschränkungen des Primärrechts (insb. in Bezug auf Ermittlungsmaßnahmen) einen Schutz aus Art. 50 GRCh in einem zukünftigen europäischen Straf-

944 Siehe oben: S. 222 f.
945 Siehe oben: S. 237.

verfahren kaum erforderlich machen. Die Sperrwirkung liefe hier bislang ins Leere. In Bezug auf die bereits gegenwärtige Teilnahme Europols und Eurojusts an mitgliedstaatlichen Kriminalstrafverfahren gilt Gleiches.

Die Rechtsentwicklung der genannten Grundrechtsadressaten und insbesondere die fortwährende Ausweitung ihrer Kompetenzen lassen jedoch erwarten, dass – ungeachtet erforderlicher Primärrechtsänderungen – die Unionsbürger in Zukunft vermehrt mit Maßnahmen europäischer Strafverfolgungsbehörden konfrontiert werden. Hierbei gilt es den Bürgern effektive Abwehrmittel zur Verfügung zu stellen, um ein ausreichendes strafrechtliches Schutzniveau zu erreichen. Zukünftige Erweiterungen ihrer Kompetenzen sind zu beobachten, um ihr Handeln frühzeitig an Art. 50 GRCh orientieren zu können.

b) Strafrecht i.w.S.

Des weiteren wird untersucht, inwieweit Art. 50 GRCh in der horizontal-supranationalen Fallgruppe im Bereich des Strafrechts i.w.S. Anwendung findet. Nachdem eine Stelle der EU einer Person oder einem Unternehmen eine Sanktion auferlegt hat, könnte eine erneute Verfolgung und Sanktionierung durch dieselbe oder eine andere Stelle der EU in derselben Sache drohen.

Diese Fälle lassen sich in innersystematische und intersystematische Konstellationen unterteilen. Eine innersystematische Konstellation liegt vor, wenn nach einer Verwaltungssanktion durch eine europäische Stelle eine weitere Verwaltungssanktion durch dieselbe oder eine andere europäische Stelle erfolgen soll. Während diese Konstellation nach geltendem Recht durchaus praxisrelevant ist, gilt dies nicht für die intersystematischen Konstellationen, in denen z.B. nach einer Kriminalstrafe nach originärem europäischen Kriminalstrafrecht eine Verwaltungssanktion durch eine Stelle der EU droht – oder umgekehrt. Aus o.g. Gründen sollen jedoch auch diese bislang hypothetischen Konstellationen untersucht werden.[946]

aa) Schutzbereichseröffnung des Art. 50 GRCh

Entsprechend den anderen Fallgruppen ist der Schutzbereich des Art. 50 GRCh für die Konstellationen des Strafrechts i.w.S. eröffnet. Die Norm beschränkt sich nicht auf den Bereich des Kriminalstrafrechts. Der Rückgriff auf die EMRK hat gezeigt, dass die Begrifflichkeiten „Straftat", „Strafverfahren" sowie „verurteilt

946 Siehe oben: S. 213.

oder freigesprochen" weit zu verstehen sind.[947] In Bezug auf die Genese gilt das oben Gesagte.[948]

Zu gleichem Ergebnis gelangt eine an Sinn und Zweck der Norm orientierte Auslegung. Denn auch derjenige, der durch die Verwaltungssanktion einer europäischen Stelle betroffen ist, muss sich auf eine endgültige Erledigung der Sache verlassen können. Sobald eine strafähnliche Sanktion nach o.g. Maßstäben erlassen wurde, besteht ein berechtigtes Bedürfnis nach Rechtssicherheit. Dies gilt insbesondere vor dem Hintergrund, dass die EU bis zum Inkrafttreten des Vertrages von Lissabon nicht auf das Sanktionsmittel der Kriminalstrafe zurückgreifen konnte und ihre Verwaltungssanktionen sich daher des Öfteren als besonders eingriffsintensiv darstellen.[949]

Der mit dieser Auslegung erzeugte Gleichlauf der Schutzbereichsgrenzen in den unterschiedlichen Fallgruppen dient zudem der Rechtssicherheit der Allgemeinheit. Der Schutzbereich des Art. 50 GRCh ist eröffnet. Dies wird auch in der Literatur angenommen.[950]

bb) Eröffnung des Anwendungsbereichs nach Art. 51 Abs. 1 S. 1 GRCh

Wie gesehen, kommen als Grundrechtsadressat gem. Art. 51 Abs. 1 S. 1 GRCh alle „Organe, Einrichtungen und sonstigen Stellen der Union" in Betracht. Sie sind bei jeglichen Handlungen an die Grundrechtscharta gebunden. De lege lata sind in zahlreichen Bereichen des europäischen Rechts unmittelbar anwendbare Sanktionsvorschriften normiert, nach denen Unionsstellen Sanktionen verhängen können. Die Anzahl der Sanktionsvorschriften hat in den letzten Jahrzehnten überdimensional zugenommen und ist nahezu unüberschaubar geworden.[951] Neben Grundrechtsadressaten wie dem EuGH, der Europäischen Zentralbank (EZB) oder dem Rat der Europäischen Union kommt insbesondere die Kommission als sanktionierendes Organ in Betracht, da ihre Aufgabe gem. Art. 17 Abs. 1 S. 2 EUV u.a. darin besteht, über die Anwendung der Verträge zu wachen. Der Großteil der Sanktionen wird in Ausübung dieser Hüterfunktion von

947 Siehe oben: S. 70 f.

948 Siehe oben: S. 51 f.

949 Dazu sogleich: S. 259 f.

950 *Eser,* in: Sieber/Brüner/Satzger/Heintschel-Heinegg, Europäisches Strafrecht, § 36, Rn 91, der von „Unionsbehörden" spricht und somit wohl den Bereich des Strafrechts i.w.S. meint.

951 *Fromm,* ZIS 2007, S. 282.

der Kommission in verwaltungsrechtlich ausgestalteten Verfahren verhängt.[952] Die Sanktionsgewalt der EU kann mit natürlichen Personen, Unternehmen oder auch Mitgliedstaaten unterschiedlichste Adressaten treffen.[953] Auch hier gilt, dass sich die Betroffenen gegen jegliche Sanktionen europäischer Stellen vor dem EuGH mit der Individualklage aus Art. 263 AEUV wehren können (Rechtsschutz).[954]

Nicht nur innerhalb der mit dem Vertrag von Lissabon neu gegliederten EU, sondern auch im Rahmen der Europäischen Atomgemeinschaft werden Geldbußen gegen natürliche Personen und Unternehmen verhängt. Auf eine Darstellung des ausgeprägten Bußgeld- und Zwangsmaßnahmensystems des EAGV soll aber verzichtet werden.[955] Auch kann nicht auf alle Sanktionstatbestände des europäischen Rechts eingegangen werden. Stattdessen sollen exemplarisch die wichtigsten Sanktionstatbestände mit den entsprechenden zur Sanktion ermächtigten Stellen herausgegriffen und im Hinblick auf eine Anwendung des Art. 50 GRCh untersucht werden.

Die Fallkonstellationen werden dabei erneut in innersystematische (Verwaltungssanktionenrecht und Verwaltungssanktionenrecht) und intersystematische (Verwaltungssanktionenrecht und Kriminalstrafrecht) unterteilt.

(1) Innersystematische Anwendung zwischen Verwaltungssanktionenrecht und Verwaltungssanktionenrecht

In den innersystematischen Konstellationen, d.h. wenn mehrfache Verwaltungssanktionen in derselben Sache durch europäische Stellen drohen, kommen unterschiedlichen Grundrechtsadressaten in Betracht.

(a) Kommission

Die Kommission ist ein Organ der EU und daher gem. Art. 51 Abs. 1 S. 1 GRCh i.V.m. Art. 13 Abs. 1 UAbs. 2 EUV tauglicher Grundrechtsadressat. Ihr kommt in unterschiedlichen Rechtsgebieten eine Sanktionsbefugnis zu.

(aa) Kartellrecht

Eine Bußgeldregelung mit höchster praktischer Relevanz findet sich im europäischen Kartellrecht. Dort werden immer neue Rekordgeldbußen, z.T. mit bis zu

952 *Dannecker*, in: Madrid-Symposium für Tiedemann, Bausteine des europäischen Wirtschaftsstrafrechts, S. 331 f.

953 Entgegen einer häufig zu lesenden Behauptung kann die Kommission auch Sanktionen gegenüber natürlichen Personen verhängen. Richtig: *Oppermann/Classen/Nettesheim*, Europarecht, § 5, Rn 131. Dazu unten: S. 274 f. und S. 277 f.

954 Dazu bereits oben: S. 237.

955 Dazu näher: *Fromm*, ZIS 2007, S. 280 m.w.N.

einer Milliarde Euro gegenüber einzelnen Unternehmen verhängt,[956] so dass bereits von einer Belastung der Wirtschaft durch das europäische Kartellrecht gesprochen wird.[957] Die Gesamtsumme der von der Kommission verhängten Bußgelder belief sich beispielsweise im Jahr 2009 auf 1,62 Milliarden Euro,[958] so dass die Regelung nicht grundlos als „Speerspitze des europäischen Kollektivstrafrechts“ bezeichnet wird.[959] Die maßgebliche Norm, die die Verhängung derartiger Bußgelder erlaubt, ist Art. 23 der VO 1/2003. Die Kompetenzgrundlage für Art. 23 VO 1/2003 ist wiederum Art. 103 AEUV, der in seinem Abs. 2 lit. a i.V.m. Abs. 1 die Einführung von „Geldbußen und Zwangsgeldern“ u.a. mittels einer Verordnung erlaubt. Die gesamte Verordnung 1/2003 verfolgt dabei das Ziel der wirksamen und einheitlichen Anwendung der Art. 101, 102 AEUV, welche wiederum der Schaffung eines Systems dienen, das einen unverfälschten Wettbewerb im Gemeinsamen Markt gewährleistet.[960] Dem unverfälschten Wettbewerb drohen dabei von zwei Seiten Gefahren: von den Mitgliedstaaten sowie von den Wirtschaftsteilnehmern in Gestalt von Unternehmen. Die Aufgabe des Kartellrechts ist es, der letzteren Gefahr entgegenzuwirken. Unternehmen sollen an allen Verhalten gehindert werden, die mit den Grundsätzen der europäischen Wettbewerbsordnung unvereinbar sind.[961]

---

956 So beispielsweise gegen den US-Chiphersteller INTEL, gegen den eine Geldbuße i.H.v. 1,06 Milliarden verhängt wurde. Weitere Beispiele zur Verhängung hoher Geldbußen bei: *Dieckmann*, in: Wiedemann, Handbuch des Kartellrechts, § 46, Rn 8.

957 Siehe ein im Juli 2009 erschienener Artikel im Handelblatt, abrufbar unter: http://www.handelsblatt.com/eu-kartellrecht-belastet-die-wirtschaft;2432732 zuletzt abgerufen am 10.11.2012.

958 Dieser Betrag setzte sich aus 6 Kartellentscheidungen zusammen, in deren Rahmen 43 Unternehmen mit Geldbußen belegt wurden. Siehe: Bericht der Kommission über die Wettbewerbspolitik 2009, KOM, 2010, Nr. 282, Rn 66. Die jährlichen Bußgeldbeträge schwanken dabei meist zwischen 500 Millionen Euro und fast 2 Milliarden Euro. Zu den Beträgen der vergangenen Jahre siehe: *Rittner/Kulka*, Wettbewerbs- und Kartellrecht, § 14, Rn 112.

959 So: *Schünemann*, in: Madrid-Symposium für Tiedemann, Bausteine des europäischen Wirtschaftsstrafrechts, S. 291. *Vogel,* in: Sieber/Brüner/Satzger/Heintschel-Heinegg, Europäisches Strafrecht, § 5, Rn 8, weist darauf hin, dass in diesem „zentralen Bereich“ die „Ursprünge des supranationalen Sanktionenrechts“ liegen.

960 Vgl. den 1. Erwägungsgrund der VO 1/2003. Das System eines unverfälschten Wettbewerbs kann auch als Mittel zur Erreichung des Ziels „Gemeinsamer Markt“ angesehen werden. Der Begriff des Gemeinsamen Marktes wurde in den neuen Primärverträgen ausnahmslos durch den Begriff des Binnenmarktes ersetzt; vgl. Art. 3 Abs. 3 EUV und Art. 3 Abs. 1 lit. b AEUV.

961 *Wiedemann*, in: Wiedemann, Handbuch des Kartellrechts, § 1, Rn 1.

α) Verfahrensablauf und Ermittlungsmaßnahmen

Das „Sanktionsverfahren" der Kommission unterteilt sich grundsätzlich in eine Ermittlungs- und eine Entscheidungsphase. Erst wenn die Ermittlungs- bzw. Untersuchungsphase abgeschlossen ist, entscheidet die Kommission, ob ein formelles Verfahren (Entscheidungsphase) einzuleiten ist, und übermittelt dem betroffenen Unternehmen ihre Beschwerdepunkte, in denen auch die beabsichtigte Sanktionsart inklusive der Sanktionshöhe vermerkt werden, sofern eine Sanktionierung geplant ist.[962] In der Entscheidungsphase folgen eine Anhörung der Parteien (Art. 27 Abs. 1 VO 1/2003) sowie eine Beratung des Ausschusses für Kartell- und Monopolfragen (Art. 14 VO 1/2003). Als die Phase abschließende Entscheidungsarten kommen die Feststellungsentscheidung und Abstellungsanordnung[963] (Art. 7 VO 1/2003), die Verbindlicherklärung einer Verpflichtungszusage (Art. 9 VO 1/2003) sowie die Buß- oder Zwangsgeldentscheidung (Art. 23 und 24 VO 1/2003) in Betracht.[964] Stellt die Kommission fest, dass kein wett-

---

962 Die Verfahrenseinleitung wird durch den EuGH als hoheitlicher Rechtsakt der Kommission qualifiziert, der den Willen der Kommission zum Ausdruck bringt, eine Entscheidung herbeizuführen. Sie ist den betroffenen Unternehmen bekannt zu machen und kann durch die Kommission im Amtsblatt veröffentlicht werden (Art. 2 der VO 773/2004 der Kommission über die Durchführung von Verfahren auf Grundlage der Art. 81 und 82 EG-Vertrag). Siehe: ABl. EU, 2004, L 123, S. 18.

963 Die Abstellungsanordnung wird teilweise auch Verpflichtungsentscheidung genannt, die nicht mit der Verbindlicherklärung einer Verpflichtungszusage zu verwechseln ist.

964 Die Kommission stellt im Regelfall die Zuwiderhandlung fest, ordnet ihre Abstellung an und setzt eine Geldbuße fest. Die Abstellungsmaßnahmen müssen nicht immer verhaltensorientiert sein, sondern können auch struktureller Art sein (wie z.B. die Entflechtungsanordnung), wenn sich der Verstoß nicht anderweitig abstellen lässt. Die Abstellungsanordnung kann sich aber auch erübrigen, wenn die Zuwiderhandlung bereits abgestellt ist. Die Kommission kann aber auch von einer Geldbuße absehen und sich auf die reine Feststellung beschränken, sofern hierfür ein berechtigtes Interesse besteht (bloße Feststellungsentscheidung). Ist ein solches Interesse nicht gegeben, kann sie das Verfahren auch durch ein einfaches Verwaltungsschreiben abschließen. Zu den einzelnen Entscheidungsmöglichkeiten siehe: *Ritter*, in: Immenga/Mestmäcker, Wettbewerbsrecht EG, Band 1, Teil 2, VO 1/2003, Art. 7, Rn 34; *Dieckmann*, in: Wiedemann, Handbuch des Kartellrechts, § 45, Rn 1 f.; *Mestmäcker/Schweitzer*, Europäisches Wettbewerbsrecht, § 20, Rn 29f; *Kruck*, Der Grundsatz ne bis in idem im Europäischen Kartellverfahrensrecht, S. 31 f. Einen guten Überblick über den Ablauf des Verfahrens liefern: *Dannecker/Biermann*, in: Immenga/Mestmäcker, Wettbewerbsrecht EG, Band 1, Teil 2, VO 1/2003, Vorbem. Art. 23 f., Rn 218 f.; *Dieckmann*, in: Wiedemann, Handbuch des Kartellrechts, § 41, Rn 5 f.

bewerbswidriges Verhalten vorliegt, endet das Verfahren ohne förmliche Entscheidung durch Einstellung in Form eines einfachen Verwaltungsschreibens.[965]

Seitens der Literatur wird nun angeführt, nicht nur etwaige, hier noch näher zu erläuternde Entscheidungen der Kommission in derselben Sache, sondern bereits die Einleitung eines neuen formellen Verfahrens werde durch den ne bis in idem-Grundsatz gesperrt.[966] Nach den Erkenntnissen, die im kriminalstrafrechtlichen Teil der vorliegenden Fallgruppe erlangt wurden, greift dies aber wohl zu kurz. Bereits in der dem formellen Verfahren vorangehenden Ermittlungsphase dürften i.S.d. Art. 50 GRCh keinerlei Grundrechtseingriffe gegen ein Unternehmen vorgenommen werden, gegen das bereits eine taugliche Erstentscheidung ergangen ist, sofern sich die Ermittlungsmaßnahmen ausschließlich auf dieselbe Sache beziehen.

Im Rahmen der Ermittlungsphase kann die Kommission diverse Ermittlungsmaßnahmen durchführen, die sich i.d.R. gegen die Unternehmen richten, im Wesentlichen auf schriftliche Unterlagen ausgerichtet sind, verhältnismäßig sein müssen sowie nur aufgrund eines Anfangsverdachts ergehen können.[967] Die Kommission ist gem. Art. 18 Abs. 1 VO 1/2003 berechtigt, alle zur Erfüllung der ihr durch die Verordnung übertragenen Aufgaben erforderlichen Auskünfte einzuholen.[968] Im Falle der unrichtigen, irreführenden, unvollständigen Auskünfte oder auch völligen Auskunftsverweigerung durch ein Unternehmen drohen Geldbußen oder Zwangsgelder. Sofern demnach eine taugliche Erstentscheidung in einer Sache besteht, könnte das betroffene Unternehmen die erneute Auskunft in derselben Sache verweigern, ohne weitere Maßnahmen befürchten zu müssen.

Die Kommission kann gem. Art. 20 VO 1/2003 ferner Nachprüfungen in den Räumlichkeiten von Unternehmen anstellen, um noch nicht bekannte Beweismittel aufzufinden. Hierbei können die Bediensteten der Kommission alle Geschäftsräume betreten, alle Unterlagen einsehen, betriebliche Räumlichkeiten oder Unterlagen versiegeln, Abschriften anfertigen und mündliche Erklärungen

965 *Ritter*, in: Immenga/Mestmäcker, Wettbewerbsrecht EG, Band 1, Teil 2, VO 1/2003, Art. 7, Rn 34; *Kruck*, Der Grundsatz ne bis in idem im Europäischen Kartellverfahrensrecht, S. 33 f.

966 So zu verstehen z.B.: *Dannecker/Biermann*, in: Immenga/Mestmäcker, Wettbewerbsrecht EG, Band 1, Teil 2, VO 1/2003, Vorbem. Art. 23 f., Rn 247.

967 Hierzu: *Dieckmann*, in: Wiedemann, Handbuch des Kartellrechts, § 42, Rn 1, 4 f.

968 Auch kann sie im Rahmen von Sektoruntersuchungen gem. Art. 17 VO 1/2003 die Auskunftsbefugnisse des Art. 18 VO 1/2003 in Anspruch nehmen (Art. 17 Abs. 2 VO 1/2003). Zur Differenzierung zwischen einfachen Auskunftsverlangen und der formellen Auskunftsentscheidung siehe: *Dieckmann*, in: Wiedemann, Handbuch des Kartellrechts, § 42, Rn 13 f.

verlangen (vgl. Art. 20 Abs. 2 VO 1/2003). Mit einer gerichtlichen Genehmigung kann sogar in andere Räumlichkeiten wie z.B. Privatwohnungen eingedrungen werden (vgl. Art. 21 VO 1/2003). Die Nachprüfungen können sowohl von der Kommission als auch auf Ersuchen der Kommission durch die Behörden der Mitgliedstaaten durchgeführt werden (vgl. Art. 20 und 22 VO 1/2003). Es ist davon auszugehen, dass Nachprüfungen nach einer bestehenden Erstentscheidung in derselben Sache unzulässig sind, es sei denn, das Unternehmen erteilt – wie im Rahmen der einfachen Nachprüfung – seine ausdrückliche Zustimmung.[969]

Die Kommission kann gem. Art. 19 VO 1/2003 auch Befragungen durchführen, die allerdings nur mit Zustimmung des Betroffenen erfolgen können und bei unrichtigen, unvollständigen oder irreführenden Aussagen keine Sanktionen nach sich ziehen.[970] Befragungen bleiben damit auch nach einer tauglichen Erstentscheidung in derselben Sache weiterhin möglich.

Die erneute Vornahme von Ermittlungsmaßnahmen trotz bestehender Erstentscheidung i.S.d. Art. 50 GRCh in derselben Sache scheint jedoch eher ein theoretisches Problem darzustellen. Es ist davon auszugehen, dass die Kommission abgeschlossene Verfahren in sich ruhen lässt oder andernfalls ein Anfangsverdacht in Bezug auf eine neue Tat besteht.

β) Geldbußen gem. Art. 23 VO 1/2003

Art. 23 VO 1/2003 ermöglicht es der Kommission Geldbußen zu verhängen und nimmt dabei eine Unterscheidung zwischen leichten und schweren Verstößen gegen das Kartellrecht vor. Nach Abs. 1 können für bestimmte Verfahrensverstöße zunächst Geldbußen i.H.v. bis zu 1% des im vorausgegangenen Geschäftsjahr erzielten Gesamtumsatzes verhängt werden, während nach Abs. 2 Geldbußen mit bis zu 10 % wegen Verletzungen des materiellen Kartellrechts festgesetzt werden können.

Verfahrensverstöße i.S.d. Art. 23 Abs. 1 VO 1/2003 liegen vor, wenn im Rahmen der Auskunftsverlangen nach Art. 17 und 18 VO 1/2003 unrichtige, irreführende oder unvollständige Angaben gemacht werden (Art. 23 Abs. 1 lit. a

969 Zur Differenzierung zwischen Nachprüfungen aufgrund eines einfachen Prüfungsauftrags und formellen Nachprüfungsentscheidungen (vgl. Art. 20 Abs. 3 und 4 VO 1/2003) siehe: *Dieckmann*, in: Wiedemann, Handbuch des Kartellrechts, § 42, Rn 24 f.; *Burrichter/Hennig*, in: Immenga/Mestmäcker, Wettbewerbsrecht EG, Band 1, Teil 2, VO 1/2003, Art. 20, Rn 16.

970 *Dieckmann*, in: Wiedemann, Handbuch des Kartellrechts, § 42, Rn 47a; *Burrichter/Hennig*, in: Immenga/Mestmäcker, Wettbewerbsrecht EG, Band 1, Teil 2, VO 1/2003, Art. 19, Rn 2.

und b).[971] Ebenso sind Verletzungen von Mitwirkungs- und Duldungspflichten bei den Nachprüfungen aus Art. 20 VO 1/2003 bußgeldbeschwert (lit. c und d). Solche liegen z.B. vor, wenn angeforderte Bücher oder sonstige Geschäftsunterlagen nicht herausgegeben bzw. unrichtige Unterlagen vorgelegt werden, wenn die im Rahmen einer förmlichen Entscheidung angeordnete Nachprüfung durch Verwehren des Zutritts zu Räumlichkeiten nicht geduldet wird oder wenn gestellte Fragen gegenüber der Belegschaft fehlerhaft oder im Rahmen einer förmlichen Nachprüfung gar nicht beantwortet werden.[972] Als Verfahrensverstoß ist ferner der Bruch von bei Nachprüfungen angebrachten Siegeln gem. Art. 23 Abs. 1 lit. e VO 1/2003 bußgeldbewehrt.[973]

Als klassische Verstöße gegen materielles Kartellrecht i.S.d. Art. 23 Abs. 2 S. 1 lit. a VO 1/2003 kommen in erster Linie solche gegen Art. 101 und 102 AEUV in Betracht. Das sog. Kartellverbot aus Art. 101 AEUV stellt dabei die erste tragende Säule des europäischen Kartellrechts dar. Es enthält in Abs. 1 ein allgemeines Verbot, wettbewerbsbehindernde Vereinbarungen, Beschlüsse und abgestimmte Verhaltensweisen vorzunehmen.[974] Als „Regelbeispiele" werden im Katalog des Abs. 1 Preis- und Konditionenabsprachen, Kontrollvereinbarungen, Marktaufteilungen, Diskriminierungen von Handelspartnern und Kopplungsgeschäfte genannt. Sie sind die Haupterscheinungsformen der Delinquenz, können sowohl horizontaler Natur als auch vertikaler Natur sein und werden als

---

971 Näher zu diesen Voraussetzungen: *Dannecker/Biermann*, in: Immenga/Mestmäcker, Wettbewerbsrecht EG, Band 1, Teil 2, VO 1/2003, Art. 23, Rn 30 f.

972 Im Gegensatz zur einfachen Befragung nach Art. 19 VO 1/2003 tragen fehlerhafte oder unterblieben Auskünfte hier Konsequenzen nach sich. Ein einfacher Prüfungsauftrag zur Nachprüfung (Art. 20 Abs. 3 VO 1/2003) begründet zwar keine bußgeldbewehrte durchsetzbare Pflicht, z.B. eine Frage überhaupt zu beantworten. Deren freiwillige Beantwortung darf allerdings nicht unrichtig oder irreführend sein. Bei einer förmlichen Nachprüfungsentscheidung sind hingegen auch die Verweigerung oder nur unvollständige Auskunftserteilung bußgeldbewehrt. Zu den Verfahrensverstößen bei Nachprüfungen siehe: *Dannecker/Biermann*, in: Immenga/Mestmäcker, Wettbewerbsrecht EG, Band 1, Teil 2, VO 1/2003, Art. 23, Rn 35 f.

973 Dazu näher: *Dannecker/Biermann*, in: Immenga/Mestmäcker, Wettbewerbsrecht EG, Band 1, Teil 2, VO 1/2003, Art. 23, Rn 50 f.

974 Weitere Voraussetzung ist, dass durch die Tathandlung bestimmte Wettbewerbsbeschränkungen bewirkt oder zumindest bezweckt werden müssen. Ferner muss die Tathandlung zudem geeignet sein, den Handel zwischen den Mitgliedstaaten spürbar zu beeinträchtigen. Von dem sich aus Abs. 1 ergebenden Verbot können Unternehmen jedoch entweder unter den Voraussetzungen des Abs. 3 oder durch Gruppenfreistellungsverordnungen freigestellt sein.

besonders schwerwiegende Verstöße eingestuft.[975] Absatz 2 des Art. 101 AEUV bestimmt die Nichtigkeit derartiger Vereinbarungen oder Beschlüsse.[976] Als zweite Säule des europäischen Wettbewerbsrechts verbietet das sog. Missbrauchsverbot aus Art. 102 AEUV die missbräuchliche Ausnutzung einer beherrschenden Stellung auf dem Binnenmarkt oder einem wesentlichen Teil desselben durch ein oder mehrere Unternehmen. Nicht nur mehrere Unternehmen, sondern auch ein einzelnes mächtiges Unternehmen ist dazu in der Lage, das Ziel des Gemeinsamen Marktes zu gefährden.[977] Das Missbrauchsverbot erfasst sowohl Diskriminierungen und den Ausbeutungsmissbrauch gegenüber vor- und nachgelagerten Wirtschaftsstufen (vertikal) als auch den Behinderungsmissbrauch gegenüber anderen Unternehmen auf derselben Wirtschaftsstufe (horizontal).[978] Erneut werden – diesmal in Abs. 2 – „Regelbeispiele" genannt.

Neben den Bußgeldmöglichkeiten aufgrund von Verstößen gegen materielles Recht können nach Art. 23 Abs. 2 S. 1 lit. b VO 1/2003 auch Zuwiderhandlungen gegen einstweilige Maßnahmen nach Art. 8 VO 1/2003 sanktioniert werden. Denn nach einer Feststellungsentscheidung über einen Verstoß gegen die Art. 101, 102 AEUV kann die Kommission in Fällen besonderer Eilbedürftigkeit einstweilige Maßnahmen gem. Art. 8 VO 1/2003 anordnen, um den Sachverhalt vorläufig zu regeln. Zuletzt kann gem. Art. 23 Abs. 2 S. 1 lit. c VO 1/2003 eine Geldbuße verhängt werden, wenn eine für verbindlich erklärte Verpflichtungszusage eines Unternehmens von diesem anschließend nicht eingehalten wird. Um einer Abstellungsanordnung zuvorzukommen, kann ein Unternehmen Verpflichtungen anbieten, mit denen es seine Zuwiderhandlung abzustellen verspricht. Diese Verpflichtungszusagen kann die Kommission gem. Art. 9 Abs. 1 S. 1 VO 1/2003 dann für verbindlich erklären und das Verfahren vorzeitig einstellen.

---

975 *Dannecker/Biermann*, in: Immenga/Mestmäcker, Wettbewerbsrecht EG, Band 1, Teil 2, VO 1/2003, Art. 23, Rn 69.

976 Die Nichtigkeit hat zur Konsequenz, dass die Beschlüsse weder Wirkungen zwischen den sich wettbewerbswidrig absprechenden Parteien noch gegenüber Dritten entfalten können. Ansprüche des Kartells gegenüber Dritten auf Erfüllung oder Schadensersatz werden somit ausgeschlossen. Weitere Rechtsfolgen sind neben der VO 1/2003 dem entsprechenden nationalen Recht zu entnehmen.

977 Ebenso wie bei Art. 101 AEUV muss auch bei Art. 102 AEUV die Tathandlung dazu geeignet sein, den Handel zwischen den Mitgliedstaaten zu beeinträchtigen. Art. 102 AEUV sieht keine Rechtsfolgen vor. Sie sind der VO 1/2003 sowie dem nationalen Recht zu entnehmen.

978 *Dannecker/Biermann*, in: Immenga/Mestmäcker, Wettbewerbsrecht EG, Band 1, Teil 2, VO 1/2003, Art. 23, Rn 89.

Die Verhängung einer Geldbuße setzt gem. Art. 23 VO 1/2003 ein Verschulden des betroffenen Unternehmens voraus.[979] Da die Norm keine unterschiedlichen Rechtsfolgen an vorsätzliches oder fahrlässiges Verhalten knüpft, lässt die Kommission es häufig offen, welche Verschuldensform vorliegt. Dies wird von der Rechtsprechung akzeptiert.[980]

Zum Täterkreis zählen „Unternehmen und Unternehmensvereinigungen“, wobei diese Begriffe weder im Gesetz noch von der Kommission oder dem EuGH definiert werden. Man ist sich dennoch darüber einig, dass der Täterkreis der kartellrechtlichen Sanktionsnormen unternehmensbezogen ist, Geldbußen demnach nicht gegen für das Unternehmen handelnde natürliche Personen verhängt werden können.[981]

γ) Zwangsgelder gem. Art. 24 VO 1/2003

Neben dem Sanktionsmittel der Geldbuße besteht für die Kommission die Möglichkeit, Zwangsgelder gem. Art. 24 Abs. 1 VO 1/2003 i.H.v. bis zu 5% des im vorausgegangenen Geschäftsjahr erzielten durchschnittlichen Tagesumsatzes für jeden Tag des Verzugs zu verhängen. Die Mehrzahl der erlassenen Zwangsgelder wurde bislang wegen Nichteinhaltung von Abstellungsanordnungen erlassen (Art. 24 Abs. 1 lit. a VO 1/2003). Sie dienen aber auch der Durchsetzung einstweiliger Maßnahmen und Verpflichtungszusagen (lit. b und c), oder der Durchsetzung von Auskunfts- und Nachprüfungsentscheidungen (lit. d und e).

Zur Verhängung von Zwangsgeldern wird kein Verschulden vorausgesetzt. Es kann allenfalls bei dessen Höhe Berücksichtigung finden.[982]

δ) Geldbußen und Zwangsgelder als Sanktionen i.e.S.

Es stellt sich abermals die Frage, ob die dargestellten Maßnahmen Sanktionen i.e.S. bzw. strafähnlichen Charakters und damit taugliche Erstentscheidungen i.S.d. Art. 50 GRCh sind. Erneut muss zur Beurteilung dessen auf die im Rahmen der ersten Fallgruppe dargestellte Methodik zurückgegriffen werden, wo-

---

979 Das Verschulden kann dabei nur bei natürlichen Personen vorliegen, was dann dem jeweiligen Normadressat (Unternehmen oder Unternehmensvereinigung) zugerechnet wird. Dazu: *Nowak*, in: Loewenheim/Meessen/Riesenkampff, Kartellrecht, Art. 23 VerfVO, Rn 17 f.

980 Dazu: *Dieckmann*, in: Wiedemann, Handbuch des Kartellrechts, § 46, Rn 3 f.

981 *Mestmäcker/Schweitzer*, Europäisches Wettbewerbsrecht, § 21, Rn 14; *Dieckmann*, in: Wiedemann, Handbuch des Kartellrechts, § 46, Rn 1; *Dannecker/Biermann*, in: Immenga/Mestmäcker, Wettbewerbsrecht EG, Band 1, Teil 2, VO 1/2003, Vorbem. zu Art. 23 f., Rn 74 f.; *Vogel,* in: Sieber/Brüner/Satzger/Heintschel-Heinegg, Europäisches Strafrecht, § 5, Rn 26.

982 Dazu: *Dannecker/Biermann*, in: Immenga/Mestmäcker, Wettbewerbsrecht EG, Band 1, Teil 2, VO 1/2003, Art. 24, Rn 43 f.

nach der zugrunde liegenden Reaktion ein repressiver Zweck nachzuweisen ist, um sie als Sanktion qualifizieren zu können.[983]

Zwangsgelder haben keinen punitiven Charakter, sondern stellen ein Instrument des Verwaltungszwangs dar.[984] Sie dienen ausschließlich als Beugemittel und zur Prävention. Die Unternehmen sollen zu einem bestimmten Handeln, Dulden oder Unterlassen angehalten werden, um Gehorsam gegenüber der Kommission sowie die Effizienz des Verwaltungshandelns zu erzwingen.[985]

In der Prävention liegt auch die Überschneidung mit den Funktionen der Geldbußen.[986] Mit den Geldbußen werden im Kartellrecht sowohl präventive als auch repressive Zwecke verfolgt.[987] Im Rahmen der Prävention stehen die negative und positive Generalprävention im Vordergrund, während die Spezialprävention nahezu keine Rolle spielt. In erster Linie sollen die am Gemeinsamen Markt teilnehmenden Unternehmen vor weiteren wettbewerbsbeschränkenden Zuwiderhandlungen abgeschreckt werden. Doch auch dem Vertrauen in die Rechtsordnung bzw. der Aufrechterhaltung des Systems des unverfälschten Wettbewerbs räumt die Kommission eine wichtige Bedeutung ein, was durch ein stufenweises Vorgehen bei der Verhängung von Geldbußen signalisiert wird.[988] In repressiver Hinsicht stellen die Geldbußen eine Reaktion auf ein in der Vergangenheit liegendes Verhalten dar, indem sie vergangenes Unrecht ahnden.[989]

---

983 Siehe oben: S. 87 f.

984 So: *Weiß*, in: Loewenheim/Meessen/Riesenkampff, Kartellrecht, Art. 24 VerfVO, Rn 5; *Dannecker/Biermann*, in: Immenga/Mestmäcker, Wettbewerbsrecht EG, Band 1, Teil 2, VO 1/2003, Art. 24, Rn 45; *Vogel,* in: Sieber/Brüner/Satzger/Heintschel-Heinegg, Europäisches Strafrecht, § 5, Rn 23.

985 *Weiß*, in: Loewenheim/Meessen/Riesenkampff, Kartellrecht, Art. 24 VerfVO, Rn 5; *Mestmäcker/Schweitzer*, Europäisches Wettbewerbsrecht, § 21, Rn 1; *Dannecker/Biermann*, in: Immenga/Mestmäcker, Wettbewerbsrecht EG, Band 1, Teil 2, VO 1/2003, Vorbem. Art. 23 f., Rn 29 f., Art. 24, Rn 6 f.

986 *Dannecker/Biermann*, in: Immenga/Mestmäcker, Wettbewerbsrecht EG, Band 1, Teil 2, VO 1/2003, Art. 24, Rn 9.

987 So: *Mestmäcker/Schweitzer*, Europäisches Wettbewerbsrecht, § 19, Rn 4, § 21, Rn 8; *Dieckmann*, in: Wiedemann, Handbuch des Kartellrechts, § 46, Rn 1; *Dannecker/Biermann*, in: Immenga/Mestmäcker, Wettbewerbsrecht EG, Band 1, Teil 2, VO 1/2003, Vorbem. Art. 23 f., Rn 23 f.; *Vogel,* in: Sieber/Brüner/Satzger/Heintschel-Heinegg, Europäisches Strafrecht, § 5, Rn 26 f.

988 *Nowak*, in: Loewenheim/Meessen/Riesenkampff, Kartellrecht, Art. 23 VerfVO, Rn 4; *Dannecker/Biermann*, in: Immenga/Mestmäcker, Wettbewerbsrecht EG, Band 1, Teil 2, VO 1/2003, Vorbem. Art. 23 f., Rn 25 f.

989 *Dannecker/Biermann*, in: Immenga/Mestmäcker, Wettbewerbsrecht EG, Band 1, Teil 2, VO 1/2003, Vorbem. Art. 23 f., Rn 24.

Die Geldbuße ist also im Gegensatz zum Zwangsgeld als taugliche Erstentscheidung anzusehen, wodurch eine kumulative Festsetzung beider Maßnahmen in derselben Sache möglich ist, ohne dass Art. 50 GRCh dem entgegenstünde.[990] Das Ergebnis wird durch das nachgeordnete Kriterium der tatsächlichen Wirkung der Sanktion verstärkt. Denn die drakonischen Geldbußen gegen einzelne Unternehmen führen zu schwerwiegenden finanziellen Belastungen. Dieser Einordnung steht auch nicht die gegenteilige Aussage des europäischen Gesetzgebers entgegen, der die Geldbuße in Art. 23 Abs. 5 VO 1/2003 als „nicht strafrechtlichen Charakter(s)" bezeichnet. Im Rahmen der dargestellten Methodik in der ersten Fallgruppe wurde dem materiellen Gehalt der Norm bewusst Vorrang vor der Etikettierung durch den Gesetzgeber eingeräumt. Dies steht überdies im Einklang mit den „Engels-Kriterien" des EGMR, in denen der gesetzgeberischen Einordnung (dort allerdings durch die Mitgliedstaaten) ebenso nur eine indizielle Bedeutung zugesprochen wird. Gegen eine Auswirkung der gesetzgeberischen Einordnung spricht auch, dass der Rat mit Art. 23 Abs. 5 VO 1/2003 lediglich verdeutlichen wollte, die mitgliedstaatliche Souveränität auf dem Gebiet des Kriminalstrafrechts werde nicht beeinträchtigt. Es galt, den verfassungsrechtlichen Bedenken der Mitgliedstaaten vorzubeugen.[991]

Es bleibt also festzuhalten, dass die kartellrechtliche Geldbuße im Gegensatz zum Zwangsgeld als Sanktion i.e.S. bzw. strafrechtlichen Charakters und damit als taugliche Erstentscheidung i.S.d. Art. 50 GRCh anzusehen ist. Auch in der Literatur wird die Geldbuße des Kartellrechts überwiegend dem Strafrecht i.w.S. zugeordnet.[992]

Sofern man die Geldbuße einer der Reaktionsarten zuordnet, die in den Art. 4 und Art. 5 Abs. 1 der VO 2988/95 aufgelistet sind (Maßnahmen und Sanktionen i.w.S.), so ist sie unter Art. 5 Abs. 1 lit. a der VO 2988/95 zu fassen („Zahlung einer Geldbuße"). Die Geldbuße wird hier ausdrücklich genannt. Dies

---

990 *Mestmäcker/Schweitzer*, Europäisches Wettbewerbsrecht, § 21, Rn 2; *Dannecker/Biermann*, in: Immenga/Mestmäcker, Wettbewerbsrecht EG, Band 1, Teil 2, VO 1/2003, Art. 24, Rn 13, 48; *Nowak*, in: Loewenheim/Meessen/Riesenkampff, Kartellrecht, Art. 23 VerfVO, Rn 60.

991 *Nowak*, in: Loewenheim/Meessen/Riesenkampff, Kartellrecht, Art. 23 VerfVO, Rn 50; *Dannecker/Biermann*, in: Immenga/Mestmäcker, Wettbewerbsrecht EG, Band 1, Teil 2, VO 1/2003, Art. 23, Rn 328; *Schwarze/Weitbrecht*, Grundzüge des europäischen Kartellverfahrensrechts, § 7, Rn 16.

992 So: *Kindhäuser*, in: Frankfurter Kommentar zum Kartellrecht, Band 2, Art. 81 EGV, Bußgeldrechtliche Folgen, Rn 111 f.; *Nowak*, in: Loewenheim/Meessen/Riesenkampff, Kartellrecht, Art. 23 VerfVO, Rn 50; *Dannecker/Biermann*, in: Immenga/Mestmäcker, Wettbewerbsrecht EG, Band 1, Teil 2, VO 1/2003, Art. 23, Rn 332 f., die ebenso einen guten Überblick über die verschiedenen Ansichten der Einordnung liefern.

gilt unabhängig von dem Anwendungsbereich der VO 2988/95, der erst an späterer Stelle erörtert werden soll.[993]

ε) „Walt Wilhelm“ und „Aalborg Portland“-Rechtsprechung des EuGH

Die Geltung des ne bis in idem-Grundsatzes in Form eines ungeschriebenen europäischen allgemeinen Rechtsgrundsatzes war von Seiten der Literatur aufgrund des dargestellten strafrechtlichen Charakters der Geldbuße auch schon vor Inkrafttreten des Vertrages von Lissabon anerkannt. Dies galt für sämtliche Konstellationen des europäischen Kartellgeldbußenrechts, mithin auch für die vorliegende.[994] Ein Überwiegen dieser Ansicht trat aber erst mit Anerkennung des Grundsatzes durch den EuGH im Jahr 2004 ein.[995] Der EuGH brach infolge dieser Rechtsprechung mit dem aus den Mitgliedstaaten bekannten Postulat, den Grundsatz ausschließlich im Bereich des Kriminalstrafrechts anzuwenden, und kippte seine langjährige „Walt Wilhelm/Bundeskartellamt“-Rechtsprechung aus dem Jahr 1969. In der „Walt Wilhelm“-Entscheidung nahm der EuGH zu der Konstellation Stellung, ob eine mehrfache Sanktionierung einerseits von der Kommission und andererseits den nationalen Kartellbehörden in derselben Sache, d.h. auf gemeinschaftsrechtlicher und nationaler Ebene vollzogen werden könne. Er entschied, der ne bis in idem-Grundsatz stünde einer doppelten Verfahrensführung und Sanktionierung nicht entgegen. Doch schon damals milderte er die Konsequenzen seiner Rechtsprechung ab. Aus einem allgemeinen Billigkeitsgedanken leitete er ab, dass im Falle einer tatsächlichen Doppelsanktionierung die zuerst ergangene Sanktion bei der später zu verhängenden Sanktion zu

993 Dazu unten: S. 350 f.

994 Vgl.: *Dannecker/Biermann*, in: Immenga/Mestmäcker, Wettbewerbsrecht EG, Band 1, Teil 2, VO 1/2003, Vorbem. Art. 23 f., Rn 246 f.; *Cramer/Pananis*, in: Loewenheim/Meessen/Riesenkampff, Kartellrecht, § 81 GWB, Rn 89; *Kindhäuser*, in: Frankfurter Kommentar zum Kartellrecht, Band 2, Art. 81 EGV, Bußgeldrechtliche Folgen, Rn 226 f.; *Soltész/Marquier*, EuZW 2006, S. 102 f.; *Klees*, WuW 2006, S. 1230; *Scharf-Kröner*, in: Löwisch Festschrift, S. 303 f.; *Kuck*, WuW 2002, S. 689 f.; *Dalheimer*, in: Dalheimer/Feddersen/Miersch, EU-Kartellverfahrensverordnung, Vor. Art. 11, Rn 28 f.

995 Häufig wird in der Literatur ausgeführt, dass die Rechtsprechung den ne bis in idem-Grundsatz für das Kartellgeldbußenrecht bereits seit dem Jahre 1966 „anerkennt“. Hiermit ist allerdings lediglich eine „Anerkennung“ in Form einer Anrechnung und nicht der eines Erledigungsprinzips gemeint. Die Formulierungen sind daher differenziert zu betrachten. Ebenso verweisen die Erläuterungen des Präsidiums zu Art. 50 GRCh lediglich auf eine Anrechnungslösung, wenn sie behaupten: „Die Regel ne bis in idem wird im Unionsrecht angewandt. Siehe in der umfangreichen Rechtsprechung ...“.

berücksichtigen sei (Anrechnungslösung).[996] Im Jahr 2004 schloss der EuGH in der Rechtssache „Aalborg Portland u.a. ./. Kommission“ schließlich die Anwendung des Grundsatzes nicht mehr kategorisch aus, sondern machte sie von Voraussetzungen abhängig, die zuvor Generalanwalt Colomer in seinen Schlussanträgen erstmals formuliert hatte.[997] Auch wenn die Rechtsprechung von 2004 ursprünglich lediglich die vertikale Fallkonstellation zwischen Kommission und nationalen Behörden betraf, ist sie auf die übrigen Fallgruppen – mithin auch die vorliegende – zu übertragen.

Der ne bis in idem-Grundsatz wird seit dem Jahr 2004 also auch in der Rechtsprechung in Gestalt eines ungeschriebenen allgemeinen europäischen Rechtsgrundsatzes angewandt. Ob nun nach Inkrafttreten der Grundrechtscharta im europäischen Kartellrecht auf Art. 50 GRCh zurückgegriffen wird, bleibt abzuwarten.[998]

Sowohl die Rechtsprechung als auch die Literatur vertraten bisher allerdings, es handele sich bei allen europäischen Kartellverfahren um Verwaltungs- und nicht um Strafverfahren. Der strafrechtliche Charakter der Geldbußen führe lediglich dazu, dass die Bußgeldverfahren „strafrechtlichen Anforderungen genügen“ müssten.[999] Auch wenn die VO 1/2003 nicht zwischen Bußgeldverfahren und sonstigen Verfahren unterscheidet,[1000] lässt sich diese Ansicht mit dem Wortlaut des nun verbindlichen Art. 50 GRCh nicht in Einklang bringen, der von „Strafverfahren“ spricht. Um die erwünschte Anwendung des Art. 50 GRCh zu erreichen, sind die europäischen Kartellgeldbußeverfahren als Strafverfahren i.w.S. i.S.d. Art. 50 GRCh anzusehen. Nur auf diese Weise kann eine höhere Rechtssicherheit durch eine geschriebene Norm erreicht werden und dem im Rang über dem ungeschriebenen ne bis in idem-Grundsatz stehenden Unionsgrundrecht eine angemessene Bedeutung zukommen. Dies steht auch im Einklang zur Rechtsprechung des EGMR zum Begriff des „Strafverfahrens“.[1001]

996 Vgl.: EuGH, Urt. v. 13.2.1969 – „Wilhelm/Bundeskartellamt“, Slg. 1969, S. 1 f., S. 15.

997 Siehe: EuGH, Urt. v. 6.1.2004 – „Aalborg Portland u.a./Kommission“, Slg. 2004, Band I/1A, S. 123 f., S. 524.

998 Siehe dazu oben: S. 84 f.

999 So: *Nowak*, in: Loewenheim/Meessen/Riesenkampff, Kartellrecht, Art. 23 VerfVO, Rn 5, 51; *Mestmäcker/Schweitzer*, Europäisches Wettbewerbsrecht, § 19, Rn 3; *Dannecker/Biermann*, in: Immenga/Mestmäcker, Wettbewerbsrecht EG, Band 1, Teil 2, VO 1/2003, Vorbem. Art. 23 f., Rn 214, Art. 23, Rn 332 f. m.w.N.; zur Einordnung als Verwaltungsverfahren: EuGH, Urt. v. 18.5.1982 – „AM&S/Kommission“, Slg. 1982, Band II, S. 1575 f., S. 1611.

1000 *Dannecker/Biermann*, in: Immenga/Mestmäcker, Wettbewerbsrecht EG, Band 1, Teil 2, VO 1/2003, Vorbem. Art. 23 f., Rn 214.

1001 Siehe oben: S. 75 f.

ζ) Weitere Entscheidungsformen

Doch nicht nur Bußgeldentscheidungen, sondern auch andere Entscheidungsarten können als taugliche Erstentscheidung in Betracht kommen und die Sperrwirkung des Art. 50 GRCh auslösen.

Entscheidet sich die Kommission beispielsweise dazu, lediglich eine Feststellungsentscheidung und Abstellungsanordnung zu erlassen, ohne ein Bußgeld zu verhängen, so wird vertreten, dass anschließend keine weitere Bußgeldentscheidung in derselben Sache ergehen dürfe.[1002] Die Kommission träfe bei ihrer Ausgangsentscheidung, es bei einer Abstellungsanordnung zu belassen, die Entscheidung, das Unternehmen habe rechtswidrig gehandelt. Sie übe ihr Ermessen dahingehend aus, nur eine Abstellung des Verhaltens zu verlangen, es jedoch nicht als sanktionswürdig zu erachten.[1003]

Die Abstellungsanordnung als taugliche Erstentscheidung einzustufen, erscheint vertretbar. In ihr ist auch kein Widerspruch zu der hier vertretenen Systematik zu sehen, nach der sich ein Verfahren nur dann an Art. 50 GRCh messen lassen muss, wenn die ihm zugrunde liegende Maßnahme eine strafähnliche Sanktion bzw. Sanktion i.e.S. darstellt. Zwar handelt es sich bei der Abstellungsanordnung unstreitig nicht um eine repressive Sanktion, sondern nur um eine restitutive Maßnahme. Maßgeblich ist jedoch, dass die Kommission die Verhängung einer Geldbuße in Erwägung zieht und umfänglich prüft. Sie entscheidet sich in Bezug auf die Möglichkeit des Sanktionserlasses somit für einen „Freispruch" des Betroffenen und ordnet lediglich die Abstellung des Fehlverhaltens an. Der Freispruch muss im Falle einer materiellen Beurteilung des begangenen Unrechts aber dieselben Konsequenzen nach sich ziehen wie eine „Verurteilung". Sofern die „Verurteilung" die Sperrwirkung auslöst, muss dies ebenso für den „Freispruch" gelten.

1002 Die Feststellungsentscheidung ebenfalls als eine die Sperrwirkung auslösende Erstentscheidung ansehend: *Dannecker/Biermann*, in: Immenga/Mestmäcker, Wettbewerbsrecht EG, Band 1, Teil 2, VO 1/2003, Vorbem. Art. 23 f., Rn 247; *Eilmansberger*, in: Fischer Festschrift, S. 47; *Kruck*, Der Grundsatz ne bis in idem im Europäischen Kartellverfahrensrecht, S. 220 f. m.w.N. Anderer Ansicht: *Klees*, WuW 2006, S. 1224; *Dalheimer*, in: Dalheimer/Feddersen/Miersch, EU-Kartellverfahrensverordnung, Vor. Art. 11, Rn 28, die der Ansicht sind, dass ne bis in idem-Regelungen hier nicht relevant werden könnten, weil bei Abstellungsverfügungen sowie Verpflichtungszusagen ein reines Verwaltungshandeln vorläge. Die Kommission und mitgliedstaatlichen Behörden würden nicht daran gehindert, ein neues Verfahren zu eröffnen, wenn nun weitere Umstände über die Zuwiderhandlung bekannt würden, die eine Bußgeldverhängung dennoch rechtfertigten.

1003 So: *Kruck*, Der Grundsatz ne bis in idem im Europäischen Kartellverfahrensrecht, S. 220 f.

Ob eine verfahrensabschließende, formlose Einstellung der Sache eine taugliche Erstentscheidung i.S.d. Grundsatzes darstellt, wenn die Kommission zu dem Ergebnis kommt, dass letztlich keine Zuwiderhandlung vorlag, wird ebenfalls diskutiert.[1004] Dafür spricht, dass eine inhaltliche und materiellrechtliche Prüfung des Falles stattgefunden hat, und eine Verneinung der Tatbestandsmerkmale der Verbotsnormen im Hinblick auf die Sperrwirkung keine andere Konsequenz haben kann, als ihre Bejahung.[1005]

Eine differenzierende Lösung wird bei von der Kommission gegen Unternehmen zugesprochenen Verpflichtungszusagen vertreten. Es wird vorgetragen für die Kommission bestünde nach der Verbindlicherklärung einer Verpflichtungszusage nach Art. 9 Abs. 1 S. 2 VO 1/2003 zu einem weiteren „Tätigwerden (schließlich) kein Anlass mehr…", d.h. die Kommission könne hinsichtlich des vergangenen Verhalten auch keine Geldbuße mehr verhängen. Für die Fälle der Verpflichtungszusage käme nur ausnahmsweise eine Wiederaufnahme des Verfahrens gem. Art. 9 Abs. 2 VO 1/2003 in Betracht. Eine derartige Ausnahmeregelung wäre ansonsten überflüssig. Gerade diese Konsequenz schaffe den Anreiz für die Unternehmen, von dem Rechtsinstitut Gebrauch zu machen.[1006] Es wird daher zumindest auf europäischer Ebene von einer Sperrwirkung ausgegangen.

Die eigentliche Begründung, die auch diesen Ansatz vertretbar erscheinen lässt, ist jedoch erneut darin zu sehen, dass sich die Kommission hier nach materieller Beurteilung damit begnügt, keine Sanktion zu verhängen, die das vergangene Unrecht vergelten würde. Stattdessen gibt sie sich mit der Verhängung von „Auflagen" gegenüber den Betroffenen zufrieden, in denen diese erklären, bestimmte Verpflichtungen zu erfüllen. Die Entscheidung ist demzufolge mit der aus dem Kriminalstrafrecht bekannten „Einstellung unter Auflagen" vergleichbar.

Anders verhält es sich allerdings mit der Bindungswirkung für nationale Wettbewerbsbehörden und Gerichte nach einer Verpflichtungszusage der Kom-

1004 Die Einstellung als die Sperrwirkung auslösende Erstentscheidung ansehend: *Nowak*, in: Loewenheim/Meessen/Riesenkampff, Kartellrecht, Art. 23 VerfVO, Rn 48; *Soltész/Marquier*, EuZW 2006, S. 102. Anderer Ansicht: *Kruck*, Der Grundsatz ne bis in idem im Europäischen Kartellverfahrensrecht, S. 215 f. m.w.N.

1005 Siehe hierzu, wenn auch mit anderem Ergebnis: *Kruck*, Der Grundsatz ne bis in idem im Europäischen Kartellverfahrensrecht, S. 215 f.

1006 So: *Ritter*, in: Immenga/Mestmäcker, Wettbewerbsrecht EG, Band 1, Teil 2, VO 1/2003, Art. 9, Rn 29; *Anweiler*, in: Loewenheim/Meessen/Riesenkampff, Kartellrecht, Art. 9 VerfVO, Rn 32; *Eilmansberger*, in: Fischer Festschrift, S. 47 f. Anderer Ansicht, d.h. die Sperrwirkung ablehnend, einzig: *Kruck*, Der Grundsatz ne bis in idem im Europäischen Kartellverfahrensrecht, S. 237.

mission. Ohne an dieser Stelle zu weit auf das vertikale Verhältnis zwischen Kommission und nationalen Behörden vorzugreifen, soll festgehalten werden, dass die nationalen Behörden nicht daran gehindert sind, mittels eines Bußgeldes in derselben Sache nachzusanktionieren. Die Bindung der Verpflichtungszusage besteht nur zwischen der Kommission und dem Unternehmen. In vertikaler Richtung besteht keine Sperrwirkung.[1007] Dass die nationalen Behörden nach einer entsprechenden Entscheidung der Kommission nachsanktionieren wollen, ist allerdings unwahrscheinlich, da sie damit hinsichtlich des konkreten Falles einen Widerspruch zur Kommission offen aufzeigen würden, den es eigentlich durch Zusammenarbeit im ECN zu verhindern gilt.[1008]

η) Zwischenergebnis

Es bleibt festzuhalten, dass Art. 50 GRCh in der vorliegenden Fallgruppe im Rahmen des europäischen Kartellrechts Anwendung findet. Dem steht auch die VO 1/2003 nicht entgegen, da sie keine ne bis in idem-Regelung enthält.

Sobald die Kommission also eine der genannten Erstentscheidungen gegen ein Unternehmen erlassen hat, hindert Art. 50 GRCh sie am Erlass einer Zweitentscheidung in derselben Sache, auch wenn nachträglich Umstände aufgedeckt werden, bei deren Kenntnis sie im Vorhinein eine höhere Geldbuße festgesetzt hätte. Dies gilt insbesondere auch für die Vornahme weiterer Nachprüfungen i.S.d. Art. 20 VO 1/2003 bei demselben Unternehmen in derselben Sache. Sie ist also auf den Erfolg in einem einzigen Verfahrensanlauf angewiesen. Dies ist hinnehmbar, da sie bei ihren vorhergehenden Ermittlungen auch keinerlei unmittelbaren Fristen unterliegt. Sobald sie ein Verfahren einleitet, wird die Verjährung der Befugnis, Zwangsgelder oder Geldbußen zu verhängen, gem. Art. 25 Abs. 3 S. 3 lit. c VO 1/2003 unterbrochen. Trotz der Vorgabe aus Art. 25 Abs. 5 S. 2 VO 1/2003, eine „angemessene Verfahrensdauer" einzuhalten, verfügt sie über ausreichend Zeit, den Sacherhalt zu erforschen. Die Gefahr einer Unterbestrafung von Unternehmen (sog. „under Punishment") ist damit hinnehmbar.

(bb) Eisenbahn-, Straßen-, Binnenschiff- und Luftverkehrsrecht

Vor Inkrafttreten des Art. 23 der VO 1/2003 existierten bereits entsprechende wettbewerbsrechtliche Geldbußeregelungen in Verordnungen zum Eisenbahn-,

1007 *Ritter*, in: Immenga/Mestmäcker, Wettbewerbsrecht EG, Band 1, Teil 2, VO 1/2003, Art. 9, Rn 31; *Anweiler*, in: Loewenheim/Meessen/Riesenkampff, Kartellrecht, Art. 9 VerfVO, Rn 34.

1008 *Ritter*, in: Immenga/Mestmäcker, Wettbewerbsrecht EG, Band 1, Teil 2, VO 1/2003, Art. 9, Rn 31.

Straßen- und Binnenschiffs-[1009] sowie dem Luftverkehr.[1010] Die entsprechenden Ratsverordnungen der EWG regelten Einzelheiten der Anwendung des primärrechtlichen Kartell- und Missbrauchsverbots in den jeweiligen Bereichen. Mit Inkrafttreten der VO 1/2003 wurden diese Bußgeldregelungen jedoch durch den Art. 23 VO 1/2003 ersetzt und große Teile der Verordnungen aufgehoben (vgl. Art. 36 f. VO 1/2003).[1011] In Bezug auf Art. 50 GRCh gelten somit die obigen Ausführungen.

(cc) Fusionskontrollrecht

Eine weitere Bußgeldbefugnis der Kommission findet sich in Art. 14 der VO 139/2004 über die Kontrolle von Unternehmenszusammenschlüssen (sog. Fusionskontrollverordnung),[1012] der Art. 23 VO 1/2003 nachgebildet ist, in der Praxis aufgrund der niedrigeren Bußgeldhöhen aber keine vergleichbare Beachtung findet.[1013] Obwohl der EuGH in den siebziger und achtziger Jahren die Art. 101, 102 AEUV (Art. 81, 82 EGV a.F.) auf bestimmte Zusammenschlüsse anwendete, hat sich der europäische Gesetzgeber nunmehr dazu entschieden, allein die Fusionskontrollverordnung für Zusammenschlüsse i.S.d. Art. 3 VO 139/2004 als maßgeblich zu bestimmen (vgl. Art. 21 Abs. 1 VO 139/2004). Da die primärrechtlichen Wettbewerbsregeln (Art. 81, 82 EGV a.F.) jedoch nicht durch Sekundärrecht (VO 139/2004) verdrängt werden konnten, bediente man sich des Kunstgriffs, die anderen Durchführungsverordnungen i.S.d. Art. 103 AEUV zumindest für Zusammenschlüsse i.S.d Art. 3 VO 139/2004 auszuschließen, um eine Doppelkontrolle zu vermeiden.[1014] Die auf Art. 103 Abs. 2 i.V.m. Art. 352

1009 Vgl. Art. 22 der VO 1017/68 über die Anwendung von Wettbewerbsregeln auf dem Gebiet des Eisenbahn-, Straßen- und Binnenschiffsverkehrs. Siehe, in: ABl. EWG, 1968, L 175, S. 1 f.

1010 Vgl. Art. 12 der VO 3975/87 über die Einzelheiten der Anwendung der Wettbewerbsregeln auf Luftfahrtunternehmen. Siehe, in: ABl. EWG 1987, L 374, S. 1 f.

1011 Siehe dazu ebenso den 36. Erwägungsgrund der VO 1/2003.

1012 ABl. EG 2004, L 24, S. 1 f.

1013 Die meisten Geldbußen wurden aufgrund formeller Verstöße verhängt und blieben unter 100.000 Euro. Zu den bislang nur 6 Fällen, in denen die Kommission eine Geldbuße verhängt hat, siehe: *Wagemann*, in: Wiedemann, Handbuch des Kartellrechts, § 17, Rn 196, Rn 202 f. Auch die Ermittlungsbefugnisse der Kommission gem. Art. 13 VO 139/2004 sind mit denen der Kartellverfahrensverordnung vergleichbar. Dazu: *Staebe/Denzel*, EWS 2004, S. 198.

1014 Hierzu gehört neben den Verordnungen zum Eisenbahn-, Straßen-, Binnenschiffs- und Luftverkehr auch die VO 1/2003. Näher zum Verhältnis zwischen der VO 139/2004, der VO 1/2003 und den Art. 101, 102 AEUV siehe: *Körber*, in: Immenga/Mestmäcker, Wettbewerbsrecht EG, Band 1, Teil 2, Art. 21 FKVO, Rn 4 f.; *Wagemann*, in: Wiedemann, Handbuch des Kartellrechts, § 15, Rn 6 f.

AEUV gestützte Verordnung will eine Verschlechterung der Wettbewerbsbedingungen durch Konzentration wirtschaftlicher Macht verhindern, indem sich ursprünglich selbstständige Unternehmen zusammenschließen. Damit verfolgt sie ebenfalls das übergeordnete Ziel, einen gemeinsamen Markt zu errichten.

Die Kommission besitzt umfangreiche Ermittlungsbefugnisse, die denen in der VO 1/2003 ähneln (vgl. Art. 13 der VO 139/2004) und damit im Hinblick auf Art. 50 GRCh gleich zu behandeln sind.[1015]

Der Täterkreis des Art. 14 der VO 139/2004 bestimmt sich wie folgt: Die Kommission kann sowohl gegen Unternehmen und Unternehmensvereinigungen als auch – im Gegensatz zur VO 1/2003 – gegen natürliche Personen Geldbußen verhängen. Natürliche Personen werden hier nicht als Unterfall von Unternehmen verstanden.[1016] Die natürliche Person muss allerdings die Voraussetzungen des Art. 3 Abs. 1 lit. b der VO 139/2004 erfüllen, d.h. sie muss eines der Unternehmen „kontrollieren" oder einer eigenen Wirtschaftstätigkeit nachgehen und damit die Anforderungen des funktionalen, kartellrechtlichen Unternehmensbegriffs erfüllen.[1017] Die bloße Eigenschaft als Vorstandsmitglied oder Geschäftsführer eines Unternehmens genügt mangels abgesicherter Dauerhaftigkeit der Kontrollmöglichkeiten nicht.[1018]

Als formelle Bußgeldgründe kommen nach Art. 14 Abs. 1 VO 139/2004 das Erteilen unrichtiger oder irreführender Angaben in der Anmeldung bzw. in Antworten auf Auskunftsersuchen sowie Verstöße gegen Duldungs- und Mitwirkungspflichten bei Nachprüfungen in Betracht. Einen materiellen Grund i.S.d. Art. 14 Abs. 2 der VO 139/2004 stellt z.B. der Vollzug eines Zusammenschlusses dar, der vorher nicht angemeldet wurde oder als zulässiger Zusammenschluss i.S.d. Art. 7 Abs. 2 oder 3 der VO 139/2004 gilt. Ebenso werden der Vollzug eines Zusammenschlusses entgegen dem grundsätzlichen Vollzugsverbot aus Art. 7 Abs. 1 der VO 139/2004 sowie der Vollzug eines Zusammenschlusses trotz einer Untersagungsentscheidung der Unvereinbarkeit mit dem Markt gem. Art. 8 Abs. 3 der VO 139/2004 als materielle Gründe i.S.d. Art. 14 Abs. 2 der VO 139/2004 genannt.[1019] Auch kann die Kommission gem. Art. 15

1015 Siehe oben: S. 261 f.

1016 Dies belegt auch der 41. Erwägungsgrund.

1017 *Körber*, in: Immenga/Mestmäcker, Wettbewerbsrecht EG, Band 1, Teil 2, Art. 14 FKVO, Rn 5.

1018 *Körber*, in: Immenga/Mestmäcker, Wettbewerbsrecht EG, Band 1, Teil 2, Art. 3 FKVO, Rn 9.

1019 Der Bußgeldrahmen ist in Anlehnung an die VO 1/2003 deutlich angehoben worden. Der Höchstbetrag für formelle Verstöße beträgt nun 1 % des von dem beteiligten Unternehmen erzielten Gesamtumsatzes, während der Höchstbetrag für materielle Verstöße 10 % beträgt.

VO 139/2004 Zwangsgelder verhängen. Allein die Verhängung von Geldbußen setzt den Nachweis eines Verschuldens in Form von Vorsatz oder Fahrlässigkeit voraus.[1020] Art. 14 Abs. 4 der VO 139/2004 stellt klar, dass die Bußgeldentscheidungen „nicht strafrechtlicher Art“ sind.

In Bezug auf die Einordnung der Maßnahmen gilt das zu Art. 23 und 24 VO 1/2003 Gesagte. Die Geldbußen des Art. 14 VO 139/2004 sind im Gegensatz zu den Zwangsgeldern des Art. 15 VO 139/2004 als Sanktionen i.e.S. bzw. strafähnlichen Charakters und damit als taugliche Erstentscheidungen i.S.d. Art. 50 GRCh anzusehen.[1021] Hinsichtlich einer Einordnung der Geldbuße in die in Art. 4 und Art. 5 Abs. 1 der VO 2988/95 enthaltene Differenzierung wird ebenfalls auf die Ausführungen zur Geldbuße im europäischen Kartellrecht verwiesen.[1022]

In den klassischen Verstoßkonstellationen ordnet die Kommission – neben dem Bußgeld wegen der unterlassenen Anmeldung und des Zusammenschlusses – zusätzlich die Auflösung (sog. „Entflechtung“) der Fusion gem. Art. 8 Abs. 4 der VO 139/2004 an. Dem steht Art. 50 GRCh nicht im Wege. Die Entscheidungsform der Entflechtungsanordnung ist einzig darauf gerichtet, den vor dem Zusammenschluss bestandenen Rechtszustand wiederherzustellen, mithin rein restitutiver Natur.[1023] Neben der Entflechtungsanordnung kann sie somit auch jede andere geeignete Maßnahme i.S.d. Art. 8 Abs. 4 VO 139/2004 anordnen (Nebenpflichten), um sicherzustellen, dass die sog. Entflechtung auch tatsächlich durchgeführt wird.[1024] Für jedes Nichterfüllen einer angeordneten Maßnahme kann sie nach Art. 14 Abs. 2 lit. c VO 139/2004 wiederum Geldbußen verhängen. Ebenso kann sie gem. Art. 15 Abs. 1 lit. d VO 139/2004 Zwangsgelder erlassen, um das eigentliche Ziel der Auflösung zu erreichen.

Die Verordnung VO 139/2004 enthält keine eigene ne bis in idem-Regelung, die mit der Anwendung des Art. 50 GRCh kollidieren könnte.

(b) EuGH (Ordnungsgelder)

Auch der EuGH ist als „Organ(e)… der Union“ i.S.d. Art. 51 Abs. 1 S. 1 GRCh i.V.m. Art. 13 Abs. 1 UAbs. 2 EUV Grundrechtsadressat des Art. 50 GRCh.

1020 Dazu: *Wagemann*, in: Wiedemann, Handbuch des Kartellrechts, § 17, Rn 200.

1021 Vgl. oben: S. 266 f.

1022 Vgl. oben: S. 266 f.

1023 *Körber*, in: Immenga/Mestmäcker, Wettbewerbsrecht EG, Band 1, Teil 2, Art. 8 FKVO, Rn 196.

1024 Sie kann beispielsweise einen Veräußerungstreuhänder bestellen oder Berichtspflichten anordnen; *Staebe/Denzel*, EWS 2004, S. 198.

Nach Art. 48 § 2 S. 1 der Verfahrensordnung des EuGH[1025] kann er einen nicht erschienenen, jedoch ordnungsgemäß geladenen Zeugen mit einer Geldbuße i.H.v. bis zu 5000 Euro belegen und die erneute Ladung auf dessen Kosten anordnen. Gleiches gilt nach S. 2 für den Fall, dass der Zeuge ohne berechtigten Grund die Aussage, die Eidesleistung oder die Versicherung an Eides statt verweigert.

Eine inhaltlich gleiche Regelung findet sich für den EuG in Art. 69 § 2 S. 1 und 2 der Verfahrensordnung des EuG.[1026] Der EuG ist Spruchkörper des EuGH[1027] und daher wohl über die Bindung des EuGH ebenfalls zur Einhaltung des Art. 50 GRCh verpflichtet.

Mehrfache Sanktionierungen wegen desselben Verhaltens sind in diesem Fällen somit wegen Art. 50 GRCh unzulässig. Ein tatsächliches Auftreten solcher Fälle erscheint allerdings unwahrscheinlich.[1028]

(c) EZB (Gemeinschaftliche Geldpolitik)

Auch die EZB ist nach dem Primärrecht dazu befugt, Sanktionen zu verhängen. Sie ist gem. Art. 51 Abs. 1 S. 1 GRCh i.V.m. Art. 13 Abs. 1 UAbs. 2 EUV seit dem Vertrag von Lissabon ebenfalls Organ der Union und somit Grundrechtsadressat. Ihr wird es nach Art. 132 Abs. 3 AEUV ermöglicht, „bei Nichteinhaltung der Verpflichtungen, die sich aus ihren Verordnungen und Beschlüssen ergeben, … Geldbußen oder in regelmäßigen Abständen zu zahlende *Zwangs*gelder“[1029] gegen Unternehmen festzusetzen. Das Bedürfnis dieser außergewöhnlichen Zuweisung einer Sanktionskompetenz an die EZB ergibt sich aus den Erfordernissen der gemeinschaftlichen Geldpolitik.

(aa) Rahmenregelungen der VO 2532/98

Sanktionen werden von der EZB insbesondere bei der Auferlegung von Mindestreserven und statistischen Meldepflichten angewandt.[1030] In diesen Berei-

---

1025 Verfahrensordnung des Gerichtshofes der Europäischen Gemeinschaften vom 19. Juni 1991. Siehe, in: ABl. EU, L 176, S. 7 f. Abgedruckt in *Schwarze*, EU-Kommentar, Anhang, S. 2356 f.

1026 Verfahrensordnung des Gerichts erster Instanz der Europäischen Gemeinschaften vom 2. Mai 1991. Siehe, in: ABl. EU, 1991, L 136, S. 1 f. Abgedruckt in *Schwarze*, EU-Kommentar, Anhang, S. 2411 f.

1027 *Hatje*, in: Schwarze, EU-Kommentar, Art. 7 EGV, Rn 35.

1028 Zu Art. 30 der Verfahrensordnung des EuGH vgl.: *Vogel*, in: Sieber/Brüner/Satzger/Heintschel-Heinegg, Europäisches Strafrecht, § 6, Rn 44 f.; *Satzger*, Internationales und Europäisches Strafrecht, § 8, Rn 11 f.

1029 Hervorhebung durch den Verfasser.

1030 *Zilioli/Kroppenstedt*, in: v.d.Groeben/Schwarze, EUV/EGV-Kommentar, Band 3, Art. 110 EGV, Rn 52.

chen bestehen besondere Verordnungen, die auch Sanktionstatbestände enthalten. Ebenfalls existiert eine auf den Sanktionserlass der EZB gerichtete allgemeine VO 2532/98 über das Recht der EZB, Sanktionen zu verhängen.[1031] In Art. 2 enthält sie Regeln zum Erlass von Sanktionen, genauer deren Obergrenzen, die Erforderlichkeit der Einhaltung des Verhältnismäßigkeitsgrundsatzes sowie Maßstäbe zur Bemessung von Sanktionen. Ferner legt Art. 3 der VO 2532/98 allgemeine Regeln zum Übertretungsverfahren fest. Sowohl das EZB-Direktorium als auch die nationalen Zentralbanken können nach dessen Abs. 1 ein Übertretungsverfahren einleiten. Die Entscheidung über eine Sanktion trifft aber nach Abs. 4 allein das Direktorium der EZB. Bevor die o.g. Rechtsschutzmöglichkeit des Art. 263 AEUV i.V.m. Art. 5 VO 2532/98 zur Verfügung steht, muss allerdings das dem gerichtlichen Verfahren vorgeschaltete Verwaltungsverfahren durchlaufen werden. Der Betroffene muss die Entscheidung des Direktoriums innerhalb einer bestimmten Frist dem Rat der EZB zur Überprüfung vorlegen. Sobald dieser die Entscheidung bestätigt, liegt eine endgültige Entscheidung vor.[1032] Sanktionstatbestände selbst enthält die Verordnung nicht. Mögliche Täter sind nicht nur juristische, sondern auch alle natürlichen Personen.[1033] Beide unterliegen dem in Art. 1 Nr. 3 VO 2532/98 festgelegten Unternehmensbegriff. Regelmäßig sind es jedoch die Geschäftsbanken – mithin juristische Personen –, auf deren Zusammenarbeit die Zentralbank bei der Umsetzung ihrer Geldpolitik angewiesen ist.[1034]

Nach Art. 2 Abs. 1 der VO 2532/98 werden im Rahmen der Festlegung der Obergrenzen die „Sanktionsmittel“ der „Geldbuße“ und „in regelmäßigen Abständen zu zahlende *Straf*gelder“[1035] genannt. Beide Maßnahmen sind in Art. 1 Nr. 5 und 6 der VO 2532/98 legaldefiniert. Ob die *Straf*gelder i.S.d. Verordnung den primärrechtlichen *Zwangs*geldern gleichgesetzt werden können, soll an späterer Stelle erläutert werden.[1036] Fest steht zunächst nur, dass die im Primärrecht genannten „Geldbußen“ Sanktionen (i.e.S.) und die dort genannten „*Zwangs*gelder“ keine Sanktionen i.e.S. sind. Dies entspricht den Ausführungen zum euro-

1031 Siehe: ABl. EG, 1998, L 318, S. 4 f.

1032 *Smits*, in: v.d.Groeben/Schwarze, EUV/EGV-Kommentar, Band 3, ESZB-Satzung, Anhang zu Art. 124 EGV, Protokoll Nr. 18, Art. 5, Rn 50.

1033 Dazu: *Zilioli/Kroppenstedt*, in: v.d.Groeben/Schwarze, EUV/EGV-Kommentar, Band 3, Art. 110 EGV, Rn 52; *Bandilla*, in: Grabitz/Hilf/Nettesheim, Das Recht der Europäischen Union, 40. Ergänzungslieferung, Band 3, Art. 110 EGV, Rn 15.

1034 *Bandilla*, in: Grabitz/Hilf/Nettesheim, Das Recht der Europäischen Union, 40. Ergänzungslieferung, Band 3, Art. 110 EGV, Rn 15.

1035 Hervorhebungen durch den Verfasser.

1036 Siehe unten: S. 283 f.

päischen Kartellrecht (Art. 23 und Art. 24 VO 1/2003).[1037] Der inhaltliche Gleichlauf der primärrechtlichen Begrifflichkeiten ist für die Rechtssicherheit unerlässlich. Neben der aufgezeigten Unklarheit zwischen den primär- und sekundärrechtlichen Begriffen existieren weitere Ungereimtheiten innerhalb des abgestuften Sekundärrechts. Obwohl es sich bei der VO 2532/98 um einen allgemeinen Teil bzgl. der Verhängung von Sanktionen handelt, wird im Rahmen der besonderen Verordnungen zu den Mindestreserven und statistischen Meldepflichten teilweise weder die in der VO 2532/98 vorgegebene Terminologie der Sanktionsmittel eingehalten noch werden die Sanktionsarten selbst aufgegriffen.

(bb) Zahlungen gem. Art. 7 Abs. 1 lit. a der VO 2531/98 (Mindestreservepflichten)

Zur Verwirklichung des vorrangigen Ziels der Preisstabilität i.S.d. Art. 127 Abs. 1 S. 1 AEUV kann die EZB die Unterhaltung von Mindestreserven der in den Mitgliedstaaten niedergelassenen Kreditinstitute auf Konten der EZB und der nationalen Zentralbanken verlangen.[1038] Bei Nichteinhaltung der Mindestreservepflicht kann die EZB gem. Art. 7 Abs. 1 lit. a der VO 2531/98 (Verordnung über die Auferlegung einer Mindestreservepflicht durch die EZB)[1039] „die Zahlung von bis zu 5 Prozentpunkten über dem Spitzenrefinanzierungssatz der ESZB[1040] oder das zweifache dieses Zinssatzes, in beiden Fällen bezogen auf den Betrag der Mindestreserveunterschreitung des betreffenden Instituts" verlangen. Eine Nichteinhaltung liegt vor, wenn der Tagesendstand eines Mindestreservekontos eines Instituts innerhalb der Mindestreserveerfüllungsperiode sein

1037 Siehe oben: S. 266 f.

1038 Die Mindestreservepflicht dient der Stabilisierung der Geldmarktsätze. Die vorgeschriebenen Mindestreserven geben den Kreditinstituten die Möglichkeit, Liquiditätsschwankungen, die beispielsweise durch eine unterschiedliche Bargeldnachfrage verursacht werden, aufzufangen. Sie trägt außerdem dazu bei, einen strukturell bedingten Finanzierungsbedarf in Erscheinung treten zu lassen oder hervorzuheben. Dies erleichtert der EZB das Liquiditätsmanagement auf dem Geldmarkt. Vgl. eine von der EU veröffentlichte Beschreibung: http://europa.eu/legislation_summaries/economic_and_monetary_affairs/institutional_and_economic_framework/l25045_de.htm zuletzt abgerufen am 10.11.2012. Näheres zu den Mindestreserven: *Weenink*, in: v.d.Groeben/Schwarze, EUV/EGV-Kommentar, Band 3, ESZB-Satzung, Anhang zu Art. 124 EGV, Protokoll Nr. 18, Art. 19, Rn 1 f.; *Behrendt*, EuZW 2002, S. 364 f., S. 365.

1039 Siehe: ABl. EG, 1998, L 318, S. 1 f.

1040 Das „Europäisches System der Zentralbanken" ist gem. Art. 282 Abs. 1 S. 1 AEUV eine Sammelbezeichnung für die EZB und die nationalen Zentralbanken ohne eigene Rechtspersönlichkeit.

Reservesoll für die entsprechende Reserveperiode unterschreitet.[1041] Bei einer erstmaligen Verfehlung wird zunächst nur eine Sanktion i.H.v. 2,5 Prozentpunkten verhängt. Bei wiederholten Verstößen, d.h. mehr als zwei Verstößen innerhalb eines Jahres, erhöht sich die Sanktion auf 5 Prozentpunkte.[1042] Der Täterkreis beschränkt sich gem. Art. 7 Abs. 1 VO 2531/98 auf Kredit-„Institute", d.h. juristische Personen.[1043] Ein Verschulden wird nicht gefordert.

(cc) Zahlungen als Sanktionen i.e.S.

Um eine Anwendung des Art. 50 GRCh zu ermöglichen, muss sich die dargestellte Maßnahme aus Art. 7 Abs. 1 lit. a der VO 2531/98 als Sanktion i.e.S. bzw. strafähnliche Sanktion und damit taugliche Erstentscheidung darstellen. Zur Beurteilung soll erneut auf die im Rahmen der ersten Fallgruppe erläuterten Methodik zurückgegriffen werden.[1044] Weder die Norm selbst noch die Literatur ordnen die Maßnahme einer gängigen Sanktionsart zu.[1045] Auch lassen sich den Erwägungsgründen keine den Maßnahmen zugrunde liegenden Zwecke entnehmen. Ein Blick in die ebenfalls vom europäischen Gesetzgeber erlassene Satzung der EZB verrät jedoch, dass dieser die Maßnahme als „Strafzins" versteht. Denn Art. 19.1 der Satzung regelt, dass in Bezug auf Mindestreserven die Möglichkeit der Erhebung von „Strafzinsen … und sonstige(r) Sanktionen mit vergleichbarer Wirkung" besteht. In Anbetracht der Verwendung des Begriffs „Strafe" scheint der europäische Gesetzgeber die Maßnahme als Sanktion i.e.S. zu verstehen.

Dem ist im Ergebnis zuzustimmen. Die Maßnahme kann als Strafzuschlag i.w.S. verstanden werden. Aus subventionsrechtlicher Sicht lag ein solcher im europäischen Agrarrecht vor, wenn eine über die bloße Wiedereinziehung des unrechtmäßig empfangenen Betrages hinausgehende Zahlung eines weiteren Geldbetrages verlangt wird. Auch wenn im Bereich der Mindestreserven keine im Voraus unrechtmäßig erfolgte Zahlung vorliegt, sondern die EZB, d.h. die sanktionierende Stelle vielmehr auf die Hinterlegung der Mindestreserve wartet, besteht die Vergleichbarkeit darin, dass in beiden Fällen die Zahlung eines Be-

1041 Siehe Pkt. 7.6 der Leitlinie der EZB über geldpolitische Instrumente und Verfahren des Eurosystems v. 31.08.00, in: ABl. EG, 2000, L 310, S. 1 f.

1042 Dies lässt sich einer Mitteilung der EZB über die Verhängung von Sanktionen aufgrund der Verletzungen der Mindestreservepflicht entnehmen. Siehe: ABl. EG, 2000, C 39, S. 3.

1043 „Institute" sind gem. Art. 1 Nr. 3 VO 2531/98 i.V.m. Art. 19.1 der Satzung der EZB in den Mitgliedstaaten niedergelassene Kreditinstitute.

1044 Siehe oben: S. 87 f.

1045 Sowohl die Artikelüberschrift des Art. 7 VO 2531/98 als auch die Literatur sprechen von „Sanktionen". Vgl.: *Weenink*, in: v.d.Groeben/Schwarze, EUV/EGV-Kommentar, Band 3, ESZB-Satzung, Anhang zu Art. 124 EGV, Protokoll Nr. 18, Art. 19, Rn 20 f.

trages durch den Betroffenen erfolgen muss, um den rechtmäßigen Zustand wiederherzustellen. Die darüber hinausgehende Zahlung der 5 Prozentpunkte stellt ein eigenes Übel und eine finanzielle Ahndung der vorangegangenen fehlenden Hinterlegung der Mindestreserve für einen bestimmten Zeitraum dar. Neben dem präventiven Appell, die Reservesollstände künftig einzuhalten, ist die Maßnahme daher repressiven Charakters. Diese zusätzliche Zahlung kann auch nicht als Bestandteil eines unrechtmäßig erlangten Vorteils in Gestalt eines kostenlosen Kredites angesehen werden, den es mittels einer einfachen Zinszahlung abzuschöpfen gälte. Denn der EZB entgehen keine entsprechenden Zinsbeträge, wenn die geforderten Mindestreserven nicht hinterlegt werden. Nur den jeweiligen Kreditinstituten stehen entsprechende Zinsbeträge für den Zeitraum der Hinterlegung der Mindestreserven zu. Überdies verwendet der europäische Gesetzgeber typischerweise eine andere Formulierung, wenn er eine Maßnahme normiert, die sich auf die bloße Wiederherstellung des rechtmäßigen Zustandes beschränkt. In Art. 49 Abs. 1 UAbs. 1 VO 612/2009 (Agrarsubventionenrecht) heißt es beispielsweise, dass „der Begünstigte den zu Unrecht erhaltenen Betrag … zuzüglich Zinsen für die Zeit zwischen der Gewährung der Erstattung und ihrer Rückzahlung zurückzahlen“ muss. Die „Zahlungen“ i.S.d. Art. 7 Abs. 1 lit. a der VO 2531/98 sind daher als Strafzuschläge und damit als Sanktionen i.e.S. bzw. strafähnliche Sanktionen anzusehen. Sie stellen taugliche Erstentscheidungen i.S.d. Art. 50 GRCh dar.

Die Normierung eines Strafzinses bzw. Strafzuschlages in der VO 2531/98 weicht also – wie bereits angedeutet – von den Sanktionsarten ab, die in Art. 2 Abs. 1 VO 2532/98 zur Verfügung gestellt werden. Es ist davon auszugehen, dass sich der europäische Gesetzgeber dessen bewusst war, da er u.a. die Geltung des Art. 2 Abs. 1 VO 2532/98 bei der Verhängung der dargestellten Strafzuschläge ausschloss (vgl. Art. 7 Abs. 2 S. 2 VO 2531/98).[1046] Auch findet sich in Art. 6 Abs. 1 der VO 2532/98 eine dahingehende Kollisionsregel, dass „bei einem Widerspruch zwischen den Bestimmungen dieser Verordnung und den Bestimmungen sonstiger Verordnungen des Rates“ die Regelungen der spezielleren Verordnungen (hier VO 2531/98) vorgehen. Die Ermächtigungsgrundlage für die Entwicklung eines eigenen Sanktionssystems im Bereich der Mindestreserven wird in Art. 19.1 der Satzung der EZB gesehen.[1047] Insofern besteht hier innerhalb des Sekundärrechts kein Konflikt.

1046 Dafür spricht auch der 3. Erwägungsgrund der VO 2531/98, in dem es heißt: „Diese Verordnung sieht spezielle Sanktionen vor.“

1047 *Zilioli/Kroppenstedt*, in: v.d.Groeben/Schwarze, EUV/EGV-Kommentar, Band 3, Art. 110 EGV, Rn 52.

Versucht man nun, die hier als Strafzuschlag eingeordnete Zahlung mit dem Primärrecht zu vereinbaren, so kann die Reaktion nur als „Geldbuße" i.S.d. Art. 132 Abs. 3 AEUV verstanden werden. Denn die Geldbuße ist die einzige, dort genannte Reaktion repressiven Charakters.

Ordnet man die hier als Strafzuschläge charakterisierten Zahlungen in die Differenzierung der Art. 4 und Art. 5 Abs. 1 VO 2988/95 ein, so unterfallen sie Art. 5 Abs. 1 lit. b der VO 2988/95 („Zahlung eines Betrags, der den rechtswidrig … hinterzogenen Betrag … übersteigt.").

(dd) Strafgelder gem. Art. 7 Abs. 4 VO 2533/98 (Meldepflichten)

Die EZB hat sich in Art. 5.1 ihrer Satzung des weiteren verpflichtet, die dem Europäischen System der Zentralbanken (ESZB) zur Erfüllung seiner Aufgaben – insbesondere der Geldpolitik – erforderlichen Daten einzuholen. Dabei handelt es sich um Daten über die Zahlungsbilanz, den Auslandvermögensstatus, Wertpapiere, elektronisches Geld sowie die Zahlungsverkehrssysteme.[1048] Sie werden dabei entweder von den zuständigen nationalen Behörden oder unmittelbar von den Wirtschaftssubjekten eingeholt. Berichtspflichtig können gem. Art. 2 Abs. 2 lit. a der VO 2533/98 nicht nur in einem Mitgliedstaat ansässige juristische, sondern auch natürliche Personen sein. Der Täterkreis der einschlägigen Sanktionsnorm Art. 7 der VO 2533/98 über die Erfassung statistischer Daten durch die EZB[1049] umfasst demnach ebenso natürliche Personen. Zunächst kann die EZB nach Art. 7 Abs. 4 lit. a i.V.m. Abs. 2 lit. a VO 2533/98 ein sog. „Strafgeld" verhängen, wenn „der EZB oder der nationalen Zentralbank bis zum festgesetzten Stichtag keine statistischen Daten übermittelt" wurden. Pro abgelaufenem Stichtag, an dem keine Daten eingehen, darf höchstens ein Strafgeld von 10.000 Euro verhängt werden. Die sich über mehrere Tage addierenden Strafgelder dürfen maximal 100.000 Euro betragen. Ferner kann gem. Art. 7 Abs. 4 lit. b i.V.m. Abs. 2 lit. b der VO 2533/98 ein Strafgeld erlassen werden, wenn „die statistischen Daten fehlerhaft oder unvollständig sind oder in einer Form übermittelt werden, die nicht den Anforderungen entspricht". Hier wurde im Gegensatz zu lit. a nicht mehr die Möglichkeit eines täglich zu verhängenden Strafgeldes gewährt. Das Strafgeld darf höchstens 200.000 Euro betragen. Überdies kann gem. Art. 7 Abs. 4 lit. c i.V.m. Abs. 3 der VO 2533/98 ein einmaliges Strafgeld bis zu gleicher Höhe verhängt werden, wenn Vorgänge der EZB oder nationalen Zent-

1048 Siehe: 8. Erwägungsgrund VO 2533/98.

1049 Siehe: ABl. EG, 1998, L 318, S. 8 f.

ralbanken behindert werden, die der Überprüfung der Richtigkeit der gemachten Angaben dienen.[1050] Erneut fordert keine der Regelungen ein Verschulden.

(ee) Strafgelder als Sanktionen i.e.S.

Erneut werden die Maßnahmen anhand der o.g. Methodik eingeordnet, um im Falle ihrer Strafähnlichkeit die Anwendung des Art. 50 GRCh klarzustellen. Wie gesehen, bezeichnet der europäische Gesetzgeber die Maßnahme in der Norm selbst als „Strafgeld", während er sie in der Normüberschrift als „Sanktionen" deklariert. Die Verwendung des Begriffs der Sanktionen würde keine Rückschlüsse zulassen, da der Gesetzgeber den weiten Sanktionsbegriff verwendet. Die Bezeichnung als „*Straf*geld" stellt dagegen ein erstes Indiz für die Einordnung als Sanktion i.e.S. dar. In den Erwägungsgründen der Verordnung lassen sich keine Aussagen über die Zweckrichtung der Maßnahmen finden. Auch in der Literatur werden die Maßnahmen keiner bestimmten Sanktionsart zugeordnet. Es wird lediglich von „Sanktionen" gesprochen.[1051]

Zunächst erscheint insbesondere die Einordnung des Strafgeldes nach Art. 7 Abs. 4 lit. a i.V.m. Abs. 2 lit. a VO 2533/98 schwierig, da es aufgrund der Möglichkeit seiner täglichen Verhängung auf den ersten Blick als ein „in regelmäßigen Abständen zu zahlendes *Zwangs*geld" im primärrechtlichen Sinne verstanden werden könnte (vgl. Art. 132 Abs. 3 AEUV). Das Zwangsgeld stellt – wie gesehen – keine Sanktion i.e.S. dar. Unstreitig liegt der Maßnahme der Zweck der Prävention zu Grunde, indem durch die Addition täglicher Strafgelder der Druck auf die Berichtspflichtigen erhöht wird, die geforderten Daten vorzulegen. Ungeachtet dieses ausgeprägten Beugecharakters lässt sich der Systematik des Art. 7 Abs. 4 VO 2533/98 jedoch entnehmen, dass auch der Maßnahme aus Art. 7 Abs. 4 lit. a VO 2533/98 ein repressiver Zweck innewohnt. Alle Maßnahmen des Abs. 4 (lit. a, b und c i.V.m. dem jeweiligen Abs. 2 und 3) weisen dieselbe Rechtsnatur auf. Die Tathandlungen sind in ihrer Schwere vergleichbar. Auch wird dieselbe Sanktionsterminologie (Strafgeld) verwendet. Ferner schließen sich die Tathandlungen der Nichtvorlage aller, der Vorlage unrichtiger und unvollständiger Daten sowie der Behinderung von Überprüfungen der Richtigkeit der Daten gegenseitig aus, weshalb eine entsprechende Reaktion i.S.d. jeweiligen Buchstabens (lit.) umfänglich und abschließend erfolgen muss. Die Systematik verbietet, die Maßnahmen aus den Buchstaben kumulativ zu verwenden. Bei einer Nichtvorlage von Daten i.S.d. lit. a kann nicht zusätzlich auf die Maßnahme aus lit. b zurückgegriffen werden. Der Wortlaut des lit. b setzt

1050 Als Beispiele werden „die Verwehrung des Zugangs" oder „die Entfernung von Dokumenten" genannt.

1051 Vgl.: *Smits*, in: v.d.Groeben/Schwarze, EUV/EGV-Kommentar, Band 3, ESZB-Satzung, Anhang zu Art. 124 EGV, Protokoll Nr. 18, Art. 5, Rn 46.

die Vorlage von Daten zwingend voraus. Die Maßnahmen der lit. b und c weisen nun unstreitig einen repressiven Zweck auf. Sie ermöglichen die Festsetzung eines Betrages, der aufgrund einer vorangegangenen Verfehlung zu entrichten ist, und sanktionieren damit geschehenes, nicht mehr korrigierbares Verhalten mittels einer Übelszufügung. Ebenso verhält es sich mit der vergleichbaren Maßnahme aus lit. a, bei der neben dem der o.g. Prävention die vergangene Nichtvorlage der Daten mittels der Zahlung eines Geldbetrages geahndet wird. Wegen des repressiven Elements sowie des besonderen periodischen Elements (pro Tag), ist die Sanktion als ein „in regelmäßigen Abständen zu zahlendes *Straf*geld" zu verstehen und somit als eine strafähnliche Sanktionsart, die im Rahmen der bisherigen Untersuchungen noch nicht angetroffen wurde.

Damit erhält auch die in der übergeordneten Verordnung 2532/98 enthaltene Differenzierung von möglichen Sanktionsarten in „Geldbußen" und „in regelmäßigen Abständen zu zahlenden *Straf*gelder(n)" ihre Existenzberechtigung. Während die Sanktion nach lit. a als letztere verstanden wird, können die Sanktionen nach den lit. b und c – trotz ihrer Titulierung als „Strafgeld" – als Geldbußen eingeordnet werden. Denn die Geldbuße wird in Art. 1 Nr. 5 VO 2532/98 als ein „Geldbetrag, den ein Unternehmen als Sanktion zu zahlen hat" umschrieben und damit weit definiert. Die Ungereimtheit, dass die Sanktionen in der Norm selbst nicht als Geldbußen, sondern als Strafgelder tituliert werden, muss hingenommen werden.

Es bleibt festzuhalten, dass alle Sanktionsarten des Art. 7 Abs. 4 VO 2533/98 damit einen repressiven Zweck verfolgen und als Sanktionen i.e.S. bzw. strafähnliche Sanktionen einzuordnen sind. Damit stellen sie taugliche Erstentscheidungen i.S.d. Art. 50 GRCh dar. Um eine Vereinbarkeit mit höherrangigem Recht herzustellen, müssen alle dargestellten Strafgelder im primärrechtlichen Sinne letztlich als „Geldbuße" verstanden werden (vgl. Art. 132 Abs. 3 AEUV). Dies gilt auch für das „in regelmäßigen Abständen zu zahlende *Straf*geld", das somit nicht mit dem primärrechtlichen „*Zwangs*geld" gleichgesetzt werden kann.

Auch bei einer Zuordnung der Strafgelder unter die in der VO 2988/95 enthaltene Differenzierung müssen die Reaktionen als „Zahlung einer Geldbuße" i.S.d. Art. 5 Abs. 1 lit. a der Verordnung verstanden werden. Es liegt kein „rechtswidrig erhaltener oder hinterzogener Betrag" i.S.d. lit. b vor, so dass die Reaktion nicht als „Strafzuschlag" eingeordnet werden kann. Eine Zuordnung zu den übrigen Sanktionen (i.w.S.) scheidet ebenfalls aus.

(ff) Ausschlüsse von geldpolitischen Pflichten

Des weiteren wird in der Literatur diskutiert, ob neben den in Art. 2 Abs. 1 der VO 2532/98 genannten Sanktionsarten eine dahingehende Reaktionsmöglichkeit der EZB besteht, einen Geschäftspartner zusätzlich für eine bestimmte Zeit von den geldpolitischen Geschäften auszuschließen, wenn dieser keine Mindestreserven hält oder gegen statistische Berichtspflichten verstößt. Die Maßnahme könnte auf Art. 19.1 und 5.4 der Satzung der EZB gestützt werden und wird auch im 7. Erwägungsgrund der VO 2531/98 und 13. Erwägungsgrund der VO 2533/98 erwähnt.[1052] Sie wird jedoch weder in der allgemeinen VO 2532/98 noch in der primärrechtlichen Vorgabe des Art. 132 Abs. 3 AEUV genannt. Man ist daher der Ansicht, dass sie nur auf eine vertragliche Grundlage gestützt werden und nicht im Rahmen einseitiger Regelungen durch die EZB verhängt werden kann, was ihre Nichterwähnung in der VO 2532/98 erklärt.[1053] Wenn eine entsprechende Abrede also zwischen den Geschäftspartnern geschlossen wurde, kann der Ausschluss im Falle der Nichteinhaltung von Verpflichtungen zusätzlich vollzogen werden. Da der Maßnahme bereits die Rechtsgrundlage fehlt, ist sie nicht als Sanktion i.e.S. anzusehen.

(gg) Zwischenergebnis

Art. 50 GRCh findet in der vorliegenden Fallgruppe im Rahmen der europäischen gemeinschaftlichen Geldpolitik Anwendung. Weder ein nationales Kreditinstitut noch eine entsprechend verantwortliche natürliche Person, die wegen einer Übertretung von der EZB mit einer Sanktion belegt wurden, können von ihr nochmals hinsichtlich derselben Tat mit weiteren Sanktionen belegt werden. Auch die erneute Einleitung des Übertretungsverfahrens in derselben Sache ist ausgeschlossen.

Diesem Ergebnis stehen auch keine ne bis in idem-Regelungen der dargestellten Verordnungen entgegen. Keine der dargestellten Verordnungen (VO 2532/98, VO 2531/98, VO 2533/98) enthält Ausführungen zum ne bis in idem-Grundsatz.

Lediglich die wiederum auf Art. 6 Abs. 2 der VO 2532/98 gestützte, von der EZB selbst erlassene VO 2157/99 über das Recht der EZB, Sanktionen zu ver-

1052 So heißt es z.B. im 7. Erwägungsgrund der VO 2531/98: „Die Sanktionen für den Fall einer Nichterfüllung der in dieser Verordnung genannten Verpflichtungen gelten unbeschadet der Möglichkeit des ESZB, geeignete Vorkehrungen zu ihrer Durchsetzung gegenüber seinen Kontrahenten zu treffen und zwar einschließlich des teilweisen oder vollständigen Ausschlusses eines Instituts von geldpolitischen Geschäften im Fall einer schwerwiegenden Übertretung der Mindestreserveanforderungen."

1053 *Zilioli/Kroppenstedt*, in: v.d.Groeben/Schwarze, EUV/EGV-Kommentar, Band 3, Art. 110 EGV, Rn 53; *Smits*, in: v.d.Groeben/Schwarze, EUV/EGV-Kommentar, Band 3, ESZB-Satzung, Anhang zu Art. 124 EGV, Protokoll Nr. 18, Art. 5, Rn 46; *Behrendt*, EuZW 2002, S. 364 f., S. 367 m.w.N.

hängen,[1054] trifft hierzu Aussagen. Deren 7. Erwägungsgrund lautet zunächst: „Bei der Einleitung eines Übertretungsverfahrens ist der Grundsatz ne bis in idem zu beachten.“ Sodann regelt Art. 2 Abs. 1 S. 1 der VO 2157/99, dass „gegen das gleiche Unternehmen … aufgrund des gleichen Sachverhalts nicht mehr als ein Übertretungsverfahren eingeleitet“ wird. Die Norm trägt jedoch folgende Schwächen in sich: Zunächst schließt ihr Wortlaut nicht die drohende Zweitentscheidung selbst, sondern lediglich das einer Entscheidung zugrunde liegende Verfahren aus. Dies mag zwar denselben angestrebten Effekt haben, nämlich die Verhinderung von Mehrfachsanktionierungen, bringt jedoch bereits erste Rechtsunsicherheiten mit sich. Überdies greift die Regelung nicht bei Verfahren um die Nichteinhaltung von Mindestreservepflichten ein. Denn Art. 11 Abs. 1 S. 1 der VO 2157/99 legt fest, dass Art. 2 Abs. 1 der VO 2157/99 bei derartigen Verfahren keine Anwendung findet. Der wiederholten Verhängung eines Strafzuschlags wegen der Nichteinhaltung eines Reservesolls in derselben Sache steht die Norm damit nicht im Wege.

Eine umfassende Anwendung des Art. 50 GRCh in allen Unterbereichen der gemeinschaftlichen Geldpolitik ist jedoch unabdingbar. Denn die Geldpolitik wurde einem unabhängigen Zentralbankensystem übertragen. Die seitdem bestehende enge, umfassende wirtschaftspolitische Zusammenarbeit sowie einheitliche Geld- und Währungspolitik erfordern Klarheit nicht nur bzgl. der gemeinsam vereinbarten Zielsetzungen, sondern auch bzgl. ihrer Umsetzung gegenüber den Betroffenen. Der Vertragsteil der Wirtschafts- und Währungsunion geht in seiner Dichte und seinem Detaillierungsgrad weit über das sonst übliche Maß hinaus. Es ergibt sich daher eine besondere Notwendigkeit, Widersprüche zwischen gemeinschaftlichem- und nationalem Recht zu beseitigen.[1055] Die nationalen Kreditinstitute und verantwortlichen natürlichen Personen sind nicht nur der Sanktionsgewalt nationaler Behörden, sondern auch der Sanktionsgewalt der EZB ausgesetzt. Insbesondere aufgrund der unklaren Einordnung der einzelnen Sanktionsmittel ist ein ausreichender Schutz bereits auf rein europäischer Ebene in Form von effektiven Abwehrmitteln für die Betroffenen unerlässlich. Der EZB stehen in einem Übertretungsverfahren zudem weitreichende Ermittlungsmaßnahmen zur Verfügung, die mit denen des europäischen Kartellrechts vergleichbar sind (vgl. Art. 3 Abs. 2 der VO 2532/98). Dazu, inwieweit sie von der Sperrwirkung des Art. 50 GRCh erfasst werden, gilt das zum Kartellrecht Ge-

---

1054 ABl. EG, 1999, L 264, S. 21 f. Dazu: *Weenink*, in: v.d.Groeben/Schwarze, EUV/EGV-Kommentar, Band 3, ESZB-Satzung, Anhang zu Art. 124 EGV, Protokoll Nr. 18, Art. 18, Rn 37.

1055 *Gnan/Wittelsberger*, in: v.d.Groeben/Schwarze, EUV/EGV-Kommentar, Band 3, Art. 109 EGV, Rn 2 f.

sagte.[1056] Das Übertretungsverfahren wird seitens der Literatur daher nicht grundlos als dem Strafverfahren i.S.d. EMRK vergleichbar angesehen.[1057] Die umfassende Anwendung des Art. 50 GRCh trägt auch hier zum Schutz der Betroffenen bei.

(d) Rat der Europäischen Union (Gemeinschaftliche Haushaltspolitik)

Weiterhin ist der Rat der Europäischen Union Organ der EU und daher gem. Art. 51 Abs. 1 S. 1 GRCh i.V.m. Art. 13 Abs. 1 UAbs. 2 EUV tauglicher Grundrechtsadressat. Er kann im Rahmen der Finanz- und Haushaltpolitik gem. Art. 126 Abs. 11 UAbs. 1 AEUV bei übermäßigen öffentlichen Haushaltsdefiziten gegen einen Mitgliedstaat u.a. Geldbußen als ultima ratio verhängen.[1058] Auf diese Weise kann er die Schulden der Mitgliedstaaten kontrollieren und den in Art. 119 Abs. 3 AEUV festgelegten Grundsatz der gesunden öffentlichen Finanzlage fördern. Art. 50 GRCh kann hier allerdings bereits aufgrund seines persönlichen Anwendungsbereichs nicht greifen. Wie bereits dargestellt, können lediglich natürliche oder juristische Personen privater Natur Grundrechtsträger der Chartagrundrechte sein, nicht aber Stellen von Mitgliedstaaten oder die Mitgliedstaaten selbst.[1059]

(2) Intersystematische Anwendung zwischen Verwaltungssanktionenrecht und Kriminalstrafrecht

Weiterhin soll auf die zurzeit noch hypothetischen Fälle eingegangen werden, in denen nach einer rechtskräftigen Verwaltungssanktion einer europäischen Stelle eine Kriminalstrafe nach originärem europäischen Kriminalstrafrecht droht.

1056 Siehe oben: S. 261 f.

1057 So: *Weenink*, in: v.d.Groeben/Schwarze, EUV/EGV-Kommentar, Band 3, ESZB-Satzung, Anhang zu Art. 124 EGV, Protokoll Nr. 18, Art. 19, Rn 22 f.

1058 Dazu: *Hattenberger*, in: Schwarze, EU-Kommentar, Art. 104 EGV, Rn 45 f. Wird bei einem Mitgliedstaat gem. Art. 126 Abs. 6 AEUV ein übermäßiges Defizit festgestellt, spricht der Rat zunächst eine unverbindliche Empfehlung gegen den Mitgliedstaat aus. Wird dieser Empfehlung nicht nachgekommen, kann der Rat nach Art. 126 Abs. 9 UAbs. 1 AEUV ein „In-Verzug-Setzen" des Mitgliedstaates bestimmen, was einen verbindlichen, rügenden Beschluss darstellt, in dem der Rat dahingehende Ziele vorgibt, in welchem Zeitraum welche Verbesserungen der Haushaltslage zu erreichen sind. Konkrete Maßnahmen kann der Rat dem Mitgliedstaat nicht auferlegen, da die Finanz- und Haushaltspolitik in den Zuständigkeitsbereich der Mitgliedstaaten fällt, und auch der Grundsatz der Subsidiarität detaillierte Vorgaben verbietet. Siehe dazu: *Hattenberger*, in: Schwarze, EU-Kommentar, Art. 104 EGV, Rn 36, 43. Werden sodann erneut keine Korrekturmaßnahmen vorgenommen, kann eine Geldbuße mittels eines Beschlusses nach Art. 126 Abs. 11 UAbs. 1 AEUV verhängt werden.

1059 Siehe oben: S. 41 f.

Nach den o.g. Ausführungen ist ein Erlass eines europäischen Kriminalstraftatbestandes zukünftig zunächst nur im Bereich der Betrügereien gegen die finanziellen Interessen der EU zu erwarten.[1060] Sofern hier entsprechende Tatbestände erlassen würden, würde eine begangene Tat durch die Europäische Staatsanwaltschaft vor mitgliedstaatlichen Gerichten verfolgt.

Ebenso wie in den anderen Fallgruppen gilt es zu differenzieren, ob die Erstsanktion durch eine Verwaltungsbehörde oder ein Gericht ergeht.

(a) Erstentscheidung durch eine Verwaltungsbehörde

Es stellt sich zunächst die Frage, ob nach geltendem Recht überhaupt eine Konstellation denkbar ist, in der eine Verfolgung in einem europäischen Kriminalstrafverfahren wegen Betrügereien zum Nachteil der finanziellen Interessen der EU droht, nachdem zuvor eine Verwaltungssanktion z.B. durch die Kommission oder die EZB in derselben Sache ergangen ist. Der Kriminalitätsbereich, in dem der EU de lege lata eine Rechtsetzungskompetenz zugesprochen wird (Art. 325 Abs. 4 AEUV), deckt sich jedoch nicht mit den Bereichen des externen direkten Vollzugs durch Stellen der EU (z.B. Kartellrecht). Betrügerische Handlungen im Bereich des europäischen Kartellrechts könnten nicht den nach Art. 325 Abs. 4 AEUV denkbaren, zukünftigen europäischen Straftatbeständen unterfallen. Zwar kommt es – wie gesehen – im Rahmen des Kartellverfahrens durchaus zu betrügerischen Handlungen gegenüber der Kommission, die dann auch mit einer Geldbuße belegt werden. Hier läge aber keine Betrügerei zum Nachteil der finanziellen Interessen der Union vor. Unter das genannte Rechtsgut[1061] fallen die ordnungsgemäße Verwaltung der in den Gesamthaushaltsplan fallenden Einnahmen und Ausgaben der EU (z.B. Zölle oder Subventionen) sowie die Verwaltung anderer Finanzierungsmittel, die von den EU-Organen oder sonstigen europäischen Stellen vorgenommen werden (wie z.B. der Kommission oder der EZB).[1062] Unter die Einnahmen fallen zwar auch die sog. „sonstigen Einnahmen" aus jeglichen Geldbußeregelungen, d.h. auch diejenigen aus der Vollziehung der Wettbewerbsregeln.[1063] Die Betrügereien gegen den Schutz der finan-

---

1060 Vgl. oben: S. 213 f.

1061 Zum Begriff des Rechtsguts auf europäischer Ebene siehe oben: S. 224.

1062 Näher hierzu: *Magiera*, in: Grabitz/Hilf/Nettesheim, Das Recht der Europäischen Union, Band 3, Art. 325 AEUV, Rn 10; *Prieß/Spitzer*, in: v.d.Groeben/Schwarze, Kommentar EUV/EGV, Band 4, Art. 280 EGV, Rn 22; *Waldhoff*, in: Calliess/Ruffert, EUV/AEUV, Art. 325 AEUV, Rn 1; *Killmann/Schröder*, in: Sieber/Brüner/Satzger/Heintschel-Heinegg, Europäisches Strafrecht, § 12, Rn 18 f.

1063 *Killmann/Schröder*, in: Sieber/Brüner/Satzger/Heintschel-Heinegg, Europäisches Strafrecht, § 12, Rn 21 a.E. Vgl. ebenfalls: *Bieber*, in: v.d.Groeben/Schwarze, Kommentar EUV/EGV, Band 4, Art. 268 EGV, Rn 24.

ziellen Interessen der EU müssen sich aber direkt gegen die Einnahmenseite der EU richten und nicht wie im Kartellrecht gegen den unverfälschten Wettbewerb. Es sind nur diejenigen Einnahmen der EU gemeint, die planmäßig und unmittelbar für die EU erhoben werden und auch der Deckung der Ausgaben der EU dienen. Geldbußen sind hiervon ausgeschlossen. Für sie existiert keine Berechnungsgrundlage. Die „Einnahmenminderung", die entsteht, indem infolge einer erfolgreichen Betrugshandlung keine Geldbuße erhoben wird, ist lediglich als Begleiterscheinung anzusehen. Gleiches gilt im Übrigen für die Geldbußen des Fusionskontrollrechts oder diejenigen der EZB, die im Rahmen des Meldepflichten- und Mindestreserverechts erlassen werden. Es kommen nach geltendem Primärrecht demnach keine betrügerischen Handlungen in Betracht, die sowohl mit einer Sanktion durch eine Stelle der EU (nicht EuGH) als auch mit einer Kriminalstrafe nach zukünftigem europäischen Kriminalstrafrecht belegt werden könnten.

Anwendungsfälle könnten sich hier nur in zwei Konstellationen ergeben. Entweder die EU zöge in Bereichen des Art. 325 Abs. 4 AEUV (insbesondere Zölle und Subventionen) Kompetenzen zum externen direkten gemeinschaftlichen Vollzug an sich oder sie erhielte eben in den Bereichen des bisherigen direkten Vollzugs (z.B. Kartellrecht) Rechtsetzungskompetenzen für eigene Kriminalstraftatbestände. Bei beiden Möglichkeiten wäre eine Änderung des Primärvertrages erforderlich.

- Dennoch erscheint ein Aufkommen der ersten Variante unwahrscheinlicher. Der direkte Vollzug durch die EU stellt aufgrund der gegebenen mitgliedstaatlichen Verwaltungsstrukturen die Ausnahme dar (vgl. Art. 291 Abs. 1 AEUV) und kommt nur dann ausnahmsweise zur Anwendung, wenn das primäre Gemeinschaftsrecht dies ausdrücklich vorsieht (vgl. Art. 105 Abs. 1 S. 1 AEUV zum europäischen Kartellrecht).[1064] Selbst wenn entsprechende Ausnahmeregelungen infolge einer Primärvertragsänderung normiert würden, wäre hinzukommend der Nachweis der Einhaltung des Subsidiaritätsprinzips aus Art. 5 Abs. 1 S. 2, Abs. 3 EUV zu führen. Dies dürfte ohne die Einführung eigener Verwaltungsstrukturen auf europäischer Ebene in den genannten Bereichen jedoch schwer fallen.
- Ein Aufkommen der zweiten Variante erscheint dagegen vorstellbar. Der EU könnte z.B. im Bereich des Kartellrechts unter Änderung des Art. 103 Abs. 2 AEUV eine Rechtsetzungskompetenz übertragen werden. Würden anschließend entsprechende kartellrechtliche Kriminalstraftatbestände ge-

1064 *Streinz,* Europarecht, Rn 572.

setzt, ergäben sich ne bis in idem-Konstellationen. Nachdem die Kommission eine Verwaltungssanktion z.B. in Form einer kartellrechtlichen Geldbuße verhängt hätte, könnte ein europäisches Kriminalstrafverfahren wegen Verletzung der neu gesetzten Normen in derselben Sache drohen.

Da Art. 103 Abs. 2 AEUV (i.V.m. der Flexibilitätsklausel des Art. 352 AEUV) allerdings auch die Kompetenzgrundlage für das europäische Fusionskontrollrecht darstellt, würde eine entsprechende Abänderung der Norm auch im europäischen Fusionskontrollrecht die Setzung von Kriminalstraftatbeständen ermöglichen. Um Gleiches im europäischen Meldepflichten- oder Mindestreserverecht zu erreichen, müsste dagegen Art. 132 Abs. 3 AEUV abgeändert werden.

Im Rahmen der bisherigen Untersuchungen wurde ausschließlich auf hypothetische Konstellationen eingegangen, die sich im Rahmen des geltenden Primärrechts bewegen. Hiervon soll an dieser Stelle eine Ausnahme gemacht werden, um der Vollständigkeit halber auch den Anwendungsbereich des Art. 50 GRCh in dieser aufgeworfenen zweiten Variante zu erörtern. Wie bereits in den vorherigen Fallgruppen gezeigt, ist eine behördliche Entscheidung aufgrund der beschränkten Kognitionsbefugnis der Behörde nicht dazu in der Lage, die Verfolgung des Täters wegen einer Straftat in derselben Sache zu verhindern. Dies gilt auch für die vorliegende Konstellation, wenn z.B. Entscheidungen der Kommission oder der EZB als Erstentscheidung ergehen. Sie sind den behördlichen Entscheidungen gleichzusetzen.[1065] Denn nicht nur bei der Kommission und der EZB, sondern auch bei allen anderen europäischen Stellen (mit Ausnahme des EuGH) ist in Zukunft mit einer lediglich beschränkten Kognitionsbefugnis zu rechnen. Es ist davon auszugehen, dass ihnen auch in Zukunft keine Kriminalbestrafungskompetenz (als Bestandteil europäischer Strafgewalt) zukommen wird. Ihre Sanktionsentscheidungen würden demnach kein nachfolgendes, europäisches Kriminalstrafverfahren vor mitgliedstaatlichen Gerichten in derselben Sache sperren. Die Systematik der vorherigen Fallgruppen würde sich also auch hier dergestalt fortsetzen, dass Art. 50 GRCh keine Sperrwirkung zwischen verwaltungsbehördlichen Entscheidungen und originär europäischen Straftaten entfachen würde, sofern es zukünftig zu einer derartigen Konstellationen kommen sollte.

Das unterstellte kartellrechtliche Szenario, d.h. eine durch Primärvertragsänderung bewirkte Ausweitung der Rechtsetzungskompetenzen der EU in diesem Bereich, erscheint für die Zukunft nicht unwahrscheinlich, weil die Schaffung eines gemeinsamen Marktes – frei von wettbewerbsrechtlichen Verfäl-

---

1065 Vgl. dazu: *Oppermann/Classen/Nettesheim*, Europarecht, § 12, Rn 8 f.

schungen – eines der ureigensten Ziele der EU ist, das sie mit besonderem Interesse verfolgt. Hier steht ihr allerdings bislang keine doppelte Sanktionsmöglichkeit in der Form zur Verfügung, Unternehmen verwaltungsrechtlich zu sanktionieren und die dahinterstehenden Personen – die i.d.R. mit hoher krimineller Energie arbeiten – kriminalstrafrechtlich zu bestrafen. Dies wird bereits als unbefriedigend und Schwäche des europäischen Kartellrechts angesehen.[1066] Es wird also durchaus nach einer Kriminalisierung in diesem Rechtsgebiet gerufen. Die EU gleicht das Fehlen einer eigenen Kriminalbestrafungskompetenz hier bislang durch ihre „Politik der hohen Geldbußen" aus.[1067] Jedoch muss die Verfolgung der dahinterstehenden natürlichen Personen nicht zwingend mit Hilfe der Verhängung von Kriminalstrafen erfolgen. Das Fusionskontrollrecht und die gemeinschaftliche Geldpolitik haben gezeigt, dass auch natürliche Personen Adressaten von Sanktionen sein können, auch wenn dies bislang an enge Voraussetzungen geknüpft wird.

Im Fusionskontrollrecht besteht kein vergleichbares Verlangen nach einer Kriminalisierung, was auf dessen geringere praktische Bedeutung zurückzuführen ist. Gleiches gilt für den Bereich des Mindestreserve- und Meldepflichtenrechts. Die Einführung von originären europäischen Kriminalstraftatbeständen unter vorheriger Abänderung des Primärrechts erscheint auch dort als unwahrscheinlich.

(b) Erstentscheidung durch ein Gericht

Die soeben angetroffene Situation, dass sich keine primärrechtskonforme ne bis in idem-Konstellation findet, stellt sich zwangsläufig auch in der intersystematischen Konstellation mit einer gerichtlicher Erstentscheidung ein. Solche Konstellationen liegen vor, wenn eine Stelle der EU (nicht EuGH) eine Verwaltungssanktion erlässt, die sodann durch den EuGH abschließend bestätigt wird (gerichtliche Erstentscheidung), und anschließend ein europäisches Kriminalstrafverfahren in derselben Sache droht. Gleiches gilt für die umgekehrte Konstellation, in der zunächst eine Erstentscheidung im Rahmen eines europäischen Kriminalstrafverfahrens ergeht und dann die Verhängung einer Verwaltungssanktion durch eine Stelle der EU begehrt wird. Für beide Fallvariationen gilt, dass sich der Kriminalitätsbereich, in der der EU de lege lata eine Rechtsetzungskompetenz zugesprochen wird (Art. 325 Abs. 4 AEUV), nicht mit den Bereichen des externen direkten Vollzuges durch Stellen der EU decken. Es sind keine betrügerischen Handlungen ersichtlich, die sowohl von den Verwaltungssanktionen des europäischen Sekundärrechts erfasst werden als auch unter die

1066 Dazu: *Schünemann*, in: Madrid-Symposium für Tiedemann, Bausteine des europäischen Wirtschaftsstrafrechts, S. 294; *Fromm*, ZIS 2007, S. 286 m.w.N.

1067 *Fromm*, ZIS 2007, S. 282.

noch zu erlassenden, europäischen Kriminalstraftatbestände zum Schutz der finanziellen Interessen der EU fielen.

Entsprechend den Ausführungen zu einer verwaltungsbehördlichen Erstentscheidung soll erneut eine Primärrechtsänderung des Art. 103 Abs. 2 AEUV (d.h. im europäischen Kartellrecht) unterstellt werden, um den Anwendungsbereich des Art. 50 GRCh anhand der sich daraus ergebenden ne bis in idem-Konstellationen erörtern zu können. Es wird folglich unterstellt, der EU würde durch eine Primärvertragsänderung eine Rechtsetzungskompetenz im Bereich des Kartellrechts verliehen und daraufhin entsprechendes europäisches Kriminalstrafrecht gesetzt. Nach der Verhängung einer kartellrechtlichen Geldbuße, die durch den EuGH abschließend bestätigt würde, drohte nun eine erneute Verfolgung in einem europäischen Kriminalstrafverfahren wegen Verletzung der neu geschaffenen europäischen Kriminalstraftatbestände.

Unter der Annahme, der EuGH handele im Rahmen seiner verwaltungsrechtlichen Entscheidungskompetenzen und das europäische Kriminalstrafverfahren würde vor mitgliedstaatlichen Gerichten durchgeführt werden, ergäbe sich hier dasselbe Problem wie in den vorherigen Fallgruppen. Die Heranziehung des Grundsatzes, wonach sich die Reichweite der materiellen Rechtskraft an der Kognitionspflicht der zur Entscheidung berufenen Stelle orientiert, würde zunächst zu dem Ergebnis führen, dass die durch den EuGH bestätigte Verwaltungssanktion keine Sperrwirkung entfaltet, da dieser nicht über eine entsprechende Kriminalbestrafungskompetenz verfügt. Daran ändert auch die der EU verschaffte Rechtsetzungskompetenz in diesem Gebiet nichts, da die strafrechtlichen Rechtsetzungskompetenzen der EU von den primärvertraglichen Kompetenzen des EuGH zu trennen sind. In den vorherigen Fallgruppen wurde daraufhin vorgetragen, manche Mitgliedstaaten müssten die Zuständigkeitsverteilung ihrer Gerichte ändern, um den Zustand des Auseinanderfallens von Rechtskraftreichweite und Kognitionsbefugnis zu korrigieren, der damit nur vorübergehender Natur sei. In der vorliegenden Fallgruppe verhält es sich jedoch anders. Es erscheint hier zunächst unwahrscheinlich sowie mit dem geltenden Primärrecht unvereinbar (vgl. Art. 263 Abs. 1 i.Vm. 256 Abs. 1 AEUV), dass die EU die dem EuGH obliegende Zuständigkeit zur Kontrolle verwaltungsrechtlicher Sanktionen der EU an die mitgliedstaatlichen Strafgerichtsbarkeiten abgibt, um damit den Gleichlauf zwischen Rechtskraftreichweite und Kognitionsbefugnis wiederherzustellen. Es ist nicht zu erwarten, dass die EU widerspruchslos Kompetenzen abgibt. Trotz dieser Divergenz ist auch hier – entsprechend den vorhergehenden Fallgruppen – von einer Sperrwirkung des Art. 50 GRCh auszugehen, die sich jedoch auf den Kriminalitätsbereich der jeweils verliehenen Rechtsetzungskompetenz beschränkt. Die mitgliedstaatlichen Gerichte dürften keine weiteren Kriminalstrafen im Rahmen eines europäischen Kriminalstrafverfahrens verhängen. Dies lässt sich damit begründen, dass die Übertragung einer entsprechenden bereichsspezifischen Rechtsetzungskompetenz zu Gunsten der EU – wie gesehen – auch die Begründung einer auf diesen Bereich begrenzten, originären Strafgewalt der EU als Bestandteil einer eigenen Hoheitsgewalt zur Konsequenz hätte.[1068] Die EU könnte daraufhin selbst mit Hilfe einer entsprechenden Gesetzgebung darüber entscheiden, ob sie die Tat ggf. zunächst vor dem EuGH im Rahmen eines Verwaltungsverfahrens verfolgt oder sofort ein Kriminalstrafverfahren führt (legislative Dimension der Strafgewalt). Eine entsprechende „Befassungspflicht" des Europäischen Staatsanwalts – die an § 41 Abs. 1 OWiG erinnert – könnte bei der praktischen Umsetzung helfen.[1069] Dass sie ihre Strafgewalt in der exekutiven Dimension von mitgliedstaatlichen Gerichten wahrnehmen lassen würde, ändert hieran nichts, da sie noch immer ihre eigene Strafgewalt ausüben würde.[1070] Dass es in den vorliegenden Konstellationen damit dauerhaft zu einem Auseinanderfallen von Rechtskraftreichweite und Kognitionsbefugnis der erstentscheidenden Stelle (hier EuGH) käme, wäre im Interesse eines umfassenden ne bis in idem-Schutzes hinzunehmen.

Dem Auseinanderfallen zwischen Rechtskraftweite und Kognitionsbefugnis würde nur dann entgegen gewirkt, wenn die EU eine europäische strafgerichtliche Fachgerichtsbarkeit ins Leben riefe, was – wie gesehen – jedoch ebenfalls eine Änderung des Primärvertrags erfordern würde (vgl. Art. 86 Abs. 2 S. 2 AEUV).[1071] Sodann könnte sich – unter Abänderung des bisherigen Rechtswegs – die europäische Strafgerichtsbarkeit zunächst der Verwaltungssanktionen annehmen. Sobald die Strafgerichtsbarkeit über sie abschließend entschieden hätte, käme kein weiteres europäisches Kriminalstrafverfahren in derselben Sache mehr in Betracht. Die Reichweite der Rechtskraft entspräche dann der Kognitionsbefugnis der entscheidenden Stelle.

Im Falle der Übertragung einer entsprechenden kriminalstrafrechtlichen Rechtsetzungskompetenz zu Gunsten der EU und der Verfolgung entsprechender Kriminalstraftaten vor mitgliedstaatlichen Gerichten würde ein begrüßenswerter Druck auf den europäischen Gesetzgeber ausgeübt, auch das Kartellgeldbußenverfahren sodann vor einer zu errichtenden europäischen Strafgerichtsbarkeit im Rahmen eines Strafverfahren i.w.S. zu verfolgen. Nicht ohne Grund werden auf das Verfahren bereits zahlreiche strafrechtliche Grundsätze angewandt.

1068 Zu den Begriffen der Straf- und Hoheitsgewalt siehe oben: S. 213 f.

1069 Hierzu siehe oben: S. 231 f.

1070 Zu den Dimensionen der Strafgewalt siehe oben: S. 213 f.

1071 Siehe oben: S. 219 f.

Für die umgekehrte Konstellation, dass nach einer Erstverurteilung in einem europäischen Kriminalstrafverfahren vor europäischen oder mitgliedstaatlichen Gerichten eine Verwaltungssanktion durch eine Stelle der EU drohen würde, gilt Gleiches. Auch hier würde die Sperrwirkung des Art. 50 GRCh einem weiteren Tätigwerden entgegenstehen.

(3) Ergebnis

Für den tatsächlichen Anwendungsbereich des Art. 50 GRCh auf dem Gebiet des Strafrechts i.w.S. im Rahmen der vorliegenden Fallgruppe kann somit Folgendes festgehalten werden:

Art. 50 GRCh entfaltet seine Wirkung de lege lata vor allem im innersystematischen Bereich. Hier kann die Norm wirksam vor einer mehrfachen Sanktionierung und Verfahrensführung durch Stellen der EU schützen, die ihre Befugnis, Verwaltungssanktionen zu verhängen, aus unterschiedlichsten Teilen des europäischen Sekundärrechts beziehen.

Im intersystematischen Bereich können sich nach geltendem Primärrecht keine ne bis in idem-Konstellationen ergeben. Dies gilt auch für den Fall, dass im Bereich des Art. 325 Abs. 4 AEUV Kriminalstraftatbestände gesetzt würden. Würden zukünftig allerdings die kriminalstrafrechtlichen Rechtsetzungskompetenzen infolge einer Änderung des Primärvertrags auf die Bereiche mit einer entsprechenden direkten Vollzugskompetenz der EU erweitert (z.B. im Bereich des Kartellrechts Art. 103 Abs. 2 AEUV), so würden für die Sperrwirkung des Art. 50 GRCh die in den anderen Fallgruppen gefundenen Ergebnisse gelten. Art. 50 GRCh würde nicht eingreifen, wenn die Ausgangsentscheidung eine „nur" behördliche Entscheidung durch eine Stelle der EU darstellt und ein anschließendes europäisches kriminalstrafrechtliches Verfahren in derselben Sache drohte.

Anders verhielte es sich, wenn eine von einer EU-Stelle erlassene Verwaltungssanktion durch den EuGH abschließend bestätigt würde und in derselben Sache ein weiteres europäisches Kriminalstrafverfahren im Raume stünde. In diesem Fall der gerichtlichen Erstentscheidung würde die Sperrwirkung des Art. 50 GRCh greifen und das nachfolgende europäische Kriminalstrafverfahren sperren. Gleiches gälte für den umgekehrten Fall, dass nach einer Erstentscheidung im Rahmen eines europäischen Kriminalstrafverfahrens eine Stelle der EU den Erlass einer weiteren Verwaltungssanktion in derselben Sache begehren würde. Auch hier käme Art. 50 GRCh zur Anwendung.

4. Vertikal national-supranationaler Anwendungsbereich innerhalb der EU

In der vierten Fallgruppe wird untersucht, inwieweit sich ein Grundrechtsträger auf Art. 50 GRCh berufen kann, wenn gegen ihn eine Erstsanktion im Rahmen eines europäischen Straf- oder Verwaltungsverfahrens (durch eine Stelle der EU oder der Mitgliedstaaten) erlassen wurde und anschließend eine Zweitsanktion in einem mitgliedstaatlichen Straf- oder Verwaltungsverfahren in derselben Sache droht. Auch der umgekehrte Fall unterfällt der vorliegenden Fallgruppe.

Entsprechend den bisherigen Fallgruppen soll auch in dieser national-supranationalen Fallgruppe zwischen kriminalstrafrechtlichen Konstellationen und solchen des Strafrechts i.w.S. unterschieden werden.

a) Kriminalstrafrecht

In Bezug auf das Kriminalstrafrecht stellt sich die Frage, ob Art. 50 GRCh Anwendung findet, wenn eine Person oder ein Unternehmen zunächst in einem europäischen Kriminalstrafverfahren wegen Verletzung eines originären europäischen Straftatbestandes vor mitgliedstaatlichen Gerichten verurteilt oder freigesprochen wurde,[1072] und nun eine erneute Verfolgung durch ein mitgliedstaatliches Strafverfahren in derselben Sache droht. Auch die umgekehrte Konstellation, in der der Betroffene zunächst von einem mitgliedstaatlichen Gericht im Rahmen eines mitgliedstaatlichen Kriminalstrafverfahrens abgeurteilt wird und anschließend ein weiteres europäisches Kriminalstrafverfahren wegen Verletzung eines originären europäischen Straftatbestandes in derselben Sache droht, soll im Hinblick auf die Geltung des Art. 50 GRCh untersucht werden.

Wie gesehen, obliegt der EU nach überwiegender Auffassung bislang lediglich im Bereich der Betrugsbekämpfung zum Schutz der finanziellen Interessen der EU eine kriminalstrafrechtliche Rechtsetzungskompetenz.[1073] Die aufgeworfenen Konstellationen sind durch das Primärrecht damit auf diejenigen Fälle begrenzt, in denen die europäische Strafverfolgung wegen der Verletzung von Straftatbeständen erfolgt, die sich gegen Betrügereien zu Lasten der Union richten. Da entsprechende Tatbestände bisher allerdings nicht existieren, handelt es sich erneut nur um hypothetische Konstellationen.

Aus den o.g. Gründen soll des weiteren nur die Konstellation untersucht werden, dass in einem zukünftigen europäischen Kriminalstrafverfahren auf zu-

---

1072 Zu einer Verfahrensführung vor einer zukünftigen europäischen Strafgerichtsbarkeit siehe oben: S. 219 f.

1073 Siehe dazu oben: S. 213 f.

vor erlassenes originäres europäisches Kriminalstrafrecht und nicht auf mitgliedstaatliches Recht zurückgegriffen wird.[1074]

Generell gilt für die Bedeutung des Art. 50 GRCh in dieser Fallgruppe: Je mehr kriminalstrafrechtliche Rechtsetzungskompetenzen durch Änderungen des Primärvertrages auf die EU übertragen werden, desto mehr werden mitgliedstaatliche mit europäischen Strafverfahren miteinander konkurrieren und desto mehr wird sich ein ähnliches Bild wie im Bereich des Strafrechts i.w.S. abzeichnen.[1075] Zugleich steigt damit die Doppelbestrafungsgefahr und somit die Relevanz des Art. 50 GRCh.

aa) Schutzbereichseröffnung des Art. 50 GRCh

Nach allgemeiner Ansicht in der Literatur umfasst der Schutzbereich des Art. 50 GRCh die vertikal national-supranationalen Fälle innerhalb der EU im Bereich des Kriminalstrafrechts, ohne dass auf die Konstellation näher eingegangen wird.[1076] Diese Auslegung wird vom Wortlaut der Norm gestützt. Bzgl. der Erstentscheidung muss der Betroffene „in der Union nach dem Gesetz … verurteilt oder freigesprochen" worden sein.

Gemäß der Auslegung in den anderen Fallgruppen fallen hierunter Erstentscheidungen, die sowohl aufgrund einer Verletzung mitgliedstaatlicher Straftatbestände im Rahmen mitgliedstaatlicher Strafverfahren ergehen als auch solche, die auf eine Verletzung originärer europäischer Straftatbestände in einem europäischen Strafverfahren gestützt würden. In Bezug auf die drohende Zweitentscheidung spricht der Wortlaut ferner davon, „in einem Strafverfahren erneut verfolgt oder bestraft" zu werden. Um eine in sich stimmige und kohärente Auslegung des Art. 50 GRCh zu erreichen, müssen hierunter sowohl mitgliedstaatli-

---

1074 Siehe oben: S. 213.

1075 Ähnlich: *Eser*, in: Meyer, Kommentar zur GRCh, Art. 50, Rn 16a; *Nehl*, in: Heselhaus/Nowak, Handbuch der Europäischen Grundrechte, § 58, Rn 19; *Streinz,* in: Streinz, EUV/AEUV, Art. 50 GRCh, Rn 8.

1076 *Jarass*, EU-Grundrechte, § 42, Rn 31; *Jarass,* GRCh-Kommentar, Art. 50 GRCh, Rn 9; *Voet van Vormizeele*, in: Schwarze, EU-Kommentar, Art. 50 GRCh, Rn 5; *Eser,* in: Sieber/Brüner/Satzger/Heintschel-Heinegg, Europäisches Strafrecht, § 36, Rn 76; *Blanke*, in: Calliess/Ruffert, EUV/AEUV, Art. 50 GRCh, Rn 1; *Nehl*, in: Heselhaus/Nowak, Handbuch der Europäischen Grundrechte, § 58, Rn 19; *Streinz,* in: Streinz, EUV/AEUV, Art. 50 GRCh, Rn 8; *Eser*, in: Meyer, Kommentar zur GRCh, Art. 50, Rn 16a; *Eser,* in: Sieber/Brüner/Satzger/Heintschel-Heinegg, Europäisches Strafrecht, § 36, Rn 93, der allerdings eine weitere Verfolgung durch „EU-Organe" ausnahmsweise zulassen will, wenn das mitgliedstaatliche Verfahren nur darauf angelegt war, den Beschuldigten gegen eine Verurteilung abzuschirmen. Welche Konstellation er aber genau meint, bleibt offen.

che als auch europäische Strafverfahren verstanden werden. Der Wortlaut beinhaltet damit beide eingangs aufgeworfenen Fallkonstellationen.

Die Genese der Norm hilft demgegenüber nicht weiter. Die fehlende Auseinandersetzung des Konvents mit derartigen Konstellationen ist erneut auf den damaligen Entwicklungsstand des europäischen Strafrechts zurückzuführen. Die Erläuterungen des Präsidiums sprechen nur die innerstaatliche und zwischenstaatliche Fallgruppe an. Hieraus kann aber nicht abgeleitet werden, dass die vorliegende Fallgruppe nach Ansicht des Präsidiums vom Schutzbereich des Art. 50 GRCh ausgenommen werden sollte.[1077] Ein eindeutiger gesetzgeberischer Wille lässt sich nicht feststellen.

Der Sinn und Zweck des Art. 50 GRCh unterstreicht jedoch die Eröffnung des Schutzbereichs. Denn die Unterwerfung der Unionsbürger unter eine europäische Strafgewalt (neben der mitgliedstaatlichen) macht die Bereitstellung ausreichender Abwehrmittel für die Betroffenen erforderlich. Um ein ausreichendes Schutzniveau vor einer Mehrfachverfolgung durch europäische und mitgliedstaatliche Kriminalstrafverfahren zu gewährleisten, muss die Geltung eines ne bis in idem-Grundsatzes garantiert werden. Es bleibt festzuhalten, dass der Schutzbereich des Art. 50 GRCh in den national-supranationalen kriminalstrafrechtlichen Fällen eröffnet ist.

bb) Eröffnung des Anwendungsbereichs nach Art. 51 Abs. 1 S. 1 GRCh

Wie gesehen, regelt Art. 51 Abs. 1 S. 1 GRCh die tatsächliche Anwendung aller Chartagrundrechte sowohl in Bezug auf die Mitgliedstaaten als auch auf „Organe, Einrichtungen und sonstige Stellen der Union".

In Bezug auf die Frage der Anwendung des Art. 50 GRCh über Art. 51 Abs. 1 S. 1 GRCh soll zunächst die eingangs aufgeworfene Konstellation untersucht werden, dass ein Betroffener in einem europäischen Kriminalstrafverfahren abgeurteilt wird und anschließend eine weitere Verfolgung in einem mitgliedstaatlichen Kriminalstrafverfahren in derselben Sache droht.

Nach den Darstellungen zur Zuständigkeit der Europäischen Staatsanwaltschaft ergäbe sich in den sog. *„gemeinschaftlichen Fällen"* zunächst die Situation, dass eine betrügerische Handlung zum Nachteil der finanziellen Interessen der EU im Rahmen eines europäischen Kriminalstrafverfahrens durch ein mitgliedstaatliches Gericht unter Beteiligung der Europäischen Staatsanwaltschaft

---

1077 Die Erläuterungen des Präsidiums lauten diesbzgl.: „...findet die Regel ne bis in idem nicht nur innerhalb der Gerichtsbarkeit eines Staates, sondern auch zwischen den Gerichtsbarkeiten mehrerer Mitgliedstaaten Anwendung."

abgeurteilt würde.[1078] In denjenigen Mitgliedstaaten, in denen ebenfalls nationale Kriminalstraftatbestände zum Schutz der finanziellen Interessen existieren,[1079] bestünde nun eine Doppelbestrafungsgefahr. Die Sperrwirkung des Art. 50 GRCh würde nun eine weitere Aburteilung durch ein nationales Strafgericht verhindern, da die Voraussetzungen des Art. 51 Abs. 1 S. 1 GRCh erfüllt wären. Die „Mitgliedstaaten" und damit auch die mitgliedstaatlichen Gerichte sind gem. Art. 51 Abs. 1 S. 1 GRCh an die Chartagrundrechte gebunden, wenn sie das Recht der Union „durchführen". Nun hängt es von den zukünftigen, im Rahmen der dritten Fallgruppe dargestellten Anwendbarkeitsregeln des originären europäischen Kriminalstrafrechts ab (von der Union gesetztes Rechtsanwendungsrecht),[1080] wie sich die Subsumtion des Art. 51 Abs. 1 S. 1 GRCh gestaltet. Wären die mitgliedstaatlichen Gerichte bei Gefährdungen oder Verletzungen der finanziellen Interessen der Union – unabhängig davon, ob ein mitgliedstaatliches oder europäisches Kriminalstrafverfahren vorliegt – immer zur Anwendung der entsprechenden originären europäischen Kriminalstraftatbestände gezwungen,

---

1078 Siehe oben: S. 224 f.

1079 Die Mitgliedstaaten sind bereits seit der Rechtsprechung des EuGH im sog. „griechischen Maisskandal" aus dem Jahre 1990 sowie mittlerweile aus Art. 4 Abs. 3 EUV (Grundsatz der Unionstreue) dazu verpflichtet, die Rechtsgüter der EU in gleicher Weise zu schützen wie ihre eigenen, sowie Verletzungen dieser durch „wirksame, abschreckende und verhältnismäßige Sanktionen" zu ahnden. Vgl.: EuGH, Urt. v. 21.9.1989 – „Kommission/Griechenland", Slg. 1989, Band IV, S. 2965 f., S. 2985. Zur Umsetzung im deutschen Recht siehe: *Böse,* in: Kindhäuser/Neumann/Paeffgen, StGB Kommentar, Band 1, Vor. § 3, Rn 61; *Werle/Jeßberger,* in: Leipziger Kommentar zum StGB, Band 1, Vor. § 3, Rn 283 f. Überdies erließ der Rat bereits im Jahr 1995 auf Grundlage des Vertrags von Maastricht das „Übereinkommen über den Schutz der finanziellen Interessen der EG" sowie 1996 und 1997 mehrere Protokolle zu diesem Übereinkommen. Vgl. das Übereinkommen, in: ABl. EG, 1995, C 316, S. 49 f.; 1. Protokoll, in: ABl. EG, 1996, C 313, S. 2 f.; 2. Protokoll, in: ABl. EG, 1997, C 221, S. 12 f. Das Übereinkommen legte fest, dass jeder Mitgliedstaat die erforderlichen Maßnahmen zu ergreifen habe, damit betrügerische Handlungen zum Nachteil der finanziellen Interessen der EU durch wirksame, angemessene und abschreckende Strafen verfolgt werden können (vgl. Art. 2 Abs. 1 des Übereinkommens). In der „allgemeinen Schlussfolgerung" des zweiten Berichts der Kommission über die Umsetzung des Übereinkommens und seiner Protokolle aus dem Jahr 2008 – d.h. über 10 Jahre später – heißt es jedoch, dass bislang „noch keine vollständige Umsetzung erreicht worden ist." In den „Allgemeinen Bewertungen" des Berichts heißt es zudem, dass „unterschiedlich schnelle Fortschritte in den einzelnen Ländern" gemacht worden sind, wodurch eine „Mischung unterschiedlicher Rechtssituationen" entstehe, die wiederum „weder die gewünschte Wirkung noch einen abschreckenden strafrechtlichen Schutz" erzielen würde. Vgl.: KOM, 2008, Nr. 0077.

1080 Siehe dazu oben: S. 228 f.

wäre Art. 51 Abs. 1 S. 1 GRCh unproblematisch zu bejahen, da jedenfalls Unionssekundärrecht durchgeführt würde. Könnten die mitgliedstaatlichen Gerichte dagegen auch unionsrechtlich determiniertes nationales Recht anwenden, welches ebenfalls die finanziellen Interessen der EU schützt, würde dies für sich genommen nach den o.g. Maßstäben für die Bejahung des Art. 51 Abs. 1 S. 1 GRCh nicht ausreichen.[1081] Es müsste dann der beschriebene Umweg über den in Art. 82 Abs. 1 AEUV verankerten Grundsatz der gegenseitigen Anerkennung beschritten werden, unter dessen Anwendung es erst zu der erforderlichen Durchführung von primärem Unionsrecht käme. Denn wenn die mitgliedstaatlichen Stellen in derselben Sache ein kriminalstrafrechtliches Verfahren führen wollten, müssten sie sich die Frage des Vertrauens in die vorherige Aburteilung nach europäischem Recht stellen, mithin die der Anerkennung justizieller Entscheidungen. Hierbei handelt es sich um einen Belang, der dem Unionsrecht angehört und den maßgeblichen Sachverhalt prägt. Unionsrecht i.S.d. Art. 51 Abs. 1 S. 1 GRCh würde durchgeführt. Ebenso wären die mitgliedstaatlichen Strafverfolgungsbehörden aus denselben Gründen bereits an der Einleitung eines weiteren nationalen Kriminalstrafverfahrens in derselben Sache gehindert. Die Untersuchung zeigt ferner, dass unterschiedliche Anwendbarkeitsregeln richtigerweise keinen Einfluss auf die Geltung des Art. 50 GRCh hätten. Auch wird die hier favorisierte Auslegung des Art. 51 Abs. 1 S. 1 GRCh („Durchführung des Rechts der Union") unterstrichen.

Bei den sog. (unechten) *„gemischten Fällen"*, bei denen zugleich ein Verstoß gegen Gemeinschaftsrecht sowie innerstaatliches Recht (welches nicht die finanziellen Interessen der EU schützt) durch mehrere Taten vorläge, wäre nach einer gesonderten Aburteilung des gemeinschaftsrechtlichen Verstoßes in einem europäischen Kriminalstrafverfahren keine weitere Aburteilung desselben Unrechts (Unrecht gegen die finanziellen Interessen der EU) in einem mitgliedstaatlichen Verfahren nach unionsrechtlich determiniertem nationalem Recht mehr möglich. Die mitgliedstaatlichen Stellen wären aus denselben Gründen über Art. 51 Abs. 1 S. 1 an Art. 50 GRCh gebunden. Das verbleibende Unrecht, welches lediglich nach nationalem Recht sanktioniert werden könnte, dürfte weiterhin in einem mitgliedstaatlichen Kriminalstrafverfahren verfolgt werden, da es sich diesbzgl. um eine andere Tat handelte. Im Einzelnen wird auf die entsprechenden Ausführungen in der dritten Fallgruppe verwiesen.[1082]

1081 Im Rahmen der ersten Fallgruppe wurde festgelegt, dass eine Grundrechtsbindung der Mitgliedstaaten nur dann gegeben ist, wenn die rechtliche Beurteilung des maßgeblichen Sachverhalts durch eine Norm geprägt sei, die dem primären oder sekundären Unionsrecht angehört, d.h. eine primär- oder sekundärrechtliche Norm tatsächlich Anwendung findet.

1082 Siehe oben: S. 224 f.

Bei den sog. *„echten gemischten"* Fällen, in denen dieselbe Tat sowohl nationale als auch originär europäische Kriminalstraftatbestände verletzt, fände Art. 50 GRCh ebenfalls Anwendung. Sofern die gesamte Tat in einem europäischem Kriminalstrafverfahren vor mitgliedstaatlichen Gerichten abgeurteilt würde, wäre im Anschluss hieran jegliches weitere Tätigwerden nationaler Stellen durch Art. 50 GRCh gesperrt. Wie gesehen, würde Art. 51 Abs. 1 S. 1 GRCh sowohl in Bezug auf die weitere Anwendung des originären europäischen Kriminalstrafrechts als auch in Bezug auf die Anwendung von lediglich nationalem Recht die Bindung der Mitgliedstaaten auslösen. Auch an dieser Stelle wird bzgl. der weiteren Einzelheiten auf die obigen Ausführungen verwiesen.[1083]

In allen Fallkonstellationen, in denen nach einem europäischen Kriminalstrafverfahren ein mitgliedstaatliches Kriminalstrafverfahren in derselben Sache drohen würden, fände Art. 50 GRCh somit über Art. 51 Abs. 1 S. 1 GRCh Anwendung.

Auch in den umgekehrten Konstellationen, in denen zunächst eine Aburteilung in einem mitgliedstaatlichen Kriminalstrafverfahren durch ein mitgliedstaatliches Gericht erfolgte anschließend eine Verfolgung in einem europäischem Strafverfahren drohte, käme Art. 50 GRCh zur Anwendung. Die Erstverfolgung in einem mitgliedstaatlichen Kriminalstrafverfahren könnte sich z.B. dann ergeben, wenn in einem „echten gemischten Fall" die Verfolgung an die Mitgliedstaaten wegen „Betroffenheit im Wesentlichen nationaler Interessen" abgegeben würde. Die Europäischen Verfolgungsbehörden, d.h. die Europäische Staatsanwaltschaft sowie Europol, wären in Bezug auf die Einleitung eines nun europäischen Strafverfahrens in derselben Sache und der Vornahme weiterer Ermittlungsmaßnahmen über Art. 51 Abs. 1 S. 1 GRCh an Art. 50 GRCh gebunden.[1084] Die Europäische Staatsanwaltschaft könnte damit kein weiteres europäisches Verfahren anstrengen, wenn sie im Nachhinein der Ansicht wäre, die im mitgliedstaatlichen Verfahren verhängte Strafe deckte das begangene Unrecht nicht ausreichend ab. Die mitgliedstaatlichen Gerichte – vor denen das nachfolgende europäische Strafverfahren geführt würde – wären ebenfalls über Art. 51 Abs. 1 S. 1 GRCh an Art. 50 GRCh gebunden, da sie originäres europäisches Kriminalstrafrecht anwenden und somit Unionsrecht durchführen würden. Auch in den umgekehrten Konstellationen stünde Art. 51 Abs. 1 S. 1 GRCh einer effektiven Anwendung des Art. 50 GRCh somit nicht im Wege.

1083 Siehe oben: S. 224 f.

1084 Europol müsste allerdings – wie gesehen – zunächst überhaupt eine solche Kompetenz zugesprochen werden.

b) Strafrecht i.w.S.

Es stellt sich die Frage, inwieweit Art. 50 GRCh auch in dieser vertikalen Fallgruppe im Bereich des Strafrechts i.w.S. Anwendung findet, d.h. wenn einerseits europäische Stellen und andererseits mitgliedstaatliche Stellen gegen dieselbe Person oder dasselbe Unternehmen in derselben Sache eine Sanktion verhängen wollen.

Die Fälle lassen sich erneut in innersystematische und intersystematische Konstellationen unterteilen. Eine innersystematische Konstellation ist gegeben, wenn nach einer Verwaltungssanktion durch einen europäischen Grundrechtsadressaten eine weitere Verwaltungssanktion durch eine mitgliedstaatliche Stelle in derselben Sache ergehen soll, sowie im umgekehrten Fall. Eine intersystematische Konstellation liegt dagegen vor, wenn nach einer Verwaltungssanktion durch einen europäischen Grundrechtsadressaten eine Kriminalstrafe im Rahmen eines mitgliedstaatlichen Strafverfahrens in derselben Sache droht. Auch fallen die umgekehrten Konstellationen hierunter, in denen zunächst ein europäisches Strafverfahren vor mitgliedstaatlichen Gerichten geführt wird und anschließend eine mitgliedstaatliche Verwaltungssanktion in derselben Sache verhängt werden soll.

aa) Schutzbereichseröffnung des Art. 50 GRCh

Der Schutzbereich des Art. 50 GRCh ist auch in dieser Fallgruppe für die Fallkonstellationen des Strafrechts i.w.S. eröffnet. Die im Rahmen der ersten Fallgruppe durchgeführten Untersuchungen haben ergeben, dass sich der Wortlaut des Art. 50 GRCh nicht auf den Bereich des Kriminalstrafrechts beschränkt.[1085] Auch zur Genese gelten die obigen Ausführungen.[1086]

Sinn und Zweck der Norm sprechen ebenfalls für die Eröffnung des Schutzbereichs. Denn die nach geltendem Primärrecht erreichbare Unterwerfung der Unionsbürger unter eine eigene Strafgewalt der EU in Kombination mit immer zahlreicher werdenden sekundärrechtlichen Verwaltungssanktionen auf der europäischen Seite und die bereits vorhandenen mitgliedstaatlichen Sanktionsmöglichkeiten im Bereich des Kriminal- und Verwaltungsrechts auf den nationalen Seiten führen zu einer unübersichtlichen Vielzahl möglicher Doppelbestrafungskonstellationen. Den Betroffenen gilt es demgegenüber ein wirksames Abwehrmittel in Form eines umfangreichen ne bis in idem-Grundsatzes an die Hand zu geben. Auch ist der mit dieser Auslegung erzeugte Gleichlauf der

1085 Siehe oben: S. 70 f.

1086 Siehe oben: S. 79 f.

Schutzbereichsgrenzen in den unterschiedlichen Fallgruppen der Rechtssicherheit dienlich.

Zu diesem Ergebnis kommt auch die Literatur, wobei i.d.R. nicht zwischen Kriminalstrafrecht und Verwaltungssanktionenrecht differenziert, sondern direkt auf das europäische Kartellrecht Bezug genommen wird, was auf dessen Praxisrelevanz zurückzuführen ist.[1087]

bb) Eröffnung des Anwendungsbereichs nach Art. 51 Abs. 1 S. 1 GRCh

Als potentielle Grundrechtsadressaten i.S.d. Art. 51 Abs. 1 S. 1 GRCh kommen hier sowohl mitgliedstaatliche Behörden und Gerichte als auch sämtliche Stellen der EU in Betracht, d.h. auch die europäischen Gerichte. Die verschiedenen Konstellationen müssen auf ihre Doppelbestrafungsgefahren sowie auf die Frage der Anwendung des Art. 50 GRCh über Art. 51 Abs. 1 S. 1 GRCh hin untersucht werden.

Auch in der vorliegenden Fallgruppe wird eine Unterteilung in innersystematische (Verwaltungssanktion zu Verwaltungssanktion) und intersystematische Konstellationen (Verwaltungssanktion zu Kriminalstrafe) vorgenommen.

(1) Innersystematische Anwendung zwischen Verwaltungssanktionenrecht und Verwaltungssanktionenrecht

Im Rahmen der innersystematischen Konstellation stellt sich zunächst die Frage, ob nach einer ersten Verwaltungssanktion nach europäischem Recht durch eine europäische Stelle (rechtskräftig behördliche Entscheidung oder überprüfte Entscheidung durch den EuGH) eine nationale Behörde oder ein nationales Gericht in derselben Sache eine weitere Verwaltungssanktion nach nationalem oder europäischem Recht erlassen darf. Sofern man eine Geltung des Art. 50 GRCh für erforderlich hält, würden die nationalen Gerichte und Behörden hier nach o.g. Maßstäben über den Grundsatz der gegenseitigen Anerkennung gem. Art. 82 Abs. 1 AEUV i.V.m. Art. 51 Abs. 1 S. 1 GRCh an Art. 50 GRCh gebunden.

Auch im umgekehrten Fall, in dem die Erstentscheidung eine Verwaltungssanktion einer nationalen Behörde oder eines nationalen Gerichts aufgrund der Anwendung nationalen oder europäischen Rechts darstellt und eine weitere Verwaltungssanktion aus europäischem Recht durch eine europäische Stelle droht, könnte Art. 50 GRCh eingreifen. Die Stellen der EU wären über Art. 51

1087 So bei: *Nehl*, in: Heselhaus/Nowak, Handbuch der Europäischen Grundrechte, § 58, Rn 19; *Voet van Vormizeele*, in: Schwarze, EU-Kommentar, Art. 50 GRCh, Rn 5.

Abs. 1 S. 1 GRCh an Art. 50 GRCh gebunden, da sie bei jeglichem Tätigwerden an die Chartagrundrechte gebunden sind.

Abermals werden exemplarisch das Kartellrecht, das Fusionskontrollrecht sowie die gemeinschaftliche Geldpolitik untersucht. In Bezug auf das nationale Recht wird jeweils auf das deutsche Recht zurückgegriffen.

(a) Kartellrecht

Im Rahmen des Kartellrechts könnten sich die aufgeworfenen Konstellationen wie folgt darstellen: Nachdem die Kommission gegen ein Unternehmen eine Geldbuße nach Art. 23 VO 1/2003 wegen einer kartellrechtswidrigen Absprache erlassen hat, könnte seitens des deutschen Bundeskartellamts das Verlangen bestehen, denselben Verstoß mittels einer Geldbuße wegen Verletzung des deutschen oder europäischen Kartellrechts gem. Art. 81 GWB[1088] (ggf. i.V.m. Art. 101, 102 AEUV) zu ahnden. Auch die umgekehrte Konstellation ist möglich, in der zunächst das Bundeskartellamt gem. Art. 81 GWB sanktioniert und anschließend die Kommission eine Geldbuße nach Art. 23 VO 1/2003 verhängen will.

(aa) Anwendbarkeit des europäischen Kartellrechts und Verhältnis zu nationalem Kartellrecht

Die dargestellten Konstellationen werfen zunächst die Frage auf, wann lediglich eine Ahndung nach nationalem Kartellrecht gem. § 81 Abs. 2 Nr. 1 GWB i.V.m. § 1 GWB erfolgt und wann das europäische Kartellrecht gem. § 81 Abs. 1 GWB i.V.m. Art. 101 AEUV anzuwenden ist. Die Anwendbarkeit des europäischen Kartellrechts richtet sich zunächst nach der in den Absätzen 1 der Art. 101 und 102 AEUV verankerten sog. „Zwischenstaatlichkeitsklausel", wonach die zur

1088 § 81 GWB regelt in seinen Absätzen 2 und 3 die ordnungswidrigkeitenrechtliche Ahndung von Verstößen gegen nationale kartellrechtliche Bestimmungen neben einer möglichen strafrechtlichen Verfolgbarkeit. Seit der 7. GWB-Novelle werden Verstöße gegen Art. 101, 102 AEUV über Art. 81 Abs. 1 GWB sanktioniert. Die Norm greift also sowohl bei Verstößen gegen das nationale als auch das europäische Recht ein. Eine Differenzierung der angedrohten Bußgeldhöhe findet in Abs. 4 statt, der die Ordnungswidrigkeiten in schwerwiegendere und leichtere Verstöße unterteilt. Inhaltlich können die Verstöße in solche gegen materielle gesetzliche Verbote, gegen behördliche Verfügungen und gegen Auskunfts- und Meldepflichten differenziert werden. 80 Prozent der Fälle, die in der Praxis mit einer Bußgeldverhängung enden, sind klassische Zuwiderhandlungen gegen das Kartellverbot aus § 1 GWB. Ansonsten kommt es zu Verstößen gegen das Boykottverbot gem. § 21 Abs. 1 GWB, das Missbrauchsverbot einer marktbeherrschenden Stellung gem. § 19 Abs. 1 GWB oder das Vollzugsverbot im Rahmen der Zusammenschlusskontrolle gem. § 41 Abs. 1 GWB, die ebenfalls im GWB geregelt ist (§§ 35 f.). Zur Häufigkeitsverteilung siehe: *Dannecker/Biermann*, in: Immenga/Mestmäcker, Wettbewerbsrecht GWB, Band 2, Vorbem. § 81, Rn 26.

Rede stehenden Vereinbarungen und Verhaltensweisen der Unternehmen „den Handel zwischen den Mitgliedstaaten zu beeinträchtigen geeignet“ sein müssen.[1089] Die Zwischenstaatlichkeitsklausel hat – neben der Einschränkung der Tatbestände – die Funktion, die Geltungsbereiche des europäischen Kartellrechts von den jeweiligen nationalen Kartellrechtsordnungen abzugrenzen.

Wie sich die einschlägigen Art. 101, 102 AEUV nun zu ebenfalls anwendbarem nationalen Recht verhalten, wie mithin das Verhältnis zwischen nationalem und europäischen Kartellrecht ist, regelt Art. 3 der VO 1/2003.[1090] Absatz 1 der Norm legt fest, dass die mitgliedstaatlichen Behörden oder Gerichte verpflichtet sind, die Art. 101, 102 AEUV anzuwenden, sofern sie nationales Wettbewerbsrecht auf einen Sachverhalt beziehen, dessen Inhalt eben auch unter Art. 101, 102 AEUV fällt. Das entsprechende Verfahren zur Anwendung und Durchsetzung der europäischen Normen wird nach nationalem Recht durchgeführt und unterliegt dabei lediglich den Informations- und Kooperationspflichten nach Art. 5 und Art. 11 bis 16 der VO 1/2003.[1091] Die Verhängung rein verwaltungsrechtlicher Entscheidungen, aber auch die Verhängung von Geldbußen, richtet sich mithin nach dem jeweiligen nationalen Recht (vgl. § 81 Abs. 1 GWB i.V.m. Art. 101, 102 AEUV).[1092] Art. 3 Abs. 1 VO 1/2003 statuiert damit grundsätzlich eine parallele Anwendbarkeit. Die Norm trifft überdies keine Aussage darüber, ob die mitgliedstaatlichen Behörden daneben zur Anwendung der nationalen Kartellrechtsbestimmungen verpflichtet sind. Der jeweilige nationale Gesetzgeber kann sie hierzu verpflichten, ihnen die Anwendung freistellen oder bestimmen, dass bei Anwendbarkeit des europäischen Kartellrechts nationales Recht unabhängig von seinem Inhalt zurücktritt. Im deutschen Recht wird der

1089 Der Begriff des *zwischenstaatlichen Handels* umfasst dabei den gesamten Wirtschaftsverkehr zwischen mindestens zwei Mitgliedstaaten, d.h. den Austausch von Waren und Dienstleistungen. Geeignet den Handel zu beeinträchtigen ist ein Umstand, der den Warenverkehr zwischen den Mitgliedstaaten unmittelbar oder mittelbar, tatsächlich oder potentiell beeinflussen kann. Siehe: *Kling/Thomas*, Wettbewerbs- und Kartellrecht, 3. Teil, Rn 57.

1090 Die entsprechende Kompetenz des Rates, im Rahmen dieser Verordnung auf die Geltung des nationalen Rechts einzuwirken, ergibt sich aus Art. 103 Abs. 2 lit. e AEUV, mithin aus mitgliedstaatlich autorisiertem Primärrecht.

1091 *Rehbinder*, in: Immenga/Mestmäcker, Wettbewerbsrecht EG, Teil 2, Band 1, VO 1/2003, Art. 3, Rn 17.

1092 *Dannecker/Biermann*, in: Immenga/Mestmäcker, Wettbewerbsrecht EG, Band 1, Teil 2, VO 1/2003, Vorbem. Art. 23 f., Rn 227; *Wiedemann*, in: Wiedemann, Handbuch des Kartellrechts, § 2, Rn 27.

Kartellbehörde nach § 22 Abs. 1 und 3 GWB die weitere Anwendung des deutschen Rechts freigestellt.[1093]

Dieser Grundsatz der parallelen Anwendbarkeit wird allerdings wiederum zweifach eingeschränkt. Aus dem Grundsatz des Vorrangs des Gemeinschaftsrechts ergibt sich, dass Zuwiderhandlungen, die nach Art. 101, 102 AEUV verboten sind, nach nationalem Recht nicht erlaubt werden dürfen. Die Anwendung milderen nationalen Rechts würde dessen Effektivität und einheitliche Anwendung unterlaufen. Es muss im Einzelfall also unangewendet bleiben.[1094] Umgekehrt regelt Art. 3 Abs. 2 VO 1/2003, dass im Falle der Billigung der Zuwiderhandlung nach den Maßstäben des Art. 81 EGV kein Kartellverbot mehr nach nationalem Recht ausgesprochen werden darf. Hierbei handelt es sich zwar nicht um eine Anwendungssperre des nationalen Rechts. Das europarechtliche Sachergebnis genießt aber Vorrang, so dass die Rechtsfolgen des mitgliedstaatlichen Rechts – einschließlich darin vorgesehener Sanktionen – verdrängt werden.[1095] Tatsächlich verbleibt somit bei Eröffnung des Anwendungsbereiches des Art. 101 AEUV dem mitgliedstaatlichen Recht keine eigenständige Bedeutung mehr.[1096] Es finden eine weitgehende Verdrängung und ein Harmonisierungsdruck gegenüber den mitgliedstaatlichen Rechtsordnungen statt.[1097] Die Frage der Anwendbarkeit des Art. 102 AEUV wurde dagegen bislang nicht mit einem derart ausgeprägten gemeinschaftsrechtlichen Vorrang geregelt. Eine dem Art. 3 Abs. 2 VO 1/2003 entsprechende Regelung besteht nicht. Aufgrund der Behauptung, viele nationale Rechtsordnungen im Bereich der Kontrolle von Missbräuchen einer marktbeherrschenden Stellung seien weiter entwickelt als das EU-Recht, bleiben die entsprechenden nationalen Normen bislang neben Art. 102 AEUV anwendbar.[1098]

1093 *Rehbinder*, in: Immenga/Mestmäcker, Wettbewerbsrecht EG, Band 1, Teil 2, VO 1/2003, Art. 3, Rn 14.

1094 *Rehbinder*, in: Immenga/Mestmäcker, Wettbewerbsrecht EG, Band 1, Teil 2, VO 1/2003, Art. 3, Rn 28; *Wiedemann*, in: Wiedemann, Handbuch des Kartellrechts, § 6, Rn 4.

1095 *Rehbinder*, in: Immenga/Mestmäcker, Wettbewerbsrecht EG, Band 1, Teil 2, VO 1/2003, Art. 3, Rn 19.

1096 *Hossenfelder*, in: Loewenheim/Meessen/Riesenkampff, Kartellrecht, Art. 11 VerfVO, Rn 20.

1097 *Mestmäcker/Schweitzer*, Europäisches Wettbewerbsrecht, § 19, Rn 12; *Scharf-Kröner*, in: Löwisch Festschrift, S. 285; *Wiedemann*, in: Wiedemann, Handbuch des Kartellrechts, § 6, Rn 4.

1098 Doch auch diese parallele Anwendung ist nicht unproblematisch, da sie voraussetzt, dass Art. 101 AEUV nicht anwendbar ist. Dies stellt angesichts dessen Reichweite für Vereinbarungen aller Art aber eine erhebliche Hürde dar. Die Abgrenzung zwischen einseitigem und mehrseitigem Verhalten bestimmt sich nach dem Gemeinschaftsrecht.

In Bezug auf drohende Doppelbestrafungen gilt, dass das System der grundsätzlich parallelen Anwendbarkeit trotz seiner weitreichenden Einschränkungen den Gefahren nicht entscheidend entgegenwirken kann. Die untersuchten Normen („Rechtsanwendungsrecht") sind hier nicht ausreichend. Zwar verhindern sie gegensätzliche Ergebnisse nach nationalem und europäischem Recht. Es besteht jedoch nach wie vor die Möglichkeit, eine Tat beispielsweise sowohl nach § 81 Abs. 1 GWB i.V.m. Art. 101, 102 AEUV als auch nach rein nationalem Recht zu verfolgen (§ 81 Abs. 2 Nr. 1 GWB i.V.m. § 1, 19 GWB). Der drohenden Doppelbestrafung stünde allenfalls § 84 Abs. 1 OWiG entgegen, da es sich bei beiden Sanktionen um deutsche Ordnungswidrigkeiten handeln würde. Es ist jedoch nicht davon auszugehen, dass auch in den übrigen Mitgliedstaaten auf eine derartige Norm zurückgegriffen werden kann.

(bb) Zuständigkeiten

Des weiteren stellt sich die Frage, ob der Doppelbestrafungsgefahr ggf. effektiv durch das kartellrechtliche Zuständigkeitssystem entgegengewirkt wird.

Zur Anwendung und Durchsetzung des europäischen Kartellrechts sind die mitgliedstaatlichen Behörden gem. Art. 5, die Kommission gem. Art. 4 sowie die nationalen Gerichte gem. Art. 6 der VO 1/2003 nebeneinander zuständig. Um dieses dezentrale Zuständigkeitssystem handhabbar zu machen, wurde mit der VO 1/2003 das bereits angesprochene ECN eingeführt,[1099] welches der einfacheren Konsultation, Fallverteilung und dem Austausch von Informationen dient. Art. 11 VO 1/2003 regelt die gegenseitigen Informations- und Konsultationspflichten und schreibt z.B. in Abs. 3 vor, dass die mitgliedstaatlichen Behörden bei ihrer ersten förmlichen Ermittlungshandlung die Kommission informieren müssen. Dies erinnert an die von der Kommission angedachte Befassungspflicht gegenüber einer zukünftigen Europäischen Staatsanwaltschaft. In der Praxis wird jedoch zeitlich meist schon vor Eintritt dieser Informationspflicht auf informellem Wege im Einzelfall entschieden, welche nationale Behörde tätig werden soll oder ob die Kommission das Verfahren führt. In Bezug auf diese Fallverteilung innerhalb des ECN bestehen jedoch keine verbindlichen Regelungen. Es wird lediglich auf die von der Kommission hierzu veröffentlichte, bereits erwähnte Bekanntmachung zurückgegriffen. Darin wird der Grundsatz verfolgt, dass ein Vorgang von einer Behörde oder mehreren dafür gut geeigneten

Insbesondere zu dem Verhältnis zum deutschen Recht (§ 20 GWB) siehe: *Wiedemann*, in: Wiedemann, Handbuch des Kartellrechts, § 6, Rn 4.

1099 Siehe oben: S. 202 f.

Behörden bearbeitet werden soll.[1100] Es wird die Behörde nur eines Mitgliedstaates als geeignet angesehen und mit dem Fall betraut, wenn im Wesentlichen der Wettbewerb innerhalb ihres Hoheitsgebiets beeinträchtigt wurde oder wenn trotz Eignung mehrerer Behörden ihr alleiniges Tätigwerden ausreicht, um die Zuwiderhandlung zu beenden und angemessen zu ahnden. Ein paralleles Vorgehen von zwei oder drei Behörden ist angemessen, wenn das Tätigwerden einer Behörde nicht ausreicht, um entsprechend zu reagieren. Die Kommission selbst soll erst dann tätig werden, wenn Auswirkungen auf den Wettbewerb von mehr als drei Staaten vorliegen, wenn eine enge Verbindung des Falles mit anderen Gemeinschaftsbestimmungen gegeben ist oder wenn das Gemeinschaftsinteresse ein Tätigwerden der Kommission erfordert. Diese Grundsätze sollen jedoch ausdrücklich keine festen Zuständigkeitsregelungen darstellen, sondern lediglich Kriterien für die Arbeitsteilung beinhalten.[1101] Die Bekanntmachung könnte aufgrund ihrer Rechtsnatur ohnehin allenfalls die Kommission binden, nicht aber die mitgliedstaatlichen Behörden.[1102] Hinzu kommt, dass aufgrund der Unbestimmtheit der verwendeten Kriterien nicht hinreichend sicher darauf geschlossen werden kann, wer tatsächlich ein Verfahren übernehmen wird, mithin keine ausreichende Rechtssicherheit für die Betroffenen besteht.[1103] Gegen die in der Bekanntmachung der Kommission aufgeworfene Möglichkeit der Verfolgung einer Tat durch mehrere mitgliedstaatliche Kartellbehörden spricht grundsätzlich der in den Erwägungsgründen der VO 1/2003 zum Ausdruck kommende gesetzgeberische Wille. Nach Erwägungsgrund Nr. 18 besteht das „Ziel…, dass jeder Fall nur von einer Behörde bearbeitet wird…“. Bekanntermaßen sind jedoch auch die Erwägungsgründe für sich nicht rechtsverbindlich, sondern vielmehr eine bloße Zielvorgabe.

In der VO 1/2003 wird in Bezug auf Zuständigkeitsfragen neben den o.g. Art. 4 bis 6 ansonsten einzig der Fall der Verfahrenseinleitung durch die Kommission geregelt. Art. 11 Abs. 6 VO 1/2003 legt fest, dass die Kommission solange ein Verfahren an sich ziehen kann, bis ein verfahrensabschließender Beschluss durch die mitgliedstaatliche Behörde ergeht. Wenn der Kommission der Fall nicht von Beginn an zugewiesen wurde, kann sie weiterhin von ihrem Selbsteintrittsrecht Gebrauch machen und bleibt damit „Herrin des europäischen

1100 Siehe Rn 15 f. in: Gemeinsame Erklärung des Rates und der Kommission zur Arbeitsweise des Netzes der Wettbewerbsbehörden. Abrufbar unter: http://ec.europa.eu/competition/ecn/joint_statement_de.pdf zuletzt abgerufen am 10.11.2012.

1101 *Hossenfelder*, in: Loewenheim/Meessen/Riesenkampff, Kartellrecht, Art. 11 VerfVO, Rn 9.

1102 *Soltész/Marquier*, EuZW 2006, S. 105.

1103 *Wiedemann*, in: Wiedemann, Handbuch des Kartellrechts, § 2, Rn 28.

Kartellverfahrens". Dies stellt einen grundlegenden Unterschied zum o.g. denkbaren Ablauf eines europäischen Kriminalstrafverfahrens dar. Sie begründet dann die ausschließliche Zuständigkeit über das vom jeweiligen Mitgliedstaat begonnene Verfahren und führt dieses weiter, so dass keine Führung paralleler Verfahren vorliegt.[1104] Auf diese Weise kann sie sich auf die schwerwiegenden grenzübergreifenden Fälle konzentrieren. Den mitgliedstaatlichen Behörden wird nicht nur die Zuständigkeit zur Anwendung der Art. 101, 102 AEUV entzogen, sondern de facto auch diejenige zur Anwendung des nationalen Wettbewerbsrechts. Denn die mitgliedstaatlichen Behörden können nach Art. 3 VO 1/2003 nationales Recht in den Fällen, in denen europäisches Kartellrecht greift, nur gemeinsam mit diesem anwenden (parallele Anwendbarkeit).[1105] Die Anwendung des europäischen Kartellrechts wird ihnen hier aber gerade verwehrt.

Im Hinblick auf die Ausgangsfrage kann also festgehalten werden, dass keine umfassende Zuständigkeitsregelung besteht, die allen denkbaren Doppelbestrafungskonstellationen im Voraus entgegenwirken würde.

Dies führt dazu, dass die Betroffenen auf die Existenz und Anwendung eines ne bis in idem-Grundsatzes im europäischen Kartellrecht – de lege lata in Gestalt des Art. 50 GRCh – angewiesen sind. Insbesondere der aufgezeigte Widerspruch zwischen den Erwägungsgründen der VO 1/2003 und der Bekanntmachung der Kommission in Bezug auf eine parallele Verfolgung durch mehrere nationale Kartellbehörden verdeutlicht die Unklarheit der Rechtslage für die Betroffenen. Auch der zu Beginn einer Verfolgung innerhalb des ECN erfolgende informelle Austausch darüber, wer sich des Sachverhalts annehmen soll, kann aufgrund seiner Undurchsichtigkeit die Wirkung eines ne bis in idem-Grundsatzes nicht ersetzen. Einzig die klare Zuständigkeitsregelung des Art. 11 Abs. 6 VO 1/2003 erscheint grundsätzlich geeignet, einer Doppelbestrafungsgefahr vorzubeugen. Sie erfasst aber lediglich die Fälle mit Beteiligung der Kommission.

1104 *Ritter*, in: Immenga/Mestmäcker, Wettbewerbsrecht EG, Band 1, Teil 2, VO 1/2003, Art. 11, Rn 21 f.

1105 *Hossenfelder*, in: Loewenheim/Meessen/Riesenkampff, Kartellrecht, Art. 11, VO 1/2003, Rn 35. Einzig wenn es um die Anwendung strengerer innerstaatlicher Vorschriften zur Abstellung oder Sanktionierung einseitiger wettbewerbswidriger Handlungen (Art. 102 AEUV), oder die Anwendung nationaler Vorschriften geht, die überwiegend ein von Art. 101, 102 AEUV abweichendes Ziel verfolgen (z.B. das Recht des unlauteren Wettbewerbs) ist eine parallele Führung eines mitgliedstaatlichen Verfahrens noch möglich; *Ritter*, in: Immenga/Mestmäcker, Wettbewerbsrecht EG, Band 1, Teil 2, VO 1/2003, Art. 11, Rn 21 f.

Art. 50 GRCh kommt daher wie folgt zur Anwendung: Sobald die Kommission ein entsprechendes Verfahren eingeleitet oder an sich gezogen hat, legt Art. 11 Abs. 6 VO 1/2003 ihre ausschließliche Zuständigkeit fest. Für die Eröffnung eines Parallelverfahrens durch mitgliedstaatliche Behörden bleibt kein Raum.[1106] Verhängt die Kommission sodann gem. Art. 23 VO 1/2003 eine Geldbuße oder eine sonstige die Sperrwirkung auslösende Erstentscheidung, verhindert Art. 50 GRCh eine weitere Verfahrenseröffnung und Sanktionierung durch mitgliedstaatliche Behörden in derselben Sache. Es wird sowohl ein Tätigwerden nach europäischem Kartellrecht (im deutschen Recht nach § 81 Abs. 1 GWB i.V.m. Art. 101, 102 AEUV) als auch nach nationalem Kartellrecht (im deutschen Recht nach § 81 Abs. 2 Nr. 1 i.V.m. §§ 1, 19 GWB) gesperrt.

Auch im umgekehrten Fall, in dem eine taugliche, mitgliedstaatliche Erstentscheidung erlassen wird, sperrt Art. 50 GRCh jede weitere Verfahrensführung durch die Kommission. Dies gilt unabhängig davon, ob die Erstentscheidung aufgrund einer Verletzung des nationalen oder europäischen Kartellrechts ergangen ist. Nach deutschem Recht könnte sich nach einer Bestrafung aus § 81 Abs. 1 GWB i.V.m. Art. 101, 102 AEUV also keine Bestrafung der Kommission nach Art. 23 VO 1/2003 anschließen. Ebenso könnte sich keine Bestrafung derselben mitgliedstaatlichen Behörde nach nationalem Recht anschließen (im deutschen Recht beispielsweise nach § 81 Abs. 2 Nr. 1 i.V.m. §§ 1, 19 GWB).[1107] Die Sperrwirkung einer Erstentscheidung einer mitgliedstaatlichen Kartellbehörde gilt insbesondere auch dann, wenn sich im Nachhinein herausstellt, dass die mitgliedstaatliche Behörde gar nicht dazu in der Lage war, die Auswirkungen des Verstoßes auch auf den Märkten der anderer Mitgliedstaaten ausreichend zu berücksichtigen und somit angemessen zu ahnden. Die Kommission hat ausreichend Zeit, um von ihrem Selbsteintrittsrecht Gebrauch zu machen. Fehler bei der Fallverteilung und den angesprochenen gegenseitigen Informationspflichten innerhalb des ECN dürfen nicht nachträglich den Betroffenen zur Last gelegt werden.[1108]

1106 *Dannecker/Biermann*, in: Immenga/Mestmäcker, Wettbewerbsrecht EG, Band 1, Teil 2, VO 1/2003, Vorbem. Art. 23 f., Rn 254.

1107 Diese Konstellation hätte wahlweise auch im Rahmen der ersten Fallgruppe erörtert werden können.

1108 *Dannecker/Biermann*, in: Immenga/Mestmäcker, Wettbewerbsrecht EG, Band 1, Teil 2, VO 1/2003, Vorbem. Art. 23 f., Rn 255.

Eine Anwendung des ne bis in idem-Grundsatzes in den dargestellten Konstellationen vertritt auch die überwiegende Literatur.[1109] Ob sich der EuGH dieser Ansicht ebenfalls anschließt bleibt abzuwarten.[1110]

(cc) Weitere Entscheidungsformen

Ferner soll untersucht werden, ob auch in den nationalen Kartellrechtsordnungen neben den Bußgeldentscheidungen noch weitere taugliche Erstentscheidungen i.S.d. Art. 50 GRCh existieren. Es wird erneut das deutsche Recht herangezogen.

Das deutschen Kartellrecht enthält in § 32 GWB eine Abstellungsverfügung, wonach die Unternehmen verpflichtet werden, ihre Zuwiderhandlungen gegen Normen des GWB oder gegen die Art. 101, 102 AEUV zu beenden. Im Gegensatz zum europäischen Recht können im deutschen Recht parallel ein Abstellungsverfahren in Verwaltungssachen gem. §§ 54 f. GWB und ein Bußgeldverfahren nach den §§ 81 f. GWB durchgeführt werden, wobei die Kartellbehörde sich i.d.R. zwischen der Durchführung des einen oder anderen Verfahrens nach pflichtgemäßem Ermessen entscheidet.[1111] Der deutsche Gesetzgeber hat gegenüber Abstellungsverfügungen dementsprechend den Rechtsweg vor den Verwaltungsgerichten eröffnet. Die rechtskräftige Abstellungsverfügung steht nach seiner Ansicht einem Bußgeldverfahren in derselben Sache also nicht entgegen. Diese unterschiedliche Behandlung im Vergleich zur o.g. Abstellungsanordnung der Kommission nach Art. 7 VO 1/2003 wird auch in der Literatur vertreten.[1112] Sowohl die Kommission als auch die deutsche Kartellbehörde könnten demnach

---

1109 *Dannecker/Biermann*, in: Immenga/Mestmäcker, Wettbewerbsrecht EG, Band 1, Teil 2, VO 1/2003, Vorbem. Art. 23 f., Rn 253 f.; *Cramer/Pananis*, in: Loewenheim/Meessen/Riesenkampff, Kartellrecht, § 81 GWB, Rn 89; *Kindhäuser*, in: Frankfurter Kommentar zum Kartellrecht, Band 2, Art. 81 EGV, Bußgeldrechtliche Folgen, Art. 81 EGV, Rn 231; *Soltész/Marquier*, EuZW 2006, S. 104 f.; *Schwarze/Weitbrecht*, Grundzüge des europäischen Kartellverfahrensrechts, § 7, Rn 27; *Scharf-Kröner*, in: Löwisch Festschrift, S. 305 f.; *Klees*, WuW 2006, S. 1224 f.; *Kuck*, WuW 2002, S. 691 f.

1110 Siehe dazu oben: S. 84 f.

1111 *Rehbinder*, in: Loewenheim/Meessen/Riesenkampff, Kartellrecht, § 32 GWB, Rn 5, 20; *Bornkamm*, in: Langen/Bunte, Kommentar zum Kartellrecht, Band 1, § 32 GWB, Rn 8.

1112 *Dannecker/Biermann*, in: Immenga/Mestmäcker, Wettbewerbsrecht GWB, Band 2, § 32 GWB, Rn 24; *Bornkamm*, in: Langen/Bunte, Kommentar zum Kartellrecht, Band 1, § 32 GWB, Rn 53.

nach einer Abstellungsverfügung ein Bußgeldverfahren in derselben Sache führen.[1113]

Dem steht allerdings entgegen, dass die Entscheidung für das Abstellungsverfahren und gegen das Bußgeldverfahren – ebenso wie in Art. 7 VO 1/2003 – ein freisprechendes Element im Hinblick auf die Ahndung des begangenen Unrechts enthält. Die deutsche Behörde übt ihr Ermessen dahingehend aus, dass sie zwar einen Wettbewerbsverstoß feststellt, diesen aber im Ergebnis für nicht sanktionswürdig hält. Es erscheint daher ebenso vertretbar, dass sie sich an dieser Ermessensentscheidung festhalten lassen muss.[1114] Die europäische Abstellungsanordnung und deutsche Abstellungsverfügung sind daher gleich zu behandeln und als taugliche Erstentscheidungen anzusehen.

Des weiteren beinhaltet auch das deutsche Kartellrecht in § 32b GWB die Möglichkeit der Verpflichtungszusage, die weitgehend der Verpflichtungszusage der Kommission nach Art. 9 VO 1/2003 entspricht. Die durch die nationale Verpflichtungszusage erfolgende selbstbindende Wirkung bezieht sich nur auf die deutsche Kartellbehörde. Die die Zusage erteilende Behörde kann also grundsätzlich kein erneutes Verfahren[1115] und damit auch kein Bußgeldverfahren einleiten. Die Selbstbindung betrifft damit nicht die Kartellbehörden anderer Mitgliedstaaten. Im Verhältnis zur Kommission gilt Folgendes: Die Kommission muss gem. Art. 11 Abs. 4 VO 1/2003 30 Tage vor der Verpflichtungszusage von der nationalen Behörde über deren Erlass informiert werden. Sie hat damit ausreichend Zeit, das Verfahren an sich zu ziehen. Sofern sie ihr Selbsteintrittsrecht nicht ausübt, kann sie wegen desselben Verstoßes anschließend kein Verfahren mehr einleiten.[1116] Vergleichbar mit der Verpflichtungszusage auf europäischer Ebene steht die Verpflichtungszusage hier ebenso nur solchen nachfolgenden Entscheidungen entgegen, die durch die die Zusage aussprechende Behörde drohen.

1113 Anders: *Kruck*, Der Grundsatz ne bis in idem im Europäischen Kartellverfahrensrecht, S. 269.

1114 Ebenso: *Kruck*, Der Grundsatz ne bis in idem im Europäischen Kartellverfahrensrecht, S. 226 f.

1115 *Bornkamm*, in: Langen/Bunte, Kommentar zum Kartellrecht, Band 1, § 32b GWB, Rn 20; *Klose*, in: Wiedemann, Handbuch des Kartellrechts, § 51, Rn 40 f. Es kann lediglich eine Wiederaufnahme des Verfahrens nach Abs. 2 erfolgen.

1116 *Bornkamm*, in: Langen/Bunte, Kommentar zum Kartellrecht, Band 1, § 32b GWB, Rn 22. Anders: *Kruck*, Der Grundsatz ne bis in idem im Europäischen Kartellverfahrensrecht, S. 237 f., 269, der darauf abstellt, dass die Verpflichtungszusage lediglich eine vorläufige Beurteilung des Sachverhalts ist und keine verbindliche Aussage über die Rechtmäßig- bzw. widrigkeit des Verhaltens beinhaltet.

Ferner ist davon auszugehen, dass eine Einstellung des Ordnungswidrigkeitenverfahrens gem. § 46 Abs. 1 OWiG i.V.m. § 170 Abs. 2 StPO – im Gegensatz zum europäischen Recht – keine die Sperrwirkung auslösende Erstentscheidung darstellt. Die Ermittlungen haben in diesem Fall keinen Beweis für das Vorliegen der Kartellordnungswidrigkeit erbracht. Die Verfolgungsmöglichkeit ist nicht verbraucht und die Ermittlungen können jederzeit wieder aufgenommen werden, wenn hierzu Anlass besteht.[1117] Gleiches gilt für die Einstellung aus Opportunitätsgründen nach § 47 OWiG.

Die z.T. unterschiedlichen Ergebnisse bzgl. der Erstentscheidungstauglichkeit der einzelnen Maßnahmen im nationalen und europäischen Kartellrecht zeigen, dass hier eine große Rechtsunsicherheit für die Betroffenen besteht. Es muss daher weiterhin das Ziel sein, diese im Wege der Harmonisierung der Vorschriften abzubauen.

(dd) Vergleich der Täterkreise (nach nationalem und europäischem Recht)

Abschließend stellt sich die Frage, ob nach den nationalen Kartellrechtsordnungen auch eine Ahndung von Unternehmen und Unternehmensvereinigungen möglich ist, um dem Erfordernis der Täteridentität aus Art. 50 GRCh gerecht zu werden. Die Kommission kann – wie gesehen – nach Art. 23 VO 1/2003 nur gegen juristische Personen („Unternehmen und Unternehmensvereinigungen“) vorgehen,[1118] so dass dieselbe juristische Person auch Betroffener einer etwaigen nationalen Zweitverfolgung sein müsste.

Geht man von einer Zweitverfolgung nach deutschem Recht aus, stellt sich die Frage, wer nach der Sanktionsnorm des § 81 GWB als Täter in Betracht kommt. Die Täterkreisbestimmung des § 81 GWB gestaltet sich unübersichtlich, da die Normentrias der §§ 9, 30 und 130 OWiG anzuwenden ist. Ordnungswidrigkeiten als tatsächliche Handlungen können im Kartellrecht zunächst nur von natürlichen Personen begangen werden. Die Verbotsnormen, auf die § 81 GWB verweist, sind aber überwiegend Sonderdelikte, bei denen die bußgeldbewehrten Pflichten Unternehmen und Unternehmensvereinigungen auferlegt sind, d.h. „unternehmerisches Verhalten“ voraussetzen (vgl. § 1 GWB). Die Handlungen natürlicher Personen müssen also juristischen Personen zugerechnet werden, um eine entsprechende Ahndung zu ermöglichen.[1119] Der Kreis der Handlungstäter wird nun insbesondere durch die Zurechnungsnorm des § 9 OWiG erweitert, der

1117 *Wache*, in: Karlsruher Kommentar zum OWiG, Vorbem. §§ 53 f., Rn 179; *Dannecker/Biermann*, in: Immenga/Mestmäcker, Wettbewerbsrecht GWB, Band 2, Vorbem. § 81 GWB, Rn 209. Näher dazu: *Kruck*, Der Grundsatz ne bis in idem im Europäischen Kartellverfahrensrecht, S. 224 f.

1118 Siehe oben: S. 263 f.

1119 *Klusmann*, in: Wiedemann, Handbuch des Kartellrechts, § 55, Rn 31.

die bußgeldrechtliche Haftung auf die natürlichen Personen ausweitet, die für den eigentlichen Normadressaten handeln.[1120] Dessen Abs. 1 ordnet an, die zur jeweiligen Verbotsnorm gehörenden ahndungsbegründenden besonderen persönlichen Merkmale des Vertretenen (wie die Unternehmenseigenschaft des § 1 GWB) den Organen und gesetzlichen Vertretern zuzurechnen, so dass die Vertreter und Organe aus der entsprechenden Bußgeldnorm bestraft werden können.[1121] Abs. 2 erweitert den Kreis ferner auf nicht gesetzlich bestimmte, sondern gewillkürt vertretungsberechtigt Handelnde (sog. „besondere Vertreter“).[1122]

Eine weitere Ausweitung des Täterkreises nimmt § 130 OWiG vor, wonach derjenige mit einer Geldbuße belangt werden kann, wer als Inhaber eines Betriebes oder Unternehmens vorsätzlich oder fahrlässig seine Aufsichtspflichten verletzt.[1123] Tathandlung der Norm ist also das Unterlassen von Aufsichtsmaßnahmen, die erforderlich sind, um in dem Betrieb oder Unternehmen Zuwiderhandlungen gegen betriebsbezogene Pflichten zu verhindern.[1124] Die Haftung knüpft also nicht an die Vorschrift an, die von dem Betrieb konkret verletzt wurde, sondern an das in der Verletzung der Aufsichtspflicht liegende Unrecht.[1125] Zu den Normadressaten des § 130 OWiG gehören erneut nicht nur die ausdrücklich im Wortlaut genannten Inhaber von Betrieben und Unternehmen. Auch hier wird der Adressatenkreis über § 9 OWiG erweitert und bezieht damit die für den Inhaber handelnden Vertreter und Organe mit ein. Bei § 130 OWiG

1120 Der Kreis der verfolgbaren Täter wird allerdings nicht abschließend durch § 9 OWiG bestimmt, da nach dem Einheitstäterbegriff des § 14 OWiG auch weitere Handelnde verfolgbar sind, soweit i.S.d. § 14 Abs. 1 S. 2 OWiG bei mindestens einem Täter die vom gesetzlichen Verbotstatbestand vorausgesetzten besonderen persönlichen Merkmale vorliegen. Somit kann z.B. auch die helfende Sekretärin des für die Kalkulation verantwortlichen Organs wegen einer Kartellrechtsordnungswidrigkeit verfolgt werden. Siehe: *Klusmann*, in: Wiedemann, Handbuch des Kartellrechts, § 55, Rn 32.

1121 *Cramer/Pananis*, in: Loewenheim/Meessen/Riesenkampff, Kartellrecht, § 81 GWB, Rn 5.

1122 *Klusmann*, in: Wiedemann, Handbuch des Kartellrechts, § 55, Rn 32.

1123 Ziel der Vorschrift ist es, sicherzustellen, dass in Betrieben und Unternehmen Vorkehrungen gegen die Begehung von betriebsbezogenen Zuwiderhandlungen getroffen werden. Sie beruht auf dem Gedanken, dass Inhaber wirtschaftlicher Verbände dafür Sorge zu tragen haben, dass Normverstößen, die ihrem Organisationskreis entspringen, zumindest entgegengewirkt wird. So: *Dannecker/Biermann*, in: Immenga/Mestmäcker, Wettbewerbsrecht GWB, Band 2, Vorbem. § 81 GWB, Rn 122.

1124 *Dannecker/Biermann*, in: Immenga/Mestmäcker, Wettbewerbsrecht GWB, Band 2, Vorbem. § 81 GWB, Rn 122.

1125 *Cramer/Pananis*, in: Loewenheim/Meessen/Riesenkampff, Kartellrecht, § 81 GWB, Rn 26.

handelt es sich überdies um einen Auffangtatbestand, der nicht anwendbar ist, wenn der Aufsichtspflichtige selbst die dem Betrieb obliegende Pflicht verletzt.[1126] Anders als bei vielen einzelnen Verbotsnormen, die eine vorsätzliche Begehungsweise durch den unmittelbar Handelnden voraussetzen und damit häufig Beweisschwierigkeiten in sich tragen, genügt zur Erfüllung des § 130 OWiG bei feststehendem Verstoß des zu Beaufsichtigenden bereits die fahrlässige Verletzung von betrieblichen Organisationspflichten.[1127]

Neben § 130 OWiG ist ferner § 30 OWiG von erheblicher Bedeutung für das Kartellordnungswidrigkeitenrecht. § 30 OWiG schafft die Möglichkeit, als Hauptfolge ebenfalls Geldbußen gegen juristische Personen und Personenvereinigungen zu verhängen, obschon diese – wie gesehen – nicht selbst, sondern durch ihre natürlichen Personen handeln.[1128] Die Sanktionsmöglichkeit nach § 30 OWiG ist dann eröffnet, wenn das Handeln einer natürlichen Person als Organ, Organteil, vertretungsberechtigte bzw. sonst verantwortlich handelnde Person eine Ordnungswidrigkeit oder Straftat darstellt, durch die entweder Pflichten verletzt worden sind, die die juristische Person oder Personenvereinigung betreffen oder zumindest deren Bereicherung beabsichtigen. Zu den betriebsbezogenen Pflichten zählen auch sämtliche Ge- und Verbote, auf die § 81 GWB Bezug nimmt, sowie die Aufsichtspflicht.[1129] Ein Durchgriff auf die juristische Person kommt also selbst dann in Betracht, wenn z.B. das Organ die Ordnungswidrigkeit nicht selbst begangen hat, diese aber durch Aufsicht hätte verhindern können.[1130] Es ist also der Nachweis einer schuldhaften Anknüpfungstat zu führen, welche dann als Verbandstat qualifiziert wird.[1131]

Die Täterkreisbestimmung gestaltet sich dagegen im europäischen Kartellrecht wesentlich einfacher. Den Unternehmen und Unternehmensvereinigungen

1126 *Cramer/Pananis*, in: Loewenheim/Meessen/Riesenkampff, Kartellrecht, § 81 GWB, Rn 26.

1127 *Klusmann*, in: Wiedemann, Handbuch des Kartellrechts, § 55, Rn 34.

1128 Diese Erweiterung des Täterkreises auf juristische Personen ist deshalb erforderlich, weil sich die Höhe der Geldbußen auch nach den wirtschaftlichen Verhältnissen des Täters richtet, und Sanktionen gegen natürliche Personen häufig nicht ausreichen, um den Verstoß angemessen zu ahnden. Zudem sind die Unternehmen regelmäßig Nutznießer der kartellrechtswidrigen Verhaltensweisen, indem sie wirtschaftliche Vorteile erlangen. *Cramer/Pananis*, in: Loewenheim/Meessen/Riesenkampff, Kartellrecht, § 81 GWB, Rn 35; *Klusmann*, in: Wiedemann, Handbuch des Kartellrechts, § 55, Rn 43.

1129 *Cramer/Pananis*, in: Loewenheim/Meessen/Riesenkampff, Kartellrecht, § 81 GWB, Rn 39.

1130 *Cramer/Pananis*, in: Loewenheim/Meessen/Riesenkampff, Kartellrecht, § 81 GWB, Rn 39.

1131 *Klusmann*, in: Wiedemann, Handbuch des Kartellrechts, § 55, Rn 44.

i.S.d. Art. 23 VO 1/2003 wird in äußerst weitem Umfang und unter erheblich leichteren Voraussetzungen das Verhalten der für sie handelnden natürlichen Personen zugerechnet.[1132] Es gibt keine dem deutschen Recht vergleichbaren Zurechnungsnormen. Die entstehende Regelungslücke wird durch allgemeine Rechtsgrundsätze ausgefüllt, was seitens des EuGH regelmäßig dazu genutzt wird, das Ergebnis bestmöglich an den Zielen der Gemeinschaft zu orientieren.[1133] Danach muss das Unternehmen sich nicht nur das Handeln von Organen oder Personen mit Entscheidungskompetenz zurechnen lassen, sondern es genügt das Handeln einer Person, die berechtigt ist, für das Unternehmen tätig zu werden, womit sämtliche Bedienstete unabhängig von ihrer Stellung in der Unternehmenshierarchie erfasst werden.[1134] Auch ist es nicht einmal erforderlich, in jedem Einzelfall diejenige natürliche Person zu ermitteln, welche die Zuwiderhandlung begangen hat. Wenn keine entsprechenden Beweismittel vorliegen, wird es als ausreichend erachtet, wenn sich aus den zur Verfügung stehenden Informationen der Schluss ziehen lässt, dass bestimmte relevante Personen innerhalb des Unternehmens verantwortlich handelten.[1135] Dies stellt eine erhebliche Beweiserleichterung zu Gunsten der Kommission dar.[1136]

Diese Täterkreisbestimmung darf aber nicht auf das deutsche Kartellrecht übertragen werden.[1137] Es bleibt bei der Bindung an die genannten Zurechnungsnormen, insbesondere an § 130 OWiG, sofern sich zunächst kein Täter finden lässt. Diese Ungleichheit wurde bei der Dezentralisierung der Anwendung des europäischen Kartellrechts bewusst in Kauf genommen. Auf eine Harmonisierung der mitgliedstaatlichen Rechtsordnungen wurde bislang verzichtet.[1138]

Es bleibt festzuhalten, dass der Nachweis der Tätereigenschaft im europäischen Kartellrecht wesentlich leichter fällt. Im deutschen Recht steht die Ahn-

1132 *Dannecker/Biermann*, in: Immenga/Mestmäcker, Wettbewerbsrecht GWB, Band 2, Vorbem. § 81 GWB, Rn 121; *Fromm*, ZIS 2007, S. 286.

1133 *Fromm*, ZIS 2007, S. 285.

1134 *Dannecker/Biermann*, in: Immenga/Mestmäcker, Wettbewerbsrecht EG, Band 1, Teil 2, VO 1/2003, Vorbem. Art. 23, Rn 125 f. Dennoch ist ein Bestreben der Kommission erkennbar, Personen zu benennen, die möglichst ranghohe Stellungen haben und von dem Verstoß gewusst haben; *Fromm*, ZIS 2007, S. 286.

1135 *Dannecker/Biermann*, in: Immenga/Mestmäcker, Wettbewerbsrecht EG, Band 1, Teil 2, VO 1/2003, Vorbem. Art. 23, Rn 126.

1136 *Fromm*, ZIS 2007, S. 286.

1137 *Dannecker/Biermann*, in: Immenga/Mestmäcker, Wettbewerbsrecht GWB, § 81 GWB, Rn 26.

1138 *Dannecker/Biermann*, in: Immenga/Mestmäcker, Wettbewerbsrecht GWB, Vorbem. § 81 GWB, Rn 121.

dung von natürlichen Personen zwar strukturell im Vordergrund,[1139] die Ahndung von juristischen Personen ist aber ebenfalls möglich und von erheblicher praktischer Bedeutung. Da im europäischen Kartellrecht keine Bestrafung von natürlichen Personen möglich ist, kann Art. 50 GRCh in dieser vertikalen innersystematischen Konstellation also nur in Bezug auf eine drohende Doppelverfolgung- und bestrafung gegenüber juristischen Personen zur Anwendung kommen. Nur dann liegt eine Identität des Betroffenen vor.

(b) Fusionskontrollrecht

Auch im Rahmen der Fusionskontrolle stellt sich die Frage, ob nach einer Sanktion durch die Kommission nach Art. 14 der VO 139/2004 weitere Sanktionen durch nationale Behörden nach nationalem oder europäischem Recht ergehen können und umgekehrt. Im deutschen Recht ist erneut Art. 81 GWB diejenige Norm, die für den Bereich des Fusionskontrollrechts die Verhängung von Bußgeldern ermöglicht. Während die Zusammenschlusskontrolle grundsätzlich in den §§ 35-43 GWB geregelt ist, ähneln die nationalen Bußgeldgründe in § 81 GWB auch hier denen der europäischen Fusionskontrollverordnung. Es kann beispielsweise eine erneute Ahndung durch das ausschließlich zuständige Bundeskartellamt gem. § 81 Abs. 1 GWB i.V.m. Art. 101, 102 AEUV drohen, wenn ein nicht freigegebener Zusammenschluss dennoch vollzogen wird, oder lediglich einer Anzeigepflicht nicht ordnungsgemäß nachgekommen wurde (§ 81 Abs. 2 Nr. 4 i.V.m. § 39 Abs. 6 GWB).

Zunächst muss auch im Fusionskontrollrecht in Betracht gezogen werden, möglichen Doppelbestrafungsgefahren bereits durch Anwendbarkeits- oder Zuständigkeitsregelungen effektiv entgegenzuwirken.[1140] Der Anwendungsbereich der VO 139/2004 wird zunächst durch deren Art. 1 bestimmt. Nach dessen Abs. 1 gilt die Verordnung für alle Zusammenschlüsse von gemeinschaftsweiter Bedeutung, die sich anhand quantitativer Umsatzkriterien der beteiligten Unternehmen bestimmt (Art. 1 Abs. 2 und 3 der VO 139/2004), während der Zusammenschluss selbst (Fusion oder Kontrollerwerb) in Art. 3 der VO 139/2004 definiert wird. Für diesen Anwendungsbereich der VO 139/2004 gilt nun der Grundsatz der ausschließlichen Zuständigkeit. Denn über Zusammenschlüsse von gemeinschaftsweiter Bedeutung soll grundsätzlich allein die Kommission entscheiden (Art. 21 Abs. 2 VO 139/2004).[1141] Die nationalen Kartellbehörden dür-

1139 *Dannecker/Biermann*, in: Immenga/Mestmäcker, Wettbewerbsrecht GWB, § 81 GWB, Rn 20.

1140 Ausführlich zum Anwendungsbereich der VO und der Zuständigkeitsverteilung: *Wagemann*, in: Wiedemann, Handbuch des Kartellrechts, § 15, Rn 1, 3, 4.

1141 Dieser Grundsatz wird durch die Verweisungsregelungen der Art. 4 Abs. 4 und Art. 9 der VO 139/2004 nur ausnahmsweise im Sinne einer „Feinsteuerung“ durchbrochen.

fen gem. Art. 21 Abs. 3 UAbs. 1 VO 139/2004 kein nationales Wettbewerbsrecht auf denselben Fall anwenden.[1142] Im deutschen Recht wird dies nochmals in Art. 35 Abs. 3 GWB klargestellt. Erreicht dagegen ein Zusammenschlussvorhaben die Umsatzschwelle zur gemeinschaftsweiten Bedeutung nicht, oder ist der Zusammenschlussbegriff nicht erfüllt, sollen grundsätzlich die Mitgliedstaaten ihr nationales Fusionskontrollrecht anwenden. Dies wird dem Umkehrschluss aus Art. 21 Abs. 3 VO 139/2004 entnommen.[1143] Im Fusionskontrollrecht wurde folglich weder die Regelung über die parallele Anwendbarkeit noch das Verbot eines abweichenden Ergebnisses vom europäischen Recht aus der VO 1/2003 übernommen (vgl. auch Art. 3 Abs. 3 VO 1/2003).[1144]

Aufgrund dieser ausschließlichen Anwendbarkeits- und Zuständigkeitsregelungen erscheint eine Doppelsanktionierung durch nationale Behörden und die Kommission bereits im Vorhinein ausgeschlossen. In den Konstellationen, in denen sich die aufeinanderfolgenden Sanktionen aus unterschiedlichen Rechtsgebieten ergeben (hier aus europäischem und nationalem Recht), können derartige Regelungen durchaus dieselbe Wirkung wie ein ne bis idem-Grundsatz erzielen. Ein ausreichender Schutz der Betroffenen ist gewährleistet. Dies gilt jedoch nur unter der Voraussetzung, dass der jeweilige Gesetzgeber auch tatsächlich die Anwendung des jeweiligen Rechtsgebietes – aus dem sich die Zweitsanktion ergeben könnte – vollständig ausschließt. Dass dies nicht immer gelingt oder überhaupt begehrt wird, hat sich bereits im europäischen Kartellrecht gezeigt. Zudem hätte diese Lösung den Nachteil, dass die Anwendbarkeitsregeln aufgrund ihrer Natur nicht in solchen ne bis in idem-Konstellationen greifen können, in der eine Zweitsanktion infolge der Anwendung *desselben* Rechtsgebietes droht (so z.B. in den innersystematischen Konstellation der dritten Fallgruppe).

Danach kann die Überprüfung von Zusammenschlüssen mit gemeinschaftsweiter Bedeutung ausnahmsweise vor der Anmeldung oder danach an einen Mitgliedstaat verwiesen werden. Umgekehrt kann auch die Kommission auf Antrag eines oder mehrerer Mitgliedstaaten jeden Zusammenschluss i.S.d. Art. 3 VO 139/2004 prüfen, der keine gemeinschaftsweite Bedeutung i.S.d. Art. 1 VO 139/2004 aufweist. Zu den Ausnahmen siehe: *Körber*, in: Immenga/Mestmäcker, Wettbewerbsrecht EG, Band 1, Teil 2, Art. 21 FKVO, Rn 23.

1142 Die Unanwendbarkeit nationalen Rechts in Fällen gemeinschaftsweiter Bedeutung bezieht sich dabei aber nicht nur auf die nationale Fusionskontrolle, sondern auf das gesamte nationale Wettbewerbsrecht; *Wagemann*, in: Wiedemann, Handbuch des Kartellrechts, § 15, Rn 4.

1143 *Wagemann*, in: Wiedemann, Handbuch des Kartellrechts, § 15, Rn 4.

1144 Für das deutsche Recht ebenso: § 22 Abs. 4 S. 1 GWB.

Ungeachtet dessen steht auch im vorliegenden Fall die Sperrwirkung des Art. 50 GRCh einer erneuten Verfolgung in derselben Sache im Wege. Sofern die Kommission zu einer Erstentscheidung gelangt, kann eine nationale Behörde kein weiteres Verfahren wegen Verletzung des nationalen Wettbewerbsrechts mit dem Ziel der Verhängung einer Geldbuße führen.

Gleiches gilt für den umgekehrten Fall, in dem die Erstentscheidung durch eine nationale Behörde nach nationalem Wettbewerbsrecht ergeht. Ist die Kommission nach einer Ahndung durch eine nationale Behörde der Ansicht, dass der Zusammenschluss doch die Umsatzschwelle zur gemeinschaftsweiten Bedeutung erreicht, mithin die ausschließliche Anwendbarkeit des europäischen Rechts mit ihrer Zuständigkeit gegeben war, kann die Kommission kein Zweitverfahren mehr eröffnen. Art. 50 GRCh steht dem entgegen. Im Gegensatz zum Kartellrecht kann die Kommission im Fusionskontrollrecht in Einzelfällen auch gegen natürliche Personen vorgehen, weshalb sich auch ihnen gegenüber ne bis in idem-Konstellationen ergeben können. Im deutschen Recht sind dabei insbesondere die o.g. §§ 9, 130 OWiG bei der Täterkreisbestimmung zu beachten.

(c) Gemeinschaftliche Geldpolitik

Es stellt sich weiterhin die Frage, ob vergleichbare Konstellationen auch im Bereich der gemeinsamen Geldpolitik existieren. Nach einer Erstsanktion durch das Direktorium der EZB im Rahmen der Mindestreserve- oder statistischen Meldepflichten nach Art. 7 der VO 2531/98 oder Art. 7 der VO 2533/98 könnten weitere Sanktionen durch mitgliedstaatliche Behörden in derselben Sache durch Art. 50 GRCh gesperrt werden. Umgekehrt könnte dasselbe gelten, wenn die EZB nach einer mitgliedstaatlichen Erstsanktion in derselben Sache noch nachsanktionieren will.

(aa) Verhältnis zum mitgliedstaatlichen Melde- und Mindestreserverecht

Als mitgliedstaatliche Behörden mit Sanktionsbefugnis könnten die mitgliedstaatlichen Zentralbanken in Erscheinung treten. In Bezug auf das Recht der statistischen Meldepflichten wurde allerdings mit Beginn der dritten Stufe der Wirtschafts- und Währungsunion nicht nur die Kompetenz für die Geldpolitik der teilnehmenden Mitgliedstaaten, sondern auch die Kompetenz für die Erhebung der notwendigen statistischen Daten vergemeinschaftet. Die ausschließliche Kompetenz zur Erhebung der Daten liegt daher bei der ESZB, wobei die Aufgabe an die EZB delegiert wird, welche wiederum von den nationalen Zentralbanken gem. Art. 5.1 S. 1 der Satzung der ESZB und EZB „unterstützt" wird.[1145] „Unterstützt werden" bedeutet, dass die nationalen Zentralbanken maß-

1145 *Smits*, in: v.d.Groeben/Schwarze, EUV/EGV-Kommentar, Band 3, ESZB-Satzung, Anhang zu Art. 124 EGV, Protokoll Nr. 18, Art. 5, Rn 13 f.

geblich mit der Erhebung befasst sind, was auch Art. 5.2 der Satzung unterstreicht.[1146] Dass die Tätigkeit letztlich auf nationaler Ebene ausgeführt wird, ist als eine praktische Arbeitsregelung zu betrachten, mit der der örtlichen Wahrnehmung von Gemeinschaftsaufgaben gegenüber einer zentralen Wahrnehmung Vorrang eingeräumt wurde.[1147] Das Sammeln der Informationen richtet sich jedoch nach sekundärem Gemeinschaftsrecht (VO 2533/98). Es ist demzufolge davon auszugehen, dass im Bereich der statistischen Meldepflichten keine Doppelbestrafungsgefahr aufgrund etwaig parallel anwendbarer nationaler Sanktionsvorschriften besteht, die durch die mitgliedstaatlichen Zentralbanken durchgeführt würden.

Gleiches gilt für den Bereich der Mindestreserven. Die Kompetenz über die Auferlegung von Mindestreserven obliegt als Teil der von der EU übernommenen Geldpolitik ebenfalls der EZB. Sie hat die Mindestreservepolitik an sich gezogen. Dies zeigt beispielsweise auch die Streichung der Mindestreservemöglichkeit aus dem deutschen BBankG sowie der damit verbundenen Sanktionsbefugnis.[1148] Auch hier ergibt sich aufgrund der Verdrängung des nationalen Rechts keine Doppelbestrafungsgefahr.

(bb) Zuständigkeiten

Das Recht der europäischen Meldepflichten können die nationalen Zentralbanken mit Hilfe der EZB durchsetzen. Sobald die nationalen Zentralbanken einen Verstoß i.S.d. Art. 7 VO 2533/98 feststellen, können entweder sie selbst oder das Direktorium der EZB ein Übertretungsverfahren einleiten (Art. 3 Abs. 1 UAbs. 1 VO 2532/98). Obwohl die Übertretung zwangsläufig auch im Zuständigkeitsbereich einer nationalen Zentralbank liegt, wird letztlich nur *ein* Übertretungsverfahren eingeleitet, in welchem beide Stellen Maßnahmen ergreifen können (Art. 3 Abs. 2 UAbs. 1 VO 2532/98). An dessen Ende kann jedoch nur das Direktorium der EZB eine Sanktion verhängen (Art. 3 Abs. 4 VO 2532/98). Es liegt mithin eine gemeinsame Zuständigkeit vor.

Im Recht der europäischen Mindestreserven gelten diese Verfahrensregelungen (Art. 3 Abs. 1 bis 4 der VO 2532/98) gem. Art. 7 Abs. 2 S. 2 der VO

1146 *Smits*, in: v.d.Groeben/Schwarze, EUV/EGV-Kommentar, Band 3, ESZB-Satzung, Anhang zu Art. 124 EGV, Protokoll Nr. 18, Art. 5, Rn 14.

1147 *Smits*, in: v.d.Groeben/Schwarze, EUV/EGV-Kommentar, Band 3, ESZB-Satzung, Anhang zu Art. 124 EGV, Protokoll Nr. 18, Art. 5, Rn 19.

1148 Während für manche mitgliedstaatliche Zentralbanken das von der EZB übernommene Kontrollinstitut der Mindestreservepflicht völlig neu war, wurde es im deutschen Recht durch die Bundesbank gem. § 16 BBankG a.F. bereits verwendet. Die Norm diente dem europäischen Rechts als Vorbild. Dazu: *Herdegen*, in: Maunz/Dürig, GG-Kommentar, Band 6, Art. 88, Rn 38.

2531/98 nicht.[1149] Im Gegensatz zum Bereich der Meldepflichten kann das Übertretungsverfahren hier einzig durch das Direktorium der EZB eingeleitet werden.[1150] Art. 7 Abs. 1 VO 2531/98 ist zu entnehmen, dass nur die EZB die aufgelisteten Sanktionen verhängen darf. Folglich gilt hier eine ausschließliche Zuständigkeit der EZB.

(cc) Anwendbarkeit des jeweiligen Sanktionenrechts

Wie gesehen, besteht zumindest im deutschen Recht aufgrund der o.g. Verdrängung des mitgliedstaatlichen Mindestreserve- und Meldepflichtenrechts keine Doppelbestrafungsgefahr durch nationale Zentralbanken unter Anwendung des nationalen Rechts einerseits und der EZB unter Anwendung von europäischem Recht andererseits.

Da nach der Vergemeinschaftung der Rechtsgebiete noch mitgliedstaatliche „Restbestände" von Mindestreserve- oder Meldepflichtenrecht bestanden und ggf. heute noch existieren, schuf der Rat der Union mit Art. 3 Abs. 10 der VO 2532/98 eine ausdifferenzierte Regelung über die Anwendbarkeit von nationalem und europäischem Recht. Sofern es sich danach um eine Tat handelt, die ausschließlich einen Belang betrifft, der in den Zuständigkeitsbereich des ESZB fällt, kann ein Übertretungsverfahren nur nach Maßgabe der VO 2532/98 eingeleitet werden, auch wenn nationale Normen ein anderes Verfahren vorsehen (S. 1). Dies bedeutet, dass die Anwendung jeglicher weiterer mitgliedstaatlicher Verfahrensarten und damit auch jeglicher weiterer Reaktionsmöglichkeiten, die ggf. als Sanktionen qualifiziert werden könnten, ausgeschlossen ist, wenn sich die Tat in einem Verstoß gegen die o.g. europäischen Sanktionsnormen (Mindestreserven- oder Meldepflichtenrecht) erschöpft. Das ebenfalls anwendbare nationale Recht wird ausgeschlossen (ausschließliche Anwendbarkeit des europäischen Rechts). Die Regelung trägt dazu bei, die Doppelbestrafungsgefahr zu verringern. Ungeachtet dessen greift in diesen Fällen aber auch Art. 50 GRCh ein, um etwaige Zweitentscheidungen in nachfolgenden mitgliedstaatlichen Verfahren zu verhindern. Die Konstellation erinnert an die im Rahmen des originären europäischen Kriminalstrafrechts dargestellten „gemeinschaftsrechtlichen Fälle".[1151]

Erst wenn die Tat darüber hinaus Belange berührt, die nicht mehr nur im Zuständigkeitsbereich des ESZB liegen, ist es den Mitgliedstaaten erlaubt, parallel zum Übertretungsverfahren des ESZB weitere, gesonderte Verfahren bzgl. der außerhalb des Zuständigkeitsbereichs des ESZB befindlichen Belange

1149 Die besonderen Verfahrensregeln sind in Art. 11 der VO 2157/99 geregelt.

1150 *Papathanassiou*, in: Schimansky/Bunte/Lwowski, Bankrechts-Handbuch, Band 2, § 134, Rn 95.

1151 Siehe oben: S. 224 f.

durchzuführen (S. 2). Die Tat erschöpft sich in dem Fall also nicht mehr in einem Verstoß gegen das Mindestreserven- oder Meldepflichtenrecht, sondern geht in der Sache über den Zuständigkeitsbereich des ESZB hinaus. In Bezug auf denjenigen Unrechtsteil der Übertretung, der nicht vom Direktorium der EZB geahndet werden kann, dürfen weitere mitgliedstaatliche Verfahren geführt werden. Die parallele Verfahrensführung gegen die unterschiedlichen Unrechtsbestandteile der Tat kann allerdings nur solange gebilligt werden, wie es sich nicht um *eine* prozessuale Tat i.S.d. Art. 50 GRCh handelt. Die Taten können getrennt und gesondert verfolgt werden, was der Behandlung der o.g. (unechten) „gemischten Fälle" im originären europäischen Kriminalstrafrecht entspricht. Im Sinne einer grundrechtskonformen (Art. 50 GRCh) Auslegung des Satzes 2 ist damit davon auszugehen, dass diejenigen Fälle nicht erfasst werden, in denen es sich um eine Tat i.S.d. Art. 50 GRCh handelt. Denn in diesem Fall ist i.S.d. Art. 50 GRCh – entsprechend der Ergebnisse zu den (echten) „gemischten Fällen" – nur eine einheitliche Verfolgung möglich.[1152]

Satz 3 des Art. 3 Abs. 10 der VO 2532/98 regelt schließlich, dass die Durchführung des nationalen Kriminalstrafrechts bei all dem völlig außer Betracht bleibt, worauf in den intersystematischen Konstellationen noch näher eingegangen wird.

Es bleibt somit festzuhalten, dass im Zuständigkeitsbereich des ESZB nur das Direktorium der EZB Sanktionen verhängen darf. Die Europäisierung führte hier dazu, dass eine Doppelbestrafungsgefahr in den Bereichen des Mindestreserven- und Meldepflichtenrechts zumindest dann nicht mehr besteht, wenn es sich um Taten handelt, die sich ausschließlich auf diese Bereiche beziehen. Die EZB und die nationalen Zentralbanken arbeiten hier weitgehend zusammen. Sofern es sich dagegen um Taten handelt, die einen Unrechtsgehalt in sich tragen, der nur z.T. in den Zuständigkeitsbereich des ESZB fällt („gemischte Fälle"), erhält Art. 50 GRCh insofern Bedeutung, als er zumindest die Mehrfachverfolgung derselben Tat verhindert.

Die Anwendung des Art. 50 GRCh kann auch nicht durch die ne bis in idem-Regelung des Art. 2 Abs. 3 lit. f der VO 2532/98 in Gestalt einer Anrechnungslösung beeinflusst werden, wonach „die EZB … frühere von anderen Behörden dem gleichen Unternehmen aufgrund des gleichen Sachverhalts auferlegte Sanktionen" berücksichtigt. Da von einem „gleichen Sachverhalt" die Rede ist, ist davon auszugehen, dass jedenfalls auch die o.g. Fälle des Art. 3 Abs. 10 S. 1 der VO 2532/98 gemeint sind. Damit steht die Regelung im Widerspruch zu der hier vertretenen Anwendung des Art. 50 GRCh in Gestalt eines Erledi-

1152 Hierzu ebenfalls oben: S. 224 f.

gungsprinzips und ist damit aufgrund des Grundsatzes des Vorrangs des Primärrechts vor dem Sekundärrecht als unionsgrundrechts- bzw. primärrechtswidrig anzusehen. Eine grundrechtskonforme Auslegung ist nicht möglich.

(2) Intersystematische Anwendung zwischen Verwaltungssanktionenrecht und Kriminalstrafrecht

Des weiteren soll im Hinblick auf das intersystematische Verhältnis untersucht werden, ob nach einer auf originäres europäisches Verwaltungssanktionenrecht gestützten Erstentscheidung durch eine europäische Stelle (Gericht oder sonstige Stelle der EU) ein mitgliedstaatliches Kriminalstrafverfahren in derselben Sache durchgeführt werden kann. Auch die umgekehrte Konstellation, in der zunächst eine Kriminalstrafe nach mitgliedstaatlichem Recht ergeht und anschließend eine Verwaltungssanktion nach originärem europäischen Verwaltungssanktionenrecht durch eine Stelle der EU in derselben Sache droht, wird erläutert.

Ferner werden folgende, bislang noch hypothetischen Konstellationen beleuchtet: Nach einer auf nationales oder europäisches Recht gestützten Verwaltungssanktion durch eine mitgliedstaatliche Behörde oder ein mitgliedstaatliches Gericht stellt sich die Frage, ob noch ein europäisches Kriminalstrafverfahren in derselben Sache geführt werden kann. Umgekehrt ist fraglich, ob nach einer von mitgliedstaatlichen Gerichten verhängten Kriminalstrafe in einem europäischen Kriminalstrafverfahren noch eine mitgliedstaatliche Verwaltungssanktion ergehen kann. Das derzeitige Primärrecht ermöglicht nach überwiegender Ansicht – wie gesehen –lediglich eine europäische Strafverfolgung wegen Betrügereien zum Nachteil der finanziellen Interessen der EU. Nur in diesem Kriminalitätsbereich ist die Schaffung von Tatbeständen mit dem Primärvertrag vereinbar.[1153]

Die genannten Konstellationen werden – den anderen Fallgruppen entsprechend – in solche mit verwaltungsbehördlichen und solche mit gerichtlichen Erstentscheidungen unterteilt. Es wird erneut auf die Rechtsgebiete des Kartellrechts, des Fusionskontrollrechts sowie der gemeinschaftlichen Geldpolitik i.V.m. dem jeweiligen deutschen Recht Bezug genommen. Das deutsche Recht wird repräsentativ für die mitgliedstaatlichen Rechtsordnungen herangezogen.

(a) Erstentscheidung durch eine Verwaltungsbehörde

(aa) Kartellrecht (unter besonderer Berücksichtigung der Möglichkeit einer Verbandsstrafe)

Im Bereich des Kartellrechts könnte sich die Situation ergeben, dass nach der Ahndung eines Unternehmens durch die Kommission nach Art. 23 VO 1 /2003

1153 Siehe oben: S. 213 f.

eine Kriminalstrafe gegen das Unternehmen nach nationalem Recht durch ein mitgliedstaatliches Gericht droht.

Im deutschen Recht ist ein derartiger Fall de lege lata allerdings nicht möglich, da nach derzeitigem Stand Unternehmen nicht kriminalstrafrechtlich belangt werden können. Dies muss jedoch nicht für die Zukunft gelten. Die europäische Rechtsentwicklung zeigt in Richtung einer Unternehmens- bzw. Verbandsstrafbarkeit. Schon seit längerem wird ein entsprechender Harmonisierungsdruck gegenüber den Mitgliedstaaten erzeugt.[1154] Nicht nur in den meisten Mitgliedstaaten und dem Corpus Juris (2000) ist eine kriminalstrafrechtliche Verantwortlichkeit von Unternehmen geregelt. Auch im Europarat sowie einer Vielzahl internationaler Übereinkommen – außerhalb der Union – ist dieselbe Tendenz erkennbar (vgl. Art. 26 des Übereinkommens der Vereinten Nationen gegen Korruption).[1155] Obwohl eine kriminalstrafrechtliche Haftung von Unternehmen auch in der Vergangenheit zwischenzeitlich im deutschen Recht verankert war – dem deutschen Rechtssystem also nicht unbekannt ist –,[1156] stehen ihr Politik und Wissenschaft wegen grundlegender verfassungsrechtlicher und dogmatischer Bedenken derzeit ablehnend gegenüber.[1157] So hatte der deutsche Gesetzgeber bereits mehrfach die Möglichkeit, sein Rechtssystem entsprechend abzuändern. Die EU verpflichtete die Mitgliedstaaten im Jahre 1997 in Art. 3 des zweiten Protokolls zum „Übereinkommen über den Schutz der finanziellen Interessen der EG“[1158] dazu, Voraussetzungen zur Verantwortlichkeit von juristischen Personen festzulegen sowie einen Mindeststandard bei Unternehmenssanktionen zu garantieren. Gem. Art. 4 des Protokolls musste sichergestellt werden, dass sie zum Schutz der finanziellen Interessen der EU hinreichend verantwortlich gemacht werden können, sei es in Form von „strafrechtliche(n) oder

1154 *Hetzer*, EuZW 2007, S. 79 f.; *Dannecker/Biermann*, in: Immenga/Mestmäcker, Wettbewerbsrecht GWB, Band 2, Vorbem. § 81 GWB, Rn 25, 102; näher zur europäischen Entwicklung: *Rogall*, in: Karlsruher Kommentar zum OWiG, § 30, Rn 229, 250 f.

1155 Eine deutsche Übersetzung des Übereinkommens der Vereinten Nationen gegen Korruption ist abrufbar unter: http://www.admin.ch/ch/d/ff/2007/7417.pdf zuletzt abgerufen am 10.11.2012.

1156 Zu der älteren geschichtlichen Entwicklung von Kriminalstrafen gegen juristische Personen seit den zwanziger Jahren und den Gründen der Abschaffung siehe: *Rogall*, in: Karlsruher Kommentar zum OWiG, § 30, Rn 23. Zur neueren geschichtlichen Entwicklung seit dem Jahre 1997 siehe: *Rogall*, in: Karlsruher Kommentar zum OWiG, § 30, Rn 229 f.; *Hetzer*, EuZW 2007, S. 78 f.; *Dannecker/Biermann*, in: Immenga/Mestmäcker, Wettbewerbsrecht GWB, Band 2, Vorbem. § 81 GWB, Rn 96 f.

1157 Kritisch hierzu: *Hetzer*, EuZW 2007, S. 78; *Dannecker/Biermann*, in: Immenga/Mestmäcker, Wettbewerbsrecht GWB, Band 2, Vorbem. § 81 GWB, Rn 99, 103.

1158 ABl. EG, 1997, C 221, S. 11 f. Zu dem Übereinkommen und seinen Protokollen siehe bereits oben: S. 297 f.

nichtstrafrechtliche(n) Geldsanktionen“ oder „andere(n) Sanktionen“. Da das Protokoll damit nicht zur Einführung von Kriminalstrafen verpflichtete, sah der deutsche Gesetzgeber bei der Umsetzung des Übereinkommens davon ab, solche gegenüber Verbänden einzuführen. Auch wenn er sich also bislang einer Änderung der Rechtslage verschließt, ist sie – insbesondere im Falle einer verpflichtenden europäischen Vorgabe – zukünftig nicht ausgeschlossen.[1159]

Sofern de lege ferenda in Deutschland eine kriminalstrafrechtliche Verfolgung von Unternehmen wieder eingeführt wird, ergäbe sich in Bezug auf Art. 50 GRCh Folgendes: In der intersystematischen Konstellation einer behördlichen Erstentscheidung durch die Kommission und einem nachfolgend drohenden mitgliedstaatlichen Kriminalstrafverfahren würde Art. 50 GRCh nicht greifen. Entsprechend der in den bisherigen Fallgruppen erörterten Systematik würden verwaltungsbehördliche Erstentscheidungen keine intersystematische Sperrwirkung entfalten.[1160] Eine behördliche Entscheidung ist aufgrund der beschränkten Kognitionsbefugnis der Behörde nicht in der Lage, die Verfolgung des Täters wegen einer Straftat in derselben Sache zu verhindern. Die Wirkung der Rechtskraft ist auch hier an die Reichweite der Entscheidungsbefugnis gekoppelt. Die fehlende Kompetenz der Kommission, Kriminalstrafen zu erlassen, führt also dazu, dass eine Verwaltungssanktion ihrerseits keine weiteren mitgliedstaatlichen kriminalstrafrechtlichen Verfahren und Entscheidungen in derselben Sache sperren kann. Entsprechende Anwendung findet Art. 50 GRCh bereits in denjenigen Mitgliedstaaten, in denen de lege lata eine kriminalstrafrechtliche Verfolgung von Unternehmen möglich ist.

Für die bislang noch hypothetische Konstellation einer mitgliedstaatlich behördlichen Erstentscheidung gegen eine natürliche oder juristische Person, die auf nationales oder europäisches Recht gestützt wird (im deutschen Recht beispielsweise nach § 81 GWB i.V.m. Art. 101 AEUV oder § 1 GWB und ggf. i.V.m. § 30 OWiG), und eines anschließend drohenden europäischen Kriminalstrafverfahrens, gilt Folgendes:

Nach geltendem Unionsrecht ist ein solcher Fall zunächst nicht möglich. Wie bereits erläutert, ermöglicht die Kompetenznorm des Art. 325 Abs. 4

1159 Es ist davon auszugehen, dass sich auch das deutsche Bundesverfassungsgericht in seinem „Lissabon“-Urteil der Verankerung einer Verbandsstrafe nicht verschließt. Es wäre zu weitgehend, den Ausführungen des Gerichts zum Schuldgrundsatz zu unterstellen, es wäre nicht einmal dem verfassungsändernden Gesetzgeber wegen eines angeblichen Verstoßes gegen Art. 79 Abs. 3 GG ermöglicht, über die Einführung einer Verbandstrafe zu entscheiden. Anders: *Zimmermann,* JURA 2009, S. 851. Vgl. dazu: BVerfG, NJW 2009, S. 2267 f., S. 2289, Rn 364.

1160 Siehe oben: S. 144 f.

AEUV (Betrügereien zum Nachteil der finanziellen Interessen der EU) keine Rechtsetzung von Kriminalstraftatbeständen im Bereich des europäischen Kartellrechts zum Schutz des unverfälschten Wettbewerbs.[1161] Nur wenn der EU unter Primärrechtsänderung des Art. 103 Abs. 2 AEUV eine entsprechende Rechtsetzungskompetenz übertragen würde, könnte sich die aufgeworfene Konstellation ergeben. Doch auch in diesem Fall griffe Art. 50 GRCh nicht ein. Die Entscheidung der nationalen Behörde könnte aufgrund ihrer begrenzten Kompetenz keine weiteren europäischen Kriminalverfahren sperren.

Der Vollständigkeit halber soll nicht unerwähnt bleiben, dass sich ein zukünftiges originäres europäisches Kriminalstrafrecht wohl auch gegen juristische Personen richten würde. Denn neben den dargestellten europäischen Tendenzen favorisiert auch die Kommission in ihrem Grünbuch (2001) eine Verbandsstrafbarkeit.[1162]

(bb) Fusionskontrollrecht

Auch im Bereich des Fusionskontrollrechts stellt sich die Frage, ob nach der Verhängung einer Geldbuße durch die Kommission gem. Art. 14 der VO 139/2004 ein nationales Gericht eine Kriminalstrafe gegen denselben Betroffenen verhängen kann.

Im Gegensatz zum Kartellrecht können hier – wie bereits erläutert – in Ausnahmefällen auch natürliche Personen Adressat einer Geldbuße der Kommission nach Art. 14 der VO 139/2004 werden.[1163] Unabhängig davon, dass keine Fälle der Ahndung natürlicher Personen bekannt sind, ist es denkbar, dass eine ein Unternehmen kontrollierende Person beispielsweise gefälschte Unterlagen bei der Kommission einreicht, um die Gewährung eines Zusammenschlusses zu erreichen, oder ein im Rahmen einer Nachprüfungsermittlung von der Kommission angebrachtes Siegel bricht. Nach dem Erlass einer Geldbuße der Kommission nach Art. 14 Abs. 1 lit. b oder f VO 139/2004 wären die deutschen Strafverfolgungsbehörden nach bisherigen Erkenntnissen nicht an einer Verfolgung wegen Urkundenfälschung gem. § 267 StGB bzw. Verstrickungs- und Siegelbruchs gem. § 136 StGB gehindert. Das in den anderen Fallgruppen festgelegte Ergebnis der fehlenden intersystematischen Sperrwirkung behördlicher Erstentscheidungen[1164] gilt auch im Bereich des Fusionskontrollrechts. Nachfolgende mitgliedstaatliche kriminalstrafrechtliche Verfahren werden von Art. 50 GRCh nicht gesperrt.

1161 Siehe oben: S. 288 f.

1162 Vgl.: KOM, 2001, Nr. 0715, S. 44.

1163 Siehe oben: S. 274 f.

1164 Siehe oben: S. 144 f.

Gleiches gilt für die hypothetische Konstellation, in der zunächst eine auf nationales oder europäisches Recht gestützte Verwaltungssanktion durch eine nationale Behörde (im deutschen Recht nach § 81 GWB) ergeht, und anschließend ein europäisches Strafverfahren in derselben Sache droht. Die nationale Behörde könnte aufgrund ihrer begrenzten Kompetenz kein nachfolgendes europäisches Kriminalstrafverfahren sperren. Art. 50 GRCh würde nicht zur Anwendung kommen. Doch auch für diese Konstellation gilt, dass sie sich ohne eine Änderung des europäischen Primärrechts (Art. 103 Abs. 2 AEUV) nicht ergeben könnte. Denn dem europäischen Gesetzgeber steht de lege lata keine Kompetenz zur Setzung von europäischem Kriminalstrafrecht im Bereich des Fusionskontrollrecht zu.[1165]

(cc) Gemeinschaftliche Geldpolitik

Die gefundenen Ergebnisse gelten ferner für den Bereich der gemeinschaftlichen Geldpolitik. Sofern die EZB im Rahmen der Mindestreserve- oder Meldepflichten nach Art. 7 Abs. 1 lit. a der VO 2531/98 oder Art. 7 Abs. 4 der VO 2533/98 eine Sanktion erlässt, hat dies keine Sperrwirkung gegenüber weiteren mitgliedstaatlichen Kriminalstrafverfahren zur Konsequenz. Auch die Anwendbarkeitsregelung des Art. 3 Abs. 10 S. 3 der VO 2532/98 steht dem nicht entgegen. Nach ihr bleibt die Anwendung mitgliedstaatlichen Kriminalstrafrechts ebenfalls unberührt.

Die hypothetische Konstellation, dass zunächst eine auf mitgliedstaatliches Recht gestützte verwaltungsbehördliche Erstentscheidung gegen ein nationales Kreditinstitut oder eine natürliche Person ergeht, und anschließend eine weitere Sanktionierung in einem europäischen Kriminalstrafverfahren vor mitgliedstaatlichen Gerichten droht, erscheint aufgrund der weitgehenden Verdrängung des mitgliedstaatlichen Mindestreserven- und Meldepflichtenrechts sowie des fehlenden Bedürfnisses einer Kriminalisierung dieses Gebietes abwegig und wird daher nicht weiter erörtert. Im Übrigen gelten die Ausführungen zum Kartell- und Fusionskontrollrecht.

(b) Erstentscheidung durch ein Gericht

(aa) Kartellrecht

Betrachtet man nun diejenigen intersystematischen Konstellationen, die eine gerichtliche Erstentscheidung zum Gegenstand haben, ergibt sich für den Bereich des Kartellrechts Folgendes:

Zunächst stellt sich die Frage, ob im Anschluss an eine durch die Kommission erlassene Geldbuße (Art. 23 VO 1/2003), gegen die erfolglos eine Nichtig-

1165 Siehe oben: S. 288 f.

keitsklage i.S.d. Art. 263 AEUV vor dem EuG geführt wurde,[1166] ein mitgliedstaatliches Kriminalstrafverfahren in derselben Sache vollzogen werden darf. Es ist zu unterstellen, dass die gerichtliche Entscheidung rechtskräftig wurde. Praxisrelevant sind diese Konstellationen lediglich in den Mitgliedstaaten, in denen eine kriminalstrafrechtliche Verfolgung von Unternehmen möglich ist. Im deutschen Recht können sie sich daher bislang nicht ergeben.[1167]

In den bisherigen Fallgruppen wurde festgelegt, dass verwaltungsbehördliche, gerichtlich bestätigte Erstentscheidungen eine Sperrwirkung gegenüber nachfolgenden Kriminalstrafverfahren entfachen. Daran vermochte auch ein Auseinanderfallen von Rechtskraftreichweite und Kognitionsbefugnis bei der erstentscheidenden Stelle nichts zu ändern. Während dieses Problem in den ersten beiden Fallgruppen noch mit einer Änderung der Zuständigkeitsverteilung der mitgliedstaatlichen Gerichte gelöst werden kann,[1168] gestaltet sich dessen Bewältigung in der dritten Fallgruppe schwieriger. Dort könnte dem Auseinanderfallen nur durch die Schaffung einer europäisch strafrechtlichen Fachgerichtsbarkeit erfolgreich entgegen gewirkt werden, wozu es aber einer Primärrechtsänderung bedürfte.[1169]

Auch in der vorliegenden Konstellation kann die Sperrwirkung erneut nicht vom Grundsatz des Gleichlaufes der Rechtskraftwirkung und Kognitionsbefugnis abhängig gemacht werden. Vielmehr ist – wie auch in der dritten Fallgruppe – entscheidend, ob der EU eine auf den untersuchten Bereich beschränkte Kompetenz zur Setzung von originärem europäischen Kriminalstrafrecht und damit originäre Strafgewalt als Bestandteil der eigenen Hoheitsgewalt zukommt. Besteht eine solche Kompetenz, entfacht Art. 50 GRCh bei einer gerichtlichen Erstentscheidung eine intersystematische Sperrwirkung. Dies erscheint nur gerecht, wenn man zu Grunde legt, dass einem Täter wegen derselben Tat in einem vereinten Europa nur ein Hoheitsträger (ein Mitgliedstaat oder die EU selbst) gegenübertreten darf, der repräsentativ für die EU und ihre Mitgliedstaaten die Tat abschließend verfolgt und ahndet. Dies kann aber nur dann gelten, wenn die für die Verfolgung in Betracht kommenden Hoheitsträger mit gleichberechtigten Kompetenzen ausgestattet sind, d.h. die EU in dem maßgeblichen Kriminalitätsbereich über eine Kompetenz zur Setzung von Kriminalstraftatbeständen sowie über eine entsprechenden Strafgewalt verfügt. Nach diesen Maßstäben ergibt sich für die vorliegende Konstellation Folgendes:

1166 Der EuG ist gem. Art. 31 VO 1/2003 i.V.m. Art. 256 AEUV in erster Instanz zuständig.

1167 Siehe dazu oben: S. 322 f.

1168 Siehe oben: S. 150 f. und S. 208 f.

1169 Siehe: S. 291 f.

De lege lata steht der EU keine kriminalstrafrechtliche Bestrafungskompetenz im Bereich des europäischen Kartellrechts zu. Somit kann eine durch den EuGH bestätigte Sanktion der Kommission kein weiteres mitgliedstaatliches Kriminalstrafverfahren in derselben Sache sperren. Es wurde kein entsprechender Vertrauenstatbestand geschaffen. Diese Lösung steht nur zufällig im Einklang mit dem Grundsatz des Gleichlaufs von Rechtskraftwirkung und Kognitionsbefugnis.[1170] Die eigentliche Begründung ist in der fehlenden Rechtsetzungskompetenz und Strafgewalt der EU zu sehen, d.h. es wird nicht auf die Kognitionsbefugnis der konkret entscheidenden Stelle (hier EuGH) abgestellt.

Gegenteiliges würde erst dann gelten, wenn der EU unter Änderung des Primärrechts eine entsprechende Kompetenz verliehen werden würde. In einer solchen, bislang hypothetischen Konstellation würde Art. 50 GRCh eine intersystematische Sperrwirkung – entsprechend den anderen Fallgruppen – entfalten. Die EU könnte mit gesetzgeberischen Mitteln frei über die Ahndung der Tat entscheiden (legislative Dimension der Strafgewalt) und sie in einem europäischen Kriminalstrafverfahren vor mitgliedstaatlichen Gerichten verfolgen (exekutive Dimension).[1171] Würde die EU die Tat dennoch nur mittels einer Verwaltungssanktion ahnden und von den verwaltungsrechtlichen Kompetenzen des EuGH überprüfen lassen, wäre diese gerichtliche Bestätigung der Sanktion als taugliche Erstentscheidung i.S.d. Art. 50 GRCh anzusehen. Schließlich hätte für sie ebenso die Möglichkeit bestanden, die Tat im Rahmen eines europäischen Kriminalstrafverfahrens zu verfolgen. Diese Machtkonzentration macht es erforderlich, eine nachfolgende mitgliedstaatliche Strafverfolgung auszuschließen. In diesem Fall würde es abermals zu einem Auseinanderfallen von Rechtskraftreichweite und Kognitionsbefugnis kommen, da die dem EuGH infolge des Primärrechts zugestandenen Befugnisse von der dargestellten Kompetenzerweiterung der EU zu trennen sind. Erneut könnte dem nur durch die Schaffung einer europäisch strafrechtlichen Fachgerichtsbarkeit entgegengewirkt werden, der die Überprüfung der behördlichen Sanktionen zugewiesen werden müsste.

Diese Lösung steht im Einklang mit den Ergebnissen der vorherigen Fallgruppen. Sofern in den vergangenen Fallgruppen eine intersystematische Sperrwirkung zwischen gerichtlich überprüften Verwaltungsentscheidungen und darauffolgenden Kriminalstrafverfahren bejaht wurde, geschah dies immer unter der Voraussetzung, dass der tätig werdenden Hoheitsgewalt (EU oder Mitglied-

1170 Da der EuGH de lege lata nicht über eine kriminalstrafrechtliche Bestrafungskompetenz verfügt, kann sich die Rechtskraftwirkung auch nicht auf den Bereich des Kriminalstrafrechts erstrecken.

1171 Zu den Dimensionen der Strafgewalt: S. 295 f.

staat) auch eine Kompetenz zum Erlass von Kriminalstraftatbeständen in dem maßgeblichen Bereich zustand.

Nach diesen Maßstäben lassen sich auch in der umgekehrten Konstellation, in der zunächst eine Erstentscheidung in einem mitgliedstaatlichen Kriminalstrafverfahren gegen ein Unternehmen ergeht (sofern nach nationalem Recht überhaupt möglich), und anschließend ein weiteres Bußgeld der Kommission nach Art. 23 VO 1/2003 in derselben Sache droht, vernünftige Ergebnisse erzielen. Da die Mitgliedstaaten über eine umfangreiche Hoheitsgewalt sowie Strafgewalt verfügen, können sie frei über die Ahndung der Tat entscheiden. Diese Machtkonzentration führt dazu, dass es richtig erscheint, anschließend keine weitere Verfolgung mehr auf europäischer Ebene in derselben Sache zuzulassen. Es wäre unbillig, wenn das Eingreifen der Sperrwirkung davon abhinge, in welchem Verfahren (Verwaltungsverfahren oder Strafverfahren) die jeweilige Hoheitsgewalt die Erstsanktion erlässt. Eine zwischen den Mitgliedstaaten divergierende Verfolgung einer Tat mit dem Ziel, eine vergleichbare Sanktion zu verhängen, darf weder im zwischenstaatlichen Verhältnis (2. Fallgruppe) noch im Verhältnis zur EU (4. Fallgruppe) zu unterschiedlichen Ergebnissen in Bezug auf die Sperrwirkung des Art. 50 GRCh führen. Eine unterschiedliche Ausschöpfung der zur Verfügung stehenden Kompetenzen einer Hoheitsgewalt darf im Sinne der Rechtssicherheit nicht zu verschiedenen Rechtsfolgen führen. Die Sperrwirkung des Art. 50 GRCh greift ein.

Des weiteren stellt sich die Frage, wie es sich mit der Anwendung des Art. 50 GRCh verhält, wenn eine auf nationales oder europäisches Recht gestützte Verwaltungssanktion einer mitgliedstaatlichen Behörde (z.B. kartellrechtliches Bußgeld nach § 81 GWB i.V.m. Art. 101 AEUV oder § 1 GWB) von einem mitgliedstaatlichen Gericht bestätigt wird und im Anschluss daran eine erneute Verfolgung derselben Sache in einem europäischen Kriminalstrafverfahren vor mitgliedstaatlichen Gerichten droht. Erneut handelt es sich um eine hypothetische Konstellation, die erst möglich wird, sobald der EU in dem Bereich des Kartellrechts infolge einer Primärrechtsänderung eine Kompetenz zur Setzung von europäischem Kriminalstrafrecht verliehen würde. Entsprechend den obigen Ergebnissen käme auch in diesem Fall Art. 50 GRCh zur Anwendung. Dies wäre wiederum mit der umfassenden Kompetenz und Strafgewalt der Mitgliedstaaten zu begründen. Die Anwendung des Art. 50 GRCh würde unabhängig davon gelten, ob die mitgliedstaatliche gerichtliche Überprüfung der behördlichen Sanktion den Verwaltungsgerichten oder den Strafgerichten zugewiesen ist.

Die Sperrwirkung des Art. 50 GRCh würde ebenso in der umgekehrten, hypothetischen Konstellation greifen, in der nach einer Kriminalstrafe im Rahmen eines europäischen Strafverfahrens vor mitgliedstaatlichen Gerichten eine mitgliedstaatliche Behörde eine weitere Verwaltungssanktion nach nationalem oder europäischem Recht (kartellrechtliches Bußgeld nach § 81 GWB i.V.m. Art. 101 AEUV oder § 1 GWB) verhängen wollte. Denn die für diese Konstellation erforderliche Primärrechtsänderung hätte die beschriebene, umfangreiche Kompetenzausweitung der EU zur Folge, mit der die Tat in ausreichendem Maße durch eine Hoheitsgewalt innerhalb der EU (hier die EU selbst) verfolgt wäre.

(bb) Fusionskontrollrecht

Die für das Kartellrecht gefundenen Ergebnisse gelten ebenso für den Bereich des Fusionskontrollrechts. Erlässt die Kommission eine Geldbuße nach Art. 14 der VO 139/2004 und wird diese im Wege der Nichtigkeitsklage nach Art. 263 AEUV erfolglos vor dem EuG angegriffen,[1172] darf ein mitgliedstaatliches Kriminalstrafverfahren in derselben Sache noch geführt werden, weil die EU bislang nicht über eine Kompetenz zur Rechtsetzung von Kriminalstraftatbeständen und damit einhergehender Strafgewalt in diesem Bereich verfügt. Ein derartiger Fall könnte sich auch im deutschen Recht ergeben, sofern es sich bei dem Täter um eine natürliche Person handelt.[1173] Art. 50 GRCh stünde erst dann einem nachfolgenden mitgliedstaatlichen Kriminalstrafverfahren im Wege, wenn der EU eine entsprechende Kompetenz infolge einer Primärrechtsänderung zukäme.

Ergeht in der umgekehrten Konstellation zunächst eine Erstentscheidung in einem mitgliedstaatlichen Kriminalstrafverfahren und will die Kommission anschließend eine Geldbuße nach Art. 14 der VO 139/2004 in derselben Sache verhängen, stünde dem die Sperrwirkung des Art. 50 GRCh entgegen.

In der hypothetischen Konstellation, in der zunächst eine auf nationales oder europäisches Recht gestützte verwaltungsrechtliche, gerichtlich bestätigte Sanktion einer mitgliedstaatlichen Behörde verhängt würde (im deutschen Recht aus § 81 GWB), stünde Art. 50 GRCh ebenfalls einem nachfolgenden, europäischen Kriminalstrafverfahren vor mitgliedstaatlichen Gerichten in derselben Sache entgegen.

Gleiches würde in der umgekehrten, hypothetischen Konstellation gelten, in der eine Erstentscheidung in einem europäischen Kriminalstrafverfahren durch mitgliedstaatliche oder europäische Gerichte erginge. In diesem Fall würde Art. 50 GRCh ein weiteres Tätigwerden mitgliedstaatlicher Behörden in dersel-

---

1172 Der EuG ist gem. Art. 16 der VO 139/2004 i.V.m. Art. 256 AEUV in erster Instanz zuständig.

1173 Zu den Einzelheiten siehe oben: S. 325 f.

ben Sache nach nationalem oder europäischem Verwaltungssanktionenrecht sperren.

(cc) Gemeinschaftliche Geldpolitik

Für den Bereich der gemeinschaftlichen Geldpolitik gilt: Sofern z.B. das Direktorium der EZB ein Unternehmen oder eine natürliche Person im Rahmen der Mindestreserve- oder statistischen Meldepflichten nach den o.g. Normen sanktioniert,[1174] und diese Entscheidung erfolglos vor dem EuG angegriffen wird,[1175] wird de lege lata durch Art. 50 GRCh keine Sperrwirkung auf nachfolgende kriminalstrafrechtliche mitgliedstaatliche Verfahren ausgelöst. Dies steht im Einklang mit der Anwendbarkeitsregelung des Art. 3 Abs. 10 S. 3 der VO 2532/98, wonach die Anwendung des mitgliedstaatlichen Kriminalstrafrechts unberührt bleibt. Eine kriminalstrafrechtliche Kompetenzerweiterung der EU in diesem Bereich ist aus den o.g. Gründen nicht zu erwarten.[1176]

Auch für die weiteren Fallkonstellationen gelten die zum Kartell- und Fusionskontrollrecht gefundenen Ergebnisse entsprechend.

(c) Ansatz von Dannecker vor Inkrafttreten des Art. 50 GRCh

Die dargestellten intersystematischen Konstellationen werden in der Literatur bislang kaum diskutiert. Daran änderte auch das Inkrafttreten des Art. 50 GRCh nichts.

Einzig *Dannecker* äußerte sich zu den intersystematischen Konstellationen bereits im Jahre 2001. Zum damaligen Zeitpunkt war der ne bis in idem-Grundsatz in Form eines Erledigungsprinzips nicht einmal im Bereich des europäischen Kartellrechts anerkannt. Zum damals gerade neu verfassten, aber noch unverbindlichen Art. 50 GRCh führte er aus, die Norm gälte im Falle ihres Verbindlichwerdens in der vorliegenden Fallgruppe eingeschränkt. Er ging zunächst auf die o.g. intersystematische Konstellation ein, dass eine Erstentscheidung im Rahmen eines mitgliedstaatlichen Kriminalstrafverfahrens ergeht und anschließend eine weitere Sanktion durch eine Stelle der EU droht. Den europäischen Stellen ist es in diesem Fall seiner Ansicht nach weiterhin erlaubt, Sanktionen nach europäischem Recht zu erlassen. Es gelte allenfalls das Anrechnungsprinzip.[1177] Es ist davon auszugehen, dass er mit „further proceedings … by the European Union" lediglich die Verhängung weiterer Verwaltungssanktionen durch Stellen der EU und nicht auch die Verhängung zukünftiger originärer Kriminal-

1174 Siehe oben: S. 326.

1175 Der EuG ist gem. Art. 5 VO 2532/98 i.V.m. Art. 256 AEUV in erster Instanz zuständig.

1176 Siehe oben: S. 288 f.

1177 *Dannecker*, in: Eser/Rabenstein, Neighbours in law, S. 180 f.

strafen durch die EU meinte. Denn er differenziert zuvor durchaus zwischen „criminal proceedings“ und „further proceedings“ und geht auf eine lediglich theoretische Bedeutung der „criminal proceedings“ auf europäischer Ebene nicht ein. Es wird also unterstellt, dass sich seine Ausführungen lediglich auf die tatsächlich möglichen Fallkonstellationen beschränken.

In der umgekehrten Konstellation, in der nach einer Erstsanktion durch Stellen der EU (auszugehen ist also von Verwaltungssanktionen) ein Mitgliedstaat ein weiteres Verfahren durchführen will, gälte hingegen das Gegenteil. Ein nachfolgendes mitgliedstaatliches Tätigwerden solle durch Art. 50 GRCh ausgeschlossen werden. Bei Verwendung der Formulierung „if the Member State … wants to proceed“ bleibt unklar, ob er nur mitgliedstaatliche Verwaltungssanktionen (innersystematisch), oder auch nachfolgende mitgliedstaatliche Strafverfahren (intersystematisch) meinte.[1178] Der ne bis in idem-Grundsatz greift seiner Ansicht nach also im vertikalen Verhältnis zwar „abwärts“, aber nicht „aufwärts“. Die fehlende „aufwärts“-Wirkung begründet er mit den unterschiedlichen Kompetenzen der Union und der Mitgliedstaaten im Bereich des Strafrechts („different criminal competence“). Nationale Entscheidungen könnten sich nur auf rechtliche Gesichtspunkte des jeweiligen nationalen Rechts beziehen. Die Union könne dasselbe Verhalten vor dem Hintergrund anderer rechtlicher Aspekte würdigen.[1179] Die „abwärts“-Wirkung begründet er mit der hierarchischen Unterordnung der mitgliedstaatlichen Rechtssysteme zum europäischen Recht („hierarchical relation of the legal systems“).[1180] Weitere Konstellationen werden von ihm nicht angesprochen. Auch verzichtet er auf eine Differenzierung zwischen behördlichen und gerichtlichen Erstentscheidungen.

Der Ansatz erscheint unter Betrachtung des heutigen Entwicklungsstandes des europäischen Rechts nicht mehr zeitgemäß und kann nicht überzeugen. Hinter der seinerseits angenommenen fehlenden „aufwärts“-Wirkung steckt die überholte Überlegung, dass z.B. im Bereich des Kartellrechts die europäischen und die nationalen Sanktionstatbestände einen jeweils anderen Unrechtsgehalt erfassen würden, was wiederum eine Kumulation der Sanktionen rechtfertigen könnte. Mittlerweile ist überwiegend anerkannt, dass in den sich überschneidenden Kompetenzbereichen – wie z.B. des Kartellrechts – dieselben Ziele und Zwecke verfolgt werden.[1181] Würde man mitgliedstaatlichen Entscheidungen die vertikale „aufwärts“-Wirkung absprechen, brächte dies ein unmissverständli-

1178 Vgl.: *Dannecker*, in: Eser/Rabenstein, Neighbours in law, S. 181.

1179 *Dannecker*, in: Eser/Rabenstein, Neighbours in law, S. 180.

1180 *Dannecker*, in: Eser/Rabenstein, Neighbours in law, S. 181.

1181 Siehe dazu: *Dannecker/Biermann*, in: Immenga/Mestmäcker, Wettbewerbsrecht EG, Band 1, Teil 2, VO 1/2003, Vorbem. Art. 23, Rn 250 f.

ches, nicht zu tolerierendes Misstrauen der EU gegenüber mitgliedstaatlichen Entscheidungen zum Ausdruck und liefe damit den Grundsätzen der EU zuwider. Denn diese steht für ein gegenseitiges Vertrauen und eine gegenseitige Anerkennung von Entscheidungen.[1182]

Auch die von ihm aufgezeigte „abwärts"-Wirkung vermag nur in Bezug auf ihren innersystematischen Aspekt zu überzeugen, wonach nach einer Verwaltungssanktion durch europäische Stellen keine weiteren mitgliedstaatlichen Verwaltungssanktionen in derselben Sache erlassen werden dürfen. Die intersystematische Sperrwirkung im Hinblick auf nachfolgende mitgliedstaatliche Kriminalstrafverfahren kann dagegen zumindest bei gerichtlichen Erstentscheidungen aus den o.g. Gründen nicht überzeugen.[1183]

(3) Ergebnis

Losgelöst von den einzelnen Rechtsgebieten gestaltet sich der tatsächliche Anwendungsbereich des Art. 50 GRCh auf dem Gebiet des Strafrechts i.w.S. im Rahmen der vorliegenden Fallgruppe abschließend wie folgt:

Im innersystematischen Bereich gilt Art. 50 GRCh uneingeschränkt in jeder Konstellation. Sobald eine Stelle der EU (auch europäische Gerichte) eine Verwaltungssanktion erlässt, schützt Art. 50 GRCh vor einer weiteren Verwaltungssanktion in derselben Sache durch mitgliedstaatliche Behörden und Gerichte. Der Bereich der gemeinsamen Geldpolitik hat allerdings gezeigt, dass sich die Sperrwirkung des Art. 50 GRCh nur auf denjenigen Teil einer Tat beschränken kann, dessen Unrechtsverfolgung überhaupt durch das europäische Recht möglich ist. In gemischten Fällen ist der davon abtrennbare Teil nach nationalem Recht weiter verfolgbar, solange es sich insgesamt nicht um *eine* Tat i.S.d. Art. 50 GRCh handelt. Dies erinnert an die aufgestellten Anforderungen im hypothetischen europäischen Kriminalstrafrecht.

Auch in der umgekehrten Konstellation in der eine mitgliedstaatlichen Behörde oder ein Gericht eine Verwaltungssanktion erlassen hat, ist der Erlass weiterer verwaltungsrechtlicher Sanktionen in derselben Sache durch Stellen der EU wegen Art. 50 GRCh verboten.

Im intersystematischen Bereich gilt Art. 50 GRCh dagegen nicht uneingeschränkt. Die Norm kommt zunächst nicht zur Anwendung, wenn „lediglich"

1182 So: *Eser*, in: Meyer, Kommentar zur GRCh, Art. 50, Rn 16a. Ebenfalls kritisch zu Danneckers Thesen: *Kruck*, Der Grundsatz ne bis in idem im Europäischen Kartellverfahrensrecht, S. 164 f.; *Mansdörfer*, Das Prinzip des ne bis in idem im europäischen Strafrecht, S. 236 f.

1183 Siehe oben: S. 326 f.

eine behördliche Verwaltungssanktion ergeht. Die Verwaltungssanktionen europäischer Stellen sperrten somit kein nachfolgendes mitgliedstaatliches Kriminalstrafverfahren; eine Verwaltungssanktion mitgliedstaatlicher Behörden würde kein zukünftiges europäisches Kriminalstrafverfahren verhindern. Sofern die Konstellationen allerdings eine Verfolgung in einem zukünftigen europäischen Kriminalstrafverfahren zum Gegenstand haben, handelt es sich nicht nur um hypothetische Konstellationen, sondern auch um solche, für die es zunächst einer Primärrechtsänderung bedürfte. Denn die Kompetenznorm des Art. 325 Abs. 4 AEUV ermöglicht keine Rechtsetzung von originären europäischen Straftatbeständen in den Bereichen des Kartell-, Fusionskontroll-, Meldepflichten- oder Mindestreserverechts.

In den Konstellationen einer gerichtlich bestätigten verwaltungsrechtlichen Sanktion einer europäischen Stelle muss differenziert werden. Solange der EU in den Bereichen noch keine Kompetenz zur Setzung von originärem Kriminalstrafrecht und einer damit einhergehenden Strafgewalt zusteht, greift Art. 50 GRCh gegenüber nachfolgenden mitgliedstaatlichen Kriminalstrafverfahren nicht ein. Erst wenn sich dies unter Änderung des Primärrechts ergäbe, fände Art. 50 GRCh Anwendung.

In den umgekehrten Konstellationen, in denen eine Erstentscheidung in einem mitgliedstaatlichen Kriminalstrafverfahren ergeht, sperrt Art. 50 GRCh nachfolgende verwaltungsrechtliche Sanktionen durch europäische Stellen.

In den hypothetischen Konstellationen, in denen eine gerichtlich bestätigte, mitgliedstaatliche Verwaltungssanktion erginge und ein europäisches kriminalstrafrechtliches Verfahren in derselben Sache drohten, würde letzteres ebenfalls durch Art. 50 GRCh verhindert. In den umgekehrten Konstellationen einer Erstentscheidung im Rahmen eines europäischen Kriminalstrafverfahrens stünde Art. 50 GRCh dem Erlass weiterer Verwaltungssanktionen durch mitgliedstaatliche Behörden entgegen.

5. Horizontal-transnationaler Anwendungsbereich mit Drittstaatenbezug

In einer fünften und letzten Fallgruppe wird untersucht, inwieweit sich ein Grundrechtsträger auf Art. 50 GRCh berufen kann, wenn zunächst ein Mitgliedstaat oder eine Stelle der EU eine Erstsanktion erlässt und ein Drittstaat anschließend in derselben Sache nachsanktionieren will. Auch der umgekehrte Fall wird berücksichtigt.

Diese horizontal-transnationale Fallgruppe mit Drittstaatenbezug wird erneut in Konstellationen des Kriminalstrafrechts und solche des Strafrechts i.w.S unterteilt.

a) Kriminalstrafrecht

Im Rahmen des Kriminalstrafrechts stellt sich die Frage, ob Art. 50 GRCh Anwendung findet, wenn eine Person oder ein Unternehmen im Rahmen eines mitgliedstaatlichen oder zukünftig europäischen Kriminalstrafverfahrens vor mitgliedstaatlichen Gerichten[1184] verurteilt oder freigesprochen wird und anschließend eine weitere Verfolgung in derselben Sache durch ein Kriminalstrafverfahren außerhalb der EU droht. Dieselbe Frage stellt sich in der umgekehrten Konstellation, in der der Betroffene zunächst in einem Kriminalstrafverfahren außerhalb der EU verurteilt oder freigesprochen wird und dann ein Mitgliedstaat oder die EU selbst eine kriminalstrafrechtliche Verfolgung in derselben Sache begehrt.

Um Art. 50 GRCh in diesen Konstellationen anwenden zu können, müsste dessen Schutzbereich eröffnet sein. Dies ist nach einstimmiger Auffassung in der Literatur nicht der Fall, sobald das Erst- oder Zweitverfahren außerhalb der EU stattfindet.[1185] Beide Verfahren müssten auf dem Gebiet der Union erfolgen.[1186] Allenfalls im Rahmen einer Anrechnungslösung dürfe eine Berücksichtigung der früheren Strafe bei Verhängung einer neuen Strafe beachtet werden.[1187]

1184 Die Führung eines europäischen Kriminalstrafverfahrens könnte unter dem geltenden Primärrecht – wie gesehen – nur solche Taten betreffen, die sich als Betrügereien zum Nachteil der finanziellen Interessen der EU darstellten.

1185 *Jarass*, EU-Grundrechte, § 42, Rn 31; *Jarass,* GRCh-Kommentar, Art. 50 GRCh, Rn 9; *Eser*, in: Meyer, Kommentar zur GRCh, Art. 50, Rn 17; *Blanke*, in: Calliess/ Ruffert, EUV/AEUV, Art. 50 GRCh, Rn 1; *Alber*, in: Tettinger/Stern, Gemeinschaftskommentar zur EU-GRCh, Art. 50, Rn 5; *Streinz,* in: Streinz, EUV/AEUV, Art. 50 GRCh, Rn 6.

1186 *Jarass*, EU-Grundrechte, § 42, Rn 31.

1187 *Jarass*, EU-Grundrechte, § 42, Rn 31.

Die Ansicht überzeugt, da der Wortlaut des Art. 50 GRCh entsprechendes vorgibt. Wie gesehen, muss die Erstentscheidung auf einem „Gesetz in der Union“[1188] beruhen, d.h. ausländische strafrechtliche Erstentscheidungen stellen keine taugliche Erstentscheidung i.S.d. Art. 50 GRCh dar. Sowohl ein mitgliedstaatliches als auch ein europäisches Kriminalstrafverfahren bleiben damit nach einer Erstentscheidung eines Drittstaates weiterhin möglich.

Die Nichtanwendbarkeit des Art. 50 GRCh in der umgekehrten Konstellation einer mitgliedstaatlichen oder europäischen Erstentscheidung zu begründen, gestaltet sich dagegen schwieriger. Sobald eine Erstentscheidung nach dem Gesetz in der Union besteht, dürfte das drittstaatliche Kriminalstrafverfahren kein „erneut(es)“ „Strafverfahren“ i.S.d. Art. 50 GRCh darstellen. Die im Rahmen der ersten Fallgruppe getroffenen Feststellungen zum Begriff des „Strafverfahrens“,[1189] und der damit verbundene Rückgriff auf die EMRK, begrenzen den Begriff nicht zwangsläufig auf die Kriminalstrafverfahren der Mitgliedstaaten oder der EU. Eine entsprechende Einschränkung ist jedoch dem Kontext der Norm zu entnehmen. Nach ihm bezieht sich der Terminus „in der Union“ nicht nur auf die Erstentscheidung, sondern auch auf die im letzten Halbsatz verankerte Zweitentscheidung. Um unnötige Wiederholungen zu vermeiden, wählte man wohl anstelle der Formulierung „in einem Strafverfahren in der Union erneut verfolgt oder bestraft werden“ die abgekürzte Fassung „in einem Strafverfahren erneut verfolgt oder bestraft werden“. Die Begrenzung des „erneut(en)“ „Strafverfahren(s)“ auf mitgliedstaatliche und künftige europäische Kriminalstrafverfahren ist auch deshalb notwendig, um Art. 50 GRCh in sich widerspruchsfrei und sinnvoll erscheinen zu lassen. Die am Wortlaut orientierte Auslegung ergibt somit, dass die Durchführung eines nachfolgenden drittstaatlichen Kriminalstrafverfahrens nach einem abgeschlossenen mitgliedstaatlichen oder europäischen Kriminalstrafverfahren in derselben Sache weiterhin möglich bleibt.

Das Ergebnis wird zudem von der Überlegung gestützt, dass sich der räumliche Geltungsbereich des gesamten Primärrechts nur auf das Gebiet der Union erstreckt.[1190] Wenn man sich auf eine ne bis in idem-Regelung in Bezug auf Drittstaaten berufen wollen würde, müsste sich die Regelung vielmehr aus mit den jeweiligen Drittstaaten geschlossenen völkerrechtlichen Verträgen ergeben. Eine entsprechende Regelung müsste es den Behörden und Gerichten des Dritt-

1188 Wie erläutert, können die Formulierungen „Gesetz in der Union“ und „in der Union nach dem Gesetz“ gleichgestellt werden. Siehe oben: S. 49 f.

1189 Siehe oben: S. 75 f.

1190 Dazu: *Streinz*, Europarecht, Rn 97.

staats gleichfalls verbieten, nach einem Tätigwerden der Mitgliedstaaten oder der EU in derselben Sache erneut verfolgen und bestrafen zu dürfen.[1191]

Auch die Genese der Norm spricht für dieses Ergebnis. Wie bereits dargelegt, wurde im Rahmen des Konvents ein Änderungsantrag gestellt, dessen Intention es war, gerade die transnationale Geltung mit Drittstaatenbezug auszuklammern.[1192] Jener Antrag wurde in den obigen Ausführungen als mitursächlich für die Einführung der Worte „in der Union" bewertet, so dass es als bewusste Intention des Gesetzgebers anzusehen ist, keinerlei transnationale Fälle mit Drittstaatenbezug vom Anwendungsbereich der Norm zu erfassen.

Der Schutzbereich ist für die vorliegenden kriminalstrafrechtlichen Konstellationen mithin nicht eröffnet. Auf die z.T. vertretene Anrechnungslösung soll nicht weiter eingegangen werden. Die Nichtanwendung eines ne bis in idem-Grundsatzes in Gestalt eines Erledigungsprinzips vertrat bislang auch der EuGH. Seine Rechtsprechung bezog sich allerdings auf den ne bis in idem-Grundsatz in Form eines allgemeinen ungeschriebenen Rechtsgrundsatzes und nicht auf Art. 50 GRCh.[1193]

b) Strafrecht i.w.S.

Aus den zum Kriminalstrafrecht aufgezeigten Gründen bezieht sich der Schutzbereich des Art. 50 GRCh ebenfalls nicht auf den Bereich des Strafrechts i.w.S. Da er sich bereits dem engeren Bereich des Kriminalstrafrechts verschließt, gilt dies erst Recht für den weiteren Bereich des Strafrechts i.w.S.

1191 So auch: EuG, Urt. v. 15.6.2005 – „Tokai Carbon/Kommission", AW-Prax 2005, S. 346 f.

1192 Siehe oben zur 4. Konventssitzung: S. 26 f.

1193 EuG, Urt. v. 15.6.2005 – „Tokai Carbon/Kommission", AW-Prax 2005, S. 346 f. Zusammenfassend: *Alber*, in: Tettinger/Stern, Gemeinschaftskommentar zur EU-GRCh, Art. 50, Rn 5.

IV. Schlussbemerkungen

1. Zusammenfassung der wesentlichen Ergebnisse in den Fallgruppen

Der Anwendungsbereich des Art. 50 GRCh lässt sich in eine persönliche und eine räumliche Dimension unterteilen. Während im Rahmen der persönlichen Komponente wiederum zwischen Grundrechtsträgern und Grundrechtsadressaten zu differenzieren ist, erweist sich in der räumlichen Dimension eine Unterteilung in fünf Fallgruppen als hilfreich.

Als Grundrechtsträger können sich neben den natürlichen Personen – womit nicht nur der Unionsbürger, sondern jedermann gemeint ist – auch juristische Personen auf Art. 50 GRCh berufen. Allerdings können sich nur Personen privater Natur auf die Norm stützen. Weder die Stellen der EU noch der Mitgliedstaaten sind als Grundrechtsträger anerkannt.

Der Kreis der Grundrechtsadressaten richtet sich dagegen nicht nach Art. 50 GRCh, sondern nach Art. 51 Abs. 1 S. 1 GRCh. Die Untersuchung der Grundrechtsadressaten wurde der Übersichtlichkeit halber gesondert in den jeweiligen Fallgruppen im Rahmen des räumlichen Anwendungsbereichs vorgenommen. Denn die Adressatenstellung ist eng mit der dort zu behandelnden Frage der Anwendbarkeit des Art. 50 GRCh in den jeweilig maßgebenden Rechtsgebieten verbunden.

In der *ersten Fallgruppe* (rein national) wurde erörtert, inwieweit Art. 50 GRCh zur Anwendung kommt, wenn einem Grundrechtsträger eine mehrfache Sanktionierung innerhalb desselben Mitgliedstaates droht. In allen Fallgruppen wurde zwischen den Fallkonstellationen des Kriminalstrafrechts und des Strafrechts i.w.S. differenziert.

Der Schutzbereich des Art. 50 GRCh erfasst in allen Fallgruppen den kriminalstrafrechtlichen Bereich. Ob Art. 50 GRCh tatsächlich zur Anwendung kommt, hängt jedoch neben Art. 50 GRCh von Art. 51 Abs. 1 S. 1 GRCh ab. In Bezug auf die im Rahmen der ersten Fallgruppe maßgebliche Bindung der „Mitgliedstaaten" regelt die Norm, dass diese nur dann zur Einhaltung der Chartagrundrechte verpflichtet sind, wenn sie selbst im Anwendungsbereich des Unionsrechts handeln („ausschließlich bei der Durchführung des Rechts der Union"). Die Auslegung dieser Formulierung ist äußerst umstritten und konfliktbeladen. Nach hier vertretener Ansicht ist eine Grundrechtsbindung der Mitgliedstaaten nur dann gegeben, wenn tatsächlich unionales Primär- oder Sekundärrecht und nicht nur nationales, unionsrechtlich determiniertes Recht zur Anwendung kommt, genauer, wenn die rechtliche Beurteilung des maßgeblichen

Sachverhalts durch eine Norm geprägt wird, die dem Primär- oder Sekundärrecht angehört. Diese Auslegung führt im kriminalstrafrechtlichen Bereich der ersten Fallgruppe dazu, dass es de lege lata wegen Art. 51 Abs. 1 S. 1 GRCh nicht zur Anwendung des Art. 50 GRCh kommt. Denn die nationalen Kriminalstraftatbestände stellen entweder rein nationales oder unionsrechtlich determiniertes Recht dar.

Der Schutzbereich des Art. 50 GRCh ist nach hier vertretener Auffassung überdies in allen Fallgruppen für den Bereich des Strafrechts i.w.S. eröffnet. Obgleich der Grundrechtekonvent jegliche Anwendung des Art. 50 GRCh außerhalb des Kriminalstrafrechts vermeiden wollte, ergibt sich dies insbesondere aus der Orientierung der justiziellen Chartagrundrechte an den entsprechenden Normvorgaben in der EMRK.

Da die Schutzbereichsgrenze damit nicht zwischen den Konstellationen des Kriminalstrafrechts und denen des Strafrechts i.w.S. verläuft, ist sie zwischen denen des Strafrechts i.w.S. und denen nichtstrafrechtlicher Art zu ziehen. Ob eine Konstellation des Strafrechts i.w.S. vorliegt, in der Art. 50 GRCh eingreift, richtet sich nach der dem Verfahren zugrunde liegenden Sanktionsnorm. Die Durchführung sowohl des Erst- als auch des Zweitverfahrens muss dem Erlass einer „strafähnlichen Sanktion“ bzw. „Sanktion i.e.S.“ dienen. Nur dann kann die Sperrwirkung des Art. 50 GRCh ausgelöst werden. Eine solche Sanktion liegt vor, wenn mit der Norm zumindest auch ein repressiver Zweck verfolgt wird. Hilfsweise ist neben dem Kriterium der objektiven Zweckrichtung auf das der tatsächlichen Wirkung der Sanktion abzustellen. Mit Hilfe dieser im Wesentlichen wohl von *Heitzer* entwickelten Einordnungsmethode kann in den diversen Rechtsgebieten eine Anwendung des Art. 50 GRCh untersucht werden.

Unter Beachtung der Voraussetzungen des Art. 51 Abs. 1 S. 1 GRCh kommt die Anwendung des Art. 50 GRCh insbesondere im Bereich des europäischen Agrarsubventionenrechts in Betracht. Dort vollziehen mitgliedstaatliche Behörden unmittelbar indirekt Unionsrecht und führen es somit i.S.d. Art. 51 Abs. 1 S. 1 GRCh aus. Zunächst ergibt sich für die innersystematischen[1194] Konstellationen, in denen sich sowohl Erst- als auch Zweitentscheidung aus dem sekundären Unionsrecht ergeben, die Anwendbarkeit des Art. 50 GRCh. Gleiches gilt für die innersystematischen Konstellationen, in denen sich nur die Erst- oder Zweitsanktion aus europäischem Sekundärrecht und die jeweils andere Sanktion aus unionsrechtlich determiniertem Recht ergibt (vgl. im deutschen Recht § 35 MOG oder § 60 LFGB). Den Doppelbestrafungsgefahren muss mit Hilfe des Art. 50 GRCh entgegengetreten werden, da die nationalen ne bis in idem-

1194 Verhältnis zwischen Verwaltungssanktionen und nachfolgenden Verwaltungssanktionen.

Gewährleistungen hier i.d.R. nicht greifen (im deutschen Recht weder Art. 103 Abs. 3 GG noch § 84 OWiG).

Eine differenzierte Anwendung ist dagegen bei den intersystematischen[1195] Konstellationen geboten. Zunächst kommt Art. 50 GRCh in den Fällen einer „nur“ behördlichen Erstentscheidung nach europäischem Verwaltungssanktionenrecht nicht zur Anwendung, d.h. ein nachfolgendes mitgliedstaatliches Kriminalstrafverfahren wird nicht gesperrt. Die „offene Flanke“ hin zum Kriminalstrafrecht ist mit dem Grundsatz des Gleichlaufs von Rechtskraftreichweite und Kognitionsbefugnis der zur Entscheidung berufenen Stelle zu begründen. Anders verhält es sich indessen bei gerichtlichen Erstentscheidungen. Ein Mitgliedstaat kann kein weiteres Kriminalstrafverfahren mehr durchführen, wenn zuvor eine behördliche, gerichtlich bestätigte Sanktion nach europäischem Verwaltungssankionenrecht ergeht. Umgekehrt werden nach einer kriminalstrafrechtlichen Erstverurteilung weitere europäische Verwaltungssanktionen durch eine Behörde desselben Staates gesperrt. Art. 50 GRCh findet hier Anwendung, da mitgliedstaatliche ne bis in idem-Gewährleistungen erneut nicht eingreifen (vgl. im deutschen Recht Art. 103 Abs. 3 GG und § 84 OWiG). Der Anwendungsbereich des Art. 50 GRCh erstreckt sich wegen Art. 51 Abs. 1 S. 1 GRCh jedoch nicht auf das Verhältnis zwischen nationalen Verwaltungssanktionen (auch nicht auf unionsrechtlich determinierte Sanktionsnormen) und dem nationalen Kriminalstrafrecht. Hier finden die mitgliedstaatlichen Gewährleistungen Anwendung. Letztlich wird durch den eingeschlagenen Weg sichergestellt, dass alle Sanktionen, sei es aus europäischem Sekundärrecht, aus national determiniertem oder rein nationalem Recht, in ne bis in idem-rechtlicher Hinsicht gleich behandelt werden.

In der *zweiten Fallgruppe* (zwischenstaatlich) wurde untersucht, inwieweit Art. 50 GRCh zur Anwendung kommt, wenn demselben Grundrechtsträger eine mehrfache Sanktionierung durch unterschiedliche Mitgliedstaaten droht.

Im kriminalstrafrechtlichen Bereich dieser Fallgruppe stellt sich die Überwindung der Anforderungen des Art. 51 Abs. 1 S. 1 GRCh als schwierig dar. Denn in den klassischen zwischenstaatlichen Konstellationen liegen den mitgliedstaatlichen Kriminalstrafverfahren i.d.R. solche Straftatbestände zu Grunde, die sich aus dem rein nationalen Recht ergeben. Art. 54 SDÜ kann hier als durchzuführendes Unionsrecht i.S.d. Art. 51 Abs. 1 S. 1 GRCh nicht herangezogen werden. Die in der Norm enthaltene Vollstreckungsklausel würde ansonsten zur Voraussetzung der Anwendung des Art. 50 GRCh gemacht, obgleich sich in Art. 50 GRCh eine solche Klausel nicht findet. Hierin spiegelt sich die Proble-

1195 Verhältnis zwischen Verwaltungssanktionen und nachfolgenden Kriminalstrafen und umgekehrt.

matik des Verhältnisses zwischen Art. 54 SDÜ und Art. 50 GRCh wider. Im Gegensatz zur Auffassung des BGH und des BVerfG lässt sich nach der hier vertretenen Ansicht die Vollstreckungsklausel des Art. 54 SDÜ nicht auf Art. 50 GRCh übertragen. Neben der Genese und dem Wortlaut der Norm sprechen die Orientierung des Art. 50 GRCh an Art. 4 des 7. ZP der EMRK sowie die Möglichkeit, die Ziele der Vollstreckungsklausel anderweitig erreichen zu können, für dieses Ergebnis. Art. 54 SDÜ ist damit als primärrechtswidrig anzusehen und kann ebenso wenig im Rahmen der Prüfung des Art. 51 Abs. 1 S. 1 GRCh herangezogen werden, um die Anwendung des Art. 50 GRCh zu ermöglichen. Um die Anforderungen des Art. 51 Abs. 1 S. 1 GRCh zu erfüllen, muss vielmehr auf den Grundsatz der gegenseitigen Anerkennung nach Art. 82 Abs. 1 AEUV zurückgegriffen werden. Die eine Zweitverfolgung begehrende Behörde eines anderen Mitgliedstaates wird zwangsläufig mit der Frage der Anerkennung der Erstentscheidung des Ausgangsstaates konfrontiert. Die Auseinandersetzung mit der Frage des gegenseitigen Vertrauens in die justizielle Entscheidung des anderen stellt einen Belang dar, der die rechtliche Beurteilung des Sachverhalts prägt. Damit wird der Gedanke des Art. 82 Abs. 1 AEUV angewandt und somit Unionsrecht durchgeführt. Über diesen „Umweg“ findet Art. 50 GRCh in den kriminalstrafrechtlichen zwischenstaatlichen Konstellationen und damit aus praktischer Sicht derzeit wichtigsten Fallgruppe Anwendung. Nur diese Auslegung wird der Bedeutung der Norm als geschriebenes Unionsgrundrecht und Bestandteil des Primärrechts gerecht.

Im Bereich des Strafrechts i.w.S. gilt die im Rahmen der ersten Fallgruppe angewandte und an § 84 OWiG orientierte Systematik. Sofern eine mitgliedstaatliche Behörde eine Verwaltungssanktion erlässt, die sich aus dem europäischen Sekundärrecht oder rein nationalem Recht ergibt, wird die Verhängung einer weiteren Verwaltungssanktion aus europäischem oder nationalem Recht durch Art. 50 GRCh gesperrt (innersystematische Konstellation). Derartige Konstellationen ergeben sich zwar nicht im Agrarsubventionenrecht. Sie finden sich jedoch im Straßenverkehrsrecht (hier wird rein nationales Recht angewandt) oder im Kartellrecht (hier wird i.d.R. europäisches Sekundärrecht angewandt). Erneut muss hinsichtlich der Überwindung der Voraussetzungen des Art. 51 Abs. 1 S. 1 GRCh auf Art. 82 Abs. 1 AEUV zurückgegriffen werden, sofern die drohende Zweitentscheidung auf rein nationalem Recht beruht.

Entsprechend der ersten Fallgruppe ist in den intersystematischen Konstellationen mit behördlicher Erstentscheidung die Sperrwirkung des Art. 50 GRCh zu verneinen. Sofern demnach eine mitgliedstaatliche Behörde eine Verwaltungssanktion nach nationalem oder europäischem Recht erlässt, dürfen die Mitgliedstaaten weiterhin Kriminalstrafverfahren in derselben Sache durchführen. Anders verhält es sich, wenn die Erstentscheidung eine gerichtlich bestätigte

Entscheidung darstellt. Hier findet Art. 50 GRCh Anwendung. Sobald die Verwaltungssanktion einer mitgliedstaatlichen Behörde gerichtlich bestätigt wird, werden nachfolgende Kriminalstrafverfahren eines anderen Mitgliedstaates gesperrt. Gleiches gilt für den umgekehrten Fall, dass zunächst ein mitgliedstaatliches Kriminalstrafverfahren ergeht und die Behörde eines anderen Staates mittels einer Verwaltungssanktion nachsanktionieren will. Neben dem bereits angeführten Argument der Gleichbehandlung aller Sanktionen spricht für dieses Ergebnis, den jeweiligen nationalen Gesetzgebern bei der Ausgestaltung nationaler Sanktionen die Möglichkeit zu nehmen, sie aus dem Anwendungsbereich des Art. 50 GRCh herauszunehmen. Die fehlerhafte Deklaration von Sanktionen als „nicht strafähnlich", die Wahl einer Sanktionsart, bei der das repressive Element nur schwerlich erkennbar ist oder die Zuweisung eines anderen Rechtsweges als den vor den Strafgerichten, werden durch die Gleichbehandlung der Sanktionen zumindest im zwischenstaatlichen Verhältnis, unerheblich.

In der *dritten Fallgruppe* (horizontal-supranational) wurde untersucht, inwieweit Art. 50 GRCh eingreift, wenn einem Grundrechtsträger eine mehrfache Sanktionierung in derselben Sache in europäischen Straf- oder Verwaltungsverfahren droht (sei es durch verschiedene oder dieselbe Stelle der EU oder durch die Mitgliedstaaten).

Kriminalstrafrechtliche Konstellationen sind bislang nicht ersichtlich, da es an einem originären europäischen Kriminalstrafrecht fehlt. Im Hinblick auf die inzwischen überwiegende Anerkennung einer kriminalstrafrechtlichen Rechtsetzungskompetenz der EU im Bereich des Betruges zu Lasten ihrer finanziellen Interessen (vgl. Art. 325 Abs. 4 AEUV) wurde jedoch das hypothetische, mit dem geltenden Primärrecht vereinbare Szenario untersucht, dass mit der Schaffung einer Europäischen Staatsanwaltschaft entsprechende Kriminalstraftatbestände in einer Einsetzungsverordnung festgesetzt würden (vgl. Art. 86 Abs. 2 S. 1 AEUV). Mit dem Erlass solcher Normen würden sich Doppelbestrafungsgefahren ergeben. Ein entsprechendes bereichsspezifisches europäisches Kriminalstrafverfahren fände vor mitgliedstaatlichen Gerichten unter Beteiligung der Europäischen Staatsanwaltschaft statt. Das Grünbuch der Kommission aus dem Jahre 2001 legt eine denkbare Ausgestaltung eines solchen Verfahrens dar. Für das Hauptverfahren wäre das jeweilige mitgliedstaatliche Recht maßgeblich, welches demzufolge ebenso darüber entscheiden würde, ob eine taugliche Entscheidung der Europäischen Staatsanwaltschaft oder eines mitgliedstaatlichen Gerichts i.S.d. Art. 50 GRCh vorläge. Die von der Kommission vorgeschlagenen, auf europäischer Ebene zu verankernden „gemeinschaftlichen Ermittlungsmaßnahmen" und diversen Einstellungsmöglichkeiten der Europäischen Staatsanwaltschaft wären allesamt nicht als Erstentscheidungen i.S.d. Art. 50

GRCh anzusehen. Bei Ermittlungsmaßnahmen ist maßgeblich, ob sie in die Grundrechte des jeweiligen Betroffenen eingreifen. Das entstehende Gemenge prozessualer Bestimmungen – welches ebenfalls in der Einsetzungsverordnung festgesetzt würde – wäre die Geburt eines eigenen, bereichsspezifischen europäischen Strafverfahrensrechts. Die Untersuchung hat gezeigt, dass sowohl die Europäische Staatsanwaltschaft als auch nationale Gerichte im Rahmen eines europäischen Strafverfahrens an Art. 50 GRCh gebunden wären.

Dies würde jedoch nicht für Europol gelten. Der Behörde fehlt bislang die primärvertragliche Kompetenz, Ermittlungsverfahren einzuleiten oder Zwangsmaßnahmen vorzunehmen (vgl. Art. 88 Abs. 3 S. 2 AEUV). Erlaubt wäre der Behörde lediglich die Durchführung von „gemeinschaftlichen Ermittlungsmaßnahmen“ oder operativen Maßnahmen i.S.d. Art. 88 Abs. 3 S. 1 AEUV. Die Kerntätigkeit Europols – die Durchführung von Datenverarbeitungsmaßnahmen – bliebe von der Sperrwirkung des Art. 50 GRCh unberührt. Auch in Bezug auf Eurojust gilt, die nach geltendem Recht äußerst eingeschränkten Kompetenzen lassen die Sperrwirkung des Art. 50 GRCh bislang leer laufen (vgl. Art. 85 Abs. 1 UAbs. 2 S. 2 lit. a AEUV).

In den innersystematischen Konstellationen des Strafrechts i.w.S. finden sich dagegen nach geltendem Recht zahlreiche praxisrelevante ne bis in idem-Konstellationen. Nicht nur die Kommission wird im europäischen Kartell- und Fusionskontrollrecht an Art. 50 GRCh gebunden, sondern z.B. auch die EZB im Bereich der gemeinsamen Geldpolitik. Sofern eine Verwaltungssanktion verhängt wurde, sperrt Art. 50 GRCh den Erlass einer nachfolgenden Sanktion sowie die Vornahme weiterer grundrechtseingreifender Ermittlungsmaßnahmen.

Im intersystematischen Verhältnis hingegen ergeben sich keine tatsächlichen Anwendungsfälle. Solche könnten sich nur dann ergeben, wenn der EU im Rahmen einer Primärrechtsänderung eine Kompetenz zur Setzung von originären europäischen Kriminalstraftatbeständen in denjenigen Bereichen verliehen würde, in denen ihr bereits eine Vollzugskompetenz zum Erlass von Verwaltungssanktionen zusteht (z.B. im europäischen Kartell- und Fusionskontrollrecht oder Mindestreserve- und Meldepflichtenrecht). Erst nach dem Erlass entsprechender Tatbestände ergäbe sich die Konstellation, dass zunächst eine Verwaltungssanktion durch eine Stelle der EU erginge und anschließend eine weitere Kriminalstrafe in einem europäischen Kriminalstrafverfahren drohte. In Bezug auf die Anwendung des Art. 50 GRCh gälten die in den vorangegangenen Fallgruppen gefundenen Ergebnisse entsprechend. Während Art. 50 GRCh bei behördlichen Erstentscheidungen nicht zur Anwendung käme, würde die Norm in den Fällen mit gerichtlichen Erstentscheidungen eingreifen.

In der *vierten Fallgruppe* (vertikal-supranational) wurde erörtert, inwieweit Art. 50 GRCh eingreift, wenn einem Grundrechtsträger eine mehrfache Sanktionierung durch eine Stelle der EU oder der Mitgliedstaaten im Rahmen eines europäischen Straf- oder Verwaltungsverfahrens einerseits und durch eine mitgliedstaatliche Stelle im Rahmen eines mitgliedstaatlichen Straf- oder Verwaltungsverfahrens andererseits droht.

Mangels entsprechender Tatbestände auf europäischer Ebene sind die kriminalstrafrechtlichen Konstellationen bislang abermals nur hypothetischer Natur. Sofern nach dem Erlass eines bereichsspezifischen europäischen Kriminalstrafrechts Taten begangen würden, deren Unrecht nur unter Hinzuziehung von nationalem Recht vollständig geahndet werden könnte, wäre zu differenzieren: Handelte es sich um *eine* untrennbare Tat („echte gemischte Fälle"), müsste diese einheitlich durch dieselbe Anklagebehörde vor mitgliedstaatlichen Gerichten unter Hinzuziehung von „lückenfüllendem" nationalen Recht verfolgt werden. Art. 50 GRCh würde demzufolge sowohl nachfolgende mitgliedstaatliche als auch europäische Kriminalstrafverfahren in derselben Sache sperren. Lägen demgegenüber mehrere voneinander abtrennbare Taten vor („unechte gemischte Fälle"), könnten die jeweiligen Taten in europäischen und mitgliedstaatlichen Verfahren getrennt verfolgt werden, wodurch sich die Sperrwirkung des Art. 50 GRCh nur auf den jeweils abgeurteilten Teil bezöge.

Im Bereich des Strafrechts i.w.S. finden sich indessen bereits tatsächliche Anwendungsfälle. In den intersystematischen Konstellationen mit behördlicher Erstentscheidung gilt erneut das in den anderen Fallgruppen gefundene Ergebnis. Sofern die europäische Kommission beispielsweise im Kartell- oder Fusionskontrollrecht eine Geldbuße erlässt und mitgliedstaatliche Stellen nachfolgend ein Kriminalstrafverfahren durchführen wollen, wird Letzteres nicht durch Art. 50 GRCh gesperrt. Auch in den hypothetischen Konstellationen, in denen zunächst eine auf mitgliedstaatliches oder europäisches Recht gestützte Verwaltungssanktion durch eine mitgliedstaatliche Behörde erginge und anschließend ein zukünftiges originäres europäisches Kriminalstrafverfahren vor mitgliedstaatlichen Gerichten in derselben Sache drohte, fände Art. 50 GRCh aus den o.g. Gründen keine Anwendung. In den intersystematischen Konstellationen mit gerichtlicher Erstentscheidung lassen sich allerdings die bisher festgelegten Ergebnisse nicht unreflektiert übertragen. Sofern beispielsweise eine Geldbuße der Kommission im Kartell- oder Fusionskontrollrecht durch den EuGH bestätigt wird, muss in Bezug auf die Frage der Sperrung eines nachfolgenden mitgliedstaatlichen Kriminalstrafverfahrens wie folgt differenziert werden: Für die Anwendung des Art. 50 GRCh ist maßgebend, ob die EU in dem jeweiligen Rechtsgebiet, in dem die Verwaltungssanktion ergangen ist (Kartell- bzw. Fusionskontrollrecht), ebenso eine Kompetenz zur Setzung von originärem europäischen Kriminalstrafrecht sowie damit einhergehende bereichsspezifische Strafgewalt als Bestandteil eigener Hoheitsgewalt innehat. Sofern dies der Fall ist, entfacht Art. 50 GRCh eine intersystematische Sperrwirkung. Dem Täter sollte hinsichtlich derselben Tat in einem vereinten Europa grundsätzlich nur ein Hoheitsträger (ein Mitgliedstaat oder die EU selbst) gegenübertreten, der repräsentativ für die EU und ihre Mitgliedstaaten die Tat abschließend verfolgt und ahndet. Dies kann aber nur dann gelten, wenn die für die Verfolgung in Betracht kommenden Hoheitsträger allesamt mit gleichberechtigten Kompetenzen ausgestattet sind. Nach diesen Maßstäben greift die Sperrwirkung in der aufgeworfenen kartell-fusionsrechtlichen Konstellation somit nicht ein. Denn de lege lata obliegen der EU keine derartigen Rechtsetzungskompetenzen. Erst wenn die Mitgliedstaaten der EU unter Änderung des Primärrechts de lege ferenda eine entsprechende bereichspezifische Kompetenz einräumen würden, griffe die intersystematische Sperrwirkung des Art. 50 GRCh. Denn die EU könnte infolgedessen frei darüber entscheiden, die Tat in einem Verwaltungsverfahren oder in einem Kriminalstrafverfahren zu verfolgen und verfügte über eine Machtkonzentration, die die Konfrontation des Betroffenen mit nur einem Hoheitsträger in Bezug auf dieselbe Tat ausreichen lassen würde. Die EU könnte die Tat vollumfänglich ahnden. Nach diesen Maßstäben werden auch in den umgekehrten Konstellationen, in denen zunächst eine Erstentscheidung im Rahmen eines mitgliedstaatlichen Kriminalstrafverfahrens ergeht und anschließend eine weitere Verwaltungssanktion durch eine Stelle der EU droht (z.B. Kommission oder EZB), vertretbare Ergebnisse erzielt. Da die Hoheitsgewalt der Mitgliedstaaten eine umfangreiche Strafgewalt beinhaltet und sie aus gesetzgeberischer Sicht frei über die Ahndung der Tat entscheiden können, entfachen Erstentscheidungen in einem Kriminalstrafverfahren eine intersystematische Sperrwirkung zu Lasten nachfolgender Verwaltungssanktionen durch europäische Stellen. Aus denselben Gründen gilt für die beiden noch verbleibenden, hypothetischen Konstellationen: Sofern eine auf nationalem oder europäischem Recht basierende Verwaltungssanktion einer mitgliedstaatlichen Behörde durch ein mitgliedstaatliches Gericht abschließend bestätigt würde, könnte kein weiteres europäisches Kriminalstrafverfahren in derselben Sache durchgeführt werden. In der umgekehrten Konstellation, in der die Erstentscheidung im Rahmen eines europäischen Kriminalstrafverfahrens erginge, und eine mitgliedstaatliche Behörde anschließend eine Verwaltungssanktion erlassen wollen würde, stünde Art. 50 GRCh dem entgegen.

In der *fünften Fallgruppe* mit Drittstaatenbezug wurde untersucht, inwieweit Art. 50 GRCh eingreift, wenn einem Grundrechtsträger eine mehrfache Sanktionierung durch eine Stelle der EU oder eines Mitgliedstaates einerseits und durch die Stelle eines Drittstaates andererseits droht. In diesen Konstellationen ist jedoch bereits der Schutzbereich des Art. 50 GRCh weder für den kriminalstrafrechtlichen Bereich noch für den des Strafrechts i.w.S. eröffnet.

2. Fallgruppenübergreifende Systematik

Fallgruppenübergreifend ergibt sich hieraus folgende Systematik: Der Schutzbereich des Art. 50 GRCh erfasst in allen Fallgruppen sowohl den Bereich des Kriminalstrafrechts als auch den des Strafrechts i.w.S. Innerhalb der kriminalstrafrechtlichen Konstellationen gilt Art. 50 GRCh uneingeschränkt. Ob die Norm jedoch tatsächlich Anwendung findet, ist zum einen davon abhängig, ob ein Grundrechtsadressat wirksam über Art. 51 Abs. 1 S. 1 GRCh an Art. 50 GRCh gebunden wird, und zum anderen, ob ein anwendbares Kriminalstrafrecht existiert.

Auch in den innersystematischen Konstellationen im Bereich des Strafrechts i.w.S. gilt Art. 50 GRCh uneingeschränkt. Es finden sich in jeder Fallgruppe tatsächliche Anwendungsfälle. In den intersystematischen Konstellationen mit behördlicher Erstentscheidung greift die Norm dagegen nicht ein. Sie findet grundsätzlich nur in den intersystematischen Konstellationen mit einer gerichtlichen Erstentscheidung Anwendung. Ausnahmsweise gilt Art. 50 GRCh jedoch auch hier nicht, wenn sich bei der Erst- und Zweitverfolgung zwei Hoheitsträger (EU oder Mitgliedstaaten) gegenüber stehen, die in Bezug auf den maßgeblichen Kriminalitätsbereich mit ungleichen Rechtsetzungskompetenzen sowie Strafgewalten ausgestattet sind. Sofern der erstentscheidende Hoheitsträger nicht mit der umfänglichen Kompetenz ausgestattet ist, die Tat nach eigenem Belieben mittels einer Verwaltungssanktion oder Kriminalstrafe zu verfolgen und damit vollumfänglich zu ahnden, steht Art. 50 GRCh der Durchführung eines weiteren Kriminalstrafverfahrens durch einen anderen Hoheitsträger nicht entgegen.

3. Sekundärrechtliche ne bis in idem-Regelungen

Des weiteren hat sich gezeigt, im europäischen Sekundärrecht existieren zahlreiche Regelungen, die sich – meist im Rahmen ein speziellen Rechtsgebietes – mit der Gewährleistung von ne bis in idem befassen (vgl. Art. 6 Abs. 4 VO 2988/95, Art. 77 Abs. 2 der VO 1122/09, Art. 48 Abs. 9 VO 612/09, Art. 2 Abs. 1 S. 1 der VO 2157/99, Art. 2 Abs. 3 lit. f der VO 2532/98 sowie Art. 54 SDÜ). Unabhängig von den beschriebenen Ungereimtheiten innerhalb dieser Regelungen ergibt sich aus dem Grundsatz des Vorrangs des Primärrechts vor dem Sekundärrecht, dass die jeweilige Norm solange bestehen bleiben und Anwendung finden kann, wie sie im Falle ihrer Kollision mit Art. 50 GRCh unionsgrundrechtskonform ausgelegt werden kann. Sobald sich hingegen keine Lesart finden lässt, die mit der Auslegung des Art. 50 GRCh übereinstimmt, ist sie als unionsgrundrechtswidrig anzusehen, wobei die Derogationsfolge der Feststellung durch den EuGH vorbehalten bleibt.

4. Normvorschlag

a) Normierung einer Ausnahmeregelung als Grundrechtsschranke

Es stellt sich die Frage, ob und wie sich die erarbeitete Systematik im Bereich des Strafrechts i.w.S. mit dem Wortlaut des Art. 50 GRCh in Einklang bringen lässt. Zwar ist es mit ihm vereinbar, den Schutzbereich sowohl auf den Bereich des Kriminalstrafrechts als auch auf den des Strafrechts i.w.S. auszuweiten. Dann umfasst er jedoch sämtliche Konstellationen des Strafrechts i.w.S. in all ihren hier aufgezeigten Untergliederungen. Die aufgestellten Ausnahmen von der Anwendung des Art. 50 GRCh im Bereich des Strafrechts i.w.S. lassen sich dem Wortlaut nicht entnehmen. Zunächst wird aus ihm nicht ersichtlich, dass der Schutzbereich für keinerlei intersystematische Konstellationen mit behördlicher Erstentscheidung eröffnet ist. Ebenso wenig wird deutlich, dass der Schutzbereich nicht eröffnet ist, wenn eine durch europäische Gerichte bestätigte Verwaltungssanktion als Erstentscheidung vorliegt, die EU aber in dem maßgeblichen Rechtsgebiet über keine kriminalstrafrechtliche Rechtsetzungskompetenz sowie damit einhergehende bereichsspezifische Strafgewalt verfügt, und sodann ein mitgliedstaatliches Kriminalstrafverfahren nachfolgt (intersystematische Konstellation mit gerichtlicher Erstentscheidung der vierten Fallgruppe).

De lege ferenda sollten die hier vertretenen Ausnahmen von der Geltung des Art. 50 GRCh daher in einer Grundrechtsschranke des Art. 50 GRCh verankert werden. Eine solche Schrankenregelung müsste den Anforderungen des Art. 52 Abs. 1 GRCh genügen („Schranken-Schranken“).[1196] Sie müsste zudem in einer sekundärrechtlichen Verordnung i.S.d. Art. 288 AEUV ergehen, um ihre direkte Anwendbarkeit sicherzustellen.[1197] Art. 52 Abs. 1 GRCh würde zugleich die Rechtsgrundlage für eine derartige Verordnung darstellen.

1196 Siehe dazu unten: S. 352 f.

1197 Der EuGH hat im Rahmen eines Vorabentscheidungsverfahrens beispielsweise bereits der VO 2988/95 eine unmittelbare Wirkung in den Mitgliedstaaten attestiert. Näher dazu: *Nelles/Tinkl/Lauchstädt,* in: Schulze/Zuleeg, Europarecht, § 42, Rn 22.

Es ist allerdings nicht erforderlich, in dieser Verordnung eine umfassende Systematik über die Geltung des Art. 50 GRCh im Bereich des Strafrechts i.w.S. zu regeln. Einer Norm, die nahezu sämtliche Konstellationen des Strafrechts i.w.S. abhandelt – wie z.B. § 84 Abs. 1 und 2 OWiG –, bedarf es nicht. Denn im Unterschied zu Art. 103 Abs. 3 GG erstreckt sich Art. 50 GRCh grundsätzlich auf den Bereich des Strafrechts i.w.S., so dass keine Regelungslücken im Bereich des Strafrechts i.w.S. entstehen. Es ist lediglich notwendig, die o.g. Ausnahmen von der Anwendung des Art. 50 GRCh als Schranken zu normieren.

Ebenso wenig ist es erforderlich und angezeigt, die Besonderheiten, die sich im Rahmen der Auslegung des Art. 51 Abs. 1 S. 1 GRCh ergeben haben, in der Schrankenregelung des Art. 50 GRCh festzusetzen. Obgleich die hier vertretene weite Auslegung des Art. 51 Abs. 1 S. 1 GRCh – wie gesehen – erhebliche Auswirkungen auf die tatsächliche Anwendung des Art. 50 GRCh hat, ist sie von der Auslegung des Art. 50 GRCh strikt zu trennen. Eine Schrankenregelung zu Art. 50 GRCh kann auf den Kreis der Grundrechtsträger aus Art. 51 Abs. 1 S. 1 GRCh keinen Einfluss nehmen.

Bis der europäische Gesetzgeber eine solche „Schrankenlösung" jedoch umsetzt, kann die vorgeschlagene Systematik nur auf dem Wege Geltung erlangen, dass der EuGH Art. 50 GRCh entsprechend auslegt, d.h. seinen Schutzbereich zwar grundsätzlich auf den Bereich des Strafrecht i.w.S. bezieht, die hier empfohlenen Ausnahmen aber herausnimmt. Dieses Vorgehen wäre im deutschen Recht mit einer teleologischen Reduktion vergleichbar.[1198] Auch würde hier die Grenze zwischen Auslegung und Rechtsfortbildung überschritten. Der EuGH müsste die vorgeschlagenen Ausnahmen als erforderliche Einschränkung in den weit gefassten Wortlaut des Art. 50 GRCh „hineinlesen".[1199] Da auch im Unionsrecht der Wortlaut die Grenze zwischen Auslegung und Rechtsfortbildung bildet,[1200] läge Rechtsfortbildung vor.

1198 Zur teleologischen Reduktion im europäischen Recht: *Neuner,* in: Riesenhuber, Europäische Methodenlehre, § 13, Rn 33.

1199 Der EuGH selbst differenziert nicht zwischen Auslegung und Rechtsfortbildung.

1200 Siehe: *Riesenhuber,* in: Riesenhuber, Europäische Methodenlehre, § 11, Rn 20. In diesem Zusammenhang ist aber auf die eingeschränkte Bedeutung der Wortlautauslegung auf europäischer Ebene hinzuweisen, die sich aus der Sprachenvielfalt ergibt.

b) Verankerung in der VO 2988/95 oder der EinsetzungsVO der Europäischen Staatsanwaltschaft

Es stellt sich die Frage, ob die Schrankenregelung in eine bereits vorhandene Verordnung aufgenommen werden könnte, oder ob der Erlass einer völlig neuen Verordnung erforderlich wäre.

In Betracht käme die Verwendung der im Rahmen der ersten Fallgruppe dargestellten VO 2988/95, was die Ersetzung der darin enthaltenen Anrechnungslösung (Art. 6 der VO 2988/95) zur Folge hätte.

Hiergegen spricht die in Art. 4 und 5 der VO 2988/95 vorgenommene Differenzierung in Maßnahmen und Sanktionen (i.w.S.), die unter Verwendung des weiten Sanktionsbegriffs nicht überzeugen kann. Die Unterteilung ist – wie gesehen – mitursächlich für den nur rudimentären und fragmentarischen Charakter der Verordnung. Es wird kein höchster rechtlicher Standard erreicht.[1201] Insofern überhaupt eine Differenzierung für erforderlich gehalten wird, wäre der enge Sanktionsbegriff zu verwenden. Erst dann hätte die Einordnung einer Reaktion als Sanktion (i.e.S.) die Konsequenz, im dazugehörigen Verfahren die strafrechtlichen Garantien anzuwenden.

An der Unbrauchbarkeit der Differenzierung ändert auch der Umstand nichts, dass sich in der vorliegenden Untersuchung zahlreiche Reaktionen, die sich in den verschiedenen Rechtsgebieten des Unionssekundärrechts als „strafähnliche" Sanktionen erwiesen haben, auch einer der in Art. 5 Abs. 1 der VO 2988/95 aufgelisteten Sanktionsarten (i.w.S.) zuordnen ließen.[1202] Obgleich sich daraus die Vermutung ableiten lässt, dass zumindest die einschlägigen Sanktionsarten des Art. 5 Abs. 1 (lit. a bis d) auch grundsätzlich als Sanktionen i.e.S. anzusehen sind,[1203] ändert dies nichts daran, dass der Rat und die Kommission in der VO 2988/95 den weiten Sanktionsbegriff verwendet haben. Ihrer Ansicht nach finden sich unter den Sanktionen (i.w.S.) auch solche, die „nicht einer strafrechtlichen Sanktion gleichgestellt werden können" (vgl. Art. 5 Abs. 2 VO 2988/95). Nun bestünde die Möglichkeit, insbesondere die überprüften Sanktionsarten (lit. a bis d) als Orientierungshilfe bei der Einordnung weiterer Sankti-

---

1201 Siehe oben: S. 95 f.

1202 Siehe zu den Kürzungen, Ausschlüsse und Strafzuschläge im europäischen Agrarsekundärrecht, S. 117 f. und S. 126 f. Zu den Geldbußen im Kartell- und Fusionskontrollrecht, S. 266 f. und S. 274 f. Zu den Strafzuschläge und Strafgeldern im Bereich der gemeinschaftlichen Geldpolitik, S. 280 f. und S. 283 f.

1203 Der Ansicht, dass sogar alle in Art. 5 Abs. 1 VO 2988/95 aufgeführten Sanktionen i.w.S. grundsätzlich solche i.e.S. sind: *Heitzer*, Punitive Sanktionen im Europäischen Gemeinschaftsrecht, S. 127; *Satzger*, Internationales und Europäisches Strafrecht, § 8, Rn 7.

onen heranzuziehen. Die Unklarheit über die Einordnung der restlichen in Art. 5 Abs. 1 VO 2988/95 umschriebenen Reaktionen (lit. e bis g) bleibt jedoch bestehen. Neben dieser zu beseitigenden Unklarheit müsste im Falle einer Verwendung der VO 2988/95 Art. 5 Abs. 2 VO 2988/95 abgeändert werden.

Eine Differenzierung zwischen Maßnahmen und Sanktionen (i.e.S.) wäre darüber hinaus nur dann sinnvoll, wenn die unterschiedlichen Sanktionsarten ausdrücklich beim Namen genannt, definiert sowie abschließend aufgezählt würden. Zwar ist Art. 5 Abs. 1 VO 2988/95 abschließend. Die Sanktionen (i.w.S.) werden mit Ausnahme der Geldbuße jedoch nur umschrieben, nicht benannt. Nur ein numerus clausus fest bezeichneter und umschriebener Sanktionsarten wäre aber der Rechtssicherheit dienlich.

Würde ein entsprechender numerus clausus nach den hier genannten Maßstäben erlassen, wäre der europäische Gesetzgeber bei der Setzung jeglicher sekundärrechtlicher Sanktionen hieran auch zu binden. Gegenüber den nationalen Gesetzgebern würde zumindest ein dahingehender Harmonisierungsdruck erzeugt, sich bei der Rechtsetzung neuer nationaler Sanktionen an der Aufzählung zu orientieren. Auf diese Weise würde einem unübersichtlichen Gemenge unterschiedlicher Sanktionsarten sowohl auf europäischer als auch auf nationaler Ebene entgegengewirkt. Terminologische Verwirrungen – wie sie z.B. in der gemeinschaftlichen Geldpolitik auftreten – würden vermieden.[1204]

Auch der Schutzzweck und der Anwendungsbereich der VO 2988/95 sprechen gegen ihre Verwendung. Die Verordnung dient einzig dem Schutz der finanziellen Interessen der EU und beschränkt sich zudem auf die Fälle des indirekten unmittelbaren Vollzugs von unionalem Sekundärrecht. Diese Grundausrichtung prägt die gesamte Verordnung (vgl. Erwägungsgründe und Art. 1 Abs. 1 VO 2988/95). Die Schrankenregelung müsste sich aber auf jegliche ne bis in idem-Konstellationen des Strafrechts i.w.S. beziehen. Unabhängig von dem jeweiligen Rechtsgebiet oder zu schützenden Rechtsgut müssten die vorgeschlagenen Ausnahmen beispielsweise auch für die zwischenstaatlichen Konstellationen der zweiten Fallgruppe gelten, in denen sich die behördlichen Erstsanktionen (i.e.S.) u.a. aus rein nationalem Recht ergeben und dem Schutz rein nationaler Rechtsgüter dienen. Es ist weder ausreichend, die Fälle des indirekten unmittelbaren Vollzugs (z.B. im Agrarsubventionenrecht) noch die des direkten Vollzugs durch Stellen der EU (z.B. im Kartell-, Meldepflichten- oder Mindestreserverecht) zu erfassen. Auch die Fälle des behördlichen Vollzugs von rein nationalem sowie unionsrechtlich determiniertem nationalem Recht müssen mit einbezogen sein.

1204 Siehe oben: S. 277 f.

Dies zeigt auch, dass die Maßnahmen und Sanktionen (i.w.S.) in den Art. 4 und 5 der VO 2988/95 lediglich eine Schnittmenge aller Sanktionsarten des europäischen Sekundärrechts und nicht aber des mitgliedstaatlichen Verwaltungssanktionenrechts darstellen.

Die VO 2988/95 erscheint somit nicht als der passende Ort, um in ihr eine fallgruppenübergreifende Schrankenregelung für Art. 50 GRCh zu verankern. Zahlreiche Normen sowie der eigentliche Zweck der Verordnung wären abzuändern.

Die Schrankenregelung könnte stattdessen in der Einsetzungsverordnung einer zukünftigen Europäischen Staatsanwaltschaft verankert werden. Doch auch diese Verordnung soll nach Art. 86 Abs. 1 UAbs. 1 S. 1 AEUV nur dem Schutz der finanziellen Interessen der EU dienen. Zwar können mit Hilfe des Abs. 4 S. 1 die Befugnisse der Europäischen Staatsanwaltschaft auf weitere Straftaten aus dem Bereich der schweren grenzüberschreitenden Kriminalität ausgedehnt werden. Vorliegend wäre jedoch eine Erstreckung auf sämtliche Kriminalitätsbereiche erforderlich, was die Norm nicht ermöglicht.

In der Einsetzungsverordnung könnten nach Abs. 3 zwar „Verfahrensvorschriften" und somit auch eine Schranke zu einer Verfahrensgarantie (ne bis in idem) festgesetzt werden, diese hätten sich allerdings auf die Tätigkeit der Europäischen Staatsanwaltschaft zu beziehen. Die angestrebte Ausnahmeregelung würde sich jedoch nicht ausschließlich auf Konstellationen beziehen, in denen eine zukünftige Europäische Staatsanwaltschaft beteiligt wäre.[1205] Auch die Einsetzungsverordnung kommt daher als Regelungsort nicht in Betracht.

Es verbleibt somit einzig die Möglichkeit, eine eigens der Beschränkung des Art. 50 GRCh dienende sekundärrechtliche Verordnung ins Leben zu rufen.

c) Wortlaut und Auslegung

Die sich im Rahmen der dargestellten Systematik ergebenden Ausnahmen vom Schutzbereich des Art. 50 GRCh könnten in verschiedenen Artikeln oder innerhalb eines Artikels in unterschiedlichen Absätzen festgesetzt werden. Eine Schrankenregelung, die über 2 Absätze verfügen würde, könnte wie folgt lauten:

> (1) Eine Person darf wegen einer Kriminalstraftat in der Union nach dem Gesetz erneut verfolgt oder bestraft werden, wenn über dieselbe Tat zuvor rechtskräftig nur durch eine Verwaltungsbehörde entschieden wurde.
>
> (2) Eine Person darf wegen einer Kriminalstraftat in den Mitgliedstaaten erneut verfolgt und bestraft werden, wenn über dieselbe Tat zuvor rechtskräftig durch den Ge-

1205 Vgl. z.B. die Konstellationen der zweiten Fallgruppe.

richtshof der Europäischen Union entschieden wurde und die Europäische Union zum Zeitpunkt der Entscheidung über keine kriminalstrafrechtliche Rechtsetzungskompetenz in dem Kriminalitätsbereich verfügte.

Der Wortlaut des Absatzes 1 beginnt mit der Bezeichnung des Grundrechtsträgers. Hier wurde im Gegensatz zu Art. 50 GRCh der Begriff der *Person* gewählt, um auch die juristischen Personen in den Anwendungsbereich mit einzubeziehen. Ebenso hätte der Begriff „jemand" verwendet werden können. Sodann hätte bei der Auslegung der Norm allerdings stets auf den Gleichlauf der Grundrechtsträger mit Art. 50 GRCh verwiesen werden müssen.

Das Verb *darf* wurde von Art. 50 GRCh übernommen und zeigt, dass die Zweitverfolgung durch ein Kriminalstrafverfahren in dieser Konstellation weiterhin offen steht.

Die Ermöglichung der nachträglichen Verfolgung der Tat als *Kriminalstraftat* bei einer Erstentscheidung durch eine Verwaltungsbehörde stellt klar, dass sich die Ausnahme nur auf die intersystematischen Konstellationen bezieht. Zweitverfolgungen der Tat mit dem Ziel, eine weitere Verwaltungssanktion zu verhängen, werden damit bewusst aus dem Anwendungsbereich der Ausnahme herausgenommen. Sie sind – wie gesehen – verboten (innersystematische Konstellation). Der Gebrauch der Begrifflichkeit „Straftat" anstelle von „Kriminalstraftat" kam an dieser Stelle nicht in Betracht, da unter ihn auch solche Verhaltensweisen fallen, die „nur" in einem Strafverfahren i.w.S. verfolgt und mittels einer Verwaltungssanktion geahndet werden. Dies hat die Auslegung des Art. 50 GRCh gezeigt.

Der Zusatz *in der Union nach dem Gesetz* grenzt zunächst den Bereich der Normen ein, auf die sich die Kriminalstrafe als Zweitentscheidung stützen kann. Obwohl der Zusatz sich lediglich in dem Satzteil befindet, mit dem die Zweitentscheidung umschrieben wird, nimmt er in Übereinstimmung mit der Auslegung des Art. 50 GRCh ebenfalls auf die verwaltungsbehördliche Erstentscheidung Bezug. Sowohl die Erst- als auch die Zweitentscheidung müssen sich daher aus Gesetzen in der Union ergeben, d.h. entweder auf europäischem oder mitgliedstaatlichem Recht beruhen. Die Schrankenregelung soll sich – ebenso wie Art. 50 GRCh selbst – nur auf Konstellationen innerhalb der EU beziehen.

Dass nach der Erstentscheidung erneut *verfolgt oder bestraft* werden darf, verdeutlicht lediglich die Art und Weise der hoheitlichen Reaktion auf strafbares Verhalten. Der jeweilige Hoheitsträger verfolgt und bestraft. Welcher Hoheitsträger als Zweitverfolger tätig werden kann, wird – ebenso wie in Art. 50 GRCh – bewusst nicht explizit genannt. Zwar kommen nach derzeitigem Recht nur die Mitgliedstaaten bzw. deren Stellen in nationalen Kriminalstrafverfahren als verfolgende Hoheitsgewalt in Betracht. Durch die fehlende Nennung der in Betracht kommenden Hoheitsträger steht der Anwendungsbereich der Schranke aber auch den zukünftigen Konstellationen offen, in denen die EU als Hoheitsträger im Rahmen eines eigenen Kriminalstrafverfahrens zweitverfolgend tätig werden will.

Die Verwendung des Begriffs *dieselbe Tat* wurde aus § 84 Abs. 1 OWiG übernommen. In Übereinstimmung zu Art. 50 GRCh ist auch in der Schrankenregelung die Nennung des „idem" unverzichtbar. Sowohl der Grundsatz als auch die Ausnahme greifen nur dann ein, wenn Erst- und Zweitverfahren dieselbe Sache zum Gegenstand haben. Auf eine Erwähnung der ebenso erforderlichen Täteridentität neben der Tatidentität wurde indessen verzichtet (z.B. „gegen dieselbe Person"). Dass es sich um denselben Betroffenen handeln muss, ergibt sich – ebenso wie in § 84 Abs. 1 OWiG – aus dem Charakter der Norm als Ausnahme zu einem ne bis in idem-Grundsatz, d.h. aus ihrem Sinn und Zweck.

Richtet man nun den Blick auf die Erstentscheidung, so ist zunächst erforderlich, dass diese *rechtskräftig* geworden ist. Der Begriff der Rechtskraft wurde aus Art. 50 GRCh übernommen, womit die formelle Rechtskraft der behördlichen Erstentscheidung, d.h. deren Unanfechtbarkeit im Rahmen desselben Verfahrens gemeint ist. Der im deutschen Recht gebräuchliche Begriff der Bestandskraft behördlicher Entscheidungen kann als nationale Besonderheit nicht bedenkenlos auf die europäische Ebene übertragen werden.

Über die der jeweiligen Erstentscheidung zugrunde liegenden Tat muss *durch eine Verwaltungsbehörde entschieden* worden sein. In Bezug auf die Erstentscheidung ist es – ähnlich wie in § 84 Abs. 1 OWiG – erforderlich, die über die Tat entscheidende Stelle ausdrücklich zu bezeichnen. Denn die Ausnahme greift nicht bei gerichtlichen Erstentscheidungen ein. Der Begriff der *Behörde* wird im europäischen Recht bereits in Art. 104 AEUV gebraucht. Im Gegensatz zu Art. 104 AEUV sind vorliegend aber nicht nur die mitgliedstaatlichen, sondern auch die europäischen Behörden – wie z.B. die Kommission – gemeint. Der aus Art. 51 Abs. 1 S. 1 GRCh bekannte Begriff der „sonstigen Stellen" kann nicht herangezogen werden, da er die Gerichte umfasst.

Die Erwähnung der über die Tat entscheidenden Stelle macht wiederum die Nennung der Reaktionsart entbehrlich. Es kommt lediglich die der „Verwaltungssanktion" in Betracht, da den Verwaltungsbehörden eine kriminalstrafrechtliche Bestrafungskompetenz fehlt. Zwar schließt der Wortlaut damit auch keine Sanktionen *i.w.S.*, d.h. z.B. rein präventive Sanktionen als Erstentscheidung aus. Da in diesem Fall aber bereits kein Strafverfahren i.w.S. nach Art. 50 GRCh vorliegt, sondern nur ein reines Verwaltungsverfahren, ist der Anwendungsbereich des Grundsatzes nicht eröffnet. Die Zweitverfolgung ist sodann ohnehin erlaubt.

Die Verwendung des Begriffs *nur* verdeutlicht die untergeordnete Stellung der Verwaltungsbehörden gegenüber der Gerichtsbarkeit im Hinblick auf die Letztentscheidung über eine Sache. Hierin zeigt sich wiederum der Grund der Ausnahme, der in der geringeren Kognitionsbefugnis der Behörden zu sehen ist.

Die im zweiten Absatz geregelte Ausnahme bezieht sich im Gegensatz zu der des ersten Absatzes nicht auf alle Fallgruppen. Die ausnahmsweise Zulassung der Zweitverfolgung stellt lediglich auf die intersystematische Konstellation der vierten Fallgruppe ab, in welcher nach einer durch die europäischen Gerichte bestätigten Verwaltungssanktion ein mitgliedstaatliches Kriminalstrafverfahren droht. Nur in dieser Konstellation besteht de lege lata das Problem, dass sich Hoheitsträger gegenüberstehen, die nicht mit denselben strafrechtlichen Rechtsetzungskompetenzen ausgestattet sind.

In der umgekehrten, bislang noch hypothetischen Konstellation, in der nach einer mitgliedstaatlichen, gerichtlich bestätigten Verwaltungssanktion ein europäisches Kriminalstrafverfahren droht, ist de lege ferenda nicht zu erwarten, dass die Mitgliedstaaten Teile ihrer kriminalstrafrechtlichen Rechtsetzungskompetenzen einbüßen. Mit einem ungleichen Kompetenzverhältnis zu Lasten der Mitgliedstaaten ist in Zukunft nicht zu rechnen. Der Anwendungsbereich der Ausnahme musste daher nicht zusätzlich für diese hypothetischen Fälle eröffnet werden.

Die Außerachtlassung dieser umgekehrten Konstellation erklärt auch zugleich, weswegen sich die Zweitverfolgung nach dem Wortlaut lediglich auf eine Verfolgung *„in den Mitgliedstaaten"* und nicht etwa auf eine kriminalstrafrechtliche Verfolgung „in der Union" bezieht. Die Hereinnahme einer weiteren Konstellation war nicht angezeigt.

In Bezug auf die Erstverfolgung wird – ebenso wie in der ersten Ausnahme – die über die Tat entscheidende Stelle *(Gerichtshof der Europäischen Union)*, nicht aber die Reaktionsart selbst genannt. Die Konkretisierung der Erstentscheidungsart ist auch hier entbehrlich, da sich aus dem letzten Halbsatz ergibt, dass es sich nur um eine Verwaltungssanktion handeln kann, über die der EuGH zunächst entscheidet. Die Reaktionsart der Kriminalstrafe in einem europäischen Kriminalstrafverfahren als Erstentscheidung kommt nicht in Betracht, weil der EU gerade die entsprechende bereichsspezifische Rechtsetzungskompetenz fehlt. Sobald sich dies de lege ferenda ändert, greift die Ausnahme nicht mehr ein. Hinsichtlich der Auslegung der weiteren Begrifflichkeiten gelten die Ausführungen zu der ersten Ausnahme.

In beiden Ausnahmeregelungen wurde – entgegen § 84 Abs. 1 OWiG und Art. 50 GRCh („kann … nicht mehr" bzw. „Niemand darf") – eine positive Formulierung gewählt *(Eine Person darf)*. Dies bringt zum Ausdruck, dass bei

Vorliegen der Voraussetzungen eine gegenüber dem Grundsatz aus Art. 50 GRCh gegenteilige Rechtsfolge eingreift. Der Ausnahmecharakter der Regelung wird damit betont.

Die Schrankenregelung würde nicht gegen die Anforderungen aus Art. 52 Abs. 1 GRCh verstoßen, die an jede Grundrechtsschranke zu stellen sind („Schranken-Schranken"). Die Regelung würde im Rahmen einer Verordnung erlassen, die wiederum aus einem ordentlichen Gesetzgebungsverfahren i.S.d. Art. 289 Abs. 1 AEUV hervorginge, wodurch dem Gesetzesvorbehalt entsprochen würde. Auch der Wesensgehalt des Art. 50 GRCh wäre durch die Schrankenregelung gewahrt. Die hier vertretene Ausweitung der Norm auf den Bereich des Strafrechts i.w.S. führt zu einem weiten Anwendungsbereich. Metaphorisch gesehen schneiden die Ausnahmen nur kleine Löcher in den Schutzbereich des Art. 50 GRCh, der ansonsten jegliche Konstellationen aus dem Bereich des Strafrechts i.w.S. erfasst. Ebenso ist die Verhältnismäßigkeit der Regelung gewahrt. Dies ergibt sich aus der Begründung der Ausnahmen in den jeweiligen Fallgruppen.

Die hier vertretene extensive Auslegung des Art. 50 GRCh hat überdies den Vorteil, den Bedenken über ein noch immer bestehendes Demokratiedefizit in der EU entgegenzuwirken.[1206] Auf diese Weise können aus der geschichtlichen Entwicklung des ne bis in idem-Grundsatzes, die gezeigt hat, dass seine Stärke in der Vergangenheit vom Grad der Rechtsstaatlichkeit der jeweiligen Staatsordnung abhing,[1207] Lehren gezogen werden. Der Hoheitsgewalt der EU wird ein starker ne bis in idem-Grundsatz gegenübergestellt.

1206 Vgl. dazu: *Ruffert*, ibn: Calliess/Ruffert, EUV/AEUV, Art. 9 EUV, Rn 1 f.

1207 Siehe oben: S. 14.

Literaturverzeichnis

Duden, Die deutsche Rechtschreibung, 25. Auflage, Mannheim 2009

Ambos, Kai; Internationales Strafrecht, 3. Auflage, München 2011

Anagnostopoulos, Ilias G.; Ne bis in idem in der Europäischen Union: Offene Fragen, S. 1121 f., in: Herzog, Felix; Neumann, Ulfrid; Festschrift für Winfried Hassemer zum 70. Geburtstag, Heidelberg 2010

Bernsdorff, Norbert; *Borowsky,* Martin; Die Charta der Grundrechte der Europäischen Union, Handreichungen und Sitzungsprotokolle, 1. Auflage, Baden-Baden 2002

Beulke, Werner; Strafprozessrecht, 12. Auflage, Heidelberg 2012

Böse, Martin; Strafen und Sanktionen im Europäischen Gemeinschaftsrecht, Köln 1996

Böse, Martin; Der Grundsatz „ne bis in idem" im Wettbewerbsrecht der Gemeinschaft und Art. 54 SDÜ, EWS 2007, S. 202 f.

Böse, Martin; Die Entscheidung des Bundesverfassungsgerichts zum Vertrag von Lissabon und ihre Bedeutung für die Europäisierung des Strafrechts, ZIS 2010, S. 76 f.

Böse, Martin; Verweisungen auf das EU-Recht und das Bestimmtheitsgebot (Art. 103 Abs. 2 GG), S. 7 f., in: Amelung, Knut; Günther, Hans-Ludwig; Kühne, Hans Heiner; Festschrift für Volker Krey zum 70. Geburtstag, Stuttgart 2010

Böse, Martin; Die transnationale Geltung des Grundsatzes „ne bis in idem" und das „Vollstreckungselement", GA 2011, S. 504 f.

Bohnert, Joachim; Ordnungswidrigkeitenrecht, München 2010, 4. Auflage

Brodowski, Dominik; Strafrechtsrelevante Entwicklungen in der Europäischen Union – ein Überblick, ZIS 2010, S. 376 f., Fortsetzung: ZIS 2010, S. 749 f.

Burchard, Christoph; *Brodowski,* Dominik; Art. 50 GRCh und das europäische ne bis in idem nach dem Vertrag von Lissabon, StraFo 2010, S. 179 f.

Calliess, Christian; Auf dem Weg zu einem einheitlichen europäischen Strafrecht? Kompetenzgrundlagen und Kompetenzgrenzen eine dynamischen Entwicklung, ZEuS 2008, S. 3 f.

Calliess, Christian; *Ruffert,* Matthias; EUV/AEUV, Kommentar, 4. Auflage, München 2011

Cordes, Albrecht; *Lück,* Heiner; *Werkmüller,* Dieter; Handwörterbuch zur deutschen Rechtsgeschichte, Band 1, „Aachen – Geistliche Bank", 2. Auflage, Berlin 2008

Cremer, Hans-Joachim; Das Demokratieprinzip auf nationaler und europäischer Ebene im Lichte des Maastricht-Urteils des Bundesverfassungsgerichts, EuR 1995, S. 21 f.

Cremer, Wolfram; Der programmierte Verfassungskonflikt: Zur Bindung der Mitgliedstaaten an die Charta der Grundrechte der Europäischen Union nach dem Konventsentwurf für eine Europäische Verfassung, NVwZ 2003, S. 1452 f.

Dalheimer, Dorothe; *Feddersen,* Christoph; *Miersch,* Gerald; EU-Kartellverfahrensverordnung, Kommentar zur VO 1/2003, 1. Auflage, München 2005

Dannecker, Gerhard; Sanktionen und Grundsätze des Allgemeinen Teils im Wettbewerbsrecht der EG, S. 331 f., in: Schünemann, Bernd; González, Carlos Suárez; Bausteine des europäischen Wirtschaftsstrafrechts, Madrid-Symposium für Klaus Tiedemann, Köln 1994

Dannecker, Gerhard; Strafrechtlicher Schutz der Finanzinteressen der Europäischen Gemeinschaft gegen Täuschung, ZStW 1996, S. 577 f.

Dannecker, Gerhard; Die Garantie des Grundsatzes „ne bis in idem" in Europa; S. 593 f., in: Hirsch, Hans Joachim; Wolter, Jürgen; Brauns, Uwe; Festschrift für Günter Kohlmann zum 70. Geburtstag, Köln 2003

Dauses, Manfred; Handbuch des EU-Wirtschaftsrechts, Band 1, Stand: 31. Ergänzungslieferung, Juli 2012, München

Dolzer, Rudolf; *Kahl,* Wolfgang; *Waldhoff,* Christian; *Graßhof,* Karin; Bonner Kommentar zum Grundgesetz, Band 12, Art. 89-104, Stand: 157. Ergänzungslieferung, Juni 2012, Heidelberg

Dreier, Horst; Grundgesetz Kommentar, Band 3, Art. 83-146, 2. Auflage, Tübingen 2008

Eckstein, Ken; Grund und Grenzen transnationalen Schutzes vor mehrfacher Strafverfolgung in Europa, ZStW 2012, S. 490 f.

Ehlers, Dirk; Europäische Grundrechte und Grundfreiheiten, 3. Auflage, Berlin 2009

Ehlers, Dirk; *Wolffgang,* Hans-Michael; Rechtsfragen der europäischen Marktordnungen, Köln 1998

Ellermann, Jan; Vom Sammler zum Jäger – Europol auf dem Weg zu einem „europäischen FBI"?, ZEuS 2002, S. 561 f.

Endriß, Rainer; *Kinzig,* Jörg; Eine Straftat – zwei Strafen, Nachdenken über ein erweitertes „ne bis in idem“, StV 1997, S. 665 f.

Erb, Volker; *Esser,* Robert; *Franke,* Ulrich; *Graalmann-Scheerer,* Kirsten; *Hilger,* Hans; *Ignor,* Alexander; Löwe-Rosenberg, Die Strafprozessordnung und das Gerichtsverfassungsgesetz, Großkommentar, 26. Auflage, Band 1, Einleitung §§ 1-47, Berlin 2006

Erb, Volker; *Esser,* Robert; *Franke,* Ulrich; *Graalmann-Scheerer,* Kirsten; *Hilger,* Hans; *Ignor,* Alexander; Löwe-Rosenberg, Die Strafprozessordnung und das Gerichtsverfassungsgesetz, Großkommentar, 26. Auflage, Band 5, §§ 151-212b, Berlin 2008

Erler, Adalbert; *Kaufmann,* Ekkehard; Handwörterbuch zur deutschen Rechtsgeschichte, Band 1, „Aachen – Haussuchung“, 1. Auflage, Berlin 1971

Erler, Adalbert; *Kaufmann,* Ekkehard; Handwörterbuch zur deutschen Rechtsgeschichte, Band 2, „Haustür – Lippe“, 1. Auflage, Berlin 1978

Erler, Adalbert; *Kaufmann,* Ekkehard; Handwörterbuch zur deutschen Rechtsgeschichte, Band 3, „List – Protonotar“, 1. Auflage, Berlin 1984

Erler, Adalbert; *Kaufmann,* Ekkehard; Handwörterbuch zur deutschen Rechtsgeschichte, Band 4, „Protonotarius Apostolicus – Strafprozessordnung“, 1. Auflage, Berlin 1990

Eser, Albin; *Rabenstein,* Christiane; Neighbours in law, Freiburg 2001

Esser, Robert; Mindeststandards einer Europäischen Strafprozessordnung unter Berücksichtigung der Rechtsprechung des Europäischen Gerichtshofes für Menschenrechte, StraFo 2003, S. 335 f.

Esser, Robert; Befugnisse der Europäischen Union auf dem Gebiet des Strafrechts?, S. 25 f., in: Zuleeg Manfred, Europa als Raum der Freiheit, der Sicherheit und des Rechts, 1. Auflage, Baden-Baden 2007

Esser, Robert; EU-Strafrecht ohne EU-richterliche Kontrolle – Individualrechtsschutz durch den EuGH?, StRR 2010, S. 133 f.

Esser, Robert; *Herbold* Anna Lina; Neue Wege für die justizielle Zusammenarbeit in Strafsachen – Das Eurojust-Gesetz, NJW 2004, S. 2421 f.

Fastenrath, Ulrich; *Nowak,* Carsten; Der Lissaboner Reformvertrag, Berlin 2009

Feit, Stefan; Das System zum Schutz der finanziellen Interessen der Gemeinschaft im Ausfuhrerstattungsrecht, Aachen 2001

Fischer, Thomas; Strafgesetzbuch, 59. Auflage, München 2012

Fliedner, Ortlieb; Verfassungsrechtliche Grenzen mehrfacher Bestrafung, AöR 99 (1974), S. 242 f.

Frowein, Jochen Abr.; *Peukert,* Wolfgang; EMRK-Kommentar, 3. Auflage, Kehl am Rhein 2009

Geiger, Rudolf; *Khan,* Daniel-Erasmus; *Kotzur,* Markus; EUV/AEUV Kommentar, 5. Auflage, München 2010

Göhler, Erich; Kommentar zum Gesetz über Ordnungswidrigkeiten, 16. Auflage, München 2012

Grabenwarter, Christoph; *Pabel,* Katharina, Europäische Menschenrechtskonvention, 5. Auflage, München 2012

Grabitz, Eberhard; *Hilf,* Meinhard; *Nettesheim,* Martin; Das Recht der Europäischen Union, Band I-III, EUV/AEUV (bis zur 41. Ergänzungslieferung: EUV/EGV), Stand: 47. Ergänzungslieferung, April 2012, München

Graf, Jürgen Peter; Beck`scher Online -Kommentar StPO, Stand: 01.10.2012, Edition 15, München

Grimal, Pierre; Römische Kulturgeschichte, München 1961

Grimm, Christian; Agrarrecht, 3. Auflage, München 2010

v.d.Groeben, Hans; *Schwarze,* Jürgen; Kommentar zum Vertrag über die Europäische Union und zur Gründung der Europäischen Gemeinschaft, Band 1, Art. 1-53 EUV, Art. 1-80 EGV, 6. Auflage, Baden-Baden 2003

v.d.Groeben, Hans; *Schwarze,* Jürgen; Kommentar zum Vertrag über die Europäische Union und zur Gründung der Europäischen Gemeinschaft, Band 3, Art. 98-188 EGV, 6. Auflage, Baden-Baden 2003

v.d.Groeben, Hans; *Schwarze,* Jürgen; Kommentar zum Vertrag über die Europäische Union und zur Gründung der Europäischen Gemeinschaft, Band 4, Art. 189-314 EGV, 6. Auflage, Baden-Baden 2004

Grote, Rainer; *Marauhn,* Thilo; EMRK/GG Konkordanzkommentar, 1. Auflage, Tübingen 2006

Hannich, Rolf; Karlsruher Kommentar zur StPO, 6. Auflage, München 2008

Hecker, Bernd; Europäisches Strafrecht, 4. Auflage, Berlin 2012

Hedtmann, Oliver; Unregelmäßigkeiten und Betrug im europäischen Agrarsektor; EuR 2002, S. 122 f.

Heger, Martin; Die Auswirkungen des europäischen Doppelbestrafungsverbots auf die deutsche Strafrechtsprechung, HRRS 2008, S. 413 f.

Heger, Martin; Perspektiven des Europäischen Strafrechts nach dem Vertrag von Lissabon, ZIS 2009, S. 406 f.

Heghmanns, Michael; *Scheffler,* Uwe; Handbuch zum Strafverfahren, 1. Auflage, München 2008

Heitzer, Anne; Punitive Sanktionen im Europäischen Gemeinschaftsrecht, Heidelberg 1997

Hetzer, Wolfgang; Verbandsstrafe in Europa – Wettbewerbsverzerrung durch Korruption, EuZW 2007, S. 75 f.

Hilger, Hans; Vor(feld)ermittlungen/Datenermittlungen, S. 11 f., in: Wolter, Jürgen; Zöller Mark Alexander; Riess, Peter; Schenke, Wolf-Rüdiger; Datenübermittlungen und Vorermittlungen, Festgabe für Hans Hilger, Heidelberg 2003

Hummer, Waldemar; Paradigmenwechsel im Europarecht zur Jahrtausendwende, Wien 2004

Hußung, Daniel Joachim, Der Tatbegriff im Artikel 54 des Schengener Durchführungsübereinkommens, Frankfurt 2011

Immenga, Ulrich; *Mestmäcker,* Ernst-Joachim; Wettbewerbsrecht, Band 1, Teil 2, Kommentar zum Europäischen Kartellrecht, 5. Auflage, München 2012

Immenga, Ulrich; *Mestmäcker,* Ernst-Joachim; Wettbewerbsrecht, Band 2, Kommentar zum Deutschen Kartellrecht, 4. Auflage, München 2007

Isensee, Josef; *Kirchhof,* Paul; Handbuch des Staatsrechts, Band II, Verfassungsstaat, Heidelberg 2004

Isensee, Josef; *Kirchhof,* Paul; Handbuch des Staatsrechts, Band V, Rechtsquellen, Organisation, Finanzen, Heidelberg 2007

Isensee, Josef; *Kirchhof,* Paul; Handbuch des Staatsrechts, Band IV, Aufgaben des Staates, Heidelberg 2006

Isensee, Josef; *Kirchhof,* Paul; Handbuch des Staatsrechts, Band VIII, Grundrechte: Wirtschaft, Verfahren, Gleichheit, Heidelberg 2010

Jaeger, Wolfgang; *Pohlmann,* Petra; *Schroeder,* Dirk; Frankfurter Kommentar zum Kartellrecht, Band 2, EG-Kartellrecht (Teil 1-2), Stand: 76. Ergänzungslieferung, März 2012

Jagla, Susanne Fee; Auf dem Weg zu einem zwischenstaatlichen ne bis in idem im Rahmen der Europäischen Union, Frankfurt am Main 2007

Jarass, Hans Dieter; EU-Grundrechte, 1. Auflage, München 2005

Jarass, Hans Dieter; Charta der Grundrechte der Europäischen Union, Kommentar, 1. Auflage, München 2010

Jarass, Hans Dieter; *Beljin,* Sasa; Die Bedeutung von Vorrang und Durchführung des EG-Rechts für die nationale Rechtssetzung und Rechtsanwendung, NVwZ 2004, S. 1 f.

Jarass, Hans Dieter; *Pieroth,* Bodo; GG-Kommentar, 12. Auflage, München 2012

Jescheck, Hans-Heinrich, *Weigend,* Thomas; Lehrbuch des Strafrechts, Allgemeiner Teil, 5. Auflage, Berlin 1996

Joecks, Wolfgang; *Franzen,* Klaus; *Gast-Dehaan,* Brigitte; Steuerstrafrecht Kommentar, 7. Auflage, München 2009

Joecks, Wolfgang; *Miebach,* Klaus; Münchener Kommentar zum StGB, Band 1, §§ 1-37, 2. Auflage, München 2011

Joecks, Wolfgang; *Miebach,* Klaus; Münchener Kommentar zum StGB, Band 2, §§ 39-79b, 2. Auflage, München 2012

Kindhäuser, Urs; *Neumann,* Ulfrid; *Paeffgen,* Hans-Ullrich; StGB Kommentar, Band 1, §§ 1-145d, 3. Auflage, Baden-Baden 2010

Klees, Andreas; Der Grundsatz ne bis in idem und seine Auswirkungen auf die Zusammenarbeit der Kartellbehörden im European Competition Network (ECN), WuW 2006, S. 1222 f.

Kling, Michael; *Thomas,* Stefan; Grundkurs Wettbewerbs- und Kartellrecht, 1. Auflage, München 2007

Knecht, Matthias H.; Die Charta der Grundrechte der Europäischen Union, Stuttgart 2005

Kniebühler, Roland Michael; Transnationales „ne bis in idem", Freiburg 2005

Koch, Arnd; *Dorn,* Verena; Verurteilung eines ehem. SS-Mannes vor dem Hintergrund deutschen und europäischen Rechts – Reichweite des transnationalen Doppelbestrafungsverbots, JURA 2011, S. 690 f.

Krause, Daniel M.; Allgemeine Rechtsfragen von Vorermittlungen, Vorprüfungen und AR-Verfahren, S. 351 f., in: Werner, Beulke; Müller, Eckhard; Festschrift zu Ehren des Strafrechtsausschusses der Bundesrechtsanwaltskammer, Neuwied 2006

Kreß, Claus; Völkerstrafrecht und Weltrechtsprinzip im Blickfeld des Internationalen Gerichtshofs, ZStW 2002, S. 818 f.

Kruck, Nicolai; Der Grundsatz ne bis in idem im Europäischen Kartellverfahrensrecht, Frankfurt am Main 2009

Kubiciel, Michael; Strafrechtswissenschaft und europäische Kriminalpolitik, ZIS 2010, S. 742 f.

Kuck, Tobias; Die Anerkennung des Grundsatzes ne bis in idem im europäischen Kartellrecht und seine Anwendung in internationalen Kartellverfahren, WuW 2002, S. 689 f.

Kühne, Hans-Heiner; Strafprozessrecht, 8. Auflage, Heidelberg 2010

Landau, Peter; Kanones und Dekretalen, Goldbach 1997

Lange, Nicole; Staatsanwaltschaftliche Vorermittlungen – ohne rechtliche Grundlage?, DRiZ 2002, S. 264 f.

Langen, Eugen; *Bunte,* Hermann-Josef; Kommentar zum deutschen und europäischen Kartellrecht, Band 1, Deutsches Kartellrecht, 11. Auflage, Köln 2011

Laufhütte, Heinrich Wilhelm; *Rissing-van Saan,* Ruth; *Tiedemann,* Klaus; Leipziger Kommentar, Strafgesetzbuch, Band 1, Einleitung §§ 1-31, 12. Auflage, Berlin 2007

Lenz, Carl Otto; *Borchardt,* Klaus-Dieter; Kommentar nach dem Vertrag von Lissabon, 5. Auflage, Köln 2010

Liebau, Tobias; „Ne bis in idem" in Europa, Wien 2005

Liebs, Detlef; Römisches Recht, 6. Auflage, Göttingen 2004

Loewenheim, Ulrich; *Meessen,* Karl; *Riesenkampff,* Alexander; Kartellrecht Kommentar, Europäisches und deutsches Recht, 2. Auflage, München 2009

v.Mangoldt, Hermann; *Klein,* Friedrich; *Starck,* Christian; Grundgesetz Kommentar, Band 3, Art. 83-146, 6. Auflage, München 2010

Mansdörfer, Marco; Das Prinzip des ne bis in idem im europäischen Strafrecht, Berlin 2004

Mansdörfer, Marco; Das europäische Strafrecht nach dem Vertrag von Lissabon – oder: Europäisierung des Strafrechts unter nationalstaatlicher Mitverantwortung, HRRS 2010, S. 11 f.

Maunz, Theodor; *Dürig,* Günter; Grundgesetz Kommentar, Band 3, Art. 16-22, Stand: 65. Ergänzungslieferung, April 2012, München

Maunz, Theodor; *Dürig,* Günter; Grundgesetz Kommentar, Band 6, Art. 86-106b, Stand: 65. Ergänzungslieferung, April 2012, München

Mayer, Markus; Ne-bis-in-idem-Wirkung europäischer Strafentscheidungen, Frankfurt am Main 1992

Merkel, Reinhard; *Scheinfeld,* Jörg; Ne bis in idem in der Europäischen Union – zum Streit um das „Vollstreckungselement“, ZIS 2012, S. 206 f.

Mestmäcker, Ernst-Joachim; *Schweitzer,* Heike; Europäisches Wettbewerbsrecht, 2. Auflage, München 2004

Meyer, Frank; Demokratieprinzip und Europäisches Strafrecht, 1. Auflage, Baden-Baden 2009

Meyer, Frank; Die Lissabon-Entscheidung des BVerfG und das Strafrecht, NStZ 2009, S. 657 f.

Meyer, Jürgen; Charta der Grundrechte der Europäischen Union, 3. Auflage, Baden-Baden 2011

Meyer, Jürgen; *Engels,* Markus; Deutscher Bundestag, Die Charta der Grundrechte der Europäischen Union, Berichte und Dokumentation, 1. Auflage, Opladen 2001

Meyer-Goßner, Lutz; Strafprozessordnung, 55. Auflage, München 2012

Meyer-Ladewig, Jens; EMRK, Handkommentar, 3. Auflage, Baden-Baden 2011

Molière, Rainer; Die Rechtskraft des Bußgeldbeschlusses, Berlin 1975

Mommsen, Theodor; Römisches Strafrecht, Nachdruck der Ausgabe von 1899, Darmstadt 1955

Müller-Graff, Peter-Christian; Der Raum der Freiheit, der Sicherheit und des Rechts in der Lissabonner Reform, EuR 2009, Beiheft 1, S. 105 f.

Müller-Gugenberger, Christian; Wirtschaftsstrafrecht, Handbuch des Wirtschaftsstraf- und Ordnungswidrigkeitenrechts, 5. Auflage, Köln 2011

v.Münch, Ingo; *Kunig,* Philip; GG-Kommentar, Band 2, Art. 70-146, 6. Auflage, München 2012

Nalewajko, Pawel; Grundsatz der gegenseitigen Anerkennung, Berlin 2010

Oppermann, Thomas; *Classen,* Claus Dieter; *Nettesheim,* Martin; Europarecht, 5. Auflage, München 2011

Peters, Anne; Einführung in die EMRK, München 2003

Pieroth, Bodo; *Schlink,* Bernhard; Grundrechte Staatsrecht II, 28. Auflage, Heidelberg 2012

Plöckinger, Oliver; *Leidenmühler,* Franz; Zum Verbot doppelter Strafverfolgung nach Art. 54 SDÜ 1990, wistra 2003, S. 81 f.

Rebmann, Kurt; *Roth,* Werner; *Herrmann,* Siegfried; Gesetz über Ordnungswidrigkeiten, Kommentar, Band 2, § 84-Ende, Stand: 17. Ergänzungslieferung, März 2012, 3. Auflage, Stuttgart

Riesenhuber, Karl; Europäische Methodenlehre, 2. Auflage, Berlin 2010

Rittner, Fritz; *Kulka,* Michael; Wettbewerbs- und Kartellrecht, 7. Auflage, Heidelberg 2008

Roesen, Katrin; Mehrfache Sanktionen im internationalen und europäischen Kartellrecht, Köln 2009

Roxin, Claus; *Schünemann,* Bernd; Strafverfahrensrecht, 27. Auflage, München 2012

Rudolphi, Hans-Joachim; *Wolter,* Jürgen; *Schlüchter,* Ellen; *Frisch,* Wolfgang; *Rogall,* Klaus; Systematischer Kommentar zur StPO, Band 10, EMRK, 4. Auflage, Köln 2012

Rüping, Hinrich; *Jerouschek,* Günter; Grundriss der Strafrechtsgeschichte, 5. Auflage, München 2007

Sachs, Michael; Grundgesetz Kommentar, 6. Auflage, München 2011

Satzger, Helmut; Die Europäisierung des Strafrechts, Köln 2001

Satzger, Helmut; Gefahren für eine effektive Verteidigung im geplanten europäischen Verfahrensrecht, StV 2003, S. 137 f.

Satzger, Helmut, Internationales und Europäisches Strafrecht, 5. Auflage, Baden-Baden 2011

Satzger, Helmut; Auf dem Weg zu einer „europäischen Rechtskraft"?, S. 1515 f., in: Heinrich, Manfred; Jäger, Christian; Achenbach, Hans; Amelung, Knut; Bottke, Wilfried; Haffke, Bernhard; Schünemann, Bernd; Wolter, Jürgen; Strafrecht als Scientia Universalis, Festschrift für Claus Roxin zum 80. Geburtstag, Band 2, Berlin 2011

Schaller, Werner; Die EU-Mitgliedstaaten als Verpflichtungsadressaten der Gemeinschaftsgrundrechte, Baden-Baden 2003

Scharf-Kröner, Claire; Der Arbeitgeber als europäisches Unternehmen: Sanktionen unter der Verordnung (EG) Nr. 1/2003, S. 275 f., in: Rieble, Volker; Festschrift für Manfred Löwisch zum 70. Geburtstag, München 2007

Schellenberg, Hartwig; Die Interpretation zu den Paulussentenzen, Göttingen 1965

Schimansky, Herbert; *Bunte,* Hermann-Josef; *Lwowski,* Hans-Jürgen; Bankrechts-Handbuch, Band 2, München 2011, 4. Auflage

Schmidt, Reiner; Öffentliches Wirtschaftsrecht, Besonderer Teil 2, 1. Auflage, Heidelberg 1996

Schönke, Adolf; *Schröder,* Horst; Strafgesetzbuch Kommentar, 28. Auflage, München 2010

Schomburg, Wolfgang; Die Europäisierung des Verbots doppelter Strafverfolgung – Ein Zwischenbericht, NJW 2000, S. 1833 f.

Schomburg, Wolfgang; *Lagodny,* Otto; *Gless,* Sabine; *Hackner,* Thomas; *Uhilg,* Sigmar; Internationale Rechtshilfe in Strafsachen, Kommentar, 5. Auflage, München 2012

Schomburg, Wolfgang; *Suominen-Picht,* Irene; Verbot der mehrfachen Strafverfolgung, Kompetenzkomflikte und Verfahrenstransfer, NJW 2012, S. 1190 f.

Schramm, Edward; Acht Fragen zum Europäischen Strafrecht, ZIS 2010, S. 615 f.

Schrömbges, Ulrich; Ist eine Ausfuhrerstattung eine Subvention i.S.d. § 264 StGB?, wistra 2009, S. 249 f.

Schünemann, Bernd; Die Strafbarkeit juristischer Personen aus deutscher und europäischer Sicht, S. 265 f., in: Schünemann, Bernd; González, Carlos Suárez; Bausteine des europäischen Wirtschaftsstrafrechts, Madrid-Symposium für Klaus Tiedemann, Köln 1994

Schulze, Reiner; *Zuleeg,* Manfred; Europarecht, 2. Auflage, Baden-Baden 2010

Schwarplies, Giesbert; Die rechtsgeschichtliche Entwicklung des Grundsatzes „ne bis in idem" im Strafprozeß, Zürich 1970

Schwarzburg, Peter; *Hamdorf,* Kai; Brauchen wir ein EU-Finanz-Strafgesetzbuch?, NStZ 2002, S. 617 f.

Schwarze, Jürgen; Rechtsstaatliche Grenzen der gesetzlichen und richterlichen Qualifikation von Verwaltungssanktionen im europäischen Gemeinschaftsrecht, EuZW 2003, S. 261 f.

Schwarze, Jürgen; Europäisches Verwaltungsrecht, 2. Auflage, Baden-Baden 2005

Schwarze, Jürgen; EU-Kommentar, 2. Auflage, Baden-Baden 2009

Schwarze, Jürgen; *Weitbrecht,* Andreas; Grundzüge des europäischen Kartellverfahrensrechts, Die Verordnung (EG) Nr. 1/2003, 1. Auflage, Baden-Baden 2004

Senge, Lothar; Karlsruher Kommentar zum Gesetz über Ordnungswidrigkeiten, 3. Auflage, München 2006

Sieber, Ulrich; *Brüner,* Franz-Hermann; *Satzger,* Helmut; *Heintschel-Heinegg,* Bernd; Europäisches Strafrecht, 1. Auflage, Baden-Baden 2011

Soltész, Ulrich; *Marquier,* Julia; Hält „doppelt bestraft" wirklich besser? – Der ne bis in idem-Grundsatz im Europäischen Netzwerk, EuZW 2006, S. 102 f.

Specht, Britta; Die zwischenstaatliche Geltung des Grundsatzes ne bis in idem, Berlin 1999

Spinellis, Dionysios; Die materielle Rechtskraft des Strafurteils, München 1962

Staebe, Erik; *Denzel,* Ulrich; Die europäische Fusionskontrollverordnung (VO 139/2004), EWS 2004, S. 194 f.

Stein, Sibyl; Zum europäischen ne bis in idem nach Artikel 54 des Schengener Durchführungsübereinkommens, Frankfurt am Main 2004

Stoffers, Kristian; Der Schutz der EU-Finanzinteressen durch das deutsche Straf- und Ordnungswidrigkeitenrecht, EuZW 1994, S. 304 f.

Streinz, Rudolf; Europarecht, 9. Auflage, Heidelberg 2012

Streinz, Rudolf; Lebensmittelrechts- Handbuch, Stand: 33. Ergänzungslieferung, August 2012

Streinz, Rudolf; EUV/AEUV-Kommentar, 2. Auflage, München 2012

Streinz, Rudolf; *Ohler,* Christoph; *Herrmann,* Christoph; Der Vertrag von Lissabon zur Reform der EU, 3. Auflage, München 2010

Swoboda, Sabine; Paying the Debts – Late Nazi Trials before German Courts, JICJ 2011 (9), S. 243 f.

Tettinger, Peter Josef; *Stern,* Klaus; Kölner Gemeinschaftskommentar zur Europäischen Grundrechte-Charta, 1. Auflage, München 2006

Thürer, Daniel; EMRK: Neuere Entwicklungen, Zürich 2005

Tiedemann, Klaus; Wirtschaftsstrafrecht, Einführung und Allgemeiner Teil, 3. Auflage, Köln 2010

Tiedemann, Klaus; Wirtschaftsstrafrecht, Besonderer Teil, 3. Auflage, München 2011

Tolmein, Europol, StV 1999, S. 108 f.

Vedder, Christoph; *Heintschel von Heinegg,* Wolff; Europäischer Verfassungsvertrag, Kommentar, 1. Auflage, Baden-Baden 2007

Vormbaum, Moritz; Schutz der Rechtsgüter von EU-Staaten durch das deutsche Strafrecht, Münster 2005

Wabnitz, Heinz-Bernd; *Janovsky,* Thomas; Handbuch des Wirtschafts- und Steuerstrafrechts, 3. Auflage, München 2007

Waldstein, Wolfgang; *Rainer,* Johannes Michael; Römische Rechtsgeschichte, München 2005

Weigend, Thomas; Der Entwurf einer Europäischen Verfassung und das Strafrecht, ZStW 2004, S. 275 f.

Wiedemann, Gerhard; Handbuch des Kartellrechts, 2. Auflage, München 2008

Wolff, Hans Julius; Demosthenes als Advokat, Berlin 1968

Wolter, Jürgen; Die polizeiliche und justizielle Zusammenarbeit in Strafsachen in der Europäischen Union, S. 693 f., in: Hirsch, Hans Joachim; Wolter, Jürgen; Brauns, Uwe; Festschrift für Günter Kohlmann zum 70. Geburtstag, Köln 2003

Zimmermann, Frank; Die Auslegung künftiger EU-Strafrechtskompetenzen nach dem Lissabon-Urteil des Bundesverfassungsgerichts, JURA 2009, S. 844 f.

Zöller, Mark Alexander; Informationssysteme und Vorfeldmaßnahmen von Polizei, Staatsanwaltschaft und Nachrichtendiensten: zur Vernetzung von Strafverfolgung und Kriminalitätsverhütung im Zeitalter von multimedialer Kommunikation und Persönlichkeitsschutz, Heidelberg 2002

Zöller, Mark Alexander; Europäische Strafgesetzgebung, ZIS 2009, S. 340 f.

Zöller, Mark Alexander; Die transnationale Geltung des Grundsatzes ne bis in idem nach dem Vertrag von Lissabon, S. 501 f., in: Amelung, Knut; Günther, Hans-Ludwig; Kühne, Hans-Heiner; Festschrift für Volker Krey zum 70. Geburtstag, Stuttgart 2010

Stichwortverzeichnis

Internationales und Europäisches Strafverfahrensrecht

Herausgegeben von Hans-Heiner Kühne und Robert Esser

Band 1 Sibyl Stein: Zum europäischen *ne bis in idem* nach Artikel 54 des Schengener Durchführungsübereinkommens. Zugleich ein Beitrag zur rechtsvergleichenden Auslegung zwischenstaatlich geltender Vorschriften. 2004.

Band 2 Friederike Charlotte Grube: Richter ohne Robe. Laienrichter in Strafsachen im deutschen und anglo-amerikanischen Rechtskreis. Eine rechtsgeschichtliche und rechtsvergleichende Untersuchung unter besonderer Berücksichtigung verfassungsrechtlicher Aspekte. 2005.

Band 3 Christiane Paul: Das Abwesenheitsverfahren als rechtsstaatliches Problem. Rechtsvergleichende Untersuchung deutscher, englischer, französischer, niederländischer und österreichischer Regelungen angesichts der Rechtsprechung des Europäischen Gerichtshofs für Menschenrechte. 2007.

Band 4 Kai Peter Hecheltjen: Der Richtervorbehalt im kartellrechtlichen Nachprüfungsverfahren der Europäischen Kommission. 2007.

Band 5 Martina Werwie-Haas: Die Umsetzung der strafrechtlichen Entscheidungen des Europäischen Gerichtshofs für Menschenrechte in Deutschland, Österreich, der Schweiz und im Vereinigten Königreich. 2008.

Band 6 Vera Warnking: Strafprozessuale Beweisverbote in der Rechtsprechung des Europäischen Gerichtshofs für Menschenrechte und ihre Auswirkungen auf das deutsche Recht. 2009.

Band 7 Christian Mülfarth: Grundlagen und Grenzen von Beweiserhebung und Beweisverwertung im spanischen Strafverfahren. Eine rechtsvergleichende Untersuchung. 2009.

Band 8 Daniel Joachim Hußung: Der Tatbegriff im Artikel 54 des Schengener Durchführungsübereinkommens. 2011.

Band 9 Johannes Stalberg: Zum Anwendungsbereich des Art. 50 der Charta der Grundrechte der Europäischen Union (ne bis in idem). 2013.

www.peterlang.de